Lothar Semper
Werner Gress
Klaus Franke
Bernhard Gress

DIE HANDWERKER-FIBEL

Dr. Lothar Semper
Dipl.-Kfm. Werner Gress
Ass. Klaus Franke
Dipl.-Kfm. Bernhard Gress

DIE HANDWERKER-FIBEL

für die praxisnahe Vorbereitung auf die Meisterprüfung Teil III/
Prüfung Technische/r Fachwirt/in (Hwk)

Band 1 Grundlagen des Rechnungswesens und Controllings
Grundlagen wirtschaftlichen Handelns im Betrieb

mit Übungs- und Prüfungsaufgaben

48., überarbeitete Auflage

Holzmann Buchverlag

Die Handwerker-Fibel enthält in der Regel Berufsbezeichnungen, Gruppenbezeichnungen usw. nur in der männlichen Form. Wir bitten diese sinngemäß als Doppelbezeichnungen, wie zum Beispiel Frau/Mann, Handwerksmeisterin/Handwerksmeister, Betriebsinhaberin/Betriebsinhaber usw. zu interpretieren und anzuwenden.

Impressum
48., überarbeitete Auflage 2009
Band 1:   Best.-Nr. 1761.04   ISBN: 978-3-7783-0718-2
Band 1 bis 3:   Best.-Nr. 1760.97   ISBN: 978-3-7783-0721-2
© 2009 by Hans Holzmann Verlag, Bad Wörishofen
Alle Rechte, auch des auszugsweisen Nachdrucks und der Übersetzung
bei Hans Holzmann Verlag
Umschlaggestaltung: Sprockamp Werbung und PR, Bad Wörishofen
Satz: abavo GmbH, Buchloe
Herstellung: Kessler Druck + Medien

Vorwort

Mit der 48. Auflage erscheint die Handwerker-Fibel zum dritten Mal auch äußerlich vollkommen neu überarbeitet. Dies wird bereits am Umschlag sichtbar und setzt sich fort mit einer lesefreundlichen Schrifttype sowie farblichen Gestaltungselementen zur Hervorhebung von Texten und Randbemerkungen sowie der Gestaltung von Abbildungen. Damit hoffen wir, dass die Übersichtlichkeit, Lesbarkeit und die Lernbarkeit der Inhalte noch besser sind.

Der „Meister der Zukunft" muss sich aktuellen Herausforderungen erfolgreicher denn je stellen können. Die Markt- und Wettbewerbsverhältnisse verändern sich für das Handwerk mit zunehmender Geschwindigkeit. Die Ansprüche der Kunden an die Qualität der Produkte und Dienstleistungen steigen. Termintreue, Zuverlässigkeit, Service und Beratung, Preiswürdigkeit und Problemlösungskompetenz gehören zu den selbstverständlichen Erwartungen der Kunden.

Die dazu erforderliche Kompetenz wird durch die Vorbereitung auf die Meisterprüfung und das Bestehen der Prüfungen vermittelt. Eine unverzichtbare und bewährte Grundlage und Unterlage ist dafür das Lehrbuch „Die Handwerker-Fibel". Sie entspricht der Verordnung über gemeinsame Anforderungen in der Meisterprüfung im Handwerk und in den handwerksähnlichen Gewerben (AMVO) und den neuen Rahmenstoffplänen für die Prüfungsteile III und IV der Meisterprüfung in vollem Umfang.

Der Gesamtstoff zur Vorbereitung auf diese Prüfungsteile ist dabei auf drei Bände aufgeteilt.

Band 1: Grundlagen des Rechnungswesens und Controllings, Grundlagen wirtschaftlichen Handelns im Betrieb
Band 2: Rechtliche und steuerliche Grundlagen
Band 3: Berufs- und Arbeitspädagogik

Die inhaltliche Ausrichtung der 48. Auflage von Band 1 und Band 2 basiert insbesondere

> auf Anregungen des Beirats „Unternehmensführung im Handwerk" des Zentralverbandes des Deutschen Handwerks (Schrift „Der Meister der Zukunft"),
> auf Anregungen des Expertenkreises des Instituts für Handwerkswirtschaft (IHW) – Forschungsstelle im Deutschen Handwerksinstitut – (mittlerweile umbenannt in Ludwig-Fröhler-Institut für Handwerkswissenschaften, Abteilung für Handwerkswirtschaft) und wissenschaftlicher Arbeiten des Instituts selbst,
> auf Anregungen von Mitarbeitern in Handwerkskammern auf den Gebieten des Unterrichts-, Prüfungs- und Beratungswesens sowie Dozenten aus Meistervorbereitungslehrgängen bzw. Bildungszentren und Meisterschulen,

>>>

> auf der Verordnung über gemeinsame Anforderungen in der Meisterprüfung im Handwerk und in den handwerksähnlichen Gewerben (AMVO) und den dazu veröffentlichten Erläuterungen des Bundesministeriums für Wirtschaft und Technologie,
> auf dem neuen Rahmenlehrplan des Instituts für Handwerkswirtschaft (mittlerweile umbenannt in Ludwig-Fröhler-Institut für Handwerkswissenschaften, Abteilung für Handwerkswirtschaft) und des Deutschen Handwerkskammertages,
> auf den Erfahrungen der Autoren der Handwerker-Fibel in der Praxis von Handwerkswirtschaft, Handwerksorganisationen sowie im Unterrichts- und Prüfungswesen des Handwerks.

Gemäß den Anforderungen an den „Meister bzw. die Meisterin der Zukunft" bilden Methoden und Instrumente der modernen Betriebsführung wie Kunden- und Dienstleistungsorientierung, Marketing, Personal- und Organisationsmanagement, Controlling, Existenzgründungs- und Betriebsübernahmemanagement, moderne Kommunikations- und Informationstechniken, Finanzierungsfragen und das Rechnungswesen als Führungsmittel im Sinne von wichtigen Chefdaten einen angemessenen Schwerpunkt.

Die zur selbstständigen Führung eines Handwerksbetriebes erforderlichen Kenntnisse sowie die zu erwerbende Handlungskompetenz werden entsprechend der Terminologie und Gliederung des Rahmenlehrplans dargestellt.

Der Schwerpunkt der Inhalte ist nicht auf Begriffswissen, sondern auf anwendungsbezogenes Handlungswissen ausgerichtet. Dazu enthält dieses Buch auch zahlreiche Handlungsanleitungen und Ablaufschemata.

Die Handwerker-Fibel versteht sich als elementare und unabdingbar notwendige Grundlage für ein erfolgreiches Lernen, für die Aneignung von Handlungs- und Problemlösungskompetenz und für das Bestehen der Meisterprüfung, sowohl in zulassungspflichtigen wie auch in zulassungsfreien Handwerken.

Darüber hinaus hat sich die Handwerker-Fibel als Handbuch und Nachschlagewerk für die wirtschaftliche Betriebs- und Unternehmensführung des Handwerksmeisters nach der Meisterprüfung, sei es als selbstständiger Unternehmer oder als angestellte Führungskraft, bewährt. Dabei hilft den Nutzern ein umfangreiches Stichwortverzeichnis.

Nach den Textteilen folgen überwiegend handlungsorientierte Übungs- und Prüfungsaufgaben bzw. handlungsorientierte fallbezogene Aufgaben. Dabei kommen folgende Aufgabentypen vor:

> Aufgaben mit programmierten Auswahlantworten bzw. Auswahllösungen
> Textaufgaben mit offenen Antworten bzw. Lösungen
> fallbezogene Aufgaben mit Leitfragen und offenen Lösungen
> fallbezogene Aufgaben mit frei formulierter Lösung
> fallbezogene Aufgaben mit Berechnungen   >>>

Sie dienen dem handlungsorientierten Vorgehen im Unterricht oder beim Selbststudium, ermöglichen eine den Lernprozess begleitende Kontrolle und eine rationelle Vorbereitung auf die Prüfung. Diese Aufgabentypen werden so auch im Prüfungsteil III der Meisterprüfung eingesetzt.

Die Aufgaben mit programmierten Auswahllösungen sind durch Ankreuzen einer der fünf vorgegebenen Lösungen zu bearbeiten. Die richtigen Lösungen sind am Schluss des Buches zur Kontrolle abgedruckt.

Bei allen Aufgaben erfolgt am Schluss der Aufgabenstellung ein Hinweis zum Textteil als Lösungshilfe und um bei festgestellten Lücken entsprechend nachlesen bzw. nacharbeiten zu können.

Im Rahmen der Aktualisierung der 48. Auflage dieses Bandes wurden Änderungen der rechtlichen Grundlagen für Buchhaltung und Jahresabschluss aufgenommen, so insbesondere die Maßnahmen aus dem Bilanzrechtsmodernisierungsgesetz; ferner unter anderem wichtige Inhalte für Kooperationsverträge, Outplacement als Maßnahme der Personalentwicklung, Ausführungen zum Liquiditätsmanagement, die wichtigsten Arten baulicher Nutzungsgebiete und zum AWH-Bewertungsstandard.

Da die Prüfungsanforderungen und der Rahmenlehrplan für die Durchführung des Vorbereitungslehrgangs „Technische/r Fachwirt/in (Hwk)" absolut mit der AMVO und dem Rahmenlehrplan zu Teil III der Meisterausbildung im Handwerk, die dem Inhalt der Bände 1 und 2 der Handwerker-Fibel zugrunde liegen, übereinstimmen, sind Band 1 und 2 auch für die Vorbereitung auf die Prüfung „Technische/r Fachwirt/in (Hwk)" in vollem Umfang geeignet.

Die Bände 1 und 2 sind ferner ein geeignetes Lernmittel für die Vorbereitung auf die Prüfung „Kaufmännische/r Fachwirt/in (Hwk)", weil trotz anderer Zuordnung und Gliederung der Prüfungsteile und Handlungsfelder die stofflichen Inhalte sehr weitgehend übereinstimmen.

Schließlich sind alle drei Bände der Handwerker-Fibel für die Vorbereitung auf Fortbildungsprüfungen im Handwerk geeignet, in denen betriebswirtschaftliche, kaufmännische und rechtliche sowie berufs- und arbeitspädagogische Kenntnisse nach Maßgabe der Verordnung über gemeinsame Anforderungen in der Meisterprüfung im Handwerk und in den handwerksähnlichen Gewerben (AMVO) gefordert werden.

Wir wünschen Ihnen bei der Vorbereitung und Ablegung Ihrer Prüfungen viel Erfolg.

Juli 2009

Die Verfasser und der
Holzmann Buchverlag

Mit den aktuellen Lehr- und Lernmitteln aus dem Holzmann Buchverlag erwerben Sie zusätzliche Sicherheit für die erfolgreiche Ablegung Ihrer Meisterprüfung:

> **Der MeisterTrainer** zur Handwerker-Fibel auf CD-ROM. Das moderne Trainingsprogramm mit über 1.000 offenen und programmierten Aufgaben zur gezielten Prüfungsvorbereitung.

> **Der MeisterTrainer online** (www.meistertrainer-online.de). Lernen Sie ab sofort, wann und wo Sie möchten. Prüfungsvorbereitung einfach, schnell und sicher. Jederzeit, an jedem Ort.

> **Übungspaket zu Teil III und IV der Meisterprüfung.** Mit der Bearbeitung der Übungsbögen stellen Sie Ihr vorhandenes Wissen auf den Prüfstand. Gleichzeitig legen Sie den Grundstein für eine erfolgreiche Prüfung.

> **Die Handwerker-Fibel auf CD-ROM.** Der gesamte Inhalt (Text und Abbildungen) per Mausklick sofort abrufbar. Einfache Bedienung, hoher Benutzerkomfort.

> **Lernordner mit Aufgabensammlung zum Handlungsfeld „Grundlagen des Rechnungswesens und Controllings".** Mit den Aufgaben und Lösungen bereiten Sie sich sicher und zielgerichtet auf das betriebliche Rechnungswesen und Controlling im Teil III der Meisterprüfung vor.

Sämtliche Lehr- und Lernmittel können, sofern sie nicht vom Lehrgangsträger zur Verfügung gestellt werden, direkt beim Verlag bestellt werden.

Bestelladresse: Holzmann Buchverlag
Gewerbestraße 2
86825 Bad Wörishofen
Tel.: 0 82 47 / 35 41 24
Fax: 0 82 47 / 35 41 90
E-Mail: buch@holzmannverlag.de
www.holzmann-buchverlag.de

1 Handlungsfeld: Grundlagen des Rechnungswesens und Controllings — 13

1.1 Buchführung — 13

- 1.1.1 Aufgaben und gesetzliche Regelungen — 13
- 1.1.2 System der doppelten Buchführung — 22
- 1.1.3 Inventur und Abschluss — 36
- 1.1.4 Verfahrenstechniken — 51
- 1.1.5 Beispiel zur doppelten Buchführung — 64
- Übungs- und Prüfungsaufgaben — 80

1.2 Jahresabschluss und Grundzüge der Auswertung — 88

- 1.2.1 Aufbau von Bilanz und Gewinn- und Verlustrechnung — 88
- 1.2.2 Spielräume bei Ansatz und Bewertung — 99
- 1.2.3 Auswertung von Bilanz und Gewinn- und Verlustrechnung (Jahresabschluss und unterjährig) — 111
- Übungs- und Prüfungsfragen — 129

1.3 Kosten- und Leistungsrechnung — 132

- 1.3.1 Aufgaben und Gliederung der fachübergreifenden Kostenrechnung — 132
- 1.3.2 Kostenartenrechnung — 136
- 1.3.3 Kostenstellenrechnung — 148
- 1.3.4 Kostenträgerrechnung — 163
- 1.3.5 Erfolgsrechnung — 174
- 1.3.6 Kostenrechnungssysteme — 175
- 1.3.7 Anwendung der Kostenrechnung — 179
- Übungs- und Prüfungsfragen — 183

1.4 Controlling — 195

- 1.4.1 Aufgaben und Ziele — 195
- 1.4.2 Schwachstellenanalyse — 196
- 1.4.3 Kennzahlen, Kennzahlensysteme und Kennzahlenanalyse — 197
- 1.4.4 Balanced Scorecard (BSC) — 206
- 1.4.5 Budgetierung — 206
- Übungs- und Prüfungsaufgaben — 209

2 Handlungsfeld: Grundlagen wirtschaftlichen Handelns im Betrieb — 213

2.1 Handwerk in Wirtschaft und Gesellschaft — 213

- 2.1.1 Stellung des Handwerks in der Volkswirtschaft — 213
- 2.1.2 Gesellschaftliche und kulturelle Bedeutung des Handwerks — 226
- 2.1.3 Aufbau, Struktur und Aufgaben der Handwerksorganisationen — 228
- Übungs- und Prüfungsaufgaben — 248

2.2 Marketing — 258

- 2.2.1 Konzeption des Marketings — 258
- 2.2.2 Analyse des Absatz- und Beschaffungsmarktes — 258
- 2.2.3 Marketingfunktionen und -instrumente auf der Absatzseite — 274
- 2.2.4 Beschaffung — 298
- Übungs- und Prüfungsaufgaben — 302

2.3 Organisation — 309

- 2.3.1 Ablauforganisation — 309
- 2.3.2 Verwaltungs- und Büroorganisation — 316
- 2.3.3 Aufbauorganisation — 339
- 2.3.4 Einfluss der Automatisierung und anderer Technologien auf die Betriebsorganisation — 345
- 2.3.5 Zwischenbetriebliche Zusammenarbeit (Kooperation) — 348
- Übungs- und Prüfungsaufgaben — 354

2.4 Personalwesen und Mitarbeiterführung — 360

- 2.4.1 Personalplanung — 360
- 2.4.2 Personalverwaltung — 370
- 2.4.3 Entlohnung — 375
- 2.4.4 Mitarbeiterführung — 378
- Übungs- und Prüfungsaufgaben — 387

2.5 Finanzierung ... 392

- 2.5.1 Begriff und Aufgaben der Finanzierung ... 392
- 2.5.2 Grundlagen der Investitions-, Finanz- und Liquiditätsplanung ... 392
- 2.5.3 Investitions- und Finanzierungsanlässe im Handwerksbetrieb ... 396
- 2.5.4 Arten der Finanzierung ... 397
- 2.5.5 Kapitalbedarfsermittlung, Finanzierungsplan, Finanzierungsregeln ... 411
- 2.5.6 Beratungs- und Informationsmöglichkeiten in Finanzierungsfragen ... 414
- 2.5.7 Zahlungsverkehr ... 414
- Übungs- und Prüfungsaufgaben ... 423

2.6 Planung ... 431

- 2.6.1 Unternehmenszielsystem und Unternehmensplanung ... 431
- 2.6.2 Planungsbereiche und deren Abstimmung ... 434
- 2.6.3 Planungsphasen ... 435
- 2.6.4 Planungsinstrumente ... 438
- 2.6.5 Kontrolle ... 441
- 2.6.6 Risikovorsorge ... 442
- Übungs- und Prüfungsaufgaben ... 444

2.7 Gründung ... 448

- 2.7.1 Unternehmenskonzept ... 448
- 2.7.2 Markt- und Standortanalyse ... 452
- 2.7.3 Rechtsfragen bei der Gründung ... 455
- 2.7.4 Wahl der Rechtsform ... 460
- 2.7.5 Planung der Gründung ... 461
- 2.7.6 Einführung am Markt ... 479
- 2.7.7 Betriebsübernahme, Betriebsbeteiligung ... 481
- 2.7.8 Beispiel eines Businessplanes ... 498
- 2.7.9 Beratungsleistungen zur Betriebsgründung und Betriebsübernahme, Lehrgänge, Literatur ... 500
- 2.7.10 Mitgliedschaft bei Berufsorganisationen ... 501
- Übungs- und Prüfungsaufgaben ... 503

Lösungen zu den Übungs- und Prüfungsaufgaben — 515
Stichwortverzeichnis — 517

1 Handlungsfeld: Grundlagen des Rechnungswesens und Controllings

Vorbemerkung

Das betriebliche Rechnungswesen umfasst folgende Zweige:

> Buchführung und Jahresabschluss
  - Buchführung
  - Inventar
  - Jahresabschluss und dessen Auswertung
  - Sonder- und Zwischenbilanzen
> Kostenrechnung
  - Kosten- und Leistungsrechnungssysteme
  - Kalkulation
> Planungsrechnung
  - Finanzierung von Investitionsvorhaben
  - Prüfung der Rentabilität neuer Produktionsverfahren

Zweige des Rechnungswesens

> Wesentliche Aufgaben des Rechnungswesens sind:
>
> > die Wirtschaftlichkeit und den Erfolg des betrieblichen Geschehens zu kontrollieren sowie
> > dem Betriebsinhaber wichtige Informationen für seine Entscheidungen zu liefern.
>
> Insgesamt liefert das Rechnungswesen aber nicht nur Informationen für Betriebsinhaber und Mitarbeiter (betriebsintern), sondern auch für Banken, Geschäftspartner, Finanzamt und Öffentlichkeit (betriebsextern).

Das Rechnungswesen ist damit einerseits erforderlich

> aus betriebswirtschaftlichen Erwägungen für die notwendigen Informationen

und andererseits

> aus rechtlichen Gründen wegen bestimmter Anforderungen an den Unternehmer, die ein ordnungsmäßiges Rechnungswesen voraussetzen.

1.1 Buchführung

1.1.1 Aufgaben und gesetzliche Regelungen

1.1.1.1 Aufgaben der Buchführung

Auch wenn sie manchmal nur als notwendiges Übel betrachtet wird, so muss sich doch jeder Betriebsinhaber darüber klar sein, dass eine den jeweiligen Anforderungen des Betriebes entsprechende Buchführung der wichtigste und sozusagen

Basiszweig der Basiszweig des gesamten betrieblichen Rechnungswesens ist. Dabei geht es darum, konsequent und lückenlos alle Geschäftsvorfälle festzuhalten. Die Buchführung ist die Basis des gesamten Rechnungswesens. Aus ihr werden die anderen Zweige des Rechnungswesens entwickelt.

> Eine optimale Buchführung ist für alle Betriebe aus betriebswirtschaftlichen und für viele auch aus handelsrechtlichen und steuerrechtlichen Gründen zwingend notwendig.

```
                        Buchführung
                       /           \
    Unterlagen für betriebliche    Beweismittel
         Dispositionen
```

Unterlagen für betriebliche Dispositionen:
- Übersicht über die Vermögens- und Ertragslage
- Kapitalbeschaffung und Finanzierung
- Planung und Kontrolle
- Statistik
- Kalkulation
- Betriebsvergleich, Verlustquellenforschung
- Wirtschaftlichkeitsuntersuchungen
- Bilanzanalyse, Bilanzkritik, Kennzahlen
- Informationen für die Unternehmensführung

Beweismittel:
- Besteuerungsgrundlagen
- Steuerstreitigkeiten
- Erwerb eines Betriebes
- Insolvenzverfahren
- Vermögensauseinandersetzungen
- Erbauseinandersetzungen
- Rechtsstreitigkeiten
- Gesellschaftsgründungen

1.1.1.2 Gesetzliche Regelungen

Allgemeine Hinweise

Die Verpflichtung zu Buchführung und Bilanzierung ergibt sich aus verschiedenen Vorschriften.

```
                        Rechnungslegung
              /                  |                    \
   Handelsrechtliche      Steuerrechtliche      Internationale Rechnungs-
    Bestimmungen           Bestimmungen          legungsstandards
                          /          \
            Abgeleitete Buchführungspflicht    Originäre Buchführungspflicht
```

Grundsätze ordnungsmäßiger Buchführung (GoB) Bei der Rechnungslegung und der Aufstellung des Jahresabschlusses sind generell die Grundsätze ordnungsmäßiger Buchführung zu beachten.

1.1.1 Aufgaben und gesetzliche Regelungen

Handelsrechtliche Bestimmungen

> Grundsätzlich ist nach § 238 HGB „jeder Kaufmann verpflichtet, Bücher zu führen". Wer Kaufmann ist, bestimmen die §§ 1–7 des HGB.

Dort wird ersichtlich, dass auch der Handwerker vielfach Kaufmann im Sinne des Gesetzes ist oder durch Eintragenlassen einer Firma im Handelsregister werden muss.

Firmen, die ins Handelsregister eingetragen sind, müssen in jedem Fall die handelsrechtlichen Buchführungsvorschriften beachten. Diese sind für die im Handwerk vorherrschenden Rechtsformen insbesondere geregelt in den §§ 238 ff., 257 ff. und 336 ff. HGB und dem § 41 GmbH-Gesetz.

Rechtliche Grundlagen

Die wesentlichen Bestimmungen beziehen sich auf:

> die Führung der Handelsbücher und das Inventar
- In den Büchern sind die Handelsgeschäfte und die Lage des Vermögens nach den Grundsätzen ordnungsmäßiger Buchführung ersichtlich zu machen.
- Von allen abgesandten Handelsbriefen müssen Wiedergaben (zum Beispiel in Form einer Kopie) zurückbehalten werden.

> die Eröffnungsbilanz und den Jahresabschluss
- Der Kaufmann hat die Pflicht, einen Abschluss durch Gegenüberstellung des Vermögens und der Schulden sowie eine Gewinn- und Verlustrechnung durch Gegenüberstellung der Aufwendungen und Erträge, jeweils nach den Grundsätzen ordnungsmäßiger Buchführung, aufzustellen; dabei gilt es, das Verrechnungsverbot (keine Verrechnung der Posten der Aktiv- und der Passivseite der Bilanz sowie der Aufwendungen und Erträge in der Gewinn- und Verlustrechnung) sowie die Notwendigkeit der Bildung von Rückstellungen und Rechnungsabgrenzungen zu beachten.

Verrechnungsverbot

- Der Jahresabschluss ist vom Betriebsinhaber unter Angabe des Datums zu unterzeichnen.

> die Bilanzansätze und die Bewertung
- Für Bilanzansätze sowie die Bewertung der Vermögensgegenstände und Schulden gelten einschlägige Bestimmungen. (Näheres hierzu unter 1.2.2 „Spielräume bei Ansatz und Bewertung".)

> die Aufbewahrung und Vorlage von Aufzeichnungen
- Der Kaufmann ist verpflichtet, seine Unterlagen geordnet aufzubewahren: und zwar Bücher, Inventare, Eröffnungsbilanzen, Jahresabschlüsse, Lageberichte sonstige Organisationsunterlagen und Belege 10 Jahre sowie Handelsbriefe 6 Jahre.

Aufbewahrungsfristen

Nach dem Gesetz zur Modernisierung des Bilanzrechts 2009 sind Einzelkaufleute und Personenhandelsgesellschaften, die an den Abschlussstichtagen von zwei aufeinander folgenden Geschäftsjahren nicht mehr als 500.000,00 EUR Umsatzerlöse und 50.000,00 EUR Jahresüberschuss ausweisen, von der Verpflichtung zur Buchführung, Inventur und Bilanzierung nach handelsrechtlichen Vorschriften befreit. Die §§ 238 bis 241 HGB sind somit hier nicht anzuwenden. Die Bilanzierungserleichterungen können – soweit möglich – bereits für das Geschäftsjahr 2008 in Anspruch genommen werden.

1.1 Buchführung

Steuerrechtliche Vorschriften

Abgeleitete Buchführungspflicht

Die Buchführung bildet auch die wichtigste Unterlage für die Ermittlung der Besteuerungsgrundlagen. Daher sind die Aufzeichnungen auch aus steuerlichen Gründen erforderlich. Grundsätzlich gilt, dass derjenige, der bereits nach anderen Gesetzen, insbesondere nach dem HGB, Bücher und Aufzeichnungen zu führen hat, diese Verpflichtungen auch für die Besteuerung erfüllen muss (sogenannte abgeleitete Buchführungspflicht). Die abgeleitete Buchführungspflicht beginnt mit dem Zeitpunkt des Erwerbs der Kaufmannseigenschaft. Mit deren Verlust endet die Buchführungspflicht.

> Eine originäre, also eigenständig begründete Buchführungspflicht nach Steuerrecht besteht für alle Unternehmer und Unternehmen, wenn
>
> - Umsätze, einschließlich der steuerfreien, von mehr als 500.000,00 EUR im Kalenderjahr oder
> - ein Gewinn aus Gewerbebetrieb von mehr als 50.000,00 EUR im Wirtschaftsjahr
>
> gegeben sind.

Die Gewinngrenze von 50.000,00 EUR ist auf Gewinne der Wirtschaftsjahre anzuwenden, die nach dem 31.12.2007 beginnen.

Das Finanzamt ist verpflichtet, den Betrieb auf den Beginn der Buchführungspflicht hinzuweisen. Die Mitteilung soll dem Steuerpflichtigen mindestens einen Monat vor Beginn des Wirtschaftsjahres bekannt gegeben werden, von dessen Beginn die Buchführungspflicht zu beachten ist.

Rechtliche Grundlagen

Die entsprechenden Regelungen sind überwiegend in folgenden Gesetzen und Bestimmungen enthalten:

- §§ 4–7 k, 41 Einkommensteuergesetz als wichtigste steuerliche Buchführungsvorschriften
- §§ 140–148 Abgabenordnung
- § 22 Umsatzsteuergesetz in Verbindung mit §§ 63 ff. Umsatzsteuer-Durchführungs-Verordnung
- § 4 Lohnsteuer-Durchführungs-Verordnung

> Für alle gewerblichen Unternehmer besteht die Pflicht zur Führung des Wareneingangsbuches und des Warenausgangsbuches. Sie erübrigt sich für solche Unternehmer, die schon nach anderen Vorschriften zur Führung von Handelsbüchern oder vergleichbaren Aufzeichnungen verpflichtet sind und diese ordnungsgemäß führen.

> Aufzeichnung des Wareneingangs

Im Rahmen des Wareneingangs müssen alle Waren aufgezeichnet werden einschließlich der Rohstoffe, unfertigen Erzeugnisse, Hilfsstoffe und Zutaten, die der Unternehmer im Rahmen seines Gewerbebetriebes zur Weiterveräußerung oder zum Verbrauch entgeltlich oder unentgeltlich, für eigene oder fremde Rechnung erwirbt. Dies gilt auch dann, wenn die Waren vor der Weiterveräußerung oder

1.1.1 Aufgaben und gesetzliche Regelungen

dem Verbrauch be- oder verarbeitet werden sollen. Waren, die nach Art des Betriebes üblicherweise für den Betrieb zur Weiterveräußerung oder zum Verbrauch erworben werden, sind auch dann aufzuzeichnen, wenn sie für betriebsfremde Zwecke verwendet werden.

Aufzeichnungen des Wareneingangs
- Tag des Wareneingangs oder Datum der Rechnung
- Name oder Firma und Anschrift des Lieferers
- handelsübliche Bezeichnung der Ware
- Preis der Ware
- Hinweis auf den Beleg

Ergeben sich diese vorgeschriebenen Angaben aus der Buchführung, so gilt die Aufzeichnungspflicht als erfüllt. Nicht buchführende Betriebe haben ein Wareneingangsbuch zu führen.

> Aufzeichnung des Warenausgangs

Die Aufzeichnung des Warenausgangs ist bei gewerblichen Unternehmern erforderlich, die nach Art ihres Geschäftsbetriebes Waren regelmäßig an andere gewerbliche Unternehmer zur Weiterveräußerung oder zum Verbrauch als Hilfsstoffe liefern. Sie gilt ferner für alle Waren, die der Unternehmer auf Rechnung, durch Tausch, unentgeltlich oder gegen Barzahlung liefert, wenn die Ware wegen der abgenommenen Menge zu einem Preis veräußert wird, der niedriger ist als der übliche Preis für Verbraucher.

Aufzeichnungen des Warenausgangs
- Tag des Warenausgangs oder Datum der Rechnung
- Name oder Firma und Anschrift des Abnehmers
- handelsübliche Bezeichnung der Ware
- Preis der Ware
- Hinweis auf den Beleg

Buchführende Betriebe erfüllen, bei entsprechender Organisation, die Aufzeichnunugspflichten im Rahmen der Buchführung. Nicht buchführende Betriebe haben in der Regel ein Warenausgangsbuch zu führen.

Der Unternehmer muss über jeden Warenausgang einen Beleg erteilen, der diese Angaben sowie seinen Namen oder die Firma und seine Anschrift enthält. Ausnahmen hierzu sieht das Umsatzsteuergesetz vor. — Belegpflicht

> Aufzeichnungen für Zwecke der Umsatzsteuer

Nach den umsatzsteuerlichen Vorschriften müssen aus den Aufzeichnungen insbesondere zu ersehen sein:

> Die vereinbarten Entgelte für die vom Unternehmer ausgeführten Lieferungen und sonstigen Leistungen. Dabei ist ersichtlich zu machen, wie sich die Entgelte auf die steuerpflichtigen Umsätze, getrennt nach Steuersätzen, und auf die steuerfreien Umsätze verteilen.

1.1 Buchführung

> Die vereinnahmten Entgelte und Teilentgelte für noch nicht ausgeführte Lieferungen und sonstige Leistungen.
> Dabei ist ebenfalls ersichtlich zu machen, wie sich Entgelte und Teilentgelte verteilen.

> Die Bemessungsgrundlagen für die Entnahme eines Gegenstandes durch den Unternehmer für Zwecke, die außerhalb des Unternehmens liegen, unentgeltliche Zuwendung eines Gegenstandes durch den Unternehmer an sein Personal für dessen privaten Bedarf (sofern dies keine lohnsteuerfreien Aufmerksamkeiten sind).

> Die Entgelte für steuerpflichtige Lieferungen und sonstige Leistungen, die an den Unternehmer für sein Unternehmen ausgeführt worden sind, und die vor Ausführung dieser Umsätze gezahlten Entgelte und Teilentgelte sowie die auf Entgelte und Teilentgelte entfallenden Steuerbeträge; also alle Material- und Wareneinkäufe sowie Vorleistungen und die entsprechenden Vorsteuern.

> Die Bemessungsgrundlagen für die Einfuhr von Gegenständen sowie die dafür entrichtete oder zu entrichtende Einfuhrumsatzsteuer.

> Die Bemessungsgrundlagen für den innergemeinschaftlichen (Mitgliedstaaten der Europäischen Gemeinschaft) Erwerb von Gegenständen sowie die hierauf entfallenden Steuerbeträge.

Aufzeichnungserleichterungen

Der Gesetz- und Verordnungsgeber hat aus praktischen Erwägungen in gewissen Punkten Vereinfachungen der Aufzeichnungspflicht zugelassen. Für Betriebsinhaber sind dabei folgende Bestimmungen von besonderer Bedeutung:

> Sowohl auf der Verkaufs- wie auch auf der Einkaufsseite des Betriebes ist eine Bruttoaufzeichnung möglich; das heißt, das Entgelt oder Teilentgelt und der Steuerbetrag werden in einer Summe aufgezeichnet. Spätestens zum Schluss jedes Voranmeldungszeitraumes sind jedoch die Summe der Entgelte oder Teilentgelte und die auf sie entfallenden Steuerbeträge jeweils in einer Summe, getrennt nach den angewandten Steuersätzen, aufzuzeichnen.

> Dem Unternehmer, dem wegen der Art und des Umfangs des Geschäfts eine Trennung der Entgelte oder Teilentgelte nach Steuersätzen nicht zuzumuten ist, kann das Finanzamt auf Antrag gestatten, dass er sie nachträglich auf der Grundlage der Wareneingänge oder nach anderen Merkmalen trennt.

Kleinunternehmerregelung

Für Kleinunternehmer ist die Aufzeichnungspflicht zudem stark eingeschränkt. Wenn bei einem Unternehmer der Umsatz inklusive der darauf entfallenden Umsatzsteuer im vorangegangenen Kalenderjahr 17.500,00 EUR nicht überstiegen hat und im laufenden Kalenderjahr 50.000,00 EUR voraussichtlich nicht übersteigen wird, dann muss er lediglich Folgendes aufzeichnen:

> die Werte der erhaltenen Gegenleistungen für ausgeführte Lieferungen und sonstige Leistungen
> und
> die unentgeltliche Erbringung einer anderen sonstigen Leistung für Zwecke, die außerhalb des Unternehmens liegen, oder für den privaten Bedarf seines Personals.

1.1.1 Aufgaben und gesetzliche Regelungen

> **Führung von Lohnkonten**

> Für den Handwerksbetriebsinhaber ist ferner die Verpflichtung zur Führung von Lohnkonten von Bedeutung. Nach dem Einkommensteuerrecht hat jeder Arbeitgeber für jeden Arbeitnehmer und jedes Kalenderjahr ein Lohnkonto zu führen.

In dieses Lohnkonto sind zunächst die für den Lohnsteuerabzug erforderlichen Merkmale aus der Lohnsteuerkarte (ab 2011 wird die Lohnsteuerkarte aus Papier durch ein elektronisches Lohnsteuerverfahren ersetzt) zu übernehmen: Vorname, Familienname, Geburtstag, Wohnort, Wohnung, Steuerklasse, Zahl der Kinderfreibeträge, Religionsbekenntnis, die Gemeinde, die die Steuerkarte ausgestellt hat, das Finanzamt, in dessen Bezirk die Lohnsteuerkarte ausgestellt wurde, und gegebenenfalls eine besondere Kennzeichnung für Arbeitnehmer, die in der gesetzlichen Rentenversicherung versicherungsfrei oder von der Versicherungspflicht befreit sind, sowie steuerfreie Beträge. — *Lohnkonto*

Bei jeder Lohnabrechnung ist dann im Lohnkonto vor allem Folgendes aufzuzeichnen: — *Aufzeichnungen*

> Tag der Lohnzahlung und Lohnzahlungszeitraum
> Arbeitslohn, getrennt nach Barlohn und Sachbezügen, und die davon einbehaltene Lohnsteuer
> steuerfreie Bezüge sowie
> pauschal besteuerte Bezüge und die darauf entfallende Lohnsteuer

Arbeitgeber, die für die Lohnabrechnung ein maschinelles Verfahren anwenden, können auf Antrag von Teilaufzeichnungen freigestellt werden, wenn die Möglichkeit zur Nachprüfung in anderer Weise sichergestellt ist. — *Erleichterungen*

Arbeitgeber und Unternehmer sind grundsätzlich dazu verpflichtet, Lohnsteuer-Anmeldungen und Umsatzsteuer-Voranmeldungen auf elektronischem Weg an das Finanzamt zu senden. Die Formulare stehen unter www.elsterformular.de zum Download zur Verfügung. Seit 1. Januar 2006 können Bürger und Unternehmen Steuerformulare elektronisch und papierlos an das Finanzamt schicken. Die Unterschrift auf den Anträgen ersetzt dann ggf. ein Software-Zertifikat.

Internationale Rechnungslegungsstandards

Mit der zunehmenden Internationalisierung auch vieler mittelständischer Unternehmen gewinnt die Auseinandersetzung mit den internationalen Rechnungslegungsstandards (IFRS/IAS) an Bedeutung.
Seit dem 1. Januar 2005 sind kapitalmarktorientierte Unternehmen aufgrund einer EU-Verordnung zur Anwendung der internationalen Rechnungslegungsgrundsätze verpflichtet. Für nicht kapitalmarktorientierte Unternehmen besteht ein Wahlrecht zur Anwendung der internationalen Rechnungslegungsgrundsätze.
Die International Financial Reporting Standards (IFRS) und International Accounting Standards (IAS) sind also derzeit primär auf die Interessen von Investoren ausgerichtet. Die Informationsfunktion steht daher im Vordergrund.
Für den mittelständischen Handwerksbetrieb haben IFRS und IAS derzeit eher eine geringe Bedeutung, da das modernisierte HGB den Internationalen Rechnungslegungsstandards gleichwertig, aber deutlich kostengünstiger ist.

1.1 Buchführung

Grundsätze ordnungsmäßiger Buchführung (GoB)

Grundregel

Aus dem Handelsrecht, dem Steuerrecht, der Rechtsprechung, Empfehlungen, Erlassen und Gutachten von Behörden und Verbänden, Gepflogenheiten der Praxis und aus der wissenschaftlichen Diskussion haben sich im Laufe der Zeit bestimmte Regeln für die Rechnungslegung herausgebildet. Sie bilden heute die allgemeine Grundlage für Buchführung und Bilanzierung und sind verbindlich anzuwenden. Als Grundregel gilt:

> Die Buchführung muss so beschaffen sein, dass sie einem sachverständigen Dritten innerhalb angemessener Zeit einen Überblick über die Geschäftsvorfälle und über die Lage des Unternehmens vermitteln kann. Die Geschäftsvorfälle müssen sich in ihrer Entstehung und Abwicklung verfolgen lassen.

> Einzelregeln und -grundsätze

Im Einzelnen müssen für die Ordnungsmäßigkeit der Buchführung vom Handwerksbetriebsinhaber folgende Regeln und Grundsätze beachtet werden:

> Klarheit und Übersichtlichkeit
Dazu sind Eintragungen in einer lebenden Sprache und deren Schriftzeichen erforderlich. Werden Abkürzungen, Buchstaben, Ziffern oder Symbole verwendet, so muss deren Bedeutung im Einzelfall eindeutig festliegen.
> Vollständigkeit sowie materielle und formelle Richtigkeit
Dies bedeutet vor allem, dass alle Geschäftsvorfälle vollständig und wahrheitsgetreu dargestellt werden müssen. Eintragungen oder Aufzeichnungen dürfen auch nicht derart verändert werden, dass der ursprüngliche Inhalt nicht mehr feststellbar ist.
> Belegprinzip
Keine Buchung darf ohne Beleg erfolgen, so dass sämtliche Buchungen jederzeit nachprüfbar sind. Als Belege dienen beispielsweise Eingangsrechnungen, Ausgangsrechnungen, Kassenbelege, Bankauszüge, Lohnlisten und anderes. Ist kein Fremdbeleg vorhanden, so ist ein Eigenbeleg zu erstellen.
> Rechtzeitige und geordnete Buchung
Buchungen und sonst erforderliche Aufzeichnungen sind zeitgerecht und geordnet vorzunehmen. Kasseneinnahmen und Kassenausgaben sollen in der Regel täglich festgehalten werden.

Datenträger

Die Bücher und die sonst erforderlichen Aufzeichnungen können dabei auch in der geordneten Ablage von Belegen bestehen oder auf Datenträgern geführt werden. Im letztgenannten Fall muss jedoch sichergestellt sein, dass die Daten während der Aufbewahrungsfrist verfügbar sind und jederzeit innerhalb angemessener Frist lesbar gemacht und maschinell ausgewertet werden können. Auf Verlangen der Finanzbehörde muss der gewerbliche Unternehmer Unterlagen unverzüglich ganz oder teilweise ausdrucken lassen oder den Datenträger zur Auswertung überlassen. Die Möglichkeit der Aufbewahrung auf Bildträgern oder anderen Datenträgern gilt jedoch nicht für Eröffnungsbilanzen und Jahresabschlüsse.
> Einhaltung der Aufbewahrungsfristen

Beginn

Die Aufbewahrungsfrist beginnt jeweils mit dem Schluss des Kalenderjahres, in dem die letzte Eintragung in das Buch gemacht, das Inventar, die Eröffnungsbi-

1.1.1 Aufgaben und gesetzliche Regelungen

lanz, der Jahresabschluss oder der Lagebericht aufgestellt, der Handels- oder Geschäftsbrief empfangen oder abgesandt worden oder der Buchungsbeleg entstanden ist, ferner die Aufzeichnung vorgenommen worden ist oder die sonstigen Unterlagen entstanden sind. Die Aufbewahrungsfrist läuft nicht ab, soweit und solange Unterlagen noch für Steuern von Bedeutung sind, für die die Steuerfestsetzungsfrist noch nicht abgelaufen ist.

```
                  Unterlagen der Buchführung und Aufbewahrungsfristen
   ┌──────────────┬──────────────┬──────────────┬──────────────┬──────────────┐
   ▼              ▼              ▼              ▼              ▼              ▼
 Bücher, Auf-   Buchungs-    Wiedergaben    empfangene      sonstige
 zeichnungen,   belege       der abgesand-  Handels-        Unterlagen
 Inventare, Jah-             ten Handels-   und Geschäfts-  für die
 resabschlüsse,              und Geschäfts- briefe          Besteuerung
 Lageberichte,               briefe
 Eröffnungs-
 bilanz, Arbeits-
 anweisungen,
 Organisations-
 unterlagen
   │     │                        │      │              │
   ▼     ▼                        ▼      ▼              ▼
 10 Jahre  ◄── Aufbewahrungsfristen ──►   6 Jahre
```

Aufzeichnungen können auch auf Datenträgern aufbewahrt bzw. gespeichert werden (Archivierungsfunktion). Bei Bedarf müssen sie allerdings (z. B. bei Betriebsprüfung) in geeigneter Form am Bildschirm des PCs oder ausgedruckt verfügbar sein.

Da die Finanzverwaltung im Rahmen von Prüfungshandlungen Einblick in die EDV des Betriebes verlangen kann, muss auch die Software gemäß den Aufbewahrungsfristen erhalten werden, damit ein Zugang zu den entsprechenden Unterlagen und Dateien gewährleistet bleibt.

Weiterhin muss die Belegspeicherung sowie die Wiedergabe der Daten geordnet erfolgen und für einen fremden Dritten nachvollziehbar sein. Es muss sichergestellt sein, dass die Reproduktion immer mit dem Originalbeleg übereinstimmt.

Die System- und Verfahrensdokumentation muss so angelegt sein, dass ein sachverständiger Dritter in der Lage ist, das System und das Verfahren der Buchführung und der Archivierung innerhalb angemessener Zeit zu überprüfen und nachzuvollziehen.

> Diese Ordnungsvorschriften gelten im Übrigen auch dann, wenn der Unternehmer Bücher und Aufzeichnungen führt, die für die Besteuerung von Bedeutung sind, ohne hierzu verpflichtet zu sein.

Dies trifft beispielsweise zu, wenn ein gewerblicher Unternehmer – wie allgemein zu empfehlen – aus betriebswirtschaftlichen Erwägungen Bücher führt.

Hinsichtlich der steuerrechtlichen Aufzeichnungspflichten können die Finanzbehörden für einzelne Fälle oder für bestimmte Gruppen von Fällen Erleichterungen bewilligen. Sie werden jedoch nur gewährt, wenn die Einhaltung der Buchführungs-, Aufzeichnungs- und Aufbewahrungspflichten Härten mit sich bringt und

Erleichterungen

1.1 Buchführung

die Besteuerung durch die Erleichterung nicht beeinträchtigt wird. Solche Erleichterungen können auch rückwirkend bewilligt und widerrufen werden.

> Beratungsmöglichkeiten

> Bezüglich der genauen Einhaltung und der konkreten Erfordernisse der Grundsätze ordnungsmäßiger Buchführung sollte sich der gewerbliche Unternehmer von seinem Steuerberater beraten lassen.

Denn Verstöße gegen die Grundsätze ordnungsmäßiger Buchführung können beträchtliche Folgen nach sich ziehen.

> Folgen von Verstößen gegen die Buchführungs- und Aufzeichnungspflichten

> Erhebliche formelle Mängel haben zur Folge, dass keine ordnungsmäßige Buchführung vorliegt, so dass die Besteuerungsgrundlagen von den Finanzbehörden geschätzt werden. In der Regel kommt ein Unternehmer dabei immer schlechter weg. Weitere Folgen können Zwangsgeld, Geldbußen und Bestrafung sein.

Formelle Mängel bleiben allerdings dann ohne Folgen, wenn die Geschäftsvorfälle vollständig erfasst sind, sich in Entstehung und Abwicklung verfolgen lassen, das sachliche Ergebnis der Buchführung nicht beeinflusst wird und kein erheblicher Verstoß gegen die Aufbewahrungsvorschriften vorliegt.

Schätzung — Bei materiellen Mängeln in der Buchführung können je nach Schwere Fehlerberichtigung sowie Teil- oder Vollschätzung die Folge sein.

1.1.2 System der doppelten Buchführung

1.1.2.1 Überblick über Buchführungssysteme

Doppelte Buchführung

> Die doppelte Buchführung ermittelt den betrieblichen Erfolg auf zweifache Weise: durch die Bilanz und durch die Erfolgsrechnung. Sie umfasst die Bestände und deren Veränderungen einerseits sowie die erfolgswirksamen Aufwendungen und Erträge andererseits.

Darstellung des Betriebsablaufs — Dadurch erhält man insgesamt eine geschlossene Darstellung des wertmäßigen Betriebsablaufs. Die doppelte Buchführung setzt zwar umfangreiche Buchführungsarbeiten voraus, sie liefert damit aber auch die wesentlichen Grundlagen für die übrigen Bereiche des betrieblichen Rechnungswesens.

Einfache Buchführung

Dieses Buchführungssystem kennt nur die Verbuchung der Zu- und Abgänge in zeitlicher Abfolge. Der betriebliche Erfolg lässt sich durch die Gegenüberstellung des Vermögens am Anfang und Schluss einer Rechnungsperiode ermitteln. Diese Methode gibt jedoch keinen Aufschluss darüber, wie es über Aufwendungen und Erträge zu diesem Erfolg kommt, d. h. es fehlen die Informationen, wo mögliche Gewinn- und Verlustursachen liegen.

Kameralistische Buchführung

Die Aufgabe dieses Systems der Buchführung, das auch Behörden- oder Verwaltungsbuchführung genannt wird, besteht darin, geplanten Einnahmen und Ausgaben die dann tatsächlich eingetretenen Werte gegenüberzustellen.
Für Gewerbetreibende ist diese Form der Buchführung, die zudem weder Inventur noch Bewertung kennt, nicht geeignet.

Kriterien für die Auswahl des geeigneten Buchführungssystems

> Die Auswahl des geeigneten Buchführungssystems findet vorwiegend im Spannungsfeld zwischen Buchführungsaufwand und Aussagefähigkeit statt.

Aus Gründen der Aussagefähigkeit sollte nur die doppelte Buchführung gewählt werden. Der damit verbundene Mehraufwand bei den Buchungsarbeiten fällt heute immer weniger ins Gewicht, da diese Arbeiten auch bei der Mehrzahl der Handwerksbetriebe über die elektronische Datenverarbeitung (EDV) erledigt werden. Im Zweifel sollten der Steuerberater oder Berater der Handwerksorganisation zur Entscheidung hinzugezogen werden.

Aussagefähigkeit

1.1.2.2 Doppelte Buchführung

> Bei der doppelten Buchführung handelt es sich um die Darstellung der Geschäftsvorfälle in doppelter Weise. Jeder Geschäftsvorfall wird sozusagen nach seiner Herkunft und nach seiner Verwendung erfasst. Es handelt sich um eine Gegenüberstellung von Leistung und Gegenleistung. Daraus folgt, dass zu jeder Buchung eine Gegenbuchung gehört. Jeder Soll-Buchung entspricht eine Haben-Buchung. Beide müssen zahlenmäßig übereinstimmen.

Dabei wirken sich bei den Aktivkonten Vermögenszunahmen auf der Soll-Seite und Vermögensabnahmen auf der Haben-Seite aus. Bei den Kapitalkonten (Eigenkapital und Fremdkapital) werden dagegen die Zunahmen im Haben und die Abnahmen im Soll erfasst.

> Die doppelte Buchführung ist damit eine kombinierte Bestands- und Erfolgsrechnung. In ihr werden einerseits alle Anfangsbestände und Veränderungen an Vermögen und Verbindlichkeiten (Schulden) festgehalten. Die Werte des Bilanzstichtages werden dann in der Bilanz gegenübergestellt. Andererseits werden alle Aufwendungen und Erträge erfasst, die ihrerseits wiederum in die Gewinn- und Verlustrechnung eingehen.

Bestands- und Erfolgsrechnung

Die doppelte Buchführung bildet somit ein geschlossenes Bestands- und Erfolgsermittlungssystem. Sie verfügt dementsprechend über

> Bestandskonten
  - Aktivkonten (Vermögenskonten)
  - Passivkonten (Kapitalkonten, also Eigenkapital und Fremdkapital)
  und
> Erfolgskonten
  - Aufwandskonten
  - Ertragskonten.

Verbuchung der Geschäftsvorfälle

Durch die einzelnen Geschäftsvorfälle treten laufend Veränderungen auf, die Vermögen und Kapital beeinflussen. Hinsichtlich der Verbuchung der Geschäftsvorfälle werden folgende Grundformen unterschieden:

> Aktivtausch
Hier entspricht der Zugang auf einem Vermögenskonto dem Abgang auf einem anderen. Die Bilanzsumme bleibt deshalb unverändert.
> Passivtausch
Hier entspricht der Zugang auf einem Kapitalkonto dem Abgang auf einem anderen. Die Bilanzsumme bleibt gleichfalls unverändert.
> Bilanzverlängerung
Durch einen Geschäftsvorfall werden Aktivseite und Passivseite um den gleichen Betrag vermehrt. Dem Zugang auf einem Vermögenskonto entspricht auch ein Zugang auf einem Kapitalkonto und umgekehrt, so dass die Bilanzsumme insgesamt zunimmt.
> Bilanzverkürzung
Durch einen Geschäftsvorfall werden Aktivseite und Passivseite um den gleichen Betrag vermindert. Identische Abgänge auf Vermögens- und Kapitalkonten vermindern die Bilanzsumme.

In diesen vier Fällen wird das Betriebsvermögen umgeschichtet.

> Aufwendungen und Erträge beeinflussen das Eigenkapital; sie ändern damit das Betriebsvermögen.
> Gemischte Geschäftsvorfälle
Hiervon sind sowohl Aufwendungen und Erträge wie auch Bestände betroffen. Dies gilt beispielsweise für die Abschreibungen.

Beispiel:

Ein Handwerksmeister eröffnet zu Jahresbeginn sein Geschäft mit einem Bankguthaben von 10.000,00 EUR und einem Bestand an Vorräten von Roh-, Hilfs- und Betriebsstoffen über 20.000,00 EUR. Außerdem hat er Verbindlichkeiten aus Lieferungen und Leistungen in Höhe von 7.000,00 EUR sowie Wechselverbindlichkeiten über 8.000,00 EUR. Dies ergibt folgende einfache Anfangsbilanz:

1.1.2 System der doppelten Buchführung

Aktiva	Eröffnungsbilanz		Passiva
Roh-, Hilfs- und Betriebsstoffe	20.000,00	Eigenkapital	15.000,00
Bank	10.000,00	Verbindlichkeiten aus Lieferungen und Leistungen	7.000,00
		Wechselverbindlichkeiten	8.000,00
	30.000,00		30.000,00

Zum besseren Verständnis der Auswirkungen unterschiedlicher Geschäftsvorfälle kann man sich diese Ausgangsbilanz auch als Waage vorstellen. Diese Waage muss stets im Gleichgewicht sein, da die Summe der Aktiva und Passiva immer gleich groß sein muss.

Waage

Roh-, Hilfs- und Betriebsstoffe 20.000,00 EUR	Eigenkapital 15.000,00 EUR
Bank 10.000,00 EUR	Verbindlichkeiten aus Lieferungen und Leistungen 7.000,00 EUR
	Wechselverbindlichkeiten 8.000,00 EUR

Es treten nun folgende Geschäftsvorfälle auf:

Geschäftsvorfälle

a) Der Meister kauft Material für 3.000,00 EUR und zahlt per Banküberweisung.
b) Verbindlichkeiten aus Lieferungen und Leistungen in Höhe von 5.000,00 EUR werden in Wechselverbindlichkeiten umgewandelt.
c) Der Meister kauft Material auf Kredit in Höhe von 5.000,00 EUR.
d) Diese Verbindlichkeiten werden per Banküberweisung getilgt.
e) Der Meister überweist an das Finanzamt für Gewerbesteuer 1.000,00 EUR.
f) Der Meister bekommt für eine Leistung 2.000,00 EUR, die vom Kunden per Bank überwiesen werden.
g) Der Materialverbrauch beträgt für die gesamte Rechnungsperiode 4.000,00 EUR.

1.1 Buchführung

In der per Waage dargestellten Bilanz haben diese Geschäftsvorfälle folgende Auswirkungen:

Aktivtausch
a) Hier handelt es sich um einen Aktivtausch.

Roh-, Hilfs- und		Eigenkapital	15.000,00 EUR
Betriebsstoffe	20.000,00 EUR	Verbindlichkeiten	
	+ 3.000,00 EUR	aus Lieferungen	
	23.000,00 EUR	und Leistungen	7.000,00 EUR
Bank	10.000,00 EUR	Wechsel-	
	− 3.000,00 EUR	verbindlichkeiten	8.000,00 EUR
	7.000,00 EUR		

Passivtausch
b) Hier handelt es sich um einen Passivtausch.

Roh-, Hilfs- und		Eigenkapital	15.000,00 EUR
Betriebsstoffe	23.000,00 EUR	Verbindlichkeiten	
		aus Lieferungen	
		und Leistungen	7.000,00 EUR
Bank	7.000,00 EUR		− 5.000,00 EUR
			2.000,00 EUR
		Wechsel-	
		verbindlichkeiten	8.000,00 EUR
			+ 5.000,00 EUR
			13.000,00 EUR

Bilanz-
verlängerung
c) Dieser Geschäftsvorfall hat eine Bilanzverlängerung zur Folge.

Roh-, Hilfs- und		Eigenkapital	15.000,00 EUR
Betriebsstoffe	23.000,00 EUR	Verbindlichkeiten	
	+ 5.000,00 EUR	aus Lieferungen	
	28.000,00 EUR	und Leistungen	2.000,00 EUR
Bank	7.000,00 EUR		+ 5.000,00 EUR
			7.000,00 EUR
		Wechsel-	
		verbindlichkeiten	13.000,00 EUR

1.1.2 System der doppelten Buchführung

d) Dieser Geschäftsvorfall hat eine Bilanzverkürzung zur Folge. — Bilanzverkürzung

Roh-, Hilfs- und Betriebsstoffe	28.000,00 EUR	Eigenkapital	15.000,00 EUR
Bank	7.000,00 EUR	Verbindlichkeiten aus Lieferungen und Leistungen	7.000,00 EUR
	− 5.000,00 EUR		− 5.000,00 EUR
	2.000,00 EUR		2.000,00 EUR
		Wechselverbindlichkeiten	13.000,00 EUR

e) Dieser Aufwand beeinflusst das Eigenkapital und führt zu einer Bilanzverkürzung. — Bilanzverkürzung

Roh-, Hilfs- und Betriebsstoffe	28.000,00 EUR	Eigenkapital	15.000,00 EUR
			− 1.000,00 EUR
			14.000,00 EUR
Bank	2.000,00 EUR	Verbindlichkeiten aus Lieferungen und Leistungen	2.000,00 EUR
	− 1.000,00 EUR		
	1.000,00 EUR	Wechselverbindlichkeiten	13.000,00 EUR

f) Dieser Ertrag beeinflusst das Eigenkapital und führt zu einer Bilanzverlängerung. — Bilanzverlängerung

Roh-, Hilfs- und Betriebsstoffe	28.000,00 EUR	Eigenkapital	14.000,00 EUR
			+ 2.000,00 EUR
			16.000,00 EUR
Bank	1.000,00 EUR	Verbindlichkeiten aus Lieferungen und Leistungen	2.000,00 EUR
	+ 2.000,00 EUR		
	3.000,00 EUR	Wechselverbindlichkeiten	13.000,00 EUR

Bilanzverkürzung g) Vom Materialaufwand ist sowohl das Eigenkapital betroffen wie auch der Bestand an Vorräten. Die Bilanz wird dadurch verkürzt.

```
Roh-, Hilfs- und                    Eigenkapital        16.000,00 EUR
Betriebsstoffe   28.000,00 EUR                         – 4.000,00 EUR
                – 4.000,00 EUR                          12.000,00 EUR
                 24.000,00 EUR      Verbindlichkeiten
Bank              3.000,00 EUR      aus Lieferungen
                                    und Leistungen       2.000,00 EUR
                                    Wechsel-
                                    verbindlichkeiten   13.000,00 EUR
```

Bereits durch diese sieben Geschäftsvorfälle ergeben sich Aktiva und Passiva, die vollkommen anders sind als bei der Geschäftseröffnung.

Schlussbilanz Die Schlussbilanz hätte dann folgendes Bild:

Aktiva		**Schlussbilanz**	Passiva
Roh-, Hilfs- und Betriebsstoffe	24.000,00	Eigenkapital	12.000,00
Bank	3.000,00	Verbindlichkeiten aus Lieferungen und Leistungen	2.000,00
		Wechselverbindlichkeiten	13.000,00
	27.000,00		27.000,00

Eigenkapitalermittlung Das Beispiel macht auch deutlich, dass es zwei Wege der Eigenkapitalermittlung gibt, nämlich:

> Eigenkapital = Aktiva ∕ Passiva = Roh-, Hilfs- und Betriebsstoffe 24.000,00 EUR + Bank 3.000,00 EUR ∕ Verbindlichkeiten aus Lieferungen und Leistungen 2.000,00 EUR ∕ Wechselverbindlichkeiten 13.000,00 EUR = 12.000,00 EUR und
> Eigenkapital = Anfangsbestand 15.000,00 EUR ∕ Aufwendungen 5.000,00 EUR + Ertrag 2.000,00 EUR = 12.000,00 EUR

Gegenseitige Kontrolle In dieser Möglichkeit, das Eigenkapital am Jahresschluss auf zwei Wegen ermitteln zu können, liegt einer der Hauptvorteile der doppelten Buchführung. Die Buchungen kontrollieren sich sozusagen gegenseitig. Führen die beiden Verfahren nicht zum selben Ergebnis, so sind mit Sicherheit Buchungsfehler unterlaufen.

1.1.2.3 Grundlagen und wesentliche Arbeitsschritte

Konto, Kontenarten, Kontenrahmen, Kontenplan

> Konto

> Das Konto ist in der Buchführung die übliche Darstellungsform für die Geschäftsvorfälle. Jedes Konto hat zwei Seiten, eine Soll-Seite und eine Haben-Seite. Die Buchung auf der Haben-Seite wird auch Gutschrift und die auf der Soll-Seite Belastung genannt.

Schema eines Kontos

	Konto
Soll	Haben
Belastung	Gutschrift

> Kontenarten

> Man unterscheidet zunächst zwischen
>
> > Personenkonten
> > und
> > Sachkonten.
>
> Personenkonten sind Konten der Kunden („Forderungen aus Lieferungen und Leistungen") und der Lieferanten („Verbindlichkeiten aus Lieferungen und Leistungen").
> Innerhalb der Sachkonten wird unterteilt nach:
>
> > Bestandskonten
> > - Vermögens- oder Aktivkonten
> > - Verbindlichkeiten- (Schuld-) oder Passivkonten
> > Erfolgskonten
> > - Aufwandskonten
> > - Ertragskonten

Personenkonten

Sachkonten

Bestandskonten

Erfolgskonten

Wichtige Aktiv- oder Vermögenskonten sind zum Beispiel:
Betriebsgebäude, Maschinen, Werkzeuge, Fahrzeuge, Betriebs- und Geschäftsausstattung, Roh-, Hilfs- und Betriebsstoffe, Forderungen aus Lieferungen und Leistungen, Kasse, Bank, aktive Rechnungsabgrenzung.

Zu den Verbindlichkeiten- oder Passivkonten zählen insbesondere:
Eigenkapital, Rückstellungen, Verbindlichkeiten gegenüber Kreditinstituten, Verbindlichkeiten aus Lieferungen und Leistungen, sonstige Verbindlichkeiten, passive Rechnungsabgrenzung.

Aufwandskonten sind unter anderem:
Materialaufwand (Materialeinsatz), Löhne und Gehälter, gesetzliche soziale Aufwendungen, Abschreibungen, Versicherungen, Beiträge, Zinsaufwendungen, betriebliche Steuern.

Auf Ertragskonten werden vor allem erfasst:
Umsatzerlöse, Zinserträge, sonstige betriebliche Erträge.

> **Kontenrahmen**

Um eine klare und übersichtliche Buchführung entsprechend den Grundsätzen ordnungsmäßiger Buchführung sicherzustellen, wird in der Praxis auf Kontenrahmen zurückgegriffen. Sie legen fest, wie einzelne Geschäftsvorfälle zu verbuchen sind.

Kontenrahmen sind ein Organisations- und Gliederungsschema für das gesamte betriebliche Rechnungswesen. Sie sollen vor allem eine einheitliche Ausrichtung der Buchführungsorganisation ermöglichen, indem sie festlegen, wie die einzelnen Geschäftsvorfälle verbucht werden. Für die gesamte deutsche Wirtschaft wurde der sogenannte Gemeinschaftskontenrahmen entworfen. Er ist nach dem Dezimalsystem aufgebaut, das heißt, es gibt 10 Kontenklassen, diese werden wiederum in bis zu 10 Kontengruppen unterteilt und diese wiederum bei Bedarf in jeweils bis zu 10 Untergruppen. Auf die 10 Kontenklassen werden die einzelnen Bestandskonten, Erfolgskonten und die Abschlusskonten verteilt.

Gemeinschaftskontenrahmen

Auf der Basis dieses Gemeinschaftskontenrahmens wurden spezielle Kontenrahmen für einzelne Wirtschaftsbereiche – darunter auch für das Handwerk – entwickelt. Aus diesem Einheitskontenrahmen für das Handwerk wurden wiederum Fachkontenrahmen für einzelne Branchen ausgearbeitet.

Spezielle Kontenrahmen

Fachkontenrahmen

Von besonderer Bedeutung sind heute die Kontenrahmen der DATEV für Einzelfirmen und Personengesellschaften sowie für Kapitalgesellschaften, die von sehr vielen Steuerberatern für ihre Mandanten eingesetzt werden. Diese Kontenrahmen berücksichtigen die Bilanzierungsvorschriften. Die DATEV bietet rund 20 Spezialkontenrahmen an, die branchentypische und branchenspezifische Erfordernisse berücksichtigen. Die DATEV führt darunter auch einen speziellen Kontenrahmen für das Handwerk.

DATEV-Kontenrahmen

Beispiel für die Gliederung eines Kontenrahmens (hier DATEV-Kontenrahmen SKR 03 und SKR 04, wobei Version 03 nach dem Prozessgliederungsprinzip aufgebaut ist und Version 04 nach dem Abschlussprinzip):

	SKR 03	SKR 04
Klasse 0	Anlage- und Kapitalkonten	Anlagevermögenskonten
Klasse 1	Finanz- und Privatkonten	Umlaufvermögenskonten
Klasse 2	Abgrenzungskonten	Eigenkapitalkonten / Fremdkapitalkonten (Kapital, Privat, Rücklagen, Sonderposten mit Rücklagenanteil)
Klasse 3	Wareneingangs- und Bestandskonten	Fremdkapitalkonten (Rückstellungen, Verbindlichkeiten, Rechnungsabgrenzungsposten)
Klasse 4	Betriebliche Aufwendungen	Betriebliche Erträge
Klasse 5	nicht belegt (für die Kostenrechnung nutzbar)	Betriebliche Aufwendungen (Materialaufwand, Aufwendungen für bezogene Leistungen)

1.1.2 System der doppelten Buchführung

	SKR 03	SKR 04
Klasse 6	nicht belegt (für die Kostenrechnung nutzbar)	Betriebliche Aufwendungen (Personalaufwand, Abschreibungen, sonstige betriebliche Aufwendungen, kalkulatorische Kosten)
Klasse 7	Bestände an Erzeugnissen	weitere Erträge und Aufwendungen
Klasse 8	Erlöskonten	nicht belegt
Klasse 9	Vortragskonten	Vortrags-, Kapital- und statistische Konten

Als Beilage wird beispielhaft ein Kontenrahmen auf der Basis des SKR 04 (gültig ab 2009) dargestellt, der Konten enthält, die in der Regel für einen Handwerksbetrieb von Bedeutung sind. Der Einsatz in der Praxis ist von den betriebsindividuellen Gegebenheiten (Größe, Branche etc.) abhängig. Je größer ein Betrieb ist, desto tiefer gegliedert wird in der Regel der Kontenrahmen sein, an dem er sich orientiert. Dabei werden die im SKR 04 üblichen Kontenbezeichnungen zugrunde gelegt. In diesem Buch werden jedoch auch Kontenbezeichnungen und Zusammenfassungen verwendet, die in der „Kaufmanns-Alltagssprache" gebräuchlicher sind oder sich aus den Vorschriften des HGB ergeben.

> Kontenplan

> Für den einzelnen Betrieb ist auf der Basis des gewählten Kontenrahmens eine betriebsindividuelle systematische Gliederung der Konten zu erstellen (Kontenplan). Er gewährleistet eine übersichtliche Buchführungsorganisation.

Dabei ist darauf zu achten, dass die Zahl der anzulegenden Konten in einem angemessenen Verhältnis zur Betriebsgröße und zu den betrieblichen Gegebenheiten und Anforderungen steht. Auf jeden Fall aber müssen die Konten ausreichen, um eine ordnungsmäßige Buchführung sicherzustellen.
Deshalb wird empfohlen, den einzelbetrieblichen Kontenplan von einem Fachmann, etwa dem Steuerberater, erstellen zu lassen, zumindest aber einen fachkundigen Berater hinzuzuziehen.

Konteneröffnung

> Die Konteneröffnung beinhaltet die Einrichtung sämtlicher benötigter Konten sowie die Übernahme vorhandener Anfangsbestände.

Dabei steht der Anfangsbestand bei Aktivkonten im Soll und bei Passivkonten im Haben.

Anfangsbestand

Soll	Aktivkonto	Haben		Soll	Passivkonto	Haben
Anfangsbestand						Anfangsbestand

1.1.2.4 Belege, Buchungsregeln, Vorkontierung und Verbuchung der laufenden Geschäftsvorfälle

Belege

Entsprechend des schon erwähnten Belegprinzips „Keine Buchung ohne Beleg" sind Belege wie Quittungen, Rechnungen u. v. a. die unerlässliche Grundlage für jede Buchung.

Buchungsregeln

Fragestellungen

> Anhand der Belege ist zu überlegen:
> - Welche Konten werden berührt?
> - Um was für Konten handelt es sich dabei?
> - Liegt ein Zugang oder ein Abgang vor?
> - Auf welche Kontenseite ist danach zu buchen?

Man kann sich als feste Regeln einprägen:

Regel 1

> Aktivkonten: Anfangsbestände und Zugänge auf der linken, Abgänge auf der rechten Seite
> Passivkonten: Anfangsbestände und Zugänge auf der rechten, Abgänge auf der linken Seite
> Aufwandskonten: Zugänge links, Abgänge rechts
> Ertragskonten: Zugänge rechts, Abgänge links.

Die heute übliche Form ist die Bildung von Buchungssätzen.

Regel 2

> Dabei wird das Konto zuerst genannt, bei dem im Soll gebucht wird, und durch „an" mit dem Konto verbunden, bei dem im Haben gebucht wird.

■ Beispiel:

„Verbindlichkeiten aus Lieferungen und Leistungen **an** Bank."
Vielfach werden dabei auch nur die entsprechenden Nummern aus dem Kontenrahmen genannt; also nach dem dargestellten Kontenrahmen SKR 04: 3310 an 1800
Hierfür ist allerdings zum besseren Verständnis Voraussetzung, dass man auch die vorher genannten Regeln kennt.

■ Beispiel:

Anwendung der Buchungsregeln

Zu verbuchen ist folgender Geschäftsvorfall: Ein Handwerksmeister kauft eine Maschine im Wert von 3.000,00 EUR und bezahlt nach 4 Wochen per Banküberweisung.

Buchungsregel 1: Das Konto Maschinen ist ein Aktivkonto,
also Buchung eines Zugangs links;
das Konto Verbindlichkeiten aus Lieferungen und
Leistungen ist ein Passivkonto,
also Buchung eines Zugangs rechts;
beim Zahlungsvorgang nach 4 Wochen Buchung
des Abgangs auf dem Konto Verbindlichkeiten aus
Lieferungen und Leistungen links;
das Konto Bank ist ein Aktivkonto,
also Buchung eines Abgangs rechts.

Buchungsregel 2: Maschinen an Verbindlichkeiten aus Lieferungen und
Leistungen;
nach 4 Wochen: Verbindlichkeiten aus Lieferungen
und Leistungen an Bank.

Beide Regeln führen dann zu folgender Kontendarstellung:

Soll (Zugang)	Maschinen	Haben (Abgang)
3.000,00		

Soll (Abgang)	Verbindlichkeiten aus Lieferungen und Leistungen	Haben (Zugang)
3.000,00		3.000,00

Soll (Zugang)	Bank	Haben (Abgang)
		3.000,00

> **Vorkontierung und Verbuchung der laufenden Geschäftsvorfälle**

> Der Kontenplan ist ein wichtiges Hilfsmittel für die Vorkontierung. Darunter versteht man, dass bereits auf den Belegen die für die Verbuchung notwendigen Konten vermerkt werden.

In der Praxis geschieht dies zum Beispiel mittels eines Stempels, der Platz für entsprechende Eintragungen vorsieht.

Die endgültige Verbuchung der laufenden Geschäftsvorfälle, also die Übertragung in das jeweilige Konto, wird durch diese Buchungsanweisungen erheblich erleichtert.

1.1 Buchführung

> Beispiele für die Kontierung von Belegen

Rechnung   **Kfz-Reparatur Hans Mustermann e. K.**
Ihr fairer Partner

Musterstraße 1
80000 Musterhausen
Tel. 089/12345678
Fax 089/12345679
E-Mail: info@kfz-mustermann.de
Internet: www.kfz-mustermann.de

Herrn
Lothar Schober
Schoberweg 1

80001 Musterheim

Datum: 2009-01-10
Rechnung-Nr: 2009-0002

Artikel-Nummer	Menge	Bezeichnung	Einzelpreis EUR	Gesamtpreis EUR
122-334	1	Unfallinstandsetzungsarbeiten gemäß gesondertem Bericht (Fertigstellung der Arbeiten am 09.01.2009)	4.240,00	4.240,00
		ZWISCHENSUMME		4.240,00
		19 % Umsatzsteuer		805,60
		GESAMT		5.045,60

Zahlungsbedingung: Zahlbar sofort ohne Abzug

VIELEN DANK FÜR IHREN AUFTRAG!

USt-Id-Nr. DE 111222333   München Bank
Steuer-Nummer 123/234/00456   (BLZ 700 001 00) Kto. Nr. 121255

Bei dieser Rechnung hat der Buchungsstempel folgendes Aussehen:

Soll		Haben	
1210 (Forderungen aus Lieferungen und Leistungen)	5.045,60	4400 (Erlöse 19 %)	4.240,00
		3806 (Umsatzsteuer 19 %)	805,60

1.1.2 System der doppelten Buchführung

Entnahmebeleg Kasse

Buchhaltung

Kassenbeleg-Nr. 7

Von Herrn Hans Mustermann privat entnommen:

800,00 EUR

München, 17.03.2009   *Mustermann*

Für den Entnahmebeleg Kasse ist folgender Buchungsvorgang notwendig:

Soll		Haben	
2100 (Privatentnahmen allgemein)	800,00	1600 (Kasse)	800,00

Original

Quittung Nr.

EUR ☒ ___ ☐	Betrag in Ziffern	
Nettowert	34	70
+ 19 % MwSt.	6	59
Gesamtbetrag	41	29

Gesamtbetrag in Worten

von   Herrn Klaus Mustermair

für   Büromaterial

richtig erhalten zu haben, bestätigt

Büro Center Mustermann
Augsburger Str. 4
80423 München

Schober

Ort/Datum   München, 04.04.2009   Stempel/Unterschrift des Empfängers

Gebucht: Geprüft:

Für diese Quittung sieht der Buchungsstempel wie folgt aus:

Soll		Haben	
6815 (Bürobedarf)	34,70	1600 (Kasse)	41,29
1406 (abziehbare Vorsteuer 19 %)	6,59		

1.1.3 Inventur und Abschluss

1.1.3.1 Wesen der Inventur

> Die Inventur ist die zu einem bestimmten Stichtag vorgenommene körperliche Bestandsaufnahme aller Vermögensgegenstände und Schulden (Verbindlichkeiten) eines Unternehmens. Die entsprechenden Ergebnisse werden anschließend in einem Inventar schriftlich festgehalten.

1.1.3.2 Zweck der Inventur

Die Inventur ist nach Handelsrecht grundsätzlich vorgeschrieben. Sie muss in der Regel bei Beginn des Gewerbes (Eröffnung des Betriebes) zur Feststellung der Ausgangssituation und dann am Schluss eines jeden Geschäftsjahres zur Ermittlung eingetretener Veränderungen durchgeführt werden. Sie ist ein wesentlicher Bestandteil einer ordnungsmäßigen Buchführung.

Kontrollinstrument

Die Inventur soll eine Kontrolle darüber ermöglichen, ob die tatsächlich vorhandenen Ist-Bestände mit den sich aus den Büchern ergebenden Soll-Beständen nach Art, Menge und Wert übereinstimmen. Im Falle von Abweichungen soll sie helfen, diese zu erklären.

Sie ist damit eine wichtige Ergänzung der buchhalterischen Aufzeichnungen und eine unerlässliche Unterlage für die Aufstellung des Jahresabschlusses.

Das Handelsrecht sieht im Inventar letztlich auch ein Instrument zur Vermögensfeststellung zum Schutz der Gläubiger.

1.1.3.3 Durchführung der Inventur

> Die Durchführung der Inventur umfasst grundsätzlich zwei Teile, nämlich die körperliche (mengenmäßige) Erfassung der Vermögensgegenstände und Schulden durch Zählen, Messen oder Wiegen und die daran anschließende oder auch gleichzeitige Bewertung.

```
                    Formen der Inventur
          ┌──────────────┼──────────────┐
          ▼              ▼              ▼
   Stichtagsinventur   laufende      zeitverschobene
                     (permanente)      Inventur
                       Inventur
```

Stichtagsinventur

Bei der **Stichtagsinventur,** die zumeist am Bilanzstichtag oder zumindest zeitnah, d. h. 10 Tage vor oder nach dem Stichtag, durchgeführt wird, werden bewegliches Anlagevermögen, Finanzanlagevermögen, Vorräte an Roh-, Hilfs- und Betriebsstoffen und Waren, Bargeldbestände usw. an Ort und Stelle körperlich erfasst. Sie bietet den Vorteil großer Genauigkeit, ist jedoch in vielen Fällen mit betrieblichen Stillstandszeiten und hohem personellem Aufwand verbunden.

1.1.3 Inventur und Abschluss

Deshalb werden in vielen Betrieben die Bestände nicht mehr zu einem bestimmten Stichtag, sondern laufend während des gesamten Geschäftsjahres aufgenommen. Am Bilanzstichtag werden die Bestände aus der buchmäßigen Fortschreibung dann in das Inventar übertragen. Voraussetzung für eine **laufende** oder **permanente Inventur** ist eine gute Lagerbuchführung, die nach dem Steuerrecht folgende Anforderungen erfüllen muss: — *Laufende Inventur*

> Eintragung aller Bestände sowie Zu- und Abgänge einzeln nach Tag, Art und Menge
> belegmäßiger Nachweis aller Eintragungen
> mindestens einmal jährliche Überprüfung der Übereinstimmung des ausgewiesenen Vorratsvermögens mit den tatsächlich vorhandenen Beständen sowie
> Anfertigung von Protokollen, die von den aufnehmenden Personen zu unterzeichnen sind

Möglich und zulässig ist ferner eine **zeitverschobene Inventur.** Die jährliche körperliche Bestandsaufnahme kann dabei ganz oder teilweise innerhalb der letzten 3 Monate vor oder innerhalb der ersten 2 Monate nach dem Bilanzstichtag durchgeführt werden. Voraussetzung dafür ist allerdings, dass durch entsprechende Verfahren der Wert des Bestandes zum Stichtag ermittelt werden kann. — *Zeitverschobene Inventur*

Die **laufende und die zeitverschobene Inventur** sind **nicht** möglich für

> Bestände, bei denen durch Schwund, Verderblichkeit oder ähnliche Vorgänge ins Gewicht fallende unkontrollierbare Abgänge eintreten, oder
> besonders wertvolle Wirtschaftsgüter.

Unter bestimmten Voraussetzungen sind auch Inventurvereinfachungsverfahren zugelassen, wie zum Beispiel die Ermittlung des Bestandes der Vermögensgegenstände mit anerkannten mathematisch-statistischen Verfahren und der Verzicht auf die Verzeichnung der Vermögensgegenstände für den Schluss eines Geschäftsjahres. Die körperliche Bestandsaufnahme kann entfallen, wenn ein fortlaufendes Bestandsverzeichnis geführt wird. — *Vereinfachungen*

Hinweise für die Praxis: Bei der körperlichen Erfassung ist unter anderem darauf zu achten, dass keine Gegenstände aufgenommen werden, die dem Betrieb nicht gehören (Miete, Leasing), und kein auswärtiges Lager sowie keine beim Subunternehmer liegende Ware vergessen wird.

Für die Bewertung im Rahmen der Inventur gilt allgemein das Prinzip der Einzelbewertung. Vermögensgegenstände des Sachanlagevermögens sowie Roh-, Hilfs- und Betriebsstoffe können, wenn sie regelmäßig ersetzt werden und ihr Gesamtwert für das Unternehmen von nachrangiger Bedeutung ist, mit einer gleich bleibenden Menge und einem gleich bleibenden Wert angesetzt werden, sofern ihr Bestand in seiner Größe, seinem Wert und seiner Zusammensetzung nur geringen Veränderungen unterliegt. Jedoch ist in der Regel alle 3 Jahre eine körperliche Bestandsaufnahme durchzuführen. Gleichartige Vermögensgegenstände des Vorratsvermögens sowie andere gleichartige oder annähernd gleichwertige bewegliche Vermögensgegenstände und Schulden können jeweils zu einer Gruppe zusammengefasst und mit dem gewogenen Durchschnitt angesetzt werden. — *Bewertung*

1.1.3.4 Aufstellung des Inventars

Die ermittelten Vermögensgegenstände und Schulden werden im Inventar zusammengestellt.

> Das Inventar ist das Verzeichnis der Grundstücke, Forderungen, Schulden, der Bargeldbestände sowie der sonstigen Vermögensgegenstände nach Art, Menge und Wert.

Inventur und Inventar sind Voraussetzung für den Abschluss der Konten.

1.1.3.5 Umbuchungen, Vorbereitung des Abschlusses, Abschlussbuchungen

> Jedes Konto wird am Ende der Abrechnungsperiode, in der Regel am Ende des Geschäftsjahres, abgeschlossen. Dazu werden zunächst beide Seiten des Kontos aufaddiert und anschließend die Differenz zwischen Soll- und Haben-Seite ermittelt. Diese Differenz nennt man Saldo. Der Saldo wird immer auf die summenschwächere Seite gesetzt, so dass insgesamt auf der linken und der rechten Seite des Kontos sich dann die gleiche Summe ergibt.
> Steht der Saldo dazu auf der Soll-Seite, so spricht man von einem Haben-Saldo, im umgekehrten Fall von einem Soll-Saldo.

Kontenabschluss

Soll	Haben	Soll	Haben
Anfangsbestand + Zugänge	Abgänge (Soll-)Saldo	Abgänge (Haben-)Saldo	Anfangsbestand + Zugänge

Umbuchungen

Bei einigen Konten werden die im Laufe eines Abrechnungszeitraumes gebuchten Beträge bzw. die Salden zur Erstellung des Jahresabschlusses auf andere Konten umgebucht. Die wichtigsten Fälle sind dabei:

Privatkonto

Saldo des Privatkontos auf Eigenkapitalkonto
Privatentnahmen mindern das Eigenkapital. Sie werden jedoch wegen der besseren Übersicht auf Unterkonten des Eigenkapitalkontos, den Privatkonten, verbucht. Dabei können ein oder mehrere Konten eingerichtet werden.

1.1.3 Inventur und Abschluss

Umbuchung des Privatkontos oder der Privatkonten auf Eigenkapitalkonto:

Soll	**Privatkonto**	Haben	Soll	**Eigenkapitalkonto**	Haben
Abgänge		Zugänge	Abgänge		Zugänge
		Saldo ⟶			

Verbuchung geringwertiger Wirtschaftsgüter (GWG) *Geringwertige Wirtschaftsgüter*
Seit dem 1.1.2008 sind nach der Unternehmenssteuerreform für die Verbuchung geringwertiger Wirtschaftsgüter zwei Fälle zu unterscheiden:

> Die Anschaffungs- und Herstellungskosten, vermindert um die darin enthaltene Vorsteuer, übersteigen für das einzelne Wirtschaftsgut nicht 150,00 EUR. Hierfür ist eine Sofortabschreibung möglich.

oder

> Die Anschaffungs- und Herstellungskosten, vermindert um die darin enthaltene Vorsteuer, betragen über 150,00 EUR, aber nicht mehr als 1.000,00 EUR. In diesem Fall ist für alle Wirtschaftsgüter ein Sammelposten zu bilden. Der Sammelposten ist im Wirtschaftsjahr der Bildung und den folgenden vier Jahren jeweils mit 20 % abzuschreiben.

Beispiel zu Fall 1:

Anschaffung einer Kleinmaschine 150,00 EUR gegen Banküberweisung (Buchung ohne USt).

Soll	**Sofortabschreibungen geringwertiger Wirtschaftsgüter**	Haben	Soll	**Bank**	Haben
150,00					150,00

Beispiel zu Fall 2:

Anschaffung einer Kleinmaschine 900,00 EUR gegen Banküberweisung (Buchung ohne USt).

Buchung bei der Anschaffung:

Soll	**Geringwertige Wirtschaftsgüter größer 150,00 bis 1.000,00 EUR (Sammelposten)**	Haben	Soll	**Bank**	Haben
900,00					900,00

1.1 Buchführung

Buchung der Abschreibung am Jahresende:

Soll	Geringwertige Wirtschaftsgüter größer 150,00 bis 1.000,00 EUR (Sammelposten)	Haben	Soll	Abschreibungen auf Sammelposten geringwertiger Wirtschaftsgüter	Haben
		180,00	180,00		

Saldo des Kontos Erhaltene Skonti auf Konto Wareneingang bzw. auf das entsprechende Anlagenkonto

Erhaltene Skonti

Anlagen

Nach dem Handelsrecht sind Anschaffungspreisminderungen wie erhaltene Skonti bei Gegenständen des Anlagevermögens von den Anschaffungskosten abzusetzen. Dies kann zum einen unmittelbar geschehen. Zum anderen ist es auch möglich, die erhaltenen Skonti während des Geschäftsjahres auf dem Konto Erhaltene Skonti zu sammeln und am Ende auf die Anlagen (Maschinen, Fahrzeuge oder Büro- und Geschäftsausstattung) umzubuchen.

Umbuchung des Kontos Erhaltene Skonti auf Anlagen

Soll	**Erhaltene Skonti**	Haben	Soll	**Anlagen**	Haben
Abgänge		Zugänge	Zugänge		Abgänge
Saldo					

Waren

Erhaltene Skonti bei der Beschaffung von Roh-, Hilfs- und Betriebsstoffen bzw. Waren mindern deren Anschaffungskosten. Man könnte diese Skonti unmittelbar beim Konto Wareneingang auf der Habenseite abbuchen. Aus betriebswirtschaftlichen Gründen ist es jedoch in der Praxis sinnvoll und deshalb häufig üblich, sie auf dem Konto „Erhaltene Skonti" zu buchen.

Buchung beim Abschluss:

Soll	**Erhaltene Skonti**	Haben	Soll	**Wareneingang**	Haben
Abgänge		Zugänge	Zugänge		Abgänge
Saldo					

Saldo des Kontos Gewährte Skonti auf Konto Umsatzerlöse

Gewährte Skonti

Nach dem Handelsrecht sind Erlöse nach Abzug der gewährten Skonti auszuweisen. Auch dies kann entweder direkt geschehen oder durch Umbuchung eines entsprechenden Kontos am Jahresende.

Umbuchung des Kontos Gewährte Skonti am Jahresende:

Soll	**Gewährte Skonti**	Haben	Soll	**Umsatzerlöse**	Haben
Zugänge		Abgänge	Abgänge		Zugänge
		Saldo			

1.1.3 Inventur und Abschluss

Die gesonderte buchhalterische Erfassung sowohl der erhaltenen Skonti wie auch der gewährten Skonti empfiehlt sich aus betriebswirtschaftlichen Gründen. Der Betriebsinhaber erhält damit wichtige Informationen, beispielsweise darüber, in welchem Umfang er bei Lieferanten Skontierungsmöglichkeiten ausgeschöpft hat und inwieweit andererseits seine Kunden von der Möglichkeit des Skontoabzugs oder sonstiger Preisnachlässe Gebrauch gemacht haben.

Saldo des Kontos Vorsteuer auf Konto Verbindlichkeiten an Finanzamt für Umsatzsteuer — Vorsteuer

Umbuchung des Kontos Vorsteuer

Soll	**Vorsteuer**	Haben	Soll	**Verbindlichkeiten an Finanzamt für USt**	Haben
Zugänge		Abgänge	Abgänge		Zugänge
		Saldo			

Buchungen bei der Umsatzsteuer

Wegen der Bedeutung der Umsatzsteuer und der bereits angesprochenen Aufzeichnungspflichten nach dem Umsatzsteuerrecht soll hier noch etwas ausführlicher auf die Buchungen bei der Umsatzsteuer eingegangen werden.

> Grundsätzlich werden bei der Buchung der Umsatzsteuer zwei Konten benötigt, nämlich
>
> › das Konto Vorsteuer, das die in den Eingangsrechnungen ausgewiesene Umsatzsteuer erfasst, also die vom Lieferanten an den Betrieb überwälzte Umsatzsteuer,
> und
> › das Konto Verbindlichkeiten an Finanzamt für Umsatzsteuer, das die in den Ausgangsrechnungen festgehaltene Umsatzsteuer enthält, also die vom Betrieb an den Kunden überwälzte Umsatzsteuer (gegebenenfalls getrennt nach unterschiedlichen Steuersätzen).

Bei Rechnungseingang müssen also der Waren- bzw. der Leistungswert und die an den Betrieb überwälzte Steuer getrennt erfasst werden. — Rechnungseingang

Verbuchung der Umsatzsteuer bei Rechnungseingang

Soll	**Wareneingang**	Haben	Soll	**Vorsteuer**	Haben
Warenwert			überwälzter Steuerbetrag		

Soll	**Verbindlichkeiten aus Lieferungen und Leistungen**	Haben
		gesamter Rechnungsbetrag

1.1 Buchführung

Bruttoverbuchung

Bei der in bestimmten Fällen zulässigen Bruttoverbuchung, also Verbuchung des Warenwertes einschließlich der Umsatzsteuer auf dem Konto Wareneingang, muss die überwälzte Steuer am Ende des Voranmeldungszeitraumes auf das Konto Vorsteuer umgebucht werden.

Rechnungsausgang

Bei Rechnungsausgang sind der Waren- bzw. Leistungswert und die vom Betrieb an den Kunden überwälzte Umsatzsteuer getrennt auszuweisen.

Verbuchung der Umsatzsteuer bei Rechnungsausgang

Soll	Umsatzerlöse	Haben	Soll	Verbindlichkeiten an Finanzamt für USt	Haben
		Warenwert			überwälzter Steuerbetrag

Soll	Forderungen aus Lieferungen und Leistungen	Haben
gesamter Rechnungsbetrag		

Bruttoverbuchung

Sofern die Umsätze brutto verbucht werden, also Warenwert einschließlich Umsatzsteuer auf dem Konto Umsatzerlöse, so ist die Umsatzsteuer monatlich pauschal zu errechnen und auf das Konto Verbindlichkeiten an Finanzamt für Umsatzsteuer zu buchen.

Abzüge vom Rechnungsbetrag

Zu beachten ist ferner, dass sämtliche Abzüge vom Rechnungsbetrag, die bei der Bezahlung möglich sind (beispielsweise erhaltene und gewährte Skonti, Rabatte oder Nachlässe für Mängel), mit dem gleichen Prozentsatz auch die Umsatzsteuer mindern; und zwar erhaltene Skonti die Vorsteuer und gewährte Skonti die Verbindlichkeiten an Finanzamt für Umsatzsteuer.
Dies muss auch für den Fall der Bruttoverbuchung berücksichtigt werden.
Die Vorsteuer hat den Charakter einer kurzfristigen Forderung an das Finanzamt, die Umsatzsteuer auf den Ausgangsrechnungen stellt demgegenüber eine kurzfristige Verbindlichkeit an das Finanzamt dar.

> Durch die Umbuchung des Vorsteuerkontos auf das Konto Verbindlichkeiten an Finanzamt für Umsatzsteuer erhält man die Steuerzahllast, die an das zuständige Finanzamt zu leisten ist.

Ermittlung der Umsatzsteuerzahllast

Soll	Verbindlichkeiten an Finanzamt für USt	Haben	Soll	Vorsteuer	Haben
Abgänge + Saldo Vorsteuer		Zugänge	Zugänge		Abgänge
Saldo = Umsatzsteuerzahllast					Saldo

Die bisherigen Darstellungen bezüglich Buchungen bei der Umsatzsteuer basieren auf dem Regelfall des Umsatzsteuergesetzes, nach dem Lieferungen und Leis-

1.1.3 Inventur und Abschluss

tungen nach deren Fertigstellung der Umsatzsteuer unterworfen werden und fällig sind, unabhängig davon, wann der Kunde die Rechnung bezahlt. Diese Verfahrensweise nennt man Soll-Besteuerung bzw. Besteuerung nach vereinbarten Entgelten. Um die Liquidität kleinerer Betriebe zu verbessern, lässt der Gesetzgeber unter bestimmten Voraussetzungen (>> Abschnitt 3.5.2.3 „Soll- und Ist-Besteuerung" in Band 2) auf Antrag zu, dass die Steuer nicht nach vereinbarten, sondern nach vereinnahmten Entgelten berechnet wird (Ist-Besteuerung). In diesem Fall wird die Steuer erst zur Zahlung fällig, wenn das Entgelt vom leistenden Unternehmer vereinnahmt ist.

Soll-Besteuerung

Ist-Besteuerung

Bei der Ist-Besteuerung wird die Umsatzsteuer bei Rechnungsausgang zunächst idealerweise auf einem Konto „Umsatzsteuer nicht fällig" verbucht und bei Zahlungseingang auf das Konto „Verbindlichkeiten an Finanzamt für Umsatzsteuer" umgebucht.

Vorbereitende Abschlussbuchungen

Neben den Umbuchungen sind weitere vorbereitende Abschlussbuchungen erforderlich. Die wichtigsten Fälle sind dabei:

> Die Abschreibungen

> Abschreibungen (>> dazu auch Abschnitt 1.2.2.5 „Abschreibungen") werden vorgenommen für Wertminderungen, die beim Anlagevermögen in der Regel durch Benutzung im Betrieb und beim Umlaufvermögen durch Anpassung an den niedrigeren Markt- oder Börsenpreis am Abschlussstichtag entstehen.

Abschreibungen wirken sich zweifach aus; und zwar

Zweifache Auswirkung

> als Bestandsverringerung auf dem entsprechenden Bestandskonto und gleichzeitig
> als Aufwand.

Abschreibungen wirken sich insofern erfolgsmäßig aus, als sie bei Gegenständen des Anlagevermögens die entsprechend der betriebsgewöhnlichen Nutzungsdauer verteilten Anschaffungskosten sind. Beim Umlaufvermögen stehen sie für den Aufwand durch Wertminderung. Durch den Ansatz der Abschreibungen wird sichergestellt, dass in der Bilanz keine höheren Vermögenswerte ausgewiesen werden, als tatsächlich vorhanden sind. Da Abschreibungen auch echte Kosten darstellen, wären ohne ihre Berücksichtigung die im Rahmen der Buchführung ermittelten Gewinne zu hoch.

Abschreibungen werden in der Regel erst am Ende des Geschäftsjahres verbucht. Bei Gegenständen des Anlagevermögens richten sie sich nach der betriebsgewöhnlichen Nutzungsdauer.

Betriebsgewöhnliche Nutzungsdauer

1.1 Buchführung

Verbuchung der Abschreibungen

Soll	**Bestandskonto (z.B. Maschinen)**	Haben	Soll	**Abschreibung**en	Haben
		Abschreibungs-betrag (Wertminderung)	Abschreibungs-betrag (Aufwendungen)		

Buchwert

> Die Differenz zwischen Anfangsbestand und Abschreibungen auf dem jeweiligen Bestandskonto nennt man Buchwert.

Je nach betriebsindividueller Gliederungstiefe im Kontenplan können auch mehrere Abschreibungskonten eingerichtet werden.

> **Der Materialaufwand bzw. Materialverbrauch**

Buchungswege

In der Buchführungspraxis gibt es zwei Möglichkeiten, die Einkäufe an Roh-, Hilfs- und Betriebsstoffen bzw. Waren zu verbuchen:

> Alle Einkäufe werden auf dem Bestandskonto „Roh-, Hilfs- und Betriebsstoffe" oder „Waren" im Soll gebucht. Es erfolgen während des Jahres keine Verbuchungen für Materialien oder Waren, die fortlaufend zur Produktion oder zum Verkauf entnommen werden.
> **oder**
> Alle Einkäufe werden auf dem Aufwandskonto „Wareneingang" im Soll gebucht, da unterstellt wird, dass das eingekaufte Material sofort verarbeitet oder die eingekaufte Ware sofort verkauft wird. Diese Vorgehensweise heißt „Just-in-time-Verfahren". Die Durchführung von „Just-in-time-Buchungen" bewirkt also die sofortige Aufwandswirksamkeit von beschafften Materialien.

Just-in-time-Buchungen

Für den Abschluss der Konten und die Ermittlung des Materialaufwandes bzw. -verbrauchs ergeben sich für die beiden dargestellten Möglichkeiten unterschiedliche Verfahrenswege:

Verfahrensweg 1

> Verfahrensweg bei der Verbuchung der Einkäufe auf Bestandskonto „Roh-, Hilfs- und Betriebsstoffe":

> Der Materialverbrauch bzw. Materialaufwand ergibt sich erst am Jahresende über die Inventur.

Schema für die Berechnung des Materialaufwands

Anfangsbestand zu Beginn des Rechnungszeitraumes
+ Zugänge während des Rechnungszeitraumes
– erhaltene Skonti auf Zugänge
– eventuelle Rücksendungen
– Inventurbestand am Schluss des Rechnungszeitraumes
= Materialaufwand

1.1.3 Inventur und Abschluss

> Der Materialverbrauch vermindert einerseits das entsprechende Bestandskonto und stellt andererseits einen Aufwand dar.

Die Verbuchung hat dementsprechend zu erfolgen:

Die Verbuchung des Materialaufwands

Soll	**Bestandskonto Roh-,**	Haben		Soll	**Materialaufwands-**	Haben
	Hilfs- und Betriebsstoffe				**konto**	
	Materialverbrauch			Materialverbrauch		

> Verfahrensweg bei Verbuchung der Einkäufe auf dem Aufwandskonto „Wareneingang":

Verfahrensweg 2

In der Betriebspraxis stimmen die eingekauften Mengen an Roh-, Hilfs- und Betriebsstoffen bzw. Waren in der Regel nicht mit der Menge der verarbeiteten Materialien oder verkauften Waren überein. Daher werden am Ende der Rechnungsperiode auf Grundlage der Inventur die Bestandsveränderungen berücksichtigt, um einerseits den sich aus der Inventur ergebenden tatsächlichen Bestand beim Jahresabschluss in der Schlussbilanz auszuweisen und andererseits einen periodengerechten Materialaufwand für die Gewinn- und Verlustrechnung zu erhalten. Ist der Inventurbestand niedriger, so liegt eine Bestandsminderung vor, ist er höher, eine Bestandsmehrung.

Am Ende der Rechnungsperiode wird auf dem Bestandskonto „Roh-, Hilfs- und Betriebsstoffe" bzw. „Waren" auf der Habenseite der Inventurbestand verbucht und gleichzeitig die Gegenbuchung auf dem Schlussbilanzkonto vorgenommen.

Verbuchung der Inventur

Kontendarstellung:

Soll	**Bestandskonto Roh-,**	Haben		Soll	**Schlussbilanz-**	Haben
	Hilfs- und Betriebsstoffe				**konto**	
Anfangsbestand	Inventurbestand (Schlussbestand)			Roh-, Hilfs- und Betriebsstoffe (Schlussbestand)		

Die Bestandsveränderung ergibt sich aus dem Saldo des Bestandskontos.

Bestandsveränderung

Ist der Schlussbestand höher, ergibt sich eine Bestandsmehrung:

Soll	**Bestandskonto Roh-,**	Haben
	Hilfs- und Betriebsstoffe	
Anfangsbestand	Schlussbestand	
Bestandsmehrung		

Ist der Schlussbestand niedriger, liegt eine Bestandsminderung vor:

Soll	**Bestandskonto Roh-, Hilfs- und Betriebsstoffe**	Haben
Anfangsbestand	Schlussbestand	
	Bestandsminderung	

Im Falle der Bestandsmehrung wurde im Geschäftsjahr mehr Material eingekauft, als verarbeitet oder verbraucht wurde. Der auf dem Konto „Wareneingang" gebuchte Aufwand ist somit zu hoch. Er wird daher um die Bestandsmehrung reduziert. Somit ergibt sich der periodengerechte Aufwand des Rechnungszeitraumes.

Dies wird durch folgende Buchung erreicht:

Soll	**Bestandskonto Roh-, Hilfs- und Betriebsstoffe**	Haben	Soll	**Aufwandskonto Wareneingang**	Haben
Bestandsmehrung				Bestandsmehrung	

Im Falle der Bestandsminderung wurde im Geschäftsjahr mehr Material verarbeitet oder verbraucht, als eingekauft wurde, das heißt, es wurde teilweise auch Material aus dem Anfangsbestand verarbeitet. Der auf dem Konto „Wareneingang" stehende Aufwand ist also zu niedrig. Er wird daher um die Bestandsminderung erhöht. Damit erhält man den periodengerechten Materialaufwand des Rechnungszeitraumes.

Folgende Buchung ist auszuführen:

Soll	**Bestandskonto Roh-, Hilfs- und Betriebsstoffe**	Haben	Soll	**Aufwandskonto Wareneingang**	Haben
	Bestandsminderung		Bestandsminderung		

Die Bestandsveränderung der Roh-, Hilfs- und Betriebsstoffe bzw. Waren kann auch auf einem zusätzlichen Erfolgskonto „Bestandsveränderungen Roh-, Hilfs- und Betriebsstoffe bzw. Waren" verbucht werden. Auf weitere Einzelheiten zu diesem Buchungsweg wird an dieser Stelle aus Gründen der Übersichtlichkeit verzichtet.

Im Beispiel zur doppelten Buchführung (<< Abschnitt 1.1.5) wird nach dem Just-in-time-Verfahren gemäß Datev-Kontenrahmen SKR 04 vorgegangen.

1.1.3 Inventur und Abschluss

> **Die Jahresabgrenzung**

> Um eine genaue Gewinnermittlung zu gewährleisten, dürfen nur diejenigen Aufwendungen und Erträge berücksichtigt werden, die auch tatsächlich zu dem jeweiligen Geschäftsjahr gehören.
> Aufwendungen und Erträge, die ganz oder teilweise das vorangehende oder das folgende Geschäftsjahr betreffen, müssen gesondert behandelt werden.

Man unterscheidet dabei zwei Fälle: Fälle

> Ausgaben bzw. Einnahmen **nach** dem Bilanzstichtag, die Aufwand bzw. Ertrag für einen Zeitraum **vor** diesem Tag darstellen.

Beispiel:

Rückständige Löhne; noch nicht bezahlte Strom-/Telefonrechnungen.

> Ausgaben bzw. Einnahmen, die **vor** dem Abschlussstichtag angefallen sind, aber erst der Zeit **danach** als Aufwand bzw. Ertrag zuzurechnen sind.

Beispiel:

Vorauszahlung der Kfz-Steuer, die sich bis in das folgende Jahr hinein erstreckt; im Voraus erzielte Mieteinnahmen.

Verbuchung bei Ausgaben bzw. Einnahmen nach dem Bilanzstichtag

Soll	**Sonstige Verbindlichkeiten**	Haben	Soll	**Aufwandskonto**	Haben
		Ausgabenbetrag	Ausgabenbetrag		

Soll	**Sonstige Forderungen**	Haben	Soll	**Ertragskonto**	Haben
Einnahmenbetrag					Einnahmenbetrag

Zum tatsächlichen Zeitpunkt der Ausgabe bzw. Einnahme wird dann die entsprechende Verbuchung der sonstigen Verbindlichkeiten bzw. der sonstigen Forderungen mit dem jeweiligen Zahlungsmittelkonto vorgenommen.

> Im bereits dargestellten zweiten Fall werden zur Verbuchung Rechnungsabgrenzungen gebildet; und zwar
> > aktive Rechnungsabgrenzungen für Ausgaben, die im alten Geschäftsjahr noch getätigt werden, aber Aufwand des folgenden Geschäftsjahres betreffen,
> > und
> > passive Rechnungsabgrenzungen für Einnahmen vor dem Abschlussstichtag, die Erträge für die Zeit danach darstellen.

1.1 Buchführung

Aktive Rechnungsabgrenzung

Buchung bei der aktiven Rechnungsabgrenzung

Soll	**Aufwandskonto**	Haben	Soll	**Aktive Rechnungsabgrenzung**	Haben
	periodenfremder Aufwand		periodenfremder Aufwand		

Passive Rechnungsabgrenzung

Buchung bei der passiven Rechnungsabgrenzung

Soll	**Ertragskonto**	Haben	Soll	**Passive Rechnungsabgrenzung**	Haben
periodenfremder Ertrag					periodenfremder Ertrag

Auflösung

Zu Beginn des neuen Geschäftsjahres werden die aktiven und passiven Rechnungsabgrenzungen dann über das entsprechende Aufwands- bzw. Ertragskonto wieder aufgelöst.

> Rückstellungen

Rückstellungen (>> dazu auch Abschnitt 1.2.2.6 „Rückstellungen") werden vor allem gebildet für ungewisse Verbindlichkeiten und drohende Verluste aus schwebenden Geschäften sowie für Aufwand, der das abgelaufene Wirtschaftsjahr betrifft, am Bilanzstichtag bereits erkennbar, aber der Höhe und der Entstehung nach noch ungewiss ist.

▬ Beispiel:

Die Vorauszahlungen für die Gewerbesteuer sind niedriger als die zum Abschlussstichtag berechnete Gewerbesteuerschuld.

Buchung bei Rückstellungen

Soll	**Aufwandskonto**	Haben	Soll	**Rückstellungen**	Haben
ungewisser Betrag					ungewisser Betrag

Auflösung

Bei Bezahlung des entsprechenden Betrages im neuen Geschäftsjahr wird dann die jeweilige Rückstellung aufgelöst. Wenn dabei der zurückgestellte und der tatsächlich angefallene Betrag voneinander abweichen, stellt die Differenz entweder sonstige betriebliche Aufwendungen (der Rückstellungsbetrag reicht nicht aus) oder sonstige betriebliche Erträge (die Rückstellungen erwiesen sich als zu hoch) dar und ist auf diesen Konten zu verbuchen.

> Weitere vorbereitende Abschlussbuchungen

Neben den genannten wichtigsten vorbereitenden Abschlussbuchungen sind als weitere Fälle unter anderem möglich:

1.1.3 Inventur und Abschluss

> Rücklagen
> uneinbringbare Kundenforderungen
> Kassenfehlbestände und -überschüsse
> privatanteilige Autokosten
> privatanteilige Telefonkosten
> Nutzungswert der Wohnung im eigenen Haus
> privatanteilige Haus- und Grundstücksaufwendungen
> Entnahmen für Zwecke, die außerhalb des Unternehmens liegen

Abschlussbuchungen

Nach Umbuchungen und allen vorbereitenden Abschlussbuchungen werden zunächst die Aufwands- und Ertragskonten komplett saldiert und über die Gewinn- und Verlustrechnung abgeschlossen.

Abschluss der Erfolgskonten   Saldo

Soll	**Aufwandskonten**	Haben	Soll	**Ertragskonten**	Haben
Zugänge		Abgänge	Abgänge		Zugänge
		Saldo	Saldo		

Soll	**Gewinn- und Verlustrechnung**	Haben
Jahresüberschuss (Gewinn)		

In einem weiteren Schritt wird dieser Jahresüberschuss (oder auch Jahresfehlbetrag) in das Eigenkapitalkonto übertragen, so dass jetzt auch alle Bestandskonten saldiert und über die Schlussbilanz abgeschlossen werden können.

Abschluss der Bestandskonten

Soll	**Aktivkonten**	Haben	Soll	**Passivkonten**	Haben
Anfangsbestand + Zugänge		Abgänge	Abgänge		Anfangsbestand + Zugänge
		Saldo	Saldo		

Aktiva	**Schlussbilanz**	Passiva

1.1 Buchführung

Insgesamt ergibt sich für die Abschlussarbeiten folgendes Bild:

Abschluss der verschiedenen Konten

```
Bestandskonten     gemischte Konten        Erfolgskonten
      │                  │                       │
      │          ┌───────┴───────┐                │
      │          ▼               ▼                ▼
      │       Privatkonto      G+V ──────────────┘
      │          │               │
      ▼          ▼               ▼
   Bilanz ◄── Kapitalkonto
```

1.1.3.6 Abschlussübersicht, Jahresabschluss, Zwischenabschlüsse

> Nach Ablauf des Rechnungszeitraumes wird die gesamte Buchführung abgeschlossen und eine Abschlussübersicht (auch Bilanzübersicht genannt) erstellt.

Diese stellt eine tabellarische Übersicht über alle buchhalterischen Vorgänge dar, aus der die Entwicklung aller Bestandskonten von der Eröffnungsbilanz bis zur Schlussbilanz und der Aufwands- und Ertragskonten bis zur Gewinn- und Verlustrechnung ersichtlich ist.

Erstellung der Abschlussübersicht anhand eines einfachen Zahlenbeispiels

Eröffnungsbilanz	Aktiva	Passiva
	10.000,00 EUR	

Summenzugänge (Verkehrszahlen)	Soll	Haben
	2.000,00 EUR	1.000,00 EUR

Summenbilanz	Soll	Haben
	12.000,00 EUR	1.000,00 EUR

Saldenbilanz	Soll	Haben
	11.000,00 EUR	

Umbuchungen, vorbereitende Abschlussbuchungen	Soll	Haben
		1.000,00 EUR

Schlussbilanz	Aktiva	Passiva
	10.000,00 EUR	

Handelt es sich nicht um Bestandskonten, sondern um Erfolgskonten, so ist der Ablauf vergleichbar. Am Schluss gehen die entsprechenden Beträge dann allerdings in die Gewinn- und Verlustrechnung ein.

> Die Summenbilanz eignet sich im Übrigen auch als „Probebilanz", da infolge der Buchungstechnik bei der doppelten Buchführung die Summen der Soll- und der Haben-Spalte jeweils den gleichen Wert ergeben müssen.

Die Abschlussübersicht ermöglicht neben der Erstellung des kompletten Jahresabschlusses aus Schlussbilanz sowie Gewinn- und Verlustrechnung auch die laufende Erstellung von Zwischenbilanzen während des Geschäftsjahres, ohne dass dazu die einzelnen Konten der Buchführung jeweils abgeschlossen werden müssen.

Zwischenbilanzen

1.1.4 Verfahrenstechniken

Für die betriebliche Praxis wurden verschiedene Buchführungsmethoden bzw. Verfahrenstechniken mit den notwendigen Büchern, Formularen und sonstigen Datenträgern entwickelt.

> Im Handwerk kommen noch vereinzelt die Durchschreibebuchführung und die amerikanische Buchführung vor. Standard ist jedoch auch in diesem Wirtschaftsbereich die Buchführung auf EDV-Basis. Welche Art im einzelnen Betrieb letztlich eingesetzt wird, hängt von den jeweiligen betrieblichen Gegebenheiten ab. Dabei steht dem Steuerpflichtigen grundsätzlich die Wahl der Buchführungsform frei.

```
                    Doppelte Buchführung
                    /        |        \
        amerikanische    Durchschreibe-    Buchführung
        Buchführung      buchführung       auf EDV-Basis
```

Nach aktuellen Umfragen setzen die meisten Handwerksbetriebe die EDV für die Buchführung ein. Ein erheblicher Teil plant entsprechende Investitionen für die nahe Zukunft.

Dennoch wird es auch weiterhin in Einzelfällen vor allem Klein- und Kleinstbetriebe geben, die die amerikanische Methode oder die Durchschreibebuchführung anwenden.

Bei der Auswahl, der Einführung und auch der eventuellen späteren Änderung der Buchführungstechnik sollte der Betriebsinhaber vor allem mit seinem Steuerberater sprechen. Beratung erteilen dazu aber auch die Handwerksorganisationen (betriebswirtschaftliche Beratungsstellen, EDV-Beratung).

Beratung

1.1.4.1 Bücher als Grundlage der Buchführung

Grundlage der Buchführung sind die verschiedenen Bücher, die der Unternehmer führt bzw. nach verschiedenen rechtlichen Vorschriften zu führen hat.

```
                           Bücherarten
        ┌──────────────┬──────────────┬──────────────┐
   Grundbücher      Hauptbuch     Nebenbücher     Hilfsbücher
   ▸ Kassenbuch                  ▸ Geschäftsfreunde-  ▸ Auftragsbuch
   ▸ Rechnungsein-                 (Kontokorrent-)Buch ▸ Mahnbuch
     gangsbuch                   ▸ offene Posten
   ▸ Rechnungsaus-               ▸ Inventarbuch
     gangsbuch                   ▸ Lohn- und
                                   Gehaltslisten
                                   (Lohnbuch)
```

Grundbücher

In den Grundbüchern (auch Journal genannt) erfolgt die Erfassung der Geschäftsvorfälle in zeitlicher Reihenfolge. Grundlage dafür sind die Belege. Es erfolgen die Eröffnungsbuchungen, die Buchung der laufenden Geschäftsvorfälle, die vorbereitenden Abschlussbuchungen und die Abschlussbuchungen. Grundbücher sollen es ermöglichen, während der gesetzlichen Aufbewahrungsfristen Geschäftsvorfälle bis zum Beleg zurückverfolgen zu können.

Kassenbuch

> Das Kassenbuch ist als wichtigstes Grundbuch auch aus steuerlichen Gründen zu führen. Unter Berücksichtigung des Bargeldbestandes am Beginn eines Tages wird im Kassenbuch durch Aufaddieren und Saldieren der Kasseneinnahmen und -ausgaben der jeweilige Kassenbestand nachgewiesen. Dabei ist auch summarische Ermittlung möglich. Der Inhalt des Kassenbuches muss mit dem Kassenkonto des Hauptbuches übereinstimmen.

Hauptbuch

Im Hauptbuch werden diese Vorgänge in einer für die Erstellung von Bilanz sowie Gewinn- und Verlustrechnung geeigneten sachlichen Ordnung übernommen.
Im Hauptbuch werden in der Regel eingetragen:

> die Anfangsbestände lt. Eröffnungsbilanz
> die monatlichen Endsummen der einzelnen Konten
> die Abschlussbuchungen

Nebenbücher

Am Jahresende werden die Hauptbuchkonten abgeschlossen und in die Schlussbilanz sowie in die Gewinn- und Verlustrechnung übertragen. Auch Zwischenabschlüsse sind möglich. Nebenbücher ergänzen und erläutern das Hauptbuch.
Zur Führung eines Kunden- und Lieferantenbuches ist jeder Betrieb verpflichtet, der sowohl mit Kunden wie auch mit Lieferanten Geschäfte auf Rechnung ausführt, also Geschäfte, bei denen der Zeitpunkt der Lieferung und der Bezahlung nicht zusammenfallen.

1.1.4 Verfahrenstechniken

Bei Dauerkunden und Dauerlieferanten wird für jeden ein namentliches Konto angelegt. In anderen Fällen können die Konten nach den Buchstaben des Alphabetes eingerichtet werden.
Die Übersicht kann auch durch eine geordnete Ablage der nicht bezahlten oder nicht voll bezahlten Rechnungen (offene Posten) sichergestellt werden.
Die jeweiligen Kunden- und Lieferantenkonten können monatlich oder nur am Jahresende abgeschlossen werden. Auch ein Saldovortrag auf den Beginn des folgenden Jahres ist möglich. Die Salden der einzelnen Kunden- und Lieferantenkonten müssen mit dem Saldo des Kontos „Forderungen aus Lieferungen und Leistungen" bzw. „Verbindlichkeiten aus Lieferungen und Leistungen" im Hauptbuch übereinstimmen (Kontokorrentprobe).

> Das Lohnbuch ist ebenfalls aus steuerlichen Gründen zu führen und muss die Arbeitsentgelte sowie die gesetzlichen und freiwilligen Abzüge ausweisen. Übereinstimmung mit den entsprechenden Konten des Hauptbuches muss gegeben sein.

Lohnbuch

Daneben kann der Betrieb ein Waren- oder Lagerbuch führen. Hilfsbücher dienen in der Regel nur noch zu Kontrollzwecken.

1.1.4.2 Amerikanische Buchführung

Die amerikanische Buchführung baut auf der Zusammenfassung der zeitlichen und der sachlichen Erfassung, also der Grundbücher und des Hauptbuchs in einem Journal, dem so genannten amerikanischen Journal, auf.

> Zur Erfüllung der Anforderungen der Grundsätze ordnungsmäßiger Buchführung müssen in der amerikanischen Buchführung mindestens folgende Bücher vorhanden sein:
>
> › das Hauptbuch
> › das amerikanische Journal
> › das Kunden- und Lieferantenbuch bzw. Kontokorrentbuch
> › das Kassenbuch
> › das Lohnbuch

1.1.4.3 Durchschreibebuchführung

> Die Durchschreibebuchführung ist eine Loseblatt-Buchführung. Sie kann manuell oder maschinell erfolgen und ist dadurch gekennzeichnet, dass Sach- und Zeitbuchung in einem Arbeitsgang vorgenommen werden. Dabei erfolgt der jeweilige Eintrag im Kontenblatt und wird in das Grundbuch (Journal) durchgeschrieben (auch die umgekehrte Reihenfolge ist möglich).

1.1.4.4 Buchführung auf der Grundlage der EDV

Die elektronische Datenverarbeitung, bei der Daten nach der Erfassung auf entsprechenden Datenträgern maschinell weiterverarbeitet werden, ist auch für die Buchführung hervorragend geeignet. Die Buchführungsarbeit wird dadurch wesentlich vereinfacht und erleichtert. Kennzeichen der Buchführung auf der Grundlage der EDV ist, dass hier im Gegensatz zu den anderen geschilderten Verfahren die wichtigsten Abläufe nicht nacheinander, sondern gleichzeitig (simultan) vonstatten gehen.
Bei einer Buchführung auf EDV-Basis gelten ebenfalls die Prinzipien der doppelten Buchführung.

> Auch die Buchführung auf der Grundlage der EDV muss also selbstverständlich die Grundsätze der Ordnungsmäßigkeit der Buchführung erfüllen. Dafür wurden spezielle Grundsätze ordnungsmäßiger EDV-gestützter Buchführungssysteme (GoBs) ausgearbeitet.

Danach gilt insbesondere Folgendes:

Anforderungen nach den GoBs
- Die buchungspflichtigen Geschäftsvorfälle müssen richtig, vollständig und zeitgerecht erfasst sein sowie sich in ihrer Entstehung und Abwicklung verfolgen lassen (Beleg- und Journalfunktion).
- Die Geschäftsvorfälle sind so zu verarbeiten, dass sie geordnet darstellbar sind und ein Überblick über die Vermögens- und Ertragslage gewährleistet ist (Kontenfunktion).
- Die Buchungen müssen einzeln und geordnet nach Konten und diese fortgeschrieben nach Kontensummen oder Salden sowie nach Abschlussposition dargestellt und jederzeit lesbar gemacht werden können.
- Ein sachverständiger Dritter muss sich in dem jeweiligen Verfahren der Buchführung in angemessener Zeit zurechtfinden und sich einen Überblick über die Geschäftsvorfälle und die Lage des Unternehmens verschaffen können.
- Das Verfahren der EDV-Buchführung muss durch eine Verfahrensdokumentation, die sowohl die aktuellen als auch die historischen Verfahrensinhalte nachweist, verständlich und nachvollziehbar gemacht werden.
- Es muss gewährleistet sein, dass das in der Dokumentation beschriebene Verfahren dem in der Praxis eingesetzten Programm (Version) voll entspricht (Programmidentität).

Schritte bei der Buchführung per EDV
Auf der Basis eines geeigneten Programms (Software) übernimmt der Computer nach der Dateneingabe alle weiteren Arbeiten. Die meisten Programme bauen auf folgenden Schritten auf:

- Erfassung der Firmendaten
- Erfassung der Steuersätze (Umsatzsteuer)
- Erfassung der Konten – entweder nach einem vorgegebenen Kontenrahmen oder betriebsindividuell (sog. Stammdaten, die konstant bleiben)
- Erfassung der Buchungen (sog. Bewegungsdaten)

Notwendige Eingaben
Für die eigentliche Buchung sind in der Regel Eingaben in folgenden Feldern nötig:

- Datum
- Belegnummer

1.1.4 Verfahrenstechniken

> Betrag
> gebendes Konto
> empfangendes Konto
> Buchungstext

Umsatzsteuer, Vorsteuer und Skonti können zur Vereinfachung als Standard- bzw. Automatikbuchungen vorgenommen werden. Bei Buchführungsprogrammen mit Schnittstellen zu anderen Programmen wie Zahlungsverkehr und Leistungsabrechnung können entsprechende Daten auch direkt von dort übernommen (importiert) werden. Die verschiedenen Buchführungsprogramme sind teilweise auch so angelegt, dass sie dem Nutzer helfen, Fehler dadurch zu vermeiden, dass nach Eingabe im Soll des gebenden Kontos nur das Feld Haben im zugehörigen empfangenden Konto (auch Gegenkonto genannt) eine Eingabe zulässt.

Bei der Dateneingabe per PC wird neben dem Datenträger eine Eingabeliste (man nennt sie Primanota) erstellt. Sie bleibt als Kontrollmittel beim Betriebsinhaber.

Reihenfolge der Arbeitsgänge

Bei der Buchführung auf EDV-Basis fallen vor allem folgende Arbeitsgänge an:

Aufstellung des Kontenplans nach den besonderen Anforderungen der EDV
(zum Beispiel Kontenrahmen der DATEV)
▼

Eingabe der Anfangsbestände
(soweit diese nicht automatisch vom Vorjahr übertragen werden)
▼

Sammlung, Prüfung, Vorkontierung der Belege
▼

Dateneingabe
▼

Datenverarbeitung (simultane Eintragung in das Grundbuch,
Ermittlung der aktuellen Kontensalden, Erstellung des Journals
und Erstellung entsprechender Abschlüsse)
▼

Datenausgabe
▼

Datenspeicherung und -sicherung

1.1 Buchführung

Ausgliederung von Buchführungsarbeiten

Buchführungsarbeiten sind in der Regel zeitintensiv und erfordern eine geschulte Arbeitskraft. Vor allem kleine Betriebe können oder wollen diesen Aufwand an Zeit und Personal nicht erbringen. In diesen Fällen bietet sich die Ausgliederung der Buchführungsaufgaben an.

Möglichkeiten

Dafür stehen dem Handwerksbetrieb folgende Stellen zur Verfügung:

> Buchstellen
> Steuerkanzleien
> EDV-Rechenzentren

> **Buchstellen**

Buchstellen sind organisationseigene oder vertraglich gebundene Einrichtungen, die Handwerksbetriebe bei der Buchführung entlasten.

> **Steuerkanzleien**

Der Handwerksbetriebsinhaber kann die Aufgaben, die Buchstellen erledigen, auch an seinen Steuerberater übertragen.

> **Rechenzentren**

Unter einem Rechenzentrum versteht man die Konzentration leistungsfähiger EDV-Anlagen in speziell dafür errichteten Einrichtungen und Gebäuden. Den Betreibern solcher Rechenzentren können ebenfalls Buchführungsarbeiten übertragen werden. Man unterscheidet:

> unternehmenseigene Rechenzentren (nur bei Großbetrieben),
> unabhängige Servicerechenzentren,
> Gemeinschaftsrechenzentren mehrerer Unternehmen oder einer Berufsgruppe. Diese Gemeinschaftseinrichtungen haben den Vorteil, dass sie auf die besonderen Bedürfnisse ihrer Mitglieder ausgerichtet werden können.

Auch Buchstellen und Steuerberater sind vielfach an solche Rechenzentren angeschlossen (zum Beispiel DATEV).

Datenschutz

Für alle genannten Stellen einer Ausgliederung von Buchführungsarbeiten ist selbstverständlich die Geheimhaltung der ihnen bekannt werdenden Daten oberstes Prinzip. Es gelten auch die Vorschriften des Datenschutzgesetzes. Betriebsgeheimnisse bleiben so in jedem Fall gewahrt.

Betriebliche Voraussetzungen

Notwendige Anpassungen

Ehe ein Betrieb die gesamten oder einen Teil seiner Buchführungsarbeiten ausgliedern kann und dadurch die bestmöglichen wirtschaftlichen Vorteile erzielt werden können, müssen die betrieblichen Gegebenheiten auf die Anforderungen der Buchstelle, des Steuerberaters oder des Rechenzentrums abgestimmt werden. Dies bedeutet, dass der Betrieb seine einzelbetriebliche Organisation in diesen Bereichen an die Buchführungsprogramme der jeweiligen Stellen anpassen muss. Vermehrt werden dazu in der Praxis – gerade in der Zusammenarbeit mit dem Steuerberater über Rechenzentren wie der DATEV – deren Spezialkontenrahmen zugrunde gelegt, die auf branchenmäßige Besonderheiten abgestimmt sind.

1.1.4 Verfahrenstechniken

Einzelbereiche der Ausgliederung von Buchführungsarbeiten

Je nach betrieblichen Gegebenheiten bieten sich mehrere Formen der Ausgliederung von Buchführungsarbeiten an.
In jedem Fall muss der einzelne Betrieb nach wie vor die anfallenden Belege sammeln und ordnen. Daran anschließend hat er folgende Möglichkeiten:

> Weitergabe dieser nicht kontierten Belege (auch elektronisch)
> Vorkontierung der Belege im Betrieb und anschließende Weitergabe
> Erfassung der Geschäftsvorfälle auf Datenträgern (z. B. CD-ROM, DVD) und Weitergabe

Möglichkeiten der Ausgliederung

Die Weitergabe der Daten ist auch durch direkten Datenaustausch zwischen Betrieb und der entsprechenden Ausgliederungsstelle möglich. Diese Datenfernübertragung geschieht in der Regel über die Fernsprechleitung.
Als technische Voraussetzungen müssen ein entsprechender PC, ein Modem bzw. eine ISDN-Karte oder DSL-Ausrüstung und die dazugehörige Kommunikationssoftware vorhanden sein. In der Praxis hat sich eine DSL-Ausrüstung zum Standard entwickelt.
Man spricht in diesen Fällen auch von sogenannten Datenverbundsystemen. Ein solcher Datenverbund ermöglicht erhebliche Zeitersparnisse und Vereinfachungen. Die Datenverarbeitung und Datenausgabe (Ergebnisse) werden im Rechenzentrum vorgenommen. Anschließend erfolgt die Rückgabe an den Betrieb.

Datenverbundsysteme

1.1 Buchführung

Praktischer Ablauf der Zusammenarbeit mit externen Datenverarbeitungsstellen

Unter den geschilderten Gegebenheiten und Voraussetzungen ergibt sich folgender Ablauf der Zusammenarbeit zwischen Betrieb und Buchstelle, Steuerberater oder Rechenzentrum bei der Ausgliederung von Buchführungsarbeiten:

Grundaufzeichnungen, Belegsammlung und Belegordnung im Handwerksbetrieb
▼
Vorkontieren nach Kontenplan und Sach- bzw. Personenkontenverzeichnis auf den Belegen oder Kontierungsstreifen (im eigenen Betrieb oder bei externer Stelle)
▼
Maschinelle Erfassung mit PC (im eigenen Betrieb oder in externer Stelle)
▼
Weiterleitung der Daten an das Rechenzentrum über Datenverbund oder Datenträgerübersendung
▼
Verarbeitung der Daten im Rechenzentrum
▼
Datenausgabe und Rücksendung der Ergebnisse direkt vom Rechenzentrum oder über Buchstelle bzw. Steuerberater an den Betrieb
▼
Wichtige Ergebnisse

| Buchungsjournal | Kontenauszüge | Summen- und Saldenlisten für Sach- und Personenkonten | versandfertige Mahnungen | Umsatzsteuervoranmeldung, Lohnsteueranmeldung in Dateiform | betriebswirtschaftliche Auswertungen, Unternehmensspiegel, Zwischenbilanzen, Kennzahlen, Betriebsvergleichszahlen, Statistiken, Kostenrechnung |

▼
Datenspeicherung

Vorteile der Datenverarbeitung außer Haus

Vorteile

Zu den Vorteilen der Ausgliederung von Buchführungsarbeiten zählen, in Abhängigkeit von den einzelbetrieblichen Gegebenheiten, insbesondere:

> Kostenvorteile gegenüber der Beschaffung oder Miete (Leasing) von betriebseigenen Anlagen
> die Umgehung von Personal- und Auslastungsproblemen
> stetiger Anschluss an modernste Techniken
> Lösung auch komplexer und schwieriger Probleme über vielfältige und umfassende Programmpakete

1.1.4.5 Ergebnisse der Buchführung per EDV

Als wichtige Ergebnisse bzw. Auswertungen erhält man bei den meisten Programmen sowohl bei der Buchführung im eigenen Haus wie auch bei der durch externe Stellen durchgeführten insbesondere:

Auswertungen

> Buchungsjournal: vollständige Protokollierung aller Buchungen
> Kontoauszüge: erfasste Buchungen pro Konto
> Summen- und Saldenliste: Darstellung der Konten sortiert nach den Kontonummern mit den entsprechenden Summen und Salden
> betriebswirtschaftliche Auswertung
> Mahnungen
> Umsatzsteuer-Voranmeldung in Dateiform
> Zwischenbilanzen
> Jahresabschluss

Zwei für den Betriebsinhaber besonders wichtige Ergebnisunterlagen der Buchführung auf der Grundlage der EDV sind

> die Summen- und Saldenliste und
> die betriebswirtschaftliche Auswertung (auch Unternehmensspiegel genannt).

Summen- und Saldenliste

Die Summen- und Saldenliste ist in der Regel in der EDV-Fassung des zugrunde liegenden Kontenrahmens aufgebaut und enthält auch dessen Kontenbezeichnungen (z. T. allerdings verkürzt).
Sie wird zumeist so ausgestaltet, dass sie über die monatliche Entwicklung und den jeweiligen Stand der einzelnen Konten informiert.
Im Einzelnen enthält die Summen- und Saldenliste:

Wesentlicher Inhalt

> die Zahlen der Eröffnungsbilanz
> die jeweiligen Monatsverkehrszahlen
> die aufgelaufenen Jahresverkehrszahlen
> den jeweiligen Endsaldo aus den Werten der Eröffnungsbilanz und den Jahresverkehrszahlen

Für eine ausführliche Darstellung sind weitere Aufteilungen und Untergliederungen möglich, z. B. nach Sachkonten und Personenkonten.

1.1 Buchführung

Auszug aus einer Summen- und Saldenliste

Konto	Kontenbezeichnung	Eröffnungsbilanz		Monatsverkehrszahlen		Jahresverkehrszahlen		Endsaldo	
		Soll	Haben	Soll	Haben	Soll	Haben	Soll	Haben
....	Kasse	4.898,17		11.957,18	13.678,14	38.717,17	39.816,04	3.799,30	
....	Bank	36.754,07		64.481,78	57.452,98	198.520,33	184.925,24	50.349,16	
....	Forderungen aus Lieferungen und Leistungen	9.712,83		68.819,14	72.709,59	201.616,77	200.348,14	10.981,46	
....	Verbindlichkeiten aus Lieferungen und Leistungen		4.011,16	33.817,51	27.194,22	128.916,72	129.611,12		4.705,56
....	Verbindlichkeiten an Finanzamt für Umsatzsteuer			9.279,34	10.179,34	42.032,10	43.937,36		1.905,26
....	Privat			6.190,97		36.260,99	3.950,82	32.310,17	
Summe	Kontenklasse	51.365,07	4.011,16	194.545,92	181.214,27	646.064,08	602.588,72	97.440,09	6.610,82

Betriebswirtschaftliche Auswertung (Unternehmensspiegel)

> Der Unternehmensspiegel ist eine kurzfristige Erfolgsrechnung auf der Basis der Daten aus der Summen- und Saldenliste. Er liefert dem Betriebsinhaber und anderen Entscheidungsträgern Daten über die Erlös-, Kosten-, Vermögens-, Kapital- und Liquiditätsstruktur und damit wichtige Basisinformationen für Entscheidungen und Maßnahmen.

Die hier dargestellte betriebswirtschaftliche Auswertung, wie sie die DATEV für Handwerksbetriebe erstellt (Abdruck mit Genehmigung der DATEV eG), umfasst folgende drei Abschnitte:

Kurzfristige Erfolgsrechnung	› kurzfristige Erfolgsrechnung über die Auswertung der Ertrags- und Aufwandskonten
Bewegungsbilanz	› Bewegungsbilanz mit Informationen über Veränderungen bei einzelnen Positionen der Aktiva und Passiva sowie Mittelherkunft und -verwendung
Liquiditätsrechnung	› Liquiditätsrechnung anhand verschiedener Liquiditätsgrade. Um die Entwicklung der Zahlungsfähigkeit besser beurteilen zu können, werden neben den Werten des Abrechnungsstichtages auch die Werte der vorigen Abrechnung aufgeführt.

Im Rahmen der Liquiditätsrechnung werden drei verschiedene Kennzahlen gebildet:

> **Liquidität I:** Verhältnis der liquiden Mittel 1. Ordnung (Bestände von Kasse und Bank) zu den kurzfristigen Verbindlichkeiten (Rückstellungen, Verbindlichkeiten aus Lieferungen und Leistungen, Verbindlichkeiten an Finanzamt für Umsatzsteuer u. Ä.). In der Praxis gilt hier ein Verhältnis von 1 : 1 als Richtschnur.

1.1.4 Verfahrenstechniken

> **Liquidität II:** Verhältnis der liquiden Mittel 1. und 2. Ordnung (Forderungen aus Lieferungen und Leistungen) zu den kurzfristigen Verbindlichkeiten.
> **Liquidität III:** Verhältnis der liquiden Mittel 1., 2. und 3. Ordnung (Vorräte) zu den kurzfristigen Verbindlichkeiten. Die Liquidität III wird von der DATEV nur bei exakter Wareneinsatzermittlung errechnet.

Neben der Monatssumme und der Jahressumme können im Bedarfsfall auch noch die jeweiligen Vorjahreswerte mit dazu ausgedruckt werden. Zusätzliche Informationen ergibt die Gegenüberstellung der Monats- und Jahresverkehrszahlen mit verschiedenen Basisgrößen wie Umsatz, Gesamtkosten oder Lohnkosten. Damit lassen sich wichtige Kennzahlen ermitteln wie zum Beispiel:

Vorjahreswerte

Kennzahlen

> Umsatzrentabilität: Betriebsergebnis in v. H. des Umsatzes
> Lohnintensität: Löhne in v. H. des Umsatzes

Durch ihren Vergleich kann man Änderungen feststellen und analysieren. Bei der Beurteilung der Aussagefähigkeit der Summen- und Saldenliste und des Unternehmensspiegels sind die betriebsindividuellen Buchungsgewohnheiten zu berücksichtigen. So wird die Belastung mit Abschreibungen meistens erst am Jahresende vorgenommen. Bei anderen Kosten wiederum kann es vorkommen, dass sie in einem Betrag gebucht werden, aber mehrere Monate betreffen (zum Beispiel Strom- oder Wasserrechnungen). Deshalb ist das Gesamtergebnis in der betriebswirtschaftlichen Auswertung während des Jahres als vorläufig zu betrachten. Trotzdem ist der Unternehmensspiegel aber geeignet, laufend zumindest wichtige Entwicklungstendenzen aufzuzeigen. Weiterhin gibt es für Betriebe, die ihre Buchführung bei der DATEV erledigen lassen, Auswertungsmöglichkeiten wie den Ratingreport, den Unternehmenscheck oder den Controllingreport.

Vorläufiges Ergebnis

1.1 Buchführung

Betriebswirtschaftliche Auswertung zum 30.04.2009

	Monatssumme EUR	v. H. vom Umsatz	v. H. von Gesamtkosten	v. H. von Lohnkosten	Jahressumme EUR	v. H. vom Umsatz	v. H. von Gesamtkosten	v. H. von Lohnkosten
Betriebserlöse	98.120,00	100,00	108,66	452,79	418.000,00	100,00	119,06	478,75
davon Handwerkserlöse	62.350,00	63,54	69,05	287,72	298.600,00	71,44	85,05	342,00
Handelserlöse	35.770,00	36,46	39,61	165,07	119.400,00	28,56	34,01	136,75
Material/Wareneinkauf	42.670,00	43,49	47,25	196,91	158.910,00	38,02	45,26	182,01
davon Materialien und Stoffe	29.770,00	30,34	32,97	137,38	114.890,00	27,49	32,73	131,59
Handelswaren	12.900,00	13,15	14,29	59,53	44.020,00	10,53	12,54	50,42
Rohertrag	55.450,00	56,51	61,41	255,88	298.600,00	71,44	85,05	342,00
aus Handwerksleistungen	47.200,00	48,10	52,27	217,81	252.120,00	60,32	71,81	288,76
Handelswaren	8.250,00	8,41	9,14	38,07	46.480,00	11,12	13,24	53,24
Kalkulatorischer Aufschlag insgesamt (%)	129,95				187,91			
auf Handwerksleistungen (%)	158,55				219,44			
auf Handelswaren (%)	63,95				105,59			
Erlösschmälerungen (aus Sachmängeln)	2.480,00	2,53	2,75	11,44	10.120,00	2,42	2,88	11,59
Sondereinzelkosten	1.245,00	1,27	1,38	5,75	4.210,00	1,01	1,20	4,82
Löhne und Gehälter (produktive Löhne)	21.670,00	22,09	24,00	100,00	87.310,00	20,89	24,87	100,00
Gemeinkosten Sonstige Löhne und Gehälter	3.890,00	3,96	4,31	17,95	11.990,00	2,87	3,42	13,73
Gesetzliche Sozialleistungen	4.675,00	4,76	5,18	21,57	24.660,00	5,90	7,02	28,24
Freiwillige Sozialleistungen	1.120,00	1,14	1,24	5,17	3.795,00	0,91	1,08	4,35
Kleinmaterialien und Stoffe	890,00	0,91	0,99	4,11	3.160,00	0,76	0,90	3,62
Strom/Gas/Wasser	3.895,00	3,97	4,31	17,97	17.125,00	4,10	4,88	19,61

1.1.4 Verfahrenstechniken

	Monatssumme EUR	v. H. vom Umsatz	v. H. von Gesamtkosten	v. H. von Lohnkosten	Jahressumme EUR	v. H. vom Umsatz	v. H. von Gesamtkosten	v. H. von Lohnkosten
Steuern/Versicherungen/Beiträge	670,00	0,68	0,74	3,09	1.890,00	0,45	0,54	2,16
Miete/Pacht	1.320,00	1,35	1,46	6,09	4.900,00	1,17	1,40	5,61
Reparaturen	390,00	0,40	0,43	1,80	1.560,00	0,37	0,44	1,79
Porto/Telefon/Fax/Internet	990,00	1,01	1,10	4,57	1.560,00	0,37	0,44	1,79
Büro/Zeitungen	450,00	0,46	0,50	2,08	1.980,00	0,47	0,56	2,27
EDV/Steuerberatung	285,00	0,29	0,32	1,32	1.135,00	0,27	0,32	1,30
Werbe-/Reisekosten	665,00	0,68	0,74	3,07	1.290,00	0,31	0,37	1,48
Kfz-Kosten ohne AfA	800,00	0,82	0,89	3,69	3.715,00	0,89	1,06	4,25
Abschreibungen	240,00	0,24	0,27	1,11	1.090,00	0,26	0,31	1,25
Sonstige Gemeinkosten	765,00	0,78	0,85	3,53	990,00	0,24	0,28	1,13
Kalkulatorische Kosten	3.670,00	3,74	4,06	16,94	19.800,00	4,74	5,64	22,68
Summe Gemeinkosten	24.715,00	25,19	27,37	114,05	100.640,00	24,08	28,67	115,27
Gesamtkosten	90.300,00	92,03	100,00	416,71	351.070,00	83,99	100,00	402,10
Erlöse (./. Erlösschmälerungen)	95.640,00	97,47	105,91	441,35	407.880,00	97,58	116,18	467,16
Betriebsergebnis	5.340,00	5,44	5,91	24,64	56.810,00	13,59	16,18	65,07
Neutraler Aufwand	670,00	0,68	0,74	3,09	2.815,00	0,67	0,80	3,22
Neutraler Ertrag	410,00	0,42	0,45	1,89	1.670,00	0,40	0,48	1,91
Sonstige Erlöse	0,00	0,00	0,00	0,00	3.450,00	0,83	0,98	3,95
Vorläufiges Ergebnis	5.080,00	5,18	5,63	23,44	59.115,00	14,14	16,84	67,71

1.1.5 Beispiel zur doppelten Buchführung

Zum besseren Verständnis der gesamten Buchungstechnik und der Zusammenhänge der gesamten Buchführung wird nachfolgend ein praxisorientiertes Beispiel mit häufig vorkommenden Geschäftsvorfällen behandelt. Dazu werden alle erforderlichen Arbeitsvorgänge dargestellt:

> - Erstellung der Eröffnungsbilanz (>> dazu auch Abschnitt 1.2.1 „Aufbau von Bilanz sowie Gewinn- und Verlustrechnung")
> - Konteneröffnung mit Kontennummern aus dem SKR 04
> - Verbuchung der Geschäftsvorfälle unter Verwendung der Kontennummern aus dem SKR 04; dabei ist es möglich, Einzelkonten zu nehmen oder diese zusammenzufassen (z. B. 6300 Sonstige betriebliche Aufwendungen)
> - Verbuchung der Abschlussangaben
> - Abschluss der Konten
> - Erstellung von Schlussbilanz sowie Gewinn- und Verlustrechnung (>> dazu auch Abschnitt 1.2.1 „Aufbau von Bilanz sowie Gewinn- und Verlustrechnung")

Aufgabe:

Eröffnungsbilanz
1. Die Eröffnungsbilanz ist aufgrund folgender Zahlen aus der Schlussbilanz des vorangegangenen Geschäftsjahres zu erstellen:

Betriebsgebäude	105.000,00 EUR
Maschinen	65.000,00 EUR
Lkw	25.000,00 EUR
Roh-, Hilfs- und Betriebsstoffe (Bestand)	18.500,00 EUR
Forderungen aus Lieferungen und Leistungen	15.650,00 EUR
Kasse	1.260,00 EUR
Bank	41.820,00 EUR
Verbindlichkeiten aus Lieferungen und Leistungen	10.320,00 EUR
Verbindlichkeiten gegenüber Kreditinstituten	128.000,00 EUR
Verbindlichkeiten an Finanzamt für Umsatzsteuer	4.080,00 EUR

Konteneröffnung
2. Es sind folgende Konten zu eröffnen und auf den Bestandskonten die Anfangsbestände aus der Eröffnungsbilanz vorzutragen:
Betriebsgebäude (0230), Maschinen (0440), Lkw (0540), Roh-, Hilfs- und Betriebsstoffe (Bestand) (1000), Erhaltene Skonti 19 % Vorsteuer (5736), Abziehbare Vorsteuer 19 % (1406), Forderungen aus Lieferungen und Leistungen (1210), Kasse (1600), Bank (1800), Aktive Rechnungsabgrenzung (1900), Eigenkapital (2000), Privatentnahmen allgemein (2100), Privatsteuern (2150), Verbindlichkeiten aus Lieferungen und Leistungen (3310), Verbindlichkeiten gegenüber Kreditinstituten (3150), Sonstige Verbindlichkeiten (3500), Verbindlichkeiten aus Lohn- und Kirchensteuer (3730), Verbindlichkeiten im Rahmen der sozialen Sicherheit (3740), Verbindlichkeiten an Finanzamt für Umsatzsteuer (3806), Wareneingang 19 % Vorsteuer (5400), Löhne und Gehälter (6000), Gesetzliche soziale Aufwendungen (6110), Abschreibungen auf Sachanlagen (6220), Laufende KFZ-Betriebskosten (6530), Sonstige betriebliche Aufwendungen (6300), Sofortabschreibungen geringwertige Wirt-

1.1.5 Beispiel zur doppelten Buchführung

schaftsgüter (6260), Zinsen und ähnliche Aufwendungen (7300), Kfz-Steuer (7685), Gewerbesteuer (7610), Erlöse 19 % USt (4400), Unentgeltliche Wertabgaben (4600), Gewährte Skonti 19 % USt (4736), Schlussbilanz, Gewinn- und Verlustrechnung.

3. **Folgende Geschäftsvorfälle sind zu verbuchen, wobei ein Umsatzsteuersatz (USt) von 19 % zugrunde gelegt wird:**

Geschäftsvorfälle

	Geschäftsvorfälle	Buchung/Konto		Betrag
		Soll	Haben	EUR
1)	Barerlös für Waren Nettorechnungsbetrag Umsatzsteuer Barzahlung			800,00 152,00 952,00
2)	Kauf einer Maschine gegen Rechnung Nettorechnungsbetrag Umsatzsteuer Rechnungsbetrag			12.440,00 2.363,60 14.803,60
3)	Privatentnahme Bar in Waren Umsatzsteuer			500,00 450,00 85,50
4)	Bezahlung der gekauften Maschine (>> Geschäftsvorfall 2) durch Banküberweisung mit 3 % Skonto			
5)	Lieferung an Kunden A gegen Rechnung Nettorechnungsbetrag Umsatzsteuer Gesamt			124.510,00 23.656,90 148.166,90
6)	Kauf von Material gegen Rechnung bei Lieferant A Nettorechnungsbetrag Umsatzsteuer Rechnungsbetrag			14.812,00 2.814,28 17.626,28
7)	Bezahlung der rückständigen Umsatzsteuer durch Banküberweisung			4.080,00
8)	Bezahlung durch Kunde A (>> Geschäftsvorfall 5) per Banküberweisung unter Abzug von 3 % Skonto			

1.1 Buchführung

Geschäftsvorfälle		Buchung/Konto		Betrag
		Soll	Haben	EUR
9)	Einzahlung von Bargeld aus der Kasse auf das Bankkonto			800,00
10)	Bezahlung an Lieferant A (>> Geschäftsvorfall 6) per Banküberweisung unter Abzug von 3 % Skonto			
11)	Rücksendung fehlerhafter Ware durch Kunde A und Erstattung des Wertes durch Banküberweisung Nettorechnungsbetrag Umsatzsteuer Gesamt			 1.200,00 228,00 1.428,00
12)	Kauf einer Kleinmaschine (geringwertiges Wirtschaftsgut) gegen Barzahlung Nettorechnungsbetrag Umsatzsteuer Gesamt			 150,00 28,50 178,50
13)	Bezahlung von Fahrzeugkosten in bar Nettorechnungsbetrag Umsatzsteuer Gesamt			 128,00 24,32 152,32
14)	Zahlung der fälligen Zinsen und der Tilgung für das Bankdarlehen per Bank			12.500,00 4.500,00 17.000,00
15)	Bezahlung von Steuern per Bank Einkommensteuer des Unternehmers Gewerbesteuer Gesamt			 1.500,00 1.000,00 2.500,00

1.1.5 Beispiel zur doppelten Buchführung

Geschäftsvorfälle	Buchung/Konto		Betrag
	Soll	Haben	EUR
16) Verbuchung der Lohn- und Gehaltsabrechnung: Bruttolöhne und Gehälter Einbehaltene Lohn- und Kirchensteuer + Solidaritätszuschlag Arbeitnehmeranteil zur Sozialversicherung Nettolohn Arbeitgeberanteil zur Sozialversicherung (Der Nettolohn wird zum Zeitpunkt der Lohnabrechnung durch Banküberweisung bezahlt.)			14.612,00 1.400,00 2.995,00 10.217,00 2.864,00
17) Bezahlung der Kfz-Steuer von Oktober bis September des folgenden Jahres per Bankeinzugsverfahren			264,00
18) Bareinnahme für Reparaturleistungen Nettorechnungsbetrag Umsatzsteuer Gesamt			1.245,00 236,55 1.481,55

4. **Als vorbereitende Abschlussbuchungen sind vorzunehmen:**   Vorbereitende Abschlussbuchungen

   1) Bestand an Roh-, Hilfs- und Betriebsstoffen
      laut Inventur   14.212,00 EUR

   2) Abschreibungen

      Maschinen   10.500,00 EUR

      Lkw   11.420,00 EUR

      Betriebsgebäude   4.800,00 EUR

   3) Rückständige Telefonrechnung   560,00 EUR
      (Leistungswert 470,57 EUR + 89,43 EUR UST)

   4) Abgrenzung der Kfz-Steuer für das folgende Geschäftsjahr (>> Geschäftsvorfall 17)

5. **Die Umbuchungen sind entsprechend den geschilderten Regeln und Verfahrensweisen vorzunehmen.**   Umbuchungen

1.1 Buchführung

Schlussbilanz G+V

6. **Aufgrund dieser Vorgaben sind Schlussbilanz sowie Gewinn- und Verlustrechnung zu erstellen.**

Lösung:

1. **Aus den Angaben der Eröffnungsinventur wird zunächst die Eröffnungsbilanz erstellt.**
Zum Anlagevermögen gehören die Posten Betriebsgebäude, Maschinen und Fahrzeuge.
Zum Umlaufvermögen zählen Roh-, Hilfs- und Betriebsstoffe (Vorräte), Forderungen aus Lieferungen und Leistungen, Kasse und Bank.
Die übrigen Posten sind Verbindlichkeiten und kommen deshalb auf die Passivseite.
Aus der Differenz von Vermögen und Verbindlichkeiten ergibt sich ein Eigenkapital von 129.830,00 EUR.

2. **Eröffnung der angegebenen Konten.**

3. **Verbuchung der Geschäftsvorfälle.**
Die Verbuchung der Geschäftsvorfälle erfolgt nach den besprochenen Buchungsregeln. Dabei werden für den ersten Geschäftsvorfall zwei Regeln behandelt. Die Verbuchung der übrigen Geschäftsvorfälle erfolgt dann, wie heute in der Praxis üblich, über Buchungssätze (>> nachstehende Tabelle).

Buchungsregeln

1) **Mit Buchungsregel 1:**
Das Kassenkonto ist ein Aktivkonto. Es handelt sich um einen Zugang, also werden 952,00 EUR auf der linken Seite gebucht. Das Konto Erlöse 19 % USt ist ein Ertragskonto. Bei Ertragskonten kommen Zugänge auf die rechte Seite. Der Warenverkauf ist eine betriebliche Leistung und somit ein Erlös, also Buchung von 800,00 EUR auf der rechten Seite. Die an den Kunden vom Betrieb überwälzte Umsatzsteuer ist auf dem Konto Verbindlichkeiten an Finanzamt für Umsatzsteuer zu erfassen. Es handelt sich um ein Passivkonto. Bei diesen stehen Zugänge auf der rechten Seite, also Buchung von 152,00 EUR rechts.
Mit Buchungsregel 2 (in Klammer sind die Kontonummern nach SKR 04 von DATEV angegeben):
Kasse (1600) 952,00 EUR an Erlöse 19 % USt (4400) 800,00 EUR und Verbindlichkeiten an Finanzamt für Umsatzsteuer (3806) 152,00 EUR.

Buchungssätze

Die folgende Tabelle zeigt die Verbuchung der Geschäftsvorfälle:

Geschäftsvorfälle	Buchung/Konto		Betrag
	Soll	Haben	EUR
1) Barerlös für Waren Barzahlung Nettorechnungsbetrag Umsatzsteuer	1600	4400 3806	952,00 800,00 152,00
2) Kauf einer Maschine gegen Rechnung Nettorechnungsbetrag Umsatzsteuer (Vorsteuer) Rechnungsbetrag	0440 1406	3310	12.440,00 2.363,60 14.803,60

1.1.5 Beispiel zur doppelten Buchführung

Geschäftsvorfälle	Buchung/Konto		Betrag
	Soll	Haben	EUR
3) Privatentnahme in bar und Waren gesamt	2100		1.035,50
bar		1600	500,00
Waren		4600	450,00
Umsatzsteuer		3806	85,50
4) Bezahlung der gekauften Maschine (>> Geschäftsvorfall 2) durch Banküberweisung mit 3 % Skonto	3310		14.803,60
		1800	14.359,49
		5736	373,20
		1406	70,91
5) Lieferung an Kunden A gegen Rechnung			
Rechnungsbetrag	1210		148.166,90
Nettorechnungsbetrag		4400	124.510,00
Umsatzsteuer		3806	23.656,90
6) Kauf von Material gegen Rechnung bei Lieferant A			
Nettorechnungsbetrag	5400		14.812,00
Umsatzsteuer (Vorsteuer)	1406		2.814,28
Rechnungsbetrag		3310	17.626,28
7) Bezahlung der rückständigen Umsatzsteuer durch Banküberweisung	3806		4.080,00
		1800	4.080,00
8) Bezahlung durch Kunde A (>> Geschäftsvorfall 5) per Banküberweisung abzgl. 3 % Skonto	1800		143.721,90
	4736		3.735,30
	3806		709,70
		1210	148.166,90
9) Einzahlung von Bargeld aus der Kasse auf das Bankkonto	1800		800,00
		1600	800,00
10) Bezahlung an Lieferant A (>> Geschäftsvorfall 6) per Banküberweisung abzgl. 3 % Skonto	3310		17.626,28
		1800	17.097,49
		5736	444,36
		1406	84,43

Geschäftsvorfälle		Buchung/Konto		Betrag
		Soll	Haben	EUR
11)	Rücksendung fehlerhafter Ware durch Kunde A und Erstattung des Wertes durch Banküberweisung Nettorechnungsbetrag Umsatzsteuer Gesamt	4400 3806	1800	1.200,00 228,00 1.428,00
12)	Kauf einer Kleinmaschine (geringwertiges Wirtschaftsgut) gegen Barzahlung Nettorechnungsbetrag Umsatzsteuer (Vorsteuer) Rechnungsbetrag (Barzahlung)	6260 1406	1600	150,00 28,50 178,50
13)	Bezahlung von Fahrzeugkosten in bar Nettorechnungsbetrag Umsatzsteuer (Vorsteuer) Rechnungsbetrag (Barzahlung)	6530 1406	1600	128,00 24,32 152,32
14)	Zahlung der fälligen Zinsen und der Tilgung für das Bankdarlehen per Bank	7300 3150	1800	12.500,00 4.500,00 17.000,00
15)	Bezahlung von Steuern per Bank Einkommensteuer des Unternehmers Gewerbesteuer Bank	2150 7610	1800	1.500,00 1.000,00 2.500,00
16)	Verbuchung der Lohn- und Gehaltsabrechnung Bruttolöhne und Gehälter Einbehaltene Lohn- und Kirchensteuer Arbeitnehmeranteil zur Sozialversicherung Banküberweisung Nettolohn Arbeitgeberanteil zur Sozialversicherung	6000 6110	3730 3740 1800 3740	14.612,00 1.400,00 2.995,00 10.217,00 2.864,00 2.864,00

1.1.5 Beispiel zur doppelten Buchführung

Geschäftsvorfälle		Buchung/Konto		Betrag
		Soll	Haben	EUR
17)	Bezahlung der Kfz-Steuer von Oktober bis September des folgenden Jahres per Bankeinzugsverfahren	7685	1800	264,00 264,00
18)	Bareinnahme für Reparaturleistungen Nettorechnungsbetrag Umsatzsteuer	1600	4400 3806	1.481,55 1.245,00 236,55

4. **Vorbereitende Abschlussbuchungen:**

19) Verbuchung des Bestandes an Roh-, Hilfs- und Betriebsstoffen bzw. Waren laut Inventur sowie der Bestandsveränderung und des Materialaufwands. Es wird Bezug genommen auf die Darstellungen in Abschnitt 1.1.3.5 Umbuchungen, Vorbereitung des Abschlusses, Abschlussbuchungen (vorbereitende Abschlussbuchungen >> Der Materialaufwand bzw. Materialverbrauch).

Dort wurde bereits darauf hingewiesen, dass in diesem Buchführungsbeispiel der Kontenrahmen SKR04 der Datev zugrunde gelegt wird und die Einkäufe an Roh-, Hilfs- und Betriebsstoffen nach dem Just-in-time-Verfahren auf dem Aufwandskonto Wareneingang, also sofort aufwandswirksam verbucht werden.

Damit einerseits in der Schlussbilanz der tatsächliche Bestand an Roh-, Hilfs- und Betriebsstoffen ausgewiesen wird und andererseits die im Beispiel gegebene Bestandsminderung (Anfangsbestand lt. Eröffnungsbilanz 18.500 EUR abzüglich Inventurbestand am Ende der Rechnungsperiode 14.212,00 EUR = Bestandsminderung 4.288,00 EUR) von 4.288,00 EUR bei der periodengerechten Ermittlung des Materialverbrauchs bzw. Materialaufwands berücksichtigt wird, sind folgende Buchungen erforderlich:

> Verbuchung der Inventur i.H.v. 14.212,00 EUR:
  Buchungssatz:
  Schlussbilanz an Bestandskonto „Roh-, Hilfs- und Betriebsstoffe"
> Verbuchung der Bestandsminderung i.H.v. 4.288,00 EUR:
  Buchungssatz:
  Aufwandskonto „Wareneingang 19 % Vorsteuer" an Bestandskonto „Roh-, Hilfs- und Betriebsstoffe"

Die nachfolgende Tabelle zeigt die vorbereitenden Abschlussbuchungen im Überblick:

Abschlussbuchungen Materialaufwand

Vorbereitende Abschlussbuchungen		Buchung/Konto		Betrag
		Soll	Haben	EUR
19)	Inventur	Schlussbil.	1000	14.212,00 14.212,00
19)	Bestandsminderung	5400	1000	4.288,00 4.288,00

1.1 Buchführung

Vorbereitende Abschlussbuchungen		Buchung/Konto		Betrag
		Soll	Haben	EUR
20)	Abschreibungen auf Sachanlagen Maschinen Lkw Betriebsgebäude	6220	0440 0540 0230	26.720,00 10.500,00 11.420,00 4.800,00
21)	Sonstige betriebliche Aufwendungen Umsatzsteuer (Vorsteuer) Sonstige Verbindlichkeiten	6300 1406	3500	470,57 89,43 560,00
22)	Aktive Rechnungsabgrenzung Kfz-Steuer	1900	7685	198,00 198,00

Umbuchungen

5. Folgende Umbuchungen müssen berücksichtigt werden:

Umbuchungen		Buchung/Konto		Betrag
		Soll	Haben	EUR
23)	Umbuchung der Privatkonten auf Eigenkapitalkonto Eigenkapital Privat allgemein Privatsteuern	2000	2100 2150	2.535,50 1.035,50 1.500,00
24)	Umbuchung der abziehbaren Vorsteuer auf Verbindlichkeiten an Finanzamt für Umsatzsteuer Verbindlichkeiten an Finanzamt für Umsatzsteuer Vorsteuer	3806	1406	5.164,79 5.164,79
25)	Umbuchung Erhaltene Skonti auf Wareneingang Erhaltene Skonti Wareneingang	5736	5400	444,36 444,36
26)	Umbuchung Erhaltene Skonti auf Maschinen Erhaltene Skonti Maschinen	5736	0440	373,20 373,20
27)	Umbuchung Gewährte Skonti auf Erlöse 19 % USt Erlöse 19 % USt Gewährte Skonti	4400	4736	3.735,30 3.735,30

1.1.5 Beispiel zur doppelten Buchführung

Kontendarstellung:

Aktiva	Eröffnungsbilanz		Passiva
Anlagevermögen		Eigenkapital	129.830,00
Betriebsgebäude	105.000,00	**Verbindlichkeiten**	
Maschinen	65.000,00	Verbindlichkeiten gegenüber	
Lkw	25.000,00	Kreditinstituten	128.000,00
Umlaufvermögen		Verbindlichkeiten aus Lieferungen und	
Roh-, Hilfs- und Betriebsstoffe (Vorräte)	18.500,00	Leistungen	10.320,00
Forderungen aus Lieferungen und Leistungen	15.650,00	Verbindlichkeiten an Finanzamt für	
Kasse	1.260,00	Umsatzsteuer	4.080,00
Bank	41.820,00		
	272.230,00		272.230,00

Soll	Betriebsgebäude (0230)		Haben
EB	105.000,00	20)	4.800,00
		SB	**100.200,00**
	105.000,00		105.000,00

Soll	Maschinen (0440)		Haben
EB	65.000,00	20)	10.500,00
2)	12.440,00	26)	373,20
		SB	**66.566,80**
	77.440,00		77.440,00

Soll	Lkw (0540)		Haben
EB	25.000,00	20)	11.420,00
		SB	**13.580,00**
	25.000,00		25.000,00

Soll	Roh-, Hilfs- und Betriebsstoffe (Bestand) (1000)		Haben
EB	18.500,00	19)	14.212,00
		19)	4.288,00
	18.500,00		18.500,00

Soll	Erhaltene Skonti 19 % Vorsteuer (5736)		Haben
25)	444,36	4)	373,20
26)	373,20	10)	444,36
	817,56		817,56

Soll	Abziehbare Vorsteuer (1406)		Haben
2)	2.363,60	4)	70,91
6)	2.814,28	10)	84,43
12)	28,50	24)	5.164,79
13)	24,32		
21)	89,43		
	5.320,13		5.320,13

1.1 Buchführung

Soll	Forderungen aus Lieferungen und Leistungen (1210)		Haben		Soll	Kasse (1600)		Haben
EB	15.650,00	8)	148.166,90		EB	1.260,00	3)	500,00
5)	148.166,90	SB	**15.650,00**		1)	952,00	9)	800,00
					18)	1.481,55	12)	178,50
							13)	152,32
							SB	**2.062,73**
	_163.816,90_		_163.816,90_			_3.693,55_		_3.693,55_

Soll	Bank (1800)		Haben		Soll	Aktive Rechnungs- abgrenzung (1900)		Haben
EB	41.820,00	4)	14.359,49		22)	198,00	SB	**198,00**
8)	143.721,90	7)	4.080,00					
9)	800,00	10)	17.097,49					
		11)	1.428,00					
		14)	17.000,00					
		15)	2.500,00					
		16)	10.217,00					
		17)	264,00					
		SB	**119.395,92**					
	_186.341,90_		_186.341,90_			_198,00_		_198,00_

Soll	Eigenkapital (2000)		Haben		Soll	Privatentnahmen allgemein (2100)		Haben
23)	2.535,50	EB	129.830,00		3)	1.035,50	23)	1.035,50
SB	**172.197,99**	G+V	44.903,49					
	_174.733,49_		_174.733,49_			_1.035,50_		_1.035,50_

Soll	Privatsteuern (2150)		Haben		Soll	Verbindlichkeiten aus Lieferungen und Leistungen (3310)		Haben
15)	1.500,00	23)	1.500,00		4)	14.803,60	EB	10.320,00
					10)	17.626,28	2)	14.803,60
					SB	**10.320,00**	6)	17.626,28
	_1.5000_		_1.5000_			_42.749,88_		_42.749,88_

1.1.5 Beispiel zur doppelten Buchführung

Soll	Verbindlichkeiten gegenüber Kreditinstituten (3150)		Haben		Soll	Sonstige Verbindlichkeiten (3500)		Haben
14)	4.500,00	EB	128.000,00				21)	560,00
SB	123.500,00				SB	560,00		
	128.000,00		128.000,00			560,00		560,00

Soll	Verbindlichkeiten aus Lohn- und Kirchensteuer (3730)		Haben		Soll	Verbindlichkeiten im Rahmen der soz. Sicherheit (3740)		Haben
		16)	1.400,00				16)	2.995,00
SB	1.400,00						16)	2.864,00
					SB	5.859,00		
	1.400,00		1.400,00			5.859,00		5.859,00

Soll	Verbindlichkeiten an Finanzamt für Umsatzst. (3806)		Haben		Soll	Wareneingang 19 % Vorsteuer (5400)		Haben
7)	4.080,00	EB	4.080,00		6)	14.812,00	25)	444,36
8)	709,70	1)	152,00		19)	4.288,00		
11)	228,00	3)	85,50				G+V	18.655,64
24)	5.164,79	5)	23.656,90					
SB	18.028,46	18)	236,55					
	28.210,95		28.210,95			19.100,00		19.100,00

Soll	Löhne und Gehälter (6000)		Haben		Soll	Gesetzliche soziale Aufwendungen (6110)		Haben
16)	14.612,00	G+V	14.612,00		16)	2.864,00	G+V	2.864,00
	14.612,00		14.612,00			2.864,00		2.864,00

Soll	Abschreibungen auf Sachanlagen (6220)		Haben		Soll	Laufende Kfz-Betriebskosten (6530)		Haben
20)	26.720,00	G+V	26.720,00		13)	128,00	G+V	128,00
	26.720,00		26.720,00			128,00		128,00

Soll	Sonstige betriebliche Aufwendungen (6300)		Haben		Soll	Sofortabschreibungen geringwertige Wirtschaftsgüter (6260)		Haben
21)	470,57	G+V	470,57		12)	150,00	G+V	150,00
	470,57		470,57			150,00		150,00

1.1 Buchführung

Soll	Zinsen und ähnliche Aufwendungen (7300)		Haben		Soll	Kfz-Steuer (7685)		Haben
14)	12.500,00				17)	264,00	22)	198,00
		G+V	12.500,00				G+V	66,00
	12.500,00		12.500,00			264,00		264,00

Soll	Gewerbesteuer (7610)		Haben		Soll	Erlöse 19 % USt (4400)		Haben
15)	1.000,00				11)	1.200,00	1)	800,00
		G+V	1.000,00		27)	3.735,30	5)	124.510,00
					G+V	121.619,70	18)	1.245,00
	1.000,00		1.000,00			126.555,00		126.555,00

Soll	Unentgeltliche Wertabgaben (4600)		Haben		Soll	Gewährte Skonti 19 % USt (4736)		Haben
G+V	450,00	3)	450,00		8)	3.735,30	27)	3.735,30
	450,00		450,00			3.735,30		3.735,30

Aktiva	Schlussbilanz		Passiva
Betriebsgebäude	100.200,00	Eigenkapital	172.197,99
Maschinen	66.566,80	Verbindlichkeiten aus Lieferungen und Leistungen	10.320,00
Lkw	13.580,00		
Roh-, Hilfs- und Betriebsstoffe (Bestand)	14.212,00	Verbindlichkeiten gegenüber Kreditinstituten	123.500,00
Forderungen aus Lieferungen und Leistungen	15.650,00	Sonstige Verbindlichkeiten	560,00
Kasse	2.062,73	Verbindlichkeiten aus Lohn- und Kirchensteuer	1.400,00
Bank	119.395,92	Verbindlichkeiten im Rahmen der sozialen Sicherheit	5.859,00
Aktive Rechnungsabgrenzung	198,00	Verbindlichkeiten an Finanzamt für Umsatzsteuer	18.028,46
	331.865,45		331.865,45

1.1.5 Beispiel zur doppelten Buchführung

Aufwendungen		Gewinn- und Verlustrechnung	Erträge
Wareneingang (Materialaufwand)	18.655,64	Erlöse	121.619,70
Löhne und Gehälter	14.612,00	Unentgeltliche Wertabgaben	450,00
Gesetzliche soziale Aufwendungen	2.864,00		
Abschreibungen auf Sachanlagen	26.720,00		
Kfz-Betriebskosten	128,00		
Sonstige betriebliche Aufwendungen	470,57		
Sofortabschreibungen geringwertige Wirtschaftsgüter	150,00		
Zinsen und ähnliche Aufwendungen	12.500,00		
Kfz-Steuer	66,00		
Gewerbesteuer	1.000,00		
Gewinn	**44.903,49**		
	122.069,70		122.069,70

1.1 Buchführung

Gliederungs-vorschriften des HGB

Die Bilanz sowie die Gewinn- und Verlustrechnung ergeben sich aus der Reihenfolge der einzelnen Konten innerhalb der Buchführung, die kontenrahmenorientiert ist und die dort übliche Gliederungsfolge der Konten berücksichtigt. Legt man, wie in der Praxis vielfach üblich, die erweiterten Gliederungsvorschriften des HGB zugrunde, so ergibt sich folgende Darstellung von Bilanz sowie Gewinn- und Verlustrechnung:

Aktiva	Schlussbilanz		Passiva
A. Anlagevermögen		**A. Eigenkapital**	172.197,99
I. Sachanlagen			
1. Grundstücke, grundstücksgleiche Rechte, Bauten	100.200,00	**B. Verbindlichkeiten**	
		1. Verbindlichkeiten gegenüber Kreditinstituten	123.500,00
2. Technische Anlagen und Maschinen	66.566,80	2. Verbindlichkeiten aus Lieferungen und Leistungen	10.320,00
3. Andere Anlagen, Betriebs- und Geschäftsausstattung	13.580,00	3. Sonstige Verbindlichkeiten	25.847,46
B. Umlaufvermögen		davon aus Steuern 19.428,46	
I. Roh-, Hilfs- und Betriebsstoffe	14.212,00	davon im Rahmen der sozialen Sicherheit 5.859,00	
II. Forderungen und sonstige Vermögensgegenstände			
1. Forderungen aus Lieferungen und Leistungen	15.650,00		
III. Flüssige Mittel			
1. Kassenbestand	2.062,73		
2. Guthaben bei Kreditinstituten	119.395,92		
C. Rechnungsabgrenzungsposten	198,00		
	331.865,45		**331.865,45**

1.1.5 Beispiel zur doppelten Buchführung

Gewinn- und Verlustrechnung nach dem Gesamtkostenverfahren

1.	Umsatzerlöse	121.619,70
2.	Sonstige betriebliche Erträge	450,00
3.	Materialaufwand	− 18.655,64
4.	Personalaufwand	
	a) Löhne und Gehälter	− 14.612,00
	b) soziale Abgaben	− 2.864,00
5.	Abschreibungen	− 26.870,00
6.	Sonstige betriebliche Aufwendungen	− 664,57
7.	Zinsen und ähnliche Aufwendungen	− 12.500,00
8.	Ergebnis der gewöhnlichen Geschäftstätigkeit	45.903,49
9.	Steuern	− 1.000,00
10.	**Jahresüberschuss**	**44.903,49**

Die Gewerbesteuer ist eine Betriebssteuer, die nach Handelsrecht und nach betriebswirtschaftlichen Grundsätzen betrieblichen Aufwand darstellt und somit den handelsbilanzmäßigen Gewinn mindert. So wurde diese Steuer auch im obigen Buchführungsbeispiel behandelt. Da die Gewerbesteuer ab dem Jahre 2008 gemäß § 4, Abs. 5b des Einkommensteuergesetzes steuerrechtlich gesehen keine Betriebsausgabe mehr ist, ist diese zur Ermittlung des steuerlichen Gewinns außerhalb der Buchführung dem Handelsbilanzgewinn wieder hinzuzurechnen.

Der steuerliche Gewinn beläuft sich also auf 45.903,49 EUR.

Übungs- und Prüfungsaufgaben

1. Welches ist der wichtigste Zweig des betrieblichen Rechnungswesens?
   - [ ] a Die Deckungsbeitragsrechnung
   - [ ] b Die Kalkulation
   - [ ] c Die Kostenrechnung
   - [ ] d Die Buchführung und der Jahresabschluss
   - [ ] e Die Statistik.

   >> Seite 14

2. Ist die Buchführung auch aus betriebswirtschaftlichen Gründen notwendig?
   - [ ] a Ja, weil sie die Grundlage für die Entwicklung neuer Fertigungstechniken darstellt.
   - [ ] b Ja, weil sie eine wichtige Grundlage für unternehmerische Entscheidungen darstellt.
   - [ ] c Nein, sie muss nur geführt werden, wenn dies die kreditgebenden Banken verlangen.
   - [ ] d Nein, weil man im Kleinbetrieb auch ohne Buchführung den notwendigen Überblick behalten kann.
   - [ ] e Nein, sie muss nur geführt werden, weil es nach steuerlichen Vorschriften Pflicht ist.

   >> Seite 14

3. Die Buchführung hat für den Betriebsinhaber aus handels- und aus steuerrechtlichen Gründen einen hohen Stellenwert.

   Aufgabe: Beschreiben Sie deren Aufgaben und Zweck!

   >> Seite 14

4. Wo sind die gesetzlichen Vorschriften für die Buchführung geregelt?
   - [ ] a Im Bürgerlichen Gesetzbuch
   - [ ] b Im Handelsgesetzbuch und im Steuerrecht
   - [ ] c In der Zivilprozessordnung
   - [ ] d In der Gewerbeordnung
   - [ ] e In der Bundesbuchführungsverordnung.

   >> Seite 15

1.1 Buchführung

5. Nach dem Steuerrecht sind bestimmte gewerbliche Unternehmer für den einzelnen Betrieb zur Buchführung verpflichtet.

> Aufgabe: Als gewerblicher Unternehmer sind Sie zur Buchführung verpflichtet, wenn Sie mehr als

- [ ] a 150.000,00 EUR Umsatz oder 41.000,00 EUR Betriebsvermögen haben.
- [ ] b 126.000,00 EUR Umsatz oder 9.000,00 EUR Gewinn aus Gewerbebetrieb haben.
- [ ] c 150.000,00 EUR Umsatz oder 10.000,00 EUR Gewinn aus Gewerbebetrieb haben.
- [ ] d 500.000,00 EUR Umsatz oder 50.000,00 EUR Gewinn aus Gewerbebetrieb haben.
- [ ] e 61.000,00 EUR Betriebsvermögen oder 15.000,00 EUR Gewinn aus Gewerbebetrieb haben.

>> Seite 16 |

6. Als Betriebsinhaber haben Sie besondere Aufzeichnungspflichten zu erfüllen.

> Aufgabe:
> a) Erläutern Sie, wer zur gesonderten Aufzeichnung des Wareneingangs verpflichtet ist!
> b) Erklären Sie, was im Einzelnen aus den Aufzeichnungen nach den umsatzsteuerlichen Vorschriften zu ersehen sein muss!
> c) Stellen Sie fest, wer zur Führung von Lohnkonten verpflichtet ist!

>> Seiten 16 bis 18 |

7. Welche ist die wichtigste Grundregel für die ordnungsmäßige Buchführung? Eine Buchführung muss so beschaffen sein, dass

- [ ] a sie dem Betriebsinhaber jederzeit einen Überblick über die Vermögens- und Ertragslage des Betriebes vermitteln kann.
- [ ] b sie nur dem Betriebsprüfer des Finanzamtes mit angemessenem Zeitaufwand einen Überblick über die Vermögens- und Ertragslage vermitteln kann.
- [ ] c sie jedem sachverständigen Dritten innerhalb angemessener Zeit einen Überblick über die Geschäftsvorfälle und die Lage des Unternehmens vermitteln kann.
- [ ] d der sachliche und materielle Inhalt stimmen und keine grundlegenden Mängel aufweisen.
- [ ] e vor allem die Formvorschriften beachtet wurden, die die einschlägigen Gesetze vorsehen.

>> Seite 20 |

1.1 Buchführung

8. Kasseneinnahmen und Kassenausgaben sollen

   [a] täglich festgehalten werden.

   [b] mindestens jeden zweiten Tag aufgezeichnet werden.

   [c] wöchentlich erfasst werden.

   [d] monatlich registriert werden.

   [e] nur stichprobenartig aufgezeichnet werden.

   >> Seite 20 |

9. Die Aufbewahrungsfrist für Geschäftsbücher und Belege beträgt

   [a] einheitlich 12 Jahre.

   [b] einheitlich 10 Jahre.

   [c] einheitlich 5 Jahre.

   [d] für Geschäftsbücher 8 Jahre und für Belege 6 Jahre.

   [e] für Geschäftsbücher 10 Jahre und für Belege 6 Jahre.

   >> Seite 21 |

10. Für Buchführung und Bilanzierung gelten die Grundsätze ordnungsmäßiger Buchführung, die Sie als Betriebsinhaber verbindlich anzuwenden haben.

    Aufgabe: Beschreiben Sie diese Grundsätze!

    >> Seite 20 |

11. Erklären Sie mögliche Folgen von Verstößen gegen die Grundsätze ordnungsmäßiger Buchführung!

    >> Seite 22 |

12. Welche für den Handwerksbetrieb geeigneten Buchführungssysteme gibt es, und welche Kriterien sind bei der Auswahl eines geeigneten Buchführungssystems zu beachten?

    >> Seite 22 |

1.1 Buchführung

13. Nicht zuletzt aus Gründen der Aussagefähigkeit haben Sie sich als Betriebsinhaber für das System der doppelten Buchführung entschieden.

    Aufgabe: Worin liegt für Sie der Vorteil der doppelten Buchführung? Die doppelte Buchführung ist

    - [ ] a in erster Linie eine kombinierte Bestands- und Erfolgsrechnung.
    - [ ] b nur ein System zur Ermittlung des Geschäftserfolges.
    - [ ] c nur ein System zur Erfassung von Veränderungen bei Vermögen und Verbindlichkeiten (Schulden).
    - [ ] d eine Doppelrechnung von Aufwendungen und Kosten.
    - [ ] e ein System zur Umrechnung von Einnahmen und Ausgaben in Aufwendungen und Kosten.

    >> Seite 23 |

14. Welche Kontenarten werden in der Buchführung unterschieden?

    >> Seite 24 |

15. Welche der nachfolgenden Einteilungen ist richtig?
    Sachkonten werden unterteilt in

    - [ ] a Personenkonten und Verbindlichkeiten aus Lieferungen und Leistungen.
    - [ ] b Bestandskonten und Erfolgskonten.
    - [ ] c Aufwandskonten und Personenkonten.
    - [ ] d Ertragskonten und Personenkonten.
    - [ ] e Forderungen aus Lieferungen und Leistungen sowie Verbindlichkeiten aus Lieferungen und Leistungen.

    >> Seite 29 |

16. Bei der Organisation der Buchführung in Ihrem Betrieb greifen Sie auf einen Kontenrahmen zurück.

    Aufgabe: Erläutern Sie, welche Kontenrahmen für Sie von Bedeutung sind!

    >> Seite 30 |

1.1 Buchführung

17. Der Kontenplan hat die Aufgabe,

   - [ ] a in erster Linie Buchungsregeln für die Verbuchung erstellen zu können.
   - [ ] b vorwiegend die Materialkosten erfassen und gliedern zu können.
   - [ ] c in erster Linie Datenverbundsysteme sinnvoll im Betrieb einzusetzen.
   - [ ] d in erster Linie eine übersichtliche Buchführungsorganisation zu gewährleisten.
   - [ ] e in allen Betrieben die Buchführung per EDV sicherzustellen.

   >> Seite 31 |

18. Erläutern Sie kurz die zwei wichtigsten Buchungsregeln bei der doppelten Buchführung!

   >> Seiten 32 bis 33 |

19. Unter Inventur versteht man

   - [ ] a die Bestandsaufnahme aller Vermögensgegenstände und Verbindlichkeiten sowie deren Bewertung.
   - [ ] b nur die körperliche Bestandsaufnahme aller Waren und Materialvorräte.
   - [ ] c eine Aufstellung über die am Bilanzstichtag im Betrieb vorhandenen Zahlungsmittel.
   - [ ] d das Zählen und Messen wichtiger Gegenstände des Betriebsvermögens.
   - [ ] e die Zusammenstellung der Aufwendungen und Erträge.

   >> Seite 36 |

20. Erklären Sie, wofür und wie ein Inventar aufzustellen ist!

   >> Seite 38 |

21. Unter Saldo versteht man

   - [ ] a die Summe aller Zahlen auf der linken Seite eines Kontos.
   - [ ] b die Summe aller Zahlen auf der rechten Seite eines Kontos.
   - [ ] c die Differenz zwischen der Soll- und der Haben-Seite eines Kontos.
   - [ ] d den Ausgleich zwischen zwei Konten in der Buchhaltung.
   - [ ] e die Differenz der Summen zwischen Bilanz sowie Gewinn- und Verlustrechnung.

   >> Seite 38 |

1.1   Buchführung

22. Im Rahmen der Bewertung Ihres Anlagevermögens können Sie Abschreibungen vornehmen.

    Aufgabe: Die Höhe der Abschreibung richtet sich nach

    - [ ] a der jeweiligen Einschätzung des Betriebsinhabers.
    - [ ] b der betriebsgewöhnlichen Nutzungsdauer.
    - [ ] c der Art des Buchführungssystems.
    - [ ] d der Art der Buchführungsmethode.
    - [ ] e der Vorgabe der Berufsorganisation.

    >> Seite 43 |

23. Welche der nachfolgenden Aussagen ist richtig?

    - [ ] a Der Jahresüberschuss (Gewinn) wird auf der Haben-Seite des Eigenkapitals verbucht.
    - [ ] b Privatentnahmen werden auf der Haben-Seite des Eigenkapitalkontos verbucht.
    - [ ] c Die Verbuchung des Jahresüberschusses (Gewinns) erfolgt immer auf der Soll-Seite des Eigenkapitalkontos.
    - [ ] d Die Verbuchung des Jahresüberschusses (Gewinns) erfolgt immer auf dem Privatkonto.
    - [ ] e Die Verbuchung des Jahresüberschusses (Gewinns) erfolgt immer auf Konto Rückstellungen.

    >> Seite 49 |

24. Als Unternehmer haben Sie nach verschiedenen rechtlichen Vorschriften Bücher zu führen, die Grundlage der Buchführung sind.

    Aufgabe:
    a) Was muss im Kassenbuch erfasst sein?
    b) Was ist im Lohnbuch zu erfassen?

    >> Seite 52 |

25. Die Durchschreibebuchführung ist

    - [ ] a eine Buchführung mit Speicherung auf Diskette.
    - [ ] b eine Buchführung, die nur aus gebundenen Büchern besteht.
    - [ ] c eine reine Karteikasten-Buchführung.
    - [ ] d eine Buchführung mit Lochkartenspeicherung.
    - [ ] e eine Loseblatt-Buchführung.

    >> Seite 53 |

1.1 Buchführung

26. Bei der Buchführung auf der Grundlage der EDV

- [ ] a erübrigt sich die Sammlung, Prüfung und Vorkontierung der Belege.
- [ ] b muss die Erlaubnis des Finanzamtes vorliegen.
- [ ] c gelten die Prinzipien der doppelten Buchführung weiter.
- [ ] d werden die Daten der Buchführung direkt an das Finanzamt weitergegeben.
- [ ] e ist kein Kontenplan mehr erforderlich.

   >> Seite 54 |

27. Für die Ausgliederung von Buchführungsarbeiten stehen dem Handwerksbetrieb folgende Stellen zur Verfügung:

- [ ] a Buchstellen, Steuerkanzleien, EDV-Rechenzentren
- [ ] b Innungen, Handwerkskammern
- [ ] c Institut für Handwerkswirtschaft
- [ ] d Berufsgenossenschaften
- [ ] e Rationalisierungskuratorium der Deutschen Wirtschaft.

   >> Seite 56 |

28. Was versteht man unter einem Datenverbundsystem?

- [ ] a Zusammenfassung einzelbetrieblicher Daten nach Branchen und Betriebstypen
- [ ] b Den Austausch von Daten zwischen mehreren Rechenzentren
- [ ] c Rechenzentren, die als Gemeinschaftsanlage von Berufs- und Unternehmergruppen gebildet werden
- [ ] d Die Zusammenfassung der Daten mehrerer Handwerksbetriebe bei einer Buchstelle
- [ ] e Die Arbeitsteilung zwischen eigenbetrieblichen Computern und Rechenzentren.

   >> Seite 57 |

29. Wie viele andere Betriebsinhaber arbeiten Sie bei den Buchführungsarbeiten eng mit Ihrem Steuerberater zusammen.

   Aufgabe: Stellen Sie den praktischen Ablauf der Zusammenarbeit mit derartigen externen Datenverarbeitungsstellen dar!

   >> Seite 58 |

1.1 Buchführung

30. Sie setzen als Betriebsinhaber die EDV zur Buchhaltung ein.

    Aufgabe: Welche Ergebnisse liefert Ihnen die Buchführung per EDV in der Regel?

    - [ ] a Unter anderem Journal, Kontoauszüge, Summen- und Saldenlisten, betriebswirtschaftliche Auswertungen und Umsatzsteuervoranmeldungen.
    - [ ] b Einen kompletten Betriebsabrechnungsbogen mit erweiterter Erfolgsrechnung.
    - [ ] c Fertigungspläne für die Durchführung verschiedenartiger Arbeiten.
    - [ ] d Auftragspläne für die Arbeitsvorbereitung im Betrieb.
    - [ ] e Komplett kalkulierte Preise.

    >> Seite 59 |

31. Beschreiben Sie kurz die wichtigsten Arbeitsvorgänge von der Erstellung der Eröffnungsbilanz bis zum Jahresabschluss an einem Beispiel zur doppelten Buchführung auf T-Konten!

    >> Seiten 64 bis 79 |

1.2 Jahresabschluss und Grundzüge der Auswertung

1.2.1 Aufbau von Bilanz und Gewinn- und Verlustrechnung

Hinweis: Durch das Bilanzrechtsmodernisierungsgesetz, das Anfang April 2009 verabschiedet wurde, werden sich einzelne der nachfolgend beschriebenen Regelungen für Geschäftsjahre ab 2010 spürbar ändern. Einzelne Regelungen gelten schon rückwirkend ab 2008. Die wesentlichen, für Geschäftsjahre ab 2010 zu beachtenden Änderungen sind in Abschnitt 1.2.2.7 „Änderungen durch das Bilanzrechtsmodernisierungsgesetz" dargestellt.

1.2.1.1 Allgemeine Hinweise

> Wie bei der Rechnungslegung, so sind auch bei der Aufstellung des Jahresabschlusses generell die Grundsätze ordnungsmäßiger Buchführung zu beachten.

Dabei gelten für den einzelnen Betrieb unterschiedliche Regelungen.

```
                    Rechnungslegungsvorschriften
           ┌──────────────────┼──────────────────┐
           ▼                  ▼                  ▼
    rechtsformabhängig  rechtsformunabhängig  größenabhängig
```

Für **Kaufleute** (Einzelunternehmen und Personengesellschaften) gelten folgende Anforderungen:

> Jahresabschluss = Bilanz, Gewinn- und Verlustrechnung sowie Zusatzangaben „unter der Bilanz":
> - Bilanzmindestinhalt = Anlage- und Umlaufvermögen, Eigenkapital, Verbindlichkeiten, Rechnungsabgrenzungsposten.
> - Zusatzangaben „unter der Bilanz" = bestimmte Haftungsverhältnisse wie Verbindlichkeiten aus der Begebung von Wechseln, aus Bürgschaften, Gewährleistungsverpflichtungen und anderem.

Für **Kapitalgesellschaften** gilt:

Jahresabschluss

> Jahresabschluss = Bilanz, Gewinn- und Verlustrechnung sowie Anhang. Gefordert wird ferner ein Lagebericht.
> - Aufstellung der Bilanz sowie der Gewinn- und Verlustrechnung nach dem im HGB vorgegebenen Schema.

Anhang

> - Anhang = Erläuterung des Jahresabschlusses und Pflichtangaben wie Angabe der angewandten Bilanzierungs- und Bewertungsmethoden sowie gegebenenfalls Angabe und Begründungen für Abweichungen davon, Gesamtbetrag der Verbindlichkeiten mit einer Restlaufzeit von mehr als 5 Jahren, durchschnittliche Zahl der während des Geschäftsjahres beschäftigten Arbeitnehmer, getrennt nach Gruppen, und Mitglieder des Geschäftsführungsorgans sowie Mitglieder eines Aufsichtsrates.

Lagebericht

> - Lagebericht = Darstellung des Geschäftsverlaufs und der Lage der Kapitalgesellschaft, so dass ein den tatsächlichen Verhältnissen entsprechendes Bild vermittelt wird. Er soll ferner auf Vorgänge besonderer Art (die nach dem Schluss

1.2.1 Aufbau von Bilanz und Gewinn- und Verlustrechnung

des Geschäftsjahres eingetreten sind) auf die voraussichtliche Entwicklung der Kapitalgesellschaft und auf Forschung und Entwicklung eingehen.

> Für den Inhalt des Jahresabschlusses bei Kapitalgesellschaften im Einzelnen ist deren Größe von besonderer Bedeutung.

Die Werte in Klammern gelten für Geschäftsjahre bis 31.12.2007.

```
                        Kapitalgesellschaften
         ┌──────────────────────┼──────────────────────┐
         ▼                      ▼                      ▼
 kleine Kapitalgesellschaft  mittelgroße Kapitalgesellschaft  große Kapitalgesellschaft
```

kleine Kapitalgesellschaft	mittelgroße Kapitalgesellschaft	große Kapitalgesellschaft
bis zu – 4,840 (4,015) Mio. EUR Bilanzsumme – 9,680 (8,030) Mio. EUR Umsatz – 50 Arbeitnehmer	bis zu – 19,250 (16,060) Mio. EUR Bilanzsumme – 38,500 (32,120) Mio. EUR Umsatz – 250 Arbeitnehmer	über – 19,250 (16,060) Mio. EUR Bilanzsumme – 38,500 (32,120) Mio. EUR Umsatz – 250 Arbeitnehmer

Für die Zuordnung ist entscheidend, dass an zwei aufeinanderfolgenden Bilanzstichtagen jeweils zwei der genannten drei Merkmale unter- bzw. überschritten werden. Die Zahl der Arbeitnehmer bezieht sich auf den Jahresdurchschnitt und enthält nicht die Auszubildenden.

Entsprechend der Betriebsgröße ergeben sich unterschiedliche Vorschriften zu einzelnen Posten der Bilanz, über die Pflicht zur Prüfung und zur Offenlegung des Jahresabschlusses. *(Prüfung, Offenlegung)*

Kleine Kapitalgesellschaften sind beispielsweise von den Vorschriften über die Pflicht zur Erläuterung bestimmter Forderungen und Verbindlichkeiten im Anhang sowie den Vorschriften über die Aufstellung eines Anlagegitters (= Darstellung sämtlicher Anlagegüter) befreit. Kleine Kapitalgesellschaften brauchen keinen Lagebericht aufzustellen. Bezüglich der Prüfung, Aufstellung und Offenlegung des Jahresabschlusses gilt: *(Befreiung von Vorschriften)*

> Kleine Kapitalgesellschaften
  - Aufstellung 6 Monate und Veröffentlichung 12 Monate nach Abschluss des Geschäftsjahres.
  - Keine Prüfung der Rechnungslegung durch einen Abschlussprüfer.
  - Elektronische Einreichung der Bilanz und des Anhangs beim elektronischen Bundesanzeiger. Der Anhang braucht die Angaben zur G+V nicht zu enthalten.
  - Elektronische Bekanntmachung im elektronischen Bundesanzeiger über die Hinterlegung.

> Mittelgroße Kapitalgesellschaften
  - Aufstellung 3 Monate und Veröffentlichung 12 Monate nach Abschluss des Geschäftsjahres.
  - Prüfung des Jahresabschlusses und des Lageberichts durch einen Abschlussprüfer (auch vereidigte Buchprüfer).
  - Elektronische Einreichung des Jahresabschlusses und des Lageberichts beim elektronischen Bundesanzeiger.
  - Elektronische Bekanntmachung im elektronischen Bundesanzeiger über die Hinterlegung.

> Große Kapitalgesellschaften
  - Aufstellung 3 Monate und Veröffentlichung 12 Monate nach Abschluss des Geschäftsjahres.
  - Prüfung des Jahresabschlusses und des Lageberichts durch einen Abschlussprüfer.
  - Veröffentlichung des Jahresabschlusses und des Lageberichts im elektronischen Bundesanzeiger.
  - Elektronische Einreichung des Jahresabschlusses und des Lageberichts beim elektronischen Bundesanzeiger.

Auch die GmbH & Co. KG ist verpflichtet, ihren Jahresabschluss wie eine Kapitalgesellschaft aufzustellen, prüfen zu lassen und offenzulegen. Kommt ein Unternehmen seinen Offenbarungspflichten nicht nach, so muss es mit empfindlichen Strafen rechnen.

Für eine Übergangszeit (bis Ende 2009) ist auch noch die Einreichung in Papierform zulässig.

Umfang und Form der Offenlegung

	Kleine Kapitalgesellschaft	Mittelgroße Kapitalgesellschaft	Große Kapitalgesellschaft
Umfang			
Bilanz	x	x	x
G+V		x	x
Anhang	x	x	x
Lagebericht		x	x
Form (Elektronischer Bundesanzeiger)			
Elektronische Einreichung	x	x	x
Elektronische Veröffentlichung			x
Elektronische Bekanntmachung über Hinterlegung	x	x	

Offenlegungspflichten können sich auch nach dem Publizitätsgesetz ergeben.

1.2.1.2 Bilanz

Begriff

> Die Bilanz ist die Gegenüberstellung des Vermögens auf der Aktivseite und des Kapitals des Unternehmens auf der Passivseite zu einem bestimmten Zeitpunkt. Sie beruht auf dem Inventar und enthält dessen einzelne Posten in teilweise zusammengefasster Darstellung.

Vermögen

> Vermögen sind grundsätzlich alle im Betrieb eingesetzten Wirtschaftsgüter und Geldmittel. Man nennt diese auch Aktiva.

1.2.1 Aufbau von Bilanz und Gewinn- und Verlustrechnung

> Kapital sind die betrieblichen Verbindlichkeiten (Schulden) gegenüber dem Betriebsinhaber und außenstehenden Gläubigern, auch Passiva genannt.

Kapital

Da eine Bilanz (der Begriff steht ursprünglich für Waage = Gleichgewicht) immer ausgeglichen sein muss, entsprechen sich auch Vermögen und Kapital wertmäßig.

> **Die Passivseite der Bilanz informiert über die Herkunft der finanziellen Mittel.**

Passivseite

Man unterscheidet dabei grundsätzlich zwischen

> Eigenkapital und
> Fremdkapital:
> - kurzfristige Verbindlichkeiten wie Verbindlichkeiten aus Lieferungen und Leistungen, Verbindlichkeiten gegenüber Kreditinstituten, Wechselverbindlichkeiten
> - langfristige Verbindlichkeiten wie Darlehen

> **Die Aktivseite der Bilanz spiegelt dagegen die Verwendung dieser Mittel wider.**

Aktivseite

Dabei unterscheidet man folgende Gruppen:

> **Anlagevermögen:** Hierzu gehören Gegenstände, die dazu bestimmt sind, dauernd dem Geschäftsbetrieb zu dienen:
> - materielles Anlagevermögen wie Grundstücke, Bauten, Maschinen, Geschäftsausstattung, Fahrzeuge
> - immaterielles Anlagevermögen wie Patente, Konzessionen
> - Finanzanlagevermögen wie Beteiligungen, langfristige Darlehens- und Hypothekenforderungen
> **Umlaufvermögen:** Also Gegenstände, die im Betrieb verbraucht werden und sich ständig stofflich, inhaltlich, mengenmäßig usw. verändern:
> - Vorräte wie Roh-, Hilfs- und Betriebsstoffe, Halb- und Fertigfabrikate
> - Forderungen aller Art wie Forderungen aus Lieferungen und Leistungen
> - Wertpapiere kurzfristiger Art
> - Zahlungsmittel wie Bank und Kasse

> **Zur Darstellung der Bilanz wird im Allgemeinen die Form eines Kontos gewählt mit den Aktivposten auf der linken und den Passivposten auf der rechten Seite.**

Konto

Gliederung der Bilanz

> **Der Kaufmann im Sinne des Handelsrechts hat die Bilanz als wesentlichen Bestandteil des Jahresabschlusses nach den Grundsätzen ordnungsmäßiger Buchführung aufzustellen. Sie muss klar und übersichtlich sein.**

Kaufleute

Schema einer einfachen Bilanz

Aktivseite	Bilanz	Passivseite
Anlagevermögen		Eigenkapital
Umlaufvermögen		Verbindlichkeiten
Rechnungsabgrenzungsposten		Rechnungsabgrenzungsposten

Die in dieser Abbildung genannten Posten sind gesondert auszuweisen und gegebenenfalls auch hinreichend aufzugliedern.

Kapitalgesellschaften

Zwingende Gliederungsvorschriften gibt es für Kapitalgesellschaften. Sie müssen die Bilanz in Kontenform erstellen. Das HGB regelt genau, welche Posten die Aktivseite und die Passivseite jeweils enthalten müssen. Kleine Kapitalgesellschaften (darunter fallen die meisten GmbHs im Handwerk) brauchen dabei nur eine verkürzte Bilanz aufzustellen (>> unten). Alle Kapitalgesellschaften haben in der Bilanz zu jedem Posten den entsprechenden Betrag des vorhergehenden Geschäftsjahres anzugeben.

> In der Praxis ist es üblich, dass man sich hinsichtlich der Bilanzgliederung für Personengesellschaften bzw. Einzelunternehmen, ohne dass dies gesetzlich vorgeschrieben ist, an das Schema für Kapitalgesellschaften anlehnt.

Darüber hinaus ist es empfehlenswert, noch ausführlicher zu untergliedern, falls die Bilanz für einen Kreditantrag o. Ä. benötigt wird. Das Schema auf der folgenden Seite orientiert sich insbesondere an den Positionen, die bei einem Einzelunternehmen und einer Personengesellschaft im Handwerk vorkommen.

Verkürzte Bilanz nach HGB für kleine Kapitalgesellschaften (gemäß § 266, Abs. 1 HGB):

Aktivseite	Passivseite
A. Anlagevermögen	A. Eigenkapital
I. Immaterielle Vermögensgegenstände	I. Gezeichnetes Kapital
II. Sachanlagen	II. Kapitalrücklage
III. Finanzanlagen	III. Gewinnrücklagen
B. Umlaufvermögen	IV. Gewinnvortrag/Verlustvortrag
I. Vorräte	V. Jahresüberschuss/Jahresfehlbetrag
II. Forderungen und sonstige Vermögensgegenstände	B. Rückstellungen
III. Wertpapiere	
IV. Kassenbestand, Bundesbankguthaben, Guthaben bei Kreditinstituten, Schecks	C. Verbindlichkeiten
C. Rechnungsabgrenzungsposten	D. Rechnungsabgrenzungsposten

1.2.1 Aufbau von Bilanz und Gewinn- und Verlustrechnung

Möglichkeiten für die ausführlichere Untergliederung:

Aktivseite	**Passivseite**

A. Anlagevermögen
  I. Immaterielle Vermögensgegenstände
  II. Sachanlagen
    1. Grundstücke, grundstücksgleiche Rechte und Bauten
    2. Technische Anlagen und Maschinen
    3. Andere Anlagen, Betriebs- und Geschäftsausstattung
    4. Geleistete Anzahlungen und Anlagen im Bau
  III. Finanzanlagen
    1. Beteiligungen
    2. Wertpapiere des Anlagevermögens
    3. Sonstige Ausleihungen
 	
B. Umlaufvermögen
  I. Vorräte
    1. Roh-, Hilfs- und Betriebsstoffe
    2. Unfertige Erzeugnisse und unfertige Leistungen
    3. Fertige Erzeugnisse und Waren
    4. Geleistete Anzahlungen
  II. Forderungen und sonstige Vermögensgegenstände
    1. Forderungen aus Lieferungen und Leistungen
    2. Forderungen an Gesellschafter
    3. Sonstige Vermögensgegenstände
  III. Wertpapiere
  IV. Flüssige Mittel
    1. Schecks und Kassenbestand
    2. Guthaben bei Kreditinstituten
 	
C. Rechnungsabgrenzungsposten
	A. Eigenkapital
	  I. Kapitaleinlagen unbeschränkt haftender Gesellschafter
	  II. Kapitaleinlagen der Kommanditisten
	
	B. Sonderposten mit Rücklageanteil
	
	C. Rückstellungen
	
	D. Verbindlichkeiten
	  1. Verbindlichkeiten gegenüber Kreditinstituten
	  2. Erhaltene Anzahlungen
	  3. Verbindlichkeiten aus Lieferungen und Leistungen
	  4. Wechselverbindlichkeiten
	  5. Verbindlichkeiten gegenüber Gesellschaftern
	  6. Darlehen
	  7. Sonstige Verbindlichkeiten
	
	E. Rechnungsabgrenzungsposten

1.2 Jahresabschluss und Grundzüge der Auswertung

Bilanzarten

Je nach Anlass und Zielsetzung der Bilanzaufstellung unterscheidet man verschiedene Arten von Bilanzen:

> Nach dem Bilanzierungsanlass

- ordentliche Bilanzen *(Ordentliche Bilanzen)*
  - Eröffnungsbilanz
  - Zwischenbilanz
  - Schlussbilanz
- außerordentliche, das heißt unregelmäßige, oft nur einmal auftretende Bilanzen (Sonderbilanzen) wie *(Außerordentliche Bilanzen)*
  - Gründungsbilanz (Eröffnungs- oder Anfangsbilanz eines Betriebes, die insbesondere über die Zusammensetzung und Werte der eingebrachten Vermögensgegenstände informieren soll)
  - Umwandlungsbilanz (Sonderbilanz bei der Änderung der Rechtsform)
  - Auseinandersetzungsbilanz (Sonderbilanz bei Ausscheiden eines Gesellschafters)
  - Konkurs- und Liquidationsbilanz (Sonderbilanz bei Zahlungsunfähigkeit des Betriebes)

> Aus rechtlicher Sicht

- gesetzliche Bilanzen
  - Handelsbilanz
  - Steuerbilanz (die Steuerbilanz ist eine unter Berücksichtigung steuerlicher Vorschriften aus der Handelsbilanz abgeleitete Vermögensübersicht; bei Einzelunternehmen und Personengesellschaften können beide Bilanzen identisch sein und werden dann auch nicht getrennt erstellt) *(Steuerbilanz)*
- freiwillige Bilanzen (etwa monatliche, vierteljährliche oder halbjährliche Zwischenabschlüsse [Zwischenbilanzen] zur Vorlage bei einem Kreditinstitut, aus Anlass der Kapitalbeschaffung oder für die Herabsetzung von Steuervorauszahlungen)

Die genannten Bilanzen dienen der Information, Dokumentation, Rechenschaft und Sicherung, sei es für die Gläubiger, die Gesellschafter, die Öffentlichkeit oder auch die Finanzbehörden.

1.2.1.3 Gewinn- und Verlustrechnung

Bedeutung

> Die Gewinn- und Verlustrechnung informiert darüber, welcher Gewinn oder Verlust sich aus den einzelnen Aufwendungen und Erträgen ergibt.

Erläuterung der Begriffe Einnahmen und Ausgaben, Aufwand und Ertrag, Gewinn und Verlust

Zur Beschreibung der vom gesamten betrieblichen Rechnungswesen erfassten Vorgänge sind folgende Begriffspaare besonders wichtig:

> Einnahmen und Ausgaben

- Einnahmen = Summe aller Eingänge an Zahlungsmitteln und Forderungen *(Einnahmen)*
- Ausgaben = Summe der Abgänge an Zahlungsmitteln und der Zunahme an Verbindlichkeiten *(Ausgaben)*

1.2.1 Aufbau von Bilanz und Gewinn- und Verlustrechnung

› Aufwand und Ertrag
  - Aufwand = Summe der Ausgaben für die in einer Abrechnungsperiode verbrauchten Güter und Dienstleistungen.

Aufwand

Nicht zu den Aufwendungen gehören alle Privatentnahmen für Privatausgaben, Einkommensteuer, Solidaritätszuschlag und Kirchensteuer.
Stimmen Aufwand und Ausgaben nicht überein, so wird eine **Rechnungsabgrenzung** vorgenommen.
Sind Aufwendungen nicht durch den betrieblichen Leistungsprozess verursacht, so spricht man von **neutralem Aufwand.** Beispiele hierfür sind Spenden sowie Feuer-, Sturm- und Diebstahlschäden.
  - Ertrag = Summe aller durch den betrieblichen Leistungsprozess bedingten Einnahmen.

Ertrag

Nicht zu den Erträgen gehören dementsprechend Privateinlagen und Einnahmen aus Privatverkäufen.
Soweit Erträge und Einnahmen nicht übereinstimmen, ist eine **Rechnungsabgrenzung** erforderlich. Erträge aufgrund betriebsfremder oder außerordentlicher Vorfälle werden als **neutraler Ertrag** erfasst. Dies ist beispielsweise bei Erträgen aus Beteiligungen und bei Anlagenverkäufen über dem Buchwert der Fall.

› Gewinn und Verlust

> Gewinn oder Verlust bzw. Jahresüberschuss oder Jahresfehlbetrag = Differenz zwischen Erträgen und Aufwendungen.

Arten der Gewinnermittlung

> Handels- und steuerrechtlich gibt es unterschiedliche Arten der Gewinnermittlung.

› Nach dem Handelsrecht hat jeder Kaufmann zum Schluss eines Geschäftsjahres eine Gegenüberstellung von Aufwendungen und Erträgen, die sogenannte Gewinn- und Verlustrechnung, zu erstellen, aus der sich der Jahresüberschuss oder der Jahresfehlbetrag ergibt.
› Steuerrechtlich sind zwei Fälle zu unterscheiden:
  - Gewerbetreibende, die nicht zur Führung von Büchern und Erstellung von Abschlüssen verpflichtet sind und dies auch nicht freiwillig tun, ermitteln den Gewinn als Überschuss der Betriebseinnahmen über die Betriebsausgaben (sogenannte Überschussrechnung). In diesem Fall werden lediglich Einnahmen und Ausgaben aufgezeichnet.

Überschussrechnung

Die Überschussrechnung kommt in der Praxis eher bei kleineren Handwerksbetrieben vor, da sie steuerrechtlich nur für Steuerpflichtige zulässig ist, die keine Bücher führen müssen und auch freiwillig keine Bücher führen. Durch aktuelle gesetzliche Regelungen wurden allerdings die Grenzen für die Buchführungspflicht angehoben (>> dazu auch Abschnitt 1.1.1.2 „Gesetzliche Regelungen"), so dass noch mehr Betriebe die Überschussrechnung nutzen können. In diesem Fall ist der Steuererklärung eine Gewinnermittlung nach dem amtlich vorgeschriebenen Vordruck beizufügen. Diese Art der Erfolgsrechnung führt allerdings zu ungenauen Ergebnissen und genügt nur unzureichend den betriebswirtschaftlichen Anforderungen an die Buchführung.

Betriebseinnahmen und Betriebsausgaben sind insofern mit Erträgen und Aufwendungen identisch, wenn es sich beispielsweise nicht um Aufwendungen handelt, die nach dem Steuerrecht als Betriebsausgaben den Gewinn nicht mindern dürfen.

Betriebsvermögensvergleich
- Steuerpflichtige, die Bücher führen müssen oder dies freiwillig tun, ermitteln den Gewinn durch Gegenüberstellung des Betriebsvermögens am Schluss des aktuellen und des vorangehenden Geschäftsjahres (sogenannter Betriebsvermögensvergleich) unter Anrechnung der Entnahmen und Abzug der Einlagen.

Arten der Gewinnermittlung

```
                        Gewinnermittlung
                        /              \
            nach dem Handelsrecht    nach dem Steuerrecht
                    |                /           \
        Gewinn- und Verlustrechnung  Überschussrechnung  Betriebsvermögensvergleich
```

Gliederung der Gewinn- und Verlustrechnung

Bestimmungen des HGB

Für den Kaufmann im Sinne des HGB gilt, dass die Gewinn- und Verlustrechnung (G+V) als wesentlicher Bestandteil des Jahresabschlusses nach den Grundsätzen ordnungsmäßiger Buchführung aufzustellen ist. Sie muss ferner klar und übersichtlich sein. Vielfach wird dazu die Kontenform gewählt.

Schema einer einfachen Gewinn- und Verlustrechnung

Aufwendungen	**Gewinn- und Verlustrechnung (G+V)**	**Erträge**
Jahresüberschuss (Gewinn)		

Kapitalgesellschaften

Kapitalgesellschaften müssen die Gewinn- und Verlustrechnung in Staffelform aufstellen nach dem Gesamtkostenverfahren oder dem Umsatzkostenverfahren.

Gesamtkostenverfahren

> Gesamtkostenverfahren
Dabei werden die insgesamt angefallenen betrieblichen Aufwendungen unter Berücksichtigung der Bestandsveränderungen an fertigen und unfertigen Erzeugnissen den gesamten Umsatzerlösen gegenübergestellt. Dieses Verfahren ist bei uns das häufiger gebräuchliche.

Umsatzkostenverfahren

> Umsatzkostenverfahren
Die Herstellungskosten der zur Erzielung der Umsatzerlöse erbrachten Leistungen zuzüglich der in der Abrechnungsperiode angefallenen Verwaltungs- und Vertriebsgemeinkosten und der Sonderkosten des Vertriebes werden den Umsatzerlösen gegenübergestellt.

1.2.1 Aufbau von Bilanz und Gewinn- und Verlustrechnung

Das HGB schreibt genau vor, welche Einzelposten jeweils entsprechend dem gewählten Verfahren auszuweisen sind (>> Abbildungen auf den folgenden Seiten). Alle Kapitalgesellschaften haben in der Gewinn- und Verlustrechnung wie in der Bilanz zu jedem Posten den entsprechenden Betrag des vorhergehenden Geschäftsjahres anzugeben.

> In der Praxis lehnt man sich hinsichtlich der Gliederung der G+V auch bei Einzelunternehmen und Personengesellschaften, ohne dass dies vorgeschrieben wäre, häufig an das Schema für Kapitalgesellschaften an. Je nach einzelbetrieblichem Anfall des Zahlenmaterials wird dabei allerdings der eine oder andere Posten wegfallen und sich die G+V entsprechend verkürzen.

Praxis

Je ausführlicher die G+V untergliedert ist, umso klarer wird durch sie auch, welche Ertragsquellen im Betrieb vorhanden sind und welche Aufwendungen das Gesamtbetriebsergebnis beeinflussen.

Der rechnerischen Feststellung des Gewinns über die G+V folgt die Entscheidung über die Gewinnverwendung. Die wichtigsten Formen sind dabei

> die Verteilung auf Inhaber oder Anteilseigner
  sowie
> die Einbehaltung im Unternehmen.

Die im Unternehmen verbleibenden Gewinnanteile erhöhen das Eigenkapital.

1.2 Jahresabschluss und Grundzüge der Auswertung

Gewinn- und Verlustrechnung nach dem Gesamtkostenverfahren

1. Umsatzerlöse	+............
2. Erhöhung oder Verminderung des Bestands an fertigen und unfertigen Erzeugnissen	±............
3. andere aktivierte Eigenleistungen	+............
4. sonstige betriebliche Erträge	+............
5. Materialaufwand:	
a) Aufwendungen für Roh-, Hilfs- und Betriebsstoffe und für bezogene Waren	−............
b) Aufwendungen für bezogene Leistungen	−............
6. Personalaufwand:	
a) Löhne und Gehälter	−............
b) soziale Abgaben und Aufwendungen für Altersversorgung und für Unterstützung, davon für Altersversorgung	−............
7. Abschreibungen:	
a) auf immaterielle Vermögensgegenstände des Anlagevermögens und Sachanlagen sowie auf aktivierte Aufwendungen für die Ingangsetzung und Erweiterung des Geschäftsbetriebes	−............
b) auf Vermögensgegenstände des Umlaufvermögens, soweit diese die in der Kapitalgesellschaft üblichen Abschreibungen überschreiten	−............
8. sonstige betriebliche Aufwendungen	−............
9. Erträge aus Beteiligungen, davon aus verbundenen Unternehmen	+............
10. Erträge aus anderen Wertpapieren und Ausleihungen des Finanzanlagevermögens, davon aus verbundenen Unternehmen	+............
11. sonstige Zinsen und ähnliche Erträge, davon aus verbundenen Unternehmen	+............
12. Abschreibungen auf Finanzanlagen und auf Wertpapiere des Umlaufvermögens	−............
13. Zinsen und ähnliche Aufwendungen, davon an verbundene Unternehmen	−............
14. Ergebnis der gewöhnlichen Geschäftstätigkeit	±............
15. außerordentliche Erträge	+............
16. außerordentliche Aufwendungen	−............
17. außerordentliches Ergebnis	±............
18. Steuern vom Einkommen und vom Ertrag	−............
19. sonstige Steuern	−............
20. Jahresüberschuss/Jahresfehlbetrag	±............

Gewinn- und Verlustrechnung nach dem Umsatzkostenverfahren

1. Umsatzerlöse	+............
2. Herstellungskosten der zur Erzielung der Umsatzerlöse erbrachten Leistungen	−............
3. Bruttoergebnis vom Umsatz	±............
4. Vertriebskosten	−............
5. allgemeine Verwaltungskosten	−............
6. sonstige betriebliche Erträge	+............
7. sonstige betriebliche Aufwendungen	−............
8. Erträge aus Beteiligungen, davon aus verbundenen Unternehmen	+............
9. Erträge aus anderen Wertpapieren und Ausleihungen des Finanzanlagevermögens, davon aus verbundenen Unternehmen	+............
10. sonstige Zinsen und ähnliche Erträge, davon aus verbundenen Unternehmen	+............
11. Abschreibungen auf Finanzanlagen und auf Wertpapiere des Umlaufvermögens	−............
12. Zinsen und ähnliche Aufwendungen, davon an verbundene Unternehmen	−............
13. Ergebnis der gewöhnlichen Geschäftstätigkeit	±............
14. außerordentliche Erträge	+............
15. außerordentliche Aufwendungen	−............
16. außerordentliches Ergebnis	±............
17. Steuern vom Einkommen und vom Ertrag	−............
18. sonstige Steuern	−............
19. Jahresüberschuss/Jahresfehlbetrag	±............

1.2.2 Spielräume bei Ansatz und Bewertung

1.2.2.1 Begriffsklärung

Das Handelsgesetzbuch enthält Ansatz- und Bewertungsvorschriften. Die Ansatzvorschriften beantworten die Frage, ob ein Wirtschaftsgut in den Jahresabschluss aufzunehmen ist. Die Bewertungsvorschriften sagen, wie ein Wirtschaftsgut in den Jahresabschluss aufzunehmen ist.

Ansatzvorschriften
Bewertungsvorschriften

1.2.2.2 Ansatzvorschriften

Das Handelsgesetzbuch enthält in den §§ 246–251 verschiedene Vorschriften darüber, ob bestimmte Posten in den Jahresabschluss aufzunehmen sind. Dabei sind drei Gruppen zu unterscheiden:

1.2 Jahresabschluss und Grundzüge der Auswertung

```
                    Ansatzvorschriften
         ┌──────────────────┼──────────────────┐
         ▼                  ▼                  ▼
   Ansatzgebote       Ansatzverbote      Ansatzwahlrechte
```

Ansatzgebote

Ansatzgebote:
Der Jahresabschluss muss sämtliche Vermögensgegenstände, Verbindlichkeiten (Schulden), Rechnungsabgrenzungsposten, Aufwendungen und Erträge enthalten. Rückstellungen sind zu bilden für ungewisse Verbindlichkeiten und für drohende Verluste aus schwebenden Geschäften sowie für unterlassene Aufwendungen für Instandhaltung, die im folgenden Geschäftsjahr innerhalb von 3 Monaten, oder für Abraumbeseitigungen, die im folgenden Geschäftsjahr nachgeholt werden, sowie für Gewährleistungen, die ohne rechtliche Verpflichtung erbracht werden.

Ansatzverbote

Ansatzverbote:
Aufwendungen für die Gründung des Unternehmens und für die Beschaffung des Eigenkapitals dürfen in der Bilanz nicht als Aktivposten aufgenommen werden. Gleiches gilt für immaterielle Vermögensgegenstände des Anlagevermögens, die nicht entgeltlich erworben wurden. Aufwendungen für den Abschluss von Versicherungsverträgen dürfen nicht aktiviert werden.

Ansatzwahlrechte

Ansatzwahlrechte:
Sie gelten unter anderem für als Aufwand berücksichtigte Zölle und Verbrauchssteuern, soweit sie auf am Abschlussstichtag auszuweisende Vermögensgegenstände des Vorratsvermögens entfallen. Für Rückstellungen gibt es die Wahlmöglichkeit bei unterlassenen Aufwendungen für Instandhaltung, wenn die Instandhaltung zwar erst nach 3 Monaten, aber innerhalb 1 Jahres, erfolgt; ferner bei ihrer Eigenart nach genau umschriebenen, dem Geschäftsjahr oder einem früheren zuzuordnenden Aufwendungen, die am Abschlussstichtag wahrscheinlich oder sicher, aber hinsichtlich ihrer Höhe oder des Zeitpunkts ihres Eintritts unbestimmt sind.

Steuerrechtlich sind die Posten, die nach Handelsrecht angesetzt werden müssen, ebenfalls auszuweisen. Es gelten allerdings gewisse Ausnahmen, insbesondere hinsichtlich der Rückstellungen. Handelsrechtliche Ansatzverbote gelten auch in der Steuerbilanz. Ansatzwahlrechte gibt es im Steuerrecht nicht. Was nach Handelsrecht aktiviert werden darf, muss dies im Steuerrecht. Was nach Handelsrecht nicht passiviert werden muss, darf es im Steuerrecht nicht.

1.2.2.3 Allgemeine Bilanzierungs- und Bewertungsgrundsätze

Die wichtigsten Bilanzierungsgrundsätze sind:

Bilanzierungsgrundsätze

> **Bilanzklarheit**
  Sie erfordert eine übersichtliche und klare Aufgliederung aller Bilanzposten.
> **Bilanzwahrheit**
  Dies bedeutet vor allem, dass die Bilanzansätze richtig und vollständig sind.
> **Bilanzkontinuität** mit folgenden Teilprinzipien:
  - **formale Bilanzkontinuität**
    Für aufeinanderfolgende Bilanzen müssen Gliederung und Aufbau beibehalten werden.
  - **materielle Bilanzkontinuität**
    Sie besagt, dass einerseits die auf den vorhergehenden Jahresabschluss angewandten Bewertungsgrundsätze und andererseits auch die Wertansätze fortgeführt werden sollen.
> **Bilanzidentität** (oder auch Bilanzstetigkeit und Bilanzzusammenhang)
  Schlussbilanz eines Jahres und Anfangsbilanz des folgenden Jahres müssen sich entsprechen.

1.2.2.4 Bestandsbewertung

Handels- und steuerrechtliche Bewertungsvorschriften

Die **handelsrechtlichen Bewertungsvorschriften** sind für alle Kaufleute

Handelsrecht

> in den §§ 252–256 des Handelsgesetzbuches
  und ergänzend für Kapitalgesellschaften
> in den §§ 279–283 des Handelsgesetzbuches

enthalten. Hinzu kommen rechtsformspezifische Ergänzungen in Spezialgesetzen wie dem Aktiengesetz, dem GmbH-Gesetz und dem Genossenschaftsgesetz.

Die **steuerrechtlichen Vorschriften** für die Bewertung finden sich

Steuerrecht

> im § 6 des Einkommensteuergesetzes.

Wichtige Bewertungsbegriffe und Bewertungsmaßstäbe

Für die Handelsbilanz und für die Steuerbilanz sind folgende Bewertungsbegriffe und Bewertungsmaßstäbe wichtig:

› Anschaffungskosten

> Anschaffungskosten sind die Aufwendungen, die geleistet werden, um einen Vermögensgegenstand (Wirtschaftsgut) zu erwerben und in einen betriebsbereiten Zustand zu versetzen, soweit sie dem Vermögensgegenstand einzeln zugeordnet werden können.

Sie setzen sich zusammen aus dem Anschaffungspreis, den Nebenkosten (zum Beispiel Provisionen) und den nachträglichen Anschaffungskosten. Anschaffungspreisminderungen (wie Skonti und Rabatte) müssen abgesetzt werden.

› Herstellungskosten

> Herstellungskosten sind die Aufwendungen, die durch den Verbrauch von Gütern und die Inanspruchnahme von Diensten für die Herstellung eines Vermögensgegenstandes, seine Erweiterung oder für eine über seinen ursprünglichen Zustand hinausgehende wesentliche Verbesserung entstehen.

Aktivierungsgebot

Zu den Herstellungskosten gehören Materialkosten einschließlich der notwendigen Materialgemeinkosten, die Fertigungskosten einschließlich der notwendigen Fertigungsgemeinkosten und die Sonderkosten der Fertigung (Aktivierungsgebot). Bei den Gemeinkosten besteht nach Handelsrecht Aktivierungswahlrecht, nach Steuerrecht Aktivierungsgebot.

Aktivierungswahlrecht

Kosten für allgemeine Verwaltung sowie Aufwendungen für soziale Leistungen brauchen nicht in die Herstellungskosten einbezogen zu werden (Aktivierungswahlrecht).

Aktivierungsverbot

Vertriebskosten und der Unternehmerlohn gehören nicht zu den Herstellungskosten; ebenso Zinsen für Fremdkapital, es sei denn, sie fallen im Zeitraum der Herstellung an für Fremdkapital, das zur Finanzierung der Herstellung eines Vermögensgegenstandes verwendet wird (Aktivierungsverbot).

› Geschäfts- oder Firmenwert

Als Geschäfts- oder Firmenwert darf der Unterschiedsbetrag angesetzt werden, um den die für die Übernahme eines Unternehmens bewirkte Gegenleistung (Kaufpreis) den Wert der einzelnen Vermögensgegenstände des Unternehmens abzüglich der Schulden zum Zeitpunkt der Übernahme übersteigt.

› Marktpreis oder Börsenkurs

Bei Vermögensgegenständen des Umlaufvermögens ist der Wert anzusetzen, der sich aus einem niedrigeren Börsenkurs oder Marktpreis ergibt, sofern dieser feststellbar ist.
Börsenkurs ist der an einer Börse amtlich festgestellte oder ermittelte Preis zum Stichtag.
Der Marktpreis richtet sich nach dem Beschaffungs- oder dem Absatzmarkt.

› Teilwert

Der Teilwert ist der Betrag, den ein Erwerber des ganzen Betriebes im Rahmen des Gesamtkaufpreises für das einzelne Wirtschaftsgut ansetzen würde. Dabei ist davon auszugehen, dass der Erwerber den Betrieb fortführt.

1.2.2 Spielräume bei Ansatz und Bewertung

Bewertungsbegriffe

```
                        Bewertung
    ┌──────────┬──────────┼──────────┬──────────┐
Anschaffungs- Herstellungs- Geschäftswert/ Börsenkurs/ Teilwert
  kosten       kosten       Firmenwert   Marktpreis
```

Allgemeine Bewertungsgrundsätze

Bei der Bewertung der im Jahresabschluss ausgewiesenen Vermögensgegenstände und Schulden sind folgende Grundsätze zu beachten:

> **Bilanzidentität**
> Die Wertansätze in der Eröffnungsbilanz des Geschäftsjahres müssen mit denen der Schlussbilanz des vorhergehenden Geschäftsjahres übereinstimmen.
> **Unternehmensfortführung**
> Bei der Bewertung ist in der Regel von der Fortführung der Unternehmenstätigkeit auszugehen.
> **Einzelbewertung**
> Vermögensgegenstände und Verbindlichkeiten (Schulden) sind zum Abschlussstichtag einzeln zu bewerten. Man spricht deshalb auch vom Stichtagsprinzip.   Stichtagsprinzip
> **Vorsichtsprinzip**
> Es ist insgesamt vorsichtig zu bewerten, insbesondere sind alle vorhersehbaren Risiken und Verluste zu berücksichtigen, die bis zum Abschlussstichtag entstanden sind. Dies gilt selbst dann, wenn sie erst zwischen Stichtag und dem Tag der Aufstellung des Jahresabschlusses bekannt geworden sind. Gewinne dürfen nur berücksichtigt werden, wenn sie am Abschlussstichtag realisiert sind.   Risiken
> **Richtige zeitliche Zuordnung**
> Aufwendungen und Erträge des jeweiligen Geschäftsjahres sind unabhängig von den Zeitpunkten der entsprechenden Zahlungen im Jahresabschluss zu berücksichtigen.
> **Bewertungskontinuität bzw. materielle Bilanzkontinuität**
> Es sollen die auf den vorhergehenden Jahresabschluss angewandten Bewertungsmethoden beibehalten werden.

Allgemeine Bewertungsgrundsätze

```
    Bilanzidentität                Unternehmens-
                                    fortführung
           ↘                        ↙
Bewertungs-         Bewertung        Einzelbewertung
kontinuität  ──→              ←──
           ↗                        ↖
    richtige zeitliche              Vorsichtsprinzip
       Zuordnung
```

1.2 Jahresabschluss und Grundzüge der Auswertung

Wertansätze der Vermögensgegenstände und Schulden in Handelsbilanz und Steuerbilanz

Für die Handelsbilanz gilt:

> **Vermögensgegenstände** sind höchstens mit den Anschaffungs- oder Herstellungskosten, vermindert um die Abschreibungen, anzusetzen.

- Dabei sind bei Vermögensgegenständen des Anlagevermögens mit begrenzter zeitlicher Nutzung die Anschaffungs- oder Herstellungskosten um planmäßige, das heißt im Voraus auf die voraussichtliche zeitliche Nutzung verteilte Abschreibungen zu vermindern. Außerplanmäßige Abschreibungen sind möglich bei einer voraussichtlich dauernden Wertminderung, zum Beispiel durch technischen Verschleiß.

Abschreibungen

- Die **Abschreibungen** bei Vermögensgegenständen des Umlaufvermögens werden durch die Börsen- oder Marktpreise am Abschlussstichtag bestimmt. Nach dem Niederstwertprinzip ist von den zwei möglichen Wertansätzen Anschaffungs- oder Herstellungskosten bzw. Börsen- oder Marktpreis der jeweils niedrigere anzusetzen.

Niederstwertprinzip

> Für den Ansatz der **Verbindlichkeiten** ist der Rückzahlungsbetrag maßgeblich. Dabei muss nach dem Höchstwertprinzip von zwei möglichen Wertansätzen stets der höhere gewählt werden, zum Beispiel wenn bei Auslandsschulden infolge Wechselkursänderungen der Tageswert unter den Anschaffungskosten liegt.

Höchstwertprinzip

> **Rentenverpflichtungen** müssen zu ihrem Barwert bilanziert werden.

Wertansätze in der Handelsbilanz

```
                        Wertansätze für
        ┌──────────────┬──────────────┬──────────────┐
   Vermögens-      Verbindlich-    Renten-        Rückstellungen*)
   gegenstände     keiten          verpflichtungen
        │              │              │              │
   ┌────┴────┐    Rückzahlungs-    Barwert      nach vernünftiger
 Anlage-  Umlauf-    betrag                    kaufmännischer
 ver-     ver-                                  Beurteilung
 mögen    mögen
   │        │
 Anschaf-  Börsen-/
 fungs-/   Markt-
 Herstel-  preise
 lungs-
 kosten
 ./. Ab-
 schrei-
 bungen
```

*) Hierauf wird unter 1.2.2.6 „Rückstellungen" näher eingegangen.

Die Handelsbilanz ist grundsätzlich maßgeblich für die Steuerbilanz. In der **Steuerbilanz** sind jedoch einige wichtige und weitreichende, vom Handelsrecht abweichende Ansatz- und Bewertungsregeln zu beachten:

1.2.2 Spielräume bei Ansatz und Bewertung

> **Wirtschaftsgüter des Anlagevermögens, die der Abnutzung unterliegen,** sind mit den Anschaffungs- oder Herstellungskosten oder dem an deren Stelle tretenden Wert, vermindert um die Absetzungen für Abnutzung (Begriff des Steuerrechts für die Abschreibungen), Sonderabschreibungen und Abzüge, anzusetzen. Ist der Teilwert aufgrund einer voraussichtlich dauernden Wertminderung niedriger, so kann dieser angesetzt werden. Wirtschaftsgüter, die bereits am Schluss des vorangegangenen Wirtschaftsjahres zum Anlagevermögen des Steuerpflichtigen gehört haben, können in den folgenden Wirtschaftsjahren nur dann zum Teilwert angesetzt werden, wenn der Steuerpflichtige die Berechtigung dafür nachweisen kann. *(Abnutzbare Wirtschaftsgüter)*
> Andere als die vorher bezeichneten Wirtschaftsgüter (Grund und Boden, Beteiligungen, Umlaufvermögen) sind mit den Anschaffungs- oder Herstellungskosten oder dem an deren Stelle tretenden Wert, vermindert um Abzüge, anzusetzen. Ist der Teilwert aufgrund einer voraussichtlich dauernden Wertminderung niedriger, so kann dieser angesetzt werden. *(Grund und Boden Umlaufvermögen)*
> **Verbindlichkeiten** sind unter sinngemäßer Anwendung der im vorigen Punkt genannten Vorschriften anzusetzen und mit einem Zinssatz von 5,5 v. H. abzuzinsen. Ausgenommen von der Abzinsung sind Verbindlichkeiten, deren Laufzeit am Bilanzstichtag weniger als 12 Monate beträgt, und Verbindlichkeiten, die verzinslich sind oder auf einer Anzahlung oder Vorausleistung beruhen.
> Der Ansatz von **Entnahmen und Einlagen** erfolgt in der Regel nach dem Teilwert. Für die private Nutzung eines Kraftfahrzeuges gelten besondere Regeln.
> Bewegliche Wirtschaftsgüter des Anlagevermögens, die einer selbstständigen Bewertung und Nutzung fähig sind, können im Jahr der Anschaffung oder Herstellung in voller Höhe als Betriebsausgaben abgezogen werden, wenn die Anschaffungs- oder Herstellungskosten abzüglich des darin enthaltenen Vorsteuerbetrags für das einzelne Wirtschaftsgut 150,00 EUR nicht übersteigen. Bei Anschaffungs- oder Herstellungskosten von mehr als 150,00 EUR bis zu 1.000,00 EUR sind jahrgangsbezogene Sammelposten zu bilden (sogenannte Poolabschreibung), die über 5 Jahre gleichmäßig gewinnmindernd aufzulösen sind. *(Geringwertige Wirtschaftsgüter)*
> Wird ein Betrieb, ein Teilbetrieb oder der Anteil eines Mitunternehmers an einem Betrieb unentgeltlich übertragen, so sind bei der Ermittlung des Gewinns des bisherigen Betriebsinhabers (Mitunternehmers) die Wirtschaftsgüter mit den Werten anzusetzen, die sich nach den Vorschriften über die Gewinnermittlung ergeben. Der Rechtsnachfolger ist an diese Werte gebunden.
> Wird ein einzelnes Wirtschaftsgut außer in den Fällen einer Einlage unentgeltlich in das Betriebsvermögen eines anderen Steuerpflichtigen übertragen, gilt sein gemeiner Wert für das aufnehmende Betriebsvermögen als Anschaffungskosten.
> Wird ein einzelnes Wirtschaftsgut von einem Betriebsvermögen in ein anderes Betriebsvermögen desselben Steuerpflichtigen überführt, ist bei der Überführung der Wert anzusetzen, der sich nach den Vorschriften über die Gewinnermittlung ergibt, sofern die Besteuerung der stillen Reserven sichergestellt ist.
> Wird ein einzelnes Wirtschaftsgut im Wege des Tausches übertragen, bemessen sich die Anschaffungskosten nach dem gemeinen Wert des hingegebenen Gutes. Erfolgt die Übertragung im Wege der verdeckten Einlage, erhöhen sich die Anschaffungskosten der Beteiligung an der Kapitalgesellschaft um den Teilwert des eingelegten Wirtschaftsgutes.

1.2 Jahresabschluss und Grundzüge der Auswertung

Wichtige Wertansätze in der Steuerbilanz

Wertansätze bei:

- abnutzbarem Anlagevermögen → Anschaffungs-/Herstellungskosten ./. AfA oder Teilwert
- nicht abnutzbarem Anlagevermögen → Anschaffungs-/Herstellungskosten oder Teilwert
- Umlaufvermögen → Anschaffungskosten bzw. Teilwert
- Verbindlichkeiten → Anschaffungskosten bzw. Teilwert
- Entnahmen/Einlagen → Teilwert
- geringwertigen Wirtschaftsgütern → sofortige Betriebsausgabe

Praktische Durchführung der Bewertung

In der Praxis wird unter Berücksichtigung der oben aufgeführten Bewertungsbegriffe, Bewertungsgrundsätze und Wertansätze bei den wichtigsten Bilanzpositionen eines Handwerksbetriebes folgendermaßen bewertet:

Bilanzposition	Handelsrechtliche Bewertung	Steuerrechtliche Bewertung
Anlagevermögen		
Grundstücke	Anschaffungskosten + Nebenkosten (zum Beispiel Grunderwerbsteuer) ./. Preisminderungen	Anschaffungskosten + Nebenkosten ./. Preisminderungen oder dauerhaft niedrigerer Teilwert (Wiederbeschaffungskosten)
Bauten	Anschaffungspreis + Nebenkosten ./. Preisminderungen ./. Abschreibungen	Anschaffungskosten + Nebenkosten ./. Preisminderungen ./. AfA oder dauerhaft niedrigerer Teilwert
Maschinen, Betriebs- und Geschäftsausstattung	wie Bauten	wie Bauten

1.2.2 Spielräume bei Ansatz und Bewertung

Bilanzposition	Handelsrechtliche Bewertung	Steuerrechtliche Bewertung
Umlaufvermögen		
Vorräte	Anschaffungskosten + Nebenkosten (Frachten, Provisionen) ./. Preisminderungen	Anschaffungskosten + Nebenkosten ./. Preisminderungen oder dauerhaft niedrigerer Teilwert
Forderungen	Anschaffungskosten (Nennwert bzw. Höhe des erwarteten Eingangs) + Nebenkosten	Anschaffungskosten (Nennwert) + Nebenkosten oder dauerhaft niedrigerer Teilwert
Wertpapiere	Anschaffungskosten + Nebenkosten bzw. niedrigerer Börsenkurs (= Teilwert)	Anschaffungskosten + Nebenkosten oder niedrigerer Börsenkurs (= Teilwert)
Kasse, Bank	Nennwert bzw. bei ausländischen Währungen umgerechnete Beträge	Nennwert bzw. bei ausländischen Währungen umgerechnete Beträge
Verbindlichkeiten	Rückzahlungsbetrag	Rückzahlungsbetrag oder höherer Teilwert und ggf. Verzinsung

Zu den Forderungen ist anzumerken, dass eine als völlig uneinbringlich beurteilte Forderung sowie nach der Abschreibung noch weiter genutzte Gegenstände des Anlagevermögens mit 1,00 EUR als Merkposten (Erinnerungswert) angesetzt werden.

1.2.2.5 Abschreibungen

Bilanzielle Abschreibungen stehen für den Werteverzehr bei materiellen und immateriellen Gegenständen des Anlagevermögens. Basis dafür sind die Anschaffungs- oder Herstellungskosten. Die Abschreibungen können dabei planmäßig und außerplanmäßig sein. Entsprechende Vorschriften dafür finden sich sowohl im Handelsrecht wie auch im Steuerrecht.

Definition

```
                nach Handelsrecht                              nach Steuerrecht
                        ▲                                              ▲
                        └──────────────────┬───────────────────────────┘
                                  Bilanzielle Abschreibungen
                        ┌──────────────────┴───────────────────────────┐
                        ▼                                              ▼
                    planmäßig                                  außerplanmäßig
```

1.2 Jahresabschluss und Grundzüge der Auswertung

Nach dem Handelsrecht gilt für Abschreibungen:

Planmäßige Abschreibungen
- Bei Vermögensgegenständen des Anlagevermögens, deren Nutzung zeitlich begrenzt ist, sind die Anschaffungs- oder Herstellungskosten um planmäßige Abschreibungen zu vermindern. Der Plan muss die Anschaffungs- oder Herstellungskosten auf die Geschäftsjahre verteilen, in denen der Vermögensgegenstand voraussichtlich genutzt werden kann.

Außerplanmäßige Abschreibungen
- Ohne Rücksicht darauf, ob ihre Nutzung zeitlich begrenzt ist, können bei Vermögensgegenständen des Anlagevermögens außerplanmäßige Abschreibungen vorgenommen werden, um die Vermögensgegenstände mit dem niedrigeren Wert anzusetzen, der ihnen am Abschlussstichtag beizulegen ist; sie sind vorzunehmen bei einer voraussichtlich dauernden Wertminderung.
- Bei Vermögensgegenständen des Umlaufvermögens sind Abschreibungen vorzunehmen, um diese mit einem niedrigeren Wert anzusetzen, der sich aus einem Börsen- oder Marktpreis am Abschlussstichtag ergibt. Ist ein Börsen- oder Marktpreis nicht festzustellen und übersteigen die Anschaffungs- oder Herstellungskosten den Wert, der den Vermögensgegenständen am Abschlussstichtag beizulegen ist, so ist auf diesen Wert abzuschreiben.
- Außerdem dürfen Abschreibungen vorgenommen werden, soweit diese nach vernünftiger kaufmännischer Beurteilung notwendig sind, um zu verhindern, dass in der nächsten Zukunft der Wertansatz dieser Vermögensgegenstände aufgrund von Wertschwankungen geändert werden muss.

Nach dem Steuerrecht gilt für Abschreibungen:

Lineare AfA

Degressive AfA
- Bei Wirtschaftsgütern, deren Verwendung oder Nutzung durch den Steuerpflichtigen zur Erzielung von Einkünften sich erfahrungsgemäß auf einen Zeitraum von mehr als 1 Jahr erstreckt, ist jeweils für 1 Jahr der Teil der Anschaffungs- oder Herstellungskosten abzusetzen, der bei gleichmäßiger Verteilung dieser Kosten auf die Gesamtdauer der Verwendung oder Nutzung auf 1 Jahr entfällt (lineare Abschreibung). Es ist auch die Absetzung für Abnutzung in fallenden Jahresbeträgen möglich (degressive Abschreibung). Die Absetzung bemisst sich hierbei nach der betriebsgewöhnlichen Nutzungsdauer des Wirtschaftsguts. Hierfür gibt es spezielle AfA-Tabellen. Die degressive AfA gilt aber für Wirtschaftsgüter, deren Anschaffung nach dem 31.12.2007 erfolgte, nicht mehr. Zur Ankurbelung der Wirtschaft ist sie aktuell wieder zugelassen, sofern die Wirtschaftsgüter nach dem 31.12.2008 und vor dem 1.1.2011 angeschafft oder hergestellt wurden.
- Bei beweglichen Wirtschaftsgütern des Anlagevermögens, bei denen es wirtschaftlich begründet ist, die Absetzung für Abnutzung nach Maßgabe der Leistung vorzunehmen, kann der Steuerpflichtige dieses Verfahren statt der Absetzung für Abnutzung in gleichen Jahresbeträgen anwenden, wenn er den auf das einzelne Jahr entfallenden Umfang der Leistung nachweist.

Außerplanmäßige AfA
- Absetzungen für außergewöhnliche technische oder wirtschaftliche Abnutzung sind zulässig; soweit allerdings der Grund hierfür in späteren Wirtschaftsjahren entfällt, ist eine entsprechende Zuschreibung vorzunehmen. Außerplanmäßige Abschreibungen sind beim degressiven Abschreibungsverfahren allerdings nicht möglich.

1.2.2 Spielräume bei Ansatz und Bewertung

> Der Übergang vom degressiven zum linearen Abschreibungsverfahren ist möglich.
> Für Gebäude gelten besondere, langfristig angelegte Bestimmungen.
> Werterhöhende Reparaturen müssen dem Anschaffungspreis zugeschrieben (aktiviert) werden und erhöhen damit die jährlichen Abschreibungsbeträge anteilig.

Werterhöhung

1.2.2.6 Rückstellungen

Rückstellungen sind ein Posten der Passivseite der Bilanz. Nach dem schon erwähnten Gliederungsschema des HGB für die Bilanz sind mehrere Arten von Rückstellungen zu unterscheiden.

```
                    Rückstellungen
         ┌──────────────┼──────────────┐
  Rückstellungen für
   Pensionen und       Steuerrückstellungen    sonstige Rückstellungen
  ähnliche Verpflichtungen
```

Sonstige Rückstellungen sind beispielsweise Rückstellungen für Preisnachlässe, für Garantieverpflichtungen und für Prozesse. Begriffsmäßig gibt es bei Rückstellungen für die Steuer- und die Handelsbilanz zwar keine Unterschiede, bei der Bewertung sind jedoch unterschiedliche Verfahren zu berücksichtigen.

Rückstellungen sind zu unterscheiden von Verbindlichkeiten und von Rücklagen. Der Unterschied zu den Verbindlichkeiten besteht darin, dass bei Rückstellungen deren Höhe sowie abschließende Entstehung und Fälligkeit noch ungewiss sind. Bei Rücklagen sind offene und stille zu unterscheiden. Offene Rücklagen sind Teil des Eigenkapitals. Einzelunternehmen und Personengesellschaften ist es im Gegensatz zu Kapitalgesellschaften gestattet, **stille Rücklagen** (auch stille Reserven genannt) zu bilden. Sie entstehen durch Abschreibungen, die im Rahmen vernünftiger kaufmännischer Beurteilung zulässig sind. In der betrieblichen Praxis ergeben sie sich vor allem durch Unterbewertung von Vermögensgegenständen (zum Beispiel durch Verrechnung zu hoher Abschreibungsbeträge), durch Nichtaktivieren aktivierungsfähiger Wirtschaftsgüter oder Unterlassen der Zuschreibung von Wertsteigerungen.

Stille Reserven

Diese unterschiedlichen Wertansätze wirken sich dann auch auf die Höhe des Gewinns aus. Stille Reserven vermindern den Gewinn im Jahresabschluss.

Nach dem Handelsrecht gilt für Rückstellungen:

> **Rückstellungen** dürfen nur in Höhe des Betrages angesetzt werden, der nach vernünftiger kaufmännischer Beurteilung notwendig ist.

Nach dem Steuerrecht sind Rückstellungen höchstens insbesondere unter Berücksichtigung folgender Grundsätze anzusetzen:

> Bei Rückstellungen für gleichartige Verpflichtungen ist auf der Grundlage der Erfahrungen in der Vergangenheit aus der Abwicklung solcher Verpflichtungen die Wahrscheinlichkeit zu berücksichtigen, dass der Steuerpflichtige nur zu einem Teil der Summe dieser Verpflichtungen in Anspruch genommen wird.

1.2 Jahresabschluss und Grundzüge der Auswertung

> Rückstellungen für Sachleistungsverpflichtungen sind mit den Einzelkosten und den angemessenen Teilen der notwendigen Gemeinkosten zu bewerten.
> Künftige Vorteile, die mit der Erfüllung der Verpflichtung voraussichtlich verbunden sein werden, sind, soweit sie nicht als Forderung zu aktivieren sind, bei ihrer Bewertung wertmindernd zu berücksichtigen.
> Rückstellungen für Verpflichtungen, für deren Entstehen im wirtschaftlichen Sinne der laufende Betrieb ursächlich ist, sind zeitanteilig in gleichen Raten anzusammeln.
> Rückstellungen für Verpflichtungen sind mit einem Zinssatz von 5,5 v. H. abzuzinsen. Es gelten dieselben Ausnahmen wie unter Abschnitt 1.2.2.4 bei den Verbindlichkeiten beschrieben. Für die Abzinsung von Rückstellungen für Sachleistungsverpflichtungen ist der Zeitraum bis zum Beginn der Erfüllung maßgebend.

1.2.2.7 Änderungen durch das Bilanzrechtsmodernisierungsgesetz

Das Bilanzrechtsmodernisierungsgesetz wurde im April 2009 verabschiedet. Die überwiegende Zahl der Neuregelungen gilt ab 2010. Allerdings ist die freiwillige Anwendung – dann allerdings aller Vorschriften – bereits ab 2009 möglich. Einzelne Regelungen wie die Befreiung von Inventur-, Buchführungs- und Abschlusserstellungspflichten bei Unterschreiten bestimmter Umsatz- und Jahresüberschussgrenzen (500.000 bzw. 50.000 EUR) und die angehobenen Schwellenwerte zur Einteilung nach kleinen, mittleren und großen Kapitalgesellschaften gelten rückwirkend ab 2008.

Angehobene Schwellenwerte

Ab 2010 sind insbesondere folgende Abweichungen vom bisherigen Recht von Bedeutung:
> Der Grundsatz der Maßgeblichkeit steuerlicher Ansätze für die Handelsbilanz wird aufgehoben.

Bilanzansatz

> Für den Bilanzansatz gilt:
  - Die Aktivierung von Vermögensgegenständen und Schulden hängt vom wirtschaftlichen Eigentum daran ab. Der Unterschiedsbetrag, um den die für die Übernahme eines Unternehmens bewirkte Gegenleistung den Wert der einzelnen Vermögensgegenstände des Unternehmens abzüglich der Schulden im Zeitpunkt der Übernahme übersteigt (entgeltlich erworbener Geschäfts- oder Firmenwert), gilt als zeitlich begrenzt nutzbarer Vermögensgegenstand.
  - Einige bisherige Ansatzwahlrechte entfallen; so zum Beispiel bei Rückstellungen für unterlassene Instandhaltungsaufwendungen, die nach Ablauf von drei Monaten des folgenden Geschäftsjahres nachgeholt werden, und für als Aufwand berücksichtigte Zölle und Verbrauchssteuern sowie Umsatzsteuer auf erhaltene Anzahlungen.
  - Ein neues Aktivierungswahlrecht gibt es für selbst geschaffene immaterielle Vermögensgegenstände des Anlagevermögens sowie für latente Steuern. Ein Aktivierungsverbot gilt für selbst geschaffene Marken, Drucktitel, Verlagsrechte, Kundenlisten oder vergleichbare immaterielle Vermögensgegenstände.
  - Bezüglich der Bewertungskontinuität gilt, dass die auf den vorhergehenden Jahresabschluss angewandten Ansatz- und Bewertungsmethoden beizubehalten sind (bisher nur eine Soll-Empfehlung).
  - Sonderposten mit Rücklageanteil entfallen.

› Für die Bewertung gilt: — Bewertung
- Zu den Herstellungskosten gehören nunmehr auch angemessene Teile der Gemeinkosten und des Werteverzehrs des Anlagevermögens (bislang galt dafür ein Ansatzwahlrecht). Neben den Vertriebskosten dürfen nunmehr auch Forschungskosten nicht einbezogen werden.
- Das Wahlrecht, Abschreibungen nach vernünftiger kaufmännischer Beurteilung bilden zu können, entfällt. Damit entfällt auch die Möglichkeit, so stille Reserven aufzubauen.
- Niederstwert- und Höchstwertprinzip sind nur für Vermögensgegenstände und Verbindlichkeiten mit einer Restlaufzeit von mehr als einem Jahr zu beachten.
- Verbindlichkeiten sind zu ihrem Erfüllungsbetrag und Rückstellungen in Höhe des nach vernünftiger, kaufmännischer Beurteilung notwendigen Erfüllungsbetrages anzusetzen. Rückstellungen mit einer Restlaufzeit von mehr als einem Jahr sind mit dem ihrer Restlaufzeit entsprechenden durchschnittlichen Marktzinssatz der vergangenen sieben Geschäftsjahre abzuzinsen. Der Abzinsungszinssatz wird von der Deutschen Bundesbank bekannt gegeben.

› Für die Gliederung der Gewinn- und Verlustrechnung ergibt sich folgende Änderung:
- In Nr. 7a) werden die Wörter „sowie die aktivierten Aufwendungen für die Ingangsetzung und Erweiterung des Geschäftsbetriebs" gestrichen.

1.2.3 Auswertung von Bilanz und Gewinn- und Verlustrechnung (Jahresabschluss und unterjährig)

1.2.3.1 Bilanzanalyse und Bilanzkritik

> Unter Bilanzanalyse versteht man das Zerlegen und Aufgliedern des gesamten Jahresabschlusses für eine umfassende Beurteilung. Diese Beurteilung selbst wird oft auch Bilanzkritik genannt.

Bilanzanalyse

Bilanzkritik

Sowohl Bilanzanalyse wie auch Bilanzkritik beziehen sich nicht nur auf die Bilanz, sondern auf den gesamten Jahresabschluss, also Bilanz, Gewinn- und Verlustrechnung, Anhang sowie auf den Lagebericht.
Aufgaben und Ziele von Bilanzanalyse und Bilanzkritik sind: — Aufgaben

› Information
› Wahrheitsfindung durch Tatsachenermittlung
› Urteilsbildung
› Entscheidungsfindung

1.2 Jahresabschluss und Grundzüge der Auswertung

Arten der Bilanzanalyse

Bilanzanalyse
- interne Bilanzanalyse
- externe Bilanzanalyse
- formelle Bilanzanalyse
- materielle Bilanzanalyse

Extern	Die externe Bilanzanalyse erfolgt von Stellen außerhalb des Unternehmens. Diese können dabei nur auf veröffentlichte oder frei zugängliche Daten über den Betrieb zurückgreifen.
Intern	Die interne Bilanzanalyse erfolgt durch den Betrieb selbst. Dementsprechend stehen alle betrieblichen Daten und Informationen zur Verfügung.
Formell	Die formelle Bilanzanalyse richtet sich an der Gliederung der Bilanz sowie der Gewinn- und Verlustrechnung aus.
Materiell	Die materielle Bilanzanalyse verfolgt die inhaltliche Auswertung der Informationen aus der Bilanz sowie der Gewinn- und Verlustrechnung.

Nach dem methodischen Vorgehen unterscheidet man im Allgemeinen zwischen

> finanzwirtschaftlicher und
> ertragswirtschaftlicher

Bilanzanalyse.

Die finanzwirtschaftliche Bilanzanalyse befasst sich im Einzelnen mit

> der Kapitalverwendung (Investition),
> der Kapitalaufbringung (Finanzierung),
> den Beziehungen zwischen beiden (Liquidität).

Die ertragswirtschaftliche Bilanzanalyse beinhaltet die Analyse

> des betrieblichen Ergebnisses,
> der Rentabilität,
> der Wertschöpfung.

1.2.3 Auswertung von Bilanz und Gewinn- und Verlustrechnung

```
                        Bilanzanalyse
                       /             \
                  Finanzlage        Ertragslage
                 /    |    \       /     |      \
        Investitions- Finanzie- Liquiditäts- Ergebnis- Rentabilitäts- Wert-
        analyse     rungs-    analyse      analyse   analyse        schöpfungs-
                    analyse                                         analyse
```

Wichtige Größen und Bereiche für die finanzwirtschaftliche Bilanzanalyse sind vor allem:

> Wichtige Größen

- Anlagevermögen
- Umlaufvermögen
- Eigenkapital
- Fremdkapital
  - kurzfristiges
  - langfristiges
- Cashflow

Für die ertragswirtschaftliche Bilanzanalyse sind vor allem folgende Größen und Bereiche von Bedeutung:

- Aufwendungen
- Erträge

Bilanzanalyse und Bilanzkritik liefern insgesamt wichtige Erkenntnisse für unternehmerische Entscheidungen:

> Wichtige Erkenntnisse

- Die Bilanz ist die Grundlage der Finanzierungsentscheidungen des Unternehmens.
- Die Bilanz ist die Basis für die Steuer- und Bewertungspolitik.
- Die Gewinn- und Verlustrechnung liefert das wesentliche Material für Kostenrechnung und Kalkulation.
- Die Gewinn- und Verlustrechnung ist die Basis für die Betriebsabrechnung.
- Bilanz sowie Gewinn- und Verlustrechnung stellen zusammen mit anderen Aufzeichnungen die Basis für die betriebliche Statistik und Kennzahlenrechnung dar.
- Bilanz sowie Gewinn- und Verlustrechnung ermöglichen Betriebsvergleiche.
- Der Jahresabschluss ist Ausgangspunkt für zahlreiche Rationalisierungsmaßnahmen.

1.2.3.2 Aufbereitung des Jahresabschlusses für die betriebswirtschaftliche Auswertung

Werden die Daten des Jahresabschlusses für die Bilanzanalyse herangezogen, so muss man sich auch der damit verbundenen Einschränkungen bewusst sein:

> Einschränkungen

- Alle Jahresabschlussdaten sind Daten vergangener Perioden.
- Die Jahresabschlussdaten liefern kein vollständiges Bild des Betriebes. Wichtige Faktoren wie Auftragsbestände u. Ä. bleiben unberücksichtigt.

> Die Jahresabschlüsse von Handwerksbetrieben sind in den meisten Fällen steuerlich orientiert, so dass sie nach betriebswirtschaftlichen Gesichtspunkten aufbereitet werden müssen.
> Die Zusammenfassung von Einzel- zu Sammelgrößen verwischt Unterschiede.
> Bilanzen sind zeitpunktbezogen. Werden sie im Verlauf des folgenden Jahres für die Bildung von Kennzahlen herangezogen, so kann die tatsächliche Lage bereits ganz anders sein.

Bilanzierungsgrundsätze

> Grundsätzlich setzt auch die betriebswirtschaftliche Auswertung voraus, dass bei der Aufstellung der Bilanz die Bilanzierungsgrundsätze (Bilanzklarheit, Bilanzwahrheit, Bilanzkontinuität und Bilanzidentität) beachtet werden.

Gliederung

Für die Auswertung empfiehlt sich allerdings oft eine ganz andere Gliederung des Jahresabschlusses, als nach den Vorschriften des Handelsrechts und des Steuerrechts erforderlich ist. Bestimmte Bilanzposten und Bilanzgruppen können nur dann sinnvoll ausgewertet werden, wenn sie auch von der Gliederung her systematisch dargestellt sind.

Für den Handwerksbetrieb ist es besonders zweckmäßig, wenn mindestens folgende Bilanzposten und Bilanzgruppen dargestellt sind:

Wichtige Darstellungen

> Anlagevermögen
> Umlaufvermögen
  - flüssige Mittel
  - sonstiges Umlaufvermögen
> Eigenkapital
> Fremdkapital
  - langfristig
  - kurzfristig

Bereinigung der G+V

> Auch die G+V muss für betriebswirtschaftliche Auswertungen entsprechend umgegliedert und bereinigt werden, um von den Umsatzerlösen über die Betriebsleistung, den Rohertrag, den steuerlichen Gewinn, den bereinigten Betriebsgewinn bis zum betrieblichen Gewinn zu kommen.

Kalkulatorische Kosten

Dabei sind auch die kalkulatorischen Kosten zu berücksichtigen. Steuerlich werden sie nicht angesetzt, aber im Rahmen einer exakten betriebswirtschaftlichen Analyse dürfen sie nicht außer Acht gelassen werden, weil sie das betriebliche Ergebnis maßgeblich beeinflussen.

Außerordentliche und betriebsfremde Aufwendungen und Erträge (>> zur Definition die Ausführungen in Abschnitt 1.2.1.3 „Gewinn- und Verlustrechnung") sollen ausgeklammert werden, da sie das betriebliche Ergebnis verfälschen. Inwieweit dies möglich ist, hängt von der Aufgliederung und Genauigkeit des gesamten Rechnungswesens ab. Anhaltsmäßig, allerdings nicht komplett, sind diese Posten direkt aus der G+V ablesbar, auch wenn die nach dem HGB für Kapitalgesellschaften vorgeschriebenen Schemen nicht alle betriebsfremden, periodenfremden und außerordentlichen Erträge und Aufwendungen enthalten.

1.2.3 Auswertung von Bilanz und Gewinn- und Verlustrechnung

So werden die betriebsfremden Aufwendungen in der Regel unter den sonstigen betrieblichen Aufwendungen, die betriebsfremden Erträge unter den sonstigen betrieblichen Erträgen ausgewiesen.

Dabei wird deutlich, dass der betriebliche Gewinn wesentlich niedriger sein kann als der steuerliche Gewinn.

Betrieblicher Gewinn

Schema für die Aufbereitung einer einfachen G+V für die betriebswirtschaftliche Auswertung:

```
  Umsatzerlöse Handwerk und Handel
  (abzüglich Erlösschmälerungen)
+ außerordentliche und betriebsfremde Erträge
─────────────────────────────────────────────
= Gesamterlöse (Gesamtleistung)
− außerordentliche und betriebsfremde Erträge
─────────────────────────────────────────────
= Betriebsleistung
− Materialaufwand, Wareneinsatz, Fremdleistungen
─────────────────────────────────────────────
= Rohertrag (Bruttowertschöpfung)
− sämtliche Aufwendungen
+ außerordentliche und betriebsfremde Erträge
─────────────────────────────────────────────
= Gewinn laut G+V (steuerlicher Gewinn)
+ außerordentliche und betriebsfremde Aufwendungen
− außerordentliche und betriebsfremde Erträge
─────────────────────────────────────────────
= bereinigter Betriebsgewinn
− kalkulatorische Kosten
─────────────────────────────────────────────
= betrieblicher (betriebswirtschaftlicher) Gewinn
```

Mit Hilfe der Daten, die durch die verschiedenen Aufbereitungen des Jahresabschlusses gewonnen werden können, lassen sich dann Kennzahlen für die jeweiligen Bereiche bilden. Durch Vergleich dieser Kennzahlen ist es möglich, Entwicklungstendenzen aufzuzeigen und nachzuvollziehen.

Vergleiche

1.2.3.3 Beispiel für die Durchführung einer einfachen Bilanzanalyse

Auswertung der Bilanz

> Für die Auswertung der Bilanz wird zuerst eine sinnvolle Gliederung nach betriebswirtschaftlichen Erfordernissen vorgenommen.

Die folgende Abbildung zeigt, wie für die Auswertung Bilanzposten und Bilanzgruppen systematisch dargestellt werden können. Zur Verdeutlichung des Bilanzbildes trägt bei, wenn man dabei für die einzelnen Bilanzposten und -gruppen deren prozentualen Anteil an der gesamten Bilanzsumme angibt.

Das Schema enthält ferner die Zahlen mehrerer Jahre. Durch deren Gegenüberstellung erhält man entsprechende Aufschlüsse über Veränderungen bei einzelnen Bilanzposten und -gruppen, die im Zeitverlauf eintreten.

Bilanzposten Bilanzgruppen

1.2 Jahresabschluss und Grundzüge der Auswertung

Gliederungsschema zur Auswertung einer Bilanz:

Aktiva		31.12.2008	%	31.12.2007	%	31.12.2006	%
I.	1. Kasse, Bank	21.012	1,7	10.872	1,1	12.430	1,3
	2. Wertpapiere	7.803	0,6	1.120	0,1	1.900	0,2
	Summe zu I	28.815	2,3	11.992	1,2	14.330	1,5
II.	3. Forderungen aus Lieferungen und Leistungen	166.208	13,4	219.340	22,1	183.710	19,7
	4. Sonstige Forderungen	19.764	1,6	13.300	1,3	10.205	1,1
	Summe zu II	185.972	15,0	232.640	23,4	193.915	20,8
	Summe zu I und II	214.787	17,3	244.632	24,6	208.245	22,3
III.	5. Vorräte (Roh-, Hilfs- und Betriebsstoffe)	66.227	5,3	43.610	4,4	24.016	2,6
	6. Vorräte (unfertige Erzeugnisse und Leistungen)	172.925	14,0	114.000	11,5	178.375	19,1
	7. Vorräte (fertige Erzeugnisse und Waren)	144.333	11,6	119.700	12,0	95.633	10,3
	8. Geleistete Anzahlungen an Lieferanten					281	
	9. Rechnungsabgrenzungsposten aktiv	1.016	0,1	1.219	0,1	926	0,1
	Summe zu III	384.501	31,0	278.529	28,0	299.231	32,1
	Summe zu I, II und III	599.288	48,3	523.161	52,6	507.476	54,4
IV.	10. Grundstücke	121.030	9,8	101.928	10,3	100.250	10,7
	11. Bauten	186.400	15,1	79.700	8,0	80.400	8,6
	12. Bauten auf fremden Grundstücken						
	13. Technische Anlagen und Maschinen	102.000	8,2	82.575	8,3	80.005	8,6
	14. Betriebs- und Geschäftsausstattung, Werkzeuge	92.400	7,5	86.489	8,7	53.518	5,7
	15. Fahrzeuge	137.550	11,1	117.280	11,8	111.600	12,0
	16. Geleistete Anzahlungen auf Anlagevermögen						
	17. ...						
	Summe zu IV	639.380	51,7	467.972	47,1	425.773	45,6
	Summe zu I–IV	1.238.668	100	991.133	99,8	933.249	100
V.	18. Darlehensforderungen			2.000	0,2		
	19. Beteiligungen	300		300			
	20. ...						
	Summe zu V	300		2.300			
	Summe zu I–V	1.238.968	100	993.433	100	933.249	100
	24. ...						
	29. Verlustvortrag						
	30. Jahresfehlbetrag (Verlust) des Jahres +						
	31. Entnahmen +						
	32. Jahresfehlbetrag (Verlust) am Bilanzstichtag						
	Summe zu I–V und Ziffer 32	1.238.968	100	993.433	100	933.249	100

Erläuterung: Summe zu I = liquide (flüssige) Mittel 1. Ordnung; Summe zu II = liquide Mittel 2. Ordnung; Summe zu III = liquide Mittel 3. Ordnung; Summe zu I, II und III = Umlaufvermögen; Summe zu IV und V = Anlagevermögen; Summe zu I–V = Gesamtvermögen

1.2.3 Auswertung von Bilanz und Gewinn- und Verlustrechnung

Passiva		31. 12. 2008	%	31. 12. 2007	%	31. 12. 2006	%
I.	1. Kurzfristige Rückstellungen	16.430	1,3	4.300	0,4	14.025	1,5
	2. Kurzfr. Verbindlichk. gegenüber Kreditinstituten	102.300	8,3	58.620	5,9	94.147	10,1
	3. Erhaltene Anzahlungen	106.000	8,5	104.000	10,5	110.443	11,8
	4. Verbindlichkeiten aus Lieferungen u. Leistungen	216.860	17,5	191.410	19,3	183.103	19,6
	5. Verbindlichkeiten aus Wechseln			6.805	0,7	14.016	1,5
	6. Sonstige kurzfristige Verbindlichkeiten	52.904	4,3	46.817	4,7	40.032	4,3
	7. Verbindlichkeiten aus betrieblichen Steuern	2.000	0,2	1.200	0,1	900	0,1
	8. Verbindlichkeiten im Rahmen der soz. Sicherheit	1.116	0,1	1.050	0,1	700	0,1
	9. Rechnungsabgrenzungsposten passiv			3.102	0,3		
	10. ...						
	Summe zu I	**497.610**	**40,2**	**417.304**	**42,0**	**457.366**	**49,0**
II.	13. Langfr. Verbindlichk. gegenüber Kreditinstituten	146.460	11,8	138.526	14,0	115.924	12,4
	14. Langfristige Darlehen	63.898	5,1	61.000	6,1	59.609	6,4
	15. Langfristige Hypotheken	94.000	7,6	82.400	8,3	86.750	9,3
	16. ...						
	Summe zu II	304.358	24,5	281.926	28,4	262.283	28,1
	Summe zu I und II	**801.968**	**64,7**	**699.230**	**70,4**	**719.649**	**77,1**
III.	21. Langfristige Rückstellungen	13.500	1,1	4.703	0,5	9.700	1,0
	22. ...						
	Summe zu III	13.500	1,1	4.703	0,5	9.700	1,0
	Summe zu I–III	**815.468**	**65,8**	**703.933**	**70,9**	**729.349**	**78,1**
IV.	28. Eigenkapital am letzten Bilanzstichtag	289.500		203.900		92.347	
	29. Rücklagen + zusammen						
	30. Jahresüberschuss (Gewinn) des Jahres +	217.336		156.800		211.148	
	31. Jahresfehlbetrag (Verlust) des Jahres –						
	Summe	506.836		360.700		303.495	
	32. Einlagen +						
	33. Entnahmen –	83.336		71.200		99.595	
	34. Eigenkapital am Bilanzstichtag	423.500	34,2	289.500	29,1	203.900	21,9
	Summe zu I–III und Ziffer 34	**1.238.968**	**100**	**993.433**	**100**	**933.249**	**100**

Erläuterung: Summe zu I = kurzfristige Verbindlichkeiten; Summe zu II und III = langfristiges Fremdkapital; Summe zu IV, Ziffer 34 = Eigenkapital; Summe zu I–III und IV, Ziffer 34 = Gesamtkapital

1.2 Jahresabschluss und Grundzüge der Auswertung

In einem nächsten Schritt werden dann verschiedene Bilanzposten oder Bilanzgruppen zueinander in Beziehung gesetzt. Dies wird im Folgenden anhand der Zahlenangaben aus der voranstehenden Abbildung verdeutlicht.

> Vermögensstruktur

Vermögensstruktur

> Die Aufteilung in Anlagevermögen und Umlaufvermögen vermittelt Aufschluss über die Vermögensstruktur eines Betriebes.

2008: Anlagevermögen : Umlaufvermögen = 639.680 : 599.288 = 1,07 : 1
2007: Anlagevermögen : Umlaufvermögen = 470.272 : 523.161 = 0,90 : 1
2006: Anlagevermögen : Umlaufvermögen = 425.773 : 507.476 = 0,84 : 1

Das Anlagevermögen ist im untersuchten Zeitraum (2006–2008) schneller gewachsen als das Umlaufvermögen und übersteigt dieses im Jahr 2008.

Branchenunterschiede

Das Verhältnis von Anlagevermögen zu Umlaufvermögen hat insbesondere branchenspezifische Bedeutung. Zwischen verschiedenen Handwerkszweigen können die Abweichungen sehr groß sein; so hat zum Beispiel ein Feinwerkmechanikerbetrieb branchenüblich ein verhältnismäßig hohes Anlagevermögen, während es bei einem Malerbetrieb vergleichsweise gering ist.

Deshalb sind hier insbesondere Vergleiche mit Zahlen, die aus branchenbezogenen Betriebsvergleichen gewonnen werden, interessant.

Es ist weiter möglich, Anlagevermögen und Umlaufvermögen jeweils zum Gesamtvermögen (laut Bilanzsumme) in Beziehung zu setzen.

Anlagenintensität

> Den Anteil des Anlagevermögens am Gesamtvermögen in Prozent nennt man Anlagenintensität.

2008: $\dfrac{\text{Anlagevermögen}}{\text{Gesamtvermögen}} \times 100 = \dfrac{639.680}{1.238.968} \times 100 = 52\,\%$

2007: $\dfrac{\text{Anlagevermögen}}{\text{Gesamtvermögen}} \times 100 = \dfrac{470.272}{993.433} \times 100 = 47\,\%$

2006: $\dfrac{\text{Anlagevermögen}}{\text{Gesamtvermögen}} \times 100 = \dfrac{425.773}{933.249} \times 100 = 46\,\%$

Umlaufintensität

> Den Anteil des Umlaufvermögens am Gesamtvermögen in Prozent nennt man Umlaufintensität.

1.2.3 Auswertung von Bilanz und Gewinn- und Verlustrechnung

2008: $\dfrac{\text{Umlaufvermögen}}{\text{Gesamtvermögen}} \times 100 = \dfrac{599.288}{1.238.968} \times 100 = 48\,\%$

2007: $\dfrac{\text{Umlaufvermögen}}{\text{Gesamtvermögen}} \times 100 = \dfrac{523.161}{993.433} \times 100 = 53\,\%$

2006: $\dfrac{\text{Umlaufvermögen}}{\text{Gesamtvermögen}} \times 100 = \dfrac{507.476}{933.249} \times 100 = 54\,\%$

Anlagen- und Umlaufintensität geben an, in welcher Weise die finanziellen Mittel im Betrieb investiert sind.

Im Beispiel ist der Anteil des Anlagevermögens und des Umlaufvermögens am Gesamtvermögen jeweils in etwa gleich hoch.

Ist die Anlagenintensität außergewöhnlich hoch und geht sie über den branchenüblichen Wert deutlich hinaus, so besteht die Gefahr einer Überinvestition im Anlagenbereich. — Überinvestition

Die Zusammensetzung des Umlaufvermögens gibt interessante Aufschlüsse, zum Beispiel hinsichtlich der Lagerbestandspolitik oder der Zahlungsmoral der Kunden im Zusammenhang mit dem Bilanzposten „Forderungen aus Lieferungen und Leistungen". — Zahlungsmoral

> **Kapitalstruktur**

> Für die Beurteilung der Kapitalstruktur ist die Aufgliederung in Eigenkapital und Fremdkapital notwendig. — Kapitalstruktur

2008: Eigenkapital : Fremdkapital = 423.500 : 815.468 = 1 : 1,93
2007: Eigenkapital : Fremdkapital = 289.500 : 703.933 = 1 : 2,43
2006: Eigenkapital : Fremdkapital = 203.900 : 729.349 = 1 : 3,58

Nach einer bewährten betriebswirtschaftlichen Faustregel sollten sich Eigenkapital und Fremdkapital in etwa die Waage halten, also ein Verhältnis von 1 : 1 aufweisen. — Regel

Im Beispiel wird diese Regel nicht erfüllt. Das Verhältnis verbessert sich jedoch von Jahr zu Jahr.

Genauer wird die Beurteilung, wenn man sowohl das Eigenkapital wie auch das Fremdkapital jeweils in Beziehung zum Gesamtkapital (laut Bilanzsumme) setzt.

> Den Anteil des Eigenkapitals am Gesamtkapital in Prozent nennt man Eigenkapitalintensität. — Eigenkapitalintensität

1.2 Jahresabschluss und Grundzüge der Auswertung

$$2008: \frac{\text{Eigenkapital}}{\text{Gesamtkapital}} \times 100 = \frac{423.500}{1.238.968} \times 100 = 34\,\%$$

$$2007: \frac{\text{Eigenkapital}}{\text{Gesamtkapital}} \times 100 = \frac{289.500}{993.433} \times 100 = 29\,\%$$

$$2006: \frac{\text{Eigenkapital}}{\text{Gesamtkapital}} \times 100 = \frac{203.900}{933.249} \times 100 = 22\,\%$$

Fremdkapitalintensität

> Den Anteil des Fremdkapitals am Gesamtkapital in Prozent nennt man Fremdkapitalintensität.

$$2008: \frac{\text{Fremdkapital}}{\text{Gesamtkapital}} \times 100 = \frac{815.468}{1.238.968} \times 100 = 66\,\%$$

$$2007: \frac{\text{Fremdkapital}}{\text{Gesamtkapital}} \times 100 = \frac{703.933}{993.433} \times 100 = 71\,\%$$

$$2006: \frac{\text{Fremdkapital}}{\text{Gesamtkapital}} \times 100 = \frac{729.349}{933.249} \times 100 = 78\,\%$$

> Je höher der Anteil der eigenen Mittel (Eigenkapital) am Gesamtkapital eines Unternehmens ist, desto solider ist die Kapitalstruktur und desto günstiger die Finanzierung.

Im Beispiel verbessert sich die Eigenkapitalintensität von Jahr zu Jahr. In den einzelnen Handwerkszweigen kann auch dieser Wert sehr unterschiedlich sein.

Richtige Finanzierung

> Beim Fremdkapital ist ferner für die Beurteilung der richtigen Finanzierung (>> auch Abschnitt 2.5.4 „Arten der Finanzierung") eine Untersuchung des Anteils des kurzfristigen Fremdkapitals am gesamten Fremdkapital und des Anteils des langfristigen Fremdkapitals am gesamten Fremdkapital von Interesse.

1.2.3 Auswertung von Bilanz und Gewinn- und Verlustrechnung

Im Beispiel ergeben sich folgende Werte:

2008: $\dfrac{\text{kurzfristiges Fremdkapital}}{\text{gesamtes Fremdkapital}} \times 100 = \dfrac{497.610}{815.468} \times 100 = 61\,\%$ — Kurzfristiges Fremdkapital

2007: $\dfrac{\text{kurzfristiges Fremdkapital}}{\text{gesamtes Fremdkapital}} \times 100 = \dfrac{417.304}{703.933} \times 100 = 59\,\%$

2006: $\dfrac{\text{kurzfristiges Fremdkapital}}{\text{gesamtes Fremdkapital}} \times 100 = \dfrac{457.366}{729.349} \times 100 = 63\,\%$

2008: $\dfrac{\text{langfristiges Fremdkapital}}{\text{gesamtes Fremdkapital}} \times 100 = \dfrac{317.858}{815.468} \times 100 = 39\,\%$ — Langfristiges Fremdkapital

2007: $\dfrac{\text{langfristiges Fremdkapital}}{\text{gesamtes Fremdkapital}} \times 100 = \dfrac{286.629}{703.933} \times 100 = 41\,\%$

2006: $\dfrac{\text{langfristiges Fremdkapital}}{\text{gesamtes Fremdkapital}} \times 100 = \dfrac{271.983}{729.349} \times 100 = 37\,\%$

> Gegenüberstellung von Vermögen und Kapital (Vermögens- und Kapitalstruktur)

Für die Beurteilung der Finanzierung eines Unternehmens ist das Verhältnis von Eigenkapital zum Anlagevermögen bzw. von Eigenkapital und langfristigem Fremdkapital zum Anlagevermögen von großer Bedeutung. Daraus ergibt sich die Anlagendeckung.

Das Verhältnis von Eigenkapital und Anlagevermögen nennt man Anlagendeckung I. — Anlagendeckung I

2008: $\dfrac{\text{Eigenkapital}}{\text{Anlagevermögen}} \times 100 = \dfrac{423.500}{639.680} \times 100 = 66\,\%$

2007: $\dfrac{\text{Eigenkapital}}{\text{Anlagevermögen}} \times 100 = \dfrac{289.500}{470.272} \times 100 = 62\,\%$

2006: $\dfrac{\text{Eigenkapital}}{\text{Anlagevermögen}} \times 100 = \dfrac{203.900}{425.773} \times 100 = 48\,\%$

Eine klassische betriebswirtschaftliche Regel besagt, dass das Anlagevermögen durch Eigenkapital gedeckt sein sollte. — Betriebswirtschaftliche Regel
Dies ist im Beispiel in keinem Jahr der Fall. Jedoch bessert sich das Verhältnis von Jahr zu Jahr.

Wenn das Eigenkapital zur Finanzierung des Anlagevermögens nicht ausreicht, sollte der Fremdfinanzierungsanteil aus langfristigen Mitteln bestehen.

Anlagendeckung II

Das Verhältnis von Eigenkapital und langfristigem Fremdkapital zum Anlagevermögen nennt man Anlagendeckung II.

$$2008: \frac{\text{Eigenkapital + langfr. Fremdkapital}}{\text{Anlagevermögen}} \times 100 = \frac{741.358}{639.680} \times 100 = 116\,\%$$

$$2007: \frac{\text{Eigenkapital + langfr. Fremdkapital}}{\text{Anlagevermögen}} \times 100 = \frac{576.129}{470.272} \times 100 = 123\,\%$$

$$2006: \frac{\text{Eigenkapital + langfr. Fremdkapital}}{\text{Anlagevermögen}} \times 100 = \frac{475.883}{425.773} \times 100 = 112\,\%$$

Die Finanzierungsregel wird im Beispiel in jedem Jahr erfüllt.

Zahlungsfähigkeit

Wichtige Aufschlüsse über die Liquidität (Zahlungsfähigkeit) des Unternehmens gibt eine Gegenüberstellung des Umlaufvermögens und der kurzfristigen Verbindlichkeiten.

$$2008: \frac{\text{Umlaufvermögen}}{\text{kurzfristige Verbindlichkeiten}} \times 100 = \frac{599.288}{497.610} \times 100 = 120\,\%$$

$$2007: \frac{\text{Umlaufvermögen}}{\text{kurzfristige Verbindlichkeiten}} \times 100 = \frac{523.161}{417.304} \times 100 = 125\,\%$$

$$2006: \frac{\text{Umlaufvermögen}}{\text{kurzfristige Verbindlichkeiten}} \times 100 = \frac{507.476}{457.366} \times 100 = 111\,\%$$

Sind die kurzfristigen Verbindlichkeiten höher als die liquiden Mittel 1., 2. und 3. Ordnung (= Umlaufvermögen), so ist die Liquidität insgesamt unzureichend. Im Beispiel ist dies in keinem Jahr der Fall.

Zusätzliche Reserve

Übersteigen dagegen die liquiden Mittel 1., 2. und 3. Ordnung die kurzfristigen Verbindlichkeiten, so ergibt sich eine zusätzliche Reserve für die Zahlungsbereitschaft. Diese darf allerdings nicht zu einer Überfinanzierung führen, die die Kapitalrentabilität schmälert.

Richtschnur

Als betriebswirtschaftliche Richtschnur ist eine Deckung der kurzfristigen Verbindlichkeiten mit flüssigen Mitteln 1., 2. und 3. Ordnung in Höhe von mindestens 100 % empfehlenswert.

Im Beispiel ist dies in allen Jahren der Fall.

1.2.3   Auswertung von Bilanz und Gewinn- und Verlustrechnung

Auswertung der Gewinn- und Verlustrechnung

> Auch bei der Gewinn- und Verlustrechnung empfiehlt sich ein Gliederungsschema, das sich an den betriebswirtschaftlichen Auswertungserfordernissen orientiert, so wie es in Abschnitt 1.2.3.2 „Aufbereitung des Jahresabschlusses für die betriebswirtschaftliche Auswertung" dargestellt wurde.

Gliederungsschema

Dabei erscheint es – ähnlich wie bei der Bilanzauswertung – zweckmäßig, sowohl die absoluten Zahlen als auch entsprechende Verhältniszahlen darzustellen. So können die einzelnen Aufwandsposten in Prozent der Betriebsleistung betrachtet werden. Auch bei der Gewinn- und Verlustrechnung zeigt der Vergleich über mehrere Jahre interessante Entwicklungstendenzen auf.

Das Beispiel in der folgenden Abbildung stellt die entsprechenden Möglichkeiten dar.

In diesem Beispiel ergeben sich im Zeitablauf auffallende Veränderungen bei den Posten Materialaufwand, Miete und Pacht sowie Abschreibungen.

Das Beispiel zeigt ferner deutlich, wie man den „steuerlichen" Gewinn laut G+V bereinigen muss, um zum echten „betrieblichen" Gewinn zu kommen. Neben der Bereinigung von außerordentlichen und betriebsfremden Aufwendungen und Erträgen müssen die kalkulatorischen Kosten in Abzug gebracht werden. Im Beispiel wird deutlich, dass der betriebliche Gewinn wesentlich niedriger ist als der steuerliche Gewinn.

Bereinigung

Hinsichtlich weiterer Auswertungsmöglichkeiten der Zahlen der G+V darf auch auf die in Abschnitt 1.1.4.5 „Ergebnisse der Buchführung per EDV" dargestellte betriebswirtschaftliche Auswertung (Unternehmensspiegel) hingewiesen werden.

Die Auswertung der G+V bringt oftmals noch aufschlussreichere Ergebnisse als die Bilanzanalyse.

1.2 Jahresabschluss und Grundzüge der Auswertung

Gliederungsschema zur Auswertung einer Gewinn- und Verlustrechnung:

	2008	%	2007	%	2006	%
Umsatzerlöse	1.850.800		1.427.400		1.601.300	
– Erlösschmälerungen	35.000		27.600		51.500	
+ außerordentliche Erträge	15.500		10.900		12.600	
+ betriebsfremde Erträge	12.000		10.700		9.800	
Gesamterlöse	1.843.300		1.421.400		1.572.200	
– außerordentliche Erträge	15.500		10.900		12.600	
– betriebsfremde Erträge	12.000		10.700		9.800	
Betriebsleistung	1.815.800	100	1.399.800	100	1.549.800	100
– Materialaufwand (Roh-, Hilfs- und Betriebsstoffe)	452.800	24,9	420.700	30,1	406.400	26,2
– Löhne und Gehälter	627.400	34,6	479.300	34,2	541.800	35,0
– gesetzliche Sozialabgaben und soziale Aufwendungen	119.800	6,6	89.600	6,4	101.360	6,5
– Strom, Gas, Wasser	24.800	1,4	21.400	1,5	21.950	1,4
– Porto, Telekommunikation	11.661	0,6	4.990	0,4	7.910	0,5
– Bürobedarf	3.763	0,2	2.166	0,2	3.212	0,2
– Miete, Pacht	21.000	1,2	3.869	0,3	3.400	0,2
– Werbe- und Repräsentationskosten	16.500	0,9	7.850	0,6	10.260	0,7
– Fahrzeugkosten	52.240	2,9	40.150	2,9	38.760	2,5

1.2.3 Auswertung von Bilanz und Gewinn- und Verlustrechnung

	2008	%	2007	%	2006	%
− betriebliche Steuern, Gebühren, Versicherungen	26.300	1,4	19.775	1,4	23.900	1,5
− Abschreibungen	158.850	8,7	82.050	5,9	98.900	6,4
− Zinsen	31.200	1,7	27.300	1,9	29.700	1,9
− sonstige betriebliche Aufwendungen	63.500	3,5	51.200	3,7	58.700	3,8
− außerordentliche Aufwendungen	7.800		8.050		7.200	
− betriebsfremde Aufwendungen	8.350		6.200		7.600	
+ außerordentliche Erträge	15.500		10.900		12.600	
+ betriebsfremde Erträge	12.000		10.700		9.800	
Gewinn laut Gewinn- und Verlustrechnung (steuerlicher Gewinn)	217.336	12,0	156.800	11,2	211.148	13,6
+ außerordentliche Aufwendungen	7.800		8.050		7.200	
+ betriebsfremde Aufwendungen	8.350		6.200		7.600	
− außerordentliche Erträge	15.500		10.900		12.600	
− betriebsfremde Erträge	12.000		10.700		9.800	
bereinigter Betriebsgewinn	205.986	11,3	149.450	10,7	203.548	13,1
− Unternehmerlohn	72.000	4,0	72.000	5,1	66.000	4,3
− Eigenkapitalzins	25.400	1,4	17.370	1,2	12.230	0,8
− sonstige kalkulatorische Kosten	14.500	0,8	12.000	0,9	10.500	0,7
betrieblicher Gewinn	94.086	5,2	48.080	3,4	114.818	7,4

1.2 Jahresabschluss und Grundzüge der Auswertung

Gemeinsame Auswertung von Bilanz sowie Gewinn- und Verlustrechnung

Aus der Verknüpfung von Zahlen der Bilanz als Zeitpunktrechnung und der Gewinn- und Verlustrechnung als Zeitraumrechnung ergeben sich zusätzliche Aussagen für die Beurteilung eines Unternehmens.

Außenstände
> So gibt beispielsweise der durchschnittliche Bestand an Außenständen bezogen auf die Umsatzerlöse des Betriebes die durchschnittliche Dauer der Außenstände an.

Auf der Grundlage der Zahlen im Beispiel ergibt sich:

$$2008: \frac{\text{durchschnittliche Bestände an Forderungen aus Lieferungen und Leistungen}}{\text{Umsatzerlöse}} \times 360 = \frac{166.208}{1.850.800} \times 360 = 32{,}3 \text{ Tage}$$

$$2007: \frac{\text{durchschnittliche Bestände an Forderungen aus Lieferungen und Leistungen}}{\text{Umsatzerlöse}} \times 360 = \frac{219.340}{1.427.400} \times 360 = 55{,}3 \text{ Tage}$$

$$2006: \frac{\text{durchschnittliche Bestände an Forderungen aus Lieferungen und Leistungen}}{\text{Umsatzerlöse}} \times 360 = \frac{183.710}{1.601.300} \times 360 = 41{,}3 \text{ Tage}$$

Rentabilität
> Besonders wichtige Kennzahlen aus der gemeinsamen Auswertung von Bilanz sowie Gewinn- und Verlustrechnung sind die Kennzahlen für die Rentabilität.

Eigenkapitalrentabilität

Bezieht man den Gewinn pro Jahr auf das Eigenkapital, so erhält man die Eigenkapitalrentabilität. Sie gibt an, mit wie viel Prozent sich das Eigenkapital im Betrieb verzinst.

Auf der Grundlage des **steuerlichen Gewinns** ergeben sich im Beispiel folgende Werte:

$$2008: \frac{\text{Gewinn}}{\text{Eigenkapital}} \times 100 = \frac{217.336}{423.500} \times 100 = 51\,\%$$

$$2007: \frac{\text{Gewinn}}{\text{Eigenkapital}} \times 100 = \frac{156.800}{289.500} \times 100 = 54\,\%$$

$$2006: \frac{\text{Gewinn}}{\text{Eigenkapital}} \times 100 = \frac{211.148}{203.900} \times 100 = 103\,\%$$

1.2.3 Auswertung von Bilanz und Gewinn- und Verlustrechnung

Legt man der Berechnung den **betrieblichen Gewinn** zugrunde, so ergeben sich folgende Werte für die Eigenkapitalrentabilität:
2008: 22 %
2007: 17 %
2006: 56 %
Bei der Ermittlung der Eigenkapitalrentabilität kann man auch anstelle des Eigenkapitals am Jahresende den Mittelwert aus dem Eigenkapital zu Beginn und zum Schluss des Jahres zugrunde legen.

> Bezieht man den Gewinn und die Fremdkapitalzinsen eines Jahres auf das Gesamtkapital, so erhält man die Gesamtkapitalrentabilität. Sie gibt Auskunft über die Rentabilität des gesamten Kapitals, das im Betrieb investiert ist.

Gesamtkapitalrentabilität

Auf der Basis des **steuerlichen Gewinns** ergeben sich im Beispiel folgende Ergebnisse:

$$2008: \frac{\text{Gewinn + Fremdkapitalzinsen}}{\text{Gesamtkapital}} \times 100 = \frac{217.336 + 31.200}{1.238.968} \times 100 = 20\,\%$$

$$2007: \frac{\text{Gewinn + Fremdkapitalzinsen}}{\text{Gesamtkapital}} \times 100 = \frac{156.800 + 27.300}{993.433} \times 100 = 19\,\%$$

$$2006: \frac{\text{Gewinn + Fremdkapitalzinsen}}{\text{Gesamtkapital}} \times 100 = \frac{211.148 + 29.700}{933.249} \times 100 = 26\,\%$$

Auf der Basis des **betrieblichen Gewinns** ergeben sich an Gesamtkapitalrendite:
2008: 10 %
2007: 8 %
2006: 15 %

> Bezieht man den Gewinn auf die Umsatzerlöse, so ergibt sich daraus die Umsatzrentabilität. Sie gibt an, wie viel Prozent Gewinn der Umsatz in einer Rechnungsperiode abwirft.

Umsatzrentabilität

Im Beispiel ergibt sich auf der Basis des **steuerlichen Gewinns**:

$$2008: \frac{\text{Gewinn}}{\text{Umsatzerlöse}} \times 100 = \frac{217.336}{1.850.800} \times 100 = 12\,\%$$

$$2007: \frac{\text{Gewinn}}{\text{Umsatzerlöse}} \times 100 = \frac{156.800}{1.427.400} \times 100 = 11\,\%$$

$$2006: \frac{\text{Gewinn}}{\text{Umsatzerlöse}} \times 100 = \frac{211.148}{1.601.300} \times 100 = 13\,\%$$

1.2 Jahresabschluss und Grundzüge der Auswertung

Für den **betrieblichen Gewinn** ergibt sich folgende Umsatzrentabilität:
2008: 5 %
2007: 3 %
2006: 7 %

> Die aussagefähigeren Kennzahlen der Rentabilität sind für den Betriebsinhaber die auf der Basis des betrieblichen Gewinns errechneten, weil hier die außerordentlichen und betriebsfremden Aufwendungen und Erträge sowie die kalkulatorischen Kosten berücksichtigt sind.

Cashflow

Cashflow

Die Kennzahl Cashflow, die ebenfalls aus dem Jahresabschluss abgeleitet wird, informiert über den Kassenzufluss (Liquiditätszufluss) während eines Geschäftsjahres. Sie zeigt auf, welche finanziellen Mittel für Investitionen, Tilgung von Verbindlichkeiten und Entnahmen bzw. Gewinnausschüttung (bei Kapitalgesellschaften) zur Verfügung stehen.

Definition

> Der Cashflow ergibt sich aus dem Jahresüberschuss/Jahresfehlbetrag, vermehrt um die Aufwendungen, denen keine Auszahlungen gegenüberstehen, und vermindert um Erträge, denen keine Einzahlungen gegenüberstehen.

Handwerksbetrieb

In der Praxis wird der Cashflow für Handwerksbetriebe aus dem Jahresüberschuss/Jahresfehlbetrag und den Abschreibungen ermittelt.

Berechnung:

```
Jahresüberschuss/Jahresfehlbetrag
+ Abschreibungen
= Cashflow
```

Bei der Berechnung des Cashflows muss man sich bewusst sein, dass diese Kennzahl nur Informationen über eine abgelaufene Periode vermittelt und deshalb ohne entsprechende Vorausberechnungen nicht dazu geeignet ist, zuverlässig auf den zukünftigen Kassenzufluss zu schließen.

Für das Bilanzbeispiel ergeben sich folgende Cashflow-Werte:

2008: Jahresüberschuss + Abschreibungen = 217.336 + 158.850 = 376.186
2007: Jahresüberschuss + Abschreibungen = 156.800 + 82.050 = 238.850
2006: Jahresüberschuss + Abschreibungen = 211.148 + 98.900 = 310.048

1.2.3.4 Auswertung von Zwischenabschlüssen

Zwischenabschlüsse

Die Auswertung von Zwischenabschlüssen erfolgt prinzipiell nach den gleichen Grundsätzen wie die Auswertung des Jahresabschlusses, wobei je nach Anlass für den Zwischenabschluss besondere Schwerpunkte gesetzt werden können.

Übungs- und Prüfungsfragen

1. Eine Bilanz ist

   - [ ] a die Gegenüberstellung des betrieblichen Vermögens auf der Aktivseite und des Kapitals auf der Passivseite.
   - [ ] b die Zusammenstellung des gesamten Vermögens und aller Verbindlichkeiten (Schulden) eines Unternehmers.
   - [ ] c der Ausweis aller betrieblichen Vermögensgegenstände ohne Verbindlichkeiten (Schulden).
   - [ ] d nur der Ausweis aller betrieblichen Verbindlichkeiten (Schulden).
   - [ ] e die Gegenüberstellung von Eigenkapital und Fremdkapital.

     >> Seite 90 |

2. Auf der Aktivseite der Bilanz teilt man ein in

   - [ ] a Anlagevermögen und Umlaufvermögen.
   - [ ] b Betriebsvermögen und Privatvermögen.
   - [ ] c Vermögen und Eigenkapital.
   - [ ] d Eigenkapital und Verbindlichkeiten (Schulden).
   - [ ] e Eigenkapital und Fremdkapital.

     >> Seite 91 |

3. Aufwendungen im Sinne der Gewinn- und Verlustrechnung sind

   - [ ] a alle Ausgaben für den privaten Bereich des Betriebsinhabers.
   - [ ] b die Summen aller effektiven betrieblichen Aufwendungen.
   - [ ] c nur die Ausgaben für bezogene Vorleistungen.
   - [ ] d nur die Ausgaben für Einkommensteuer, Kirchensteuer und Vermögensteuer.
   - [ ] e alle privaten und betrieblichen Ausgaben.

     >> Seite 95 |

4. Unter Erträgen im Sinne der Gewinn- und Verlustrechnung versteht man

   - [ ] a alle Einnahmen aus privatem Wertbesitz.
   - [ ] b alle Einnahmen aus privater Geldanlage.
   - [ ] c die Privateinlagen.
   - [ ] d nur die Summe der Umsatzerlöse.
   - [ ] e die Summe aller Umsatzerlöse und sonstigen betrieblichen Erträge.

     >> Seite 95 |

5. Die Gewinnermittlung ist für den Betriebsinhaber im gesamten betrieblichen Rechnungswesen eine wichtige Aufgabe.

   Aufgabe:
   a) Beschreiben Sie die Gewinnermittlung nach Handelsrecht!
   b) Beschreiben Sie die Gewinnermittlung nach Steuerrecht!

   >> Seiten 95 bis 96 |

6. Der erzielte Jahresüberschuss oder Jahresfehlbetrag bzw. Gewinn oder Verlust ergibt sich

   - [ ] a   aus der Differenz zwischen Aufwendungen und Erträgen.
   - [ ] b   nur aus der Differenz zwischen Vermögen und Verbindlichkeiten (Schulden).
   - [ ] c   aus der Differenz zwischen Eigenkapital und Fremdkapital.
   - [ ] d   aus der Differenz zwischen Umsatzerlösen und Privatentnahmen.
   - [ ] e   aus der Differenz zwischen betrieblichen Erträgen und Eigenkapital.

   >> Seite 95 |

7. Welche Grundsätze sind bei der Bilanzierung zu beachten?

   >> Seite 101 |

8. Die Bewertung der Aktiva und Passiva spielt für die Ermittlung Ihres Gewinns letztendlich eine wichtige Rolle.

   Aufgabe:
   a) Beschreiben Sie kurz die allgemeinen Bewertungsgrundsätze!
   b) Welche Wertansätze der Vermögensgegenstände und Schulden gelten für die Handelsbilanz?
   c) Welche Wertansätze der Vermögensgegenstände und Schulden gelten für die Steuerbilanz?

   >> Seiten 103 bis 106 |

9. Was versteht man unter Bilanzkritik?

   - [ ] a   Die regelmäßige Kritik des Steuerberaters an der Betriebsführung seines Mandanten.
   - [ ] b   Die Kritik des Betriebsberaters der Handwerkskammer an den Bilanzen der Handwerker.
   - [ ] c   Die kritische Auswertung und Beurteilung der Zahlen der Bilanz für innerbetriebliche Zwecke.
   - [ ] d   Nur die kritische Kommentierung von Bilanzen in Wirtschaftsteilen der Tageszeitungen.
   - [ ] e   Die kritische Auseinandersetzung mit verschiedenen Wertansätzen vor Erstellung einer Bilanz.

   >> Seite 111 |

1.2 Jahresabschluss und Grundzüge der Auswertung

10. Schildern Sie Zweck und Inhalt der Bilanzanalyse!
   >> Seite 111 |

11. Um wichtige Informationen für Ihre betrieblichen Entscheidungen zu erhalten, wollen Sie Bilanz sowie Gewinn- und Verlustrechnung entsprechend auswerten.

   Aufgabe: Erläutern Sie ein Schema für die Aufbereitung einer Gewinn- und Verlustrechnung für die betriebswirtschaftliche Auswertung!

   >> Seite 115 |

12. Unter Vermögensstruktur versteht man insbesondere
   - [ ] a das Verhältnis von Privatvermögen zu Betriebsvermögen.
   - [ ] b das Verhältnis der Zahlungsmittel zu den Forderungen aus Lieferungen und Leistungen.
   - [ ] c das Verhältnis von Forderungen aus Lieferungen und Leistungen zu Verbindlichkeiten aus Lieferungen und Leistungen.
   - [ ] d das Verhältnis von Gesamtvermögen zu Gesamtschulden.
   - [ ] e das Verhältnis von Anlagevermögen zu Umlaufvermögen.

   >> Seite 118 |

13. Man spricht von Kapitalstruktur, wenn man insbesondere
   - [ ] a das Verhältnis von Privatkapital und Betriebskapital im Auge hat.
   - [ ] b die Forderungen aus Lieferungen und Leistungen und die Verbindlichkeiten aus Lieferungen und Leistungen einander gegenüberstellt.
   - [ ] c das Eigenkapital zum Fremdkapital ins Verhältnis setzt.
   - [ ] d die Zusammensetzung des Fremdkapitals beurteilt.
   - [ ] e die verschiedenen Anlageformen für Kapital gegenüberstellt.

   >> Seite 119 |

14. Liquidität beinhaltet
   - [ ] a das Verhältnis von Betriebsvermögen zu Kapitalvermögen.
   - [ ] b das Verhältnis des Gesamtvermögens zu den Gesamtverbindlichkeiten.
   - [ ] c die Auflösung eines Unternehmens.
   - [ ] d den Grad der Zahlungsfähigkeit eines Unternehmens.
   - [ ] e das Verhältnis von liquiden Mitteln 1. Ordnung zu liquiden Mitteln 2. Ordnung.

   >> Seite 122 |

15. Was sagt die Kennzahl „Cashflow" aus, und wie wird sie ermittelt?
   >> Seite 128 |

1.3 Kosten- und Leistungsrechnung

Vorbemerkung

Um sich auf dem Markt und gegenüber seinen Mitwettbewerbern behaupten zu können, muss jeder Betriebsinhaber in der Lage sein, die Preise für seine Produkte und Dienstleistungen kalkulieren zu können.

Kostenvoranschlag Komplettpreis

Vor allem bei größeren Aufträgen erwartet heute auch jeder private Auftraggeber eine solide und exakte Kalkulation (Kostenvoranschlag). Dies gilt auch für die immer häufiger üblichen „Komplettpreis-Angebote".

Besonders wichtig sind verlässliche Kalkulationen auch dann, wenn sich ein Betrieb an öffentlichen Ausschreibungen beteiligt. Der Unternehmer muss dabei bedenken, dass er an sein Angebot gebunden ist und die Arbeiten ordnungsgemäß auszuführen hat.

Es gibt für die Kostenrechnung und Kalkulation des einzelnen Betriebes kein Einheitsschema, jedoch müssen generell die allgemeinen Grundlagen einer einwandfreien Kalkulation und Kostenrechnung beachtet werden. Eine sachgerechte Kostenrechnung und Kalkulation entscheiden, wie erfolgreich ein Betrieb sich auf dem Markt behaupten kann.

Kostenrechnung und Kalkulationen weisen aber vielfach in der betrieblichen Praxis erhebliche Fehler und Mängel auf.

Dazu zählen insbesondere:

> Kalkulation durch Schätzung

Preisschätzungen

Von Preisschätzungen muss dringend abgeraten werden, weil es dabei nicht möglich ist, alle wichtigen und für die Preisbildung ausschlaggebenden Faktoren zu berücksichtigen.

> Übernahme von Konkurrenzpreisen

Konkurrenzpreise

Wer starr und unüberlegt die Preise für seine eigenen Produkte und Dienstleistungen am Angebot seiner Konkurrenten ausrichtet, läuft Gefahr, besondere Bedingungen des Betriebes und des Standortes völlig außer Acht zu lassen. Die Gefahr von Fehlkalkulationen ist dabei besonders hoch.

> Übernahme von Kalkulationshilfen

Kalkulationshilfen

Für die Kalkulation entwickelte Hilfen oder Schemen können vom Handwerker nur angewandt werden, wenn er sie für die eigenen betrieblichen Verhältnisse nachgeprüft und ggf. entsprechend angepasst hat.

1.3.1 Aufgaben und Gliederung der fachübergreifenden Kostenrechnung

1.3.1.1 Grundsätzliches zum Preisbegriff

In der Alltagssprache versteht man unter dem Preis die Geldsumme, die ein Käufer für eine Ware oder für eine Leistung im wirtschaftlichen Leben bezahlen muss. Für den Betriebsinhaber spielen zwei Preise eine besondere Rolle:

> der Marktpreis
> und
> der kalkulierte betriebliche Preis.

1.3.1 Aufgaben und Gliederung der fachübergreifenden Kostenrechnung

Marktpreis

> Nach allgemeinen volkswirtschaftlichen Grundsätzen bestimmen Angebot und Nachfrage den Preis. Voraussetzung dafür sind ein funktionierender Wettbewerb und die umfassende Information der Anbieter und Nachfrager über die Marktgegebenheiten.

Dann gibt es nur einen Preis für ein Gut, und es gilt:

> Wenn das Angebot größer ist als die Nachfrage, dann sinkt der Preis.
> Wenn die Nachfrage größer ist als das Angebot, dann steigt der Preis.

Der Preis pendelt sich also nach dem wechselseitigen Spiel von Mengen- und Preisvorstellungen der Anbieter und der Nachfrager ein. Wo beide Gruppen sich treffen, bildet sich der Marktpreis (auch Gleichgewichtspreis genannt).
Dieser Marktpreis ist für jeden Unternehmer eine Tatsache, die Auswirkungen auf seinen Betrieb und seine betriebliche Preispolitik haben muss. — Betriebliche Preispolitik

Kalkulierter betrieblicher Preis

> Ehe sich der einzelne Unternehmer dem Markt und seiner Preisbildung stellt, muss er zunächst unter Berücksichtigung der besonderen einzelbetrieblichen Gegebenheiten seinen betrieblichen Preis kalkulieren.

Dabei sollte sich jeder Betriebsinhaber bewusst sein, dass der am Markt für die Lieferungen und Leistungen erzielte Preis nicht nur die Kosten decken soll. Er sollte auch für einen angemessenen Gewinn und ein angemessenes Einkommen ausreichen. Um diesen betrieblichen Preis zu ermitteln, sind eine genaue Kalkulation und Kostenrechnung erforderlich.

1.3.1.2 Aufgaben der Kostenrechnung

Zentrale Aufgabe der Kostenrechnung ist die

> Erfassung,
> Verteilung und
> Zurechnung

Aufgaben

der Kosten, die bei der Produktion und der Erbringung einer Dienstleistung entstehen.
Darüber hinaus hat die Kostenrechnung noch folgende Funktionen: — Aufgaben

> Information
> Lieferung von Daten für die Unternehmensführung
> Prognose
> Kontrolle

1.3.1.3 Gliederung und Begriffe der Kostenrechnung

Kostenbegriff

> Kosten sind der bewertete Verbrauch von Produktionsfaktoren (Rohstoffe, Arbeit und Kapital) und Dienstleistungen für die Erstellung und zum Absatz betrieblicher Leistungen und zur Aufrechterhaltung der betrieblichen Leistungsbereitschaft.

Gliederung der Kostenrechnung

Bereiche

Die Kostenrechnung gliedert sich grundsätzlich in drei Bereiche:

> Kostenartenrechnung
> Kostenstellenrechnung
> Kostenträgerrechnung

> Kostenartenrechnung

Kostenarten

> Die Kostenartenrechnung gibt eine Antwort auf die Frage:
> **Welche Kosten sind in welcher Höhe angefallen?**
> Als wichtigste Kostenarten sind dabei im Handwerk im Allgemeinen zu unterscheiden:
>
> > Materialkosten
> > Personalkosten
> > kalkulatorische Kosten

Effektive Kosten

Materialkosten und Personalkosten sind effektive Kosten, denen tatsächliche Aufwendungen gegenüberstehen und die ihren Niederschlag in der Buchführung finden.

Kalkulatorische Kosten

Kalkulatorische Kosten werden in der Buchführung nicht erfasst, sie müssen auf andere Weise, meist statistisch, ermittelt werden.

Darüber hinaus unterscheidet man zwischen

> Einzelkosten
> Darunter versteht man alle Kosten, die pro Einzelauftrag direkt ermittelt und zugerechnet werden können. Im Handwerksbetrieb sind dies vor allem die Material- und die Lohnkosten.
> Gemeinkosten
> Dies sind alle Kosten, die nicht direkt auf eine Leistung verrechnet werden können, aber zur Aufrechterhaltung des Betriebes insgesamt anfallen.
> Sonder(einzel)kosten
> Diese Kosten können direkt zugerechnet werden, sind jedoch keine Material- und Lohneinzelkosten.

Die Kosten lassen sich ferner trennen nach:

> fixen Kosten
> Dies sind Kosten, die von der Beschäftigungslage bzw. der Leistung des Betriebes unabhängig sind.

1.3.1 Aufgaben und Gliederung der fachübergreifenden Kostenrechnung

> variablen Kosten
Variable Kosten verändern sich mit zunehmender und abnehmender Beschäftigung, Leistung oder Ausbringung.

Die einzelnen Kostenarten

```
        Materialkosten                    Einzelkosten

Personalkosten                                      Gemeinkosten
                            Kosten
kalkulatorische                                     Sonderkosten
    Kosten

         fixe Kosten                     variable Kosten
```

> **Kostenstellenrechnung**

| Nach der Erfassung der Kostenarten müssen diese auf die Betriebsbereiche verteilt werden, in denen sie entstanden bzw. angefallen sind. Die Kostenstellenrechnung beantwortet also die Frage: **Wo sind die Kosten entstanden?** | Verteilung der Kosten |

Dazu werden Kostenstellen gebildet. Sie stehen für die Orte im Betrieb, an denen Kosten beim betrieblichen Leistungsprozess entstehen. Die einzelnen Kostenstellen lassen sich nach funktionellen, räumlichen oder institutionellen Gesichtspunkten abgrenzen. Wie weit die Bildung von Kostenstellen dabei geht oder gehen soll, hängt vor allem von der jeweiligen Branche und den betrieblichen Gegebenheiten ab. — Kostenstellen

> **Kostenträgerrechnung**

| Die Kostenträgerrechnung schließlich gibt die Antwort auf die Frage: **Wofür sind die Kosten entstanden?** Die einzelnen Kostenträger sind dabei die jeweiligen betrieblichen Leistungen (Güter oder Dienstleistungen), auf die die verursachten Kosten entfallen. | Kostenträger |

1.3.2 Kostenartenrechnung

1.3.2.1 Erfassungsmöglichkeiten der Kosten

Daten aus Buchführung und Jahresabschluss (effektive Kosten)

Eine ordnungsmäßige und sorgfältige Buchführung ist nicht nur aus steuerrechtlichen und gegebenenfalls aus handelsrechtlichen Gründen erforderlich. Sie ist auch die wichtigste und darum unentbehrlichste Grundlage für die Kostenrechnung und Kalkulation.

> Ohne genaue Buchführung gibt es keine genaue Kalkulation!

Gliederung

Deshalb ist es auch wichtig, bereits durch eine sinnvolle und möglichst weitgehende Gliederung der Kostenartenkonten bestmögliche Voraussetzungen für die kalkulatorische Auswertung zu schaffen.

Meistens können die entsprechenden Werte dann direkt aus der Buchführung in die Kostenrechnung und Kalkulation übernommen werden. Aufwendungen, die im Geschäftszeitraum in gleicher Höhe in die Kostenrechnung eingehen, werden

Grundkosten

auch Grundkosten oder effektive Kosten genannt. Darunter fallen in der Regel die Materialkosten, die Personalkosten und die Gemeinkosten.

In einigen Fällen werden nicht die Werte der Buchführung übernommen, sondern

Umbewertung

es findet vorher eine Umbewertung statt. So gehen in die Kostenrechnung nicht die bilanziellen, sondern die kalkulatorischen Abschreibungen ein. Ferner müssen sachfremde und periodenfremde Kosten abgegrenzt werden.

Zusatzkosten

Ein weiterer Sonderfall sind Zusatzkosten. Auch sie können nicht direkt der Buchführung entnommen werden, sondern es findet vorher eine Neubewertung statt. Aufwendungen der Buchführung (>> zur Definition die Ausführungen in Abschnitt 1.2.1.3 „Gewinn- und Verlustrechnung") und Kosten der Kostenrechnung und Kalkulation (>> zur Definition die Ausführungen in Abschnitt 1.3.1.3 „Gliederung und Begriffe der Kostenrechnung") sind also nicht immer deckungsgleich. Ihre Beziehung lässt sich folgendermaßen darstellen:

Aufwand			
neutraler Aufwand	Zweckaufwand		
	Grundkosten	Zusatzkosten	
	Kosten		

Neutraler Aufwand

Neutraler Aufwand, das heißt Aufwand, dem keine Kosten gegenüberstehen, lässt sich in folgende Gruppen einteilen:

> betriebsfremder Aufwand wie Spenden
> außerordentlicher Aufwand wie Feuer- oder Sturmschäden
> periodenfremder Aufwand wie Steuernachzahlungen für frühere Jahre
> bewertungsbedingter Aufwand wie die Differenz zwischen bilanzieller und kostenrechnungsmäßiger (kalkulatorischer) Abschreibung

1.3.2 Kostenartenrechnung

Wichtige Zusatzkosten, die auch im Handwerksbetrieb vorkommen, sind:

> die kalkulatorischen Kosten, insbesondere Unternehmerlohn und Wagniszuschläge
> bewertungsbedingte Zusatzkosten als Differenz zwischen kostenrechnungsmäßiger (kalkulatorischer) und bilanzieller Abschreibung.

Verwertung sonstiger Unterlagen

Für Kostenrechnung und Kalkulation sind neben Buchführung und Jahresabschluss weitere wichtige Unterlagen:

> Daten aus der direkten Erfassung, zum Beispiel über Materialentnahmescheine, Lohnzettel, Arbeitszeiterfassungsbelege, Arbeits- und Auftragszettel, Inventurlisten und anderes

Weitere Unterlagen

> Daten aus der indirekten Erfassung, zum Beispiel Berechnung des Materialverbrauchs auf der Basis von Stücklisten oder von Erfahrungswerten, Kapazitätsberechnungen, Planungsberechnungen und anderes

Auch für die Kostenrechnung spielt die EDV eine wichtige Rolle. Für Klein- und Mittelbetriebe liegen zahlreiche geeignete und leicht bedienbare Standardsoftware-Programme vor. Vor allem wenn Schnittstellen zu anderen Programmen wie der Buchführung vorliegen, lassen sich die Basisdaten relativ einfach übertragen. Kostenrechnung mit Hilfe der EDV fördert die Aktualität, Flexibilität, Auswertbarkeit und Wirtschaftlichkeit.

EDV

Ansatz kalkulatorischer Kosten

> Die kalkulatorischen Kosten, denen überhaupt kein oder kein entsprechender Aufwand gegenübersteht und die deshalb nicht oder nicht in der zu berechnenden Höhe in der Buchführung zu Buche schlagen, müssen in jeder Kostenrechnung und Kalkulation berücksichtigt werden.

Ein Verzicht würde gleichzeitig den Verzicht auf einen Teil des Gegenwertes der Betriebsleistung bedeuten.
Zweck der kalkulatorischen Kosten ist somit, die Genauigkeit der Kostenrechnung und Kalkulation zu steigern.

Die wichtigsten kalkulatorischen Kostenarten

Kalkulatorische Kosten
- kalkulatorischer Unternehmerlohn
- kalkulatorische Zinsen
- kalkulatorische Miete
- kalkulatorische Abschreibung
- kalkulatorische Wagnisse

› Der kalkulatorische Unternehmer- oder Meisterlohn

Geschäftsführergehalt

Bei Einzelfirmen und Personengesellschaften erhält der Betriebsinhaber bzw. Gesellschafter kein als Aufwand abzugfähiges Gehalt. Um die echten Kosten eines Produktes oder einer Leistung ermitteln zu können, darf aber die Arbeitsleistung des Unternehmers nicht unberücksichtigt bleiben. Bei Kapitalgesellschaften stellt sich dieses Problem nicht, weil hier die mit der Geschäftsführung betrauten Personen sogenannte Geschäftsführergehälter erhalten.

> Deshalb wird bei Einzelfirmen und Personengesellschaften ein kalkulatorischer Unternehmerlohn angesetzt, der in der Regel im Handwerksbetrieb dem Gehalt entspricht, das für einen Betriebsleiter oder Geschäftsführer mit den gleichen Aufgaben bezahlt werden müsste.

Bezüglich der Zurechenbarkeit des kalkulatorischen Unternehmerlohns sind zu unterscheiden:

Verrechenbarkeit

› der direkt verrechenbare Anteil für die unmittelbare Arbeit am Produkt bzw. für die Leistung in Form von Lohn- und Gehaltseinzelkosten
› der indirekt verrechenbare Anteil für überwachende, disponierende und verwaltende Tätigkeit als Gemeinkostenlohn

Familienangehörige

In gleicher Form ist für mithelfende Familienangehörige, die nicht als Lohn- oder Gehaltsempfänger geführt werden, ein kalkulatorisches Entgelt in Ansatz zu bringen.

› Die kalkulatorischen Zinsen

Das im Betrieb investierte Fremdkapital muss zwangsläufig marktgerecht verzinst werden. Diese Zinsen schlagen als Aufwand zu Buche.

Verzinsung des Eigenkapitals

Bei dem im Betrieb investierten Eigenkapital ist zu bedenken, dass dies auch anderweitig angelegt werden könnte und damit eine entsprechende Verzinsung bringen würde.

> Deshalb wird für dieses Kapital im Rahmen der Kostenrechnung eine kalkulatorische Verzinsung in Ansatz gebracht.

Für die kalkulatorische Berücksichtigung des Eigenkapitals gibt es in der Praxis zwei Verfahren:

› Für das investierte Eigenkapital wird entsprechend der marktüblichen Zinsen ein kalkulatorischer Zinsaufwand berechnet, der zusätzlich zum Zinsaufwand für Fremdkapital in die Kostenrechnung eingesetzt wird.
› Die Zinsen für Fremdkapital und Eigenkapital werden gemeinsam auf der Basis des betriebsnotwendigen Vermögens ermittelt. Das betriebsnotwendige Vermögen errechnet sich aus dem betriebsnotwendigen Anlage- und Umlaufvermögen abzüglich des zinslosen Fremdkapitals.

1.3.2 Kostenartenrechnung

> Die kalkulatorische Miete

Wenn ein Einzelunternehmer oder Personengesellschafter private Räume für betriebliche Zwecke einsetzt, so entgehen ihm damit Mieterträge, die bei anderweitiger Verwendung der Räume zu erzielen wären. Bei Betrieben in fremden Räumen sind die Mietaufwendungen Grundkosten, die effektiv in die Kostenrechnung eingehen.

> Bei Betrieben in eigenen Räumen ist es deshalb erforderlich, eine kalkulatorische Miete in Ansatz zu bringen. Berechnungsgrundlage ist im Allgemeinen die ortsübliche Miete für vergleichbare Räumlichkeiten.

Ortsübliche Miete

> Die kalkulatorische Abschreibung

Für die Abschreibungen im Rahmen der Bilanz sind die Bestimmungen des Steuerrechts maßgebend. Sie entsprechen aber nicht immer dem tatsächlichen Werteverzehr. Unterschiede zwischen bilanziellen und kalkulatorischen Abschreibungen können vor allem entstehen, weil

Werteverzehr

> nach dem Steuerrecht die Anschaffungskosten maßgeblich sind, während im Rahmen der Kalkulation die Substanzerhaltung angestrebt wird,
> unterschiedliche Zeiträume für die Nutzungsdauer zugrunde gelegt werden,
> verschiedene Abschreibungsmethoden angewandt werden (zum Beispiel linear in der Bilanz und degressiv in der Kalkulation).

> Für kalkulatorische Zwecke muss die Abschreibung in Ansatz gebracht und gesondert berechnet werden, die der effektiven Abnutzung des entsprechenden Wirtschaftsgutes entspricht.

Die Ermittlung des richtigen Betrages ist allerdings nicht immer einfach, weil beispielsweise außergewöhnliche Preissteigerungen oder plötzlicher Totalverschleiß auftreten können.

Totalverschleiß

> Kalkulatorische Wagnisse

> Im Rahmen jeder betrieblichen Tätigkeit können Wagnisse auftreten, die zu Schäden und Verlusten führen. Das allgemeine Unternehmerwagnis (auch Unternehmerrisiko) wird über den Gewinn abgegolten. Die speziellen Wagnisse, zum Beispiel infolge von Fehlarbeiten, Beständeschwund, Forderungsverlusten, Entwicklungsfehlschlägen und Gewährleistungen, sollten jedoch in jeder Kalkulation berücksichtigt werden.

Unternehmerrisiko

Spezielle Wagnisse

In welcher Höhe entsprechende kalkulatorische Kosten angesetzt werden, hängt jeweils vom Produkt, der Leistung und den besonderen örtlichen Gegebenheiten ab. In der Praxis werden dann bestimmte v.H.-Sätze der entsprechenden Bezugsgrößen eingesetzt, zum Beispiel vom mittleren Forderungsbestand für die Forderungsverluste oder vom Warenumschlag für den Beständeschwund.

1.3.2.2 Trennung von Einzelkosten – Gemeinkosten – Sonderkosten

Es wurde bereits darauf hingewiesen, dass die Kosten nach

Kostenarten
> Einzelkosten
> Gemeinkosten
> Sonderkosten

unterschieden werden können.

Einzelkosten

> Wichtige Einzelkosten sind vor allem
> > Materialeinzelkosten und
> > Lohneinzelkosten.

> Materialeinzelkosten

Die Materialeinzelkosten lassen sich direkt dem einzelnen Produkt bzw. der einzelnen Leistungseinheit zurechnen.

> Grundsätzlich ergeben sich die Materialeinzelkosten dadurch, dass der mengenmäßige Verbrauch an Material mit den entsprechenden Preisen multipliziert wird.

Materialien sind vor allem

Materialien
> Rohstoffe, die als wesentliche Grundstoffe in ein Fertigprodukt eingehen,
> Hilfsstoffe, die zwar in das Fertigprodukt eingehen, dort aber keine wesentlichen Bestandteile sind (Klebstoffe, Farben u. Ä.),
> Betriebsstoffe, die nicht in das Produkt eingehen, sondern bei dessen Herstellung verbraucht werden (Treibstoffe, Schmierstoffe u. Ä.).

Erfassung
Für die exakte Erfassung der verbrauchten Mengen liefern die Lagerbuchführung und das innerbetriebliche Belegwesen die entsprechenden Unterlagen. Solche Unterlagen sind beispielsweise Arbeits- und Auftragszettel, Auftragsbeschreibungen, Materialentnahmescheine und Stücklisten (häufig auch per EDV geführt).
Grundsätzlich gibt es je nach der Genauigkeit der zur Verfügung stehenden Unterlagen drei Verfahren zur Erfassung der Verbrauchsmengen:

Verfahren

> Die unmittelbare Feststellung durch laufende Fortschreibung des Materialverbrauchs; diese Methode ist zwar die arbeitsaufwendigste, jedoch auch die genaueste.
> Die mittelbare Erfassung durch Vergleich von Anfangs- und Endbestand, die sich jeweils aus der Inventur ergeben.
> Die Zugrundelegung eines einmal ermittelten Verbrauchs (Standardverbrauchs) für alle weiteren gleichartigen Produkte und Leistungen; verständlicherweise ist dabei die Gefahr von Ungenauigkeiten besonders groß.

1.3.2 Kostenartenrechnung

Gerade im Handwerk sind darüber hinaus bei der Verbrauchsermittlung folgende Besonderheiten zu beachten:

> Zutaten, „Neben"-Materialien und direkt verrechenbare Hilfsstoffe, die oft erhebliche Beträge ausmachen, müssen ebenfalls berücksichtigt werden. Hilfsstoffe sind direkt verrechenbar, wenn die verbrauchten Mengen beispielsweise anhand ganzer Originalpackungen festgestellt werden können.
Allerdings ist darauf zu achten, dass der Erfassungsaufwand nicht den Wert einzelner Stoffe übersteigt. Dies kann bei Kleinmaterialien wie Nägeln, Schrauben, Dichtungen der Fall sein. Dann empfiehlt es sich, sie als Gemeinkosten zu behandeln (man spricht in diesem Zusammenhang von unechten Gemeinkosten) oder mittels Zuschlagssatz zu den Materialkosten zu verrechnen.

Zutaten

> Auch der Verschnitt, der bei einer Arbeit anfallende Materialabfall und andere Bearbeitungsverluste, müssen in die Berechnung des Materialverbrauchs einbezogen werden.
Solche Verluste sind abhängig von der Qualität der Werkstoffe, der Fertigungsmethode und der Qualifikation der Arbeitskräfte.
Der Anteil der Bearbeitungsverluste am Materialverbrauch kann einmal nach Erfahrungssätzen in Prozent geschätzt und dann den Materialmengen zugeschlagen werden.

Verschnitt

Beispiel:

Materialverbrauch nach Belegen	500 kg
erfahrungsmäßiger Verlust 15 %	75 kg
Materialverbrauch für die Kalkulation	575 kg

Aussagefähigere Ergebnisse erhält man, wenn die Bearbeitungsverluste für das einzelne Produkt genau ermittelt werden können, etwa durch Vergleich von tatsächlichem Verbrauch und Soll-Verbrauch laut Materialliste und Konstruktionszeichnung:

Bearbeitungsverluste

Beispiel:

Materialbedarf laut Materialliste	$5{,}2\,m^3$
tatsächlich verbrauchtes Material	$5{,}6\,m^3$

Materialmehrverbrauch gegenüber der Soll-Berechnung:
$(5{,}6\,m^3 - 5{,}2\,m^3)/5{,}2\,m^3 \times 100 = 7{,}7\,\%$

Dieser Prozentsatz wird dann wiederum den Soll-Verbrauchsmengen zugeschlagen, um den tatsächlichen Materialverbrauch für die Kalkulation zu erhalten.

Als Materialpreis können verschiedene Größen zum Ansatz kommen:

> Die Anschaffungskosten (zur Definition >> Abschnitt 1.2.2.4 „Bestandsbewertung"), wenn die Materialien für einen konkreten Auftrag gekauft werden; die entsprechenden Angaben kann der Betriebsinhaber in der Regel den Rechnungen seiner Lieferanten entnehmen.

Anschaffungskosten

> Der jeweils geltende Tagespreis, wenn sich die Materialien bereits auf Lager befinden.

Tagespreis

1.3 Kosten- und Leistungsrechnung

Verrechnungspreise

> Betriebliche Einheitspreise bzw. Verrechnungspreise, wenn man unterstellen kann, dass alle Materialien vom Lager weg verarbeitet werden und Preisänderungen sich nach oben und nach unten immer wieder ausgleichen.

Grundsätzlich ist bei Materialpreisen von Preisen ohne Umsatzsteuer auszugehen.

Die Kostenrechnung und Kalkulation wird selbstverständlich auch dadurch beeinflusst, inwiefern der Betriebsinhaber die günstigsten Einkaufs- und Zahlungsmöglichkeiten optimal ausnutzt. Deshalb sind auch Lagerhaltung, Transport sowie die Ausnutzung von Skonti und Rabatten mit zu berücksichtigen.

Die Ermittlung der Materialeinzelkosten

Einzelmaterialmengen		Materialpreise		
➤ unmittelbare Erfassung		➤ Anschaffungskosten		Materialeinzelkosten
➤ mittelbare Erfassung	x	➤ Tagespreise	=	
➤ Standardwerte		➤ Einheits- bzw. Verrechnungspreise		

> **Lohneinzelkosten**

Personalkosten

Die Lohnkosten sind grundsätzlich ein Teil der gesamten Personalkosten. Diese umfassen insgesamt:

> die Löhne
 - Fertigungslöhne
 - Hilfslöhne, auch Gemeinkostenlöhne genannt
> die Gehälter
> die Lohnzusatzkosten (auch Personalzusatzkosten genannt)

Personalkosten sind Einzelkosten, soweit sie unmittelbar für produkt- und leistungsbezogene Arbeit anfallen (auch produktive Personalkosten oder produktive Löhne genannt). Dies ist in der Regel nur bei den Löhnen der Fall; deshalb spricht man im Allgemeinen von den Lohneinzelkosten oder von Fertigungslöhnen und Herstellungslöhnen.

Fertigungslöhne

Die Lohneinzelkosten erhält man durch Multiplikation der geleisteten Arbeitsmenge mit dem Arbeitslohn (Arbeitspreis).

Arbeitsmenge

Die geleistete Arbeitsmenge wird anhand der Lohn- und Gehaltsbuchführung sowie weiterer Unterlagen wie Gehaltslisten, Zeiterfassungsbelege, Lohnscheine erfasst und berechnet. Für die Abschätzung der für die einzelnen Arbeiten erforderlichen Arbeitszeiten werden ferner Erfahrungswerte aus der Vergangenheit mit einbezogen.

Arbeitszeit

Die notwendige Arbeitszeit wird maßgeblich durch die gesamte Betriebsorganisation beeinflusst. Deshalb muss der Betriebsinhaber dabei stets auch Fragen der folgenden Art bedenken:

> Welche Arbeitsgänge – Produktion, Dienstleistung, Montage – fallen im Einzelnen an?

1.3.2 Kostenartenrechnung

> Welche Qualifikationen sind bei den Arbeitskräften vorhanden, und wie können diese beim jeweiligen Auftrag optimal eingesetzt werden?
> Wie können Arbeitskräfte und vorhandene Maschinen bei dem jeweiligen Auftrag optimal kombiniert werden?
> Welche Arbeiten müssen nach Zeitlohn und welche können nach Akkordlohn ausgeführt werden?
> Wie können Zeitverluste durch Arbeitswege und besonders ungünstige Umstände möglichst gering gehalten werden?

Kostenrechnung und Kalkulation lassen sich deutlich hinsichtlich ihrer Genauigkeit verbessern, wenn es dem Betriebsinhaber möglich ist, den gesamten Auftrag in mehrere Einzelabschnitte zu zerlegen und dafür die jeweiligen Teilarbeitszeiten festzulegen.

Teilarbeitszeiten

> Für den Arbeitslohn (Stundenlohn) sind nicht die Tariflöhne, sondern die vom Betrieb tatsächlich gezahlten Stundenlöhne (der sogenannte Effektivlohn) für die einzelnen Arbeitskräfte zugrunde zu legen.

Der kalkulatorische Unternehmerlohn und das kalkulatorische Entgelt für mitarbeitende Familienangehörige gehören ebenfalls zu den Lohneinzelkosten, soweit sie sich direkt einem Produkt und einer Leistung zurechnen lassen.

Kalkulatorische Entgelte

Ermittlung der Lohneinzelkosten

Arbeitsmenge ↓ geleistete Stundenzahl	×	Arbeitspreis ↓ effektive Stundenlöhne, direkt zurechenbare Teile des kalkulatorischen Unternehmerlohns und des kalkulatorischen Entgelts für mitarbeitende Familienangehörige	=	Lohneinzelkosten

Die Lohneinzelkosten lassen sich auch dadurch ermitteln, dass von den gesamten Lohnkosten die Hilfslöhne bzw. Gemeinkostenlöhne abgezogen werden (>> dazu auch folgender Abschnitt).

In der Regel empfiehlt es sich für alle Handwerksbetriebe, die Lohneinzelkosten auf der Basis der Arbeitszeiten und der Löhne exakt zu ermitteln. Aufgrund der besonderen Produktionsbedingungen werden vereinzelt noch die Lohneinzelkosten nicht eigens ermittelt. Sie können dann allerdings auch nicht unmittelbar in das Kalkulationsschema übernommen werden, sondern sind in ihrer Gesamtheit in einem einheitlichen Zuschlagssatz zusammenzufassen.

Exakte Ermittlung

Gemeinkosten

> Die richtige Erfassung der Gemeinkosten und deren Verteilung und Verrechnung sind eine unabdingbare Voraussetzung für eine exakte Kostenrechnung und Kalkulation. Daher sollte jeder Betriebsinhaber seine Gemeinkosten stets im Einzelnen kennen.

Zu den Gemeinkosten, die zur Aufrechterhaltung des Betriebes notwendig sind, gehören die unterschiedlichsten Posten. Ihre Anzahl und Bedeutung hängt auch von der Größe eines Betriebes sowie von seiner Tätigkeit ab.

Wichtige Arten

Wichtige Gemeinkosten sind unter anderem:

> Hilfslöhne bzw. Gemeinkostenlöhne
> Arbeitgeberbeiträge zur Sozialversicherung
> Berufsgenossenschaftsbeiträge
> freiwillige soziale Leistungen
> sonstige Personalzusatzkosten
> Gemeinkostenmaterialien wie Hilfsstoffe, Verpackungsmaterial, Schmierstoffe, Öle, Fette, Treibstoffe, Heizungsmaterialien und andere
> Kosten für Strom, Gas, Wasser
> betriebliche Steuern (ohne Umsatzsteuer)
> Gebühren, Abgaben
> Beiträge, Umlagen, Versicherungen
> Miete, Pacht
> Porto, Telekommunikationsgebühren, Internet
> Büromaterial, Zeitungen, Zeitschriften
> Werbekosten, Repräsentationskosten, Reisekosten
> Kosten für Steuer- und Rechtsberatung
> Fremdreparaturen
> Fahrzeugkosten
> Zins- und Diskontaufwendungen
> kalkulatorische Kosten (beim kalkulatorischen Unternehmerlohn und beim kalkulatorischen Entgelt für mitarbeitende Familienangehörige nur der nicht direkt zurechenbare Anteil)

Gemeinkostenlöhne

> Hilfs- bzw. Gemeinkostenlöhne sind alle nicht direkt verrechenbare Löhne, die für Arbeitszeiten anfallen, in denen nicht produktiv direkt am Werkstück gearbeitet wird.

Dazu zählen nicht nur die Löhne für Fehltage (Entgeltfortzahlung im Krankheitsfall), Urlaubstage und Feiertage (bei Lehrlingen auch die Berufsschultage und Zeiten der überbetrieblichen Unterweisung), sondern auch Löhne, die bei Anwesenheit der Arbeitskräfte gezahlt werden müssen, ohne dass sie jedoch produktiv am Stück arbeiten und somit nicht im Rahmen der produktiven Löhne verrechnet werden können. Zu berücksichtigen sind dabei auch Anteile des kalkulatorischen Unternehmerlohns und des kalkulatorischen Entgelts für mithelfende Familienangehörige, soweit sie sich auf solche nicht direkt auf das Werkstück oder die Leistung

1.3.2 Kostenartenrechnung

zurechenbare Tätigkeiten beziehen. Dabei ist man allerdings oft auf Schätzungen aufgrund eigener Beobachtungen angewiesen.

Für die Berechnung dieser „unproduktiven Löhne und Gehälter" bietet sich folgendes Schema an:

Schema für die Berechnung der Gemeinkostenlöhne (unproduktiven Löhne)

	Nichtanwesenheitslöhne (Arbeitsstunden × Stundenlöhne für Feiertage, Urlaubs- und Krankheitstage, sonstige gesetzliche und tarifliche Ausfalltage, Schulbesuch usw.)
+	nicht direkt verrechenbare Anwesenheitslöhne (unproduktive Arbeitsstunden und Lohnkosten, die nicht direkt auf einzelne Kundenaufträge verrechnet werden können, wie Reinigung, Be- und Entladungsarbeiten, eigene Reparaturen oder eigene Aufträge und dergleichen)
+	Gehälter für kaufmännisches und technisches Verwaltungspersonal
+	Gehälter für Verkäufer
+	unproduktiver Anteil des Unternehmerlohns
+	unproduktiver Anteil des kalkulatorischen Entgelts für mithelfende Familienangehörige (soweit nicht in der Buchführung enthalten)
=	nicht direkt verrechenbare oder unproduktive Löhne, auch Gemeinkostenlöhne genannt

Wichtige Unterlagen für die Erfassung der Gemeinkosten sind in erster Linie: *Unterlagen*

> die Buchführung mit dem Jahresabschluss
> statistische Aufzeichnungen aller Art
> der Betriebsabrechnungsbogen

Bevor allerdings die Aufwendungen aus der Buchführung in die Gemeinkostenrechnung übernommen werden können, ist zunächst eine zeitliche und sachliche Abgrenzung und Bereinigung erforderlich. Dabei kann man nach folgendem Schema vorgehen: *Abgrenzung*

Schema zur Ermittlung der Gesamtgemeinkosten eines Betriebes

	Im jeweiligen Rechnungszeitraum tatsächlich bezahlte Gemeinkosten (ohne Gemeinkostenmaterialien und Gemeinkostenlöhne)
−	bereits in der vorangegangenen Rechnungsperiode entstandene, aber erst in dieser Rechnungsperiode bezahlte Gemeinkosten
+	noch nicht bezahlte Gemeinkosten dieser Rechnungsperiode
=	zeitlich bereinigte Gemeinkostensumme
−	betriebsfremde und außerordentliche Aufwendungen
=	sachlich bereinigte Gemeinkostensumme
+	Gemeinkostenmaterialien
+	Gemeinkostenlöhne
+	kalkulatorische Kosten
=	Gesamtgemeinkosten des Rechnungszeitraumes

1.3 Kosten- und Leistungsrechnung

> Untergliederung der Gemeinkosten nach Verrechnungsgesichtspunkten

Materialeinzel- und Lohneinzelkosten lassen sich für jedes Produkt genau ermitteln.

Selbstkosten

> Der Betrieb muss jedoch bestrebt sein, alle durch den betrieblichen Leistungsprozess entstandenen Kosten (Selbstkosten des Betriebes) zu decken. Deshalb müssen auch die Gemeinkosten, die im Rahmen des gesamten Betriebes anfallen, hinzugerechnet werden. Um dies zu erreichen, werden die Gemeinkosten nach dem Verursachungsprinzip auf einer oder mehreren Bezugsgrundlagen verrechnet (zugeschlagen).

Verursachungsprinzip

Das Verursachungsprinzip in der Kostenrechnung besagt, dass die Erfassung und Verrechnung der Kosten entsprechend der wirtschaftlichen Ursache-Wirkung-Beziehungen erfolgen soll; das heißt, die Kosten müssen den Leistungen und Bereichen zugerechnet werden, die sie verursacht haben.

Für die Gemeinkosten bedeutet das Verursachungsprinzip, dass sie so weit wie möglich den betrieblichen Funktionsbereichen und Stellen zugeordnet werden sollen, an denen sie entstanden sind; beispielsweise Materialstellen, Fertigungsstellen, Verwaltungsstellen, Vertriebsstellen.

Zurechnungsmöglichkeiten der Gemeinkosten

```
                    Gemeinkosten
        ┌──────────┬──────┴──────┬──────────┐
     Material   Fertigung    Verwaltung   Vertrieb
```

Zu den **Materialgemeinkosten** gehören alle bei der Beschaffung, Prüfung, Lagerung und Abnahme des Materials anfallenden Kosten, also zum Beispiel

> Löhne, Gehälter und Personalzusatzkosten der im Einkauf, im Lager und bei der Prüfung tätigen Personen,
> Abschreibung, Instandsetzung, Versicherungen, Heizungs- und Stromkosten im Zusammenhang mit Lagergebäuden und Einrichtungen.

Wichtige **Fertigungsgemeinkosten** sind

> Hilfslöhne,
> Hilfsmaterialien,
> Energiekosten u. Ä., die im Fertigungsbereich entstanden sind.

Zu den **Verwaltungsgemeinkosten** zählen unter anderem alle Kosten, die für

> Unternehmensleitung
> Rechnungswesen
> Registratur
> Kommunikation

anfallen.

1.3.2 Kostenartenrechnung

Vertriebsgemeinkosten schließlich sind insbesondere

> die Gehälter des Vertriebspersonals,
> Verpackungsmaterial,
> allgemeine, nicht produktbezogene Werbung.

Zu beachten ist bei der verursachungsgerechten Zuordnung der Gemeinkosten ferner die Wahl der richtigen **Verteilungsgrundlage**.
Möglich sind:

> Mengengrößen (zum Beispiel Anzahl der Beschäftigten)
> Zeitgrößen (zum Beispiel zeitliche Inanspruchnahme des Meisters für produktive und nicht direkt zurechenbare Tätigkeiten)
> physikalisch-technische Größen (zum Beispiel Raumfläche, Energieverbrauch)
> Wertgrößen (zum Beispiel Anschaffungskosten)

Verteilungsgrundlagen

Sonderkosten

> Als Sonderkosten bezeichnet man Einzelkosten, die über Material- und Lohneinzelkosten hinausgehen. (Deshalb ist auch der Begriff Sondereinzelkosten gebräuchlich.) Sie werden, sofern sie auftreten, in der Kalkulation gesondert berechnet und verrechnet.

Zu unterscheiden sind dabei:

> Sonderkosten der Fertigung
  Sie fallen beispielsweise an für Modelle, Entwürfe, Schablonen, Patente, Lizenzen und Spezialvorrichtungen.
> Sonderkosten des Vertriebs
  Darunter fallen alle pro Auftrag erfassbaren Vertriebskosten wie Provisionen, Frachten, Zölle und Transportverpackung.

Sonderkosten

1.3.2.3 Aufgliederung nach fixen und variablen Kosten

Für die Aufteilung der Kosten nach fixen und variablen Kosten ist die Abhängigkeit vom Beschäftigtenstand bzw. von Beschäftigungsschwankungen maßgeblich.

> Unter fixen Kosten versteht man allgemein die von der Beschäftigungslage des Betriebes (Auslastung) bzw. von der Leistung unabhängigen Kosten.

Fixe Kosten

Variable Kosten sind dagegen leistungsabhängig.

Variable Kosten

> Variable Kosten sind alle Einzelkosten, also
> - Materialeinzelkosten,
> - Lohneinzelkosten und
> - Sondereinzelkosten der Fertigung und des Vertriebs.
>
> Aber auch einzelne Gemeinkosten können zumindest teilweise variabel sein, zum Beispiel
> - abnutzungsbedingte Abschreibungen oder
> - Energiekosten.

Die variablen Kosten ändern sich allerdings nicht immer im gleichen Ausmaß oder Umfang wie die Beschäftigtenmenge. Sie können sich gegenüber der Beschäftigtenmenge sowohl proportional (gleiche Entwicklung) wie auch progressiv (die Kosten steigen stärker als die Beschäftigtenmenge) oder degressiv (die Kosten steigen weniger als die Beschäftigtenmenge) entwickeln.

Betriebsbereitschaft

Die meisten Gemeinkosten sind fixer Natur, das heißt, sie fallen grundsätzlich immer zur Aufrechterhaltung der Betriebsbereitschaft an, wie beispielsweise Mieten. Der Anteil der fixen Kosten am jeweils produzierten Stück nimmt bei zunehmender Ausbringung ab, und bei abnehmender Ausbringung steigt er.

1.3.3 Kostenstellenrechnung

1.3.3.1 Aufgaben der Kostenstellenrechnung und Aufbau eines einfachen Betriebsabrechnungsbogens

Auf die Aufgaben der Kostenstellenrechnung wurde bereits eingegangen (>> Abschnitt 1.3.1.3 „Gliederung und Begriffe der Kostenrechnung").
Die Kostenstellenrechnung kann kontenmäßig aufgebaut sein. Überwiegend wird sie jedoch mit Hilfe eines Betriebsabrechnungsbogens durchgeführt.

> Der Betriebsabrechnungsbogen ist eine tabellarische Darstellung, in der waagerecht die Kostenstellen und senkrecht die Kostenarten, also Einzelkosten, Gemeinkosten und kalkulatorische Kosten, eingetragen sind.

Kostenartenkatalog

Die Kostenarten richten sich in der Regel nach einem besonderen Kostenartenkatalog, der für den einzelnen Betrieb aufgestellt und bei Bedarf jeweils geändert und ergänzt wird. Ausgangspunkt für die Übernahme der Zahlen sind die Buchführung und statistische Aufzeichnungen.

Alle damit zusammenhängenden Arbeiten lassen sich zeit- und kostensparend per EDV durchführen.

1.3.3 Kostenstellenrechnung

Über den Betriebsabrechnungsbogen können dann folgende Aufgaben ausgeführt werden: — **Aufgaben**

> Verteilung der Gemeinkosten entsprechend ihres Ursache-Wirkung-Zusammenhanges auf die entsprechenden Kostenstellen.
> Umlage der Kosten der allgemeinen Kostenstellen auf nachgelagerte Kostenstellen.
> Umlage der Kosten der Hilfskostenstellen auf die Hauptkostenstellen.
> Ermittlung von Zuschlagssätzen für jede Kostenstelle durch Gegenüberstellung von Gemein- und Einzelkosten.

(>> dazu auch Abschnitt 1.3.3.5 „Beispiel eines einfachen Betriebsabrechnungsbogens".)

1.3.3.2 Begriff der Kostenstelle (Hauptkostenstelle, Hilfskostenstelle) und Bildung von Kostenstellen nach betrieblichen Erfordernissen

Die Bildung der Kostenstellen (zur Definition >> auch Abschnitt 1.3.1.3 „Gliederung und Begriffe der Kostenrechnung") orientiert sich meistens an den betrieblichen Funktionen, also Material, Fertigung, Verwaltung und Vertrieb. Weitere Untergliederungen sind je nach Bedarf und nach der Größe eines Betriebes möglich. — **Kostenstelle**

Die Bildung von Kostenstellen nach betrieblichen Funktionen:

```
                    Kosten
                      |
                 verteilt auf
    ┌─────────────┬──────────────┬─────────────┐
 Material      Fertigung      Verwaltung     Vertrieb
```

Material	Fertigung	Verwaltung	Vertrieb
• Einkauf • Prüfung • Lager • Transport • u. Ä.	• Produktion • Reparatur • Handel • Maschinenarbeit • Handarbeit • u. Ä.	• Geschäftsführung • Buchführung • Poststelle • u. Ä.	• Verkauf • Vertreter (Außendienst) • Werbung • u. Ä.

Bei Bedarf können die Kostenstellen auch nach anderen Kriterien wie Verantwortungsbereichen oder räumlichen Gesichtspunkten (Büro, Werkstatt) gebildet werden.

Kostenstellen werden in

> Hauptkostenstellen (auch Endkostenstellen genannt) und
> Hilfskostenstellen (auch Vorkostenstellen genannt)

unterteilt.

Hauptkostenstellen sind die betrieblichen Funktionsbereiche.

1.3 Kosten- und Leistungsrechnung

Hilfskostenstellen

Zu den Hilfskostenstellen gehören

> allgemeine Hilfskostenstellen (zum Beispiel Energieversorgung, Fuhrpark, Kantine) und
> spezielle Hilfskostenstellen einzelner betrieblicher Funktionsbereiche (zum Beispiel Arbeitsvorbereitung, Lohnbüro u. Ä. im Bereich der Fertigung).

Unterteilung der Kostenstellen

```
                    Kostenstelle
                   /            \
         Hauptkostenstelle     Hilfskostenstelle
                              /                \
                  allgemeine Hilfskostenstelle   spezielle Hilfskostenstelle
```

Aussagefähigkeit Je genauer und gegliederter die Bildung der Kostenstellen erfolgt, desto aussagefähiger wird die Kostenverrechnung. Allerdings ist immer zwischen höherem Aufwand und höherer Aussagefähigkeit abzuwägen.

1.3.3.3 Zurechnung der Kosten auf Kostenstellen und Kostenstellenumlage

> Die sachgerechte Zurechnung bzw. Verteilung der Gemeinkosten auf die Kostenstellen (Haupt- und Hilfskostenstellen) erfolgt in der Regel nach sogenannten Gemeinkostenschlüsseln.

Unterlagen So kann zum Beispiel aus den Lohn- und Gehaltslisten abgeleitet werden, welche Anteile der Gehaltszahlungen auf die Bereiche Material, Fertigung, Verwaltung und Vertrieb entfallen. Die anteiligen Mieten lassen sich nach den jeweiligen Flächenanteilen in m² ableiten. Für die Abschreibungen bietet das Anlagenverzeichnis für die Aufteilung nach den verschiedenen Bereichen eine gute Grundlage.

Beispiel:

Mietaufwand insgesamt 20.000,00 EUR
Anteilige Räume nach betrieblichen Funktionsbereichen:
Material: 100 m²   (20 %)
Fertigung: 300 m²   (60 %)
Verwaltung: 50 m²   (10 %)
Vertrieb: 50 m²   (10 %)

Aufteilung des Mietaufwandes:

Material	Fertigung	Verwaltung	Vertrieb
4.000,00	12.000,00	2.000,00	2.000,00

1.3.3 Kostenstellenrechnung

> In einem weiteren Schritt werden die Hilfskostenstellen ebenfalls nach bestimmten Schlüsseln auf die Hauptkostenstellen umgelegt. In der Praxis der Betriebsabrechnung wird dabei meist nach dem sogenannten Stufenleiterverfahren vorgegangen.

Neben der Umlage der Hilfskostenstellen können manchmal auch Teilumlagen der Material- sowie der Verwaltungs- und Vertriebskostenstellen zweckmäßig sein.

Im Zusammenhang mit der Kostenumlage spricht man auch von der innerbetrieblichen Leistungsverrechnung.

Teilumlagen

Innerbetriebliche Leistungsverrechnung

Beispiel:

Gegeben sind folgende Kostenstellen:
> Hilfskostenstelle   A: 1.400,00 EUR
> Hilfskostenstelle   B: 2.200,00 EUR
> Hauptkostenstelle   Material: 4.000,00 EUR
> Hauptkostenstelle   Fertigung: 8.000,00 EUR
> Hauptkostenstelle   Verwaltung: 2.500,00 EUR
> Hauptkostenstelle   Vertrieb: 1.800,00 EUR

Der Verteilungsschlüssel für das Stufenleiterverfahren lautet:
> für Hilfskostenstelle A: 10 % auf Hilfskostenstelle B, 30 % auf Hauptkostenstelle Material und je 20 % auf die übrigen Hauptkostenstellen
> für Hilfskostenstelle B: je 25 % auf die einzelnen Hauptkostenstellen.

Hilfsk. A	Hilfsk. B	Material	Fertigung	Verwaltung	Vertrieb
1.400,00	2.200,00	4.000,00	8.000,00	2.500,00	1.800,00
→	140,00	420,00	280,00	280,00	280,00
	2.340,00				
	→	585,00	585,00	585,00	585,00
Gesamtkosten		5.005,00	8.865,00	3.365,00	2.665,00

1.3.3.4 Ermittlung von Kostenverrechnungssätzen

> Kostenverrechnungssätze (auch Kalkulationssätze genannt) sind erforderlich, um die Gemeinkosten nach dem Verursachungsprinzip auf die einzelnen Kostenträger verrechnen zu können.

Kalkulationssätze

Entscheidend dafür ist die Wahl der richtigen Bezugsgröße. Es ist möglich, eine oder mehrere Bezugsgrundlagen zu wählen. Die Entscheidung darüber hängt im Einzelnen von der Art und Größe des jeweiligen Betriebes ab.

1.3 Kosten- und Leistungsrechnung

Bezugsgrundlagen

Als Bezugsgrundlage sind möglich:

> die Lohneinzelkosten
> die Materialeinzelkosten
> die Summe aus Material- und Lohneinzelkosten
> jeweils die Lohneinzelkosten und die Materialeinzelkosten
> jeweils die Lohneinzelkosten, die Materialeinzelkosten und die Herstellkosten
> Kostenstellen nach betrieblichen Funktionen

Verrechnung der Gemeinkosten auf der Basis der Lohneinzelkosten

> In diesem Fall arbeitet der Betrieb mit **einem** Gemeinkostenzuschlagssatz, der auf die produktiven Löhne bezogen wird.

Dabei wird berechnet, wie viel Prozent die Gemeinkosten für einen bestimmten Zeitraum (in der Regel für 1 Jahr) von den produktiven Löhnen (Lohneinzelkosten) für denselben Zeitraum betragen. Diese Methode ist im Handwerk aufgrund der in diesem Wirtschaftsbereich überdurchschnittlich hohen Lohnintensität nach wie vor am häufigsten anzutreffen.
Der errechnete Zuschlagssatz wird dann für jede auszuführende Arbeit angewandt.

Formel für die Berechnung des Gemeinkostenzuschlagssatzes auf der Basis der Lohneinzelkosten:

$$\text{Gemeinkostenzuschlagssatz} = \frac{\text{Gemeinkostensumme}}{\text{Lohneinzelkosten}} \times 100$$

■ Beispiel:

Jahressumme der produktiven Löhne	305.000,00 EUR
Jahressumme der Gemeinkosten	560.000,00 EUR

$$\text{Gemeinkostenzuschlagssatz} = \frac{560.000,00}{305.000,00} \times 100 = \underline{183,6\,\%}$$

Es ergibt sich also ein Gemeinkostenzuschlagssatz von rund 184 %, der in jeder Stückkostenkalkulation auf die dort errechneten Lohneinzelkosten aufgeschlagen wird.

■ Beispiel:

Stückkostenkalkulation auf Basis Lohneinzelkosten:

Materialkosten	6.500,00 EUR
+ Lohneinzelkosten (Stundenzahl × Stundenlohn)	3.500,00 EUR
+ 184 % Gemeinkosten auf Basis Lohneinzelkosten von 3.500,00 EUR	6.440,00 EUR
= Selbstkosten	16.440,00 EUR

1.3.3 Kostenstellenrechnung

Verrechnung der Gemeinkosten auf der Basis der Materialeinzelkosten

In materialintensiven Betrieben, in denen große Mengen Material eingesetzt werden und die Lohneinzelkosten demgegenüber verhältnismäßig gering sind, entstehen die Gemeinkosten auch zum überwiegenden Teil durch den Bezug des Materials sowie seine Lagerung und Beförderung. Sie werden deshalb auf der Basis der Materialeinzelkosten verrechnet. Im Handwerk ist dieser Fall eher selten.

Materialintensive Betriebe

> Der Zuschlagssatz wird berechnet, indem die Jahresgemeinkostensumme zur Summe des Materialaufwands für das vergangene Geschäftsjahr in Beziehung gesetzt wird.

Formel für die Berechnung des Gemeinkostenzuschlagssatzes auf Basis der Materialeinzelkosten:

$$\text{Gemeinkostenzuschlagssatz} = \frac{\text{Gemeinkostensumme}}{\text{Materialeinzelkosten}} \times 100$$

Formel

Beispiel:

Materialaufwand	320.000,00 EUR
Jahressumme der Gemeinkosten	280.000,00 EUR

$$\text{Gemeinkostenzuschlagssatz} = \frac{280.000,00}{320.000,00} \times 100 = 87,5\,\%$$

Es ergibt sich also ein Gemeinkostenzuschlagssatz von rund 88 %, der bei jeder Stückkostenkalkulation auf die dort errechneten Materialeinzelkosten aufgeschlagen wird.

Beispiel:

Stückkostenkalkulation auf Basis Materialeinzelkosten:

Materialeinzelkosten	5.600,00 EUR
+ Lohneinzelkosten	800,00 EUR
+ 88 % Gemeinkosten auf Basis Materialeinzelkosten in Höhe von 5.600,00 EUR	4.928,00 EUR
= Selbstkosten	11.328,00 EUR

Verrechnung der Gemeinkosten auf der Basis der Summe der Einzelkosten (Materialeinzel- plus Lohneinzelkosten)

Die Berücksichtigung der Gemeinkosten auf der Basis nur einer Bezugsgrundlage liefert oft nur grobe Durchschnittswerte und birgt deshalb naturgemäß gewisse Risiken im Hinblick auf die Genauigkeit der Kostenverrechnung.

> Um diese zu mindern, können die Gemeinkosten nach der Entstehungsursache auf Lohneinzel- und Materialeinzelkosten zusammen verteilt werden.

1.3 Kosten- und Leistungsrechnung

Zur Berechnung des Zuschlagssatzes werden Jahresgemeinkostensumme und Einzelkostensumme zueinander in Beziehung gesetzt.

Formel für die Berechnung des Gemeinkostenzuschlagssatzes auf der Basis der gesamten Einzelkosten:

Formel

$$\text{Gemeinkostenzuschlagssatz} = \frac{\text{Gemeinkostensumme}}{\text{Summe der Einzelkosten}} \times 100$$

Beispiel:

Lohneinzelkosten	340.000,00 EUR
Materialeinzelkosten	680.000,00 EUR
Summe der Einzelkosten	1.020.000,00 EUR
Jahresgemeinkostensumme	460.000,00 EUR

$$\text{Gemeinkostenzuschlagssatz} = \frac{460.000,00}{1.020.000,00} \times 100 = 45{,}1\,\%$$

Es ergibt sich also ein Gemeinkostenzuschlagssatz von rund 45 %, der bei jeder Stückkostenkalkulation auf die dort errechneten Einzelkosten insgesamt aufgeschlagen wird.

Beispiel:

Stückkostenkalkulation auf Basis Summe der Einzelkosten:

	Lohneinzelkosten	6.500,00 EUR
+	Materialeinzelkosten	3.500,00 EUR
=	Summe der Einzelkosten	10.000,00 EUR
+	45 % Gemeinkosten auf Basis Summe der Einzelkosten	4.500,00 EUR
=	Selbstkosten	14.500,00 EUR

Verrechnung der Gemeinkosten auf der Basis von Lohneinzelkosten und Materialeinzelkosten

Verursachende Einzelkosten

Eine noch größere Genauigkeit lässt sich erzielen, wenn die Gemeinkosten entsprechend ihrer Zugehörigkeit und Abhängigkeit jeweils auf die verursachenden Einzelkosten verrechnet werden.

> Das heißt, die materialabhängigen Gemeinkosten werden auf die Materialeinzelkosten und die lohn- bzw. personalabhängigen Gemeinkosten auf die Lohneinzelkosten bezogen.

Die Daten für eine solche Aufteilung lassen sich am besten und zweckmäßigsten aus dem Betriebsabrechnungsbogen gewinnen (>> dazu die Ausführungen in Abschnitt 1.3.3 „Kostenstellenrechnung").

1.3.3 Kostenstellenrechnung

Formel für die Berechnung des Gemeinkostenzuschlagssatzes auf Basis Lohneinzelkosten und Materialeinzelkosten:

$$\text{Zuschlagssatz lohnabhängige Gemeinkosten} = \frac{\text{Lohn- bzw. personalabhängige Gemeinkosten}}{\text{Lohneinzelkosten}} \times 100$$

$$\text{Zuschlagssatz materialabhängige Gemeinkosten} = \frac{\text{Materialabhängige Gemeinkosten}}{\text{Materialeinzelkosten}} \times 100$$

Beispiel:

Lohneinzelkosten	160.000,00 EUR
Lohnabhängige Gemeinkosten	220.000,00 EUR

$$\text{Zuschlagssatz lohnabhängige Gemeinkosten} = \frac{220.000,00}{160.000,00} = \underline{137,5\,\%}$$

Materialeinzelkosten	30.000,00 EUR
Materialabhängige Gemeinkosten	10.000,00 EUR

$$\text{Zuschlagssatz materialabhängige Gemeinkosten} = \frac{10.000,00}{30.000,00} = \underline{33,3\,\%}$$

Es ergibt sich also ein Gemeinkostenzuschlagssatz von rund 138 %, der auf die Lohneinzelkosten, und ein Satz von rund 33 %, der auf die Materialeinzelkosten aufgeschlagen wird.

Beispiel:

Stückkostenkalkulation auf der Basis Lohneinzelkosten und Materialeinzelkosten:

Lohneinzelkosten	8.400,00 EUR
+ 138 % lohnabhängige Gemeinkosten von 8.400,00 EUR	11.592,00 EUR
+ Materialeinzelkosten	1.200,00 EUR
+ 33 % materialabhängige Gemeinkosten von 1.200,00 EUR	396,00 EUR
= Selbstkosten	21.588,00 EUR

1.3 Kosten- und Leistungsrechnung

Verrechnung der Gemeinkosten auf der Basis von Lohneinzelkosten, Materialeinzelkosten und Herstellkosten

Detaillierte Aufteilung

Herstellkosten

> Eine weitere, noch detailliertere Aufteilung kann erfolgen, indem man die materialabhängigen Gemeinkosten auf der Basis Materialeinzelkosten, die lohn- bzw. personalabhängigen Gemeinkosten auf der Basis Lohneinzelkosten und die Verwaltungs- und Vertriebsgemeinkosten auf der Basis Herstellkosten (= Summe aus den gesamten Material- und Lohn- bzw. Personalkosten sowie ggf. Sonderkosten) verrechnet.

Auch für diese Kostenverrechnung und Aufteilung ist ein Betriebsabrechnungsbogen zweckmäßig.

Formel für die Berechnung des Gemeinkostenzuschlagssatzes auf Basis der Lohneinzelkosten, der Materialeinzelkosten und der Herstellkosten:

Lohnabhängige Gemeinkosten und materialabhängige Gemeinkosten werden wie im vorherigen Beispiel berechnet.

$$\text{Zuschlagssatz herstellabhängige Gemeinkosten} = \frac{\text{Verwaltungs- und Vertriebsgemeinkosten}}{\text{Herstellkosten}} \times 100$$

Beispiel:

Lohneinzelkosten	160.000,00 EUR
lohnabhängige Gemeinkosten	180.000,00 EUR

$$\text{Zuschlagssatz lohnabhängige Gemeinkosten} = \frac{180.000,00}{160.000,00} \times 100 = 112,5\,\%$$

Materialeinzelkosten	30.000,00 EUR
materialabhängige Gemeinkosten	5.000,00 EUR

$$\text{Zuschlagssatz materialabhängige Gemeinkosten} = \frac{5.000,00}{30.000,00} \times 100 = 16,7\,\%$$

Herstellkosten	375.000,00 EUR
herstellabhängige Gemeinkosten	45.000,00 EUR

$$\text{Zuschlagssatz herstellabhängige Gemeinkosten} = \frac{45.000,00}{375.000,00} \times 100 = 12,0\,\%$$

Es ergibt sich also ein Gemeinkostenzuschlagssatz von rund 113 %, der auf die Lohneinzelkosten, ein Satz von rund 17 %, der auf die Materialeinzelkosten, und ein Satz von 12 %, der auf die Herstellkosten aufgeschlagen wird.

1.3.3 Kostenstellenrechnung

Beispiel:

Stückkostenkalkulation auf der Basis Lohneinzelkosten, Materialeinzelkosten und Herstellkosten:

	Lohneinzelkosten	8.400,00 EUR
+	113 % lohnabhängige Gemeinkosten von 8.400,00 EUR	9.492,00 EUR
+	Materialeinzelkosten	1.200,00 EUR
+	17 % materialabhängige Gemeinkosten von 1.200,00 EUR	204,00 EUR
=	Herstellkosten	19.296,00 EUR
+	12 % herstellabhängige Gemeinkosten von 19.296,00 EUR	2.315,52 EUR
=	Selbstkosten	21.611,52 EUR

Verrechnung auf Kostenstellen nach betrieblichen Funktionen

In manchen Betrieben ergeben sich durch die Eigenart der Erzeugnisse oder durch Besonderheiten der Arbeitsmethoden sehr unterschiedliche Gemeinkostenanteile.

Besondere Gegebenheiten

Beispiel:

Im Fleischerhandwerk entstehen durch die Wurstherstellung größere Gemeinkosten als durch das Fleischgeschäft.
In einem Tischlereibetrieb fallen durch die Maschinenarbeit wesentlich mehr Gemeinkosten an als durch die Handarbeit.

> Diese Unterschiede in den einzelnen betrieblichen Funktionen oder Betriebsabteilungen sollten bei der Gemeinkostenverrechnung unbedingt berücksichtigt werden; beispielsweise dadurch, dass man sowohl einen Gemeinkostenzuschlagssatz für die Handarbeit wie auch einen Gemeinkostenzuschlagssatz für die Maschinenarbeit ermittelt.

Handarbeit Maschinenarbeit

Man spricht in diesem Zusammenhang auch von Platzkostenrechnung. Sie erfordert allerdings auch eine umfassendere Untergliederung des betrieblichen Rechnungswesens. Auch hier liefert der Betriebsabrechnungsbogen die entsprechenden Daten.

Platzkostenrechnung

Neuberechnung

Formel für die Berechnung des Gemeinkostenzuschlagssatzes unter getrennter Berücksichtigung der Gemeinkosten für Maschinenarbeit und der Gemeinkosten für Handarbeit:

$$\text{Zuschlagssatz maschinenarbeitabhängige Gemeinkosten} = \frac{\text{Gemeinkosten für Maschinenarbeit}}{\text{Lohnsumme für Maschinenarbeit}} \times 100$$

$$\text{Zuschlagssatz handarbeitabhängige Gemeinkosten} = \frac{\text{Gemeinkosten für Handarbeit}}{\text{Lohnsumme für Handarbeit}} \times 100$$

■ Beispiel:

Lohnkosten	180.000,00 EUR
(davon 50 % für Arbeit an den Maschinen)	
lohnabhängige Gemeinkosten	450.000,00 EUR
(davon 80 % für Arbeit an Maschinen)	

$$\text{Zuschlagssatz für maschinenarbeitabhängige Gemeinkosten} = \frac{360.000,00}{90.000,00} \times 100 = 400{,}0\ \%$$

$$\text{Zuschlagssatz für handarbeitabhängige Gemeinkosten} = \frac{90.000,00}{90.000,00} \times 100 = 100{,}0\ \%$$

Es ergibt sich also ein Zuschlag von 400 % auf maschinenarbeitabhängige Lohneinzelkosten und ein Zuschlag von 100 % auf Lohneinzelkosten, die der Handarbeit zuzurechnen sind.

■ Beispiel:

Stückkostenkalkulation bei Trennung nach Maschinenarbeit und Handarbeit:

	Lohneinzelkosten für Maschinenarbeit	4.500,00 EUR
+	400 % maschinenarbeitabhängige Gemeinkosten von 4.500,00 EUR	18.000,00 EUR
+	Lohneinzelkosten für Handarbeit	4.500,00 EUR
+	100 % handarbeitabhängige Gemeinkosten von 4.500,00 EUR	4.500,00 EUR
=	Selbstkosten	31.500,00 EUR

Kontrolle der Gemeinkostenzuschlagssätze

Die Gemeinkosten bleiben innerhalb eines Betriebes über längere Zeit hinweg nie genau gleich. Sie sind manchmal sogar erheblichen Schwankungen unterworfen.

Erhebliche Schwankungen

Deshalb ist mindestens einmal jährlich die Neuberechnung der Gemeinkostenzuschlagssätze erforderlich. Bei wesentlichen Änderungen ist sogar eine viertel- oder halbjährliche Überprüfung und ggf. Neuberechnung der Gemeinkostenzuschlagssätze zu empfehlen. Auf keinen Fall dürfen sie ohne eingehendere Kontrolle über mehrere Jahre hinweg unverändert beibehalten werden.

1.3.3 Kostenstellenrechnung

Kostenverrechnungssätze mit anderen Bezugsgrößen

Die Gesamtkosten einzelner Hauptkostenstellen und die Gesamtsumme aller Kosten können darüber hinaus noch zahlreichen anderen Bezugsgrößen gegenübergestellt werden. Angesichts des zunehmenden Maschineneinsatzes werden häufig sogenannte Maschinenstundensätze gebildet.

Maschinenstundensatz

Der Maschinenstundensatz errechnet sich aus folgender Formel (wobei die abzuziehenden freien Tage je nach Branche und Betrieb unterschiedlich sein können):

$$\text{Maschinenstundensatz} = \frac{\text{Maschinenkosten}}{\text{Maschinenlaufzeit in Stunden}}$$

Dabei werden als Maschinenkosten insbesondere berücksichtigt: Abschreibungen, Instandhaltungskosten, Raumkosten, Energiekosten, Zinsaufwendungen.

Maschinenkosten

Die jährliche Maschinenlaufzeit ergibt sich aus folgender Formel:

Maschinenlaufzeit

$$\text{Jährliche Maschinenlaufzeit} = \begin{pmatrix}\text{(Tage pro Jahr ./. Samstage, Sonntage, Feiertage} \\ \text{./. Betriebsurlaubstage ./. Leer- und Ausfalltage)} \\ \times \text{tägliche Laufzeit in Stunden}\end{pmatrix}$$

Je nach Eigenart und besonderer Bedeutung sowie zur Verfügung stehender und auswertbarer Statistiken sind in den verschiedenen Handwerkszweigen weitere Bezugsgrößen gebräuchlich:

Weitere Bezugsgrößen

> Zeit (vor allem in dienstleistungsorientierten Handwerksberufen) zur Berechnung der Kosten je Arbeitsstunde
> Gewicht (zum Beispiel in Fleischereien) zur Berechnung der Kosten je Kilogramm
> Fläche (zum Beispiel bei Malern, Fliesenlegern) zur Berechnung der Kosten je m^2
> Rauminhalt (zum Beispiel bei den Bauhandwerken) zur Berechnung der Kosten je m^3

Beispiel für die Aufbereitung kostenrechnerischer Unterlagen und die Berechnung des Gemeinkostenzuschlagssatzes

Für das nachfolgende Beispiel wird ein Betrieb gewählt, der nur mit einem betriebseinheitlichen Gemeinkostenzuschlagssatz auf Basis der Lohneinzelkosten rechnet.

1.3 Kosten- und Leistungsrechnung

Die Gewinn- und Verlustrechnung des Betriebes weist folgende Zahlen aus:

Aufwendungen	Gewinn- und Verlustrechnung		Erträge
Materialaufwand	270.000,00	Umsatzerlöse	800.000,00
Löhne und Gehälter	240.000,00	Außerordentliche	
Gesetzl. Sozialabgaben	50.000,00	Erträge	10.000,00
Abschreibungen	18.000,00		
Miete	60.000,00		
Werbekosten	15.000,00		
Beratungskosten	6.000,00		
Sonstige betriebliche Aufwendungen	45.000,00		
Außerordentliche Aufwendungen	3.500,00		
Betriebliche Steuern	15.000,00		
Jahresüberschuss (Gewinn)	87.500,00		
	810.000,00		810.000,00

Aufgabe:
Daraus sind die Gemeinkostensumme, die direkt zurechenbaren Löhne (Lohneinzelkosten) und der Gemeinkostenzuschlagssatz zu berechnen.

Dabei ist zu berücksichtigen:
> Von den ausgewiesenen Löhnen und Gehältern sind 40.000,00 EUR nicht direkt auf das Erzeugnis zurechenbar.
> Der kalkulatorische Unternehmerlohn beträgt 72.000,00 EUR; drei Viertel davon sind nicht direkt verrechenbar.
> Die kalkulatorische Abschreibung wurde mit 20.000,00 EUR berechnet und weicht damit von der steuerlichen ab.
> Das für die Eigenkapitalverzinsung (entsprechend des auf Seite 137 dargestellten ersten Verfahrens) in Höhe von 8 % maßgebliche Eigenkapital beträgt 150.000,00 EUR.

Lösung:

Berechnung der Gemeinkostensumme
Nach Ausscheidung des Materialaufwands und der direkt zurechenbaren Löhne, die im Rahmen der Kalkulation ja als Einzelkosten verrechnet werden, sowie unter Bereinigung der außerordentlichen und der betriebsfremden Aufwendungen und unter Berücksichtigung der kalkulatorischen Kosten ergibt sich folgende Gemeinkostensumme:

Bereinigungen

Nicht direkt verrechenbare Löhne	40.000,00 EUR
Gesetzliche Sozialabgaben	50.000,00 EUR
Miete	60.000,00 EUR
Betriebliche Steuern	15.000,00 EUR
Werbekosten	15.000,00 EUR
Beratungskosten	6.000,00 EUR
Sonstige Gemeinkosten	45.000,00 EUR

1.3.3 Kostenstellenrechnung

Kalkulatorische Abschreibungen	20.000,00 EUR
Nicht verrechenbarer Anteil des Unternehmerlohns	54.000,00 EUR
Kalkulatorische Eigenkapitalverzinsung	
(8 % von 150.000,00 EUR)	12.000,00 EUR
Gemeinkostensumme	317.000,00 EUR

Berechnung des direkt zurechenbaren Lohns

	Löhne und Gehälter laut G+V	240.000,00 EUR
−	nicht direkt zurechenbarer Lohn	40.000,00 EUR
=	direkt zurechenbarer Lohn	200.000,00 EUR
+	direkt verrechenbarer Anteil des Unternehmerlohns	18.000,00 EUR
=	gesamter direkt zurechenbarer Lohn (produktive Lohnsumme)	218.000,00 EUR

Berechnung des Gemeinkostenzuschlagssatzes auf Basis der Lohneinzelkosten

$$\text{Gemeinkostenzuschlagssatz} = \frac{\text{Jahresgemeinkostensumme}}{\text{Lohneinzelkosten (produktive Lohnsumme)}} \times 100$$

$$= \frac{317.000,00}{218.000,00} \times 100 = 145{,}4\,\%$$

Der als Beispiel gewählte Betrieb hat also künftig in allen Stückkostenkalkulationen auf die berechneten Lohneinzelkosten rund 145 % Gemeinkosten aufzuschlagen.

1.3.3.5 Beispiel eines einfachen Betriebsabrechnungsbogens

Die Zahlenwerte für den folgenden Betriebsabrechnungsbogen sind willkürlich gewählt. Die Hilfskostenstellen werden ebenfalls nach einem beliebigen Schlüssel auf die Hauptkostenstellen umgelegt.

Das Beispiel für den Betriebsabrechnungsbogen zeigt auch, wie auf seiner Basis die Zuschlagssätze für die einzelnen Gemeinkostenbereiche durch Gegenüberstellung der jeweiligen Gemeinkostensummen und der Materialeinzelkosten, der Lohneinzelkosten und der Herstellkosten ermittelt werden können (Reihe 16. im Beispiel Betriebsabrechnungsbogen).

Gleichfalls aufgezeigt wird eine weitere Auswertungsmöglichkeit anhand des Betriebsabrechnungsbogens. Durch Gegenüberstellung der errechneten Ist-Zuschlagssätze und früher vorgegebener Soll-Zuschlagssätze können Über- und Unterdeckungen in den verschiedenen Bereichen als EUR-Betrag oder in Prozent dargestellt werden (Reihe 19. im Beispiel Betriebsabrechnungsbogen).

Auswertungsmöglichkeiten

1.3 Kosten- und Leistungsrechnung

Einsatzmöglichkeiten

Der Betriebsabrechnungsbogen ist deshalb auch ein wichtiges Instrument für:

> Kostenkontrolle
> Kostenvergleiche
> Verlustquellenforschung

Beispiel Betriebsabrechnungsbogen

Kostenarten \ Kostenstellen	Summe	Hilfskostenstelle I	Hilfskostenstelle II	Material	Fertigung	Verwaltung	Vertrieb
1. Einzellöhne	80.000,00						
2. Einzelmaterial	120.000,00						
3. Unprod. Löhne	20.000,00	1.500,00	2.100,00	1.000,00	13.000,00	1.400,00	1.000,00
4. Ges. soziale Aufwendungen	16.000,00	300,00	420,00	200,00	14.400,00	480,00	200,00
5. Gemeink. Material	9.000,00	700,00	800,00	1.000,00	5.000,00	1.000,00	500,00
6. Miete	20.000,00	1.300,00	1.700,00	2.000,00	5.000,00	8.000,00	2.000,00
7. Werbung	15.000,00	200,00	300,00	800,00	700,00	3.000,00	10.000,00
8. Unprod. kalkul. Unternehmerlohn	10.000,00	300,00	200,00	1.500,00	6.000,00	1.200,00	800,00
9. Kalk. Abschr.	6.000,00	500,00	500,00	1.000,00	3.000,00	800,00	200,00
10. Kalk. Zinsen	8.000,00	700,00	1.100,00	500,00	4.200,00	1.100,00	400,00
11. Summe Gemeinkosten	104.000,00	5.500,00	7.120,00	8.000,00	51.300,00	16.980,00	15.100,00
12. Umlage Hilfskostenstelle I			500,00	2.200,00	1.800,00	600,00	400,00
13. Umlage Hilfskostenstelle II				1.200,00	3.800,00	1.800,00	820,00
14. Summe Gemeinkosten (nach Umlage)	104.000,00			11.400,00	56.900,00	19.380,00	16.320,00
Ermittlung von Zuschlagssätzen							
15. Zuschlagsbasis – Materialeinzelkosten				120.000,00			
– Lohneinzelkosten					80.000,00		
– Herstellkosten							268.300,00
16. Ist-Zuschlagssatz				9,5 %	71,1 %	7,2 %	6,1 %
17. Soll-Zuschlagssatz				8,0 %	75,0 %	7,0 %	6,5 %
18. Rechnerische Gemeinkosten (nach 17.)				9.600,00	60.000,00	18.800,00	17.400,00
19. Über- bzw. Unterdeckung in %				−1.800,00 −18,7 %	+3.100,00 +5,2 %	−580,00 −3,1 %	+1.080,00 +6,2 %

1.3.4 Kostenträgerrechnung

1.3.4.1 Begriff und Aufgaben der Kalkulation

> Im Rahmen der Kostenträgerrechnung wird generell ermittelt, wofür die Kosten anfallen.

Dabei interessieren vor allem auch die Kosten einzelner produzierter oder verkaufter Einheiten. Sie zu ermitteln ist die Aufgabe der Kostenträgerstückrechnung. Sie ermittelt die Selbstkosten und liefert damit wichtige Grundlagen für die Preisfindung.
Statt Kostenträgerstückrechnung spricht man auch von Selbstkostenrechnung oder von Kalkulation.

Selbstkostenrechnung

1.3.4.2 Kalkulationsarten

Man unterscheidet im Allgemeinen nach dem Zeitpunkt der Durchführung drei Arten der Kalkulation:

> die Vorkalkulation
> die Nachkalkulation
> die Zwischen- und Begleitkalkulation

Vorkalkulation

> Die Vorkalkulation findet vor der Erstellung der Betriebsleistung bzw. vor der Annahme eines Auftrages statt. Sie hat die Aufgabe, für ein einzelnes Stück oder eine einzelne Leistung die Selbstkosten und auf deren Grundlage den Angebotspreis zu berechnen.

Angebotspreis

Dabei stellen sich unter anderem folgende Fragen:

Einzelfragen

> Wie hoch ist der Preis für das Material, das ich benötige?
> Wie viel Arbeitszeit ist erforderlich?
> Welche Teile des Auftrages sind mit Maschinenarbeit, welche mit Handarbeit zu erledigen?
> Welcher Gemeinkostenzuschlag entspricht den betrieblichen Verhältnissen?
> Nach welcher Verrechnungsart sollen die Gemeinkosten aufgeschlagen werden?
> Welcher Gewinnzuschlag entspricht der Besonderheit des Auftrages und der jeweiligen betrieblichen Lage?

Bei der Beantwortung dieser Fragen spielen Erfahrungswerte aus der Vergangenheit eine wichtige Rolle. In die Vorkalkulation gehen deshalb oft die aus der Vergangenheit gewonnenen Ist-Werte als Durchschnitts- oder Erfahrungswerte ein. Sie müssen allerdings stets an zwischenzeitlich eingetretene Veränderungen angepasst, d. h. aktualisiert, werden.

Erfahrungswerte

1.3 Kosten- und Leistungsrechnung

Unsicherheits-
faktoren

Dennoch bleibt bei der Vorkalkulation das Risiko, dass zahlreiche Unsicherheitsfaktoren wie Preisänderungen, Lohnsteigerungen, unerwartete Ausführungserschwernisse u. Ä. nicht exakt berücksichtigt werden können.

Nachkalkulation

> Die Nachkalkulation findet nach Abschluss der Leistungserstellung auf der Basis der tatsächlich angefallenen Kosten pro Stück, pro Auftrag oder pro Abrechnungszeitraum statt.

Aufgaben

Aufgabe und Zweck der Nachkalkulation sind in erster Linie:

> Kostenermittlung und Kostenkontrolle
> Ermittlung der Gewinnspanne
> Wirtschaftlichkeitskontrolle und Kontrolle der Vorkalkulation durch Gegenüberstellung der Ist- und Soll-Werte

Fragen

Dabei stellen sich unter anderem folgende Fragen:

> Welche Materialkosten sind bei den Arbeiten entstanden?
> Welche Lohnkosten sind angefallen?
> Welche Kosten ergaben sich aus der Maschinenarbeit?
> Welcher Gemeinkostenzuschlagssatz ist in Ansatz zu bringen?
> Welcher Reingewinn verbleibt nach Abzug der Selbstkosten vom Lieferpreis?

Aus diesen Überlegungen lässt sich eine allgemeine Formel für die Gewinnspannenberechnung in der Nachkalkulation ableiten:

Schema für die Gewinnspannenberechnung in der Nachkalkulation:

	Lieferpreis (ohne Umsatzsteuer)
−	Materialeinzelkosten
−	Lohneinzelkosten für Handarbeit und für Maschinenarbeit
−	Gemeinkosten
=	Gewinnspanne

Rückkalkulation

Bei Betrieben, die zu Richtpreisen oder zu Festpreisen anbieten, wird eine Rückkalkulation vorgenommen, bei der die gegebenen Verkaufspreise um die Gewinnspanne vermindert werden, um so zu ermitteln, welcher Betrag zur Deckung der dem Betrieb entstehenden Kosten zur Verfügung steht.

Schema für die Rückkalkulation:

	Verkaufspreis (ohne Umsatzsteuer)
−	Wagnis und Gewinn
=	Betrag, der zur Deckung der Selbstkosten zur Verfügung steht

1.3.4 Kostenträgerrechnung

Der Betriebsinhaber erhält dann Ausgangsdaten für Fragen wie: — Fragen

> Reicht die Arbeitskapazität, wenn ein derartiger Auftrag in einer vorgegebenen Zeit ausgeführt sein muss?
> Lohnen sich zusätzliche betriebliche Dispositionen, etwa Änderungen in der Organisation oder investive Maßnahmen und Neueinstellungen?

Zwischen- oder Begleitkalkulation

Bei Aufträgen, die sich über einen längeren Zeitraum hinweg erstrecken, ist es zweckmäßig, zwischen der Vorkalkulation und der Nachkalkulation eine oder mehrere Zwischenkalkulationen vorzunehmen.

> So kann überprüft werden, ob die in der Vorkalkulation errechneten Soll-Kosten durch die aufgelaufenen Ist-Kosten eingehalten oder über- bzw. unterschritten werden. Mit diesen Informationen eröffnet die Zwischen- oder Begleitkalkulation die Möglichkeit für entsprechende betriebliche Entscheidungen. — Kontrollmöglichkeit

1.3.4.3 Kalkulationsmethoden

Je nach der Art, wie die Kosten in der Vorkalkulation den Produkten und Leistungen zugerechnet werden, unterscheidet man verschiedene Kalkulationsmethoden, nämlich

> die Zuschlagskalkulation und
> die Divisionskalkulation.

Dabei sind auch ein Gewinn- und Wagniszuschlag sowie die Umsatzsteuer zu berücksichtigen.

Gewinn- und Wagniszuschlag bei der Kalkulation

> Bei jeder Stückkalkulation wird auf die Selbstkosten ein Zuschlag für Gewinn und Wagnis berechnet. Dieser Zuschlag bedeutet für den Betrieb die Gegenleistung für die Übernahme des Betriebs- und Marktrisikos. — Betriebs- und Marktrisiko

Er soll dem Betrieb auch die

> Bildung von Reserven,
> Deckung von Verlusten,
> Vornahme von Rationalisierungs- und Erweiterungsinvestitionen auf der Basis der Selbstfinanzierung

ermöglichen.

Die Höhe des Gewinn- und Wagniszuschlagssatzes hängt unter anderem von folgenden Faktoren ab: — Bestimmungsfaktoren

> allgemeine wirtschaftliche Lage
  In Zeiten der Hochkonjunktur lässt sich ein höherer Zuschlag durchsetzen als in wirtschaftlich schwierigeren Zeiten.

> örtliche Konkurrenzverhältnisse und allgemeine Wettbewerbssituation
  Bei hartem Wettbewerb lassen sich nur schwer hohe Gewinn- und Wagniszuschläge durchsetzen.
> Gesamtkostensituation des einzelnen Betriebes
  Ein Betrieb, der eine günstige Gesamtkostensituation gegenüber seinen Konkurrenten aufweist, kann leichter einen höheren Gewinn- und Wagniszuschlagssatz verrechnen.

Behandlung der Umsatzsteuer bei der Kalkulation

> Die Umsatzsteuer nach dem Mehrwertsteuersystem ist erfolgsneutral und scheidet daher als Kostenfaktor in der Kalkulation aus. Sie wird lediglich am Ende der Kalkulation auf den errechneten Preis in Prozenten nach dem jeweils gültigen Mehrwertsteuersatz aufgerechnet.

Überwälzung

Vorsteuer

Die überwälzte Umsatzsteuer geht allerdings nur bei privaten Endverbrauchern tatsächlich in den Preis ein und muss vom Käufer getragen werden. Gewerbliche Abnehmer können die überwälzte Umsatzsteuer ihrerseits wieder als Vorsteuer geltend machen.

1.3.4.4 Divisionskalkulation

Serienfertigung

Die Divisionskalkulation kommt nur bei Serienfertigung oder bei einheitlichen Leistungen zur Anwendung.

> Bei der Divisionskalkulation werden die vorausberechneten Gesamtkosten durch die Zahl der Erzeugnisse oder eine andere Bezugsgröße wie Zeit, Fläche und Gewicht dividiert (Stundenverrechnungssätze und Verrechnungssätze mit anderen Bezugsgrundlagen). Auf diese Weise werden sie zu gleichen Teilen auf die Einzelstücke umgelegt.

Man unterscheidet dabei:

Verschiedene
Divisionskalkulationen

> die einstufige Divisionskalkulation
  Hier werden alle Gesamtkosten auf die erzeugte Menge umgelegt. Die einstufige Divisionskalkulation ist nur geeignet, wenn sich bei dem jeweiligen Erzeugnis das Problem von Bestandsveränderungen nicht stellt.
> die mehrstufige Divisionskalkulation
  Der Produktionsprozess läuft in mehreren Produktionsstufen ab, bzw. zwischen den einzelnen Stufen sind Lager mit wechselnden Beständen. Für diese einzelnen Stufen werden dann Kosten und Mengen in Beziehung gesetzt.

1.3.4 Kostenträgerrechnung

Für die einstufige Divisionskalkulation lässt sich folgendes allgemeines Schema erstellen:

Schema für die Divisionskalkulation:

$$\frac{\text{Gesamtkosten}}{\text{hergestellte Menge}}$$

= Selbstkosten
+ Gewinn- und Wagniszuschlag in % der Selbstkosten

= Angebotspreis ohne Umsatzsteuer
+ % Umsatzsteuer

= Angebotspreis einschließlich Umsatzsteuer

Die Äquivalenzziffernrechnung als Spezialform der Divisionskalkulation eignet sich als Kalkulationsmethode, wenn von einem Produkt mehrere Sorten hergestellt werden und für diese einzelnen Sorten jeweils der Preis kalkuliert werden soll. Dies ist beispielsweise im Nahrungsmittelhandwerk der Fall. Auch bei Kuppelprodukten, also Produkten, die aufgrund technischer Gegebenheiten bei der Herstellung gemeinsam anfallen (z. B. Bretter und Sägemehl in einer Schreinerei), findet die Äquivalenzziffernrechnung Anwendung.

Äquivalenzziffernrechnung

Kuppelprodukte

> Durch Äquivalenzziffern (man spricht auch von Gewichtungsziffern) werden die unterschiedlichen Sorten auf eine Basis umgerechnet, um für die Divisionskalkulation eine einheitliche Bezugsgröße zu erhalten. Dabei wird eine Sorte gleich 1 gesetzt. Die übrigen Sorten erhalten dann die Äquivalenzziffer, die ausdrückt, in welchem Verhältnis zur Richtsorte sie an der Kostenverursachung beteiligt sind.

Eine Kalkulation auf der Basis von Äquivalenzziffern orientiert sich dann an folgendem Schema:

Schema für die Äquivalenzziffernrechnung:

$$\frac{\text{Gesamtkosten}}{M_1 \times Ä_1 + M_2 \times Ä_2 + M_3 \times Ä_3 + \ldots} \times Ä_1 \, (_{2,\,3,\,\ldots})$$

= Selbstkosten für Sorte 1 (2, 3, ...)
+ Gewinn- und Wagniszuschlag in % der Selbstkosten

= Angebotspreis ohne Umsatzsteuer für Sorte 1 (2, 3, ...)
+ % Umsatzsteuer

= Angebotspreis einschließlich Umsatzsteuer für Sorte 1 (2, 3, ...)

M = Menge
Ä = Äquivalenzziffer
1, 2, 3 ... = verschiedene Sorten

1.3.4.5 Zuschlagskalkulation

Häufigste Methode im Handwerk

> Die Zuschlagskalkulation eignet sich grundsätzlich für Produktion, Dienstleistung und Handel. Sie ist die Kalkulationsmethode, die im Handwerk am häufigsten Anwendung findet.
> Bei diesem Verfahren werden die Kosten des Betriebes aufgegliedert in solche, die direkt auf die Leistungseinheit verrechnet werden können (Einzelkosten), und in solche, bei denen dies nur mittelbar oder indirekt möglich ist (Gemeinkosten).

Die Zuschlagskalkulation orientiert sich demnach an folgendem allgemeinen Schema:

Schema für die Zuschlagskalkulation:

	Materialeinzelkosten
+	Lohneinzelkosten
+	Gemeinkosten (in % der Einzelkosten)
+	Sondereinzelkosten
=	Selbstkosten
+	Gewinn- und Wagniszuschlag in % der Selbstkosten
=	Angebotspreis ohne Umsatzsteuer
+	% Umsatzsteuer
=	Angebotspreis einschließlich Umsatzsteuer

Stundenverrechnungssatz-Ermittlung

Handwerksunternehmen, die vorwiegend im Dienstleistungsbereich tätig sind, bieten sozusagen Arbeitsstunden, an. Der Preis für ihre Leistung ergibt sich aus der Anzahl der geleisteten Arbeitsstunden multipliziert mit einem Verrechnungssatz. Dieser Verrechnungssatz muss alle Kosten und einen Ausgleich für die Übernahme des Unternehmerrisikos enthalten (>> dazu auch Abschnitt 1.3.4.6 „Kalkulationsschemen für die Zuschlagskalkulation").

Verrechnungssatz

Indexrechnung

Eine Sonderform der Zuschlagskalkulation ist die Indexrechnung. Sie wird beispielsweise im Kfz-Handwerk angewandt. Die Materialeinzelkosten sind als Listenpreise vorgegeben. Gemeinkosten sowie Wagnis- und Gewinnzuschlag werden über eine Indexziffer den Bruttolöhnen zugeschlagen.

Listenpreise

Der Wert bzw. die Höhe dieser Indexziffer wird anhand der Ergebnisse der vorhergehenden Rechnungsperiode festgelegt.
Für eine Kalkulation mit Hilfe von Indexzahlen lässt sich folgendes Schema ableiten:

1.3.4 Kostenträgerrechnung

Schema für die Indexzahlenrechnung:

Materialeinzelkosten nach Listenpreis + Bruttolöhne × Index
= Angebotspreis ohne Umsatzsteuer + % Umsatzsteuer
= Angebotspreis einschließlich Umsatzsteuer

Auf eine Stunde bezogen lassen sich damit wiederum Stundenverrechnungssätze ermitteln.

Stundenverrechnungssätze

1.3.4.6 Kalkulationsschemen für die Zuschlagskalkulation

Bei der Zuschlagskalkulation können je nach betrieblicher Anforderung mehrere Kalkulationsschemen zur Anwendung kommen.
Für die Vorkalkulation werden dabei geplante Kosten eingesetzt, in die Nachkalkulation gehen die tatsächlichen Ist-Werte ein. Eine exakte Ermittlung der direkt verrechenbaren Einzelkosten ist dabei sehr wichtig, weil sich Fehler über die Zuschläge bis zum Angebotspreis fortsetzen.

Vorkalkulation
Nachkalkulation

**Kalkulationsschema mit einem betriebseinheitlichen
Gemeinkostenzuschlagssatz auf Basis Lohneinzelkosten**

Hier gilt das bereits in Abschnitt 1.3.4.5 „Zuschlagskalkulation" dargestellte allgemeine Schema.

Kalkulationsschema mit mehreren Gemeinkostenzuschlagssätzen

Wenn der Betrieb die Gemeinkosten jeweils auf Materialeinzelkosten, Lohneinzelkosten und Herstellkosten zurechnet, kommt folgendes Kalkulationsschema zur Anwendung:

Materialeinzelkosten + % Gemeinkosten auf Materialeinzelkosten
= Materialkosten + Lohneinzelkosten + % Gemeinkosten auf Lohneinzelkosten + Sonderkosten der Fertigung
= Herstellkosten + % Verwaltungs- und Vertriebsgemeinkosten auf Herstellkosten + Sonderkosten des Vertriebs
= Selbstkosten + % Gewinn- und Wagniszuschlagssatz auf Selbstkosten
= Angebotspreis ohne Umsatzsteuer + % Umsatzsteuer
= Angebotspreis einschließlich Umsatzsteuer

1.3 Kosten- und Leistungsrechnung

Kalkulationsschema für die Berechnung von betrieblichen Stundenverrechnungssätzen

	Bruttostundenlohn (einschl. Zuschlägen und Zulagen) als Lohneinzelkosten
+	% Gemeinkosten auf Lohneinzelkosten
=	Selbstkosten
+	% Gewinn- und Wagniszuschlagssatz auf Selbstkosten
=	Stundenverrechnungssatz ohne Umsatzsteuer
+	% Umsatzsteuer
=	Stundenverrechnungssatz einschließlich Umsatzsteuer

Der Stundenverrechnungssatz ist für eine geleistete Arbeitsstunde ohne Berücksichtigung von verbrauchten Materialien in Ansatz zu bringen.

Kalkulationsschema für Handelswaren

	Einstandspreis
+	% Gemeinkosten auf Einstandspreis
=	Selbstkosten
+	% Gewinn- und Wagniszuschlagssatz auf Selbstkosten
=	Barverkaufspreis
+	% Verkaufszuschläge (Provision, Skonto, Rabatt) auf Barverkaufspreis
=	Verkaufspreis ohne Umsatzsteuer
+	% Umsatzsteuer
=	Verkaufspreis einschließlich Umsatzsteuer

Einstandspreis

Der Einstandspreis wird dabei aus folgender Formel berechnet:
Listenpreis – Preisnachlässe + Bezugskosten = Einstandspreis

Bezüglich des Ansatzes der Rabatte und Skonti ist zu bedenken, dass der Betrieb diese gegenüber dem Kunden auf der Basis des Verkaufspreises gibt; das bedeutet, dass auf den Barverkaufspreis entsprechend folgender Formel aufgeschlagen werden muss:

Berechnung des Rabattaufschlages

$$\frac{\text{Rabatt oder Skonto in \%}}{100 - \text{Rabatt oder Skonto in \%}} \times 100$$

Will also der Betriebsinhaber auf den Verkaufspreis 2 % Rabatt einräumen, so muss er auf den Barverkaufspreis

$$\frac{2}{98} \times 100 =$$ (etwa 2,04 %) aufschlagen, um zum richtigen Verkaufspreis (ohne Umsatzsteuer) zu kommen.

1.3.4 Kostenträgerrechnung

In der Praxis des Handelsbetriebes werden die einzelnen prozentualen Zuschläge oft zusammengefasst. Dieser Gesamtzuschlag erstreckt sich auf den Unterschied zwischen Einstandspreis und Verkaufspreis (ohne Umsatzsteuer), der den Rohgewinn wiedergibt. Dabei sind zwei Varianten gebräuchlich:

$$\text{Kalkulationszuschlag} = \frac{\text{Verkaufspreis} - \text{Einstandspreis (Rohgewinn)}}{\text{Einstandspreis}} \times 100 \quad \text{Kalkulationszuschlag}$$

$$\text{Handelsspanne} = \frac{\text{Verkaufspreis} - \text{Einstandspreis (Rohgewinn)}}{\text{Verkaufspreis (ohne Umsatzsteuer)}} \times 100 \quad \text{Handelsspanne}$$

1.3.4.7 Beispiele zur Zuschlagskalkulation

Berechnung des Angebotspreises mit einem betriebseinheitlichen Gemeinkostenzuschlagssatz auf Basis der Lohneinzelkosten

Angaben:

Materialeinzelkosten		800,00 EUR
Arbeitszeit 20 Stunden, davon		
Betriebsinhaber	5 Stunden à 16,00 EUR	
1. Geselle	5 Stunden à 12,00 EUR	
2. Geselle	10 Stunden à 11,00 EUR	
Gemeinkostenzuschlagssatz	140 %	
Gewinn- und Wagniszuschlag	10 %	

Lösung:

Materialeinzelkosten				800,00 EUR
+ Lohneinzelkosten				
5 Meisterstunden	à 16,00 EUR	80,00 EUR		
5 Gesellenstunden	à 12,00 EUR	60,00 EUR		
10 Gesellenstunden	à 11,00 EUR	110,00 EUR		250,00 EUR
+ 140 % Gemeinkosten auf Lohneinzelkosten				350,00 EUR
= Selbstkosten				1.400,00 EUR
+ 10 % Gewinn- und Wagniszuschlag				140,00 EUR
= Angebotspreis ohne Umsatzsteuer				1.540,00 EUR
+ 19 % Umsatzsteuer				292,60 EUR
= Angebotspreis einschließlich Umsatzsteuer				1.832,60 EUR

1.3 Kosten- und Leistungsrechnung

Berechnung des Angebotspreises mit mehreren Zuschlagssätzen für die Gemeinkosten, nämlich auf Materialeinzelkosten, Lohneinzelkosten und Herstellkosten

Angaben:

Materialeinzelkosten		800,00 EUR
Arbeitszeit 18 Stunden, davon		
Betriebsinhaber	5 Stunden à 16,00 EUR	
Geselle	13 Stunden à 12,00 EUR	
Gemeinkostenzuschlagssatz auf Materialeinzelkosten		20 %
Gemeinkostenzuschlagssatz auf Lohneinzelkosten		80 %
Gemeinkostenzuschlagssatz auf Herstellkosten		40 %
Gewinn- und Wagniszuschlag		10 %

Lösung:

	Materialeinzelkosten			800,00 EUR
+	20 % Gemeinkosten auf Materialeinzelkosten			160,00 EUR
=	Materialkosten			960,00 EUR
+	Lohneinzelkosten			
	5 Meisterstunden	à 16,00 EUR	80,00 EUR	
	13 Gesellenstunden	à 12,00 EUR	156,00 EUR	236,00 EUR
+	80 % Gemeinkosten auf Lohneinzelkosten			188,80 EUR
=	Herstellkosten			1.384,80 EUR
+	40 % Verwaltungs- und Vertriebsgemeinkosten auf Herstellkosten			553,92 EUR
=	Selbstkosten			1.938,72 EUR
+	10 % Gewinn- und Wagniszuschlag auf Selbstkosten			193,87 EUR
=	Angebotspreis ohne Umsatzsteuer			2.132,59 EUR
+	19 % Umsatzsteuer			405,19 EUR
=	Angebotspreis einschließlich Umsatzsteuer			2.537,78 EUR

Berechnung des Angebotspreises für einen betrieblichen Stundenverrechnungssatz (der Betrieb arbeitet mit einem betriebseinheitlichen Gemeinkostenzuschlagssatz)

Angaben:

Stundenlohn	12,00 EUR
Gemeinkostenzuschlagssatz	140 %
Gewinn- und Wagniszuschlag	10 %

1.3.4 Kostenträgerrechnung

Lösung:

Stundenlohn	12,00 EUR
+ 140 % Gemeinkosten auf Stundenlohn	16,80 EUR
= Selbstkosten	28,80 EUR
+ 10 % Gewinn- und Wagniszuschlag auf Selbstkosten	2,88 EUR
= Stundenverrechnungssatz ohne Umsatzsteuer	31,68 EUR
+ 19 % Umsatzsteuer	6,02 EUR
= Stundenverrechnungssatz einschließlich Umsatzsteuer	37,70 EUR

Berechnung des Angebotspreises für eine Handelsware

Angaben:

Einstandspreis	4.700,00 EUR
Gemeinkostenzuschlagssatz	18 %
Verkaufszuschläge (2 % Skonto, 3 % Rabatt)	5 %
Gewinn- und Wagniszuschlag	10 %

Lösung:

Einstandspreis	4.700,00 EUR
+ 18 % Gemeinkosten auf Einstandspreis	846,00 EUR
= Selbstkosten	5.546,00 EUR
+ 10 % Gewinn- und Wagniszuschlag auf Selbstkosten	554,60 EUR
= Barverkaufspreis	6.100,60 EUR
+ 5,26 % Verkaufszuschläge (genau $\frac{5}{95}$)	321,08 EUR
= Verkaufspreis ohne Umsatzsteuer	6.421,68 EUR
+ 19 % Umsatzsteuer	1.220,12 EUR
= Verkaufspreis einschließlich Umsatzsteuer	7.641,80 EUR

Berechnung des Kalkulationszuschlags und der Handelsspanne

Angaben:
Werte des obigen Beispiels

Lösung:

$$\text{Kalkulationszuschlag} = \frac{\text{Verkaufspreis} - \text{Einstandspreis (Rohgewinn)}}{\text{Einstandspreis}} \times 100$$

1.3 Kosten- und Leistungsrechnung

$$= \frac{6.421{,}68 - 4.700{,}00}{4.700{,}00} \times 100$$

$$= 36{,}63\ \%$$

Auf den Einstandspreis müssen also im obigen Beispiel rund 37 % zugeschlagen werden, um zum Verkaufspreis ohne Umsatzsteuer zu kommen.

$$\text{Handelsspanne} = \frac{\text{Verkaufspreis} - \text{Einstandspreis (Rohgewinn)}}{\text{Verkaufspreis ohne Umsatzsteuer}} \times 100$$

$$= \frac{6.421{,}68 - 4.700{,}00}{6.421{,}68} \times 100$$

$$= 26{,}81\ \%$$

Die Handelsspanne vom Verkaufspreis ohne Umsatzsteuer beträgt im obigen Beispiel rund 27 %.

1.3.5 Erfolgsrechnung

1.3.5.1 Erlösrechnung

Erlösrechnung

Das Gegenstück zur Kostenrechnung ist die Leistungs- bzw. Erlösrechnung (dieser Begriff ist heute gebräuchlicher). Dementsprechend lässt auch sie sich untergliedern in eine

> Erlösartenrechnung,
> Erlösstellenrechnung,
> Erlösträgerrechnung.

Erlöse werden in der Regel durch den Verkauf von Erzeugnissen und Dienstleistungen erzielt.

> Die Erlösrechnung hat die Aufgabe, die gesamten Erlöse nach ihrer Art, Zuordnung zu Betriebsteilen sowie zu Produkten und Dienstleistungen darzustellen.

Erlösarten

Für den Handwerksbetrieb wichtige Erlösarten sind beispielsweise:

> Produkterlöse
> Leistungserlöse
> Arbeitserlöse

Zu den Erlösstellen zählen: *Erlösstellen*

> Produktarten
> Arten von Dienstleistungen
> Kunden und Kundengruppen

Typische Erlösträger sind die einzelnen Güter und Leistungen, die vom Betrieb abgesetzt werden.

Aus der Verknüpfung von Kosten- und Erlösrechnung ergibt sich die Erfolgsrechnung.

1.3.5.2 Stückerfolgsrechnung

> Die Stückrechnung hat die Aufgabe, den Betriebserfolg je Produkt- oder Leistungseinheit zu ermitteln. Hierzu werden die Stückkosten vom Stückerlös abgezogen.

1.3.5.3 Periodenerfolgsrechnung

> Die Periodenrechnung hat die Aufgabe, den Betriebserfolg insgesamt oder nach Produkten und Leistungen für bestimmte Zeiträume (beispielsweise monatlich oder vierteljährlich) darzustellen. Hierzu werden die Kosten je Periode vom Erlös je Periode abgezogen.

1.3.6 Kostenrechnungssysteme

1.3.6.1 Übersicht

Systeme der Kostenrechnung

Kostenrechnungssysteme ergeben sich aus den Regeln für die Erfassung, Verteilung und Zurechnung der Kosten. *Kostenrechnungssysteme*
Die Kostenrechnung kann nach zwei Kriterien erfolgen:

> Zeitbezug
> und
> Umfang

Nach dem Zeitbezug unterscheidet man: *Zeitbezug*

> Ist-Kostenrechnung
> Normalkostenrechnung
> Plankostenrechnung

Nach dem Umfang werden unterschieden: *Umfang*

> Vollkostenrechnung
> Teilkostenrechnung

Kostenrechnungssysteme

```
                    Kostenrechnung
                   /              \
            nach der Zeit      nach dem Umfang
           /     |     \          /        \
      Ist-    Normal-  Plan-   Voll-    Teil-
      kosten- kosten-  kosten- kosten-  kosten-
      rechnung rechnung rechnung rechnung rechnung
```

1.3.6.2 Ist- und Plankostenrechnung

Ist-Kostenrechnung

Ist-Kosten
> Dabei werden die effektiv angefallenen Kosten eines Abrechnungszeitraums berücksichtigt und verrechnet. Die Ist-Kostenrechnung ist damit vergangenheitsorientiert.

Sie dient der Nachkalkulation. Ein Nachteil besteht darin, dass einmalige Vorgänge und zufällige Schwankungen (beispielsweise bei den Rohstoffpreisen) das Ergebnis erheblich verzerren können und damit Vergleiche unterschiedlicher Abrechnungsperioden erschwert werden.

Normalkostenrechnung

Normalkosten
> Um Schwankungen wie bei der Ist-Kostenrechnung auszuschalten, orientiert sich dieses Verfahren nicht an den aktuellen Ist-Kosten, sondern an Durchschnittswerten aus der Vergangenheit.

Dabei können auch sich abzeichnende Entwicklungen berücksichtigt werden, so dass man aktualisierte Mittelwerte enthält. Formen der Normalkostenrechnung sind die

> starre Normalkostenrechnung, die nur für einen bestimmten Beschäftigungsstand Gültigkeit hat, und die
> flexible Normalkostenrechnung, die unterschiedliche Kapazitätsausnutzungen berücksichtigt.

Plankostenrechnung

Plankosten
> Plankosten haben Vorgabecharakter (Prognosen) und werden aus der betrieblichen Planung abgeleitet.

1.3.6 Kostenrechnungssysteme

Die Plankostenrechnung ist also zukunftsorientiert. Man kann unterscheiden

> die starre Plankostenrechnung, bei der Beschäftigungsschwankungen nicht berücksichtigt werden, und
> die flexible Plankostenrechnung, die an Beschäftigungsschwankungen angepasst werden kann.

1.3.6.3 Voll- und Teilkostenrechnung

Vollkostenrechnung

> Dieses Kostenrechnungssystem ist darauf ausgerichtet, alle anfallenden Kosten zu berücksichtigen und zu verteilen.

Beispiel:

Ein Zulieferbetrieb ist vertraglich verpflichtet, an einen Kunden 100 Teile zum Stückpreis von 11.000,00 EUR zu liefern. Seine Kapazitäten sind damit noch nicht voll ausgelastet. Ein anderes Unternehmen würde ihm weitere 20 Teile zum Preis von 8.000,00 EUR je Stück abnehmen. Die Gesamtkosten des Betriebes betragen derzeit 1.000.000,00 EUR (also pro Teil 10.000,00 EUR), 30 % der Kosten sind variabel, also pro Stück 3.000,00 EUR. Soll der Betriebsinhaber den zusätzlich möglichen Auftrag annehmen?

Die **Vollkostenrechnung** führt zu folgendem Ergebnis:

Ohne Zusatzauftrag

```
  Gesamtumsatz    1.100.000,00 EUR
– Gesamtkosten    1.000.000,00 EUR
= Gewinn            100.000,00 EUR
```

Mit Zusatzauftrag

```
  Gesamtumsatz    1.260.000,00 EUR
– Gesamtkosten    1.200.000,00 EUR
= Gewinn             60.000,00 EUR
```

Aufgrund dieser Vollkostenrechnung wird der Betriebsinhaber zu dem Schluss gelangen, dass der zusätzliche Auftrag mit einem Verlust verbunden ist und zu einer Schmälerung des Gesamtgewinns führt. Unter diesen Voraussetzungen wird er den Auftrag in aller Regel ablehnen.

Teilkostenrechnung

> Im Rahmen dieses Systems wird nur ein Teil der Kosten, in der Regel die variablen oder die Einzelkosten, verrechnet.

> **Beispiel:**
>
> Eine **Teilkostenrechnung** ergibt für das obige Zahlenbeispiel folgendes Bild:
>
> **Ohne** Zusatzauftrag
>
> | | Umsatzerlöse | 1.100.000,00 EUR |
> |---|---|---|
> | − | variable Kosten | 300.000,00 EUR |
> | = | Deckungsbeitrag | 800.000,00 EUR |
> | − | fixe Kosten | 700.000,00 EUR |
> | = | betriebl. Gewinn | 100.000,00 EUR |
>
> **Mit** Zusatzauftrag
>
> | | Umsatzerlöse | 1.260.000,00 EUR |
> |---|---|---|
> | − | variable Kosten | 360.000,00 EUR |
> | = | Deckungsbeitrag | 900.000,00 EUR |
> | − | fixe Kosten | 700.000,00 EUR |
> | = | betriebl. Gewinn | 200.000,00 EUR |

Durch Übernahme des Zusatzauftrages kann der Betrieb bei gleich bleibenden Fixkosten seinen Gewinn sogar verdoppeln. Bei dem neu dazukommenden Auftrag sind ja nur noch die variablen Kosten zu decken. Der sie übersteigende Umsatzerlös kommt vollkommen dem Gewinn zugute.

1.3.6.4 Deckungsbeitragsrechnung

Ist-Kosten
Vollkostenrechnung
Teilkostenrechnung

Die bislang dargestellten Kalkulationsmethoden gehen davon aus, dass
> die tatsächlich entstandenen Kosten (Ist-Kosten) verrechnet werden und
> alle angefallenen Kosten auch auf die einzelnen Kostenträger verteilt werden (Vollkostenrechnung).

Bei der Kalkulation des Angebotspreises kann es im Einzelfall jedoch auch zweckmäßig sein, nur die variablen Kosten zu berücksichtigen und die fixen Kosten außer Ansatz zu lassen (Teilkostenrechnung).

Deckungsbeitrag

> Der Deckungsbeitrag ist die Differenz zwischen dem Umsatzerlös und den variablen Kosten.

Der Vorteil der Deckungsbeitragsrechnung besteht darin, dass man sich besser an die Marktverhältnisse anpassen kann. Solange nämlich der Absatzpreis über den variablen Kosten liegt, wird zumindest ein Teil der Fixkosten mit abgedeckt. Dieser Anteil würde durch die Nichtannahme so kalkulierter Aufträge ganz entfallen.
Die Deckungsbeitragsrechnung ist vor allem wichtig zur Beurteilung der Erfolgsentwicklung, wenn unter gleich bleibenden Bedingungen eine Leistungseinheit hinzukommt oder wegfällt.

> Die Deckungsbeitragsrechnung ist ein wichtiges Instrument, um die Gewinne des Betriebes langfristig zu sichern und zu steigern.

1.3.7 Anwendung der Kostenrechnung

1.3.7.1 Aufbereitung von Kostenrechnungsunterlagen und Ermittlung informativer Kostendaten für betriebswirtschaftliche Analysen

Die Kostenrechnung als wichtiger Zweig des Rechnungswesens gibt wertvolle Anhaltspunkte für unternehmerische Dispositionen.
Dazu zählen insbesondere folgende Möglichkeiten:

> Die Darstellung der Entwicklung einzelner Kostenarten anhand der Daten der Kostenrechnung (Kostenentwicklungsvergleiche).
> Die Gegenüberstellung verschiedener Kostenarten in Form von Verhältniszahlen, also etwa von Einzelkosten und Gemeinkosten, oder verschiedener Einzelkosten und Gemeinkosten untereinander oder im Verhältnis zur Bezugsbasis Gesamtkosten (Kostenstrukturvergleiche).
> Die detaillierte Analyse einzelner Kostenarten, beispielsweise die Zusammensetzung der Personalkosten.
> Die Gegenüberstellung von Kosten- und Leistungsdaten für ein Unternehmen insgesamt oder für einzelne Teilbereiche (Betriebsteile), etwa nach wichtigen Kostenstellen.

Auswertung der Kostenrechnung

1.3.7.2 Kostenplanung

> Aus der Analyse der kostenbeeinflussenden Faktoren für eine abgeschlossene Abrechnungsperiode ergeben sich auch wichtige Erkenntnisse für die Kostenbeeinflussung und Kostenplanung in der Zukunft.

Die Kostenplanung – auch Kostenprognose genannt – erfolgt für eine Planungsperiode; dies kann beispielsweise ein Monat, ein Vierteljahr, ein Halbjahr oder ein Jahr sein. Dazu wird für die einzelnen Kostenstellen die Planbeschäftigung (zum Beispiel Stückzahlen, Arbeitsstunden, Maschinenstunden) festgelegt. Sie ist dann die Basis für die Bestimmung der Planpreise und Planmengen für die benötigten Produktionsfaktoren (Arbeitskräfte, Maschinen, Materialien).

Kostenprognose

1.3.7.3 Kostenkontrolle

> Für die Kostenkontrolle werden die tatsächlich entstandenen Kosten den geplanten Kosten gegenübergestellt (Soll-Ist-Vergleich).

Somit lassen sich Abweichungen feststellen, die anschließend auf ihre Ursachen hin untersucht werden. Diese Suche nach Verlustquellen ist für den Betriebsinhaber eine wichtige und informative Aufgabe.
Eine gezielte Kostenkontrolle ermöglicht es, Kostenüberschreitungen frühzeitig zu erkennen und kostendämpfende Maßnahmen rechtzeitig einzuleiten.
Der Betriebsabrechnungsbogen liefert dazu wichtige Unterlagen. Damit sind sowohl Zeitpunkt- wie auch Zeitraum- und kurzfristige Erfolgsrechnungen möglich.

Kostenüberschreitungen

Kostenstruktur
Kostenstrukturentwicklung

> Die im Betriebsabrechnungsbogen vorgenommene Kostenzusammenstellung bringt eine Übersicht über Kostenstruktur und Kostenstrukturentwicklung. Sie ermöglicht ferner Vergleiche hinsichtlich der Kostenarten und der Kostenstellen.

Diese Daten sind eine wichtige Basis für die Analyse kostenbeeinflussender Faktoren im gesamten Betrieb oder einzelner Bereiche in der abgelaufenen Rechnungsperiode und eventuell weiteren vorangegangenen Jahren.

Wenn zum Beispiel der Anteil der Personalkosten an den Gesamtkosten von Jahr zu Jahr steigt, so kann dies unter anderem mit der Zusammensetzung der Arbeitskräfte oder auch der Produktivität des Betriebes im Verhältnis zu anderen vergleichbaren Betrieben zusammenhängen.

EDV-Programme Sowohl für Kostenplanung wie auch für Kostenkontrolle gibt es geeignete EDV-Programme.

1.3.7.4 Entscheidungsunterstützung

Durch die Erfassung der Kosten in ihrer Struktur und nach ihrer Höhe sowie ihre Zurechnung auf Betriebsbereiche, Produkte und Dienstleistungen vermittelt die Kostenrechnung dem Betriebsinhaber wichtige Entscheidungsgrundlagen.

Leistungsprogramm

Auf der Basis der Ergebnisse der Kostenrechnung kann der Betriebsinhaber Einfluss auf das Leistungsprogramm seines Betriebes nehmen, indem er beispielsweise Produkte und Leistungen mit hohen Deckungsbeiträgen ausweitet und Verlustbringer möglicherweise einschränkt oder aus seinem Programm nimmt.

Entscheidungsdaten

> Die Kostenrechnung liefert die Daten zu Entscheidungen über Sachverhalte wie:
>
> › Eigenfertigung oder Fremdbezug
> › Herausnahme von bestimmten Produkten und Dienstleistungen
> › Optimierung des Produkt- und Leistungsprogramms
> › Abbau von Kapazitätsengpässen

Preispolitik

Im Vordergrund der betrieblichen Praxis steht zwar die kostenorientierte Preisbildung (zuzüglich eines Gewinn- und Wagniszuschlages).

Preisuntergrenzen

> Aber die Kostenrechnung liefert dem Betriebsinhaber auch die notwendigen Informationen zur Ermittlung von Preisuntergrenzen beim Verkauf bzw. Preisobergrenzen beim Einkauf.

Ermittelte Preisuntergrenzen können im Einzelfall sogar noch unterschritten werden, wenn im Gesamtunternehmen auch Produkte hergestellt und vertrieben werden, die einen relativ hohen Deckungsbeitrag aufweisen.

1.3.7 Anwendung der Kostenrechnung

Wenn negative Deckungsbeiträge bestimmter Produkte durch positive Deckungsbeiträge anderer Produkte ausgeglichen werden, dann spricht man auch vom kalkulatorischen Ausgleich.

Kalkulatorischer Ausgleich

1.3.7.5 Gewinnschwellenanalyse

Für jeden Betrieb lässt sich der Punkt ausrechnen, ab dem er Gewinne erzielen kann. Dieser Punkt, der Kostendeckungspunkt, Gewinnschwelle oder auch „Breakeven-Point" genannt wird, liegt dort, wo die Summe aus fixen und variablen Kosten gerade dem Umsatzerlös entspricht.

Gewinnschwelle

Der Kostendeckungspunkt lässt sich sowohl über eine Formel wie auch grafisch ableiten.

Formel zur Ermittlung des Kostendeckungspunktes:

$$\text{Gewinnschwellenumsatz} = \frac{\text{Fixkosten}}{\text{Deckungsgrad}} \qquad \text{Deckungsgrad} = \frac{\text{Deckungsbeitrag}}{\text{Umsatzerlöse}}$$

Auf der Basis der Zahlen des Beispiels zur Vollkostenrechnung (ohne Zusatzauftrag) ergibt sich:

$$\text{Deckungsgrad} = \frac{800.000,00}{1.100.000,00}$$

Gewinnschwellenumsatz =

$$\frac{700.000,00}{\frac{800.000,00}{1.100.000,00}} = \frac{700.000,00}{800.000,00} \times 1.100.000,00 = \underline{962.500,00}$$

Daraus folgt, dass der Betrieb 962.500,00 EUR an Umsatz tätigen muss, um seine Gesamtkosten durch die Umsatzerlöse abzudecken. Ist der Umsatz niedriger, liegt der Betrieb im Verlustbereich.

Auf die Teileanzahl – bei einem Stückpreis von 11.000,00 EUR – umgerechnet bedeutet dies, dass 87,5 Stück hergestellt werden müssen.

Dieselbe Lösung ergibt sich bei der grafischen Darstellung:

Grafische Ermittlung der Gewinnschwelle

(Diagramm: Gesamtkosten, Umsatzerlöse in 1.000 EUR auf der y-Achse (100 bis 1.000), Produktionsmenge auf der x-Achse (10 bis 100). Fixkosten bei 700, Gesamtkosten steigen linear, Umsatzerlöse-Gerade schneidet Gesamtkosten bei ca. 90 Stück – Gewinnschwelle. Darüber: Gewinnbereich.)

Die Abbildung macht auch deutlich, dass ein zusätzlicher Auftrag, der durch den Umsatzerlös mehr als die variablen Kosten abdeckt, die Gewinnsituation verbessert.

Neue Gewinnschwellenberechnung
Es ist zu beachten, dass immer eine neue Gewinnschwellenberechnung erforderlich ist, sobald ein Auftrag die Gesamtkostensituation ändert.

1.3 Kosten- und Leistungsrechnung

Übungs- und Prüfungsfragen

1. Was versteht man unter Marktpreis?

   - [ ] a Jeden Preis im System einer Marktwirtschaft.
   - [ ] b Den Preis, der vom Hersteller empfohlen wird.
   - [ ] c Den Preis, der auf dem Produkt ausgezeichnet ist.
   - [ ] d Den Preis, der sich am freien Markt nach Angebot und Nachfrage bildet.
   - [ ] e Den Preis, der von der staatlichen Aufsichtsbehörde genehmigt wurde.

      >> Seite 133 |

2. Um sich auf dem Markt und gegen die Mitwettbewerber behaupten zu können, müssen Sie als Betriebsinhaber in der Lage sein, die Preise für Ihre Produkte und Dienstleistungen kalkulieren zu können.

      Aufgabe: Was versteht man unter dem kalkulierten betrieblichen Preis?

   - [ ] a Den Preis, den alle Betriebe einer bestimmten Branche in gleicher Weise verlangen.
   - [ ] b Den Preis, den der einzelne Betrieb anhand seiner Kosten berechnet.
   - [ ] c Den betrieblich errechneten Preis, den man aber nie am Markt erzielen kann.
   - [ ] d Den vom Hersteller einer vorangegangenen Produktionsstufe empfohlenen Preis.
   - [ ] e Den vom Hersteller einer vorangegangenen Produktionsstufe verbindlich festgesetzten Preis.

      >> Seite 133 |

3. Warum braucht man in erster Linie eine Kostenrechnung und Kalkulation?

   - [ ] a Um einen kostengerechten Preis für eine betriebliche Leistung oder für ein vom Betrieb hergestelltes Produkt zu berechnen.
   - [ ] b Weil sie nach den Grundsätzen der ordnungsmäßigen Buchführung vorgeschrieben sind.
   - [ ] c Um den Jahresumsatz ermitteln zu können.
   - [ ] d Um eine staatliche Preiskontrolle durch die zuständigen Behörden zu ermöglichen.
   - [ ] e Um einen Betriebsabrechnungsbogen erstellen zu können.

      >> Seite 133 |

1.3 Kosten- und Leistungsrechnung

4. Welches ist die richtige Reihenfolge der zentralen Aufgaben der Kostenrechnung?

   - [ ] a Kosten zurechnen, Kosten erfassen, Kosten verteilen
   - [ ] b Kosten erfassen, Kosten zurechnen, Kosten verteilen
   - [ ] c Kosten zurechnen, Kosten verteilen, Kosten erfassen
   - [ ] d Kosten verteilen, Kosten zurechnen, Kosten erfassen
   - [ ] e Kosten erfassen, Kosten verteilen, Kosten zurechnen.

   >> Seite 133

5. Erklären Sie, in welche wichtigen Bereiche sich die Kostenrechnung gliedert!

   >> Seite 134

6. Direkt zu verrechnende Kosten sind in der Regel

   - [ ] a Kosten, die direkt auf das Einzelstück verrechnet werden.
   - [ ] b alle im Betrieb anfallenden Gemeinkosten.
   - [ ] c nur ein Teil der Gemeinkosten des Betriebes.
   - [ ] d nur die Lohnkosten, die direkt auf das Produkt verrechnet werden können.
   - [ ] e nur die Materialkosten, die direkt auf das Produkt verrechnet werden können.

   >> Seite 134

7. Als Betriebsinhaber müssen Sie für eine solide Kalkulation in der Lage sein, verschiedene Kostenarten unterscheiden zu können.

   Aufgabe:
   a) Welche Kosten gehören zu den Einzelkosten?
   b) Welche Kosten gehören zu den Gemeinkosten?
   c) Welche Kosten gehören zu den Sonderkosten?

   >> Seite 134

8. Die „effektiven" Kosten ergeben sich in erster Linie aus

   - [ ] a Notizen des Betriebsinhabers.
   - [ ] b den Wochenlisten einzelner Arbeitskräfte.
   - [ ] c statistischen Aufschreibungen.
   - [ ] d den Zahlen der Buchführung.
   - [ ] e den Preislisten.

   >> Seite 134

9. Eine wichtige Voraussetzung für eine einzelbetriebliche Kostenrechnung und Kalkulation ist

   - [ ] a eine ordnungsmäßige Buchführung, die wichtige kostenrechnerische Daten liefert.
   - [ ] b die Schätzung der Preise für bestimmte Lieferungen und Leistungen.
   - [ ] c die Einbeziehung von Konkurrenzpreisen in die einzelbetrieblichen kostenrechnerischen Überlegungen.
   - [ ] d die Berücksichtigung von Unterangeboten bei der Vergabe öffentlicher Aufträge.
   - [ ] e die unveränderte Zugrundelegung von Kalkulationshilfen, die Vorlieferanten zur Verfügung stellen.

   >> Seite 136 |

10. Kalkulatorische Kosten bzw. Zusatzkosten sind

    - [ ] a Kosten, die bei einzelnen Aufträgen dem Betrieb zusätzlich entstehen.
    - [ ] b Kosten, die in einer Reihe von Dienstleistungsberufen zusätzlich entstehen.
    - [ ] c alle Kosten, die in der Kalkulation des Betriebes einzusetzen sind.
    - [ ] d Kosten, die nicht oder nicht in der zu berechnenden Höhe in der Buchführung zu Buche schlagen.
    - [ ] e Kosten, die sich aus den Aufwendungen der G+V ergeben.

    >> Seite 137 |

11. Sie sind Betriebsinhaber in der Rechtsform der Einzelfirma und arbeiten teilweise noch direkt an der Herstellung von Produkten und Dienstleistungen mit. Zum Teil bezieht sich Ihre Arbeit aber auch auf überwachende, disponierende und verwaltende Tätigkeit als Unternehmer.

    Aufgabe: Erläutern Sie, wie jeweils der direkt und der indirekt verrechenbare Anteil des Unternehmerlohnes berechnet und verrechnet werden!

    >> Seite 138 |

12. Als Betriebsinhaber wissen Sie, dass Sie zur Steigerung der Genauigkeit und Aussagefähigkeit Ihrer Kalkulation auch kalkulatorische Kosten berücksichten müssen.

    Aufgabe:
    a) Wofür und in welcher Form wird die kalkulatorische Verzinsung in Ansatz gebracht?
    b) Wofür und in welcher Form muss die kalkulatorische Miete berechnet werden?
    c) Wofür und in welcher Form geht die kalkulatorische Abschreibung in die Kalkulation ein?

    >> Seiten 138 bis 139 |

1.3 Kosten- und Leistungsrechnung

13. Durch Multiplikation des mengenmäßigen Verbrauchs an Material mit den entsprechenden Preisen erhält man in der Kalkulation die

   - a Materialgemeinkosten.
   - b Materialsonderkosten.
   - c Materialzusatzkosten.
   - d Materialeinzelkosten.
   - e Materialfixkosten.

   >> Seite 140 |

14. Die Berechnung der Materialeinzelkosten in der Kalkulation setzt voraus:

   - a eine Materialmengenberechnung, die auch Nebenmaterialien einschließt.
   - b eine Lagerbuchführung über das gesamte Warenlager des Betriebes.
   - c eine ständige Überwachung des Materialbestandes durch einen Materialverwalter.
   - d eine fortlaufende Statistik über Preisveränderungen auf dem Beschaffungsmarkt.
   - e Preisempfehlungen der Vorlieferanten.

   >> Seite 140 |

15. Welche Preise können bei der Ermittlung der Materialeinzelkosten **nicht** in Ansatz gebracht werden?

   - a Die Einkaufspreise einschließlich Beschaffungskosten
   - b Die Tagespreise
   - c Gesondert berechnete betriebliche Einheitspreise
   - d Empfohlene Verkaufspreise der Vorlieferanten, die Gemeinkosten- und Gewinnbestandteile enthalten
   - e Die Materialpreise ohne Umsatzsteuer.

   >> Seiten 141 bis 142 |

16. Die Berechnung der Lohneinzelkosten für den Ansatz in der Angebotskalkulation erfolgt

   - a durch die Multiplikation von Arbeitszeit und Stundenlohn.
   - b durch Schätzung der Lohnkostenbestandteile.
   - c durch Übernahme von Lohnkostenzahlen aus der Buchführung.
   - d durch Zusammenzählen der direkt verrechenbaren und der nicht verrechenbaren Löhne.
   - e durch einen Zuschlag auf die Materialeinzelkosten.

   >> Seite 142 |

1.3 Kosten- und Leistungsrechnung

17. Welcher der nachstehenden Grundsätze ist **nicht** zutreffend?

    - [ ] a Der Stundenlohn wird für kalkulatorische Zwecke nach den tatsächlichen Beträgen berechnet.
    - [ ] b Der Stundenlohn richtet sich nur nach den Tarifverträgen.
    - [ ] c Der Stundenlohn kann sich nach betrieblichen Durchschnittslohnsätzen richten.
    - [ ] d Für die direkte Mitarbeit des Betriebsinhabers wird der Stundenlohnsatz für Meister angesetzt.
    - [ ] e Der Stundenlohn wird für Meister und Gesellen getrennt berechnet.

    >> Seite 142 |

18. Da Ihr Betrieb deutlich mehr Personal- als Kapitaleinsatz erfordert, ist die genaue Erfassung der Lohnkosten für Sie besonders wichtig.

    Aufgabe: Stellen Sie das Schema für die Berechnung der Lohneinzelkosten dar!

    >> Seite 143 |

19. Die richtige Erfassung, Verteilung und Verrechnung der Gemeinkosten ist

    - [ ] a für die Kalkulation unerheblich.
    - [ ] b in Klein- und Mittelbetrieben nur schwer möglich.
    - [ ] c eine wichtige Voraussetzung für die Ermittlung der Umsatzsteuerschuld.
    - [ ] d überflüssig, wenn Preisempfehlungen der Lieferanten gegeben sind.
    - [ ] e eine unabdingbare Voraussetzung für eine exakte Kalkulation.

    >> Seite 144 |

20. Erklären Sie, nach welchen Kriterien fixe und variable Kosten unterschieden werden!

    >> Seiten 147 bis 148 |

1.3 Kosten- und Leistungsrechnung

21. Was versteht man unter Kostenstellenrechnung?

   - [ ] a Wenn alle Kosten nach Verteilungsschlüsseln auf Hilfskostenstellen umgelegt werden.
   - [ ] b Wenn alle Kosten nach Verteilungsschlüsseln auf betriebliche Kostenstellen umgelegt werden.
   - [ ] c Wenn nur die Einzelkosten auf betriebliche Kostenstellen umgelegt werden.
   - [ ] d Wenn nur die Gemeinkosten auf betriebliche Kostenstellen umgelegt werden.
   - [ ] e Wenn zu jeder Hauptkostenstelle mindestens zwei Hilfskostenstellen gebildet werden.

   >> Seite 148 |

22. Als Betriebsinhaber ist es für Sie wichtig zu wissen, wo in Ihrem Betrieb jeweils Kosten entstehen.

    Aufgabe:
    a) Welcher Zweig der Kostenrechnung beantwortet Ihnen diese Frage?
    b) Stellen Sie wichtige Kostenstellen dar!
    c) Erläutern Sie, was man unter Gemeinkostenschlüsseln versteht und wozu sie benötigt werden!

    >> Seiten 148 bis 150 |

23. Bringt die Verrechnung der Gemeinkosten auf Kostenstellen nach betrieblichen Funktionen Vorteile?

   - [ ] a Ja, weil man den unterschiedlichen Gemeinkostenanteilen besser Rechnung tragen kann.
   - [ ] b Ja, weil die Gemeinkostenverrechnung dadurch rechentechnisch viel einfacher wird.
   - [ ] c Nein, weil eine so detaillierte Kostenverrechnung im Handwerksbetrieb wenig Nutzeffekt bringt.
   - [ ] d Nein, weil die für diese Kostenverrechnung notwendige Kostenerfassung im Kleinbetrieb nicht möglich ist.
   - [ ] e Nein, weil die Gemeinkosten in der Regel die unbedeutendsten Kostenkomponenten sind.

   >> Seite 150 |

1.3 Kosten- und Leistungsrechnung

24. Die Gemeinkostenverteilung bzw. -verrechnung erfolgt
    - [ ] a direkt ohne Bezug auf eine Kostengröße.
    - [ ] b in den meisten Handwerksbetrieben auf einer Bezugsgrundlage.
    - [ ] c im Handwerk immer auf zwei Bezugsgrundlagen.
    - [ ] d in den meisten Handwerksbetrieben pauschal in einem festen Betrag.
    - [ ] e im Handwerk immer über die Handelsspanne.

    >> Seite 152

25. Bei der Verrechnung der Gemeinkosten auf der Basis der Lohneinzelkosten ergibt sich der betriebseinheitliche Zuschlagssatz wie folgt:

    - [ ] a $\dfrac{\text{Gemeinkostenlöhne}}{\text{Lohneinzelkosten}} \times 100$
    - [ ] b $\dfrac{\text{Gemeinkostenlöhne}}{\text{Gemeinkostensumme}} \times 100$
    - [ ] c $\dfrac{\text{Gemeinkostensumme}}{\text{Gemeinkostenlöhne}} \times 100$
    - [ ] d $\dfrac{\text{Lohneinzelkosten}}{\text{Gemeinkostensumme}} \times 100$
    - [ ] e $\dfrac{\text{Gemeinkostensumme}}{\text{Lohneinzelkosten}} \times 100$

    >> Seite 152

26. Bei der Verrechnung der Gemeinkosten auf der Basis der Materialeinzelkosten errechnet sich der betriebseinheitliche Gemeinkostenzuschlagssatz wie folgt:

    - [ ] a $\dfrac{\text{Lohneinzelkosten}}{\text{Materialeinzelkosten}} \times 100$
    - [ ] b $\dfrac{\text{Materialeinzelkosten}}{\text{Gemeinkostensumme}} \times 100$
    - [ ] c $\dfrac{\text{Materialeinzelkosten}}{\text{kalkulatorische Kosten}} \times 100$
    - [ ] d $\dfrac{\text{Gemeinkostensumme}}{\text{Materialeinzelkosten}} \times 100$
    - [ ] e $\dfrac{\text{Materialeinzelkosten}}{\text{Herstellkosten}} \times 100$

    >> Seite 153

1.3 Kosten- und Leistungsrechnung

27. Bei der Verrechnung der Gemeinkosten auf der Basis der Summe aller Einzelkosten errechnet sich der betriebseinheitliche Gemeinkostenzuschlagssatz wie folgt:

- [ ] a $\dfrac{\text{Materialeinzelkosten}}{\text{Summe der Einzelkosten}} \times 100$

- [ ] b $\dfrac{\text{Lohneinzelkosten}}{\text{Summe der Einzelkosten}} \times 100$

- [ ] c $\dfrac{\text{Gemeinkostenlöhne}}{\text{Gemeinkostensumme}} \times 100$

- [ ] d $\dfrac{\text{Summe der Einzelkosten}}{\text{Gemeinkostensumme}} \times 100$

- [ ] e $\dfrac{\text{Gemeinkostensumme}}{\text{Summe der Einzelkosten}} \times 100$

>> Seite 154 |

28. Eine Kontrolle der Gemeinkostenzuschlagssätze ist, sofern keine außerordentlichen Ereignisse eintreten, im Regelfall bei einem Handwerksbetrieb durchschnittlicher Größe notwendig

- [ ] a täglich.
- [ ] b wöchentlich.
- [ ] c monatlich.
- [ ] d halbjährlich.
- [ ] e jährlich.

>> Seite 158 |

29. Sie führen die Kostenstellenrechnung für Ihren Betrieb mittels eines Betriebsabrechnungsbogens durch.

Aufgabe: Beschreiben Sie die wichtigsten Aufgaben und den Aufbau eines Betriebsabrechnungsbogens!

>> Seiten 161 bis 162 |

30. Der Betriebsabrechnungsbogen enthält in der Regel

- [ ] a nur die kalkulatorischen Kosten oder Zusatzkosten.
- [ ] b nur die Gemeinkosten.
- [ ] c nur Kosten, denen tatsächliche Ausgaben gegenüberstehen.
- [ ] d sämtliche Kosten der Kostenrechnung.
- [ ] e vorwiegend die Einzelkosten.

>> Seiten 161 bis 162 |

1.3 Kosten- und Leistungsrechnung

31. Um sich auf dem Markt und gegen die Mitwettbewerber behaupten zu können, müssen Sie als Betriebsinhaber mit den Grundlagen der Kalkulation vertraut sein.

    Die Kalkulation hat in erster Linie die Aufgabe

    - [ ] a der Selbstkostenberechnung und der Preisermittlung.
    - [ ] b Unterlagen für die Steuerberechnung zu liefern.
    - [ ] c die Wirtschaftlichkeit des betrieblichen EDV-Einsatzes zu untersuchen.
    - [ ] d Preisempfehlungen für Betriebe der gleichen Branche zu ermöglichen.
    - [ ] e die Einhaltung von Richtpreisen zu kontrollieren.

    >> Seite 163 |

32. Die Vorkalkulation hat insbesondere die Aufgabe

    - [ ] a vorwiegend die Materialeinzelkosten vor Auftragsdurchführung zu berechnen.
    - [ ] b vorwiegend die Lohneinzelkosten vor Auftragsdurchführung zu berechnen.
    - [ ] c die Selbstkosten während der Auftragsdurchführung zu überwachen.
    - [ ] d Anhaltspunkte für Sonderkosten nach Auftragsdurchführung zu geben.
    - [ ] e die Selbstkosten und den Angebotspreis vor Auftragsdurchführung zu ermitteln.

    >> Seite 163 |

33. Die Nachkalkulation hat in erster Linie die Aufgabe

    - [ ] a die Selbstkosten und den Angebotspreis vor Auftragsdurchführung zu liefern.
    - [ ] b während der Auftragsdurchführung einen Überblick über die Kostenentwicklung zu geben.
    - [ ] c nach Auftragsdurchführung eine umfassende Kostenkontrolle zu ermöglichen.
    - [ ] d nach Auftragsdurchführung die anteiligen Kosten für Handarbeit zu ermitteln.
    - [ ] e nach Auftragsdurchführung die anteiligen Kosten für Maschinenarbeit zu ermitteln.

    >> Seite 164 |

1.3 Kosten- und Leistungsrechnung

34. Die Rückkalkulation dient

   a der Ermittlung des Betrages, der bei Richtpreisen oder Festpreisen zur Deckung der dem Betrieb entstehenden Kosten zur Verfügung steht.

   b der nachträglichen Berechnung der Gemeinkosten.

   c der Berechnung der Umsatzsteuer in der Kalkulation.

   d nur der Selbstkostenberechnung.

   e nur der Lohnkostenberechnung.

   >> Seite 164 |

35. Der Gewinn- und Wagniszuschlag wird in der Kalkulation angesetzt

   a als Entgelt für entgangene Zinsgewinne, wenn investiertes Kapital weniger Erträge bringt als andere Kapitalanlagen.

   b als Gegenleistung für die Übernahme des Betriebs- und Marktrisikos.

   c als Entgelt für die direkte Mitarbeit des Betriebsinhabers im Fertigungs- und Dienstleistungsprozess des Betriebes.

   d als Entgelt für die Mitarbeit von Familienangehörigen im Betrieb, denen kein Lohn oder Gehalt bezahlt wird.

   e als Entgelt für die Arbeit, die durch die Auszubildenden während des Jahres im Betrieb geleistet wird.

   >> Seite 165 |

36. Um sich auf dem Markt und gegen die Mitwettbewerber behaupten zu können, müssen Sie als Betriebsinhaber in der Lage sein, die Preise für Ihre Produkte und Dienstleistungen kalkulieren zu können.

   Aufgabe: Stellen Sie die einzelnen Kalkulationsmethoden dar!

   >> Seiten 165 bis 171 |

37. Welcher der nachfolgenden Grundsätze ist richtig?
Der Gewinn- und Wagniszuschlagssatz in der Kalkulation

   a hängt von einer Reihe von Faktoren ab.

   b muss in der Regel in der Hochkonjunktur niedrig sein.

   c muss in Zeiten volkswirtschaftlicher Krisen zunehmen.

   d ist für alle Betriebe und Branchen gesetzlich vorgeschrieben.

   e wird für das Handwerk vom Deutschen Handwerksinstitut ermittelt.

   >> Seite 165 |

38. Erläutern Sie die Behandlung der Umsatzsteuer bei der Kalkulation!

   >> Seite 166 |

1.3 Kosten- und Leistungsrechnung

39. Welche Kalkulationsmethode kommt im Handwerk am häufigsten vor?

   - [ ] a Die Divisionskalkulation
   - [ ] b Die Zuschlagskalkulation
   - [ ] c Die Indexrechnung
   - [ ] d Die Deckungsbeitragsrechnung
   - [ ] e Die Grenzkostenrechnung.

   >> Seite 168 |

40. Bei der Zuschlagskalkulation werden die Kosten des Betriebes

   - [ ] a aufgegliedert in effektive und kalkulatorische Kosten.
   - [ ] b aufgegliedert in Einzelkosten und Gemeinkosten.
   - [ ] c nicht aufgegliedert, sondern einfach pauschal verrechnet.
   - [ ] d nur teilweise auf die Leistung verrechnet.
   - [ ] e aufgegliedert in fixe und variable Kosten.

   >> Seite 168 |

41. Stellen Sie das Kalkulationsschema für eine Stückkalkulation dar, in der die materialabhängigen Gemeinkosten auf Basis Materialeinzelkosten und die lohnabhängigen Gemeinkosten auf Basis Lohneinzelkosten verrechnet werden!

   >> Seite 169 |

42. Erläutern Sie das Kalkulationsschema für eine Stückkalkulation, bei der die Verrechnung der Gemeinkosten auf drei Bezugsgrundlagen erfolgt, nämlich Lohneinzelkosten, Materialeinzelkosten und Herstellkosten!

   >> Seite 169 |

43. Um sich auf dem Markt und gegen die Mitwettbewerber behaupten zu können, müssen Sie als Betriebsinhaber in der Lage sein, die Preise für Ihre Produkte und Dienstleistungen kalkulieren zu können.

   Aufgabe: Stellen Sie die Berechnung des Angebotspreises für eine Handelsware dar!

   >> Seite 170 |

44. Erläutern Sie wichtige Systeme der Kostenrechnung!

   >> Seite 175 |

45. Im Rahmen der Teilkostenrechnung werden in der Regel

   ☐ a   nur die fixen oder die Gemeinkosten verrechnet.

   ☐ b   nur die variablen oder die Gemeinkosten verrechnet.

   ☐ c   nur die Sonderkosten verrechnet.

   ☐ d   nur die variablen oder die Einzelkosten verrechnet.

   ☐ e   nur die fixen oder die Sonderkosten verrechnet.

   >> Seite 177 |

46. Sie sehen als Betriebsinhaber in der Deckungsbeitragsrechnung eine wichtige Entscheidungshilfe für Ihre Absatzpolitik.

   Aufgabe: Erklären Sie die Grundsätze und Vorteile der Deckungsbeitragsrechnung!

   >> Seite 178 |

47. Stellen Sie Kostenplanung und Kostenkontrolle als konkrete Anwendungsbereiche der Kostenrechnung dar!

   >> Seiten 179 bis 180 |

48. In der Preisgestaltung sehen Sie als Betriebsinhaber auch ein wichtiges absatzförderndes Instrument.

   Aufgabe: Welche Informationen und Möglichkeiten liefert Ihnen die Kostenrechnung für Ihre betriebliche Preispolitik?

   >> Seite 180 |

49. Die Gewinnschwelle ist für einen Betrieb dann erreicht, wenn

   ☐ a   die Summe der Einzelkosten dem Umsatzerlös entspricht.

   ☐ b   die Summe der Gemeinkosten dem Umsatzerlös entspricht.

   ☐ c   die Summe aus fixen und variablen Kosten dem Umsatzerlös entspricht.

   ☐ d   die fixen den variablen Kosten entsprechen.

   ☐ e   die Summe der kalkulatorischen Kosten dem Umsatzerlös entspricht.

   >> Seite 181 |

1.4 Controlling

1.4.1 Aufgaben und Ziele

Im Handwerksbetrieb liegt die Unternehmensführung zumeist in der Hand des Inhabers. Von wenigen Ausnahmen abgesehen, plant, steuert und kontrolliert er sämtliche Abläufe seines Unternehmens.

Planung
Steuerung
Kontrolle

> Die Hauptaufgabe des Controllings in Handwerksbetrieben ist es, dem Inhaber für diese Tätigkeiten Informationen bereitzustellen. Mit Hilfe dieser Informationen ist er in der Lage, sämtliche Führungsbereiche (z. B. Einkauf, Produktion, Absatz usw.) miteinander abzustimmen (zu koordinieren).

Darüber hinaus sollen ihn diese Informationen dazu befähigen, notwendige Anpassungen an sich ändernde Umwelteinflüsse vorzunehmen und wichtige Neuerungen zu erkennen.
Aufgaben des Controllings in Handwerksbetrieben:

Einzelaufgaben

> Informationsbereitstellung
> Abstimmung von Führungsbereichen
> Anpassung an Umweltänderungen
> Erkennung wichtiger Neuerungen

> Das Ziel des Controllings in Handwerksbetrieben besteht darin, sämtliche Führungsbereiche (z. B. Beschaffung, Produktion, Absatz, Finanzen etc.) auf die Unternehmensziele hin auszurichten.

Diese Unternehmensziele können sehr unterschiedlich sein. Weder Umsatz noch Gewinn sind als isolierte Ziele geeignet, einen Handwerksbetrieb erfolgreich zu führen. Ein umfangreiches Zielbündel ist in den meisten Betrieben anzutreffen. Neben monetären werden auch immer nicht monetäre Ziele verfolgt (>> auch Abschnitt 2.6.1.1 „Arten betrieblicher Ziele"). Außerdem gilt es, auch Nebenbedingungen, wie z. B. eine ausreichende Liquidität, einzuhalten. Sollten diese nicht erfüllt sein, kann es geschehen, dass der Betrieb in große Schwierigkeiten gerät.
Controlling unterstützt den Inhaber bei der Zielbildung, Zielsteuerung und Zielüberwachung.
Aus dem bisher Gesagten wird klar, dass man den Begriff Controlling nicht mit Kontrolle gleichsetzen darf.

> Unter Controlling ist vielmehr ein Prozess zu verstehen, der vergleichbar mit dem Führen eines Schiffes ist. Vereinfachend kann man sagen, dass Controlling die (Kenn-)Zahlen zur Verfügung stellen muss, mit Hilfe derer der Betrieb auf Kurs gehalten werden kann.

Es erscheint wichtig, darauf hinzuweisen, dass für das Controlling im Handwerksbetrieb kein großer finanzieller Aufwand nötig ist. Die meisten Zahlen und sonstigen Informationen sind in der Regel bereits im Unternehmen vorhanden. Ein Betriebsinhaber, der seine betriebswirtschaftliche Auswertung und seine Kennzahlenentwicklung regelmäßig beobachtet und sich betriebswirtschaftlich sowie fachlich auf dem Laufenden hält, kann ein hervorragender Controller sein. Zur Unterstützung des Betriebsinhabers stehen für jede Betriebsgröße geeignete EDV-Anwendungen zur Verfügung.

Vom Zeithorizont betrachtet unterscheidet man, ähnlich wie bei der Planung (Kapitel 2.6), das operative Controlling (kurzfristige Maßnahmen) und das strategische Controlling (längerfristige Maßnahmen).

1.4.2 Schwachstellenanalyse

In jedem Betrieb sind, unabhängig von seiner Größe, Schwachstellen vorhanden. Mit Hilfe der Schwachstellenanalyse gilt es, diese aufzuspüren und zu ihrer Beseitigung beizutragen.

> Die Schwachstellenanalyse besteht aus drei Schritten (Phasen). Im ersten Schritt wird der gegenwärtige Zustand aufgenommen. Man spricht auch von einer Ist-Analyse. In ihr werden sämtliche betrieblichen Bereiche unter die Lupe genommen, nach Unstimmigkeiten sowie Fehlern durchsucht und schriftlich festgehalten.

Unternehmensbereiche

Unternehmensbereiche, die der Schwachstellenanalyse unterworfen werden müssen:

> Rechnungswesen
> Kalkulation
> Marketing
> Organisation
> Finanzwesen
> Personalwesen
> Planung

Fehlersuche

Hilfreich bei der Fehlersuche können beispielsweise Checklisten, Betriebsvergleichszahlen und Merkblätter zur Stärken-/Schwächenanalyse (>> auch Abschnitt 2.6.4 „Planungsinstrumente") sein. Sie sollen dem Betriebsinhaber erste Anhaltspunkte liefern, wo sich Fehlerquellen verbergen können. Bei genauerem Hinsehen treten dann meist betriebstypische Fehlerquellen zutage, die es ebenfalls zu beseitigen gilt.

> Im zweiten Schritt der Schwachstellenanalyse müssen die Ursachen für die aufgedeckten Missstände gesucht werden. Wie bei allen Analysen ist es hierbei äußerst wichtig, dass man versucht, die Lage wirklichkeitsgetreu zu betrachten. Diese Aufrichtigkeit gegenüber sich selbst und anderen kann zu einschneidenden Erkenntnissen führen. Andererseits war alle Mühe vergebens und niemandem ist damit geholfen, wenn man sich in die eigene Tasche lügt.

> In einem dritten und abschließenden Schritt werden die Unzulänglichkeiten den gefundenen Ursachen gegenübergestellt. Dies kann z. B. in Form einer bildlichen Übersicht erfolgen. Diese erleichtert die Entwicklung von Maßnahmen zur Beseitigung der Missstände.

■ Beispiel:

Schwachstelle	Ursache	Maßnahme
Buchführung ist nicht auf dem neuesten Stand.	Rechnungen werden nur einmal im Monat erfasst bzw. geschrieben.	Rechnungen werden ab sofort einmal pro Woche erfasst und geschrieben. Eine zusätzliche Bürohilfe wird auf Stundenbasis eingestellt und über die gewonnenen Skonti und geringeren Überziehungszinsen finanziert.
Kunden haben Mühe, die Reparaturwerkstatt zu finden.	Der Weg zur Werkstatt ist von der Straße aus nicht beschildert.	Aufstellen von Hinweisschildern mit Firmenlogo.
...	...	...

1.4.3 Kennzahlen, Kennzahlensysteme und Kennzahlenanalyse

1.4.3.1 Wesen und Arten von Kennzahlen

In jedem Unternehmen gibt es eine Reihe von Zahlen. Alle diese Zahlen haben einen gewissen Informationsgehalt. Da es unmöglich ist, alle Zahlen ständig zu beobachten und auszuwerten, hat es sich als sinnvoll herausgestellt, nur bestimmte Werte zu untersuchen.

> Diese Zahlen, die entweder bereits im Betrieb vorhanden sind oder erst noch ermittelt werden müssen, nennt man Kennzahlen. Zweck einer Kennzahl ist es, dem Betriebsinhaber möglichst gute Informationen über den Zustand seines Betriebes zu liefern.

Kennzahlen lassen sich für fast jeden Betriebsbereich ermitteln. Sie sind darüber hinaus wichtiges Datenmaterial für die Planung, Steuerung und Kontrolle im Betrieb. Weiterhin sind Kennzahlen auch Maßstabswerte für inner- und zwischenbetriebliche Vergleiche.

1.4 Controlling

```
        Leistung                    Kosten
            ↓                         ↓
Personal →  ┌─────────────────┐  ← Erfolg
            │ Kennzahlenbereiche │
 Absatz  →  └─────────────────┘  ← Finanzwirtschaft
            ↑                         ↑
         Lager                    Fertigung
```

Arten

Es lassen sich grundsätzlich zwei Arten von Kennzahlen unterscheiden.

> Die erste Gruppe nennt man absolute Zahlen. Sie geben die genaue Größe wieder, wie z. B. Umsatz, Kontostand, Rechnungsbetrag, Bilanzgewinn, Produktionsmenge etc.

Diese Kennzahlenart hat jedoch den Nachteil, dass sie ab einer gewissen Größe schlecht überschaubar und handhabbar wird. Außerdem ist sie für Vergleiche nicht gut geeignet. Beispielsweise ist eine Umsatzsteigerung nur dann aussagekräftig, wenn sie ins Verhältnis mit dem dazu notwendigen Aufwand gesetzt wird.

Beispiel:

> Macht ein Handwerksbetrieb im Jahr einen Umsatz von 750.000 EUR und im darauffolgenden Jahr einen Umsatz von 900.000 EUR, so hat sich der absolute Umsatz um 20 % gesteigert. Waren aber zum Erreichen dieses Umsatzes anstatt sechs Mitarbeitern im 1. Jahr elf Mitarbeiter im 2. Jahr notwendig, so sank der Prokopfumsatz um ca. 35 %. Bei genauerem Hinsehen erkennt man, dass absolute Zahlen zu Vergleichen nicht gut geeignet sind.

> Daher verwendet man für Vergleiche und bei großen Zahlen eine andere Kennzahlenart. Man nennt sie Verhältniszahlen. Sie geben an, wie eine Zahl im Verhältnis zu einer anderen Zahl steht. Beide Zahlen können die gleiche (z.B. EUR/EUR) oder unterschiedliche (z.B. EUR/Anzahl der Mitarbeiter; km/Std.) Benennung tragen.

Innerhalb der Verhältniszahlen gibt es drei verschiedene Arten:

> Gliederungszahlen
> Beziehungszahlen
> Indexzahlen

Gliederungszahlen geben den Anteil einer Größe an einer Gesamtmenge an, z.B. den Anteil der Lohn- oder Materialkosten an den Herstellkosten.

Beziehungszahlen geben über das Verhältnis zweier unterschiedlicher Größen Auskunft, z. B. Umsatz pro Mitarbeiter oder Rohertrag pro produktiver Stunde. Indexzahlen geben an, wie sich zwei inhaltlich vergleichbare, aber voneinander unabhängige Größen in einem Zeitraum entwickelt haben, z. B. Höhe der Lohnzusatzkosten 2007/Höhe der Lohnzusatzkosten 2008 oder Höhe der Lebenshaltungskosten 2007/Höhe der Lebenshaltungskosten 2008.

1.4.3.2 Kennzahlenanalyse in der Praxis

Personalwirtschaftliche Kennzahlen

> Verhältnis der Bürokräfte zu den Gesellen bzw. der Angestellten zu den Arbeitern

$$\frac{\text{Bürokräfte}}{\text{Gesellen}} \times 100 = \ldots \% \text{ bzw. } \frac{\text{Angestellte}}{\text{Arbeiter}} \times 100 = \ldots \%$$

Kaufmännische und gewerbliche Kräfte

Aus diesen Kennzahlen erhält man einen Maßstab, ob im Verwaltungsbereich eine Über- oder Unterbesetzung besteht.

> Verhältnis der einzelnen Berufsgruppen der Belegschaft zu den Gesamtbeschäftigten

$$\frac{\text{Einzelne Berufsgruppe}}{\text{Zahl der Gesamtbeschäftigten}} \times 100 = \ldots \%$$

Berufsgruppen

Aus dieser Kennzahl lässt sich im Vergleich mit anderen Betrieben erkennen, ob in einzelnen Berufsgruppen Unter- oder Überbesetzungen vorherrschen.

> Altersgruppen in Prozent der Arbeitskräfte

$$\frac{\text{Bestimmte Altersgruppe}}{\text{Gesamtarbeitskräfte}} \times 100 = \ldots \%$$

Altersgruppen

Diese Kennzahl informiert über die Altersstruktur der Arbeitskräfte und ermöglicht wichtige Schlussfolgerungen hinsichtlich der Personalpolitik. Sie ist ferner wichtig, um für den eigenen Betrieb zu ermitteln, wie er von altersabhängigen Gesetzes- und Tarifbestimmungen betroffen ist.

> Verhältnis der Personalkosten zur Betriebsleistung

$$\frac{\text{Personalkosten}}{\text{Betriebsleistung}} \times 100 = \ldots \%$$

Personalkosten und Betriebsleistung

Diese Kennzahl gibt einen wichtigen Anhaltspunkt hinsichtlich des Personalkostenanteils an der Betriebsleistung.

> Verhältnis von Überstunden zu geleisteten Gesamtarbeitsstunden

$$\frac{\text{Geleistete Überstunden}}{\text{Geleistete Gesamtarbeitsstunden}} \times 100 = \ldots \%$$

Überstunden

Diese Kennzahl informiert zum einen darüber, zu welchen Zeitpunkten besonders viele Überstunden anfallen. Zum anderen kann daraus abgeleitet werden, ob Neueinstellungen erforderlich werden.

1.4 Controlling

Fluktuation

> Personalbewegung

$$\frac{\text{Zu- und Abgänge an Arbeitskräften}}{\text{gesamte Arbeitskräfte}} \times 100 = \dots \%$$

Diese Kennzahl informiert über die Fluktuation des Personals in einem Betrieb und lässt eventuell Rückschlüsse auf Betriebsklima u. Ä. zu.

Austrittsquote

> Austrittsquote

$$\frac{\text{Kündigungen im Jahr}}{\text{durchschnittliche Zahl der Beschäftigten im Jahr}} \times 100 = \dots \%$$

Die Austrittsquote als Teilbereich der Personalbewegung zeigt an, wie viel Prozent der Belegschaftsmitglieder im laufenden Jahr das Unternehmen verlassen haben.

Fehlzeitenquote

> Fehlzeitenquote

$$\frac{\text{Fehlarbeitstage im Jahr}}{\text{mögliche Arbeitstage im Jahr}} \times 100 = \dots \%$$

Die Fehlzeitenquote gibt ein interessantes Bild über die versäumten Arbeitstage im Verhältnis zu den möglichen Arbeitstagen.

Fertigungswirtschaftliche Kennzahlen

> Verhältnis der nicht direkt verrechenbaren zu den direkt verrechenbaren Löhnen

Produktive und unproduktive Löhne

$$\frac{\text{nicht direkt verrechenbare Löhne}}{\text{direkt verrechenbare Löhne}} \times 100 = \dots \%$$

Diese Kennzahl gibt unter anderem Aufschluss über den rationellen Einsatz der Arbeitskräfte.

> Verhältnis der nicht direkt verrechenbaren Löhne zur Betriebsleistung

Nicht direkt verrechenbarer Lohnanteil am Umsatz

$$\frac{\text{nicht direkt verrechenbare Löhne}}{\text{Betriebsleistung}} \times 100 = \dots \%$$

Diese Kennzahl gibt Aufschluss über den Anteil der nicht direkt verrechenbaren Löhne am Umsatz des Betriebes.

> Verhältnis direkt verrechenbarer Löhne zur Betriebsleistung

Produktiver Lohnanteil am Umsatz

$$\frac{\text{direkt verrechenbare Löhne}}{\text{Betriebsleistung}} \times 100 = \dots \%$$

Diese Kennzahl gibt Auskunft über den Anteil der direkt verrechenbaren Löhne am Umsatz des Betriebes.

1.4.3 Kennzahlen, Kennzahlensysteme und Kennzahlenanalyse

> **Betriebsleistung pro Fertigungsarbeiter**

$$\frac{\text{Betriebsleistung}}{\text{Zahl der Fertigungsarbeiter}} = \text{... EUR}$$

Umsatz pro Fertigungsarbeiter

Diese Kennzahl gibt Aufschluss über den Umsatz pro Arbeitskraft im Bereich der Fertigung.

> **Verhältnis der effektiven Maschinenstunden zu den möglichen Maschinenstunden**

$$\frac{\text{Maschinen-Ist-Stunden}}{\text{Maschinen-Soll-Stunden}} \times 100 = \text{... \%}$$

Maschinenauslastung

Mit dieser Kennzahl erhält man einen Überblick über die Maschinenauslastung.

> **Gesamtmaschinenwert je Fertigungsarbeiter**

$$\frac{\text{Gesamtmaschinenwert}}{\text{Zahl der Fertigungsarbeiter}} = \text{... EUR}$$

Grad der Mechanisierung

Diese Kennzahl gibt Aufschluss über den Grad der Mechanisierung, Technisierung und Rationalisierung eines Betriebes.
Dabei ist jedoch zu berücksichtigen, dass der Maschinenwert nicht nach steuerlichen Buchwerten, sondern nach Zeitwerten angesetzt wird.

> **Betriebsraum je Fertigungsarbeiter**

$$\frac{\text{Werkstattfläche}}{\text{Zahl der Fertigungsarbeiter}} = \text{... m}^2$$

Betriebsraum je Arbeiter

Diese Kennzahl gibt insbesondere im Vergleich zu anderen Betrieben Aufschluss darüber, ob im einzelnen Betrieb die m²-Fläche für den Arbeitsbereich jedes Fertigungsarbeiters ausreichend ist.

Lagerwirtschaftliche Kennzahlen

> **Verhältnis der Werkstoffkosten (Materialkosten) zur Betriebsleistung**

$$\frac{\text{Werkstoffkosten}}{\text{Betriebsleistung}} \times 100 = \text{... \%}$$

Werkstoffkosten

Der Anteil der Materialkosten am Umsatz ist eine wichtige Kennzahl. Man kann gerade im Vergleich zu anderen Betrieben aus dieser Kennzahl herauslesen, ob im Materialbereich des Betriebes Verlustquellen liegen.

> **Verhältnis von Rabatten und Kostenvergünstigungen zu den Werkstoffkosten (Materialkosten)**

$$\frac{\text{Rabatte + Kostenvergünstigungen}}{\text{Werkstoffkosten}} \times 100 = \text{... \%}$$

Rabatte

Diese Kennzahl gibt bei der Überprüfung der günstigsten Einkaufsquelle interessante Hinweise.

> Lagerumschlagshäufigkeit

Lagerumschlag

$$\frac{\text{Werkstoffkosten (Materialverbrauch)}}{\text{durchschnittlicher Lagerbestand}} = \ldots$$

Diese Kennzahl gibt an, wie oft sich das Lager innerhalb eines bestimmten Zeitraumes umschlägt.

> Lagerdauer

Lagerdauer

$$\frac{\text{durchschnittlicher Lagerbestand}}{\text{Werkstoffkosten (Materialverbrauch)}} \times 360 = \ldots \text{ Tage}$$

Diese Kennzahl informiert darüber, wie lange sich das Material durchschnittlich im Lager befindet und ist für Dispositionen ebenso wie die Kennzahl zur Lagerumschlagshäufigkeit eine wichtige Grundlage.

Verwaltungs- und vertriebs(absatz)wirtschaftliche Kennzahlen

> Verhältnis der Verwaltungskosten zur Betriebsleistung

Verwaltungskosten

$$\frac{\text{Verwaltungskosten}}{\text{Betriebsleistung}} \times 100 = \ldots \%$$

Die Kennzahl informiert über Über- oder Unterorganisation im Verwaltungsbereich.

> Verhältnis der Vertriebskosten zur Betriebsleistung

Vertriebskosten

$$\frac{\text{Vertriebskosten}}{\text{Betriebsleistung}} \times 100 = \ldots \%$$

Diese Kennzahl gibt wichtige Hinweise zur Wirtschaftlichkeit im Vertriebssystem des Betriebes.

> Auftragsgröße

Auftragsgrößenstreuung

$$\frac{\text{Betriebsleistung}}{\text{Zahl der Aufträge}} = \ldots \text{ EUR}$$

Diese Kennzahl informiert über die durchschnittliche Größe eines Auftrages.

> Angebotserfolg

Angebotserfolg

$$\frac{\text{Erteilte Aufträge (Stückzahl)}}{\text{Abgegebene Angebote (Stückzahl)}} \times 100 = \ldots \%$$

Diese Kennzahl zeigt, wie erfolgreich der Betrieb mit seinen Angeboten bei den Kunden war.

1.4.3 Kennzahlen, Kennzahlensysteme und Kennzahlenanalyse

> **Anteil der Stammkunden**

$$\frac{\text{alter Kundenbestand}}{\text{gesamter Kundenbestand}} \times 100 = ... \%$$ Stammkunden

Diese Kennzahl informiert über die Zusammensetzung und Entwicklung des Kundenstammes.

Finanzwirtschaftliche Kennzahlen

> **Anlagenintensität**

$$\frac{\text{Anlagevermögen}}{\text{Gesamtvermögen (laut Bilanzsumme)}} \times 100 = ... \%$$ Anlagenintensität

Die Anlagenintensität informiert über den Anteil des Anlagevermögens am Gesamtvermögen.

> **Umlaufintensität**

$$\frac{\text{Umlaufvermögen}}{\text{Gesamtvermögen}} \times 100 = ... \%$$ Umlaufintensität

Diese Kennzahl gibt den Anteil des Umlaufvermögens am Gesamtvermögen an.

> **Eigenkapitalintensität**

$$\frac{\text{Eigenkapital}}{\text{Gesamtkapital}} \times 100 = ... \%$$ Eigenkapitalintensität

Diese Kennzahl informiert über den Anteil des Eigenkapitals am Gesamtkapital.

> **Fremdkapitalintensität**

$$\frac{\text{Fremdkapital}}{\text{Gesamtkapital}} \times 100 = ... \%$$ Fremdkapitalintensität

Diese Kennzahl informiert über den Anteil des Fremdkapitals am Gesamtkapital.

> **Verschuldungsgrad**

$$\frac{\text{Fremdkapital}}{\text{Eigenkapital}} \times 100 = ... \%$$ Verschuldungsgrad

Diese Kennzahl gibt Aufschluss darüber, in welchem Umfang ein Betrieb im Vergleich zum Eigenkapital auf fremde Mittel angewiesen ist.

> **Anlagendeckung I**

$$\frac{\text{Eigenkapital}}{\text{Anlagevermögen}} \times 100 = ... \%$$ Anlagendeckung I

Diese Kennzahl informiert darüber, inwieweit das Anlagevermögen durch Eigenkapital gedeckt ist.

1.4 Controlling

Anlagendeckung II

> **Anlagendeckung II**

$$\frac{\text{Eigenkapital + langfristiges Fremdkapital}}{\text{Anlagevermögen}} \times 100 = \dots \%$$

Diese Kennzahl gibt an, inwieweit das Anlagevermögen durch Eigenkapital und langfristiges Fremdkapital gedeckt ist.

Außenstände

> **Dauer der Außenstände**

$$\frac{\text{Durchschnittliche Bestände an Forderungen aus Lieferungen und Leistungen}}{\text{Umsatzerlöse (Rechnungsausgang)}} \times 360 = \dots \text{Tage}$$

Diese Kennzahl ist wichtig für die Überwachung der Außenstände und die Organisation des betrieblichen Mahnwesens sowie für die Finanzierung des kurzfristigen Kapitalbedarfs.

Kapitalumschlag

> **Kapitalumschlag**

$$\frac{\text{Betriebsleistung (Umsatz)}}{\text{Gesamtkapital}} = \dots$$

Die Kennzahl gibt an, wie oft sich das Gesamtkapital im Jahr umschlägt.

Lieferantenverbindlichkeiten

> **Umschlagsdauer der Lieferantenverbindlichkeiten**

$$\frac{\text{Durchschnittlicher Bestand an Verbindlichkeiten aus Lieferungen und Leistungen}}{\text{Bezogene Lieferungen und Leistungen (Rechnungseingang im Jahr)}} \times 360 = \dots \text{Tage}$$

Diese Kennzahl gibt die durchschnittliche Inanspruchnahme des Zahlungsziels bei Lieferanten an.

Cashflow

> **Cashflow**

Jahresüberschuss/Jahresfehlbetrag + Abschreibungen = ... EUR

Der Cashflow zeigt auf, welche finanziellen Mittel für Investitionen, Tilgung von Verbindlichkeiten und Entnahme bzw. Gewinnausschüttung zur Verfügung stehen.

1.4.3 Kennzahlen, Kennzahlensysteme und Kennzahlenanalyse

> **Liquidität 1. Ordnung**

$$\frac{\text{Zahlungsmittel (Kasse, Postbank, Bank, Wechsel, Scheck usw.)}}{\text{kurzfristige Verbindlichkeiten}} \times 100 = \dots \%$$

Liquidität

> **Liquidität 2. Ordnung**

$$\frac{\text{Zahlungsmittel + kurzfristige Forderungen}}{\text{kurzfristige Verbindlichkeiten}} \times 100 = \dots \%$$

> **Liquidität 3. Ordnung**

$$\frac{\text{Zahlungsmittel + kurzfristige Forderungen + Vorräte}}{\text{kurzfristige Verbindlichkeiten}} \times 100 = \dots \%$$

Die Liquiditätskennzahlen geben Auskunft darüber, in welchem Umfang der Betrieb seinen fälligen Verpflichtungen nachkommen kann.

Kennzahlen für die Rentabilität

> **Rentabilität des Eigenkapitals**

$$\frac{\text{Gewinn pro Jahr}}{\text{Eigenkapital}} \times 100 = \dots \%$$

Eigenkapitalrendite

Die Eigenkapitalrentabilität gibt an, mit wie viel Prozent sich das Eigenkapital im Betrieb verzinst.

> **Rentabilität des Gesamtkapitals**

$$\frac{\text{Gewinn + Fremdkapitalzinsen pro Jahr}}{\text{Gesamtkapital}} \times 100 = \dots \%$$

Gesamtkapitalrendite

Diese Kennzahl gibt Auskunft über die Rentabilität des gesamten Kapitals, das im Betrieb investiert ist. Je höher der Gewinn und je kleiner das Eigenkapital bzw. das Gesamtkapital ist, desto höher ist die Rentabilität des Eigenkapitals bzw. des Gesamtkapitals.

> **Umsatzrentabilität**

$$\frac{\text{Gewinn pro Jahr}}{\text{Umsatzerlöse}} \times 100 = \dots \%$$

Umsatzrentabilität

> Die Umsatzrentabilität zeigt auf, wie viel Gewinn der Umsatz in einer Rechnungsperiode abwirft. Die Umsatzrentabilität kann insgesamt als die wichtigste betriebswirtschaftliche Kennzahl angesehen werden.

Spezielle Kennzahlen für Sonderinformationen

In besonders gelagerten Fällen können notwendige Sonderinformationen durch die Bildung spezieller Kennzahlen ermittelt werden.

Vergleiche

> Die Verwertbarkeit und Aussagefähigkeit von Kennzahlen erhöht sich, wenn man sie im Rahmen des innerbetrieblichen Vergleichs früheren Kennzahlen gegenüberstellt und im zwischenbetrieblichen Vergleich mit Branchenkennzahlen vergleicht.

1.4.4 Balanced Scorecard (BSC)

> Ein modernes Instrument im Rahmen der Schwachstellenanalyse und der Analyse von Kennzahlensystemen ist die Balanced Scorecard (BSC). Sie ist eine ganzheitlich orientierte kennzahlenbasierte Controlling- und Managementmethode.

SWOT-Analyse

Auf Basis einer sog. SWOT-Analyse (S = Strengths = Stärken; W = Weaknesses = Schwächen; O = Opportunities = Gelegenheiten/Chancen; T = Threats = Bedrohungen/Risiken) wird der Handwerksbetrieb unter vielfältigen Blickwinkeln analysiert. Diese Analyse gilt als Grundlage für die Erarbeitung von Strategien, die Definition von Zielen, die Festlegung von Messgrößen und die Interpretation von Abweichungen.

Beispiel:

Basis der BSC ist die Festlegung von sog. Beobachtungsfeldern (z. B. Finanzen, interne Organisation, Personal etc.). Diesen Beobachtungsfeldern werden dann Ziele zugeordnet (z. B. Steigerung der Rentabilität). Im nächsten Schritt wird festgelegt, mit welcher Kennzahl dieses Ziel zu messen ist (z. B. Umsatzrentabilität). Dann wird der Soll-Wert festgelegt und mit dem Ist-Wert verglichen. Bei Abweichung gilt es Maßnahmen zu finden, die den Ist-Wert Richtung Soll-Wert positiv beeinflussen (z. B. Senkung der Gemeinkosten).

1.4.5 Budgetierung

> Aufgabe der Budgetierung ist es, Budgets zu erstellen und deren Einhaltung zu kontrollieren. Ein Budget ist ein kurzfristiger Plan, der die Verwendung von betrieblichen Mitteln festlegt.

Wichtige Größen

Die Budgets können sich auf die unterschiedlichsten Größen beziehen. Zählbare bzw. bewertbare Größen, auf die sich Budgets beziehen können:

> Umsatz (Erlöse)
> Kosten
> Einnahmen
> Ausgaben
> Deckungsbeiträge
> Produktionsmengen
> Verkaufsmengen

1.4.5 Budgetierung

Budgets werden für einen genau bestimmten Zeitraum vorgegeben.   Zeitvorgaben

```
                Zeitliche Gültigkeit von Budgets
        ↓              ↓              ↓              ↓
   Wochenbudget    Monatsbudget   Quartalsbudget  Jahresbudget
```

Die Aufstellung von langfristigen Budgets macht im Allgemeinen keinen Sinn, da es der Hauptzweck von Budgets ist, überschaubare Entwicklungen zu steuern und zu kontrollieren. Je kürzer ein Budgetintervall ist, desto öfter kann man kontrollieren, ob das Budget auch eingehalten wurde. Ist dies nicht der Fall, so müssen Maßnahmen ergriffen werden, dieser Entwicklung gegenzusteuern.   Hauptzweck

Grundsätzlich unterscheidet man zwei Arten von Budgets. Diejenigen, die nicht überschritten werden dürfen, nennt man Positivbudgets. Budgets, die mindestens erreicht, wenn nicht sogar überschritten werden sollen, heißen Negativbudgets.

```
                    Budgetarten
              ↙                 ↘
         positive              negative
        • Kosten            • Umsatz (Erlöse)
        • Aufwendungen      • Deckungsbeiträge
        • Ausgaben          • Produktionsmengen
        • ...               • ...
```

> Derjenige, der die Verantwortung für ein Budget hat, muss dafür Sorge tragen, dass es eingehalten wird. Im Falle einer Über- bzw. Unterschreitung muss er dem Betriebsinhaber Rechenschaft darüber ablegen, wie es dazu kam.

Diese Art der Leistungs- oder Kostenvorgabe sollte allerdings nicht als ein Mittel zur Bestrafung des Mitarbeiters eingesetzt werden, sondern vielmehr zu seiner Motivation beitragen. Es erscheint verständlich, dass ein Mitarbeiter, der die Gelegenheit hat, einen Kostenbereich selbstständig zu steuern, motivierter an die Arbeit gehen wird. Die ihm übertragene Verantwortung und das Inaussichtstellen einer Belohnung bei Budgetunterschreitungen werden sich positiv auf seine Arbeitszufriedenheit auswirken. Besonders motivierend kann es für einen Mitarbeiter sein, wenn er z. B. die Höhe und die Laufzeit eines Budgets beeinflussen kann.   Leistungs- und Kostenvorgabe

> Die Aufstellung und die Überwachung von Budgets bieten die besondere Möglichkeit, viele unterschiedliche Betriebsbereiche kostenmäßig besser steuerbar zu gestalten. Durch den gewonnenen Überblick ist der Betriebsinhaber in der Lage, die Kostensituation besser abzuschätzen und eventuell nötige Lenkungsmaßnahmen frühzeitig zu ergreifen.

1.4 Controlling

Budgetierungsprozess

Budgetaufstellung → Budgetbekanntgabe → Budgetumsetzung → Budgetkontrolle

Beispiel Haushaltsführung

Ein sehr gutes und einfaches Beispiel für ein Budget stellt das Haushaltsgeld dar. Am Monatsanfang wird festgelegt, welcher Betrag für Essen und Trinken im Monat ausgegeben werden darf. Derjenige, dem die Haushaltsführung obliegt, wird sich nun Gedanken darüber machen, wie viel und was er einkaufen wird. Bleibt bei sparsamer Haushaltsführung am Monatsende etwas in der Kasse, so kann z. B. eine Belohnung in Form eines gemeinsamen Restaurantbesuches erfolgen oder die Urlaubskasse aufgefüllt werden.

Dieses Beispiel, das jedermann geläufig ist, wird im Folgenden auf eine betriebliche Situation übertragen:

Beispiel für die Aufstellung eines betrieblichen Budgets:

In einem Elektrotechnikbetrieb ist ein Mitarbeiter für die Annahme und Durchführung von Reparaturaufträgen von Heim-Elektrogeräten (z. B. Waschmaschinen, Herde, Küchengeräte etc.) zuständig. Sein Jahresentgelt beträgt 28.000,00 EUR. Der Betriebsinhaber möchte erreichen, dass die Reparaturabteilung kostendeckend arbeitet. Um dies zu erreichen, stellt er für seinen Servicemitarbeiter folgendes Budget auf:

Jahresentgelt (Bruttolohn inkl. Lohnzusatzkosten)		28.000,00 EUR
Gemeinkostenzuschlag (Verwaltung, sonstige betriebliche Kosten)	78 %	21.840,00 EUR
kostendeckender Umsatz ohne Material		49.840,00 EUR
durchschnittlicher Materialeinsatz pro Auftrag	35 %	17.444,00 EUR
kostendeckender Umsatz inkl. Material, ohne USt		67.284,00 EUR
kostendeckender Umsatz inkl. Material, inkl. USt		80.067,96 EUR

Das Jahresbudget für den Servicemitarbeiter beträgt, lediglich Kostendeckung unterstellt, 80.067,96 EUR. Das vierteljährlich zu erwirtschaftende Budget beläuft sich demnach auf 20.016,99 EUR. Daraus resultiert eine Monatsvorgabe von 6.672,33 EUR und ein Mindestwochenumsatz von 1.668,08 EUR.

Anreiz für Mitarbeiter

Durch diese Art der Budgetvorgabe kann dem Mitarbeiter ein Anreiz geboten werden, ein größeres Auftragsvolumen einzuwerben und abzuarbeiten. Der Mitarbeiter kann bei einer solchen objektiven Vorgabe leicht erkennen, dass er diese Zahlen erreichen muss, um seinen Arbeitsplatz für den Betriebsinhaber kostendeckend bzw. rentabel zu halten. Ein möglicher Anreiz für den Servicemitarbeiter, mehr Aufträge einzuwerben, könnte beispielsweise darin liegen, dass er an den Umsätzen, die über dem Jahresbudget getätigt werden, prozentual beteiligt wird.

1.4 Controlling

Übungs- und Prüfungsaufgaben

1. Welche Hauptaufgaben hat das Controlling in Handwerksbetrieben?

   >> Seite 195 |

2. Ziel des Controllings in Handwerksbetrieben ist es,

   - [ ] a nur die Produktion des Betriebes auf die Unternehmensziele hin auszurichten.
   - [ ] b Unternehmensziele zu bilden und den Mitarbeitern mitzuteilen.
   - [ ] c Informationen über die Mitarbeiter zu erhalten.
   - [ ] d alle Führungsbereiche auf die Unternehmensziele auszurichten.
   - [ ] e den Jahresabschluss vor der Betriebsprüfung zu kontrollieren.

   >> Seite 195 |

3. Controlling als Prozess bedeutet,

   - [ ] a dass die im Betrieb mitarbeitende Meisterfrau die Auftragszettel auf Vollständigkeit prüft.
   - [ ] b dass Ist- und Soll-Werte stets verglichen werden müssen und bei Abweichungen gegengesteuert werden muss.
   - [ ] c dass niemand in laufende Betriebsabläufe eingreifen darf.
   - [ ] d dass der Steuerberater für Kalkulationszwecke herangezogen wird.
   - [ ] e dass nur die Arbeitszeiten der Mitarbeiter kontrolliert werden.

   >> Seite 195 |

4. Erläutern Sie die drei Schritte der Schwachstellenanalyse!

   >> Seite 196 |

5. Welche Unternehmensbereiche müssen einer Schwachstellenanalyse unterworfen werden?

   >> Seite 196 |

6. Erklären Sie, welche Hauptpunkte in einer grafischen Schwachstellenübersicht enthalten sein sollten?

   >> Seite 197 |

7. Beschreiben Sie wichtige Kennzahlenbereiche!

   >> Seite 197 |

8. Welche zwei Arten von Kennzahlen lassen sich grundsätzlich unterscheiden?

   >> Seite 198 |

1.4 Controlling

9. Erläutern Sie wichtige Kennzahlen
   a) aus dem Bereich der Personalwirtschaft!
   b) aus dem Bereich der Fertigungswirtschaft!

   ▶▶ Seiten 199 bis 201 |

10. Das Verhältnis der Werkstoffkosten zur Betriebsleistung ergibt sich aus folgender Formel:

    a) $\dfrac{\text{Betriebsleistung}}{\text{Werkstoffkosten}} \times 100$

    b) $\dfrac{\text{Betriebsleistung}}{\text{Werkstoffkosten}} : 100$

    c) $\dfrac{\text{Werkstoffkosten}}{\text{Betriebsleistung}} : 100$

    d) $\dfrac{\text{Werkstoffkosten}}{\text{Betriebsleistung}} \times 100$

    e) $\dfrac{\text{Werkstoffkosten} - \text{Betriebsleistung}}{\text{Betriebsleistung} - \text{Werkstoffkosten}} \times 100$

    ▶▶ Seite 201 |

11. Die durchschnittliche Lagerdauer des Materials im Betrieb ergibt sich aus folgender Kennzahl:

    a) $\dfrac{\text{Wareneingang}}{\text{Warenausgang}}$

    b) $\dfrac{\text{Warenausgang}}{\text{Warenbestand}}$

    c) $\dfrac{\text{Lagerbestand}}{\text{Werkstoffkosten (Materialverbrauch)}} \times 100$

    d) $\dfrac{\text{Lagerbestand}}{\text{Umsatzerlöse}} \times 360$

    e) $\dfrac{\text{durchschnittlicher Lagerbestand}}{\text{Werkstoffkosten (Materialverbrauch)}} \times 360$

    ▶▶ Seite 202 |

1.4 Controlling

12. Die Anlagendeckung II ergibt sich aus folgender Formel:

    a) $\dfrac{\text{Eigenkapital}}{\text{Anlagevermögen}}$

    b) $\dfrac{\text{Eigenkapital + langfristiges Fremdkapital}}{\text{Anlagevermögen}} \times 100$

    c) $\dfrac{\text{Anlagevermögen}}{\text{langfristiges Fremdkapital}}$

    d) $\dfrac{\text{Fremdkapital}}{\text{Eigenkapital}}$

    e) $\dfrac{\text{Anlagevermögen}}{\text{kurzfristiges Fremdkapital}}$

    >> Seite 204 |

13. Die Umsatzrentabilität eines Unternehmens ergibt sich aus folgender Formel:

    a) $\dfrac{\text{Rohgewinn}}{\text{Umsatzerlöse}} \times 100$

    b) $\dfrac{\text{Gewinn}}{\text{Umsatzerlöse}} \times 100$

    c) $\dfrac{\text{betriebliches Eigenkapital}}{\text{Umsatzerlöse}} \times 100$

    d) $\dfrac{\text{Reinvermögen}}{\text{Umsatzerlöse}} \times 100$

    e) $\dfrac{\text{Gewinn + Fremdkapitalzinsen}}{\text{durchschnittliches Gesamtkapital}} \times 100$

    >> Seite 205 |

14. Was versteht man unter einer Balanced Scorecard?

    >> Seite 206 |

15. Welche Aufgabe hat die Budgetierung?

    >> Seite 206 |

16. Erklären Sie, auf welche bewertbaren Größen sich ein Budget beziehen kann?

    >> Seite 206 |

1.4 Controlling

17. Bei der Aufstellung von Budgets sollte man vor allem darauf achten,

   - [ ] a dass sie für einen genau bestimmten Zeitraum vorgegeben werden.
   - [ ] b dass sie möglichst zeitlich nicht begrenzt sind.
   - [ ] c dass für ein Budget möglichst viele Entscheidungsträger verantwortlich sind.
   - [ ] d dass sie so bemessen sind, dass eine Erfüllung des Vorgabewertes nicht möglich ist.
   - [ ] e dass sie von demjenigen aufgestellt werden sollen, der sie später auch einhalten muss.

   >> Seite 207 |

18. Erläutern Sie die zwei Budgetarten!

   >> Seite 207 |

19. Beschreiben Sie kurz den Budgetierungsprozess!

   >> Seite 208 |

20. Stellen Sie beispielhaft ein Jahres-, Monats- und Wochenbudget für einen Mitarbeiter der Reparaturabteilung eines Handwerksbetriebes auf!

   >> Seite 208 |

2 Handlungsfeld: Grundlagen wirtschaftlichen Handelns im Betrieb

2.1 Handwerk in Wirtschaft und Gesellschaft

2.1.1 Stellung des Handwerks in der Volkswirtschaft

2.1.1.1 Grundzüge der volkswirtschaftlichen Zusammenhänge

Bedürfnisse, Bedarf, Wirtschaft

Jeder Mensch hat Grundbedürfnisse zur Bewältigung seines Lebens. Neben den Mindestbedürfnissen an Nahrung, Kleidung und Wohnung entstanden je nach Kultur- und Entwicklungsstand der Menschen weitere Bedürfnisse wie Sicherheitsbedürfnisse, soziale Bedürfnisse, Wertschätzungsbedürfnisse und Entwicklungsbedürfnisse.

> Die Bedürfnisse des Menschen, die am Markt zu Nachfrage nach Gütern und Dienstleistungen führen, nennt man Bedarf. Die Herstellung und Verteilung von Gütern und Dienstleistungen bezeichnet man als Wirtschaft. Die Wirtschaft eines Landes (auch Volkswirtschaft genannt) stellt also Güter und Dienstleistungen zur Befriedigung der menschlichen Bedürfnisse her und übernimmt deren Verteilung.

Bedarf

Volkswirtschaft

Produktion

Die Grundlagen für die Gütererzeugung sind die Produktionsfaktoren Boden (Bodenfläche und Bodenschätze/Rohstoffe), Arbeit und Kapital.
Die Natur bietet uns die notwendigen Rohstoffe. Unter Kapital versteht man Sachkapital (Werkzeuge, Maschinen, Betriebsanlagen usw.).
Die Produktion von Gütern und Dienstleistungen geschieht dadurch, dass in einer Produktionsstätte (Betrieb) Arbeitskräfte, Maschinen, Gebäude und Rohstoffe eingesetzt werden. Das gesamte Sachkapital wird durch die „Produktion" abgenutzt und verliert an Wert. Zur Erhaltung und zur Steigerung der Leistungsfähigkeit des Wirtschaftens muss das Sachkapital immer wieder durch Investitionen erneuert und erweitert werden. Dies setzt eine laufende Kapitalbildung voraus. Kapital kann aber nur gebildet werden, wenn nicht das gesamte Brutto-Inlandsprodukt verbraucht wird, sondern ein Teil davon über das Sparen wieder in die Investition fließt.

Produktionsfaktoren

Investitionen

Sparen

> Um die drei Produktionsfaktoren in bester Weise wirksam werden zu lassen, ist unternehmerisches Können erforderlich. Jedes Unternehmen ist also innerhalb der Volkswirtschaft eine Einheit, die durch die Verbindung der Produktionsfaktoren zur volkswirtschaftlichen Leistung beiträgt.

Brutto-Inlandsprodukt

> Entstehung

> Das Brutto-Inlandsprodukt ist der Maßstab zur Erfassung der gesamtwirtschaftlichen Leistung. Es umfasst die in einem Wirtschaftsgebiet (beispielsweise Deutschland) in einem bestimmten Zeitraum erbrachten Güter und Dienstleistungen.

Wirtschaftswachstum Handwerk

Durch Wirtschaftswachstum, das unter anderem durch mehr Leistung pro Arbeitskraft erreicht wird, wird das Inlandsprodukt erhöht.
Der Beitrag der verschiedenen Wirtschaftszweige zum Brutto-Inlandsprodukt ist unterschiedlich. Das Handwerk ist mit rund 8,5 % beteiligt.

Verwendung

```
              Brutto-Inlandsprodukt
        ↓             ↓              ↓
  privater Verbrauch   Investitionen   Staatsverbrauch
        ↓
  Außenbeitrag (Export – Import)
```

Privater Verbrauch Investitionen

Der Anteil des privaten Verbrauchs am Inlandsprodukt dient der Steigerung des Lebensstandards. Ein weiterer, nicht verbrauchter Teil des Inlandsprodukts wird investiert (Kauf von Maschinen, Fabriken und Anlagen) und trägt dazu bei, die Produktion für die Zukunft zu erhalten und nach Möglichkeit zu steigern. Das vom Bürger gesparte Geldkapital wird also wieder teilweise in Sachkapital umgewandelt.

Staatsverbrauch

Außenbeitrag

Ein dritter Teil des Inlandsprodukts wird vom Staat für die Erfüllung seiner Aufgaben beansprucht. Ein vierter Teil wiederum wird exportiert. Werden davon die Importe abgezogen, so erhält man den Außenbeitrag. Folgende Abbildung gibt eine Übersicht über die Verwendung des Brutto-Inlandsprodukts in Deutschland:

- Staatsverbrauch (18 %)
- Sonstiges (Außenbeitrag) (7 %)
- Investitionen (19 %)
- Privater Verbrauch (56 %)

Geld und Währung

Früher funktionierte der Ablauf der Güterverteilung durch Tausch von Waren. Über den Tausch von Edelmetallen entstand zunächst Metallgeld, später entwickelte sich daraus das Papiergeld. Neben seiner Funktion als Tauschmittel hat das Geld als Recheneinheit und als Wertaufbewahrungsmittel Bedeutung.

```
                    Formen des Geldes
                   /                 \
              Bargeld               Buchgeld
       (Münzen und Banknoten)   (Abhebungen und Überweisungen
                                    von Giroeinlagen)
```

Am 1.1.1999 wurde mit der Europäischen Währungsunion begonnen. Die europäische Währungseinheit heißt für alle Länder, die der Währungsunion angehören, Euro. Der Euro ist auch in Deutschland seit 1.1.1999 die geltende Währung. Seit 1.1.2002 ist der Euro gesetzliches Zahlungsmittel in Form von Euro-Banknoten und -Münzen.
Europäische Währungsunion Euro

> Unter Währung versteht man die Ordnung des Geldwesens innerhalb eines Landes oder eines Wirtschaftsgebietes sowie die Wertbeziehungen und den Zahlungsverkehr zu anderen Ländern.

Währung

Der Begriff Währung bezieht sich also sowohl auf eine volkswirtschaftliche Größe eines Landes oder eines Gebietes (Europäische Währungsunion) mit einheitlichem Geldwesen als auch auf das Verhältnis zu den Währungen anderer Länder.

> Der Wert des Geldes spielt eine wichtige Rolle: Er beruht auf seiner Kaufkraft.

Kaufkraft

Die Kaufkraft wiederum hängt unter anderem davon ab, wie viel Geldvorrat dem Gütervorrat gegenübersteht. Der Geldvorrat soll dem Gütervorrat wertmäßig entsprechen. Bleibt die Warenmenge gleich und die Geldmenge steigt, lässt der Geldwert nach, und man spricht von einer inflationären Entwicklung. Würde die Warenmenge gleich bleiben und die Geldmenge sinken, steigt die Kaufkraft des Geldes. Man spricht dann von einer deflatorischen Entwicklung.
Inflation

> Mit Beginn der Europäischen Währungsunion hat die Europäische Zentralbank (EZB) in Frankfurt/Main die geldpolitische Verantwortung übernommen.

Europäische Zentralbank (EZB)

Die nationalen Zentralbanken sind rechtlich eigenständige Untergliederungen der EZB und somit Bestandteil des Systems Europäischer Zentralbanken (ESZB).

> Die EZB ist verpflichtet, vorrangig das Ziel der Preisstabilität in Unabhängigkeit von den Regierungen zu verfolgen und für einen stabilen Euro zu sorgen. Sie setzt dabei auf eine vorausschauende Geldmengenstrategie, die auch der Fiskalpolitik (finanzpolitische Maßnahmen des Staates) und der Wirtschafts- und Tarifpolitik eine klare Orientierung gibt.

Die EZB muss dabei, um ihren Stabilitätsauftrag erfüllen zu können, die Unterstützung der Länderregierungen haben.

Stabilitätspakt

Darauf haben sich die Teilnehmerländer des Euro in einem Stabilitätspakt geeinigt, der insbesondere darauf ausgerichtet ist, Haushaltsdisziplin und Schuldenbegrenzung in den einzelnen Ländern zu gewährleisten.

Instrumente der EZB

Die EZB hat selbst eigene Instrumente der Geldpolitik, um ihre Aufgaben und Ziele zu erreichen. Dazu gehören u. a.:

1. Die Durchführung von Offenmarktgeschäften zur Steuerung der Zinssätze, zur Kontrolle der Liquiditätslage am Geldmarkt und zur Signalisierung des geldpolitischen Kurses.
2. Die Zurverfügungstellung ständiger Fazilitäten (= Möglichkeit für die Inanspruchnahme sehr kurzfristiger Kredite), um rasch Liquidität bereitstellen oder vom Markt nehmen zu können.
3. Die Verpflichtung der Kreditinstitute zur Haltung von Mindestreserven auf Konten bei den nationalen Zentralbanken.

Über den Einsatz aller Instrumente der EZB bestimmt der EZB-Rat.

2.1.1.2 Wirtschaftssysteme, Merkmale der sozialen Marktwirtschaft

Als Wirtschaftssystem oder Wirtschaftsordnung bezeichnet man den organisatorischen Aufbau und Ablauf einer Volkswirtschaft. Die zwei extremen Formen sind die freie Marktwirtschaft und die Planwirtschaft (Zentralverwaltungswirtschaft). Nach dem Zusammenbruch der östlichen Planwirtschaften kommen beide in ihrer Reinform allerdings nur noch selten vor. Weit größere Bedeutung haben die entsprechenden Abwandlungen zwischen beiden Formen.

Wirtschaftssysteme

Freie Marktwirtschaft	Zentralverwaltungswirtschaft	Soziale Marktwirtschaft
▸ Wettbewerb	▸ Staatseigentum an den Produktionsmitteln	▸ freie Marktpreisbildung in möglichst vielen Bereichen
▸ Beschränkung des Staates auf rechtlichen und politischen Rahmen	▸ zentrale Planung und Lenkung	▸ Freiheit der Berufswahl
	▸ staatliche Preisfestsetzung	▸ freies Unternehmertum
		▸ privates Eigentum
		▸ kontrollierter Wettbewerb
		▸ soziale Absicherung

2.1.1 Stellung des Handwerks in der Volkswirtschaft

Freie Marktwirtschaft

> In der freien Marktwirtschaft vollziehen sich Herstellung, Verteilung und Verbrauch von Gütern und Leistungen überwiegend ohne Vorschriften und Maßnahmen des Staates. Der Preis wird durch Angebot und Nachfrage bestimmt.

Preisbildung

Wird mehr Ware angeboten als nachgefragt, zeigt der Preis eine sinkende Tendenz. Ist das Angebot dagegen bei einer großen Nachfrage gering, so steigt der Preis. Entscheidendes Merkmal der freien Marktwirtschaft ist der uneingeschränkte Wettbewerb, also die vollkommene Konkurrenz.

Uneingeschränkter Wettbewerb

Zentralverwaltungswirtschaft

> Die Zentralverwaltungswirtschaft, auch gelenkte Wirtschaft genannt, ist dadurch gekennzeichnet, dass allein der Staat und nicht der Einzelne festlegt, was erzeugt wird und wie die erzeugten Güter zur Verteilung gelangen.

Planung

Der Staat bestimmt also durch Plan, was und wie viel hergestellt wird, und nimmt somit Einfluss auf Preis-, Spar-, Lohn- und Eigentumspolitik. Dieses staatswirtschaftliche System lässt die persönliche Initiative und das freie Unternehmertum nicht wirksam werden.

Merkmale der sozialen Marktwirtschaft

Das in der Bundesrepublik praktizierte System der sozialen Marktwirtschaft geht davon aus, dass die Gemeinschaft und der Einzelne vor Auswüchsen in der Preisgestaltung und vor sozialen Unsicherheiten geschützt werden.

> Die soziale Marktwirtschaft enthält vorwiegend die Elemente der freien Marktwirtschaft, denen aber durch Gesetze und Einwirkungen des Staates, beispielsweise durch wettbewerbs- und durch sozialpolitische Maßnahmen, Grenzen gesetzt sind.

Freie Marktpreisbildung in möglichst vielen Bereichen, Freiheit der Berufswahl und Berufsausübung, freies Unternehmertum, privates Eigentum an Produktionsmitteln und Freiheit des selbstständigen wirtschaftlichen Handelns sind Wesensbestandteile der sozialen Marktwirtschaft.

Wichtige Bestandteile

2.1 Handwerk in Wirtschaft und Gesellschaft

Aufgaben der Wirtschaftspolitik

Es gibt vier zentrale Aufgaben der staatlichen Wirtschaftspolitik:

```
                  Zentrale Aufgaben der Wirtschaftspolitik
     ┌──────────────────┬──────────────────┬──────────────────┐
     ▼                  ▼                  ▼                  ▼
Erhaltung bzw.    Steigerung des    Erhaltung des      Erhaltung bzw.
Erreichung der    Wirtschafts-      außenwirtschaft-   Erreichung der
Vollbeschäftigung wachstums         lichen             Preisstabilität
                                    Gleichgewichts
```

2.1.1.3 Einordnung des Handwerks in die Gesamtwirtschaft

Volkswirtschaftliche Aufgaben des Handwerks

> Entwicklungsgeschichtliche Betrachtung

Früher war es die alleinige wirtschaftliche Aufgabe des Handwerks, Güter herzustellen, die der Mensch zur Befriedigung der elementaren Lebensbedürfnisse – Nahrung, Wohnung und Bekleidung – benötigte.

Haushandwerk
Berufshandwerk

Mit einfachen Hilfsmitteln, aus der Verbindung von Geist und manueller Geschicklichkeit, erfüllte zunächst das Haushandwerk und später das Berufshandwerk seine wirtschaftliche Aufgabe als Träger der gesamten Produktion von Gebrauchs- und Verbrauchsgütern.

Kulturelle Leistungen
Technisierung

Dank seiner wirtschaftlichen Leistungskraft hat sich das Handwerk im Laufe der Zeit zu Leistungen weiterentwickelt, die in den kulturellen Bauleistungen und im Städtebau des Mittel- und Spätmittelalters einen Höhepunkt fanden.

Die Technisierung und der daraus folgende Wandel in den Arten des Wirtschaftens ließen aus dem Handwerk heraus die industrielle Gütererzeugung entstehen, die heute überwiegt. Dabei wurde das Handwerk aus einigen Bereichen der gewerblichen Produktion verdrängt.

Die aktuellen Aufgaben des Handwerks

> Heute kommen dem Handwerk durch das Entstehen neuer Werkstoffe, neuer Erfindungen, neuer Technologien und neuer Industriezweige zusätzliche volkswirtschaftliche Aufgaben zu.

Viele industrielle Erzeugnisse (zum Beispiel sanitäre Einrichtungsgegenstände, Heizungsanlagen, Erzeugnisse der Elektroindustrie und andere) werden erst durch Leistungen des Handwerks (Montage) zu einem gebrauchsfähigen Wirtschaftsgut für den Letztverbraucher.

Arbeitsteilung

Abgesehen von einigen Arbeitsgebieten, bei denen die industrielle Massenproduktion und die handwerklichen Erzeugnisse im Wettbewerb stehen (zum Beispiel Bekleidungshandwerk – Bekleidungsindustrie), hat sich in unserer Volkswirtschaft zwischen Handwerk, Industrie und Dienstleistern eine weitgehende, volkswirtschaftlich wünschenswerte Arbeitsteilung vollzogen.

2.1.1 Stellung des Handwerks in der Volkswirtschaft

```
                    Aufgabenschwerpunkte des Handwerks
```

| Neuherstellung (einschließlich Bauleistungen, Installation, Montage) | Zulieferung für die Industrie | Dienstleistung einschließlich Handel und Reparaturen industrieller und handwerklicher Erzeugnisse | Kundennahe Versorgung mit personenbezogenen Dienstleistungen | Befriedigung des individuellen Bedarfs |

Die Nachfrage nach individueller Befriedigung der Bedürfnisse und somit nach Qualität, Maßarbeit und kreativen Leistungen ist groß.

> In der Deckung des gehobenen Bedarfs und der persönlichen Dienstleistungen sowie der individuellen Problemlösungen liegen die Stärke und die Zukunftschancen eines großen Teils der handwerklichen Leistungen und Produkte.

Leistungsstruktur des Handwerks

Das Handwerk ist nach der Industrie der zweitstärkste Wirtschaftsbereich unserer Volkswirtschaft. Die Leistungsstruktur ist vielseitig. Deshalb bezeichnet man das Handwerk auch als Deutschlands vielseitigsten Wirtschaftsbereich.

> Leistungen des Gesamthandwerks

- eigene Erzeugnisse 43%
- Dienstleistungen 33%
- Handelswaren 24%

Vom Gesamtumsatz des Handwerks entfallen nach den wichtigsten Abnehmergruppen auf:

Abnehmergruppen

> private Haushalte   44 %
> gewerbliche Wirtschaft   44 %
> öffentliche Auftraggeber   12 %

2.1 Handwerk in Wirtschaft und Gesellschaft

Die amtliche Statistik teilt die Aktivitäten des Handwerks nach Leistungsbereichen und wirtschaftlichen Funktionen wie folgt ein:

Wirtschaftliche Funktionen des Handwerks
- Konsumgüterhandwerke
- Investitionsgüterhandwerke
- Dienstleistungshandwerke für die gewerbliche Wirtschaft

Konsumgüterhandwerke

Konsumgüterhandwerke
- Nahrungsmittel
- Bekleidung Textil Leder
- Haushalts- und Wohnbedarf
- Verkehrsbedarf
- Körper- und Gesundheitspflege
- Unterhaltungs- und Freizeitbedarf, persönlicher Bedarf

> **Nahrungsmittelhandwerke**

Bei der Versorgung der Bevölkerung mit Nahrungsmitteln deckt das Handwerk trotz zunehmender Zahl an Brotfabriken, Wurstfabriken, Großbrauereien und Verbrauchermärkten einen erheblichen Teil des Bedarfs.

Qualität und Frische

Beispielsweise werden – regional unterschiedlich – bis zu 75 % der Brot- und Backwaren vom Bäckerhandwerk erzeugt und zu mehr als der Hälfte auch selbst im persönlichen Verkehr mit dem Verbraucher abgesetzt. Vom gesamten Umsatz an Fleisch- und Wurstwaren entfallen mehr als 40 % auf das Fleischer-/Metzgerhandwerk. Diesen nach wie vor hohen Anteil verdanken die Nahrungsmittelhandwerke auch der Tatsache, dass hier die individuellen Verzehrs- und Geschmackswünsche berücksichtigt werden und vor allem frische Ware von hoher Qualität angeboten wird.

> **Bekleidung, Textil, Leder**

Zum individuellen Bekleidungsangebot tragen nach wie vor die Bekleidungshandwerke bei.

Modische Linie

Aus der Verbindung von handwerklicher Verarbeitung des Materials und schöpferischer Phantasie prägt diese Berufsgruppe zu einem erheblichen Teil die modische Linie unserer Zeit und kann daher von der Massenproduktion der Bekleidungsindustrie nie ganz verdrängt werden.

2.1.1 Stellung des Handwerks in der Volkswirtschaft

> **Haushalts- und Wohnbedarf**

> Die Innenraumgestaltung und -ausstattung bietet ein weites handwerkliches Betätigungsfeld.

Die hohen Ansprüche breiter Kreise der Bevölkerung an verbesserte Wohnverhältnisse lassen den Bedarf weiter steigen.   *Wohnkomfort*

> **Verkehrsbedarf**

> Die in dieser Gruppe zusammengefassten Handwerke rund um das Kraftfahrzeug haben innerhalb der Konsumgüterhandwerke eine herausragende Stellung.

Das hohe Mobilitätsbedürfnis unserer Wirtschaft und Gesellschaft sowie der damit steigende Motorisierungsgrad waren dafür die wesentlichen Ursachen.   *Mobilität*

> **Körper- und Gesundheitspflege**

> Den Handwerken dieses Bereiches eröffnen sich in der Regel gute Zukunftschancen. Der Bedarf an derart personenbezogenen Dienstleistungen ist groß.

> **Unterhaltungs- und Freizeitbedarf, persönlicher Bedarf**

> Die in dieser Gruppe zusammengefassten Handwerke sind sehr stark auf den privaten Verbrauch ausgerichtet.

Entsprechend kommt dem privaten Kunden als Abnehmer eine große Bedeutung zu. Die Entwicklungsmöglichkeiten in diesem Bereich hängen sehr stark von den verfügbaren Einkommen, dem Wohlstandsniveau, dem Wertewandel und der wachsenden Freizeit ab.   *Private Kunden*

Investitionsgüterhandwerke

```
            Investitionsgüterhandwerke
           /                          \
  Bau- und Ausbauhandwerke      technische Investitionsgüterhandwerke
```

2.1 Handwerk in Wirtschaft und Gesellschaft

> Bau- und Ausbauhandwerk

> Das Bau- und Ausbauhandwerk stellt nach wie vor eine der stärksten Gruppen (33 % des Gesamthandwerksumsatzes) mit einer Vielzahl von Berufen dar und beweist damit, dass das produzierende Handwerk noch eine verhältnismäßig große Rolle in unserer Wirtschaft spielt. Der Anteil des Handwerks am gesamten Bauumsatz beträgt mehr als 80 %.

Wohnungsbau
Gewerblicher Bau
Öffentlicher Bau
Sanierung
Modernisierung

Im Wohnungsbau leistet das Handwerk einen Anteil von 85 % der Arbeitsstunden des Bauhauptgewerbes, im gewerblichen Bau 65 %, im öffentlichen Hochbau 70 % und im Straßenbau 60 %. In erheblichem Umfang ist das Bau- und Ausbauhandwerk im Bereich der Stadtsanierung, der Denkmalpflege sowie der Sanierung und Modernisierung von Gebäuden aller Art tätig.

> Technische Investitionsgüterhandwerke

> Die technischen Investitionsgüterhandwerke liefern sowohl den Investitionsgüterproduzenten zu, produzieren eigene maschinelle Ausrüstungen und führen auch Montage-, Reparatur- und Wartungsarbeiten an Maschinen und Anlagen aus.

Chancen

Auf dem Sektor der Zulieferungen ist ein großer struktureller Umbruch im Gange. Die Industrie verlagert Produktionsbetriebe ins Ausland und/oder lagert Zulieferungen ins preisgünstigere Ausland aus. Sie will eine kleinere Zahl an Zulieferern. Ferner verlangt sie Qualitätsmanagement und Zertifizierung von den handwerklichen Zulieferern. Die Industrie legt immer mehr Wert darauf, dass nicht nur Produkte, sondern in Kombination auch Dienstleistungen und Komplettlösungen angeboten werden. Schließlich will die Industrie von den Zulieferern größere Betriebseinheiten. Trotz dieser großen Probleme für die Zulieferer aus dem Handwerk haben diese auch in der Zukunft wirtschaftliche Chancen, denn die großen Industriebetriebe gliedern in erheblichem Umfang aus Kostengründen Teilbereiche ihrer Produktion aus (Verringerung der Fertigungstiefe) und übertragen diese an Zulieferer. Die Chancen der Handwerksbetriebe liegen vor allem in Qualität, Spezialwissen, Preiswürdigkeit, Flexibilität, Kooperationsfähigkeit, Zuverlässigkeit und Termintreue.

Dienstleistungen für die gewerbliche Wirtschaft

Diejenigen Handwerksberufe, die als Dienstleister für die gewerbliche Wirtschaft tätig sind, haben sich in den letzten Jahren expansiv entwickelt.

Betriebe, Beschäftigte, Umsätze

> Handwerksbetriebe

Zurzeit gibt es in der gesamten Bundesrepublik rund 967.000 Handwerks- und handwerksähnliche Betriebe.

2.1.1 Stellung des Handwerks in der Volkswirtschaft

> **Beschäftigte**

Gegenwärtig werden im Handwerk in Deutschland rund 4,85 Millionen Menschen beschäftigt.
Über die Betriebsgrößen nach der Zahl der Beschäftigten im Gesamthandwerk informiert die nachstehende Abbildung.

- 26 % Einmannbetriebe
- 33 % mit 2 bis 4 Beschäftigten
- 22 % mit 5 bis 9 Beschäftigten
- 19 % mit 10 und mehr Beschäftigten

> **Umsätze**

Der Gesamtumsatz des deutschen Handwerks betrug im Jahre 2008 rd. 502 Mrd. EUR. Er erreicht damit rund 28 % des Umsatzes der Industrie. Der Durchschnittsumsatz pro Betrieb beläuft sich auf rd. 519.100,00 EUR und je Beschäftigten auf rd. 103.500,00 EUR.

> **Investitionen**

Das Handwerk investiert jährlich rd. 13 Mrd. EUR in seine Betriebe.

2.1.1.4 Strukturwandel und Zukunftsperspektiven des Handwerks

Hauptprobleme des Strukturwandels

> Das deutsche Handwerk befindet sich in einem umfassenden technisch und wirtschaftlich bedingten Strukturwandel.

Die Hauptprobleme des Handwerks sind: Hauptprobleme

> geringe Eigenkapitalausstattung
> unzureichende Ertragslage
> hohe Lohnzusatzkosten
> Zunahme der Schwarzarbeit, der organisierten Nachbarschaftshilfe und von Heimwerkerarbeiten (do it yourself)
> Verdrängungswettbewerb durch Verbraucher- und Baumärkte
> Verdrängungswettbewerb durch Industrie und Handel
> mangelnde Berücksichtigung der Belange der Kleinbetriebe in der Steuer- und Sozialpolitik
> die rasante technologische Entwicklung

2.1 Handwerk in Wirtschaft und Gesellschaft

> Wandel des Absatzmarktes für zahlreiche Handwerksbetriebe von einem Verkäufer- zu einem Käufermarkt
> Veränderungen in der Bevölkerungsstruktur
> hoher Sättigungsgrad bei Gütern und Dienstleistungen des täglichen Bedarfs
> Deckung des Nachwuchs- und Fachkräftebedarfs
> Verkürzung der Arbeitszeit
> Konkurrenz aus Niedriglohnländern
> die Öffnung der osteuropäischen Märkte
> die weltweite Globalisierung der Märkte

Maßnahmen zur Bewältigung des Strukturwandels

Zur Lösung der Hauptprobleme des Handwerks im technischen und wirtschaftlichen Strukturwandel und zur Bewältigung der Herausforderungen sind Maßnahmen vor allem in drei Bereichen notwendig:

```
              Aktionsfelder zur Bewältigung
                 des Strukturwandels
         ┌──────────────┼──────────────┐
         ▼              ▼              ▼
    Maßnahmen der   Maßnahmen der   Maßnahmen
    Handwerks-      Handwerks-      durch den Staat
    betriebe        organisationen
```

Betriebe

Die Handwerksbetriebe müssen bereit sein,

> neue Produkte **und** Dienstleistungen anzubieten,
> bestehende Leistungsangebote ständig an sich ändernde Marktbedingungen und Zielgruppen anzupassen und zu erweitern,
> neue Absatzwege und Absatzgebiete zu erschließen,
> EDV sowie Informations- und Kommunikationstechnologien konsequent in Werkstatt und Büro einzusetzen,
> die Bereitschaft zu Kooperationen zu steigern,
> sich noch stärker an den Anforderungen der Kundenwünsche und deren Bedarf zu orientieren.

Handwerksorganisationen

Die Handwerksorganisationen (Handwerkskammern, Fachverbände, Innungen) müssen ihre Förderungsmaßnahmen, insbesondere Beratung, Informationsvermittlung, Nachwuchssicherung sowie Aus- und Fortbildung, ausweiten. Zur Stärkung des Handwerks in der EU und zur Verstärkung der Exportaktivitäten generell sind außenwirtschaftliche Kontaktstellen und Messebeteiligungen wichtig.

Rahmenbedingungen

Von besonderer Bedeutung ist die Schaffung handwerks- und mittelstandsfreundlicher wirtschaftlicher Rahmenbedingungen durch den Staat, vor allem in der Steuer-, Wettbewerbs-, Sozial- und Bildungspolitik.

Zukunftsperspektiven und Entwicklungschancen des Handwerks

Günstige Entwicklungsmöglichkeiten eröffnen sich bei entsprechenden Rahmenbedingungen vor allem:

2.1.1 Stellung des Handwerks in der Volkswirtschaft

> bei der Befriedigung des individuellen Bedarfs
> bei Reparatur- und Dienstleistungen
> bei der fachkundigen Beratung
> bei Leistungen im zunehmenden Freizeit- und Wellnessbereich
> bei der Qualität der Produkte
> durch den technischen Fortschritt
> bei Umweltschutz und Steigerung der Energieeffizienz
> durch das Entstehen neuer Marktnischen
> durch Kundennähe und Kundenorientierung
> durch Kooperationen zum Angebot von Komplettleistungen

Entwicklungs-chancen handwerklicher Betätigung

In unserer modernen und hoch entwickelten Volkswirtschaft bestehen einerseits klare Schwerpunkte der Tätigkeit von Handwerk und Industrie, andererseits auch enge Verknüpfungen zwischen beiden.

Industrie/Handwerk

Hauptgebiete der Tätigkeit des Handwerks
- Bauwirtschaft
  – Neubautätigkeit
  – Modernisierung
  – Sanierung
- Befriedigung des persönlichen Bedarfs
- Erbringung von Dienstleistungen
- Herstellung von Kleinserien

Hauptgebiete der industriellen Tätigkeit
- Massenproduktion
- Herstellung von Grundstoffen
- Herstellung von Großanlagen
- Serienherstellung auf vielen Gebieten

Die Arbeitsteilung hat in vielen Bereichen zu einer engen Zusammenarbeit zwischen Industrie und Handwerk geführt.

Arbeitsteilung

Die Industrie erhält vom Handwerk insbesondere:

> Bau- und Reparaturleistungen
> Dienstleistungen aller Art
> Spezialmaschinen und Werkzeuge
> Modelle, Mess- und Prüfgeräte
> Einzelteile

Das Handwerk erhält von der Industrie unter anderem:

> Rohstoffe und Halbfabrikate
> Maschinen und Fahrzeuge

Industrie und Handwerk schließen sich also nicht aus, vielmehr lassen neue Industriezweige auch neue Handwerkszweige entstehen (zum Beispiel Kfz-Industrie/Kfz-Handwerk).

Neue Handwerkszweige

Auch bei den neuen Technologien liegen die Chancen und Schwerpunkte für die Handwerksbetriebe in der Zulieferung an die Industrie sowie bei Montage, Installation und Wartung. Aufgrund der neuen Technologien ändern sich allerdings Leistungsangebot, Produktionsstruktur und Maschinen sowie das damit verbundene

Neue Technologien

Wissen sehr rasch. Die Mikroelektronik sowie die Neu- und Weiterentwicklung von Informations-, Nachrichten-, Datenverarbeitungs-, Regelungs- und Steuerungstechnik, die Telekommunikation, Pneumatik, Hydraulik und die neuen Werkstoffe ersetzen vielfach herkömmliche Produkte und Dienstleistungen, öffnen den Weg zur Entwicklung flexibler Fertigungs- und Leistungssysteme und führen zu Rationalisierung und Automation.

Umweltschutz

Zusätzliche Chancen bieten auch der Umweltschutz, Klimaschutz und die Energieeinsparung. Gerade die Klein- und Mittelbetriebe des Handwerks sind hier bewährte Problemlöser.

> Das Handwerk hat gute Voraussetzungen, in Zukunft zu bestehen. Damit verbunden ist jedoch auch ein ständiger Wandel in weiten Teilen des Handwerks, der zu neuen Berufen und Tätigkeitsschwerpunkten sowie teilweise auch zu anderen Betriebsgrößen führen wird.

2.1.2 Gesellschaftliche und kulturelle Bedeutung des Handwerks

2.1.2.1 Gesellschaftliche Bedeutung des Handwerks

Selbstständige Existenzen

> Die Betätigung im Handwerk bildet die Grundlage vieler selbstständiger Existenzen. Eine Marktwirtschaft kann nur funktionieren, wenn es eine große Zahl von selbstständigen Gewerbetreibenden gibt.

Gesellschaftspolitisch betrachtet ist es von großer Bedeutung, dass eine beachtliche Anzahl der im Handwerk beschäftigten Personen tätige Inhaber und Familienangehörige sind und dass ein erheblicher Teil aller Handwerker auf eigenem Grund und Boden arbeitet. Jährlich machen sich Tausende im Handwerk selbstständig und schaffen neue Arbeitsplätze. Sie zeigen damit ein erhebliches Maß an

Eigenverantwortung

Initiative, Eigenverantwortung und Risikofreudigkeit. Die breite Streuung der Betriebe auf Stadt und Land führt zu einer gesunden und sozial ausgewogenen Struktur unserer Volkswirtschaft. Zahlreiche Handwerker engagieren sich in ehrenamtlichen Aktivitäten in nahezu allen Lebensbereichen unserer Gesellschaft.

Ehrenamtliche Aktivitäten

Das Handwerk leistet über seine ökonomischen Aufgaben hinaus einen wichtigen Beitrag zur Sicherheit und Weiterentwicklung der demokratischen Staats- und Gesellschaftsordnung.

2.1.2.2 Kulturelle Bedeutung des Handwerks

Aus der Kulturgeschichte des Handwerks

Solange es eine Geschichte des Handwerks gibt, gibt es auch eine Kulturgeschichte des Handwerks. Zu allen Zeiten hat sich das Handwerk als starker Träger der Kultur erwiesen.

Kulturelle Bedeutung

> Handwerk gestaltet also Kultur und kulturelle Lebensräume und trägt zur Sicherung der kulturellen Identität einer Region genauso bei wie zur kulturellen Vielfalt in der Formgebung.

Bedeutende Künstler sind aus dem Handwerk hervorgegangen. Handwerker waren die Erbauer der Dome oder berühmter Schlösser, Patrizierhäuser oder Gemeinschaftsbauten. Sie formten Fassaden und Giebel, schmiedeten kunstvolle Gitter, schufen formschöne Luxusmöbel, schlugen aus Stein oder gossen aus Erz unvergessliche Denkmäler.

Auch wenn Idee und Entwurf vielfach von Künstlerhand stammten, waren es dennoch Handwerker, welche der Idee unvergängliche Formen zu geben vermochten. Die Blütezeit des Handwerks war auch eine Blütezeit der Kultur.

Künstler und Handwerker

Handwerk als Kulturträger

Handwerklich technisches Können und künstlerische Betätigung gehen vielfach ineinander über. Alle Kultur setzt Arbeit voraus. Die Arbeitswerte werden dadurch zu Kulturgütern, so dass sie zum Ausdruck ihrer Zeit werden.

Nur schöpferisch gestaltende Arbeit kann Kulturgüter erzeugen. Gerade aber der Handwerker ist mit der Planung, Vertiefung und Vollendung seines Werkes persönlich sehr eng verbunden. Seine Werke sind nicht Serien- oder Massenartikel, sondern persönliche Qualitätsarbeiten, an denen vielfach ein Stück seines Lebens hängt. Der Handwerker vermag jedoch nur das in sein Werk zu legen, was er selbst in sich trägt. Daher sind das hohe Niveau seiner handwerklichen Fähigkeiten und Kenntnisse (Gesellenprüfung, Meisterprüfung) und die schöpferisch gestaltende Kraft seiner Persönlichkeit entscheidend.

Schöpferisch gestaltende Kraft

Zweifellos hat sich durch die Fortentwicklung der Technik auch manches in der Formgebung des Handwerks wesentlich geändert. Die Formgebung des gestaltenden Handwerks und dessen kulturelle Bedeutung hat aber auch beim heutigen Zug zur industrialisierten Technik und zum industriellen Design nach wie vor hohe Bedeutung. Die kulturelle Tradition und Leistung des Handwerks sind für die Weiterentwicklung unserer abendländischen Gesamtkultur unentbehrlich.

Formgebung

Besondere Leistungen erbringt das Handwerk laufend auch in der Denkmalpflege und in der Restaurierung und trägt damit zur Bewahrung des bauhistorischen Erbes bei.

2.1.3 Aufbau, Struktur und Aufgaben der Handwerksorganisationen

2.1.3.1 Aufbau der Handwerksorganisationen

Fachliche und regionale Organisationen

Die Handwerksorganisation wird in zwei Gruppen eingeteilt.

```
                    Handwerksorganisation
                    /                  \
          fachliche Organisation    regionale Organisation
```

Fachlich ist die Handwerksorganisation aufgebaut in:

> Innungen
> Landesinnungsverbände
> Bundesinnungsverbände

Der regionale Aufbau erfolgt nach:

> Kreishandwerkerschaften
> Handwerkskammern

Dachorganisationen
Zur Interessenvertretung gemeinsamer Belange auf Landes- und Bundesebene haben Handwerkskammern und Fachverbände Arbeitsgemeinschaften bzw. gemeinsame Dachorganisationen gebildet.

> **Beispiele für die Landesebene**

> Zusammenschluss der bayerischen Landesinnungsverbände im „Unternehmerverband Bayerisches Handwerk"
> Zusammenschluss der bayerischen Handwerkskammern in der „Arbeitsgemeinschaft der Bayerischen Handwerkskammern"
> Zusammenschluss der Landesfachverbände und der Handwerkskammern Bayerns im „Bayerischen Handwerkstag"

Landeshandwerksvertretung
Gleiche oder ähnliche „Landeshandwerksvertretungen" gibt es auch in anderen Bundesländern.

> **Die Bundesebene**

DHKT
Alle deutschen Handwerkskammern bilden den „Deutschen Handwerkskammertag" (DHKT).

UDH
Die Bundesinnungsverbände sind in dem „Unternehmerverband Deutsches Handwerk" (UDH) zusammengefasst.

ZDH
Die Spitzenorganisation des gesamten deutschen Handwerks ist der „Zentralverband des Deutschen Handwerks" (ZDH).
Dem ZDH gehören die im Unternehmerverband Deutsches Handwerk zusammengeschlossenen Bundesinnungsverbände und die im Deutschen Handwerkskammertag zusammengeschlossenen Handwerkskammern an.

2.1.3 Aufbau, Struktur und Aufgaben der Handwerksorganisationen

Die Handwerksorganisation in Deutschland

```
                    Zentralverband des Deutschen Handwerks
                              │
        ┌─────────────────────┼─────────────────────┐
        │                     │                     │
  Deutscher Hand-      Unternehmer-         Bundesinnungs-
  werkskammertag    verband Deutsches          verband
                        Handwerk
                              │
                       Handwerkstag,
                       Vertretung des
                       Gesamthandwerks
                       auf Landesebene
                              │
                  ┌───────────┼───────────┐
                  │           │           │
Handwerks-  Arbeitsgemein-  Arbeitsgemein-  Landesinnungs-
kammer      schaft der      schaft der       verband
            Handwerks-      Landesinnungs-
            kammern in      verbände
            einem Land
                                    │
                              Kreis-         Innung
                              handwerker-
                              schaft
                                    │
                       Handwerksbetriebe
```

2.1.3.2 Strukturen und Aufgaben der einzelnen Organisationen

Innung

> Rechtsform

Die Innung ist der freiwillige Zusammenschluss von Inhabern von Betrieben des gleichen zulassungspflichtigen Handwerks oder des gleichen zulassungsfreien Handwerks oder solcher Handwerke oder handwerksähnlicher Gewerbe, die sich fachlich oder wirtschaftlich nahestehen. Voraussetzung ist, dass für das jeweilige Gewerbe eine Ausbildungsordnung erlassen worden ist.

Die Innung ist eine Körperschaft des öffentlichen Rechts. Auch Gewerbetreibende, die ein dem Gewerbe, für welches die Innung gebildet ist, fachlich oder wirtschaftlich nahestehendes handwerksähnliches Gewerbe ausüben, für das keine Ausbildungsordnung erlassen ist, können bei entsprechender Satzung Innungsmitglied werden. Bei Vorliegen der Voraussetzungen darf der Innungsbeitritt nicht versagt werden.

Körperschaft öffentlichen Rechts

2.1 Handwerk in Wirtschaft und Gesellschaft

> Aufgaben

Wichtige Aufgaben der Innung:
- Vertretung der gemeinsamen gewerblichen Interessen ihres Handwerks im Innungsbereich
- Pflege von Gemeingeist und Berufsehre
- Betreuung der Mitglieder in fachlicher Hinsicht
- Erlass von Vorschriften für die Lehrlingsausbildung
- Entscheidung über Lehrlingsstreitigkeiten
- Abnahme der Gesellen-/Abschlussprüfungen
- Erteilung von Gutachten und Auskünften an Behörden
- Unterstützung der anderen Stellen der Handwerksorganisation bei der Erfüllung ihrer Aufgaben
- Vermittlung bei Streitigkeiten zwischen Mitgliedern und ihren Kunden

Für jedes Gewerbe kann in dem gleichen Bezirk nur eine Innung gebildet werden.

> Die Innungsversammlung

Oberstes Organ

Die Innungsversammlung ist das oberste Organ der Innung.

Ihr obliegen insbesondere
> alle Beschlüsse von vermögensrechtlicher Bedeutung (Beitragsordnung, Haushaltsplan, Jahresrechnung, Anlage des Innungsvermögens, Mietverträge, Anstellungsverträge usw.),
> die Wahlen der Mitglieder des Vorstandes, der Ausschüsse, der Vertreter bei der Kreishandwerkerschaft und beim Landesinnungsverband sowie
> die Beschlüsse über Satzungsänderung und Auflösung der Innung.

Jedes Mitglied hat eine Stimme. Die Beschlüsse werden in der Regel mit einfacher Mehrheit gefasst.

> Der Vorstand

Aufgabe und Zusammensetzung

Dem Vorstand obliegt die Ausführung der Beschlüsse der Innungsversammlung sowie die Vertretung der Innung nach außen.

Er setzt sich zusammen aus dem Obermeister und so vielen weiteren Mitgliedern, wie die Satzung bestimmt.

> Die Ausschüsse

Die Innung kann für die Beratung und Erledigung wichtiger Angelegenheiten besondere Ausschüsse einsetzen. Die nachfolgend aufgeführten fünf Ausschüsse hat in der Regel jede Innung:

- Der Ausschuss für Berufsbildung hat die Berufsausbildung der Lehrlinge zu fördern. Er soll insbesondere Vorschriften für die Berufsausbildung erarbeiten und zu Verfahren zur Untersagung des Einstellens und Ausbildens von Lehrlingen Stellung nehmen, soweit die Innung damit befasst ist. Der Vorsitzende des Ausschusses ist der Lehrlingswart. *Ausschuss für Berufsbildung / Lehrlingswart*
- Der Ausschuss zur Schlichtung von Streitigkeiten zwischen Ausbildenden und Auszubildenden hat in Streitfällen einen Schiedsspruch zu erlassen, sofern solche Verfahren keine anderweitige Erledigung finden. *Schlichtung von Streitigkeiten*
- Der Gesellenausschuss wird von den bei den Innungsmitgliedern beschäftigten Gesellen gewählt und ist an der Innungsversammlung zu beteiligen, wenn es sich um berufsständische Angelegenheiten handelt. *Gesellenausschuss*
- Der Gesellenprüfungsausschuss hat die Gesellenprüfungen durchzuführen, sofern die Handwerkskammer der Innung die Ermächtigung hierzu erteilt hat. *Gesellenprüfungsausschuss*
- Der Rechnungsprüfungsausschuss hat die Kassenführung und die Jahresrechnung zu prüfen und über das Ergebnis der Innungsversammlung zu berichten, in der dem Vorstand Entlastung erteilt werden soll. *Rechnungsprüfungsausschuss*

> **Beiträge**

> Jedes Mitglied der Innung ist verpflichtet, den von der Innungsversammlung festgesetzten Beitrag zu bezahlen.

Die Beiträge sollen es der Innung ermöglichen, ihre Aufgaben zu erfüllen. Vor Beginn des Rechnungsjahres hat der Vorstand einen Haushaltsplan aufzustellen und der Innungsversammlung zur Annahme vorzulegen. Im Haushaltsplan wird angegeben, welche Einnahmen die Innung im kommenden Geschäftsjahr erwartet und wie sie diese zu verwenden gedenkt. Nach Ablauf des Geschäftsjahres ist dann die Jahresrechnung aufzustellen und nachzuweisen, wie hoch die Einnahmen der Innung wirklich waren und dass sie entsprechend dem Haushaltsplan verwendet wurden. *Haushaltsplan, Jahresrechnung*

> **Aufsicht**

Die Aufsicht über die Innung führt die Handwerkskammer.

Kreishandwerkerschaft

> **Rechtsform**

> Die Kreishandwerkerschaft setzt sich zusammen aus den Innungen, die im Bereich der Kreishandwerkerschaft (Stadt- und Landkreis) ihren Sitz haben. Sie ist eine Körperschaft des öffentlichen Rechts.

2.1 Handwerk in Wirtschaft und Gesellschaft

> Aufgaben

Wichtige Aufgaben der Kreishandwerkerschaft:
- Wahrnehmung der Interessen des Gesamthandwerks in ihrem Bereich
- Unterstützung der Mitgliedsinnungen bei der Erfüllung ihrer Aufgaben
- Übernahme der Geschäftsführung der Innungen auf Antrag
- Erteilung von Gutachten und Auskünften

> Die Mitgliederversammlung

Mitgliederversammlung

Die Mitgliederversammlung setzt sich aus den Vertretern der Mitgliedsinnungen zusammen. Jede Innung hat eine Stimme. Die Satzung kann bestimmen, dass den Handwerksinnungen entsprechend der Zahl ihrer Mitglieder bis zu höchstens zwei Zusatzstimmen zuerkannt werden.

> Der Vorstand

Kreishandwerksmeister

Der Vorstand setzt sich zusammen aus dem Kreishandwerksmeister, seinem Stellvertreter und so vielen weiteren Mitgliedern, wie die Satzung bestimmt.

> Die Ausschüsse

Diese können nach Bedarf von der Mitgliederversammlung eingesetzt werden.

> Beiträge

Beiträge zur Kreishandwerkerschaft werden von den Mitgliedsinnungen nach dem von der Kreishandwerkerschaftsversammlung festgelegten Berechnungsmodus entrichtet.

> Aufsicht

Die Aufsicht über die Kreishandwerkerschaft führt die Handwerkskammer.

Handwerkskammer

> Rechtsform

Interessenvertretung des Gesamthandwerks

> Die Handwerkskammer ist die gesetzliche Berufsstandsvertretung des Gesamthandwerks im Kammerbezirk (zum Beispiel Regierungsbezirk).

Ihr gehören kraft Gesetz Inhaber eines Handwerksbetriebes und eines handwerksähnlichen Gewerbes des Handwerkskammerbezirks sowie deren Gesellen, andere Arbeitnehmer mit einer abgeschlossenen Berufsausbildung und Lehrlinge an. Zur Handwerkskammer gehören auch Personen, die eine unwesentliche Teiltätigkeit eines zulassungspflichtigen Handwerks ausüben und diese nach dem 31. Dezember 2003 angemeldet haben. Voraussetzung ist, dass sie die Gesellenprüfung in einem zulassungspflichtigen Handwerk erfolgreich abgelegt haben, die betreffende Tätigkeit Bestandteil der Erstausbildung in diesem zulassungspflichtigen Hand-

werk war und die Tätigkeit den überwiegenden Teil der gewerblichen Tätigkeit ausmacht.
Die Handwerkskammer ist eine Körperschaft des öffentlichen Rechts.

> **Aufgaben**

Die Vielfalt der einzelnen Aufgaben der Handwerkskammer lässt sich in drei Hauptaufgabenbereiche zusammenfassen:

```
              Hauptaufgabenbereiche der Handwerkskammer
        ┌─────────────────────┬─────────────────────┐
        ▼                     ▼                     ▼
  Interessenvertretung   Handwerksförderung    Selbstverwaltung
        des          (wirtschaftliche Förderung  (Gesetzesvollzug und
  gesamten Handwerks       des Handwerks           Erfüllung von
                            auf allen         Selbstverwaltungsaufgaben
                       einschlägigen Gebieten)    des Handwerks)
```

> **Interessenvertretung**

Oberste Aufgabe der Handwerkskammer ist die Vertretung und Förderung der wirtschaftlichen Interessen des Gesamthandwerks im Kammerbezirk.

Im Einzelnen sind unter anderem zu nennen:

> Mitwirkung an Gesetzesinitiativen zur Schaffung handwerks- und mittelstandsgerechter Rahmenbedingungen. — Initiativen
> Anhörung und Stellungnahmen zu Gesetzentwürfen und Gesetzesänderungen, insbesondere auf den Gebieten des Wirtschafts- und Gewerberechts, des Steuer- und Sozialrechts, des Berufsbildungsrechts sowie des Landesplanungs- und Baurechts. Die Handwerkskammer soll in allen wichtigen das Handwerk und das handwerksähnliche Gewerbe berührenden Angelegenheiten gehört werden. — Stellungnahmen
> Vorschläge zur Stadt- und Landesentwicklung, Regionalplanung, Umweltpolitik, Bau- und Auftragsvergabepolitik.
> Kontakte zu Behörden und Parlamenten auf EU-, Bundes-, Landes- und kommunaler Ebene. — Kontakte
> Wirtschaftsbeobachtung, Statistik und Konjunkturberichterstattung. — Statistik
> Öffentlichkeitsarbeit und Information (Verbindung zu Presse, Rundfunk und Fernsehen). — Öffentlichkeitsarbeit
> Vertretung der Interessen in allen das Handwerk berührenden Fragen auf EU-, Bundes-, Landes- und kommunaler Ebene.

> **Handwerksförderung**

Die regionale und überfachliche Handwerksförderung ist ein wesentlicher Bestandteil der Wirtschaftsförderung.

Der Bereich der Handwerksförderung nimmt heute bei der Handwerkskammer den breitesten Raum ein. Sie ist damit ein wichtiges Dienstleistungsunternehmen für die Mitgliedsbetriebe. Bedeutende Bereiche sind unter anderem: — Dienstleistung

2.1 Handwerk in Wirtschaft und Gesellschaft

Berufliche Bildung	› Förderung der beruflichen Bildung durch allgemeine Nachwuchswerbung › überbetriebliche Unterweisungsmaßnahmen für Lehrlinge › Fortbildungslehrgänge › Meistervorbereitungskurse › Maßnahmen zur Förderung der Unternehmensführung › Fachvorträge usw.
Bildungszentren	› die meisten Handwerkskammern unterhalten ein dichtes Netz von beruflichen Bildungszentren, Technologietransferstellen, Akademien des Handwerks, Informationsvermittlungsstellen, Betriebsbörsen, Ausbildungsplatzbörsen, gewerbefördernden Einrichtungen
Beratungsdienste	› allgemeine Beratung/Information der Handwerksbetriebe (Rechtsberatung, betriebswirtschaftliche Beratung, EDV-Beratung, technische Beratung, Umweltschutzberatung, Formgebungsberatung, Exportberatung, EU-Beratung, Ausbildungsberatung) (>>> auch Abschnitt 2.1.3.3 „Beratungsdienste der Handwerksorganisationen für die Mitgliedsbetriebe – Handwerksförderung") › Förderung auf dem Gebiet der Finanzierung der Existenzgründung und Betriebsübernahme; Gründeragenturen › Förderung der Formgebung (Formgestaltung) im Handwerk
Messewesen Wirtschaftsfördernde Einrichtungen	› Förderung des Handwerks durch Beteiligungen an Messen und Ausstellungen › Beteiligung bzw. Unterhaltung wirtschaftsfördernder Einrichtungen, wie Messegesellschaften, Buchstellen, Kreditgarantiegemeinschaften/Bürgschaftsbanken, Kapitalbeteiligungsgesellschaften, Handwerkerhof- und Gewerbehofgesellschaften, Technologiezentren
Internet	› Förderung der Handwerksbetriebe bei der Nutzung des Internets › Förderung des Handwerks durch Mitgliedschaft bei wirtschaftsfördernden Einrichtungen
Wissenschaftliche Förderung	› Förderung durch Beteiligung an wissenschaftlichen Einrichtungen (zum Beispiel Deutsches Handwerksinstitut e.V.) › Förderung des Images des gesamten Handwerks durch geeignete Werbemaßnahmen (Öffentlichkeitsarbeit für das Handwerk)

› **Selbstverwaltung**

> Die Selbstverwaltung ist ebenfalls ein wichtiges Aufgabengebiet der Handwerkskammer.

Hier sind als wesentliche Bereiche unter anderen zu nennen:
› Führung der Handwerksrolle und des Verzeichnisses der zulassungsfreien Handwerke sowie der handwerksähnlichen Gewerbe
› Führung eines Verzeichnisses von Personen, die eine nicht wesentliche Teiltätigkeit eines zulassungspflichtigen Handwerks ausüben
› Bestellung und Vereidigung von Sachverständigen zur Erstellung von Gutachten über Waren, Leistungen und Preise von Handwerkern
› Aufsicht über Innungen und Kreishandwerkerschaften
› Regelung und Überwachung der Berufsausbildung nach dem Berufsbildungsgesetz und der Handwerksordnung
› Führung des Verzeichnisses über die Berufsausbildungsverhältnisse (Lehrlingsrolle)
› Erlass von Prüfungsordnungen

- organisatorische Durchführung der Meisterprüfungen
- Abnahme von Gesellenprüfungen bzw. Überwachung des Gesellenprüfungswesens
- Durchführung von Fortbildungs- und Umschulungsprüfungen
- Errichtung von Vermittlungsstellen zur Beilegung von Streitigkeiten zwischen Inhabern eines Handwerksbetriebs und ihren Auftraggebern
- Ausstellung von Ursprungszeugnissen über in Handwerksbetrieben gefertigte Erzeugnisse
- Ausfertigung von anderen dem Wirtschaftsverkehr dienenden Bescheinigungen
- Handwerkskammern können auch die Aufgaben der höheren Verwaltungsbehörden bei der Erteilung von Ausübungsberechtigungen und Ausnahmebewilligungen sowie der Zu- und Aberkennung der Ausbildungsberechtigung übertragen werden

> **Die Mitgliederversammlung (Vollversammlung)**

Die Vollversammlung ist das oberste Organ der Handwerkskammer.

Sie setzt sich zusammen aus den gewählten Mitgliedern bzw. Vertretern des Handwerks und des handwerksähnlichen Gewerbes im Kammerbezirk. Je nach Satzung einer Handwerkskammer können auch Personen, die eine nicht wesentliche Teiltätigkeit eines zulassungspflichtigen Handwerks ausüben, Mitglieder der Vollversammlung sein. Die Mitglieder und ihre Stellvertreter werden aufgrund von Wahlvorschlägen (Wahllisten) in allgemeiner, gleicher und geheimer Wahl im Briefwahlverfahren für eine Amtszeit von 5 Jahren gewählt. Eine Wiederwahl ist zulässig. *Zusammensetzung*

Da zwei Drittel der Mitglieder der Vollversammlung selbstständige Unternehmer von Handwerksbetrieben bzw. handwerksähnlichen Betrieben und ein Drittel Gesellen oder andere Arbeitnehmer mit einer abgeschlossenen Berufsausbildung sein müssen, werden die Wahlvorschläge für diese zwei Gruppen getrennt eingereicht. *Wahlverfahren*

Jeder Wahlvorschlag muss von mindestens der zweifachen Anzahl der jeweils für die Arbeitgeber- und Arbeitnehmerseite zu besetzenden Sitze an Wahlberechtigten, höchstens aber von 70 Wahlberechtigten, unterzeichnet sein. Er muss die Namen von so vielen Bewerbern enthalten, wie Mitglieder und Stellvertreter nach der Kammersatzung zu wählen sind.

Von den selbstständigen Unternehmern ist wählbar, wer seit mindestens einem Jahr im Kammerbezirk selbstständig ein Handwerk oder ein handwerksähnliches Gewerbe betreibt, das aktive Wahlrecht hat, die Ausbildungsbefugnis für Lehrlinge hat und am Wahltag volljährig ist. Auch gesetzliche Vertreter der wahlberechtigten juristischen Personen und die vertretungsberechtigten Gesellschafter der wahlberechtigten Personengesellschaften sind unter bestimmten Voraussetzungen wählbar. *Wählbarkeit*

Die Wahl der Vertreter der zulassungspflichtigen und zulassungsfreien Handwerke sowie der handwerksähnlichen Gewerbe sowie gegebenenfalls der Personen, die eine nicht wesentliche Teiltätigkeit eines zulassungspflichtigen Handwerks ausüben, erfolgt durch die eingetragenen natürlichen und juristischen Personen und Personengesellschaften im Kammerbezirk, die Wahl der Gesellen bzw. der anderen Arbeitnehmer mit einer abgeschlossenen Berufsausbildung durch diese

2.1 Handwerk in Wirtschaft und Gesellschaft

Personengruppe. Ist nur ein Wahlvorschlag eingereicht und zugelassen, so gelten die darin aufgeführten Personen als gewählt, ohne dass es einer Wahlhandlung bedarf.

> Der Vorstand

Präsident

> Der Vorstand der Handwerkskammer setzt sich zusammen aus dem Vorsitzenden (Präsidenten), zwei Stellvertretern (Vizepräsidenten, von denen einer ein Geselle oder ein anderer Arbeitnehmer mit einer abgeschlossenen Berufsausbildung sein muss) und so vielen weiteren Vorstandsmitgliedern, wie die Satzung bestimmt.

Vertretung der Handwerkskammer

Auch von diesen weiteren Vorstandsmitgliedern sind zwei Drittel Vertreter der zulassungspflichtigen und zulassungsfreien Handwerke sowie der handwerksähnlichen Gewerbe und ein Drittel Arbeitnehmer. Präsident und Hauptgeschäftsführer vertreten die Kammer gerichtlich und außergerichtlich.

> Die Ausschüsse

Die Ausschüsse werden je nach Bedarf von der Vollversammlung, der obligatorische Berufsbildungsausschuss (zur Regelung aller wichtigen Fragen der beruflichen Bildung) unter Mitwirkung der nach Landesrecht zuständigen Behörde errichtet.

> Der Hauptgeschäftsführer

> Der Hauptgeschäftsführer führt die laufenden Verwaltungsgeschäfte der Handwerkskammer.

Er wird dabei von den Bediensteten gemäß Geschäftsverteilungsplan unterstützt.

> Beiträge

Zusammensetzung Sonderbeiträge

Beiträge zur Handwerkskammer muss jeder Inhaber eines Betriebes des Handwerks und eines handwerksähnlichen Gewerbes nach einem von der Vollversammlung beschlossenen und von der Aufsichtsbehörde (in der Regel das Wirtschaftsministerium) genehmigten Beitragsmaßstab entrichten. Der Jahresbeitrag setzt sich in der Regel zusammen aus einem Grundbeitrag und einem Zusatzbeitrag, der in einem bestimmten Prozentsatz des Gewerbeertrages bzw. des Gewinns aus Gewerbebetrieb besteht. Die Handwerkskammer kann auch Sonderbeiträge erheben.

Existenzgründer

Für Existenzgründer mit einem Gewinn unter 25.000,00 EUR gelten in den ersten 4 Jahren Sonderregelungen. Personen, die selbstständig eine unwesentliche Teiltätigkeit eines zulassungspflichtigen Handwerks als gewerbliche Tätigkeit ausüben, bleiben bis zu einem Jahresgewinn von 5.200,00 EUR beitragsfrei.

> Aufsicht

Die Aufsicht über die Handwerkskammer führt die oberste Landesbehörde, das ist in der Regel das jeweilige Wirtschaftsministerium.

2.1.3 Aufbau, Struktur und Aufgaben der Handwerksorganisationen

Landesinnungsverband

> **Rechtsform**

Der Landesinnungsverband ist der freiwillige Zusammenschluss der Fachinnungen in einem Bundesland. Er ist eine juristische Person des Privatrechts.

> **Aufgaben**

Wichtige Aufgaben des Landesinnungsverbandes:
- Vertretung der Interessen des speziellen Handwerks, für das er gebildet ist, auf Landesebene
- Beratung, Betreuung und Unterstützung der angeschlossenen Innungen
- Abschluss von Tarifverträgen
- Erstattung von Gutachten, Unterbreitung von Anregungen und Vorschlägen an die Behörden
- Errichtung von Fachschulen und Durchführung von Fachkursen

> **Die Verbandsversammlung**

Die Verbandsversammlung setzt sich zusammen aus den Vertretern der Mitgliedsinnungen und, soweit satzungsmäßig vorgesehen, aus Einzelmitgliedern.

> **Der Vorstand**

Vorsitzender des Vorstandes ist der Landesinnungsmeister.

Landesinnungsmeister

> **Die Ausschüsse**

Die Ausschüsse werden von der Verbandsversammlung eingesetzt (zum Beispiel Tarifausschuss).

> **Beiträge**

Beiträge zum Landesinnungsverband entrichten die Mitgliedsinnungen entsprechend ihrer Mitgliederzahl oder nach anderen Bemessungsgrundlagen.

Bemessungsgrundlagen

Bundesinnungsverband

Der Bundesinnungsverband ist der freiwillige Zusammenschluss der Landesinnungsverbände, die für ein bestimmtes Handwerk bestehen. Er ist eine juristische Person des Privatrechts.

Seine Hauptaufgabe ist die Vertretung der Interessen des speziellen Handwerks, für das er gebildet ist, auf der Bundesebene. Der Vorsitzende des Vorstandes heißt

2.1 Handwerk in Wirtschaft und Gesellschaft

Bundesinnungs-meister Bundesinnungsmeister. Im Übrigen gelten für ihn die Bestimmungen über den Landesinnungsverband entsprechend.

Sonstige Handwerksorganisationen

> Handwerksjunioren

Organisations-struktur Der Verband der Junioren des Handwerks ist eine Nachwuchsorganisation, in der junge Handwerker bis zu einer Altersgrenze von 40 Jahren Mitglied werden können. Die Organisationsstruktur umfasst in der Regel die Kreis-, Landes- und Bundesebene. Die Dachorganisation ist der Bundesverband der Junioren des Handwerks e.V.

Aufgaben des Verbandes der Handwerksjunioren:
- Fachliche und überfachliche Weiterbildung durch Vortragsveranstaltungen, Seminare, Betriebsbesichtigungen
- Informationsveranstaltungen
- Vertretung der spezifischen Interessen junger Handwerker
- Kontaktpflege zu jungen Existenzgründern
- Erfahrungsaustausch zwischen jungen Selbstständigen im Handwerk
- Vorbereitung junger Handwerker auf die ehrenamtliche Mitwirkung in den Handwerksorganisationen und in der Selbstverwaltung

> Vereine der Meister- bzw. Unternehmerfrauen im Handwerk

> Die Mitglieder der Vereinigungen der Meisterfrauen sind mitarbeitende Ehefrauen in Handwerksbetrieben oder selbstständige Meisterinnen im Handwerk.

Die Vereine auf regionaler Ebene bilden in der Regel Landesverbände. Die Landesverbände sind Mitglieder im Bundesverband der Unternehmerfrauen im Handwerk e.V. Deutschland.

Aufgaben Ziele und Aufgaben:

> Interessenvertretung der spezifischen Belange der Meisterfrauen
> auf die Bedürfnisse der Meisterfrauen zugeschnittene Bildungsmaßnahmen
> Vortragsveranstaltungen
> Studienreisen
> gesellschaftspolitisches Engagement für die Frauen im Handwerk
> Kontakt zu den anderen Handwerksorganisationen

› **Gesellenvereinigungen**

> Gesellenvereinigungen sind Zusammenschlüsse von Gesellen im Handwerk. Sie sind in der Regel nach örtlichen, beruflichen oder konfessionellen Zielsetzungen strukturiert.

In erster Linie sind hier die Gesellenzusammenschlüsse des Kolpingwerks und der evangelischen Handwerkervereine zu nennen, die ihre Arbeit für die Mitglieder an Maßnahmen zur persönlichen und beruflichen Lebensbewältigung auf christlicher Grundlage orientieren. Einen breiten Raum der Tätigkeit nehmen Bildungsmaßnahmen ein.

Aufgaben

2.1.3.3 Beratungsdienste der Handwerksorganisationen für die Mitgliedsbetriebe – Handwerksförderung

Beratungsdienste als Teilbereiche der Handwerks- und Gewerbeförderung, Aufgaben und Träger der Handwerksförderung

> Die Gewerbe- und Handwerksförderung hat die Aufgabe, zur Erhaltung und Verbesserung des Leistungsstandes und der Leistungsfähigkeit des Handwerks beizutragen. Sie soll ferner betriebsgrößenbedingte Wettbewerbsnachteile ausgleichen. Sie gibt den Betrieben eine wichtige Hilfe zur Selbsthilfe.

Die Notwendigkeit einer ständigen Anpassung der Betriebe an die technische und wirtschaftliche Entwicklung verlangt von Betriebsinhabern und Mitarbeitern:

Technische und wirtschaftliche Entwicklung

› handwerkliches Können
› fachtheoretische Kenntnisse
› betriebswirtschaftliche Kenntnisse
› Handlungskompetenz

Durch die Gewerbeförderung erhalten alle im Handwerk Tätigen Gelegenheit, ihre Kenntnisse fortlaufend zu erweitern. Die Handwerksbetriebe werden durch zahlreiche Förderungsmaßnahmen in die Lage versetzt, wettbewerbsfähig zu werden und zu bleiben.

Die wesentlichen Träger der Gewerbe- und Handwerksförderung sind die Handwerksorganisationen, also:

Träger

› Handwerkskammern
› Kreishandwerkerschaften
› Innungen
› Landes-, Bundesinnungsverbände

2.1 Handwerk in Wirtschaft und Gesellschaft

> **Maßnahmen der Handwerksförderung**

Wichtige Maßnahmen der Handwerksförderung:
- Aus- und Fortbildung
- Interessenvertretung
- Veröffentlichungen, Informationen
- Beratungen
- Finanzierungshilfen
- genossenschaftliche Selbsthilfe, Kooperationen
- Messen, Ausstellungen, Sonderschauen
- Beteiligungen, wirtschaftliche und sonstige Einrichtungen
- wissenschaftliche Institute

Bevor die Beratungsleistungen im Einzelnen dargestellt werden, sind noch zwei wichtige Bereiche der Handwerksförderung zu erwähnen.

Messen

> **Messen, Ausstellungen, Sonderschauen**

Messen/Ausstellungen sind Veranstaltungen mit wichtiger Barometer- und Signalfunktion. Sie gewinnen für das Handwerk durch Öffnung zusätzlicher Märkte insbesondere in Europa noch mehr an Bedeutung.

Formen von Messeveranstaltungen für das Handwerk:
- Fachmessen (regional oder überregional)
- regionale Verbraucherausstellungen
- Internationale Handwerksmesse München und andere Handwerksmessen
- Auslandsmessebeteiligungen
- Sonder- und Gemeinschaftsschauen

Internationale Handwerksmesse

Die Leitmesse des deutschen Handwerks und größte Messe des Handwerks und der Zulieferindustrie für das Handwerk auf der ganzen Welt ist die Internationale Handwerksmesse in München.

Ziele

Mit den Messeveranstaltungen sollen folgende Ziele erreicht werden:

> Absatzförderung für Produkte und Dienstleistungen der Handwerker
> Beschaffungs- und Einkaufsmöglichkeiten für das Handwerk
> Anbahnung internationaler Geschäftsbeziehungen und Kooperationen
> Informationsbörse für Handwerksbetriebe und Verbraucher
> Image- und Nachwuchswerbung für das Handwerk
> Förderung der Kooperation der Betriebe im Handwerk und zwischen Industrie und Handwerk
> Forum für Rahmenveranstaltungen wie Fachtagungen und Kongresse
> Forum für handwerkspolitische Dialoge

> **Wissenschaftliche Institute**

Handwerksforschung

Zur wissenschaftlichen Untersuchung der Handwerkswirtschaft und zur wissenschaftlichen Förderung des Handwerks wird handwerks- oder mittelstandsbezogene Forschung betrieben.

2.1.3 Aufbau, Struktur und Aufgaben der Handwerksorganisationen

Die umfassendste Handwerksforschung erfolgt durch das Deutsche Handwerksinstitut (DHI).
Wichtige Forschungsbereiche des Deutschen Handwerksinstituts sind:

> Handwerkswirtschaft
> berufliche Bildung
> Management
> Handwerkstechnik
> Recht
> Steuern

Die wissenschaftlichen Forschungsergebnisse werden ausgewertet und gewerbefördernden und handwerkspolitischen Entscheidungen und Maßnahmen zugrunde gelegt. Ferner werden zahlreiche Forschungsergebnisse des DHI zur Stärkung der Wettbewerbsfähigkeit in den Handwerksbetrieben umgesetzt.

Umsetzung

Die einzelnen Forschungsinstitute des DHI sind:

> Forschungsinstitut für Berufsbildung im Handwerk an der Universität zu Köln
> Volkswirtschaftliches Institut für Mittelstand und Handwerk an der Universität Göttingen
> Heinz-Piest-Institut für Handwerkstechnik an der Universität Hannover
> Institut für Technik der Betriebsführung, Karlsruhe
> Ludwig-Fröhler-Institut für Handwerkswissenschaften, Abteilung für Handwerkswirtschaft, München
> Ludwig-Fröhler-Institut für Handwerkswissenschaften, Abteilung für Handwerksrecht, München
> Institut für Kunststoffverarbeitung an der Rheinisch-Westfälischen Technischen Hochschule Aachen e. V.

Einzelne Forschungsinstitute

Beratungsangebote und Leistungen im Einzelnen

> Betriebswirtschaftliche Beratung

> Zur betriebswirtschaftlichen Beratung der Handwerksbetriebe bestehen bei allen Handwerkskammern überfachliche und bei zahlreichen Innungen sowie Landes- und Bundesinnungsverbänden fachliche Betriebsberatungsstellen.

Die wichtigsten Aufgaben bzw. Beratungsgebiete sind:

Beratungsgebiete

> Unternehmensführung
> Existenzgründung und alle damit zusammenhängenden Fragen, wie zum Beispiel Rechtsform, Standortwahl, Finanzierung, Planung
> Betriebsübernahme/Nachfolgeregelung/Betriebsbörse
> Organisation des Rechnungswesens (Buchführung, Kostenrechnung, Auswertung, Controlling)
> Investitionen und Finanzierung, Finanzplanung, Kapitalbeschaffung, spezielle Finanzierungshilfen, Handwerksförderungsprogramme
> Marktanalysen, Marketing/Vertrieb
> Messebeteiligungen
> Kooperationsmöglichkeiten

- > Personalwesen
- > Arbeitsvorbereitung (REFA)
- > Betriebsanalysen, Wirtschaftlichkeitsuntersuchungen, Rentabilitätsberechnungen, Verlustquellenforschung, Schwachstellenanalysen

Ein Handwerksbetrieb kann nur wettbewerbsfähig sein und bleiben, wenn er über eine gute betriebswirtschaftliche Organisation verfügt. Deshalb sollte sich der Betriebsinhaber bei Bedarf von der betriebswirtschaftlichen Beratungsstelle seiner Berufsorganisation beraten lassen.

Freiberufliche Beratung

Auf dem Sektor der Betriebsberatung sind auch freiberufliche Berater tätig. Wichtige Beratungsgebiete sind:

- > Existenzgründung
- > Existenzaufbau
- > Marketing
- > Umweltschutz
- > Energieeinsparung
- > wirtschaftliche und organisatorische Probleme der Unternehmensführung
- > Personalwesen

Zuschüsse

Der Bundesminister für Wirtschaft und Technologie gewährt Zuschüsse für die Beratungskosten.
Über Einzelheiten der Auswahl des richtigen Beraters und der Förderungsvoraussetzungen sollte sich der Handwerksbetriebsinhaber vorab beim Betriebsberater seiner Handwerkskammer beraten lassen.

> **Technische Betriebsberatung**

> Die technische Betriebsberatung und die Technologietransferberatung werden von Handwerkskammern und Fachverbänden durchgeführt.

Aufgaben technischer Betriebsberatung sind u. a.:

- > technische Betriebsplanung
- > Betriebsstätte, Betriebseinrichtung
- > Verfahrenstechnik
- > Produktinnovationen
- > Fertigungswirtschaft
- > Qualitätssicherung, Qualitätsmanagement
- > technischer Umweltschutz
- > CE-Kennzeichnung von Produkten nach EG-Richtlinien
- > Verwertung von Erfindungen
- > Technologietransfer
- > Zulieferfragen

Nach verschiedenen Technologieberatungsprogrammen können auch freiberuflich tätige Unternehmensberater beauftragt werden. Wegen des Förderumfangs und des Antragsverfahrens sollten sich die Betriebsinhaber vor Erteilung des Beratungsauftrags mit dem technischen Betriebsberater einer Handwerksorganisation in Verbindung setzen.

2.1.3 Aufbau, Struktur und Aufgaben der Handwerksorganisationen

> EDV-Beratung/neue Medien

Bereiche der EDV-Beratung sind:

> EDV im betrieblichen Rechnungswesen
> Analyse der betrieblichen Anforderungen
> EDV-Geräte
> EDV-Programme
> Anwendungsgebiete
> Einsatz des Internets in Werkstatt und Büro

> Beratung in Fragen der Außenwirtschaft

Die von den meisten Handwerkskammern betriebenen Exportberatungsstellen unterstützen in Zusammenarbeit mit verschiedenen Kontaktstellen im Ausland eine wachsende Zahl von exportwilligen und exportfähigen Handwerksbetrieben beim Absatz ihrer Produkte und Dienstleistungen auf ausländischen Märkten. Aufgaben der Exportberatungsstellen sind vor allem: *Träger*

> Formalitäten der Importländer
> Zahlungsbedingungen, Devisen- und Zollvorschriften
> Vermittlung von Geschäftsverbindungen für Einkauf und Verkauf
> Exportfinanzierung
> Werbebroschüren, Exportkataloge
> Beteiligung an Ausstellungen und Messen im Ausland

> EU-Beratung

Aufgaben der EU-Beratung sind:

> Rahmenbedingungen (Vorschriften)
> Normen
> Kooperationsmöglichkeiten
> Absatzchancen (Qualität, Einfallsreichtum, Zuverlässigkeit, Serviceleistungen)
> EU-weite, öffentliche Ausschreibungen
> Förderprogramme der EU, des Bundes und der Länder

> Informationsberatung, Informationsvermittlungsstellen

Der Bedarf an Information und deren geeigneter Vermittlung nimmt auch im Handwerk laufend zu. *Informationsbedarf*

Um den Handwerksbetrieben dabei zu helfen, haben einzelne Handwerkskammern Informationsvermittlungsstellen geschaffen.

Bereiche der Informationsberatung und Informationsvermittlung

| Einsatz moderner Kommunikationsmittel, Internet | Zugriff zu nationalen und internationalen Datenbanken, Datenaustausch | Informationsbeschaffung |

› Umweltschutzberatung

Der Umweltschutz berührt den Handwerksbetrieb in zweifacher Hinsicht:

Betroffener
Problemlöser

› als von Umweltschutzvorschriften Betroffener
› als Problemlöser bei der Umsetzung des Umweltschutzes

Umweltschutzberater bei Handwerkskammern, Fachverbänden und staatlichen bzw. kommunalen Beratungsstellen beraten den Handwerker auf beiden genannten Gebieten. Sie unterstützen ferner Handwerksbetriebe bei der Teilnahme am EMAS (Umwelt-Management-System) und anderen Umweltprüfungen. Sie geben

Energie

auch Informationen zu unterschiedlichen Themen im Bereich Energie.

› Beratung in Formgebung und Formgestaltung

Zur Steigerung der kulturellen Leistungsfähigkeit des Handwerks und zur bestmöglichen Gestaltung von Handwerksprodukten tragen die Formgebungsberatungsstellen der Handwerksorganisationen, insbesondere der Handwerkskammern, bei.
Hauptaufgaben der Formgebungsberatung sind:

› Aufklärung über die kulturelle Bedeutung des Handwerks
› Herausstellung der Wertarbeit
› verkaufswirksame Gestaltung handwerklicher Produkte
› Mitwirkung bei Ausstellungen und Messen
› moderne Gestaltung von Produkten/Design

› Rechtsberatung

Die engmaschige Gesetzgebung hat einen großen Bedarf bei der Rechtsberatung entstehen lassen. Die Handwerksorganisationen (Handwerkskammern und Verbände) geben ihren Mitgliedern auf allen einschlägigen Rechtsgebieten Auskunft. Wichtige Gebiete:

› Zivilrecht
› öffentliches Recht
› Arbeitsrecht
› Sozialversicherungsrecht, Versicherungsfragen
› Steuerrecht (keine Steuerberatung)

› Sonstige Beratungsbereiche

Beratung durch die Handwerksorganisationen erfolgt ferner durch die Ausbildungsberatung und die Fortbildungsberatung der Handwerkskammern. (›› auch Abschnitte 1.5.2.1 „Handwerkskammer als zuständige Stelle – Ausbildungsberater", 7.5.2 „Ziele der Fortbildung, Fortbildungsmöglichkeiten" sowie 7.5.7 „Rechtliche Bestimmungen zur finanziellen Förderung der Berufsbildung, insbesondere der Fortbildung" in Band 3 der Handwerker-Fibel.)

2.1.3.4 Bezug der Handwerksorganisationen zu anderen Wirtschafts-, Arbeitgeber- und Arbeitnehmerorganisationen

Industrie- und Handelskammern

Die Industrie- und Handelskammern sind Körperschaften des öffentlichen Rechts.

> Ihr gehören alle Gewerbetreibenden (Schwerpunkt Industrie und Handel) im Kammerbezirk an, ausgenommen Inhaber eines Betriebes eines Handwerks und eines handwerksähnlichen Gewerbes und zur Handwerkskammer gehörende Personen, die eine unwesentliche Teiltätigkeit eines zulassungspflichtigen Handwerks ausüben.

Ihre Aufgaben beziehen sich auf die Wahrnehmung der Gesamtinteressen ihrer Mitglieder und die Förderung der gewerblichen Wirtschaft. *Aufgaben*
Die Aufgaben der Industrie- und Handelskammern sind in einigen Bereichen in etwa mit denen der Handwerkskammern vergleichbar.
Die Dachorganisation der Industrie- und Handelskammern auf Bundesebene ist der Deutsche Industrie- und Handelskammertag (DIHK). *Dachorganisation*

> Zwischen den Industrie- und Handelskammern und den Handwerkskammern gibt es einige Bereiche der Zusammenarbeit u. a. bei:

> der Vertretung der Interessen der gesamten Wirtschaft regional und überregional
> Grundsatzfragen der Wirtschafts- und Mittelstandspolitik sowie der Bildungspolitik
> der regionalen Wirtschaftsförderung
> der Stadt- und Landesentwicklung
> der Regionalplanung
> der Öffentlichkeitsarbeit für die gesamte Wirtschaft
> der Schaffung von Infrastrukturmaßnahmen im Messewesen
> der Konzipierung von staatlichen Förderungsprogrammen für die Wirtschaft
> der Beteiligung an wirtschaftsfördernden Einrichtungen
> der Aus-, Fort- und Weiterbildung
> den beruflichen Aus- und Fortbildungsprüfungen
> der Abwicklung von Fragen des Sachverständigenwesens
> der Klärung von gewerbe- und handwerksrechtlichen Fragen

Wirtschaftsverbände

Wirtschaftsverbände sind Vereinigungen von Unternehmen im gleichen fachlichen Wirtschaftszweig. Die Mitgliedschaft ist freiwillig.

2.1 Handwerk in Wirtschaft und Gesellschaft

> Nach außen vertreten die Wirtschaftsverbände die gemeinsamen wirtschaftlichen Interessen ihrer Mitglieder gegenüber Staat, Gesellschaft und Öffentlichkeit sowie gegenüber anderen Wirtschaftszweigen. Nach innen fördern sie ihre Mitglieder insbesondere durch Beratung auf verschiedenen Gebieten.

Arbeitgeberverbände

> Arbeitgeberverbände sind freiwillige Zusammenschlüsse von Arbeitgebern zur Wahrnehmung gemeinsamer arbeitsrechtlicher und sozialpolitischer Interessen. Sie schließen Tarifverträge mit Tarifparteien (in der Regel mit den Gewerkschaften) ab.

Arbeitgeberverbände des Handwerks

Die Arbeitgeberverbände des Handwerks sind Innungen, Landes- und Bundesinnungsverbände. Sie kooperieren teilweise mit den Arbeitgeberverbänden anderer Wirtschaftszweige und sind meist direkt oder indirekt über Vereinigungen von Fachverbänden des Handwerks auf Landes- oder Bundesebene Mitglied der Zusammenschlüsse der Arbeitgeberverbände.

Die Zusammenarbeit erstreckt sich insbesondere auf gemeinsame Interessen der Tarifpolitik, der Arbeitsbedingungen, der arbeitsrechtlichen und sozialpolitischen Gesetzgebung und damit zusammenhängender Beratungsleistungen.

Dachorganisationen

Die bedeutenden Verbände haben sich auf Bundesebene zu Dachorganisationen zusammengeschlossen. Die wichtigsten sind:

> Bundesverband der Deutschen Industrie (BDI)
> Bundesvereinigung der Deutschen Arbeitgeberverbände (BDA)

Die vier wichtigsten Spitzenverbände der gesamten deutschen Wirtschaft sind:

```
              Spitzenverbände der deutschen Wirtschaft
     ┌──────────────┬──────────────┬──────────────┬──────────────┐
  Deutscher      Zentralverband  Bundesverband  Bundesvereinigung
  Industrie- und des Deutschen        der        der Deutschen
  Handelskammertag  Handwerks    Deutschen Industrie  Arbeitgeberverbände
```

Gemeinschaftsausschuss

Diese vier Spitzenverbände und einige andere Spitzenverbände der Wirtschaft arbeiten im Gemeinschaftsausschuss der deutschen gewerblichen Wirtschaft zusammen.

Der Gemeinschaftsausschuss hat die Aufgabe, wirtschaftspolitische Angelegenheiten von grundsätzlicher Bedeutung zu beraten, um gemeinsame Auffassungen aller Mitgliedsverbände und damit der Wirtschaft als Ganzes einheitlich nach außen zu vertreten. Dabei hat auch das Handwerk durch die Mitgliedschaft des ZDH im „Gemeinschaftsausschuss" die Möglichkeit, seine wirtschaftspolitischen Vorstellungen einzubringen.

2.1.3 Aufbau, Struktur und Aufgaben der Handwerksorganisationen

Gewerkschaften

> Die Gewerkschaften sind Vereinigungen von Arbeitnehmern zur Verbesserung der wirtschaftlichen und sozialen Lebensbedingungen der Arbeitnehmer und dabei Interessenvertreter gegenüber Staat, Gesellschaft und Arbeitgebern. Die Mitgliedschaft ist freiwillig.

Wichtige Aufgaben sind u. a. *Aufgaben*

> Einflussnahme auf die Wirtschafts-, Sozial- und Gesellschaftspolitik
> Erreichen günstiger Arbeitsbedingungen, Entgelte (Löhne und Gehälter) für ihre Mitglieder durch Abschluss von Tarifverträgen
> Sicherung der Mitwirkungsrechte der Arbeitnehmer
> Beratung, Betreuung und Vertretung ihrer Mitglieder in sozial- und arbeitsrechtlichen Angelegenheiten
> Durchführung von Bildungsmaßnahmen

Die Gewerkschaften sind fachlich nach Einzelgewerkschaften organisiert. Die Einzelgewerkschaften bilden auf Bundesebene den Deutschen Gewerkschaftsbund (DGB) mit seinen Landesbezirken. *Organisatorischer Aufbau*

Daneben gibt es den Christlichen Gewerkschaftsbund (CGB) und den Deutschen Beamtenbund (DBB).

Zwischen den Gewerkschaften und den von ihnen entsandten Vertretern einerseits sowie den verschiedenen Handwerksorganisationen andererseits gibt es u.a. folgende wichtige Berührungspunkte bzw. Bereiche der Zusammenarbeit:

> Abschluss von Tarifverträgen
> Arbeitnehmermitwirkung in Einrichtungen der Selbstverwaltung der Wirtschaft und in den Trägern der Sozialversicherung sowie der Arbeitsverwaltung usw.
> bei der Erarbeitung von Ausbildungs- und Fortbildungsvorschriften
> bei der laufenden Arbeit in den Gremien der Handwerkskammern und beim Deutschen Handwerkskammertag
> in den Prüfungsausschüssen der Innungen und Handwerkskammern
> in Berufsschulbeiräten

Übungs- und Prüfungsaufgaben

1. Wie wirken die volkswirtschaftlichen Produktionsfaktoren zusammen?

    >> Seite 213

2. Unter Brutto-Inlandsprodukt versteht man

    - [ ] a alle in einem Wirtschaftsgebiet produzierten Güter und Dienstleistungen.
    - [ ] b alle Bar- und Sachleistungen der gesetzlichen Krankenversicherung.
    - [ ] c nur die Sachleistungen der gesetzlichen Krankenversicherung.
    - [ ] d alle Leistungen der gesetzlichen Sozialversicherungszweige.
    - [ ] e das Wirtschaftswachstum in einer Volkswirtschaft, bezogen auf die Leistungen pro Arbeitskraft.

    >> Seite 214

3. Was wissen Sie über die Verwendung des Brutto-Inlandsprodukts?

    >> Seite 214

4. Unter Währung versteht man

    - [ ] a die Kaufkraft des Geldes, bezogen auf den Gütervorrat in einer Wirtschaft.
    - [ ] b das in einer Volkswirtschaft umlaufende Metallgeld.
    - [ ] c das in einer Volkswirtschaft umlaufende Papiergeld.
    - [ ] d die Ordnung des Geldwesens eines Landes oder eines Wirtschaftsgebietes sowie die Wertbeziehungen und den Zahlungsverkehr zu anderen Ländern.
    - [ ] e den geldlichen Bereich der Wirtschaftspolitik.

    >> Seite 215

5. Wovon hängt die Kaufkraft des Geldes unter anderem ab?

    >> Seite 215

6. Welche wichtigen Aufgaben hat die Europäische Zentralbank (EZB)?

    >> Seite 216

7. Stellen Sie die wichtigsten geldpolitischen Instrumente der Europäischen Zentralbank (EZB) dar!

    >> Seite 216

8. Beschreiben Sie die wesentlichen Merkmale der Wirtschaftssysteme!

    >> Seite 216

2.1 Handwerk in Wirtschaft und Gesellschaft

9. Wesentliche Elemente einer sozialen Marktwirtschaft sind

   - [ ] a umfassende Investitionslenkung in allen Bereichen durch den Staat und die sonstigen Gebietskörperschaften öffentlichen Rechts.
   - [ ] b weitgehende Verstaatlichung der Grundstoffgüterindustrie und geringes Eigentum an Produktionsmitteln.
   - [ ] c Verstaatlichung des gesamten Bankensystems und eingehende Regelung der Zinspolitik durch die Bundesregierung.
   - [ ] d weitgehende Einschränkung der Tarifautonomie der Sozialpartner sowie Lenkung der Berufswahl und Berufsausübung.
   - [ ] e freie Marktpreisbildung, freies Unternehmertum und Freiheit des selbstständigen wirtschaftlichen Handelns.

     ›› Seite 217 |

10. Die zentralen Aufgaben der staatlichen Wirtschaftspolitik in der sozialen Marktwirtschaft sind:

    - [ ] a Maßnahmen zum bestmöglichen Einsatz der Produktionsfaktoren Arbeit, Rohstoffe und Kapital.
    - [ ] b Die Einrichtung von staatlichen Unternehmensberatungsstellen zur Förderung von Rationalisierungsmaßnahmen.
    - [ ] c Die Verteilung des Sozialprodukts für Verbrauchs- und Investitionszwecke sowie für den Staatsverbrauch.
    - [ ] d Die Erreichung von Vollbeschäftigung, Wirtschaftswachstum, Preisstabilität und außenwirtschaftlichem Gleichgewicht.
    - [ ] e Einflussnahme auf Preisbildung, Lohn- und Tarifpolitik sowie auf die Führung großer Unternehmen.

      ›› Seite 218 |

11. Welche volkswirtschaftlichen Aufgaben hat das Handwerk in erster Linie?

    - [ ] a Nur noch Facharbeiter für die Industrie auszubilden.
    - [ ] b Den individuellen Bedarf an Gütern und Leistungen zu befriedigen.
    - [ ] c Eine große Masse gleichförmiger Güter herzustellen, die dem täglichen Bedarf dienen.
    - [ ] d Rohstoffe zu gewinnen und zu verarbeiten.
    - [ ] e Der Industrie Vorleistungen zu erbringen.

      ›› Seite 219 |

12. Stellen Sie Schwerpunkte der handwerklichen Leistungsstruktur dar!

    ›› Seite 219 |

2.1 Handwerk in Wirtschaft und Gesellschaft

13. Beschreiben Sie die wichtigsten wirtschaftlichen Funktionen und Bereiche, in denen das Handwerk tätig ist!

    >> Seiten 219 bis 222 |

14. Wo liegen heute die Hauptprobleme des Handwerks?

    >> Seiten 223 bis 224 |

15. Sie sind Inhaber eines Handwerksbetriebes und stellen in Ihrer Arbeit fortlaufend fest, wie sich die Strukturen unserer Wirtschaft im Allgemeinen und im Handwerk im Besonderen verändern. Um den Herausforderungen des technischen und wirtschaftlichen Strukturwandels zu begegnen, sind Maßnahmen zu dessen Bewältigung im Wesentlichen auf drei Aktionsfeldern notwendig.

    Aufgabe: Stellen Sie einige Maßnahmen dar, die Sie für erforderlich halten,
    a) im Bereich der Handwerksbetriebe
    b) durch die Handwerksorganisationen
    c) durch den Staat!

    >> Seite 224 |

16. Wo liegen in der Zukunft die günstigsten Entwicklungschancen für das Handwerk?

    >> Seite 225 |

17. Beschreiben Sie die Hauptgebiete der Tätigkeit von Handwerk und Industrie und schildern Sie die im Wege der Arbeitsteilung bestehenden Verknüpfungen von Handwerk und Industrie!

    >> Seite 225 |

18. Warum ist eine große Zahl von selbstständigen, eigenverantwortlich und wirtschaftlich unabhängig handelnden Handwerksunternehmern für das Funktionieren der Marktwirtschaft und für die Sicherung einer demokratischen Staats- und Gesellschaftsordnung so wichtig?

    >> Seite 226 |

19. Worin besteht der Beitrag des Handwerks zur Formgebung und zur Schaffung und Erhaltung von Kulturgütern?

    >> Seite 227 |

2.1 Handwerk in Wirtschaft und Gesellschaft

20. Als Inhaber eines Handwerksbetriebes wissen Sie, dass die Wahrnehmung und Vertretung der Interessen der Betriebe gegenüber der Politik, den Behörden, den gesellschaftlichen Gruppierungen und der Öffentlichkeit nur durch organisiertes Handeln in Handwerksorganisationen wirksam möglich ist. Deshalb wollen Sie sich einen Überblick über den Aufbau der Handwerksorganisationen verschaffen.

>> Aufgabe: Erstellen Sie eine Übersicht über den Aufbau der gesamten Handwerksorganisationen!

>> Seiten 228 bis 229 |

21. Wie baut sich die fachliche Organisation auf?
- [ ] a Innung, Kreishandwerkerschaft, Handwerkskammer
- [ ] b Kreishandwerkerschaft, Handwerkskammer, Landesinnungsverband
- [ ] c Innung, Landesinnungsverband, Zentralverband des Deutschen Handwerks
- [ ] d Innung, Landesinnungsverband, Bundesinnungsverband
- [ ] e Innung, Handwerkskammer, Deutscher Handwerkskammertag

>> Seite 228 |

22. Wie baut sich die regionale Organisation auf?
- [ ] a Kreishandwerkerschaft, Landesinnungsverband, Bundesinnungsverband
- [ ] b Innung, Handwerkskammer, Zentralverband des Deutschen Handwerks
- [ ] c Kreishandwerkerschaft, Handwerkskammer
- [ ] d Innung, Kreishandwerkerschaft, Handwerkskammer
- [ ] e Innung, Landesinnungsverband, Bundesinnungsverband

>> Seite 228 |

23. Die oberste Spitzenorganisation des gesamten deutschen Handwerks nennt sich
- [ ] a Gesamtverband des Deutschen Handwerks.
- [ ] b Zentralverband des Deutschen Handwerks.
- [ ] c Deutscher Handwerkstag.
- [ ] d Bundesverband des Deutschen Handwerks.
- [ ] e Deutscher Handwerkskammertag.

>> Seite 228 |

24. Die Handwerksinnung ist

    - [ ] a der freiwillige Zusammenschluss von Inhabern von Betrieben des gleichen zulassungspflichtigen Handwerks oder des gleichen zulassungsfreien Handwerks.
    - [ ] b der zwangsweise Zusammenschluss von Inhabern von Betrieben des gleichen zulassungspflichtigen Handwerks oder des gleichen zulassungsfreien Handwerks.
    - [ ] c der freiwillige Zusammenschluss von selbstständigen und unselbstständigen Handwerkern eines bestimmten Handwerks in einem bestimmten Bereich.
    - [ ] d der zwangsweise Zusammenschluss der unter c) genannten Handwerker.
    - [ ] e eine Einrichtung der gemeinsamen Selbsthilfe von Arbeitgebern und Arbeitnehmern.

    >> Seite 229 |

25. Welche Rechtsform hat die Handwerksinnung?

    - [ ] a Sie ist eine Handwerkergenossenschaft.
    - [ ] b Sie ist ein nicht rechtsfähiger Verein.
    - [ ] c Sie ist ein im Vereinsregister eingetragener rechtsfähiger Verein.
    - [ ] d Sie ist eine Körperschaft des öffentlichen Rechts.
    - [ ] e Sie ist eine Gesellschaft des bürgerlichen Rechts.

    >> Seite 229 |

26. Sie sind als Inhaber eines Handwerksbetriebes noch nicht Mitglied der zuständigen Innung. In einem Schreiben des Obermeisters wurden Sie aufgefordert, Mitglied der Innung zu werden. Bevor Sie eine Entscheidung über die Mitgliedschaft, die ja freiwillig ist, treffen, wollen Sie sich einen möglichst vollständigen Überblick darüber verschaffen, welche Aufgaben die Innung hat bzw. was sie für die Mitglieder tut.

    Aufgabe: Stellen Sie die Aufgaben der Innung dar!

    >> Seite 230 |

27. Woher bekommt die Innung die finanziellen Mittel, die sie zur Erfüllung ihrer Aufgaben benötigt?

    - [ ] a Von den Innungsmitgliedern, die Beiträge an die Innung zahlen müssen.
    - [ ] b Von allen Inhabern von Betrieben des gleichen zulassungspflichtigen Handwerks oder des gleichen zulassungsfreien Handwerks.
    - [ ] c Von der Kreishandwerkerschaft.

2.1   Handwerk in Wirtschaft und Gesellschaft

- [ ] d   Von der Handwerkskammer.
- [ ] e   Vom Staat aus Gewerbeförderungsmitteln.

   >> Seite 231 |

28. Die Kreishandwerkerschaft ist

- [ ] a   der Zusammenschluss der Handwerksinnungen, die in einem Landkreis bestehen.
- [ ] b   der Zusammenschluss aller in einem bestimmten Landkreis ansässigen selbstständigen Handwerker.
- [ ] c   der Zusammenschluss einiger selbstständiger Handwerker zu einem Arbeitskreis.
- [ ] d   der Zusammenschluss von älteren Handwerksmeistern, die seit mehr als 25 Jahren selbstständig sind.
- [ ] e   der Zusammenschluss der Gesellen in einem Stadt- oder Landkreis.

   >> Seite 231 |

29. Welche Rechtsform hat die Kreishandwerkerschaft?

- [ ] a   Nicht rechtsfähiger Verein
- [ ] b   Personengesellschaft
- [ ] c   Kapitalgesellschaft
- [ ] d   Rechtsfähiger Verein
- [ ] e   Körperschaft des öffentlichen Rechts

   >> Seite 231 |

30. Welches ist die wichtigste Aufgabe der Kreishandwerkerschaft?

- [ ] a   Durchführung von geselligen Veranstaltungen von Handwerkern
- [ ] b   Durchführung von Aufgaben der Handwerkskammer als deren Außenstelle
- [ ] c   Rechtsaufsicht über die Innungen
- [ ] d   Wahrnehmung der Interessen des Gesamthandwerks im Kreishandwerkerschaftsbezirk
- [ ] e   Abschluss von Tarifverträgen

   >> Seite 232 |

31. Die Handwerkskammer ist

- [ ] a   der freiwillige Zusammenschluss von Inhabern von Betrieben des gleichen zulassungspflichtigen Handwerks oder des gleichen zulassungsfreien Handwerks in einem bestimmten Regierungsbezirk.
- [ ] b   die gesetzliche Berufsstandsvertretung des Gesamthandwerks im Kammerbezirk (zum Beispiel Regierungsbezirk).

2.1 Handwerk in Wirtschaft und Gesellschaft

- [ ] c der freiwillige Zusammenschluss von selbstständigen und unselbstständigen Handwerkern im Kammerbereich.
- [ ] d der zwangsweise Zusammenschluss von selbstständigen und unselbstständigen Handwerkern im Kammerbereich.
- [ ] e der freiwillige Zusammenschluss der Arbeitnehmer im Regierungsbezirk.

>> Seite 232 |

32. Die Handwerkskammer hat die Rechtsform
- [ ] a einer juristischen Person des Privatrechts.
- [ ] b eines nicht rechtsfähigen Vereins.
- [ ] c einer BGB-Gesellschaft.
- [ ] d einer Körperschaft des öffentlichen Rechts.
- [ ] e einer Handwerkergenossenschaft.

>> Seite 233 |

33. Sie haben als selbstständiger Handwerker einen Beitragsbescheid der Handwerkskammer erhalten. Es ist für Sie von Interesse, zu wissen, wofür Sie diesen Pflichtbeitrag leisten, d.h. welche Aufgaben die Handwerkskammer grundsätzlich und für die einzelnen Mitglieder erfüllt.

   Aufgabe: Stellen Sie dar, welches die drei Hauptaufgabenbereiche der Handwerkskammer sind!

   >> Seite 233 |

34. Beschreiben Sie die wichtigsten Tätigkeitsbereiche der Handwerkskammer als Dienstleistungsunternehmen (Handwerksförderung) für ihre Mitglieder!

   >> Seiten 233 bis 234 |

35. Auf welchen Gebieten wird die Handwerkskammer zur Vertretung der Interessen ihrer Mitglieder hauptsächlich tätig?

   >> Seite 233 |

36. Welche von den nachstehend aufgeführten Aufgaben gehört nicht zu den gesetzlichen Aufgaben der Handwerkskammer?
- [ ] a Vertretung der Interessen des Gesamthandwerks im Kammerbereich
- [ ] b Festsetzung von Preisen für handwerklich erzeugte Waren und für handwerkliche Dienstleistungen
- [ ] c Beratung aller Handwerker des Kammerbereichs in allen mit dem Handwerk zusammenhängenden Fragen

2.1 Handwerk in Wirtschaft und Gesellschaft

- [ ] d Bestellung und Vereidigung von Sachverständigen für die verschiedenen Handwerke
- [ ] e Führung der Handwerksrolle und der Lehrlingsrolle

  >> Seite 233 |

37. Welches ist das oberste Organ der Handwerkskammer?

- [ ] a Der Präsident
- [ ] b Der Hauptgeschäftsführer
- [ ] c Präsident und Hauptgeschäftsführer zusammen
- [ ] d Die Mitgliederversammlung (Vollversammlung)
- [ ] e Der Gesamtvorstand.

  >> Seite 235 |

38. Sind in den wichtigsten Organen der Handwerkskammer auch die Gesellen oder andere Arbeitnehmer mit einer abgeschlossenen Berufsausbildung vertreten?

- [ ] a Nein, sie bestehen nur aus selbstständigen Handwerkern.
- [ ] b Ja, die Gesellen oder andere Arbeitnehmer mit einer abgeschlossenen Berufsausbildung sind mit 50 % in allen Organen vertreten.
- [ ] c Ja, die Gesellen oder andere Arbeitnehmer mit einer abgeschlossenen Berufsausbildung sind mit 20 % in allen Organen vertreten.
- [ ] d Ja, ein Viertel der Mitglieder der Vollversammlung, des Vorstandes und des Präsidiums sind Gesellen oder andere Arbeitnehmer mit einer abgeschlossenen Berufsausbildung.
- [ ] e Ja, ein Drittel der Mitglieder der Vollversammlung, des Vorstandes und des Präsidiums sind Gesellen oder andere Arbeitnehmer mit einer abgeschlossenen Berufsausbildung.

  >> Seite 235 |

39. Welches ist die wichtigste Finanzierungsquelle der Handwerkskammer für die Durchführung ihrer Aufgaben?

- [ ] a Alle im Kammerbereich ansässigen Inhaber eines Betriebes eines Handwerks und eines handwerksähnlichen Gewerbes und deren Arbeitnehmer sind verpflichtet, an die Handwerkskammer Beiträge zu bezahlen.
- [ ] b Alle Inhaber eines Betriebes eines Handwerks und eines handwerksähnlichen Gewerbes sind verpflichtet, an die Handwerkskammer Beiträge zu bezahlen.
- [ ] c Alle Innungen eines Kammerbereichs sind verpflichtet, einen Teil ihrer Einnahmen an die Handwerkskammer abzuführen.

- [ ] d Alle benötigten Finanzmittel erhält die Handwerkskammer vom Staat aus Gewerbeförderungsmitteln.
- [ ] e Alle Gemeinden des Kammerbereichs sind verpflichtet, einen Teil (10 %) der von ihnen erhobenen Gewerbesteuer an die Handwerkskammer abzuführen.

>> Seite 236 |

40. Stellen Sie wichtige Aufgaben der Landes- und Bundesinnungsverbände dar!

>> Seiten 237 bis 238 |

41. Aufgaben der Gewerbeförderung sind
- [ ] a die Erhaltung und Verbesserung des Leistungsstandes und der Leistungsfähigkeit des Handwerks.
- [ ] b nur die Maßnahmen zur Förderung der beruflichen Aus- und Fortbildung.
- [ ] c vorwiegend Maßnahmen zur Förderung des Exports und außenwirtschaftlicher Kontakte.
- [ ] d vorwiegend Maßnahmen zur Förderung der zwischenbetrieblichen Kooperation.
- [ ] e Pflege von Gemeingeist und Berufsehre im Handwerk.

>> Seite 239 |

42. Wichtigste Träger von Gewerbe- und Handwerksförderungsmaßnahmen sind
- [ ] a die Handwerkskammern, Innungen und Verbände.
- [ ] b die Handwerkskammern und die Kreishandwerkerschaften.
- [ ] c in größtem Umfang der Bundesminister für Finanzen.
- [ ] d in größtem Umfang der Bundesminister für Wirtschaft und Technologie.
- [ ] e vorwiegend die Gewerbeämter.

>> Seite 239 |

43. Beschreiben Sie die wichtigsten Maßnahmen der Handwerksförderung!

>> Seite 240 |

44. Welche Ziele werden mit der Durchführung von Messeveranstaltungen im Handwerk angestrebt?

>> Seite 240 |

45. Das Handwerk wird wissenschaftlich gefördert
- [ ] a durch alle Universitäten in der Bundesrepublik.
- [ ] b durch alle Fachhochschulen in der Bundesrepublik.

2.1 Handwerk in Wirtschaft und Gesellschaft

- [ ] c durch alle Fachakademien des Handwerks.
- [ ] d in erster Linie durch das Deutsche Handwerksinstitut e. V.
- [ ] e nur durch den Bundesminister für Bildung und Wissenschaft.

>> Seite 241 |

46. Sie sind selbstständiger Handwerksmeister und haben die Erfahrung gemacht, dass zur sachgerechten Leitung eines modernen und erfolgreichen Handwerksbetriebes die Inanspruchnahme von Beratungsleistungen erforderlich ist. Die Beratungsangebote der Handwerksorganisationen sind neben freiberuflichen Beratungsleistungen, wie z.B. durch Steuerberater und Rechtsanwälte, für Sie die wichtigsten. Damit Sie diese Beratungsleistungen je nach Bedarf in bestmöglicher Weise beanspruchen können, verschaffen Sie sich einen Überblick.

Aufgabe: Erstellen Sie eine Liste über die wichtigsten Beratungsleistungen der Handwerksorganisationen, die Sie in Anspruch nehmen können!

>> Seiten 241 bis 244 |

47. Stellen Sie die wichtigsten Beratungsangebote der betriebswirtschaftlichen Berater der Handwerkskammer dar!

>> Seite 241 |

48. Welche Möglichkeiten bestehen für einen Handwerksbetrieb, freiberufliche Berater über die Handwerksorganisation in Anspruch zu nehmen?

>> Seite 242 |

49. Welches sind die wichtigsten Organisationen der übrigen gewerblichen Wirtschaft und ihre Aufgaben?

>> Seiten 245 bis 246 |

50. Beschreiben Sie einige Gebiete, auf denen die Handwerksorganisationen mit den Organisationen der übrigen gewerblichen Wirtschaft zusammenarbeiten (Industrie- und Handelskammern, Wirtschaftsverbände, Arbeitgeberverbände)!

>> Seiten 245 bis 246 |

51. Stellen Sie die Aufgaben der Gewerkschaften dar!

>> Seite 247 |

52. Wo gibt es Berührungspunkte und Felder der Zusammenarbeit zwischen den Handwerksorganisationen und den Gewerkschaften?

>> Seite 247 |

2.2 Marketing

> Marketing bedeutet die Ausrichtung aller unternehmerischen Entscheidungen am Absatzmarkt.

Diese konzentrieren sich insbesondere auf die tatsächlichen und möglichen Bedürfnisse der Kunden, die der einzelne Betrieb in Kaufentscheidungen für die eigenen Produkte und Dienstleistungen umwandeln muss.
Marketing zu betreiben, bedeutet aktive Politik und nicht nur Reaktion auf den Markt.

> Hauptziel des Marketings ist die Absatzsicherung für die Gegenwart und die Zukunft.

2.2.1 Konzeption des Marketings

Die dynamische Entwicklung der Märkte führt auch für den Handwerksbetrieb dazu, dass ständig Anpassungen und Innovationen vorgenommen werden müssen. Eine marktorientierte Unternehmensführung unter Berücksichtigung aktueller Entwicklungen und Tendenzen auf den für den Betrieb relevanten Märkten ist die Basis für den nachhaltigen Unternehmenserfolg.

Marketingkonzept

Das Marketingkonzept und die Marketingstrategie bilden in diesem Zusammenhang die marktorientierte Stoßrichtung der Unternehmenspolitik. Die Koordination aller zusammenwirkenden Bereiche im Betrieb ist wichtig und für die Umsetzung eines Marketingkonzepts von grundlegender Bedeutung.

```
                        Marketing
                ┌───────────┴───────────┐
         Marktforschung          Marketinginstrumente
                │                        │
                ▼                        ├─► Preis- und Konditionenpolitik
      Marketingkonzept/                  │
      Marketingstrategie                 ├─► Produkt- und Sortimentspolitik
                                         │
                                         ├─► Kommunikations- und
                                         │    Werbepolitik
                                         │
                                         └─► Vertriebspolitik
```

2.2.2 Analyse des Absatz- und Beschaffungsmarktes

Marktwirtschaft

Im Wirtschaftssystem der Marktwirtschaft ist jedes Unternehmen und somit auch jeder Handwerksbetrieb Teil des Marktes. Um erfolgreich zu sein, hat der Betriebs-

2.2.2 Analyse des Absatz- und Beschaffungsmarktes

inhaber täglich eine Reihe bedeutender Entscheidungen zu treffen, die er ohne Kenntnis der Marktzusammenhänge und der dafür erforderlichen Informationen nicht treffen kann.

> Die wichtigsten Märkte, die es für den Handwerksbetrieb zu beobachten und zu analysieren gilt, sind der Absatzmarkt und der Beschaffungsmarkt.

Die folgenden Ausführungen beziehen sich schwerpunktmäßig auf die Untersuchung des Absatzmarktes. Der Beschaffungsmarkt wird hauptsächlich in Abschnitt 2.2.4 „Beschaffung" behandelt.

2.2.2.1 Methoden der Marktanalyse und Marktforschung

> Hauptziel der Marktanalyse und Marktforschung ist es, Handlungsalternativen für den Betriebsinhaber zu schaffen, die dazu beitragen, die Unternehmensziele zu verwirklichen.

Die systematische Untersuchung und Beobachtung der Stellung eines Unternehmens im Marktgeschehen stellt eine wichtige Grundvoraussetzung für den nachhaltigen Erfolg dar. Somit kommt der Marktanalyse und der Marktforschung eine zentrale Bedeutung innerhalb des Bereiches Marketing zu und bildet die Grundlage aller Aktivitäten in diesem Bereich.

> Die Marktforschung bildet die Grundlage für eine fundierte Marktanalyse. Die Marktanalyse als Zeitpunktbetrachtung ist die Basis für eine fortgesetzte Marktbeobachtung als Zeitraumbetrachtung.
> Nur dadurch ist sichergestellt, dass der Betriebsinhaber auf Chancen und Risiken rechtzeitig reagieren kann.

Die für den Handwerksbetrieb in diesem Bereich wichtigsten Elemente und Methoden werden im Weiteren dargestellt.

Informationsbeschaffung

Vor Beginn der Marktanalyse ist es wichtig, ein klares Untersuchungsziel festzulegen. Dieses bildet die Basis für eine gezielte, erfolgreiche Beschaffung der Informationen, die für die Erreichung der Unternehmensziele erforderlich sind.
Die Beschaffung der benötigten Informationen kann auf verschiedene Arten erfolgen:

Untersuchungsziel

```
                    Informationsbeschaffung
                    /                      \
           Primärforschung            Sekundärforschung
```

2.2 Marketing

> Die Primärforschung beschäftigt sich mit der möglichst exakten Ermittlung von Meinungen, Einstellungen, Motiven und Wünschen der Kunden durch Befragungen und Beobachtungen.
> Die Sekundärforschung bezieht sich auf die Aufbereitung und Auswertung betriebsinterner und -externer Daten.

Informationsquellen

Wichtige Informationsquellen der Sekundärforschung sind:
Interne Quellen:

> Kundendateien bzw. -karteien
> Angebotsstatistiken
> Auftragsstatistiken
> Umsatzstatistiken
> Reklamationsstatistiken
> Mitarbeiterberichte

Externe Quellen:

> Informationen von Wirtschaftsverbänden (z.B. Handwerkskammern, Fachverbände etc.)
  - Konjunkturberichte
  - Betriebsvergleiche
  - Branchenstatistiken
  - Sonderumfragen
> Informationen wirtschaftswissenschaftlicher Institute
  - Ludwig-Fröhler-Institut für Handwerkswissenschaften, Abteilung für Handwerkswirtschaft
  - Institut für Handelsforschung
  - Deutsches Institut für Wirtschaftsforschung
  - ifo-Institut
  - Gesellschaft für Konsumforschung (GfK)
> Informationen aus amtlichen Statistiken
  - Informationsmaterial des Statistischen Bundesamtes (z.B. statistisches Jahrbuch)
  - Informationsmaterial der statistischen Landesämter und Gemeinden
  - Informationsmaterial der Bundes- und Landesministerien
  - Berichte der Deutschen Bundesbank und der Europäischen Zentralbank
> Informationen externer Dienstleister
  - Marktforschungsagenturen
  - Werbeagenturen
  - Kreditinstitute
  - Adressverlage etc.
> Fachliteratur, Zeitungen, Zeitschriften
> elektronische Medien
> Internet

Informationsauswertung

Die Auswertung der gewonnenen Informationen bildet die Grundlage zu einer laufenden Marktbeobachtung. Die für den Handwerksbetrieb wichtigsten praktischen Anwendungen werden im Folgenden dargestellt.

2.2.2.2 Gegenstände der Marktanalyse und Marktforschung

Beurteilung der allgemeinen Marktsituation

> Ein grundlegender Einflussfaktor für den einzelnen Betrieb ist die gesamtwirtschaftliche Lage.

Für den Betriebsinhaber ist es wichtig, die Auswirkungen von gesamtwirtschaftlichen Veränderungen für den eigenen Betrieb einschätzen zu können und entsprechend zu reagieren und zu handeln.

Wichtige volkswirtschaftliche Einflussgrößen sind unter anderem: *Volkswirtschaftliche Einflussgrößen*

> Entwicklung der Inflationsrate
> Veränderung des Zinsniveaus
> Veränderung der privaten und staatlichen Konsumausgaben
> Entwicklung der Investitionsneigung
> Veränderung von Umweltschutzvorschriften
> Entwicklungen in der Rechtsprechung (z. B. Produkthaftung)
> Entwicklung der Wechselkurse

Beispiel:

Bei steigenden Zinsen wird die Auftragslage für Handwerksbetriebe der Baubranche, wenn man nur diesen Einflussfaktor isoliert betrachten würde, eher rückläufig sein, weil die private und staatliche Investitionsneigung zurückgeht.

Wichtige Informationen zur Beurteilung der gesamtwirtschaftlichen Lage können den Konjunkturberichten der Handwerkskammern, aber auch der Tagespresse und dem Internet entnommen werden. *Informationsquellen*

Ermittlung von Strukturdaten

> Die Ermittlung von Strukturdaten ist eine wichtige Grundlage zur Beurteilung zukünftiger Absatzpotenziale.

Angaben über die demografische Struktur eines bestimmten Absatzgebietes lassen erkennen, wie die Verbrauchergewohnheiten in der betreffenden Region einzuschätzen sind.

Wichtige Strukturdaten sind beispielsweise:

> Struktur des Familienstandes
> Struktur der Familiengröße
> Altersstruktur
> Geschlechtsstruktur

Quelle für die Ermittlung von Strukturdaten sind amtliche Statistiken, aber auch Statistiken von Verbänden und Kammern.

2.2 Marketing

Einbeziehung von Kaufkraftkennziffern

> Die Kaufkraft, d.h. der Geldbetrag, der den Verbrauchern tatsächlich zur Verfügung steht, hat erhebliche Auswirkungen auf die Absatzchancen eines Handwerksbetriebes.

Messung

Die Kaufkraft ist regional sehr unterschiedlich ausgeprägt. Eine Messung erfolgt durch sog. Kaufkraftkennziffern. Setzt man die durchschnittliche Kaufkraft in der Bundesrepublik Deutschland = 100, so ist die Kaufkraft z.B. in einer Region mit der Kennziffer 110 um 10 % höher als im Bundesdurchschnitt. Umgekehrt ist sie beispielsweise um 20 % niedriger in einem Gebiet mit Kaufkraftkennziffer 80.

Beispiel:

Ein Handwerksbetrieb, der sich mit der Herstellung und dem Vertrieb hochwertiger Luxusartikel beschäftigt (z.B. Goldschmied), wird in einem Gebiet mit einer möglichst hohen Kaufkraftkennziffer bessere Absatzchancen vorfinden als in einer Region mit geringer Kaufkraftkennziffer.

Datenquelle

Aufschluss über die regionale Kaufkrafthöhe geben sog. Kaufkraftkarten, die beispielsweise bei der Gesellschaft für Konsumforschung (GfK) in Nürnberg erhältlich sind.

Auswertung von Kundendaten

> Neben der Kenntnis externer Daten ist die Auswertung der betriebsindividuellen Kundendaten für die Marktanalyse und Marktforschung von großer Bedeutung.

Kundendaten des Handwerksbetriebes:
- Umsatz pro Kunde und Periode
- Umsatz pro Waren- und Leistungsgruppe und Periode
- Umsatz pro Ort bzw. Region
- durchschnittliches Auftragsvolumen je Kunde

ABC-Analyse

Ein besonderes Verfahren zur Ermittlung des Deckungsbeitrages für einzelne Produkte bzw. Produktgruppen ist die sog. ABC-Analyse.

Beispiel:

Ein Handwerksbetrieb bietet schwerpunktmäßig vier Produkte an. Der Umsatz verteilt sich wie folgt auf die Produkte und die Zahl der Kunden:

2.2.2 Analyse des Absatz- und Beschaffungsmarktes

Produkt	Umsatz	%-Anteil	Anzahl Kunden	%-Anteil
P 1	50.000,00	25 %	10	21,3 %
P 2	75.000,00	37,5 %	5	10,6 %
P 3	10.000,00	5 %	25	53,2 %
P 4	65.000,00	32,5 %	7	14,9 %
Gesamt	**200.000,00**	**100 %**	**47**	**100 %**

Das Beispiel dokumentiert folgende Situation:

> 70 % des Umsatzes werden durch die Produkte P 2 und P 4 erzielt; es werden jedoch mit diesen Produkten nur 25,5 % der Kunden angesprochen.
> 30 % des Umsatzes werden durch die Produkte P 1 und P 3 erzielt; hier werden jedoch 74,5 % der Kunden angesprochen.

Für den Beispielbetrieb zeigt sich einerseits eine Abhängigkeit von wenigen Kunden. Andererseits liegt aber auch gegenüber dem Markt ein Spezialisierungsvorteil bei den Produkten P 2 und P 4 vor, der von der Konkurrenz derzeit nicht erreicht wird.

Handlungsleitlinie für diesen Betrieb könnte somit sein:

Handlungsleitlinie

> intensive Betreuung der Kunden der Produkte P 2 und P 4 (VIP-Kunden)
> Sicherstellung einer hohen Servicebereitschaft gegenüber diesen Kunden (z.B. telefonische Erreichbarkeit)
> Untersuchung der Deckungsbeitragsanteile der Produkte P 2 und P 4 (Wird mit diesen Produkten auch ein angemessener Gewinn erzielt?)
> Prüfung der Möglichkeiten, den Absatz der Produkte P 1 und P 3 bei den Kunden der Produkte P 2 und P 4 zu erhöhen
> Förderung des Absatzes von Produkt P 3 (Ist dieses Produkt rentabel?)

> Im Mittelpunkt des wirtschaftlichen Handelns steht der Kunde. Er bildet die Basis für eine erfolgreiche Marktforschung.

Grundlage für die erfolgreiche Kundenbetreuung ist das Anlegen einer Kundendatei.

Kundendatei

Folgende grundsätzliche Unterscheidung ist hierbei zu treffen:

```
                    Kunden
        ┌─────────────┼─────────────┐
   Privatkunden  Gewerbekunden  öffentliche Kunden
                                 (z.B. Gemeinden)
```

2.2 Marketing

Checkliste

Nachfolgende Checkliste stellt die wichtigsten allgemeinen Inhalte einer Kundendatei dar:

> Name
> Anschrift
> Telefon, Mobiltelefon, Telefax, E-Mail
> Geschlecht
> Geburtstag
> Familienstand
> Beruf
> persönliche Interessen
> Kunde seit ...
> Umsatz pro Jahr
> Umsatz im letzten Jahr
> letzter Kontakt am ... / Inhalt
> nächster Kontakt am ... / Inhalt
> Zahlungsmoral
> Gesprächsberichte

Bei Gewerbekunden sollte die Checkliste um folgende Angaben ergänzt werden:

> Branche
> Betriebsgröße
> Lieferadresse
> Ansprechpartner
> Namen und sonstige Daten wichtiger Entscheider

CRM

Qualifizierte EDV-Unterstützung ist bei der Anlage einer Kundendatei zweckmäßig. Das sog. CRM (Customer-Relationship-Management) hat das Ziel, erfolgreiche Kundenbeziehungen herzustellen und zu erhalten. Für die meisten Branchen gibt es heute CRM-Standardsoftware, die Auswertungen und Selektionen des Kundenbestandes nach wichtigen Kriterien ermöglicht (Beispiel: Suche alle Kunden, die in einer bestimmten Region wohnen etc.). Zu den Grundanforderungen an ein CRM-Tool zählen individuelle Kundenbetreuung, Adressmanagement, Kontaktdokumentation, Terminmanagement und eine Aufgabenverwaltung. Das Tool muss einfach bedienbar sein und eine Schnittstelle zu Standardsoftware (z. B. Outlook) haben.

Aktualisierung

Eine wichtige Rolle spielt auch die ständige Pflege der Aktualisierung der Kundendatei. Veraltete Adressen, die Nennung falscher Ansprechpartner und vieles mehr kann zu Verärgerungen bei Kunden führen.

2.2.2.3 Praktische Anwendung der Marktforschung im Handwerksbetrieb

Ermittlung des Marktvolumens

> Das Marktvolumen ist die Maßzahl für die Größe eines Marktes in einer bestimmten Region, gemessen an der Höhe des Umsatzes.

Das Marktvolumen berechnet sich folgendermaßen:
Marktvolumen = Umsatz pro Kopf der Bevölkerung x Anzahl der Einwohner

2.2.2 Analyse des Absatz- und Beschaffungsmarktes

Beispiel:

Der Umsatz pro Kopf der Bevölkerung in der Bundesrepublik Deutschland betrage in einem Handwerkszweig 150,00 EUR im Jahr. Eine Stadt mit 50.000 Einwohnern hat somit ein Marktvolumen von 7.500.000,00 EUR.

Die Betrachtung des Marktvolumens ist gegenwartsbezogen. Wichtig für die weitere Entwicklung des einzelnen Betriebes ist der Blick in die Zukunft.

Nachfolgende Fragestellungen sind hierbei zu untersuchen: *Fragestellungen*

> Wie entwickelte sich der Umsatz der Branche in den letzten Jahren?
> Wie entwickelt sich der Umsatz der Branche voraussichtlich in den nächsten Jahren?
> Wie entwickelte sich das Produktionsvolumen der Branche in den letzten Jahren?
> Wie entwickelt sich das Produktionsvolumen voraussichtlich in den nächsten Jahren?
> Gibt es Möglichkeiten, das Marktvolumen durch Produktinnovationen auszuweiten?

Ermittlung des Marktanteils

> Der Marktanteil ist die Maßzahl für den Anteil eines Betriebes am Marktvolumen in einer bestimmten Region, gemessen an der Höhe des Umsatzes. Er gibt also das Umsatzvolumen eines Betriebes im Vergleich zum Marktvolumen an und gibt somit wichtige Aufschlüsse über die Stellung eines Unternehmens am Markt.

Der Marktanteil berechnet sich wie folgt: *Marktanteil*
Marktanteil in % = eigener Umsatz/Marktvolumen x 100

Beispiel:

Beträgt der Umsatz eines Handwerksbetriebes 750.000,00 EUR und das im Beispiel ermittelte Marktvolumen 7.500.000,00 EUR, so ergibt sich ein Marktanteil von 10 %.
Ebenso wie die Ermittlung des Marktvolumens ist die Berechnung des Marktanteils gegenwartsbezogen.

Zur Einschätzung der Marktposition ist außerdem die Zahl der übrigen Anbieter zu berücksichtigen. Gibt es beispielsweise nur noch einen anderen Anbieter, der 90 % Marktanteil hätte, so wäre die Marktsituation wesentlich ungünstiger, als wenn es 20 weitere Anbieter gäbe, die sich den Markt nahezu zu gleichen Anteilen aufteilen. *Zahl der Anbieter*

Ermittlung des Marktbesetzungsfaktors

> Der Marktbesetzungsfaktor zeigt auf, wie hoch der Anteil an Kunden einer Region gemessen an der Gesamtbevölkerung dieser Region, ist. Er bietet somit ein wirksames Instrument zur Ermittlung möglicher versteckter Potenziale im Einzugsgebiet.

2.2 Marketing

Markt-besetzungs-faktor

Der Marktbesetzungsfaktor wird folgendermaßen ermittelt:
Marktbesetzungsfaktor in % = Anzahl Kunden/Anzahl Einwohner x 100

> **Beispiel:**
>
> Beträgt die Anzahl der Kunden eines Handwerksbetriebes 500 und die Zahl der Einwohner seines entsprechenden Einzugsgebietes 50.000, so beträgt der Marktbesetzungsfaktor 1 %.

Potenziale

Die Ermittlung des Marktbesetzungsfaktors ist ebenso wie der Marktanteil und das Marktvolumen eine gegenwartsbezogene Zeitpunktbetrachtung. Er zeigt an, welche Potenziale in einzelnen Regionen für den Handwerksbetrieb noch vorhanden sind. Der Umsatz und abgesetzte Mengen des einzelnen Betriebes bleiben hier unberücksichtigt.

2.2.2.4 Analyse der Wettbewerbssituation

In den vorangegangenen Ausführungen wurde deutlich, dass die volks- und betriebswirtschaftlichen Rahmenbedingungen erheblichen Einfluss auf die Stellung eines Handwerksbetriebes am Markt haben.

Stärken und Schwächen

Für den eigenen betrieblichen Erfolg ist jedoch in erster Linie der Betrieb selbst verantwortlich. Aufbauend auf den Stärken eines Betriebes, die das Fundament bilden, gilt es individuelle Schwachstellen abzubauen, eigenständig am Markt aufzutreten und das eigene Unternehmen von den Mitbewerbern abzuheben. Die Bildung von Alleinstellungsmerkmalen (einzigartiges Waren- und/oder Dienstleistungsangebot) ist ein wichtiger Erfolgsfaktor.

Alleinstellungs-merkmal

Zur Ermittlung der eigenen Stärken und Schwächen, aber auch der der Mitbewerber, gibt es verschiedene Verfahren.

```
                    Stärken-Schwächen-Analyse
         ┌──────────────┬──────────────┬──────────────┐
 Selbsteinschätzung  Befragungen  Konkurrenzanalyse  Betriebsvergleich
                     ┌──────┴──────┐
              Kundenbefragung   Befragung in der
                                  Bevölkerung
```

Selbsteinschätzung

> Bei diesem Verfahren gilt es, den eigenen Handwerksbetrieb selbstkritisch zu analysieren. Der Betriebsinhaber hat die Aufgabe, die Stärken und Schwächen seines Unternehmens zu erkennen und mit den Wettbewerbern zu vergleichen.

Checkliste

Nachfolgende Checkliste gibt einen Überblick hinsichtlich wichtiger Vergleichsmaßstäbe:

> Betriebsgröße
> Qualifikation des Betriebsinhabers

2.2.2 Analyse des Absatz- und Beschaffungsmarktes

- Qualifikation der Mitarbeiter
- Auftreten gegenüber den Kunden
- technische Ausstattung des Betriebes
- Art der Unternehmensführung
- Standort des Betriebes
- Produkt- bzw. Dienstleistungsangebot
- Ertragssituation
- Betriebsorganisation
- Öffentlichkeitsarbeit
- Werbung
- Zukunftschancen

Diese Kriterien gilt es zu beurteilen im Vergleich zu den Wettbewerbern. Dabei wird es Bereiche geben, die besser, gleich gut oder schlechter eingeschätzt werden.

Beispiel:

Kommt der Betriebsinhaber zu der Einschätzung, dass sein Dienstleistungsangebot im Vergleich zu den Wettbewerbern besser ist, jedoch die Ertragssituation aufgrund einer verbesserungsbedürftigen Betriebsorganisation leidet, so wird sein zukünftiges Handeln schwerpunktmäßig in der Verbesserung der Betriebsabläufe zu finden sein.

Der Betriebsinhaber muss sein Handeln selbstkritisch auf den Abbau der erkannten Schwächen lenken und gleichzeitig die vorhandenen Stärken weiter ausbauen.

Befragungen

Unter einer Befragung versteht man eine systematische Erhebung, bei der Personen durch gezielte Fragen zu konkreten, für den Handwerksbetrieb verwertbaren Aussagen veranlasst werden sollen.
Die Befragung gilt als die wichtigste Methode der Informationsbeschaffung im Marketing.

Ein wichtiger Aspekt bei der Planung und Durchführung von Befragungen ist die Zielgruppenauswahl. Sie bestimmt, welche Personen befragt werden sollen. Es ist zu beachten, dass die befragte Zielgruppe weitgehend mit der Zielgruppe des Handwerksbetriebes übereinstimmt.

Zielgruppenauswahl

Beispiel:

Befragt werden sollen Frauen zwischen 20 und 50 Jahren, die über ein Familiennettoeinkommen von mehr als 15.000,00 EUR im Jahr verfügen und einem Angestelltenhaushalt angehören.

Bei der Planung und Durchführung von Befragungen ist weiterhin festzulegen, auf welchem Weg die Zielgruppe befragt werden soll.

Befragungswege

2.2 Marketing

```
                    Wege der Befragung
        ┌──────────────┬──────────────┬──────────────┐
        ▼              ▼              ▼              ▼
schriftliche      Passantenbefragung  telefonische   Online-Befragung
Befragung                             Befragung
```

Vor- und Nachteile

Folgende Vor- und Nachteile treten bei den einzelnen Befragungsarten auf:

Vorteile der schriftlichen Befragung:
> gute Repräsentativität
> Möglichkeit, komplexere Fragen zu stellen
> Angebot von Auswahlmöglichkeiten durch vorformulierte Antworten

Nachteile der schriftlichen Befragung:
> teuere und aufwendige Methode
> geringe Rücklaufquote

Vorteile der Passantenbefragung:
> relativ kostengünstige Methode
> Möglichkeit genaueren Nachfragens

Nachteile der Passantenbefragung:
> geringe Repräsentativität
> Anwendung von Antwortalternativen schwierig

Vorteile der telefonischen Befragung:
> relativ geringer Zeitaufwand
> hohe Repräsentativität

Nachteile der telefonischen Befragung:
> Telefoninterviews werden häufig abgebrochen
> Anwendung von Antwortalternativen schwierig

Vorteile der Online-Befragung:
> schnelle Umsetzung
> geringe Kosten
> Daten und Auswertungen zeitnah verfügbar

Nachteile der Online-Befragung:
> geringe Repräsentativität
> Abbruch leicht möglich
> technische Voraussetzungen notwendig

Welche der genannten Methoden den Bedürfnissen des einzelnen Handwerksbetriebes am besten entspricht, hat der Betriebsinhaber unter Berücksichtigung der genannten Vor- und Nachteile individuell zu entscheiden.

> In der Praxis ist oftmals eine telefonunterstützte schriftliche Befragung im Handwerk der geeignetste Weg.

Rücklaufquote

Um eine möglichst hohe Rücklaufquote zu erhalten, können folgende Techniken die Bereitschaft zur Mitarbeit bei den Befragten erhöhen:

> Beilegen eines frankierten Rückkuverts
> schriftliche Zusicherung von Anonymität und Vertraulichkeit

2.2.2 Analyse des Absatz- und Beschaffungsmarktes

> Formulierung einfacher und klar strukturierter Fragen
> übersichtliche, nicht zu umfangreiche Gestaltung des Fragebogens
> Verwendung farbiger Fragebögen
> individuelle Gestaltung des Anschreibens
> Angebot einfacher Antwortalternativen
> telefonische Vorankündigung einer schriftlichen Befragung
> telefonische Nachfassaktion starten

Eine Rücklaufquote bei einer schriftlichen Befragung zwischen 5 % und 20 % gilt trotz dieser unterstützenden Maßnahmen allgemein als Erfolg und ist bei einer ausreichend großen Stichprobe als repräsentativ zu betrachten.

> **Kundenbefragung**

Marketing bedeutet kunden- und marktorientiertes Denken und Handeln. Aus diesem Grund ist die Befragung von Kunden für den Betriebsinhaber wichtig. Der Unternehmer muss genau wissen, was der Kunde denkt und will.

Eine Kundenbefragung hat grundsätzlich zwei positive Aspekte. Einerseits erfährt der Betriebsinhaber die Wünsche seiner Kunden, zum anderen erkennt der Kunde, dass es dem Betrieb ernst damit ist, die Wünsche und Anregungen der Kunden zu erfahren und umzusetzen.

Beispiel:

Für eine Fleischerei könnte ein Fragebogen für eine schriftliche Kundenbefragung folgendes Aussehen haben:

2.2 Marketing

Fragebogen

Sehr geehrte Frau Kundin, sehr geehrter Herr Kunde,

hervorragende Produktqualität und bestmöglicher Service sind unsere Ziele, um in Zukunft noch besser auf Ihre individuellen Kundenwünsche eingehen zu können.

Deshalb möchten wir Sie bitten, an unserer diesjährigen Kundenbefragung teilzunehmen und die wenigen nachfolgenden Fragen zu beantworten. Natürlich ist die Umfrage völlig anonym! Um Ihnen keine Kosten zu verursachen, haben wir ein Rückkuvert beigelegt, bei dem die Postgebühr vom Empfänger bezahlt wird.

Bitte kreuzen Sie nachfolgend die zutreffenden Antworten an.
Vielen Dank für Ihre Mitarbeit!

1. Warum kaufen Sie in der Fleischerei Kalb ein?
   - Lage des Geschäftes ☐
   - Nähe zum Wohnort ☐
   - Gute Verkehrsanbindung ☐
   - Gute Parkmöglichkeiten ☐
   - Frische der Produkte ☐
   - Auswahl der Produkte ☐
   - Einkaufsatmosphäre ☐
   - Freundliche Bedienung ☐
   - Sonstiges ☐

2. Wie beurteilen Sie die Produktqualität der Fleischerei Kalb?

   Fleischwaren

	sehr gut	gut	befriedigend	schlecht
› Rindfleisch	☐	☐	☐	☐
› Kalbfleisch	☐	☐	☐	☐
› Schweinefleisch	☐	☐	☐	☐
› Putenfleisch	☐	☐	☐	☐
› Sonstiges	☐	☐	☐	☐

   Wurstwaren

	sehr gut	gut	befriedigend	schlecht
› Bierschinken	☐	☐	☐	☐
› Salami	☐	☐	☐	☐
› Leberwurst	☐	☐	☐	☐
› Sonstiges	☐	☐	☐	☐

2.2.2 Analyse des Absatz- und Beschaffungsmarktes

3. Wie beurteilen Sie das Erscheinungsbild der Fleischerei Kalb?

	sehr gut	gut	befriedigend	schlecht
› Gebäude und Fassade	☐	☐	☐	☐
› Schaufenstergestaltung	☐	☐	☐	☐
› Ladeneinrichtung	☐	☐	☐	☐
› Warenpräsentation	☐	☐	☐	☐

4. Wie beurteilen Sie das Verkaufspersonal?

	sehr gut	gut	befriedigend	schlecht
› Freundlichkeit	☐	☐	☐	☐
› Höflichkeit	☐	☐	☐	☐
› Schnelligkeit	☐	☐	☐	☐
› Sauberkeit	☐	☐	☐	☐
› Fachkompetenz	☐	☐	☐	☐
› Erscheinungsbild	☐	☐	☐	☐

5. Welche Verbesserungsvorschläge haben Sie im Allgemeinen?

_____
_____
_____
_____
_____

6. Statistische Angaben

Alter
Geschlecht
Familienstand
Zahl der Kinder
Wohnort

› **Umfragen in der Bevölkerung**

Die Ermittlung der Stellung eines Unternehmens am Markt in den Augen der Öffentlichkeit ist neben der Ermittlung der Kundenmeinung für einen Handwerksbetrieb wichtig.
Durch die Befragung der Bevölkerung kann vor allem das Image eines Betriebes untersucht werden. Ebenso können Meinungen zu Konkurrenzbetrieben ermittelt werden.

2.2 Marketing

Fragebogen

■ Beispiel:

Für einen Betrieb des Elektrotechniker-Handwerks könnte ein Fragebogen folgendes Aussehen haben:

Guten Tag, wir führen eine Meinungsumfrage durch und Sie wurden zufällig aus dem Telefonbuch ausgewählt ...

1. Welche Elektrohandwerker und -betriebe hier aus der Umgebung kennen Sie, wenn auch nur dem Namen nach?

   _____

2. Jetzt geht es um den Einkauf verschiedener Elektroartikel und um Elektroinstallation. Sagen Sie mir bitte, welchen Betrieb Sie bevorzugen:

   _____

3. Sie haben Ihren Fernseher gekauft bei: _____
4. Wo lassen Sie Ihren Fernseher reparieren? _____
5. Sie lassen Elektroinstallationen machen von: _____
6. Sie lassen Anlagen reparieren bei: _____
7. Sie haben Ihre Waschmaschine gekauft bei: _____
8. Wo lassen Sie Ihre Waschmaschine reparieren? _____
9. Können Sie sich an die Werbung eines dieser Geschäfte erinnern?
   ☐ ja
   ☐ nein
   Wenn ja, wissen Sie auch noch, welches oder welche Geschäfte da geworben haben?

   _____

10. Sie sagen, Sie kaufen bei der Fa.: _____ (oben überwiegend genannt)

    Wie beurteilen Sie dort:

	1	2	3	4	5
Auswahl	☐	☐	☐	☐	☐
Fachberatung	☐	☐	☐	☐	☐
Preise	☐	☐	☐	☐	☐
Freundlichkeit der Mitarbeiter	☐	☐	☐	☐	☐
Serviceleistungen	☐	☐	☐	☐	☐
Reparaturpreise	☐	☐	☐	☐	☐

    1 = sehr gut; 2 = gut; 3 = weniger gut; 4 = schlecht; 5 = keine Angabe

2.2.2 Analyse des Absatz- und Beschaffungsmarktes

11. Die Firma Elektro Watt möchte sich in Zukunft noch besser auf ihre Kunden einstellen. Was könnte bei der Firma Watt geändert oder verbessert werden, damit Sie persönlich lieber dort einkaufen würden?
    - ☐ bin zufrieden   ☐ kein Vorschlag   ☐ unbekannt
    - ☐ kenne ich, kaufe dort aber nicht
    - ☐ Verbesserungsvorschlag: _____

Statistik:

12. Wo wohnen Sie?   1 in Stromstadt
                     2 außerhalb in _____

13. Wie alt sind Sie?   1 ☐ bis 20   2 ☐ 20–30   3 ☐ 30–50
                        4 ☐ über 50 Jahre

... vielen Dank für Ihre Mithilfe ...
(aus Marketing im Elektroinstallateur-Handwerk, Hrsg. Institut für Handwerkswirtschaft, München)

Konkurrenzanalyse

Um die Stellung eines Handwerksbetriebes am Markt beurteilen zu können, ist auch die Analyse der Mitbewerber bzw. Konkurrenten notwendig.

> Hauptziel der Konkurrenzforschung ist die Ermittlung der Fähigkeiten, Stärken und Schwächen der derzeitigen und potenziellen Konkurrenten. Vor allem die Erforschung von deren Kernkompetenzen ist von Bedeutung.

Grundsätzlich gilt es festzulegen, welche Einzelinformationen über die Mitbewerber zu sammeln sind.

Folgende Daten sind in der Regel wichtig: *Wichtige Daten*

- Name, Anschrift
- Alter und Ausbildung des Betriebsinhabers und weiterer Führungskräfte
- Umsatz
- Mitarbeiterzahl
- Qualifikation der Mitarbeiter
- Produkt- und Leistungsprogramm (Sortimentsgestaltung, Qualität)
- Preise
- Arbeitstechniken und Maschinenausstattung
- Kundengruppen
- Absatzgebiet
- Marketing- und Vertriebsmethoden
- Stärken und Schwächen

Der erste Schritt bei der Konkurrenzanalyse ist die Ermittlung der Mitbewerber. Zum einen sind dies Betriebe, die im gleichen Absatzgebiet gleiche oder ähnliche Produkte anbieten. Zum anderen sind aber auch Unternehmen zu beachten, die sog. Substitutionsgüter (Ersatzgüter) im Angebot haben.   *Mitbewerber*

2.2 Marketing

■ Beispiel:

Ein Konkurrent eines Schreinereibetriebes bietet Kunststofftüren statt der vom Schreiner gefertigten Holztüren an.

Außerdem bieten manche Betriebe auch Produkte und Leistungen anderer Handwerkszweige an.

■ Beispiel:

Verkauf von Brot in der Metzgerei.

Betriebsvergleich

Informationen können auch aus veröffentlichten Betriebsvergleichen gewonnen werden, soweit sie sich auf marketingrelevante Daten beziehen.

2.2.3 Marketingfunktionen und -instrumente auf der Absatzseite

```
                        Marketinginstrumente
        ┌───────────────────┬───────────────────┬───────────────────┐
   Produkt- und        Preis- und        Kommunikations-      Vertriebspolitik
  Sortimentspolitik  Konditionenpolitik  und Werbepolitik
```

2.2.3.1 Produkt- und Sortimentspolitik

> Die Aufgabe der Produktpolitik ist es, ein an den Bedürfnissen der Nachfrager orientiertes Angebot zu konzipieren. Ihr Ziel ist es, sich durch die Schaffung eines bedarfsgerechten Güter- und Dienstleistungsangebotes positiv vom Angebot der Mitbewerber abzuheben.

Produkteigenschaften

Einem Produkt lassen sich grundsätzlich folgende Eigenschaften zuordnen:

```
   technische Eigenschaften    Sortimentszusammenhang       Service
              ▲                         ▲                      ▲
              │                         │                      │
                               ┌────────┴────────┐
                               │     Produkt     │
                               └────────┬────────┘
              │                         │                      │
              ▼                         ▼                      ▼
        Verpackung                   Garantie             Markenbildung
```

Leistungsprogramm

Die Produktpolitik bildet die Basis für das Leistungsprogramm des Handwerksbetriebes. Aufgabe des Betriebsinhabers ist es, die Leistungsbereiche festzulegen. Hierbei ist in Haupt- und Nebenleistungen zu unterscheiden.

2.2.3 Marketingfunktionen und -instrumente auf der Absatzseite

Beispiel:

Eine Bäckerei hat ihr Produktprogramm zusammenzustellen. Es gilt also zum Beispiel auszuwählen, welche Brotsorten angeboten werden. Bei der Überlegung der Sortimentsgestaltung ist hier beispielsweise festzulegen, ob auch Feinbackwaren angeboten werden sollen. Das Produkt- bzw. Sortimentsangebot bildet dann die Hauptleistung. Eine mögliche Nebenleistung wäre im Beispiel ein Lieferservice.

> Das Produkt- und Leistungsprogramm eines Handwerksbetriebes muss sich immer aktuell den Marktbedürfnissen anpassen.

Ein Angebot, das die Kunden zu einem bestimmten Zeitpunkt attraktiv finden, kann bereits in kurzer Zeit seine Attraktivität verlieren. Aufgabe des Handwerksbetriebes ist es daher, sein Produkt- und Leistungsprogramm immer wieder zu überprüfen und entsprechend den technischen Veränderungen und den Marktbedürfnissen anzupassen. Möglichkeiten hierzu entstehen durch Produktinnovationen und Produktvariationen.

> Unter Produktinnovation versteht man die Entwicklung und Einführung neuer Produkte. Produktvariation nennt man die Veränderung und Anpassung bestehender Produkte.

Wie bereits erwähnt, sind auch Zusatz- bzw. Nebenleistungen Bestandteile des gesamten Leistungsprogramms und somit der Produktpolitik. Es geht dabei um Leistungen, die der Verkäufer seinem Abnehmer während und nach dem Kauf anbietet, um den Erwerb, Einsatz und Gebrauch eines Produkts oder einer Leistung zu ermöglichen bzw. zu erleichtern.

Wichtige Kundendienstleistungen sind beispielsweise: *Kundendienstleistungen*

> technische Leistungen
  - Installation
  - Wartung
  - Reparatur
  - Ersatzteilversorgung
> kaufmännische Kundendienstleistungen
  - Finanzierungsvermittlungen (Kredit, Leasing)
  - Zahlungserleichterungen (Teilzahlung)
> Transportleistungen
  - Abhol- und Auslieferungsdienst
> Entsorgungsleistungen
  - Mitnahme und sachgerechte Entsorgung alter Geräte, Materialien

Für die Erbringung dieser Leistungen sind Mitarbeiter erforderlich, die über Zuverlässigkeit, Gewissenhaftigkeit, Schnelligkeit, Ideenreichtum sowie psychologisches und technisches Einfühlungsvermögen verfügen.   *Anforderungen an Mitarbeiter*

Kundendienstleistungen kosten zwar Geld; sie sind jedoch wichtige Investitionen in Kunden, Produkte und Verfahren.

Komplette Problemlösung	Kundendienstleistungen steigern die Kundenzufriedenheit, fördern die Marken- und Herstellertreue und helfen mit, einen engen und intensiven Kontakt zum Kunden aufzubauen und ihn zum Stammkunden zu machen. Sie sind so eine wichtige Voraussetzung für eine insgesamt erfolgreiche Produkt- und Leistungsgestaltung. Vermehrt will der Kunde nicht nur das Produkt kaufen, sondern er verlangt eine komplette Problemlösung und besten Service.
Seniorenmarkt	Zunehmende Bedeutung kommt dem Seniorenmarkt zu. Ältere Menschen werden als Zielgruppe immer wichtiger, da ihr Anteil an der Gesellschaft stark wächst und sie einkommensstärker sind als ihre Vorgängergeneration. In dieser Zielgruppe ist die Kombination von Produkt und Dienstleistung stark gefragt. Um die Umsatzchancen in diesem Bereich effektiver zu nutzen, muss sich das Handwerk auf diese Zielgruppe intensiv einstellen.

2.2.3.2 Preis- und Konditionenpolitik

> Gegenstand der Preispolitik ist die Bestimmung einer Preisforderung, die unter der jeweiligen Marktsituation (Preise der Mitbewerber) und den einzelbetrieblichen Daten aus der Kostenrechnung und Kalkulation den vorgegebenen Zielen (z. B. Gewinnerzielung) entspricht.

Preisbildung	Wichtige Einflussgrößen auf die Preisbildung im Handwerksbetrieb sind:
Interne Faktoren	Betriebliche Bestimmungsfaktoren der Preisbildung (interne Faktoren): › Betriebsstandort › Betriebsgröße › Betriebsstruktur › Produktionstechnik › Produktqualität › Kapazität › Kapazitätsauslastung › Kostenstruktur
Externe Faktoren	Bestimmungsfaktoren des Marktes auf die Preisbildung (externe Faktoren): › Marktgröße › Marktzusammensetzung › Konkurrenzsituation › Konkurrenzverhalten › Nachfrageverhalten
Entscheidungssituationen	Folgende Entscheidungssituationen sind in einem Handwerksbetrieb für den Betriebsinhaber zu unterscheiden und sind Grundlage seines Handelns:

```
                    Preisbildung
                   /            \
    monopolistische Verhaltensweise    konkurrenzgebundene Verhaltensweise
```

Verhaltensweisen	Bei der monopolistischen Verhaltensweise geht der Betriebsinhaber davon aus, dass der Absatz seiner Güter und Dienstleistungen von den eigenen preispoliti-

2.2.3 Marketingfunktionen und -instrumente auf der Absatzseite

schen Maßnahmen und dem Käuferverhalten abhängig ist. Das Verhalten der Konkurrenten spielt keine Rolle.

Die konkurrenzgebundene Verhaltensweise geht davon aus, dass der Absatz von Gütern und Dienstleistungen sowohl von der eigenen Preispolitik und dem Käuferverhalten als auch vom Verhalten der Konkurrenten und Mitbewerber abhängt.

Arten der Preisbildung

```
                    Arten der Preisbildung
                    /        |        \
      kostenorientierte  nachfrageorientierte  konkurrenzorientierte
        Preisbildung       Preisbildung          Preisbildung
```

Die kostenorientierte Preisbildung geht davon aus, dass der Preis hauptsächlich von den Kosten bestimmt wird, die das Leistungsprogramm verursacht.

Die nachfrageorientierte Preisbildung basiert auf der Überlegung, dass die Bedarfsentwicklung durch den Grad der Marktsättigung und das Käuferverhalten bestimmt wird.

Die konkurrenzorientierte Preisbildung legt die Annahme zugrunde, dass der Preis durch die Preisbildung der Konkurrenten und Mitbewerber bestimmt wird.

Anlässe der Preisbildung

```
                    Anlässe der Preisbildung
                    /         |         \
      erstmalige Preisbildung  Preisänderung durch den  Preisänderung durch die
       durch den Handwerks-     Handwerksbetrieb              Konkurrenz
            betrieb
```

Bei der erstmaligen Preisbildung ermittelt der Handwerksbetrieb den Preis für eine Leistung (Ware oder Dienstleistung). — *Erstmalige Preisbildung*

■ Beispiel:

Eine Bäckerei ermittelt den Preis für eine neue Brotsorte.

Bei der Preisänderung durch den Handwerksbetrieb ändert sich der Preis für ein bereits bestehendes Produkt aufgrund der Veränderung interner Faktoren. — *Preisänderung*

■ Beispiel:

Eine Bäckerei ändert den Preis für eine bereits im Sortiment vorhandene Brotsorte aufgrund von Veränderungen der internen Kostenstruktur.

Bei der Preisänderung durch die Konkurrenz hat der Handwerksbetrieb die Aufgabe, seine eigene Preispolitik zu überprüfen und gegebenenfalls anzupassen. — *Konkurrenzverursachte Preisänderung*

> **Beispiel:**
> Der Konkurrent einer Bäckerei verändert den Preis für eine Brotsorte, die auch vom eigenen Betrieb in gleicher oder ähnlicher Form angeboten wird.

Weitere Instrumente der Preisgestaltung

```
                Instrumente der Preisgestaltung
                    │
        ┌───────────┴───────────┐
        ▼                       ▼
      Rabatte              Konditionen
                               │
                    ┌──────────┴──────────┐
                    ▼                     ▼
            Lieferungsbedingungen   Zahlungsbedingungen
```

Rabatte | Rabatte sind Preisnachlässe, die in Form von Preisabschlägen (Nominalrabatt) oder Mengenzugaben (Naturalrabatt) an Kunden gewährt werden.

Konditionen | Konditionen in Form von Lieferungs- und Zahlungsbedingungen beeinflussen die Höhe und Struktur der Preise eines Handwerksbetriebes. Lieferungsbedingungen sind:

> Lieferort
> Transport- und Frachtkosten
> Transport- und Versandart
> Verpackungskosten
> Lieferbedingungen
> Lieferfristen
> Gefahrenübergang
> Fristen für Beanstandungen und Mängelrügen
> Gewährleistung
> Erfüllungsort, Gerichtsstand

Bei den Zahlungsbedingungen ist im Besonderen zu beachten:

```
              Wichtige Zahlungsbedingungen
        ┌──────────┬──────────┬──────────────┐
        ▼          ▼          ▼              ▼
   Zahlungsziel Zahlungsart Skonti      Folgen des
                                        Zahlungsverzuges
```

Im Rahmen der Konditionenpolitik gilt das Skonto als das wichtigste Instrument der Preisgestaltung und der Steuerung des Geldeinganges. Die Höhe des jeweiligen Abschlages richtet sich nach der vereinbarten Zahlungsweise.

2.2.3.3 Kommunikations- und Werbepolitik

> Die Kommunikationspolitik von Handwerksbetrieben beinhaltet alle Entscheidungen und Handlungen zur Gestaltung und Übermittlung von Informationen an Kunden oder potenzielle Kunden.

2.2.3 Marketingfunktionen und -instrumente auf der Absatzseite

```
                    Kommunikationspolitik
                   /         |          \
            Werbung    Verkaufsförderung    Öffentlichkeitsarbeit
```

Werbung

> **Begriff und Ziele der Werbung**

> Unter Werbung versteht man den Versuch, Kunden und Verbraucher durch Maßnahmen so zu beeinflussen, dass sie von sich aus in einer bestimmten Art und Weise handeln, beispielsweise ein bestimmtes Produkt des Betriebes erwerben.

Jeder Handwerksbetrieb verfolgt mit seiner Werbung bestimmte Zielsetzungen:

> Einführung neuer Produkte und Dienstleistungen
> Erhaltung und Sicherung des Absatzes
> Erweiterung von Umsatz und Marktanteilen
> Ansprache bestimmter Zielgruppen
> Steigerung des Absatzes in verkaufsschwachen Gebieten
> Sicherung des Absatzes in verkaufsstarken Gebieten
> Weckung neuen Bedarfs
> Steigerung des Bekanntheitsgrades
> Verbesserung des Images

Werbeziele

Für jeden Handwerksbetrieb hat die Werbung einen hohen Stellenwert. Nicht von ungefähr gilt der Satz: „Wer nicht wirbt, der stirbt." Jeder Betrieb ist auf Kunden angewiesen. Er muss daher bestrebt sein, einen Kundenkreis zu erwerben, zu sichern und auszuweiten.

```
        Absatzsicherung              Absatzsteigerung
              ↑                            ↑
              |                            |
  Produkteinführung ← Ziele der Werbung → Marktanteil-
                                           erweiterung
              |            |            |
              ↓            ↓            ↓
       Bedarfsweckung   Steigerung   Zielgruppen-
                        des Bekanntheitsgrades  ansprache
                        des Betriebes
```

> **Arten der Werbung**

Je nach Blickwinkel ergeben sich unterschiedliche Arten der Werbung. Hat man die jeweiligen Adressaten im Blick, so lassen sich unterscheiden:

2.2 Marketing

> die direkte Werbung
> und
> die indirekte Werbung.

> Von Direktwerbung spricht man, wenn der Werbeadressat, insbesondere der Endverbraucher, ganz persönlich angesprochen wird. Diese Werbeart wird immer stärker eingesetzt.
> Als indirekte Werbung dagegen werden allgemeine verkaufsfördernde Maßnahmen bezeichnet, vor allem solche der Produzenten gegenüber Händlern.

Einzelwerbung

Gemeinschafts-werbung

Darüber hinaus unterscheidet man grundsätzlich zwischen
> Einzelwerbung
> und
> Gemeinschaftswerbung.

> Einzelwerbung bedeutet, dass jeder Betrieb seine Werbeaktivitäten selbst organisiert bzw. für sich durch eine Agentur betreiben lässt.
> Bei der Gemeinschaftswerbung dagegen schließen sich mehrere Unternehmen der gleichen Wirtschaftsstufe zur Durchführung gemeinsamer Werbemaßnahmen zusammen.

Eng verbunden damit sind
> die Verbundwerbung, bei der mehrere Unternehmen verschiedener Wirtschaftsstufen (z. B. Hersteller und Handwerker oder Händler) zusammenarbeiten und
> die Sammelwerbung als gemeinsame Aktivität beispielsweise aller Handwerker in einem Wohngebiet oder in einer Straße.

Weiterhin unterscheidet man nach dem Werbeobjekt die

> Produktwerbung
> und die
> Unternehmenswerbung.

> Die Produktwerbung stellt ein bestimmtes Produkt werbemäßig heraus. Die Unternehmenswerbung bezieht sich dagegen auf den Handwerksbetrieb und dessen Leistungsfähigkeit.

> **Werbewege und Werbemittel**

Werbewege

Die häufigsten Werbewege für den Handwerksbetrieb sind:

> Printmedien, also Druckerzeugnisse
> die elektronischen Medien, also Fernsehen, Rundfunk, Kino, Video, CD-ROM, Internet
> Medien der Außenwerbung wie Plakate, Firmenfahrzeuge, Leuchtschriften etc.

2.2.3 Marketingfunktionen und -instrumente auf der Absatzseite

Im Rahmen dieser Werbewege kommen jeweils spezifische Werbemittel zum Einsatz, wobei in einzelnen Fällen Werbeweg und Werbemittel nicht exakt zu trennen sind.

Werbemittel

Die wichtigsten Werbemittel sind:

> bei der gedruckten Werbung (Printwerbung): Anzeigen, Poster, Beilagen, Prospekte, Kataloge, Handzettel, Werbebriefe, Adressbücher, Branchenfernsprechbücher, Gelbe Seiten, Telefonbücher
> bei der elektronischen Werbung: Fernseh- und Rundfunkspots, Kinowerbung, Werbung im Internet, E-Mail-Werbung
> bei der Außenwerbung: Plakate, Litfaßsäulen, Anschlagtafeln, öffentliche Verkehrsmittel, Leuchtschriften, Firmenfahrzeuge, Banden bei Sportplätzen, Trikots, Sponsoring, Schaufenster, lebende Werkstätten, spezielle Werbeveranstaltungen

Für einzelne Werbemittel, die gerade auch im Handwerk von Bedeutung sind, sollte der Betriebsinhaber folgende Grundsätze beachten:

> **Anzeigenwerbung**

Hier sind für den Handwerker, dessen Absatzgebiet zumeist regional und lokal begrenzt ist, insbesondere

> Lokalzeitungen und
> Anzeigenblätter

von Bedeutung. Bei branchenbezogenen Angeboten kommen auch Fachzeitschriften in Frage.

> Anzeigen sollen kurz, knapp, aber nicht zu klein und gut lesbar gestaltet sein. Wiederholte Anzeigen in gleicher Form, bei denen auch das Firmenzeichen und eventuell ein branchen- oder firmenspezifischer Slogan (Claim) besonders herausgestellt werden, prägen sich besser ein.

Anzeigengestaltung

> **Werbebrief**

Der Werbebrief muss klar, überzeugend, geschmackvoll und übersichtlich gestaltet sein und damit aus der Alltagspost hervorstehen, um die Kunden und Verbraucher direkt und gezielt ansprechen zu können. Der klassische Werbebrief hat im Rahmen der Direktwerbung und des Direkt- bzw. Dialogmarketings einen hohen Stellenwert.

Gestaltung

In diesem Zusammenhang spielt die Durchführung von Mailingaktionen auch für den Handwerksbetrieb eine immer wichtigere Rolle im Bereich des schriftlichen Kundendialogs. Wer sich regelmäßig bei Kunden und Interessenten in Erinnerung bringt, hat gute Chancen, auch den nächsten Auftrag zu erhalten.

Mailingaktion

> Persönlich adressiert und individuell gestaltet erreicht der Werbebrief die Aufmerksamkeit des Empfängers.

2.2 Marketing

> Folgende Schritte sind bei der Durchführung einer Mailingaktion im Besonderen zu beachten:
> - Definition des Ziels der Aktion
> - Auswahl der Zielgruppe
> - Nutzenargumentation gegenüber dem Adressaten
> - Konzentration auf eine Kernbotschaft
> - einfache Antwortmöglichkeit (Response), z. B. Fax, E-Mail, Antwortkarte, Telefon
> - schnelle Reaktion auf Interessentenfragen

Wichtige Hinweise für die Durchführung von Mailingaktionen gibt bspw. das Direkt Marketing Center der Deutschen Post (www.deutschepost.de/direktmarketing).

> Werbe- und Handzettel

> Werbe- und Handzettel dienen zur kurzen und sprachlich aufgelockerten Information über das Dienstleistungs- bzw. Warenangebot eines Betriebes, vor allem aber zum Hinweis auf besonders interessante oder Sonderangebote.

Verteilung

Neben der Auslage im Ladengeschäft selbst sollten Werbe- und Handzettel durch Verteilung von Hand zu Hand, in Form der Zeitungsbeilage oder als Infopost oder Postwurfsendung im Einzugsgebiet des Betriebes verteilt werden. Auf diese Weise können auch mögliche neue Kunden erreicht werden.

> Prospekt

> Prospekte sind ausführlicher gestaltet als Werbe- und Handzettel und weisen oftmals auch bildliche Elemente auf.

Die Verbreitungswege für Prospekte sind dieselben wie für Werbe- und Handzettel. Sie können aber auch im Kundengespräch eingesetzt werden.

> Plakat

Inhalte

> Plakate werden einerseits in bestimmten Branchen als Motivplakate eingesetzt. Andererseits werden sie von den einzelnen Betrieben als sogenannte Preisplakate genutzt, um insbesondere auf Sonderangebote aktuell hinweisen zu können.

Plakate eignen sich vor allem für das Schaufenster sowie für Litfaßsäulen, Werbetafeln und andere Werbeflächen.

2.2.3 Marketingfunktionen und -instrumente auf der Absatzseite

> Hörfunkwerbung, Kinowerbung, Fernsehwerbung, Internet

> Unter den elektronischen Werbemitteln kommen für den Handwerksbetrieb vorrangig die Hörfunkwerbung, die Kinowerbung und die Werbung im Internet in Frage. Auch E-Mails und SMS-Nachrichten werden zunehmend als Werbemedium eingesetzt.

Interessant für lokal und regional begrenzt orientierte Betriebe sind die lokalen Rundfunksender oder auch lokale Fernsehprogramme. Damit lassen sich Kunden vor Ort gezielt, schnell und preisgünstig ansprechen. Eine große Anzahl von Handwerksbetrieben wirbt durch eigene Homepages und durch Verlinkungen und Bannerwerbung auf für den Betrieb interessanten Homepages anderer Unternehmen. Zunehmende Bedeutung hat auch die attraktive Platzierung eines Betriebes in den wichtigsten Suchmaschinen.

Lokale Rundfunk- und Fernsehsender

Internet

> Schaufenster

> Schaufenster sind die Visitenkarte eines Betriebes und werden genutzt, um das Angebot des Handwerksbetriebes optimal darzustellen. Schaufenster sind geeignet, erste Eindrücke über das Sortiment eines Geschäfts zu vermitteln und dessen Leistungsfähigkeit darzustellen.

Wichtige Grundsätze für die Gestaltung eines Schaufensters sind:
> Übersichtlichkeit
> Erzielung eines hohen Aufmerksamkeitswerts, zum Beispiel durch Gegensätze in Form und Farbe, Beleuchtung und Gestaltung eines Blickfangs, bewegte Objekte, Präsentationsprogramme, Diashows
> Wechsel der ausgestellten Waren, eventuell entsprechend der jeweiligen Saison, nach spätestens 4 Wochen
> „Blickfang" in Augenhöhe
> Sauberkeit

Schaufenstergestaltung

Handwerksbetriebe, die über keine Schaufenster verfügen, können ihre Waren auch in einem Schaukasten oder in einer Vitrine anbieten. Im Übrigen wirken die Verkaufs- und Arbeitsräume ebenfalls als Schaufenster. Es sollte deshalb in diesen Räumen u. a. auf besondere Sauberkeit und Ordnung geachtet werden.

Schaukasten

> Leuchtreklame

> Die Beleuchtung („ins rechte Licht setzen") spielt bei der Werbung insgesamt eine sehr wichtige Rolle. Besondere Effekte lassen sich hier durch die Beleuchtung des Firmenschildes bzw. des Firmenzeichens und durch die helle, indirekte Beleuchtung des Ladens sowie die gezielte Ausleuchtung von Waren im Schaufenster erreichen.

2.2 Marketing

Maßnahmen-bündel

In der Praxis wird selten nur eines der genannten Werbemittel allein eingesetzt. Vielmehr lassen sich durch ein abgestimmtes Bündel verschiedener Werbemittel in der Regel gute Erfolge erzielen.

> **Werbegrundsätze**

Jeder Betriebsinhaber sollte bei seinen Werbemaßnahmen vor allem auf vier wichtige Grundsätze achten:

```
                    Grundsätze der Werbung
           ┌──────────┬──────────┬──────────┐
           ▼          ▼          ▼          ▼
      Wirksamkeit  Wahrheit   Klarheit  Wirtschaftlichkeit
```

Wirksamkeit bedeutet, dass die Werbung auch tatsächlich den beabsichtigten Zweck erreichen soll.

Nach dem Grundsatz der **Wahrheit** darf Werbung nicht irreführend sein und auch nicht gegen die guten Sitten verstoßen. Diese Anforderung wird nicht nur durch rechtliche Bestimmungen gestützt, sondern liegt auch im Eigeninteresse jedes Betriebsinhabers, da bei Verstößen sein guter Ruf auf dem Spiel stehen kann.

Es muss darauf geachtet werden, dass alle in der Werbung zugesicherten Eigenschaften auch tatsächlich in den Lieferungen und Leistungen enthalten sind.

Der Grundsatz der **Klarheit** bedeutet, dass die Werbeaussagen leicht verständlich und deutlich sein müssen.

Wirtschaftlich ist eine Werbung dann, wenn sie zu einem messbaren Werbeerfolg führt. Der Erfolg durch Werbung lässt sich allerdings nur sehr schwer exakt sachlich und zeitlich abgrenzen.

Hilfsmaßstäbe sind:

> die Absatzentwicklung
> die Entwicklung des Marktanteils
> Daten aus Kundenbefragungen
> Werbewirksamkeitsmessungen

Werbekosten

Wegen dieser Erfolgsmessprobleme verdienen die Kosten der Werbung besondere Aufmerksamkeit. Wichtige Anhaltspunkte über die Wirtschaftlichkeit der Werbung können sich durch sog. Werbewirksamkeitsanalysen ergeben.

> **Werbeplanung**

> Aufgrund der Bedeutung der Werbung ist es sehr wichtig, diese systematisch zu planen; das heißt, Werbewege und Werbemittel genau auf die Werbeziele auszurichten.

2.2.3 Marketingfunktionen und -instrumente auf der Absatzseite

Elemente einer systematischen Werbeplanung

```
                    Erkundung                        Festlegung
                    des Marktes                      der Werbeziele
                         ▲                                ▲
                         │                                │
                         │                                │
                                                                    Bestimmung der
   Erfolgskontrolle ◄────── Werbeplanung ──────►         Werbeadressaten
                                                          und Zielgruppen
                         │                                │
                         ▼                                ▼
                    Festlegung der                   Festlegung
                    Werbestrategie                   des Werbeetats
```

In der betrieblichen Praxis sind folgende Handlungsschritte durchzuführen: Handlungsschritte
1. Festlegung des Werbeetats
    ▽
2. Zusammensetzung wichtiger Markt- und Firmeninformationen
    ▽
3. Entwicklung der Werbekonzeption
    ▽
4. Gestaltung der Werbemittel
    ▽
5. Erstellen des Mediaplanes
    ▽
6. Werbeerfolgskontrolle und Werbewirksamkeitsanalyse

Verkaufsförderung

> Unter Verkaufsförderung (Sales-Promotion) versteht man Maßnahmen und Handlungen des Betriebsinhabers, mit denen Kunden und Verbraucher zum Erwerb von Gütern, Sach- oder Dienstleistungen veranlasst werden sollen.

```
              Handlungsorientierte Beeinflussung potenzieller Kunden
                         │
             ┌───────────┴───────────┐
             ▼                       ▼
          direkt                  indirekt
             │                       │
             ▼                       ▼
```

direkt	indirekt
– Verteilung von Werbegeschenken – Durchführung von Preisausschreiben – Gestaltung von Einführungspreisen – Überlassung von Mustern/Testgeräten – Vorführungen	– Schulung und Information von Absatzhelfern – Erstellung von Prospekten und Broschüren – Bereitstellung von Verkaufshilfen – Erarbeitung von Verkaufsargumentationen – Durchführung von Verkaufswettbewerben

2.2 Marketing

Mittel der Verkaufsförderung

Wichtige Mittel der Verkaufsförderung sind:

Sachliche Mittel:

> aktuelle Informationssysteme
> Hand- und Hilfsbücher
> Informationsbroschüren
> Sonderdrucke aus Fachzeitschriften
> Argumentationshilfen
> Verkaufsmappen, CD-ROMs und DVDs
> Musik- und Videocassetten
> Werbefilme
> Werbebriefe
> Bildschirmpräsentationen
> Werbeblätter
> Produktpräsentationen
> Messen und Ausstellungen
> Muster und Proben
> Modelle
> Informationsdienste
> Gewinnspiele
> Preisausschreiben
> Newsletter per E-Mail
> Internetportale
> Intranet und Extranet

Personenbezogene Mittel:

> Verkaufsschulungen
> Fachschulungen
> Produktvorstellungen
> Produkteinführungen
> Vorführungen
> Sonderangebote
> Gutscheinaktionen
> Weiterempfehlungsaktionen
> Verkaufswettbewerbe

Für die Verkaufsförderung spielen Messen und Ausstellungen eine wichtige Rolle. Sie sind hervorragende Möglichkeiten für Information und Anbahnung von Marktkontakten sowie für den direkten Verkauf.

Für einzelne, vor allem kleinere Handwerksbetriebe eignen sich dazu insbesondere die Gemeinschaftsstände und Gemeinschaftsbeteiligungen, die oftmals auch öffentlich gefördert werden.
(>> auch Abschnitt 2.1.3.3 „Beratungsdienste der Handwerksorganisation für die Mitgliedsbetriebe – Handwerksförderung")

2.2.3 Marketingfunktionen und -instrumente auf der Absatzseite

Öffentlichkeitsarbeit

> Der Begriff Öffentlichkeitsarbeit (Public Relations) fasst alle kommunikativen Maßnahmen und Handlungen eines Handwerksbetriebes zusammen, die geeignet sind, das Ansehen und das Image eines Betriebes in der Öffentlichkeit zu steigern.

Im Gegensatz zum Bereich Verkaufsförderung dient die Öffentlichkeitsarbeit nicht der unmittelbaren Umsatzsteigerung, sondern bereitet eine allgemein wohlwollende und vertrauensbildende Atmosphäre für die unternehmerischen Handlungen des Betriebes in der Öffentlichkeit und bei den Zielgruppen.

Wichtige Instrumente der Öffentlichkeitsarbeit sind: *Instrumente*

> Kontaktpflege zu den Medien
> Unterrichtung der Öffentlichkeit (z. B. Pressekonferenzen, Geschäftsberichte, PR-Berichte)
> Öffnung des Betriebes für die Öffentlichkeit (z. B. „Tag der offenen Tür")
> finanzielle Unterstützung öffentlicher Anliegen
> Herausgabe von Firmen- und Kundenzeitschriften
> Übernahme von Schirmherrschaften
> Darstellung im Internet
> Informationsübermittlung durch Newsletter-Service

```
        Adressaten der Öffentlichkeitsarbeit
           │                    │
           ▼                    ▼
      Lieferanten            Abnehmer
```

Durch eine erfolgreiche Öffentlichkeitsarbeit werden die Unternehmensziele positiv beeinflusst.

Beispiel:

Ein Handwerksbetrieb veranstaltet einen „Tag der offenen Tür". Zu diesem Termin werden Lieferanten, Kunden und potenzielle Kunden eingeladen.

Für eine erfolgreiche Gestaltung und Durchführung des Tages müssen sich die Mitarbeiter positiv mit „ihrem" Betrieb identifizieren. Kunden, potenzielle Kunden und Lieferanten sollen von der Leistungsfähigkeit des Betriebes und seiner Mitarbeiter überzeugt werden.

2.2.3.4 Vertriebspolitik

> Die Vertriebspolitik beschäftigt sich mit Handlungen und Entscheidungen des Handwerksbetriebes, die die Art und Weise des Absatzes von Produkten und Dienstleistungen betreffen.

2.2 Marketing

Aufgabe

In Abgrenzung zu den Bereichen Werbung, Verkaufsförderung und Öffentlichkeitsarbeit, die alle den Vertrieb vorbereiten bzw. unterstützen, ist es Aufgabe des Vertriebs, Waren und Dienstleistungen zu verkaufen.

Vertriebswege

```
                    Vertriebswege
                   /            \
            direkter Vertrieb    indirekter Vertrieb
```

Direkter Vertrieb

Unter direktem Vertrieb versteht man den unmittelbaren Verkauf einer Sach- oder Dienstleistung direkt vom Handwerksbetrieb an den Verbraucher oder an Weiterverarbeiter (z.B. Zulieferungen an die Industrie) ohne Einschaltung von Zwischenhändlern oder Absatzmittlern.

Indirekter Vertrieb

Unter indirektem Vertrieb versteht man den Verkauf einer Sach- oder Dienstleistung des Handwerksbetriebes über Zwischenhändler oder Absatzmittler. Dies können einerseits Großhändler sein, andererseits aber auch Einzelhändler, Handelsvertreter oder Makler.

Beim direkten Vertrieb hat der Handwerksbetrieb je nach Art seiner Tätigkeit eine Reihe von Aufgaben selbst vorzunehmen. Dies sind unter anderem:

> Festsetzung des Preises
> Festsetzung der Lieferbedingungen
> Beratung und Überzeugung des Käufers
> Präsentation und Erklärung der Leistung
> Bereithaltung der Ware
> Lieferung der Ware
> Installation
> Verkaufsabschluss
> Inkasso

Beim indirekten Vertrieb gehen einige Aufgaben auf die Absatzmittler über. Dies sind unter anderem:

> Gestaltung des Sortiments nach individuellen Kundenwünschen
> Angebotserstellung
> Verkauf der Ware
> Bereithaltung der Ware
> Lieferung der Ware

> Zusammenfassend kann festgehalten werden, dass der direkte Absatz arbeits- und kostenintensiver ist, jedoch den großen Vorteil des unmittelbaren Kundenkontaktes hat.

Entscheidend für die Auswahl des Vertriebsweges im Handwerk ist die Art der Produkte oder Dienstleistungen, die ein Handwerksbetrieb anbietet.

2.2.3 Marketingfunktionen und -instrumente auf der Absatzseite

▇ Beispiel:

Verkauf von Brot in einer Bäckerei direkt an den Endverbraucher (direkter Vertrieb).
Verkauf von Türen einer Schreinerei über Großhändler (indirekter Vertrieb).

Vertriebsformen

> Die Wahl der Vertriebsform beschäftigt sich unabhängig vom Vertriebsweg mit Fragen der Absatzorganisation, sowohl in Bezug auf institutionelle als auch auf personelle Aspekte.

Hinsichtlich des Personaleinsatzes ist zu klären, über wen die Geschäftskontakte abgewickelt werden sollen. Dies kann geschehen durch: — *Personelle Fragen*

> Betriebsinhaber
> Bedienungspersonal
> Außendienstmitarbeiter
> Zwischenhändler

Dabei sind im Einzelnen auch verschiedene Kombinationen denkbar. Eine besondere Form des Außendienstes stellen Vertriebswege wie die sogenannten „rollenden Verkaufswagen" bzw. Servicemobile dar. Letztgenannte sind Kundendienstfahrzeuge, die mit bester Ausstattung und Besetzung in der Regel rund um die Uhr schnell benötigte Leistungen ausführen bzw. Sofortaufträge abwickeln. — *Neue Vertriebswege*

Die institutionelle Regelung der Absatzorganisation betrifft zunächst die Frage, ob der Verkauf

> zentralisiert (über einen Betrieb oder ein Ladengeschäft) oder
> dezentralisiert (über Filialen)

Institutionelle Regelungen

erfolgen soll und wo der geeignete Standort dafür liegt.

> Im Weiteren ist dann zu klären, wie Geschäfts- und Ladenräume unter absatzpolitischen Erwägungen eingerichtet werden sollen. Hier sind Faktoren von Bedeutung wie:
>
> > Raumausstattung
> > Raumgestaltung
> > Kassenanordnung
> > Parkmöglichkeiten

Zu einer erfolgreichen Vertriebsorganisation gehört ferner geschultes Personal, das eine entsprechende Fachberatung durchführen kann. Eine systematische Verkaufsorganisation ist sowohl — *Personal*

> beim Absatz von selbst hergestellten Waren als auch
> bei ausschließlicher Handelstätigkeit notwendig.

Absatzorganisation und Vertriebseinrichtungen können branchenspezifisch derart unterschiedlich sein, dass sie hier nicht im Detail behandelt werden können.

2.2 Marketing

■ Beispiel:

Die Absatzorganisation eines Bauunternehmens ist zu unterscheiden von der eines Bäckereibetriebes oder eines Zuliefererbetriebes an die Industrie.

Wesentliche Fragen der Absatzorganisation und Vertriebseinrichtungen lassen sich wie folgt nochmals im Überblick zusammenfassen:

```
                    Absatzorganisation und Vertriebseinrichtungen
                    ┌──────────────────────────┴──────────────────────────┐
        Personelle und institutionelle Einrichtungen        Geschäfts- und Ladenräume
        ┌──────────────┼──────────────┐                ┌──────────────┴──────────────┐
   Ladengeschäft   Außendienst    Zwischen-           Standort                  Ausstattung
                                   händler                                      z. B. Kassen-
                        │                                                       anordnung,
                   auch in Form                                                 Parkplätze u. Ä.
                   sog. rollender
                   Verkaufswagen
                   bzw. Service-
                   mobile
```

Franchising

Eine Vertriebsform besonderer Art, die auch im Handwerk Anwendung findet, ist „Franchising".

> Unter Franchising versteht man ein Geschäftskonzept bzw. ein Vertriebssystem für Waren und Dienstleistungen unter einem einheitlichen Marketingkonzept. Grundlage ist ein Vertrag zwischen Franchisegeber und Franchisenehmer, in dem die Rechte und Pflichten geregelt sind. Die Inhalte des Konzepts sind meist in einem sog. Franchisehandbuch niedergelegt.

Franchisenehmer
: Der **Franchisenehmer** ist im Handwerk als selbstständiger Handwerker im eigenen Namen und für eigene Rechnung tätig. Er hat das Recht und die Pflicht zur Nutzung des „Franchisepakets" gegen Entgelt.

Franchisegeber
: Der **Franchisegeber** richtet je nach Inhalt der vertraglichen Vereinbarung zum Beispiel den Verkaufsraum ein, sorgt für ein einheitliches Marketing, liefert Werbemittel und Dekorationsmaterial, Produkte und Vorprodukte, gibt Richtlinien für die Verarbeitung und den Vertrieb. Er bietet Messedienste an und führt Verkaufsberatung und Personalschulung durch.
Ferner sorgt er für überregionale Werbe- und Absatzstrategien unter einheitlichem Zeichen.

Vorteile
: **Vorteile:**
> erleichterte Möglichkeit zur Selbstständigmachung für Existenzgründer
> sinnvolle Arbeitsteilung
> Teilhabe an der Marketingstrategie und am Know-how des Franchisegebers
> bessere Konditionen beim Einkauf

2.2.3 Marketingfunktionen und -instrumente auf der Absatzseite

> Aufgabenentlastung bei Sortiments-, Preis- und Marketingpolitik
> Stärkung der Wettbewerbsfähigkeit
> weniger betriebliche Risiken
> laufender Erfahrungsaustausch mit Kollegen im Verbund

Nachteile: Nachteile

> Begrenzung der eigenen unternehmerischen Gestaltungs- und Dispositionsmöglichkeiten
> langfristige Vertragsbindung
> zu entrichtende Gebühren als Kosten
> Abhängigkeit von der Zuverlässigkeit des Franchisegebers

> In der Regel führen Franchisesysteme zu einer Uniformierung von Waren- und Dienstleistungsangeboten. Vielfach bilden Franchisesysteme aber die Grundlage für den Gesamtbetrieb oder für einen einzelnen Geschäftszweig.

Vor einer Entscheidung sollte sich der selbstständige Handwerker gründlich beraten lassen.

Verkaufsverhandlungen

> Verkaufsverhandlungen bzw. Verkaufsgespräche haben in erster Linie das Ziel, den Kunden im persönlichen Gespräch zum Kaufabschluss zu bewegen.

Sie richten sich vielfach nach den in einer Branche üblichen Grundsätzen, müssen aber dennoch mit jedem Kunden individuell geführt werden. Wichtige Hilfsmittel dafür sind Prospekte und andere Unterlagen. Von Personen, die Verkaufsverhandlungen führen, sind dafür insbesondere

> Fachkenntnisse Personal
> rechtliche Kenntnisse
> psychologisches Geschick

gefordert.

> Das Verkaufspersonal sollte für den richtigen Umgang mit dem Kunden und den Erfolg im Verkaufsgespräch regelmäßig in den wichtigsten Verhandlungstechniken geschult werden.

Dazu gehören vor allem das Kennenlernen der verschiedenen Käufertypen und der Grundsätze der Verkaufspsychologie, das heißt, wie man auf den Kunden eingeht und ihn, ohne dass er es aufdringlich findet, zu einem Kaufabschluss hinführen kann.

Verkaufspsychologie

2.2.3.5 Unternehmensleitbild und Unternehmenskultur

> Für ein attraktives Image des Betriebes ist dessen Erscheinungsbild eine wichtige Voraussetzung. Dabei kommt es nicht nur auf das Äußere des Betriebes an. Das Erscheinungsbild des Betriebes ist umfassender zu verstehen und bezieht sich sowohl auf den Betrieb wie auch auf die Produkte, Leistungen und Mitarbeiter. In der Außendarstellung ist vor allem die Kundenorientierung von großer Bedeutung.

Corporate Identity Unternehmenskultur

Man spricht in diesem Zusammenhang von Corporate Identity (= Unternehmens- und Firmenidentität). Noch umfassender ist der Begriff Unternehmenskultur, zu der nicht nur eine zielgerichtete Gestaltung des äußeren Erscheinungsbildes, sondern auch bestimmte Einstellungen und Werthaltungen gehören. Weil Unternehmenskultur immer von Menschen bestimmt wird, kommt es beim Klein- und Mittelbetrieb auf die Persönlichkeitsprofile der Betriebsinhaber, der Führungskräfte und aller Mitarbeiter an. Die Unternehmenskultur muss u. a. ausgerichtet sein auf:

> hohe Qualität
> Zuverlässigkeit
> Leistungsbereitschaft
> Kundenorientierung, Kundenfreundlichkeit
> Serviceleistungen

Leitgrundsätze

Wichtige betriebliche Leitgrundsätze (Unternehmensleitbild) sollten sich an folgenden Fragestellungen orientieren:

> Wer sind wir?
> Was sind wir?
> Wer sind unsere Partner und unsere Zielgruppen?
> Wer sind unsere Konkurrenten?
> Von wem wollen wir uns positiv abheben?
> Worin bestehen die besonderen Leistungen unseres Betriebes?
> Wo liegen unsere Stärken und Schwächen?
> Welches Image haben wir am Markt?
> Welche Ziele verfolgen wir, und was müssen wir dafür tun?

Meisterbetrieb

Ein wesentlicher Bestandteil des Erscheinungsbildes eines Betriebes ist der Meisterstatus und die Bezeichnung „Meisterbetrieb" als Symbol für Qualität, handwerkliche Leistungsvielfalt, Fach- und Problemlösungskompetenz, qualifizierte, moderne, wirtschaftliche und effiziente Unternehmensführung. Diese Stärken muss der Betriebsinhaber zielgruppengerecht bei seinen potenziellen Privat- und Gewerbekunden sowie den öffentlichen Auftraggebern überzeugend zum Tragen bringen. Dann werden die Kunden bewusst Wert darauf legen, Produkte und Dienstleistungen von einem Meisterbetrieb zu erhalten.

2.2.3 Marketingfunktionen und -instrumente auf der Absatzseite

> Eine wichtige Rolle für Corporate Identity spielt das Firmenzeichen (Logo). Es sollte aus einem für Verbraucher und Kunden einprägsamen und unverwechselbaren Firmensymbol mit firmentypischem Schriftzug bestehen. Für die Gestaltung und optische Linie kommt es insbesondere auf Schriftart, Farben, Farbkombinationen und Raumaufteilung an.

Firmenzeichen

Besondere Anforderungen an das Firmenzeichen

> Signaleffekt
> Erkennungseffekt
> Qualitätseffekt
> Erinnerungseffekt

Zur raschen Durchsetzung und Bekanntmachung wird das Firmenzeichen möglichst überall eingesetzt, so insbesondere:

> am Betrieb und Geschäft sowie im Schaufenster
> auf der Kleidung der Beschäftigten
> auf Visitenkarten, Briefbogen, Briefumschlägen und Rechnungsformularen sowie Firmenstempeln
> auf Firmenfahrzeugen
> als Aufkleber auf den Produkten
> auf Verpackungen
> auf allen Werbematerialien wie Prospekten und Zeitungsanzeigen
> bei Messen und Ausstellungen
> auf Werbeartikeln
> im Internet

Einsatzmöglichkeiten

Die Bestrebungen gehen dahin, auch für das gesamte Handwerk als Handwerksdesign ein einheitliches Gestaltungsmerkmal durchzusetzen, das von der Öffentlichkeit unverwechselbar mit dieser Wirtschafts- und Gesellschaftsgruppe verbunden wird. Ein solches Zeichen für das Handwerk – für jeden Handwerksbetrieb, für jede Handwerksorganisation, für Handwerksprodukte und -dienstleistungen – ist das Handwerksachteck.

Handwerksdesign

2.2.3.6 Kundenorientierung und Kundenbehandlung

Kundenorientierung

> Die Ausrichtung aller marktrelevanten Maßnahmen eines Betriebes an den Wünschen, Bedürfnissen und Problemen des Kunden (Kundenorientierung) ist eine zentrale Aufgabe der Betriebsführung im Handwerk. In den vorangehenden Abschnitten wurde bereits auf eine Reihe von Kundengewinnungs- und Kundenbindungsinstrumenten hingewiesen. Ein wichtiger Erfolgsfaktor ist die persönliche Beziehung der Unternehmensleitung und der Mitarbeiter zum Kunden. Gegenüber dem Kunden präsentiert sich der Handwerksbetrieb als zuverlässiger Dienstleister und Problemlöser: sachkundig, freundlich und kompetent.

2.2 Marketing

Einflussfaktoren

Oberstes Ziel ist die Zufriedenheit des Kunden, die vor allem von folgenden Faktoren beeinflusst wird:

> Freundlichkeit
> Pünktlichkeit, Termintreue
> Zuverlässigkeit
> Fachwissen
> Qualität der Produkte und Leistungen, Produktberatung
> Service, kompetente Beratung und Problemlösung
> Kostenverbindlichkeit (Übereinstimmung von Angebot und Rechnung)
> optimales Preis-Leistungs-Verhältnis

Kundenbefragung

Kundenzufriedenheit führt zu Kundentreue. Deshalb wird die Betriebsführung in einem permanenten Prozess Kundenzufriedenheitsanalysen (Stärken-Schwächen-Analysen) durchführen und in periodischen Abständen auch das Instrument der Kundenbefragung (>> auch Abschnitt 2.2.2.4 „Analyse der Wettbewerbssituation") einsetzen. Dabei und durch ein gezieltes Beschwerde-, Reklamationsannahme- und -erledigungssystem (Beschwerdemanagement) werden die Zufriedenheitsdefizite festgestellt, die in neue Strategien zum Abbau der Defizite und zur Verbesserung der Zufriedenheit münden. Die Betriebsführung setzt anschließend die erarbeiteten Maßnahmen um und kontrolliert die Ergebnisse.

> Unabdingbare Voraussetzung für die Umsetzung aller Ziele der Kundenorientierung ist ein kundenorientiertes Personalmanagement. Nur wenn **alle** Mitarbeiter eines Betriebes das Programm mittragen und täglich praktizieren, wird sich der gewünschte Erfolg einstellen. Speziell ausgerichtete Mitarbeiterbesprechungen und Schulungen in Kundenorientierung und Service sind eine Daueraufgabe der Betriebsführung und für die Motivation der Mitarbeiter wichtig.

Wichtige Leitsätze sind:

> mit Kompetenz überzeugen,
> mit Information, Beratung und Leistung Kunden binden,
> mit Kulanz Kunden behalten und
> mit Geschick verlorene Kunden zurückgewinnen.

Imagepflege

> Das Bild bzw. die Vorstellung, die Kunden und Öffentlichkeit von einem Betrieb haben, nennt man auch Image.

Diese Einstellungen werden durch persönliche Erfahrungen gewonnen und weiterentwickelt. Sie hängen maßgeblich ab vom

> Erscheinungsbild des Handwerksbetriebes und
> direkten Umgang des Betriebsinhabers und seiner Mitarbeiter mit dem Kunden.

Jeder selbstständige Handwerker und seine Mitarbeiter werben für die Erhaltung und für die Erweiterung eines Betriebes durch ihre fachliche Leistung und durch ihr Verhalten gegenüber dem Kunden.

2.2.3 Marketingfunktionen und -instrumente auf der Absatzseite

Dazu gehören insbesondere:

> Kundendienst
> Kundenbetreuung
> qualifizierte fachliche Beratung

> Zufriedene Kunden sind für einen Betrieb die beste Werbung (Mund-zu-Mund-Werbung). In diesem Zusammenhang spricht man heute häufig von Empfehlungsmarketing. Zufriedene Kunden empfehlen den Betrieb weiter.

Gerade für den Handwerker, der vielfach intensiven Kontakt zum Endverbraucher hat, kommt es deshalb besonders darauf an, zum Kunden eine gute Vertrauensbasis herzustellen.

> Der einzelne Betrieb prägt durch Erscheinungsbild und Umgang mit dem Kunden nicht nur sein eigenes Image, sondern zugleich das Image des gesamten Wirtschaftsbereichs Handwerk.

Betriebsinterne Voraussetzung für die Entwicklung eines guten Images ist die Identifikation der Mitarbeiter mit dem Betrieb und mit den Firmenzielen. Dazu ist es notwendig, alle Mitarbeiter ständig so zu motivieren, dass ihre Gemeinsamkeit für das Unternehmen nach innen und außen demonstriert wird.

Motivation

Kundenbehandlung

Für das Verhalten von Betriebsinhaber, Gesellen und Auszubildenden sowie anderen Mitarbeitern lassen sich folgende Regeln aufstellen:

> **Am Telefon**

> Klar und deutlich sprechen.
> Stets Firmennamen und persönlichen Namen nennen sowie Grußformel („Guten Tag", „Grüß Gott" u. Ä.) verwenden.
> Höflichkeit und Geduld zeigen, insbesondere den Ansprechpartner ausreden lassen.
> Mit dem Kunden bzw. Interessenten konkrete Vereinbarungen treffen, um ihm das Gefühl zu geben, dass seine Anliegen ernst genommen werden (zum Beispiel Terminvereinbarung, Zusenden von Prospekten, Beratung u. Ä.) bzw. Rückruf zusichern, falls dem Anliegen des Kunden nicht sofort entsprochen werden kann.

Am Telefon

> **Im Betrieb und Ladengeschäft**

> Sauber, gepflegt, korrekt und freundlich auftreten.
> Alle Kunden höflich begrüßen, soweit mit Namen bekannt.
> Ausführlich und bereitwillig beraten, zum Beispiel anhand von Prospekten, Katalogen, Mustern oder ggf. der Gebrauchsanleitung gekaufter Produkte, Pläne, Skizzen und Zeichnungen; dem Kunden muss dabei immer das Gefühl vermittelt werden, dass man ihn ernst nimmt und seine Fragen für angebracht und berechtigt hält.

Im Betrieb

2.2 Marketing

> Zusicherung geben, dass der Kunde sich bei Fragen jederzeit wieder an den Betrieb wenden kann.

> Beim Kunden (zum Beispiel bei Arbeiten in Wohnungen, im Kundenbetrieb, auf Baustellen u. Ä.)

Beim Kunden

> Pünktlich sein und vereinbarte Termine exakt einhalten (Verlässlichkeit); bei unerwarteter Verhinderung sofortige Benachrichtigung des Kunden mit dem Angebot von Ersatzterminen.
> Qualitativ einwandfreie und fachgerechte Auftragsdurchführung.
> Sauber und höflich auftreten (zum Beispiel Vermeidung von Musikhören, Rauchen, Trinken und nicht sachbezogenen Gesprächen).
> Auf Sauberkeit und umweltgerechtes Verhalten bei der Arbeit achten (Beseitigung von Unrat, Materialresten und Verpackungsabfall mit entsprechender Entsorgung, besenreine Übergabe von Wohnungen u. Ä.).

> Weitere empfehlenswerte Maßnahmen

Zusätzliche Maßnahmen

> Sicherstellung der ständigen Erreichbarkeit für den Kunden, zum Beispiel durch Anrufbeantworter, Telefax, Mobilfunk, E-Mail.
> Annahme und schnelle Ausführung auch von Kleinaufträgen (bei Zufriedenheit des Kunden folgen diesen oft größere Aufträge).
> Jeder Reklamation sofort nachgehen und fehlerhafte Arbeit ohne Wenn und Aber ausbessern.
> Eine Kundendatei bzw. Datenbank anlegen, um Kunden eventuell auch regelmäßig zum Geburtstag oder anderen Jubiläen gratulieren zu können sowie sie über Sortimentsänderungen und Sonderangebote auf dem Laufenden zu halten (Kundenpflege), Treuebonus gewähren.
> Eine offensive Öffentlichkeitsarbeit, beispielsweise durch „Tage der offenen Tür" und Pressemeldungen, Kundenseminare und Gruppenveranstaltungen mit Kunden durchführen.
> Kostenvoranschläge so klar und sorgfältig anfertigen, dass sie betragsmäßig auch eingehalten werden können; bei Betragsüberschreitungen Abweichungen verständlich begründen.
> Vereinbarte Preise einhalten.
> Dem Kunden Angebote, ggf. Kostenvoranschläge, Stundenverrechnungssatz und Rechnungen auf Verlangen ausführlich erläutern.

Verrechnungssatz für eine Handwerkerstunde

Nur wenige Kunden und nicht alle Mitarbeiter können ohne genauere Information nachvollziehen, wie der Verrechnungssatz für eine Handwerkerstunde zustande kommt. Deshalb gibt es auch vielfach bei der Bevölkerung ungerechtfertigte Vorurteile über angeblich zu hohe Preise gegenüber dem Handwerk.
Wie sich der durchschnittliche Preis für eine Handwerkerstunde beispielsweise zusammensetzt, kann dem folgenden Schema entnommen werden:

2.2.3 Marketingfunktionen und -instrumente auf der Absatzseite

10,6 %
4,67 EUR
Gesetzliche Sozialaufwendungen
- Arbeitgeberanteil zur: Krankenversicherung, Pflegeversicherung, Rentenversicherung, Arbeitslosenversicherung
- Beitrag zur Umlage am Insolvenzgeld
- Abgabe nach dem Schwerbehindertenrecht
- Entgeltfortzahlung im Krankheitsfall
- Beitrag für die Berufsgenossenschaft
- Gesetzliche Feiertage; Neujahr, Heilige Drei Könige, Karfreitag, Ostermontag, 1. Mai, Christi Himmelfahrt, Pfingstmontag, Fronleichnam, Maria Himmelfahrt (in bestimmten Gebieten), Tag der Deutschen Einheit, Allerheiligen, 1. und 2. Weihnachtsfeiertag
- Mutterschaftsurlaub u.Ä.

12,3 %
5,44 EUR
Tarifliche Sozialaufwendungen
- Urlaubsentgelt
- Sonderzahlung (13. Monatsgehalt), Gratifikationen
- Urlaubsgeld
- Tarifliche Ausfalltage
- Betriebliche Altersvorsorge
- Vermögensbildung

27,9 %
12,34 EUR
Bruttolohn des Mitarbeiters (Geselle) pro Stunde

2,4 %
1,07 EUR
Sonstige freiwillige Sozialaufwendungen
- Familienbeihilfen
- Fahrgeld, Essenszuschuss u. a.
- Beiträge zur Altersvorsorge

16,0 %
7,05 EUR
19 Prozent gesetzliche Mehrwertsteuer

1,4 %
0,60 EUR
Zuschlag für Unternehmerrisiko und -gewinn

29,4 %
13,00 EUR
Betriebliche Gemeinkosten
- Gehälter für Mitarbeiter in Büro, Arbeitsvorbereitung und Lager
- Raumkosten
- Heizung, Strom, Wasser, Gas
- Betriebliche Steuern, z. B. Gewerbesteuer
- Betriebliche Versicherungen, Beiträge, Gebühren
- Werbung, Internet
- Porto, Telefon, Büromaterial
- Gebäude- und Maschineninstandhaltung
- Kfz-Kosten, Reisekosten
- Betriebliche, nicht direkt verrechenbare Zeiten
- Steuer- und Rechtsberatungskosten
- Zinsen für Kredite

Kalkulatorische Gemeinkosten
- Unternehmerlohn
- Verzinsung des Eigenkapitals
- Kalkulatorische Abschreibung
- Kalkulatorische Miete

Summe 44,17 EUR

Dabei sind bei verschiedenen Handwerksbetrieben und Handwerkszweigen Abweichungen von Einzelansätzen und vom Durchschnittswert selbstverständlich.

Wichtige Merkmale für die äußere Produkt- und Leistungsgestaltung

Nicht nur die technische Ausstattung, sondern auch die „Aufmachung" der Produkte ist ein wichtiger absatzpolitischer Faktor. Bei der äußeren Produkt- und Leistungsgestaltung sind besonders wichtig:

> Äußere Merkmale

> Präsentation
> Material
> Farbe
> Formgebung
> Passform
> Handhabung
> Verpackung
> Transportfähigkeit
> Haltbarkeit

2.2.4 Beschaffung

> Aufgabe der Beschaffung ist die Deckung des Bedarfs eines Betriebes an Gütern und Dienstleistungen, die für die Erreichung des Betriebszweckes benötigt werden.

Märkte

2.2.4.1 Beschaffungsmärkte, Beschaffungsplanung

Wichtige Beschaffungsmärkte
- Arbeitsmarkt
- Markt für Waren und Materialien
- Geld- und Kapitalmarkt
- Markt für Energie
- Markt für öffentliche und private Dienstleistungen

Erkundung des Beschaffungsmarktes

Einkaufsplanung

Der Betrieb ist aufgrund der Verflechtung mit den verschiedenen Beschaffungsmärkten erheblich vom Marktgeschehen abhängig. Durch eine gute Einkaufsplanung werden günstige Marktpositionen ausgenutzt. Sie ist für den nachhaltigen wirtschaftlichen Erfolg eines Betriebes von großer Bedeutung.

> Systematische Informationsbeschaffung und eingehende Kenntnisse über die Verhältnisse auf den Beschaffungsmärkten sind für erfolgreiches betriebliches Handeln unabdingbar. Daher ist die fortlaufende Markterkundung und Marktbeobachtung für den Betriebsinhaber eine wichtige Aufgabe.

Marktanalyse

Hinzu kommt in bestimmten Zeitabständen der Einsatz fundierter Marktanalysen.

Beschaffungsmarkterkundung

Die Beschaffungsmarkterkundung erstreckt sich vor allem auf folgende Gebiete:

> Preisentwicklung
> technische Neuerungen
> qualitative Veränderungen
> grundsätzliche Marktveränderungen
> Bezugsquellen
> Liefertermine
> Transportwege
> Liefer- und Zahlungskonditionen u. v. m.

Zweckmäßigerweise erfolgt die Beschaffungsmarkterkundung durch folgende Vorgehensweise:

> Materialsammlungen und Datenbanken über wichtige Marktdaten
> Information im Internet
> Informationen auf Messen und Ausstellungen
> Einholung von konkreten Angeboten
> karteimäßige bzw. EDV-gestützte Erfassung der wichtigsten Lieferanten

2.2.4 Beschaffung

> Beschaffung von Mustern und Proben
> Auswertung von Veröffentlichungen verschiedenster Art

Aus einer erfolgreichen Beschaffungsmarkterkundung ergibt sich dann die spezifische Einkaufsplanung des Handwerksbetriebes. Als Hilfsmittel können dabei zweckentsprechende Formulare bzw. Dateien und Unterlagensammlungen verwendet werden.

Spezifische Einkaufsplanung

Für eine erfolgreiche Unternehmensführung ist die Beschaffung von Informationen auf den verschiedensten Gebieten notwendig.

Beschaffungsobjekte

```
                    Beschaffungsobjekte
    ┌──────┬──────┬──────┬──────┬──────┬──────┬──────┐
Arbeits-  Geld und  Betriebs-  Materialien  Aufträge  Dienst-  Informa-
kräfte    Kapital   mittel     und Waren              leistungen tionen
```

Die Beschaffung sämtlicher Objekte sollte von dem Grundsatz getragen sein: „Schon im Einkauf liegt der Gewinn."

Es gilt für den Betriebsinhaber, die günstigsten Beschaffungsobjekte und Bezugsquellen zu ermitteln.

Dies geschieht vor allem durch:
> Preisvergleich
> Mengenvergleich
> Qualitätsvergleich
> Konditionenvergleich

> **Informations- und Bezugsquellen**

Wichtige Informationsquellen für die Erkundung des günstigsten Beschaffungsmarktes sind:

Informationsquellen

> Fachzeitschriften
> Wirtschaftsteil der Tageszeitungen
> Informationen der Berufsorganisationen
> Marktberichte
> Angebote
> Preislisten
> Datenbanken
> Kataloge
> Internet usw.

In Branchen mit einem umfangreichen Beschaffungssortiment empfiehlt sich die Anlage eines Bezugsquellenkatalogs.

Bezugsquellenkatalog

In zahlreichen Handwerkszweigen erfolgt die Beschaffung wichtiger Objekte (vor allem Waren) vermehrt über das Internet (E-Procurement).

Beschaffungsdispositionen

> Bezugsmengen

> Die Bezugsmengen richten sich nach dem Bedarf an einzelnen Beschaffungsobjekten. Für die Mengenfeststellung ergeben sich unterschiedliche Methoden, die je nach den Beschaffungsobjekten ausgerichtet sind.

Auf die Personalbeschaffung und die Kapitalbeschaffung wird in den Abschnitten 2.4 „Personalwesen und Mitarbeiterführung" und 2.5 „Finanzierung" eingegangen.

> Liefertermine

> Die Liefer- bzw. Bezugstermine sind so festzulegen, dass der pünktliche Einsatz der Beschaffungsobjekte gewährleistet ist und somit seitens der Beschaffung keine Störungen im Betriebsablauf auftreten.

2.2.4.2 Liefer- und Zahlungsbedingungen

Besonderheiten der Lieferbedingungen ergeben sich aus der vertragsrechtlichen Gestaltung (zum Beispiel Kaufvertrag, Werkvertrag). Einzelnen Bedingungen kommt hierbei je nach Branche besondere Bedeutung zu (zum Beispiel Transport, Fracht).
>> dazu im Einzelnen Abschnitt 2.2.3.2 „Preis- und Konditionenpolitik".

2.2.4.3 Material- und Rechnungskontrolle

> Nach Eintreffen der beschafften Waren und Materialien im Betrieb ist eine Materialkontrolle erforderlich.

Diese bezieht sich auf:

> Zahl
> Menge
> Qualität

Rechnungskontrolle

Nach der Materialprüfung ist eine Rechnungskontrolle notwendig. Dabei werden die berechneten Positionen mit der eingegangenen Ware verglichen.
Die Durchführung einer Material- und Rechnungsprüfung ist wichtig, um Rechtsnachteile zu vermeiden und Verluste zu verhindern.

2.2.4.4 Vorratshaltung und Lagerdisposition

> Die Vorratshaltung ist so abzustimmen, dass einerseits nur wirtschaftliche Niederstbestände auf Lager sind (Vermeidung einer zu hohen Kapitalbindung), andererseits aber Rohstoffe und Materialien in ausreichendem Maße vorhanden sind (Vermeidung der Behinderung von Fertigung und Leistungserstellung).

Im Rahmen der Vorratshaltung ist dafür zu sorgen, dass die Vorratsgüter fachgerecht gelagert und entsprechende Vorkehrungen gegen Diebstahl getroffen sind. Die Lagertechnik (z. B. Regalsysteme, Stapeltechnik usw.) richtet sich nach den Anforderungen der Branche und der einzelnen Betriebsgröße. *Fachgerechte Lagerung*

Die Alternative zur Vorratshaltung bildet die sogenannte „Just-in-Time-Produktion". Hierbei wird die Lagerhaltung beinahe völlig abgebaut und durch genau abgestimmte Beziehungen zu Vorlieferanten und ein umfangreiches und zuverlässiges Transportwesen ersetzt. Die Just-in-Time-Produktion ist jedoch nicht für alle Fertigungs- und Leistungsbereiche geeignet.

> Im Rahmen der Lagerhaltung ist auf eine ausreichende Kontrolle der Materialausgabe zu achten, um Verlustquellen wie Materialverschwendung und Diebstahl zu verhindern.

Dazu bedarf es des Einsatzes entsprechender Formulare (z. B. Materialentnahme-/Materialausgabescheine) und der Organisation entsprechender Arbeitsabläufe, die sich am sinnvollsten per EDV erledigen lässt. Bei entsprechender Betriebsgröße erscheint es zweckmäßig, eine Person mit der verantwortlichen Betreuung des Lagers zu beauftragen.

Übungs- und Prüfungsaufgaben

1. Was bedeutet Marketing?

    - [ ] a Den Versuch, nur die Meinung der Verbraucher durch besondere Maßnahmen zu beeinflussen.
    - [ ] b Die eingehende Untersuchung des für einen Handwerksbetrieb räumlich abgegrenzten Marktes.
    - [ ] c Die eingehende Untersuchung des für einen Handwerksbetrieb sachlich abgegrenzten Marktes.
    - [ ] d Die laufende Beobachtung des Absatzmarktes.
    - [ ] e Die Ausrichtung aller unternehmerischen Entscheidungen am Absatzmarkt.

    >> Seite 258 |

2. Sie sind Inhaber eines Handwerksbetriebes und wollen im Hinblick auf die dynamische Entwicklung der Märkte für Ihren Betrieb ein Marketingkonzept entwickeln. Die Basis für ein solches Konzept ist die Festlegung der wichtigsten Bereiche des Marketings.

    Aufgabe: Stellen Sie die wichtigsten Bereiche für Ihren Betrieb zusammen!

    >> Scite 258 |

3. Beschreiben Sie wichtige Methoden der Marktanalyse und Marktforschung!

    >> Seite 259 |

4. Als selbstständiger Handwerker wissen Sie, dass die Untersuchung und Beobachtung der Stellung Ihres Betriebes im Marktgeschehen eine wichtige Grundvoraussetzung für den nachhaltigen Erfolg ist. Deshalb wollen Sie künftig systematische Marktanalyse betreiben. Dazu sind eine Reihe von Informationen erforderlich.

    Aufgabe: Erläutern Sie wichtige Methoden und Wege der Informationsbeschaffung für den genannten Zweck!

    >> Seite 259 |

5. Wie werden Kaufkraftkennziffern in der Marktforschung eingesetzt?

    >> Seite 262 |

2.2 Marketing

6. Die Kundenbetreuung ist eine wichtige Voraussetzung für eine erfolgreiche betriebliche Arbeit im Handwerk. Eine elementare Grundlage für die Kundenbetreuungsarbeit ist eine Kundenkartei oder Kundendatei, die alle bedeutsamen Daten über die Kunden enthalten muss. Als selbstständiger Handwerker wollen Sie eine Kundendatei auf EDV-Basis aufbauen.

    Aufgabe: Stellen Sie in einer Checkliste fest, welchen Inhalt diese Datei haben soll!

    >> Seite 264 |

7. Was versteht man unter dem Marktvolumen?

    >> Seite 264 |

8. Im Rahmen der Marktforschung wollen Sie als Inhaber eines Handwerksbetriebes feststellen, welchen Anteil Ihr Betrieb am Marktvolumen, gemessen am Umsatz in Ihrer Region, hat.

    Aufgabe: Erläutern Sie, wie Sie bei der Ermittlung des Marktanteils für Ihren Betrieb vorgehen!

    >> Seite 265 |

9. Warum sind bei der Ermittlung und Beurteilung des Marktanteils eines Handwerksbetriebes auch die Marktanteile der Mitbewerber zur Beurteilung der Marktsituation von Bedeutung?

    >> Seite 265 |

10. Der Marktbesetzungsfaktor ist

    ☐ a eine Zeitpunktbetrachtung.

    ☐ b eine Zeitraumbetrachtung.

    ☐ c eine Zeitpunkt- und eine Zeitraumbetrachtung.

    ☐ d zeitpunktunabhängig.

    ☐ e zeitraumunabhängig.

    >> Seite 265 |

11. Sie wollen als Inhaber eines Handwerksbetriebes künftig den Kundenerwartungen besser entsprechen als bisher. Deshalb soll das Instrument der Kundenbefragung eingesetzt werden.

    Aufgabe: Erklären Sie die vier gebräuchlichen Wege der Befragung und stellen Sie die Vor- und Nachteile der Befragungsarten fest!

    >> Seite 268 |

12. Sie sind in einem Handwerksbetrieb mit Ladengeschäft als Meister angestellt und u.a. für den Bereich Kundenbetreuung zuständig. Vom Betriebsinhaber erhalten Sie den Auftrag, eine schriftliche Kundenbefragung durchzuführen. In Ausführung dieses Auftrages haben Sie zuerst einen entsprechenden Fragebogen zu erstellen und Ihrem Chef vorzulegen.

    Aufgabe: Stellen Sie die wichtigsten Inhalte des von Ihnen erarbeiteten Fragebogens dar!

    >> Seite 269 |

13. Als Inhaber eines Handwerksbetriebes wollen Sie Ihre eigene Stellung am Markt, vor allem in Bezug auf Ihre unmittelbare Konkurrenz, beurteilen. Im Wege einer durchzuführenden Konkurrenzanalyse sind die Fähigkeiten, Stärken und Schwächen Ihrer Konkurrenten zu ermitteln.

    Aufgabe: Erläutern Sie stichwortartig, welche Einzelinformationen für Sie in der Regel wichtig sind!

    >> Seite 273 |

14. Die wichtigsten Marketinginstrumente sind:
    - [ ] a Vertriebspolitik, Produktpolitik, Preispolitik, Kostenrechnung
    - [ ] b Buchhaltung, Kostenrechnung, Preispolitik, Kommunikationspolitik
    - [ ] c Werbepolitik, Verkaufsförderungspolitik, Personalpolitik, Vertriebspolitik
    - [ ] d Marktforschung, Konkurrenzbeobachtung, Kundenbefragung, Logistik
    - [ ] e Produktpolitik, Preispolitik, Kommunikationspolitik, Vertriebspolitik

    >> Seite 274 |

15. Aufgabe der Produkt- und Sortimentspolitik ist es,
    - [ ] a ein an den Bedürfnissen der Anbieter orientiertes Angebot zu konzipieren.
    - [ ] b ein an den Bedürfnissen der Nachfrager orientiertes Angebot zu konzipieren.
    - [ ] c kostenorientierte Preisbildung vorzunehmen.
    - [ ] d ein an den Bedürfnissen der Mitbewerber orientiertes Angebot zu konzipieren.
    - [ ] e ein an den Bedürfnissen der Kostenrechnung orientiertes Angebot zu konzipieren.

    >> Seite 274 |

2.2 Marketing

16. Sie wollen sich als Inhaber eines Handwerksbetriebes durch Schaffung eines bedarfsgerechten Güter- und Dienstleistungsangebots positiv vom Angebot der Mitbewerber abheben. Deshalb gestalten Sie Ihre Produkt- und Sortimentspolitik neu. Neben bereits festgelegten Produkterneuerungen wollen Sie Ihre Kundendienstleistungen als Bestandteil des gesamten Leistungsprogramms ausbauen.

    Aufgabe:
    a) Stellen Sie einige Kundendienstleistungen, die Sie anbieten wollen, dar!
    b) Erläutern Sie kurz, über welche Eigenschaften Ihre Mitarbeiter bei diesen Kundendienstleistungen verfügen müssen!

    >> Seite 275 |

17. Ein wichtiges Marketinginstrument ist für Sie als Inhaber eines Handwerksbetriebes die Preis- und Konditionenpolitik. Zwar stellen die betrieblichen Daten aus der Kostenrechnung und der Kalkulation die wichtigsten Bestimmungsfaktoren für die Preisbildung des Betriebes dar. Daneben müssen aber auch Bestimmungsfaktoren des Marktes, d.h. nachfrageorientierte und konkurrenzorientierte Gesichtspunkte, berücksichtigt werden.

    Aufgabe: Erläutern Sie wichtige Instrumente der Preisgestaltung im Rahmen der Preis- und Konditionenpolitik!

    >> Seite 276 |

18. Lieferungs- und Zahlungsbedingungen

    - [ ] a richten sich nach den Vorgaben der Handwerkskammer.
    - [ ] b werden einzelbetrieblich festgelegt.
    - [ ] c werden zwischen Betriebsinhaber und Betriebsrat vereinbart.
    - [ ] d sind vorrangig in Großbetrieben üblich.
    - [ ] e müssen von der Gewerbeaufsicht genehmigt werden.

    >> Seite 278 |

19. Die wichtigsten Teilbereiche der Kommunikationspolitik sind:

    - [ ] a Buchhaltung, Kostenrechnung, Werbung
    - [ ] b Öffentlichkeitsarbeit, Verkaufsförderung, Marktforschung
    - [ ] c Marktforschung, Werbung, Vertrieb
    - [ ] d Werbung, Verkaufsförderung, Öffentlichkeitsarbeit
    - [ ] e Betriebsorganisation, Öffentlichkeitsarbeit, Vertrieb

    >> Seite 279 |

2.2 Marketing

20. Sie sind Inhaber eines Handwerksbetriebes und wollen die Werbung für Ihre Produkte und Dienstleistungen verstärken. Bevor Sie das auf Ihren Betrieb speziell zugeschnittene Werbekonzept überarbeiten, setzen Sie sich mit den Zielen der Werbung grundsätzlich auseinander.

    Aufgabe: Erläutern Sie wichtige Ziele!

    >> Seite 279 |

21. Sie sind in einem größeren Handwerksbetrieb für den Bereich Vertrieb, Marketing, Werbung zuständig. Ihr Chef beauftragt Sie, im Rahmen der Überprüfung und Neugestaltung des betrieblichen Werbekonzepts die wichtigsten Arten der Werbung zusammenzustellen, um anschließend über den Einsatz der für den Betrieb geeignetsten Werbemittel entscheiden zu können.

    Aufgabe: Stellen Sie für Ihren Chef die wichtigsten Arten der Werbung zusammen!

    >> Seite 279 |

22. Erklären Sie kurz die wichtigsten Kriterien für die erfolgreiche Durchführung einer Mailingaktion!

    >> Seite 282 |

23. Erklären Sie die wichtigsten Handlungsschritte einer erfolgreichen Werbeplanung!

    >> Seite 284 |

24. Stellen Sie die wichtigsten direkten und indirekten Mittel der Verkaufsförderung dar!

    >> Seite 285 |

25. Öffentlichkeitsarbeit dient

    ☐ a der unmittelbaren Umsatzsteigerung.

    ☐ b das Image des Handwerksbetriebes zu verbessern.

    ☐ c der Bilanzanalyse.

    ☐ d der Verbesserung der Sortimentsgestaltung.

    ☐ e der Personalentwicklung.

    >> Seite 287 |

26. Beschreiben Sie kurz den Unterschied zwischen direktem und indirektem Vertrieb!

    >> Seite 288 |

27. Erläutern Sie kurz das Vertriebssystem Franchising!

    >> Seite 290 |

2.2 Marketing

28. Erklären Sie wichtige Voraussetzungen des Betriebsinhabers und seiner Mitarbeiter zur Führung erfolgreicher Verkaufsverhandlungen!

    >> Seite 291 |

29. Sie sind Inhaber eines Handwerksbetriebes und haben die Erfahrung gemacht, dass das äußere Erscheinungsbild des Betriebes im Sinne einer kundenorientierten Außendarstellung und das Unternehmensleitbild im Sinne einer Unternehmenskultur für den geschäftlichen Erfolg sehr wichtig sind.

    Aufgabe:
    a) An welchen Fragen werden Sie Ihre betrieblichen Leitgrundsätze orientieren?
    b) Warum ist der Meisterstatus ein wesentlicher Bestandteil des Erscheinungsbildes Ihres Betriebes?

    >> Seite 292 |

30. Sie wollen sich als junger Handwerksmeister demnächst selbstständig machen. Um sich Verbrauchern und Kunden bestmöglich und unverwechselbar einzuprägen, gestalten Sie ein Firmenzeichen und setzen es entsprechend ein.

    Aufgabe:
    a) Auf welche Effekte richten Sie Ihr Firmenzeichen aus?
    b) In welchen Bereichen werden Sie das Firmenzeichen einsetzen, damit dessen Bekanntmachung und Durchsetzung möglichst rasch erfolgt?

    >> Seite 293 |

31. Sie sind Inhaber eines Handwerksbetriebes und stellen fest, dass sich das Verhalten und die Ansprüche der Kunden laufend verändern. Deshalb wollen Sie das Marktverhalten Ihres Betriebes stärker an den Wünschen, Bedürfnissen und Problemen der Kunden ausrichten und die Kundenorientierung zu einer zentralen Aufgabe der Betriebsführung machen, um ein Höchstmaß an Kundenzufriedenheit zu erreichen.

    Aufgabe:
    a) Durch welche Faktoren wird die Kundenzufriedenheit beeinflusst?
    b) Welche Instrumente setzen Sie zur stärkeren Kundenorientierung in Ihrem Betrieb ein?
    c) Stellen Sie stichwortartig vier Leitsätze der Kundenorientierung dar!

    >> Seite 293 |

2.2 Marketing

32. Sie stellen als Inhaber eines Handwerksbetriebes nicht zuletzt im Hinblick auf Beschwerden und Reklamationen von Kunden immer wieder fest, dass sich mancher Mitarbeiter des Betriebes im Umgang mit dem Kunden nicht richtig oder zumindest so verhält, dass es dem Image des Betriebes schadet. Deshalb halten Sie es für wichtig, diesen Themenbereich mit Ihren Mitarbeitern zu besprechen. Dabei wollen Sie ihnen eine Liste übergeben, aus der die wichtigsten Verhaltensregeln der Mitarbeiter im Umgang mit den Kunden hervorgehen.

    Aufgabe: Listen Sie die wichtigsten Verhaltensregeln für Ihre Mitarbeiter in folgenden Bereichen auf:
    a) am Telefon
    b) im Betrieb
    c) beim Kunden vor Ort!

    >> Seite 295 |

33. Wichtige äußere Merkmale für die Produkt- und Leistungsgestaltung im Handwerksbetrieb sind:

    - [ ] a Preis und Form
    - [ ] b Funktionalität und Gestaltung
    - [ ] c Farbe und Form
    - [ ] d Unternehmensstruktur und Unternehmensleitbild
    - [ ] e Corporate Identity und Corporate Design

    >> Seite 297 |

34. Wie gehen Sie bei der Erkundung des Beschaffungsmarktes vor?

    >> Seite 298 |

35. Zur Feststellung der günstigen Beschaffungsobjekte ist es vor allem notwendig,

    - [ ] a einen eigenen Einkäufer im Betrieb einzustellen.
    - [ ] b die Beschaffung einer Einkaufsgenossenschaft zu übertragen.
    - [ ] c sich über Rabatte und Sonderaktionen zu informieren.
    - [ ] d Preisvergleiche durchzuführen.
    - [ ] e Preis-, Mengen-, Konditionen-, Qualitätsvergleiche aufzustellen.

    >> Seite 299 |

36. Erläutern Sie wichtige Liefer- und Zahlungsbedingungen!

    >> Seite 300 |

2.3 Organisation

> Unter Organisation versteht man den Prozess des organisatorischen Gestaltens des Aufbaus und der Abläufe in einem Handwerksbetrieb.
> Ziel ist es, den Betriebsaufbau und die Betriebsabläufe bestmöglich zu gestalten.

In der Praxis bedeutet dies, Produktionsfaktoren und Betriebsbereiche nach dem ökonomischen Prinzip zu steuern.

```
                    Ökonomisches Prinzip
                    /                  \
            Maximalprinzip          Minimalprinzip
                   ↓                      ↓
     Erreichung eines maximalen   Erreichung eines festgelegten
     Ergebnisses bei festgelegtem Ergebnisses bei minimalem Aufwand
     Aufwand bzw. Einsatz         bzw. Einsatz
```

2.3.1 Ablauforganisation

> Unter Ablauforganisation versteht man die räumliche, zeitliche und zielgerichtete Strukturierung von Arbeitsprozessen.

Die Ablauforganisation versucht, Arbeitsprozesse bezüglich Arbeitsinhalt, Arbeitszeit und Arbeitszuordnung so zu kombinieren, dass rationell gewirtschaftet wird. Ziel ist es, den Arbeitsablauf so zu gestalten, dass unter Berücksichtigung der bestmöglichen Auslastung aller Stellen alle Objekte mit optimaler Geschwindigkeit den Betrieb durchlaufen.

Wichtige Leitsätze der Ablauforganisation und Ablaufplanung in einem Handwerksbetrieb sind:

Leitsätze

- Ausrichtung der Abläufe an Regelfällen
- Anordnung der Arbeitsstationen entsprechend dem Arbeitsfluss
- Minimierung der Arbeitsstationen innerhalb des Arbeitsablaufs
- Minimierung der zu verrichtenden Tätigkeiten im Arbeitsablauf
- optimale Auswahl der Arbeitsmittel und Hilfsmittel
- bestmöglicher Einsatz des Personals
- dauernde Aufwands- und Leistungskontrolle (Soll-Ist-Abstimmung)
- Unabhängigkeit der Ablauforganisation von Personen

2.3.1.1 Prozessanalyse und Prozessgestaltung

```
                    Ablauforganisation
                    /              \
            Prozessanalyse     Prozesssynthese
```

> Unter Prozessanalyse versteht man die Überlegung, wie Arbeitsprozesse aufgespalten werden können.
> Unter Prozesssynthese versteht man die Überlegung, wie Arbeitsprozesse optimal kombiniert werden können.

Prozessanalyse

> **Prozessanalyse**

Beispiel:

Ein Betrieb beschäftigt zwei Gesellen und fertigt Inneneinrichtungen.

Folgende Arbeitsprozesse wären denkbar:

> Geselle A fertigt nur Tische und Stühle, während Geselle B sich auf die Herstellung von Einbauschränken spezialisiert.
> Die Gesellen A und B fertigen beide je nach Arbeitsanfall Stühle, Tische und Einbauschränke.

> **Prozesssynthese**

Prinzipien

Die Prozesssynthese erfolgt nach folgenden Prinzipien:

> Prinzip der inhaltlichen Verteilung: Welche Arbeitsgänge finden statt?
> Prinzip der personalen Arbeitsverteilung: Welche Person erledigt welche Arbeitsvorgänge?
> Prinzip der zeitlichen Verteilung: Wann findet welcher Arbeitsgang statt?
> Prinzip der räumlichen Verteilung: Wo findet welcher Arbeitsgang statt?

> Die Arbeitsverteilung sollte grundsätzlich so erfolgen, dass eine optimale inhaltliche, personelle, zeitliche und räumliche Abstimmung gewährleistet ist.

2.3.1.2 Logistik

> Unter Logistik versteht man eine Konzeption zur Koordination und Einordnung verschiedener Teilbereiche eines Handwerksbetriebes zur Steuerung des Güter- und Informationsflusses.

Der Aufbau eines effizienten Logistiksystems im Handwerksbetrieb bedarf der ganzheitlichen Betrachtung aller logistischen Aufgaben und deren Schnittstellen zu anderen betrieblichen und überbetrieblichen Systemen. Die Aufgaben der

Logistik können nach den betrieblichen Funktionen eines Handwerksbetriebes gegliedert werden:

> Beschaffungslogistik
> Produktionslogistik
> Vertriebslogistik

Wichtige organisatorische Bereiche der operativen Logistik in einem Handwerksbetrieb sind: Operative Logistik

> Organisation des innerbetrieblichen und außerbetrieblichen Transports
> Organisation der Lagerhaltung
> Organisation der Vorratsdisposition
> Organisation der zeitlichen und terminlichen Abstimmungen

Die Aufgaben der Logistik sind vom Handwerksbetrieb durch verschiedene Einrichtungen zu lösen. Dies sind beispielsweise: Einrichtungen

> Warenannahmen
> Fertigwarenlager
> Lager für Roh-, Hilfs- und Betriebsstoffe
> Verpackungsmateriallager
> Lager für Abfallstoffe
> Packereien
> Fahrzeuge

2.3.1.3 Qualitätssicherung und Qualitätsmanagement (QM)

Begriffe

> Unter Qualitätssicherung ist ein umfassender Begriff zu verstehen, der alle organisatorischen und technischen Maßnahmen zur Schaffung und Erhaltung eines hohen Qualitätsstandards einschließt.

Der Begriff Qualitätsmanagement wird verwendet, wenn strukturelle, organisatorische und wirtschaftliche Maßnahmen zur Qualitätssicherung aufeinander abgestimmt eingesetzt werden. Qualitätsmanagement ist ein Mittel zur optimalen Unternehmensführung.

> Qualitätsmanagement ist damit der übergeordnete Begriff und bezeichnet die Gesamtheit aller qualitätsbezogenen Tätigkeiten und Zielsetzungen. Mit den organisatorischen Maßnahmen soll u. a. das Ziel erreicht werden, Fehler zu vermeiden, Qualität durch geregelte Abläufe zu produzieren und Missverständnisse zwischen Betrieb und Kunden oder zwischen den Mitarbeitern im Betrieb auszuräumen.

Die Qualitätssicherung und das Qualitätsmanagement nehmen für das Handwerk auch aufgrund gesetzlicher Regelungen wie der Produkthaftpflicht und wachsender Anforderungen von Kunden und Lieferanten eine bedeutende Funktion ein. Während früher vorrangig das wachsame Auge des Meisters für Qualität sorgte, sind heute umfassende Qualitätsmanagementsysteme im Einsatz.

2.3 Organisation

Aufbau eines Qualitätsmanagements

Die wichtigsten Schritte:

Wichtige Schritte

> schriftliche Formulierung der unternehmensspezifischen Qualitätspolitik durch den Betriebsinhaber oder die Geschäftsleitung
> Planung der Vorgehensweise bei der Einführung einschließlich Terminplanung
> Benennung eines Verantwortlichen für Ausarbeitung, Aufbau, Überwachung und Pflege des Systems und Rollenverteilung für die Übernahme von Detailaufgaben
> Analyse der bereits vorhandenen Qualitätssicherungsmaßnahmen
> Angleichung vorhandener Elemente und Ergänzung durch neue Maßnahmen
> Information und Schulung der Mitarbeiter vor und während der Einführungsphase
> ständige Überwachung, Anpassung und Verbesserung des Systems

Qualitätsmanagement-Handbuch (QM-Handbuch) eines Unternehmens

Qualitätsmanagement-Handbuch

Das Qualitätsmanagement-Handbuch enthält die Beschreibung des Qualitätssicherungssystems.

Folgendes ist dabei grundsätzlich zu beachten:

> konkreter und umfassender Inhalt
> der Inhalt muss der betrieblichen Wirklichkeit exakt entsprechen
> transparente Darstellung des organisatorischen Aufbaus und der Abläufe des Unternehmens
> Nennung personeller Verantwortlichkeiten, Zuständigkeiten und Qualifikationen

> Das Qualitätsmanagement-Handbuch enthält inhaltlich Verfahrensanweisungen und Prozessbeschreibungen, in denen Vorgehensweisen und Zuständigkeiten **konkret** festgelegt sind.

Ergänzend gibt es in der Regel Arbeitsanweisungen für einzelne Tätigkeiten und Formblätter, die die Dokumentation erleichtern.

Zertifizierung des Qualitätsmanagements

Zertifizierung

Erst wenn ein QM-System aufgebaut ist und im Betrieb praktiziert wird, kann man dies von einer externen Stelle, dem Zertifizierer, bestätigen lassen. Der Zertifizierung geht das Audit („Anhörung" bzw. die Überprüfung des Ist-Zustandes) voraus. Ist das Audit ohne Beanstandungen oder nach entsprechender Nachbesserung erfolgreich verlaufen, wird in einer Urkunde bestätigt, dass ein QM-System aufgebaut und eingeführt ist und erfolgreich angewandt wird.

> Wer von der Trägergemeinschaft (TGA) zur Zertifizierung anerkannt ist, darf Betriebe nach DIN EN ISO 9000 ff. zertifizieren.

2.3.1 Ablauforganisation

Im Gegensatz zur Meisterprüfung, die in ihrer Funktion als Gütesiegel auf die Person abstellt, zielt die Zertifizierung auf den Betriebsablauf und die Leistungsabwicklung ab.

Die Norm DIN EN ISO 9001 beschreibt, nach welchen Regeln die Entwicklung, die Produktion, die Montage, das Design, der Kundendienst und die Kundenorientierung zu organisieren sind. Hinzu kommen Bereiche wie die Erschließung neuer Bezugsquellen, das Eingehen von Kooperationen, der Einsatz innovativer Techniken, Qualifikation und Motivation des Personals, Arbeitssicherheit, Umweltmanagement, Kreditmanagement und Rating. Die Norm zwingt den Betrieb zu einer fortlaufenden Schwachstellenanalyse. Weitere QM-Normen sind ggf. zu beachten.

ISO 9001

Der Zentralverband des Deutschen Handwerks hat eine eigene Zertifizierungsstelle mit dem Namen „ZDH-Zert" eingerichtet. Ferner gibt es einige Zertifizierungsstellen bei Fachverbänden des Handwerks.

„ZDH-Zert"

Kostensenkung, Kundenzufriedenheit, Zukunftssicherung

Der zeitliche Aufwand und die Kosten für den Aufbau eines Qualitätsmanagementsystems sind hoch. Gefordert wird der Unternehmer, aber gleichermaßen auch die Mitarbeiter. Die beste Organisation auf dem Papier ist nutzlos, wenn sie nicht von den Mitarbeitern in den Betrieben getragen und fortgeschrieben wird. Betriebsleitung und Mitarbeiter müssen fortlaufend bisher praktizierte Verhaltens- und Arbeitsweisen überprüfen und verbesserte Abläufe und Verfahren im Betrieb umsetzen.

Ein funktionierendes Qualitätsmanagement trägt zur Senkung der Kosten bei. Der wirtschaftliche Erfolg ist messbar und umso größer, je zufriedener die Kunden sind. Um das Ziel der Kundenzufriedenheit zu erreichen, genügt nicht eine sorgfältige Endprüfung. Zufriedenstellende Qualität ist das Resultat eines systematisch betriebenen Qualitätsmanagements, das sich über den gesamten Produktwerdegang erstreckt.

Senkung der Kosten
Kundenzufriedenheit

> Qualitätssicherung und Qualitätsmanagement tragen dazu bei, die Zukunft des Unternehmens und des Handwerks in einem dauerhaften Entwicklungs- und Verbesserungsprozess zu sichern.

Umwelt-Management-System

> Das EMAS (Eco-Management-Audit-Scheme) ist ein System zur Planung, Bewertung, laufenden Verbesserung, Steuerung und Kontrolle des betrieblichen Umweltschutzes. Alle Aktivitäten des betrieblichen Umweltschutzes werden geprüft, koordiniert und systematisiert. Die Teilnahme ist für den Handwerksbetrieb freiwillig.

Die Handwerkskammern führen ein EMAS-Verzeichnis, in das die Betriebe eingetragen werden, die die Voraussetzungen erfüllen. Betriebe mit EMAS-Registrierung dürfen das EMAS-Logo verwenden.

EMAS-Verzeichnis

2.3 Organisation

Betrieblicher Nutzen

Der Nutzen des Umwelt-Management-Systems für den Betrieb besteht u. a.:

> in der Verbesserung des betrieblichen Umweltschutzes
> in der Möglichkeit, durch geeignete Umweltschutzmaßnahmen Kosten einzusparen (z. B. Energieeinsatz, Entsorgung)
> im Marketingnutzen und Imagegewinn
> das Haftungsrisiko zu mindern
> Schwachstellen zu erkennen
> die betriebliche Organisation zu verbessern
> Produkte und Dienstleistungen zu verbessern
> dem steigenden Umweltbewusstsein der Kunden zu entsprechen
> die Mitverantwortung der Mitarbeiter zu erhöhen
> durch Werbung mit dem EU-einheitlichen Zeichen das Image des Betriebes und die Wettbewerbsfähigkeit zu erhöhen

Beratung Handwerkskammer

Informationen zur EMAS-Verordnung, zu Förderungsmöglichkeiten und zur notwendigen Beratung sollten zuerst beim Umweltschutzberater der zuständigen Handwerkskammer eingeholt werden. Dies gilt auch für die Teilnahme am Qualitätsverbund umweltbewusster Betriebe (QuB), der ein eigenständiges Umwelt-Management-System ist, das auf kleine und mittelgroße Betriebe zugeschnitten ist und diese bei einer umweltgerechten und umweltbewussten Betriebsführung unterstützt.

2.3.1.4 Arbeitszeitmodelle

> Unter Arbeitszeitmodellen versteht man verschiedene Formen flexibler Arbeitszeitregelungen.

Arbeitsanfall

Durch den Einsatz von Arbeitszeitmodellen kann einerseits der Betrieb besser auf wechselnden qualitativen und mengenmäßigen Arbeitsanfall reagieren, eine höhere Produktivität erzielen, Kosten, Fehlzeiten und Überstunden senken und die Zufriedenheit der Mitarbeiter steigern.

```
                        Arbeitszeitmodelle
           ┌───────────────────┼───────────────────┐
  Modelle ohne Verringerung   Teilzeitarbeit   Lebensarbeitszeitmodelle
      des Zeitumfangs
           │
  Gleitzeitregelungen mit
  verschiedenen Ausgleichs-
        zeiträumen
   ┌───────┬────────┬────────┐
 täglich  wöchentlich  monatlich  jährlich
```

Gleitzeitmodelle

Gleitzeitregelungen geben den Mitarbeitern des Handwerksbetriebes innerhalb bestimmter Rahmenbedingungen die Möglichkeit, ihre Arbeitszeit flexibel zu gestalten. Dabei gibt es Ausgleichszeiträume, innerhalb derer die Arbeitszeit wieder

2.3.1 Ablauforganisation

ausgeglichen sein sollte. Auf die Einhaltung von täglichen Mindestarbeitszeiten ist zu achten.

Kernarbeitszeiten sind Zeiten, in denen der Mitarbeiter in jedem Fall seine Arbeitskraft zur Verfügung stellen muss.

Kernarbeitszeiten

Ein weiteres Arbeitszeitmodell ohne Verringerung des Zeitumfangs stellt auch die Schichtarbeit dar. Bei der Schichtarbeit wird ein Arbeitsplatz im Laufe eines Tages von mehreren (zwei oder drei) Mitarbeitern besetzt. Somit kann die Produktionszeit dieses Arbeitsplatzes von 8 Stunden auf 16 oder 24 Stunden ausgedehnt werden.

Schichtarbeit

Eine Teilzeitregelung liegt vor, wenn zwischen Arbeitgeber und Arbeitnehmer eine kürzere als übliche wöchentliche, monatliche oder jährliche Arbeitszeit vereinbart ist.

Teilzeitarbeit

■ Beispiel:

Einsatz von Saisonarbeitern, geringfügig oder kurzzeitig Beschäftigten.

Eine weitere Form der Teilzeitarbeit ist das Job-Sharing. Hier teilen sich in der Regel zwei Mitarbeiter eine Vollzeitstelle.

Job-Sharing

Lebensarbeitszeitregelungen sehen vor, dass der Ausgleichszeitraum von Zeitguthaben auf die gesamte Lebensarbeitszeit ausgedehnt wird.

Lebensarbeitszeitmodelle

In der Praxis heißt das, dass der Arbeitnehmer über sein gesamtes Arbeitsleben Zeitgutschriften ansammeln kann, um dann früher in den Ruhestand zu gehen, oder ab einem bestimmten Lebensalter nur noch Teilzeitarbeit verrichtet.

Einen Sonderfall eines Arbeitszeitmodells stellt der Einsatz von Zeitarbeitskräften dar.

Zeitarbeit

Hierbei werden Arbeitskräfte von Zeitarbeitsfirmen für einen bestimmten Zeitraum ausgeliehen. Zur Überbrückung kurzfristiger Arbeitsspitzen ist dies eine sinnvolle, zugleich aber auch teuere Ergänzung des Arbeitskräftepotenzials.

Ein Arbeitszeitmodell mit oder ohne Verringerung der Arbeitszeit ist die Telearbeit, deren Einsatz sich durch die vielfältigen technischen Möglichkeiten stark erweitert hat. Dabei arbeiten Mitarbeiter ganz oder teilweise zu Hause. Die Arbeitsergebnisse werden bspw. im Verwaltungsbereich per E-Mail, Telefon, Fax usw. an den Arbeitgeber übermittelt.

Telearbeit

2.3.1.5 Gruppenorganisation

> Unter einer Gruppe versteht man mindestens zwei, in der Regel aber mehrere Mitarbeiter, die ein gemeinsames Arbeitsziel verfolgen und sich wechselseitig beeinflussen.
> Das Arbeitsverhalten der einzelnen Mitarbeiter der Gruppe wirkt sich unmittelbar auf das der anderen Gruppenmitglieder aus.

Vorteile der Gruppenorganisation:

> Mitglieder der Gruppe üben Druck aufeinander aus.
> Gruppen denken ganzheitlicher.
> Gruppen erkennen Probleme eher als Einzelpersonen.
> Gruppen gleichen kurzfristige Leistungsausfälle aus.
> Schutz des Einzelnen bei Misserfolgen.

Nachteile der Gruppenorganisation:

> Gruppe engt Kreativität des Einzelnen ein.
> Entscheidungen werden in der Gruppe hinausgezögert.
> Keine klaren Verantwortlichkeiten in der Gruppe.
> Emotionale Konflikte innerhalb der Gruppe.

2.3.1.6 Zeitmanagement

Ein wichtiger Erfolgsfaktor im Handwerksbetrieb ist ein effizientes Zeitmanagement des Unternehmers und seiner Mitarbeiter.

Wichtige Regeln des Zeitmanagements sind:

> tägliche Arbeitsplanung
> Prioritäten setzen (A-, B-, C-Planung)
> Arbeitsplanung mit Zeitvorgaben
> Besprechungen effizient führen
> in Blöcken telefonieren
> jedes Blatt möglichst nur einmal anfassen
> Ziele **und** Tätigkeiten delegieren
> eigene Tätigkeiten kritisch hinterfragen
> Papierkorb nutzen

2.3.2 Verwaltungs- und Büroorganisation

> Die effiziente Organisation der Verwaltungsarbeiten und eine rationelle Büroorganisation sind wichtige Voraussetzungen für den Erfolg eines Handwerksbetriebes.

2.3.2.1 Ablageorganisation

> Die Schriftgutablage, auch Registratur genannt, ist die Aufbewahrungsstelle für alle wichtigen Unterlagen des Betriebes und Kopien des Schriftverkehrs. Meist erfolgt die Ablage in Dateiform.

Die nachfolgenden Ausführungen gelten sowohl für die Schriftgutablage als auch für die elektronische Ablage in Dateiform.

Aktenplan

Aus Gründen der Übersichtlichkeit der Aktenablage ist die Erstellung eines Aktenplanes zu empfehlen.

Aktenordnung

Die Aktenordnung in Papier- bzw. Dateiform kann folgendermaßen aufgebaut werden:

2.3.2 Verwaltungs- und Büroorganisation

```
                        Aktenordnung
                    ┌─────────┴─────────┐
                    ▼                   ▼
         nach Sachgebieten,      nach betriebswirtschaftlichen
         die sich nach den       Aufgaben im Betrieb
         besonderen Gegebenheiten
         des Betriebes richten
                    │                   │
                    ▼                   ▼
```

z. B.:
Dokumente
Urkunden
Verträge
Schriftverkehr mit Behörden
Kunden
Lieferanten
Banken
Preisangebote
Preislisten
Steuern
Versicherungen
Personalpapiere
Buchungsbelege
Sonstiges

z. B.:
Beschaffung
Leistungserstellung
Vertrieb (Absatz)
Verwaltung
usw.

Organisation der Registratur/Dateiverwaltung

```
         Organisation der Registratur/Dateiverwaltung
              ┌─────────────┴─────────────┐
              ▼                           ▼
           zentral                     dezentral
              ▼                           ▼
  d. h. die gesamten Akten/Dateien    d. h. die Akten/Dateien werden in
  werden an einer Stelle aufbewahrt   verschiedenen Abteilungen aufbewahrt
```

Organisation der Akten- und Dateiablage

```
         Organisation der Akten- und Dateiablage
              ┌─────────────┴─────────────┐
              ▼                           ▼
     alphabetische Ordnung           Nummernordnung
```

Daneben sind Kombinationen der genannten Aktenablagen möglich (zum Beispiel Alpha-Nummern-Ordnung und Nummern-Alpha-Ordnung).
Bei der Alpha-Nummern-Ordnung werden alphabetische Gruppen gebildet und innerhalb dieser die dazugehörigen Akten nach Nummern gekennzeichnet. Bei der Nummern-Alpha-Ordnung ist der Aufbau umgekehrt.

Kombinierte Systeme

> Für alle Organisationsformen der Akten- und Dateiablage ist wichtig, dass eine gute Übersicht ein schnelles Auffinden der Schriftstücke und Dateien gewährleistet.

> **Technische Lösung der Aktenordnung**

> horizontale Anordnung
> vertikale Anordnung
> Ordnersystem

Optische Archivierung
> Systeme durch Platz sparende EDV-unterstützte Speicherung, z. B. optische Archivierung

Organisationshilfsmittel in der Verwaltung

Organisations-
hilfsmittel
> Ablagesystem
> Diktiergeräte
> Rechenmaschinen, Taschenrechner
> Personalcomputer (PC)
> Laptops
> Taschencomputer und Handhelds
> Scanner
> Drucker
> optische Archivierungssysteme
> Fotokopiergeräte
> Frankier-Maschinen (digitale Freimachung)
> Adressiermaschinen
> Formulare
> Karteien
> Terminuhren
> Terminmappen

2.3.2.2 Schriftverkehr und Postbearbeitung

> Ein wichtiges Hilfsmittel für die Kommunikation eines Unternehmens mit seiner betrieblichen „Umwelt" ist auch in der Zeit moderner Kommunikationsmittel (zum Beispiel E-Mail) der Geschäftsbrief.

Geschäftsbrief
Durch den Geschäftsbrief werden wesentliche Sachverhalte schriftlich erfasst, festgehalten und weitergegeben. So gesehen ist er auch im rechtlichen Sinne oft ein wichtiges Beweismittel. Beispiele hierfür sind: Bestellungen, Auftragsbestätigungen, Rechnungen, Lieferscheine, Reklamation, Gutschriften oder Ähnliches.

Visitenkarte des Unternehmens
Der Betriebsinhaber sollte sich immer wieder vor Augen führen, dass der Geschäftsbrief die Visitenkarte seines Unternehmens ist. Häufig werden durch den Geschäftsbrief das Bild und das Ansehen des Unternehmens bei Geschäftspartnern, Behörden und anderen Stellen geprägt.

Der Geschäftsbrief einer GmbH, einer ins Handelsregister eingetragenen Personengesellschaft (z. B. OHG, KG) und von ins Handelsregister eingetragenen Einzelunternehmen muss folgende Punkte enthalten:

> Name des Inhabers, des Unternehmens bzw. des Geschäftsführers oder Vorstands- bzw. Aufsichtsratsvorsitzenden
> die Firma und den Rechtsformzusatz
> den Sitz des Unternehmens (Anschrift)

2.3.2 Verwaltungs- und Büroorganisation

> das zuständige Handelsregister
> die Handelsregisternummer

Betroffen von dieser Regelung sind postalische Schreiben und E-Mails.

Der Geschäftsbrief von Gewerbetreibenden, für die **keine** Firma im Handelsregister eingetragen ist, muss folgende Punkte enthalten:

> Familiennamen mit mindestens einem ausgeschriebenen Vornamen
> Ladungsfähige Anschrift.

> Der Betriebsinhaber hat der auslaufenden Korrespondenz eine besondere Aufmerksamkeit zuzuwenden und sollte wichtige Gestaltungsmerkmale beachten.

> Formale Gestaltung von Geschäftsbriefen

> Jeder Geschäftsbrief soll in der äußeren Form sauber und übersichtlich sein.

Dies wird insbesondere durch den Einsatz von PCs gewährleistet; handschriftliche Briefe kommen auch für einen selbstständigen Handwerksmeister nicht in Betracht.

Für Form, Größe, Einteilung und Beschriftung des Briefblattes gibt es DIN-Normen. Der formale Inhalt eines Geschäftsbriefes erstreckt sich im Wesentlichen auf folgende wichtige Punkte:

> Briefrand
> Briefkopf
> Anschrift des Empfängers
> Postanschrift des Absenders
> Raum für Eingangs- und Bearbeitungsvermerke des Empfängers
> Bezugszeichenzeile mit Leitwörtern (zum Beispiel Ihr Zeichen, Ihre Nachricht vom, Unser Zeichen, Datum)
> Betreffangabe (ohne Nennung des Wortes „Betreff")
> Straße, Hausnummer, ggf. Postfach, Postleitzahl, Ort
> Behandlungsvermerke (zum Beispiel „Eilt")
> Falt- und Lochmarken
> Anrede
> Brieftext
> Briefabschluss (Grußformel, Unterschrift)
> Anlagen- und Verteilvermerke
> Kommunikationsdaten (Telefon, Telefax, E-Mail und Internetadresse)
> Bankverbindungen

Formale Gestaltungsmerkmale

Bei der sprachlichen Gestaltung sollten folgende Grundsätze Berücksichtigung finden:

> kurze und klare Formulierungen
> Beginn eines neuen Absatzes bei jedem neuen Sachverhalt
> Ausschluss von Rechtschreibfehlern

Sprache

2.3 Organisation

> **Inhaltliche Gestaltung von Geschäftsbriefen**

> Der fachliche Inhalt des Geschäftsbriefes richtet sich nach der jeweiligen Aufgabenstellung.

Für Unternehmen des Handwerks sind folgende Gebiete des Schriftverkehrs von besonderer Bedeutung:

> Briefe bei der Betriebsgründung (zum Beispiel Anmeldung bei Gewerbeamt, Handwerkskammer, Finanzamt)
> Schriftverkehr bei der Auftragsbeschaffung und bei Verträgen (zum Beispiel Werbebrief, Angebot, Bestellung, Auftragsbestätigung, Mängelrüge)
> Mahnbriefe (zum Beispiel bei Lieferungs- oder Zahlungsverzug)
> Briefe im Verkehr mit Banken (zum Beispiel Kreditantrag, Zahlungsverkehr, Auskunftsansuchen)
> Schriftverkehr mit dem Finanzamt (zum Beispiel Stundungsantrag)
> Briefe im Verkehr mit der Belegschaft (zum Beispiel Bewerbungsschreiben, Kündigungsschreiben, Abmahnung)

Beispiel:

Bei der Erstellung eines Angebots ist es für den Handwerksbetrieb wichtig, sich inhaltlich von seinen Mitbewerbern zu unterscheiden. Folgende Möglichkeiten sind im Allgemeinen bei der Erstellung eines Angebots inhaltlich zu berücksichtigen:

Angebotserstellung

> Leistungen detailliert beschreiben
> Arbeitszeiten detailliert aufschlüsseln
> Hinweis auf Termintreue
> Hinweis auf Garantieleistung
> Hinweis auf Serviceleistungen
> Hinweis auf eigenen Kundendienst
> Hinweis auf hohe Arbeitsqualität
> Abstimmung mit anderen Gewerken anbieten
> Gewährleistung der sorgfältigen Einhaltung von aktuellen Vorschriften
> Nebenleistungen in den Preis einschließen
> Alternativen anbieten
> Referenzen nennen
> Liefer- und/oder Ausführungszeit nennen
> Zahlungsmodalitäten erwähnen
> Mehrwertsteuer separat ausweisen
> Hinweis auf Geschäftsbedingungen
> Gewährleistung erwähnen

Die einzelnen Punke sind situationsbezogen und je nach Handwerkszweig zu prüfen und ggf. einzusetzen.
Eine einfache Version eines Textes für einen Malerbetrieb könnte folgenden Text beinhalten:

2.3.2 Verwaltungs- und Büroorganisation

Musterbrief

> Sehr geehrter Herr Mustermann,
>
> vielen Dank für Ihre Anfrage vom ...
>
> Nach Besichtigung Ihrer Wohnung und einer besonders knappen Kalkulation kann ich Ihnen folgendes Angebot unterbreiten:
> Tapezieren von Wohn- und Esszimmer (25 m²) mit Erfurter Raufaser (120er Körnung), Streichen von Wohn- und Esszimmer mit Alpina Weiß und Neuanstrich der Diele (7 m²) mit Alpina Weiß in qualitativ hochwertiger Ausführung.
> Selbstverständlich sind alle anfallenden Nebenarbeiten wie Abdecken, Abkleben von Fußböden und Fensterrahmen und die fachgerechte Entsorgung der alten Tapeten im Endpreis eingeschlossen. Ansonsten gelten die allgemeinen Geschäftsbedingungen meines Handwerksbetriebes, die ich in Kopie beigefügt habe.
>
> Angebotspreis: ... EUR
> Mehrwertsteuer 19 %: ... EUR
> Gesamt: ... EUR
>
> Die Zahlung erfolgt nach vollständiger Fertigstellung der Arbeiten innerhalb einer Woche ohne Abzug.
>
> Mit freundlichen Grüßen
>
> Firma/Abteilung
>
> Name

Nachstehende Inhalte sollten in den im Folgenden genannten Geschäftsbriefen hauptsächlich enthalten sein:

> Auftragsbestätigung

> Dank an den Auftraggeber
> klare Auflistung der vereinbarten Leistungen und/oder Produkte
> vereinbarter Preis zzgl. Umsatzsteuer
> ggf. Hinweis auf weitere Kosten bei Auftragserweiterung und/oder weiteren Regiearbeiten (z. B. Preis pro Stunde nennen)
> Liefertermin bzw. Fertigstellungstermin nennen (evtl. Einschränkungen berücksichtigen)
> Hinweis auf die allgemeinen Geschäftsbedingungen
> Zahlungsmodalitäten vereinbaren bzw. bestätigen
> Grußformel und Unterschrift

> Rechnung

> Name und Anschrift des leistenden Unternehmens
> Name und Anschrift des Leistungsempfängers
> Steuernummer oder Umsatzsteuer-Ident.-Nr. (USt-IdNr.)
> Ausstellungsdatum
> fortlaufende Rechnungsnummer
> Bezug zu Auftrag vom ...

- „Rechnung" in der Betreffzeile aufnehmen
- Gegenstand der Leistung/Lieferung aufführen
- Zeitpunkt der Lieferung oder sonstigen Leistungen oder der Vereinnahmung des Entgelts beziehungsweise Teilentgelts
- Entgelt nach Steuersätzen aufschlüsseln
- Nettobetrag in Euro
- Mehrwertsteuersatz in Prozent
- Mehrwertsteuerbetrag in Euro
- Rechnungsbetrag (brutto)
- eventuelle Angaben von Skonto
- Steuersatz
- den auf das Entgelt entfallen Steuerbetrag oder einen Hinweis auf die Steuerbefreiung
- bei Leistungen innerhalb der EU die USt-IdNr. des leistenden Unternehmers und des Leistungsempfängers
- Angaben der Bankverbindung
- Angaben eines konkreten Zahlungsziels

Bei Rechnungen, die für handwerkliche Renovierungs- und Modernisierungsmaßnahmen in einem Privathaushalt erbracht werden, sind Materialkosten, Arbeits- und Fahrtkosten gesondert auszuweisen. Weiterhin sollte die jeweils darauf entfallende Umsatzsteuer getrennt ersichtlich sein, damit der Kunde den Steuerbonus (§ 35a Abs. 2 S. 2 EstG) auf die Arbeits- und Fahrtkosten einschließlich Umsatzsteuer geltend machen kann.

> Mängelrüge

- eindeutige Bezugnahme auf die erbrachte Leistung und/oder Lieferung
- genaue fachmännische Beschreibung des Mangels oder der Mängel
- Fristsetzung, innerhalb der die Nachbesserung zu erfolgen hat
- Konsequenzen aufzeigen, falls Nachbesserung nicht innerhalb der Frist erfolgt (z. B. Minderung, Schadenersatz, Rücktritt)
- Vorbehalt weiterer Schadenersatzansprüche

> Abmahnung

- Abmahnung ist als solche eindeutig zu kennzeichnen
- zu beanstandendes Verhalten so konkret wie möglich darstellen
- Hinweis auf arbeitsvertragliche Verletzung
- Schwere und/oder Häufigkeit der Pflichtverletzung ist darzustellen
- arbeitsrechtliche Konsequenz (z. B. Kündigung) muss angedroht werden
- Empfang der Abmahnung vom Arbeitnehmer bestätigen lassen
- Abschrift der Abmahnung für die Personalakte

> Einfaches Zeugnis

- persönliche Daten
- Art der Beschäftigung
- Dauer der Beschäftigung

2.3.2 Verwaltungs- und Büroorganisation

> Qualifiziertes Zeugnis

> Personalien und Beschäftigungsdauer
> Beschreibung des Aufgabengebietes
> Leistungsbeurteilung
> Verhalten zu Mitarbeitern und Kollegen
> Angaben über Auflösung des Arbeitsverhältnisses
> Glückwünsche für die Zukunft

(>> auch Abschnitt 2.4.2.2 in diesem Band und Abschnitt 3.3.4.7 in Band 2.)

> Bewerbungsschreiben

> genaue Eigenanschrift
> genaue Empfängeranschrift (möglichst mit Nennung des Ansprechpartners)
> angemessene Anrede
> meist Bezugnahme auf Anzeige in einer Zeitung, Fachzeitschrift oder im Internet oder sonstiger Anlass der Bewerbung
> kurzer Abriss der derzeitigen Tätigkeit (evtl. auch frühere Tätigkeiten)
> Hinweis der Eignung für die angebotene Stelle
> Nennung des frühestmöglichen Eintrittstermins
> ggf. Einkommensvorstellungen
> Hinweis auf Vorstellungsgespräch
> Grußformel und Unterschrift
> Verzeichnis der Anlagen

> Einsatz standardisierter Korrespondenz

> Zur Vereinfachung und Rationalisierung des Schriftverkehrs bei häufig wiederkehrenden gleichen oder ähnlichen Vorgängen ist die Anwendung standardisierter Korrespondenz zweckmäßig.

Dazu wurden in der Geschäftspraxis Musterbriefe entwickelt, die der Betriebsinhaber bei Bedarf einsetzen kann. Personalcomputer bieten vielfältige Gestaltungsmöglichkeiten und erzeugen somit ein gutes Schriftbild und die Möglichkeit von Arbeitserleichterungen durch den Einsatz von Textbausteinen, Standardvorlagen, Serienbriefen u. Ä.

Textverarbeitung

2.3.2.3 Einsatz moderner Informations- und Kommunikationstechnologien

> Der Einsatz moderner Informations- und Kommunikationstechnologien ist für den Handwerksbetrieb ein wichtiger Erfolgsfaktor.

Telekommunikationsmittel

> Telefon

> Das Telefon ist der verbreitetste und einer der ältesten Fernübertragungsdienste sowie das im Geschäftsbereich immer noch wichtigste Kommunikationsinstrument.

Maß-
geschneiderte
Anlagen

Durch maßgeschneiderte Anlagen (Integration von Nebenstellen, Anrufbeantwortern, Wähl- und Rückrufautomatik, Rufweiterschaltung, Zusammenschaltung zu Telefonkonferenzen etc.) kann das Telefon auf die individuellen Bedürfnisse des einzelnen Betriebes abgestimmt werden.

Es gibt ferner Telefondienste, die auch für Klein- und Mittelbetriebe im Einzelfall interessant sein können, wie die verschiedenen Varianten des Service 0180 und 0800. Beim Service 0180 ist ein Betrieb unter dieser Anschlussnummer für den Anrufer kostengünstig erreichbar, beim Service 0800 ist der Anruf für den Anrufer kostenlos.

ISDN

Durch das ISDN-Netz (Integrated Services Digital Network = dienstintegriertes digitales Netz) können über eine einzige Anschlussleitung gleichzeitig Sprache, Texte, Bilder und Daten in hoher Geschwindigkeit übertragen werden. Damit können in nur einem Netz alle Kommunikationsdienste integriert werden. Durch das Zusammenwirken von Telefon und Computer lassen sich weitere Nutzungsmöglichkeiten erreichen.

Von immer größerer Bedeutung wird das Telefonieren über das Internet (VoIP). Basis hierfür ist ein breitbandiger Internetzugang (z. B. DSL-Anschluss). Bei **VoIP** werden analoge Sprachdaten zu digitalen Paketen geschnürt und über das Internet zum Empfänger geschickt.

Durch den zusätzlichen Einsatz dieser Technik lassen sich die Telefonkosten häufig deutlich senken.

> Telefax

> Telefax bietet die Möglichkeit, Vorlagen von Fernkopierern über das Telefonnetz an den vorgesehenen Empfänger zu übermitteln.

Am Markt sind Geräte erhältlich, die gleichzeitig als Telefon und Telefax genutzt werden können.

Verbindet man über ein Fax-Modem den PC mit dem Telefonnetz, so können direkt über den PC Telefaxe versandt werden.

Moderne Telefaxgeräte lassen sich außerdem zum automatischen Abrufen von Informationen einsetzen.

Internet

Faxversand ist auch unter bestimmten Voraussetzungen über das Internet möglich.

> Mailbox-Dienste

> In einer Art „elektronischem Briefkasten" können Nachrichten bereitgestellt und abgerufen werden.

2.3.2 Verwaltungs- und Büroorganisation

> Onlinedienste

Die Kommunikationsmöglichkeiten durch Onlinedienste werden im Unterabschnitt „Nutzung des Internets im Handwerksbetrieb" behandelt.

> Mobilfunk

Mobilfunk

Mobile Funknetze ermöglichen dem Benutzer eine drahtlose Telekommunikation sowohl innerhalb begrenzter Zonen als auch national und international.

> Die bekannteste Art des Mobilfunks ist das „Handy" (mobiles Telefon). Datenfähige Mobiltelefone gibt es nahezu von allen Herstellern mit umfangreichem Zubehör. Es bestehen zahlreiche Mobilfunknetze. Mit dem Mobiltelefon können SMS-Nachrichten, E-Mails und Bilder (MMS) verschickt und empfangen werden. Per Mobiltelefon kann das Internet genutzt werden, da die aktuellen Mobiltelefone über einen Internetzugang und E-Mail-Funktionen verfügen. Zu unterscheiden ist zwischen dem aktiven Abruf der E-Mails über das Funknetz (Pull) und dem automatischen Empfang (Push). Die meisten Geräte können auch komplexe E-Mail-Anhänge öffnen und Office-Dateien (Word, Excel etc.) anzeigen und bearbeiten. Weiterhin kann das Handy als GPS-Navigationsgerät und Digitalkamera eingesetzt werden.

Mobiltelefon

Weitere Nutzungsmöglichkeiten sind in der Entwicklung und teilweise auch bereits realisiert.
Insgesamt bieten sich für Handwerksbetriebe, die ihre Dienstleistungen an wechselnden Einsatzorten erbringen, vielfältige Möglichkeiten verbesserter Kommunikationswege, sowohl zur sprachlichen Verständigung wie auch zur Datenübertragung.

> Betriebsfunk/Bündelfunk

Der Bündelfunk ist eine preisgünstige Alternative für Betriebsinhaber, deren Unternehmen vorwiegend regional tätig ist und bei denen nur kurze Informationen auszutauschen sind. Bündelfunk wird von regionalen Betreibern angeboten, die durch Roaming-Abkommen eine unterbrechungsfreie Funkkommunikation auch über Regionalgrenzen hinaus sicherstellen. Er kombiniert die Kostenvorteile von Betriebsfunksystemen mit dem Komfort und den Anwendungsmöglichkeiten von Mobiltelefonen.

Betriebsfunk

Aufbau und Grundlagen eines EDV-Systems

> Hardware

> Unter Hardware versteht man die zur Datenverarbeitung erforderlichen technischen Geräte und Bestandteile.

2.3 Organisation

Dies sind im Wesentlichen:

Bestandteile
- der Rechner (PC)
- die Tastatur zur Eingabe von Daten und Befehlen, ergänzt um die Maus zur Steuerung über Symbole
- der Bildschirm zur Kontrolle der Eingaben und zur Darstellung der Ergebnisse
- der Drucker zur schriftlichen Wiedergabe der Ergebnisse

Für die Funktion eines PCs (Personalcomputer) sind darüber hinaus folgende Bestandteile notwendig:

- die CPU (Central Processing Unit) als zentrale Recheneinheit, die sämtliche Rechenoperationen durchführt
- die Festplatte, die als Speichermedium eines PCs in der Regel fest eingebaut ist
- der RAM-Speicher (Random Access Memory), auch Arbeitsspeicher genannt, der zusammen mit der CPU den entscheidenden Faktor für die Leistung des PCs ergibt
- die Grafikkarte (Steckkarte zum Einbau in einen PC) zur Ausgabe der Benutzeroberfläche

Als zusätzliche Speichermedien stehen zur Verfügung:

Speichermedien
- Disketten für kleinere Datenmengen wie einzelne Dokumente
- ZIP-Disketten für mittlere Datenmengen
- CD-ROMs (Compact Disc – Read Only Memory) als schreibgeschützte Datenträger für größere Datenmengen, wie z. B. Anwendungsprogramme
- CDRW (Compact Disc – Re-Write) als beschreibbare Datenträger für den Austausch größerer Datenmengen
- DVDs (Digital Versatile Disc) als Datenträger für sehr große Datenmengen, wie z. B. Videofilme. Auch DVDs können beschrieben werden.
- USB-Sticks (Universal Serial Bus) als Wechseldatenträger für mittlere bis große Datenmengen
- Flash-Cards als Datenträger zum einfachen Austausch digitaler Medien

Als Standardgeräte für Speichermedien sind heute in jedem PC mindestens ein Diskettenlaufwerk und ein CD-ROM/DVD-Laufwerk eingebaut. Für die Speicherung von Daten auf CDRWs sind CD-Brenner notwendig. Mit Hilfe dieser CD-Brenner können eigene Daten auf einen CD-Rohling (leere CD) geschrieben werden.

> In der betrieblichen Praxis werden heute fast ausschließlich PCs eingesetzt. Moderne PCs haben eine Leistungsfähigkeit, die noch vor wenigen Jahren nur von Großrechnern erreicht wurde.

Die Leistungsfähigkeit eines modernen PCs wird im Wesentlichen durch zwei Faktoren bestimmt.

> Zum einen ist die Rechengeschwindigkeit der CPU ausschlaggebend. Diese wird durch die Hertz-Frequenzzahl angegeben. Bei den aktuellen PCs ist die Rechengeschwindigkeit in der Regel mindestens 2 GHz (1 Gigahertz = 1000 Megahertz = 1 Million Hertz).

2.3.2 Verwaltungs- und Büroorganisation

Die Hersteller der CPUs versprechen in naher Zukunft noch wesentlich höhere Geschwindigkeiten. Für die normalen Anwendungen in der betrieblichen Praxis sind die aktuellen PCs allerdings vollkommen ausreichend.

> Der andere ausschlaggebende Faktor für die Leistung eines PCs ist der Arbeitsspeicher (auch Hauptspeicher), der in der Regel zwischen 1024 MB (1 MB = 1 Megabyte = rund 1 Million Bytes) und 2048 MB liegt. Der Arbeitsspeicher ist für die aktuell bearbeiteten Informationen relevant, d.h. je mehr Arbeitsspeicher, desto mehr Informationen können gleichzeitig von einem PC verarbeitet werden.

Durch zu geringen Arbeitsspeicher entstehen Wartezeiten, die einen reibungslosen Ablauf eines Arbeitsprozesses behindern. In einigen Fällen kann dies auch dazu führen, dass der PC „abstürzt". In diesem Fall lässt der PC keine weitere Bearbeitung oder Eingabe zu. Dies kann im schlimmsten Fall zu Datenverlust führen, nicht gespeicherte Änderungen sind dann unwiederbringlich verloren.

Durch die Anforderungen der modernen Software ist ein PC sinnvollerweise mit einer Festplatte von mindestens 100 GB (1 Gigabyte = 1000 MB) Speicherkapazität ausgerüstet. PCs lassen sich heute auch so ausrüsten, dass Ton-, Radio- und TV-Wiedergabe sowie Datenübertragungen, Telefonieren und Videokonferenzen möglich sind. Man spricht dann von Multimedia-PCs.

Multimedia-PC

> Eine andere Art von PCs sind Notebooks und Laptops. Dies sind tragbare, netzunabhängige Rechner für den Einsatz unterwegs, die in ihrer Leistungsfähigkeit den stationären Geräten kaum nachstehen.

Natürlich sind sämtliche Funktionen eines normalen PCs, wie z. B. der Netzwerkanschluss, auch bei einem mobilen Gerät verfügbar.
Bei der Wahl des Druckers stehen dem Handwerksbetrieb drei Alternativen zur Verfügung.

Drucker

```
                    Arten der Drucker
          ┌────────────────┼────────────────┐
          ▼                ▼                ▼
Matrixdrucker      Tintenstrahldrucker   Laserdrucker
(Nadeldrucker)
```

Nadeldrucker werden heute nur noch sehr selten eingesetzt. Tintenstrahldrucker sind eine günstige Anschaffungsmöglichkeit, um auch Farbdrucke mit hoher Qualität auszudrucken. Für Massenausdrucke oder für viele Druckvorgänge in einem kurzen Zeitraum sind Laserdrucker vorzuziehen, da die Betriebskosten wie z. B. für Toner wesentlich geringer sind. Auch die Druckgeschwindigkeit ist deutlich höher als bei einem Tintenstrahldrucker.

Ein Scanner ermöglicht als Zusatzgerät die automatische Eingabe von Texten, Zeichnungen und Fotos durch Abtasten und Digitalisieren. Durch entsprechende Anwendungssoftware können als elektronische Daten vorliegende Texte bearbeitet werden.

Scanner

2.3 Organisation

Notepad
: Notepads sind kleine elektronische Notizbücher, die keine Tastatur brauchen und mit kleinen Stiften beschrieben werden. Der Notepad-Computer kann diese Handschrift erkennen und weiterverarbeiten.

> **Lokales Netzwerk**

> Im Handwerk werden PCs teilweise einzeln eingesetzt. Sie können jedoch auch vernetzt werden. Hier spricht man dann von einem LAN (Local Area Network = lokales Netzwerk). Darüber hinaus gibt es die Möglichkeit, PCs und insbesondere Notebooks per Funk (WLAN = Wireless LAN) in ein Netzwerk einzubinden.

Arten
: Bei einem Netzwerk unterscheidet man ein Peer-to-Peer-Netzwerk (Anschluss zu Anschluss), bei dem ein PC über Kabel direkt mit einem anderen PC verbunden wird, und die Verbindung aller PCs zu einem Server. Ein Server ist ein PC mit hoher Leistungskapazität, der zur Datenablage und Sicherung der Daten dient und die Verbindung der PCs untereinander gewährleistet. Diese Vernetzung erfolgt üblicherweise über Netzwerkkabel, kann aber auch über Funk erfolgen.

> **Datensicherheit**

> Unter Datensicherheit versteht man den Schutz von Daten vor Zerstörung und Verlust einerseits und unbefugtem Zugriff durch Dritte andererseits.

Datenverlust
: Hauptursachen für Datenverluste sind technische Defekte und Bedienungsfehler:

> Versagen des Speichermediums (Festplatte, Disketten, CD-ROM etc.)
> Eingabefehler bei der Bedienung
> Programmabstürze
> Computerviren
> Manipulation
> Diebstahl, Zerstörung

Der Betriebsinhaber sollte für eine ausreichende Sicherung der vorhandenen elektronischen Daten sorgen (Back-up).

DAT-Bänder
: Für eine solche Sicherung gibt es neben den schon genannten Speichermedien auch die Möglichkeit, Daten auf DAT-Bändern (Digital Audio Tape) zu sichern. Sämtliche Daten sollten wöchentlich auf diese Weise gesichert werden.

> Ein Computervirus ist ein sich selbst vermehrendes Computerprogramm, welches sich in andere Computerprogramme einschleust und reproduziert.

Zum Schutz vor Computerviren sind folgende Maßnahmen empfehlenswert:

> Aufbau einer Firewall zum Schutz vor Virenangriffen aus dem Internet
> Einsatz von Anti-Viren-Programmen

2.3.2 Verwaltungs- und Büroorganisation

> schriftliche Verpflichtungserklärungen der Mitarbeiter, keine externen Datenträger einzuspielen
> Verwendung lizenzierter Originaldatenträger
> regelmäßige Datensicherungen

Drahtlose Computernetze (WLAN) ermöglichen in vielen Unternehmen die kabelfreie Vernetzung und den Zugang ins Internet. Auch in öffentlichen Einrichtungen können unter bestimmten Voraussetzungen Laptop-Besitzer drahtlos arbeiten und im Internet surfen. Die mobile Computernutzung bedeutet jedoch gleichzeitig ein erhöhtes Sicherheitsrisiko. Ohne ausreichende Verschlüsselung können Dritte unter Umständen Informationen empfangen, aufzeichnen oder manipulieren. Gerade Unternehmen sollten daher ihr Funknetz schützen und abwägen, auf welche Daten über WLAN zugegriffen werden darf.

> Software

> Die Software besteht zum einen aus dem Betriebssystem, das zum Betrieb des PCs notwendig ist, und zum anderen aus den Anwendungsprogrammen.

Zu den bekannten Betriebssystemen zählen die verschiedenen Varianten von Windows, Unix/Linux und MacOS.

Windows

Betriebssysteme wie Windows erleichtern durch Benutzeroberflächen die Arbeit durch Symbole, die per Maus oder Tastatur bedient werden können.
Bei der Vernetzung von PCs mit unterschiedlichen Betriebssystemen, wie z. B. Windows und MacOS, kann es zu Problemen kommen. Deshalb ist auf die Kompatibilität der Betriebssysteme untereinander zu achten.
Die Anwendungssoftware dient der Lösung betriebswirtschaftlicher und technischer Probleme. Dabei ist zu unterscheiden zwischen:

> Standardprogrammen
> Branchenlösungen
> Individualprogrammen

> Standardprogramme eignen sich insoweit, als sich die Anwendungsfälle in den einzelnen betrieblichen Teilbereichen ähnlich sind (Basisaufgaben). Viele Software-Hersteller bieten heute umfangreiche „Anwendungssoftware-Pakete" an, im Rahmen derer einzelne Anwendungsbereiche integriert und aufeinander abgestimmt sind.

Als häufigstes Software-Paket ist hier Microsoft Office zu nennen. Hierin enthalten sind in der Regel

> eine Textverarbeitung (Word)
> eine Tabellenkalkulation (Excel)
> ein Präsentationsprogramm (Power Point)
> eine Datenbankanwendung (Access)

2.3 Organisation

Office-Paket

Mit einer Tabellenkalkulation lassen sich z.B. Statistiken grafisch darstellen. Darüber hinaus sind in dem Office-Paket auch noch andere Anwendungen integriert, die z.B. zur Verwaltung interner Betriebsabläufe verwendet werden können.

Auf Individual- oder Branchenlösungen kann zurückgegriffen werden, wenn betriebliche oder branchenmäßige Besonderheiten vorliegen, die im Rahmen von Standardprogrammen nicht berücksichtigt und gelöst werden können, sondern maßgeschneiderte Programme erfordern.

Branchenlösungen

Für viele Handwerkszweige wurden bereits Branchenlösungen erarbeitet. Standardsoftware weist in der Regel gegenüber Branchen- oder Individuallösungen Kostenvorteile auf.

Besonders erwähnenswert sind die unterschiedlichen Software-Programme, die für die Datensicherung verantwortlich sein können. Diese können so konfiguriert werden, dass sie zu bestimmten Zeitpunkten automatisch die vorhandenen Daten auf ein separates Speichermedium sichern (Back-up).

> Im Computerfachhandel sind PCs auch als Komplettsystem mit Bildschirm und Drucker erhältlich. In diesem Fall sind die Geräte mit den notwendigen Software-Programmen bereits konfiguriert, so dass der Benutzer sich nicht um die Einzelheiten zu kümmern braucht.

Durch die optimal aufeinander abgestimmte Hardware und Software sind dann die Voraussetzungen für die elektronische Verarbeitung von Daten nach dem Prinzip „Eingabe – Verarbeitung – Ausgabe" gegeben.

Unter Daten sind grundsätzlich Informationen zu verstehen wie:

Daten

> Zahlen (numerische Daten)
> Texte (alphabetische Daten)
> Kombinationen aus Zahlen und Texten (alphanumerische Daten)

Man unterscheidet ferner:

> Stammdaten
  Daten, die sich nicht oder nur selten verändern, wie Kunden- und Artikelliste
> Bewegungs- oder Änderungsdaten
  Daten, die sich von einer Abrechnungsperiode zur anderen verändern können, wie Preislisten
> Eingabedaten
  aktuelle Daten, die mit den Stamm- und Bewegungsdaten verknüpft werden, wie Bestellmengen
> Referenzdaten
  Daten, die regelmäßig auf andere Daten bezogen werden, wie Umsatzsteuersätze.

Einführung eines EDV-Systems im Handwerksbetrieb

> Der Entscheidung über den EDV-Einsatz sollte in jedem Fall eine sorgfältige Problem- und Wirtschaftlichkeitsanalyse vorausgehen. Sie enthält folgende Punkte:

2.3.2 Verwaltungs- und Büroorganisation

> Allgemeine Information
- Fachzeitschriften und Prospekte sowie Broschüren von Computerherstellern und -händlern
- Besuch von Messen, Vorträgen, Seminaren und anderen Informationsveranstaltungen
- Unternehmensberater
- Berufsorganisationen
- Internet

Information

> Analyse des Ist-Zustandes
- Erfassung des betrieblichen Datenmengengerüstes (zum Beispiel Mitarbeiterzahl, Lohnarten, Kundenzahl, Lieferantenzahl, Sachkontenzahl, monatliche Eingangs- und Ausgangsrechnungen, Anzahl der Buchungen, Anzahl der Angebote, Lagerartikel, monatliche Lagerzu- und -abgänge, Kostenstellen u. a.)
- Erfassung der Arbeitsabläufe
- Ermittlung von Schwachstellen im Betrieb

Datenmengengerüst

> Entwurf einer Soll-Konzeption
- Abfassung eines Pflichtenheftes (Zweck der EDV-Einführung, Anwendungsbereiche, Form und Inhalt der angestrebten Ergebnisse, Anforderungen an die Hardware, Anforderungen an das Betriebssystem, Anforderungen an die Anwendersoftware, künftige Datenmengen, Ausbaufähigkeit, Nebenbedingungen)

Pflichtenheft

> Ausschreibung
- Einholung von Angeboten bei den in Frage kommenden EDV-Anbietern auf der Grundlage des Pflichtenheftes
- Vorführung einzelner EDV-Systeme
- Einholung von Referenzen

Angebote

> Prüfung der Angebote/Kosten-Nutzen-Abwägung/Systementscheidung
- Kosten für Hardware einschließlich Lieferung und Installation sowie Software, Zubehör, Schulung, eventuell Programmanpassungen usw.
- laufende Kosten (zum Beispiel Personalkosten, Verbrauchsmaterial)
- direkt bewertbare Einsparungen durch die EDV (Rationalisierungseffekte)
- nicht direkt bewertbarer EDV-Nutzen (zum Beispiel Informationsverbesserung, schnellere Angebotsabgaben, Verbesserung der Materialdisposition, schnellere Rechnungsstellung, Entscheidungen auf der Basis besserer betrieblicher Daten)
- Vorhandensein geeigneter Anwendersoftware
- Wartung und Service, Programmpflege
- Qualität der Bedienungsunterlagen, Unterstützung bei Einarbeitung und Schulung
- Kompatibilität mit anderen Anlagen, Ausbaufähigkeit des Systems
- Benutzerfreundlichkeit
- Vertragsgestaltung (zum Beispiel Liefertermin, Garantie, Zahlungsvereinbarungen, Zusicherung der im Pflichtenheft dargestellten Anforderungen, Rücktrittsmöglichkeit)

Einmalige und laufende Kosten

> Organisatorische Vorbereitung
- geeignete Räumlichkeiten
- personelle Voraussetzungen (Einführungsschulungen)
- sachliche Voraussetzungen (Beleggestaltung, Stammdatenerfassung u. Ä.)
- Information der Mitarbeiter

Organisation

2.3 Organisation

Installation

> Installation
- Testläufe
- Dokumentation von Anlaufschwierigkeiten
- Umsetzung

Zu den Kosten der Einführung der EDV im Betrieb ist festzustellen, dass die Anschaffungskosten für Hardware in den letzten Jahren beträchtlich gesunken sind. Zudem sind hersteller- und händlerbedingt sowie regional oft sehr starke Preisunterschiede festzustellen.

> Zu den reinen Anschaffungskosten für die Geräte müssen hinzugerechnet werden:
>
> > laufende Kosten wie Schulung, Wartung, Versicherung, Materialien
> > Beschaffung der Software und eventuell deren Installation

> Im Zusammenhang mit der Finanzierung einer EDV-Anlage stellt sich dann die Frage, ob sie gekauft oder geleast werden soll.

Für diese Entscheidung sind vor allem folgende Faktoren von Bedeutung:

> Kapitalverfügbarkeit
> Liquiditätsbelastung
> steuerliche Wirkung

Lebensdauer

Ferner muss bedacht werden, dass EDV-Anlagen in der Regel sehr schnell veralten und damit auch nur einen sehr geringen Wiederverkaufswert besitzen. Man geht heute gerade noch von einer technologischen Lebensdauer der PCs von höchstens 3 Jahren aus. Dies entspricht auch der geltenden AfA-Frist.
Deshalb muss man sich beim Kauf einer EDV-Anlage darüber im Klaren sein, dass man den Typ über längere Zeit im Betrieb einsetzen wird.

> Ein Leasingvertrag bietet demgegenüber feste Laufzeiten sowie die Möglichkeit zur ständigen Systemerweiterung bzw. -erneuerung.

Wartungsverträge

Mit Leasingverträgen sind allerdings oftmals auch kostensteigernde Wartungsverträge verbunden. Die Wahl zwischen Leasing und Kauf besteht jedoch nicht generell. Im Billigbereich werden kaum Leasingverträge angeboten.

Im Folgenden sind die verschiedenen Stufen zur Einführung der EDV im Handwerksbetrieb zusammengefasst.

2.3.2 Verwaltungs- und Büroorganisation

```
allgemeine Informationen → Analyse des Ist-Zustandes → Entwurf einer Soll-Konzeption → Ausschreibung → Kosten-Nutzen-Abwägung Systementscheidung → organisatorische Vorbereitung → Installation
```

Um die für den jeweiligen Handwerksbetrieb geeignetste Lösung zu finden, ist eine ausführliche Beratung durch unabhängige Stellen unentbehrlich. Geeignete Beratung und Information gibt es beispielsweise durch die technischen, betriebswirtschaftlichen und EDV-Beratungsstellen der Handwerksorganisationen sowie durch freiberufliche Berater. *Beratung*

Der Betriebsinhaber sollte auch regelmäßig für sich entsprechende Artikel in seinen Fachzeitschriften auswerten.

Daneben bieten auch Spezialfirmen komplette Servicekonzepte für das gesamte Spektrum der EDV-Dienstleistungen aus einer Hand an (moderne Hardware, anwendungsgerechte Software, Software-Änderungsdienst usw.). *EDV-Dienste aus einer Hand*

Anwendungsbereiche der EDV im Handwerksbetrieb

> Die EDV kann sowohl
> - im Büro wie auch
> - in der Werkstatt
>
> als Instrument der Rationalisierung eingesetzt werden.

Mögliche Anwendungsbereiche auf dem Gebiet der **kaufmännischen Verwaltung**, also im Büro, sind unter anderem: *Kaufmännische Verwaltung*

- Angebotserstellung, Kalkulation
- Auftragsbearbeitung
- Projektplanung, Projektüberwachung
- Fakturierung (Rechnungsausstellung, Verbuchung der Eingänge, Mahnwesen)
- Führung von Kunden-, Lieferanten-, Auftrags- und Bestellkarteien
- Lohn- und Gehaltsabrechnung
- Textverarbeitung und Schriftverkehr
- Anlagen- und Finanzbuchhaltung, Jahresabschluss, Kennzahlenauswertung, Betriebsvergleiche, Controlling, Liquiditätsplanung

2.3 Organisation

> Steuervoranmeldungen
> Datenarchivierung
> Kommunikation (zum Beispiel Onlinedienste, Telefax, Internet)
> Abwicklung des Zahlungsverkehrs

Technische Verwaltung

Im Rahmen der **technischen Verwaltung** lassen sich mit Hilfe der EDV vor allem durchführen:

> technische Berechnungen
> technische Zeichnungen
> Konstruktionen
> komplette Planerstellungen

Computergesteuerte Maschinen

Auf den Einsatz computergesteuerter Maschinen im Bereich der Fertigung wird ferner in Abschnitt 2.3.4 „Einfluss der Automatisierung und anderer Technologien auf die Betriebsorganisation" näher eingegangen.

Möglichkeiten und Grenzen des EDV-Einsatzes im Handwerksbetrieb

Vorteile

Zu den Vorteilen, die mit dem Einsatz der EDV verbunden sind, gehören u. a.:

> Rationalisierungseffekte mit Kosten- und Personaleinsparungen
> geringere Fehlerquoten
> höheres Arbeitstempo
> weniger Schreibarbeiten (zum Beispiel durch einfachere Korrekturmöglichkeiten und Verwendung von Textbausteinen, Standardvorlagen und Serienbriefen)
> Platz sparende Speicher- und Ablagemöglichkeiten
> rascherer Zugriff auf benötigte Daten
> zeitnahe Daten („Chefdaten") für betriebliche Dispositionen

Multimedia

Unter Multimedia versteht man die Kombination unterschiedlicher Darstellungsmedien wie Text, Bilder, Grafiken, Sprache, Ton und Animationen.

Die Umsetzung von Multimedia-Anwendungen erfolgt auf der Basis entsprechender Hard- und Software.

Anwendungsgebiete

Wichtige Anwendungsgebiete für den Handwerksbetrieb sind:

> Präsentationen im Bereich der Werbung und Verkaufsförderung
  - Produktkataloge
  - Produktpräsentationen
  - Firmenpräsentationen
  - Servicehandbücher etc.
> Informationsgewinnung
> Dokumentationen
> Aus- und Weiterbildung
  - Blended Learning (Kombination zwischen Onlineunterricht und Präsenzunterricht)
  - CBT-Systeme (Computer Based Training Systems)
  - Übungslektionen mit Ergebniskontrolle
  - Lexika und Nachschlagewerke

2.3.2 Verwaltungs- und Büroorganisation

> Multimediale Anwendungen verbessern das Kommunikationsergebnis, die Informationsqualität und die Informationsdurchdringung.

Nutzung des Internets im Handwerksbetrieb

> Das Internet ist die Gesamtheit aller weltweit zusammengeschlossenen Computernetzwerke. Diese kommunizieren nach einem standardisierten Verfahren miteinander.

Dazu gehören einerseits die dauernd über Standleitungen verbundenen Knotenrechner und Server, deren „Hauptverkehrsstrecken" und überregionalen Verbindungen Backbones (Rückgrat) genannt werden. Andererseits sind auch die Computer der Internetnutzer, die nur zeitweise (meist über Telefonleitungen) verbunden sind, Teil des Internets.

Backbones

> **Das ständige Netz**

> Zum ständigen Netz gehören neben den Rechnern der Netzdienste und Provider (Zugangsanbieter) auch Computer von Universitäten, Behörden, sonstigen öffentlichen Einrichtungen und von mittleren und größeren Unternehmen.

Der technische Fortschritt und die Preisentwicklung in der Telekommunikation führen dazu, dass sich auch kleine Organisationseinheiten einen Internetserver leisten. Voraussetzung ist, neben bestimmter Hard- und Software, eine Standleitung, die in verschiedenen Bandbreiten (Übertragungsraten) von der Post gemietet werden kann. Somit fällt keine Zeitgebühr mehr an. Der große Vorteil liegt darin, dass rund um die Uhr von jedem Punkt der Welt per Festnetz-, Mobil- oder Satellitentelefon auf die Daten des Servers zugegriffen werden kann und Daten übermittelt werden können. Dies kann eine elektronische Nachricht (E-Mail) sein, ein Bild, ein Artikel, eine Bestellung oder einfach eine Suchabfrage an eine Datenbank.

Internetserver

> **Die temporär angeschlossenen Computer**

> Der Internetnutzer kann die Verbindung zum Internet mit dem PC über ein Modem und das Telefonnetz herstellen.
> Eine andere Möglichkeit der Verbindung erfolgt über den ISDN-Anschluss, dafür wird eine ISDN-Karte benötigt. Diese Zugangsarten sind heute jedoch nicht mehr üblich oder empfehlenswert. Eine besonders schnelle und in der Praxis übliche Zugangsmöglichkeit ist die DSL-Technik. Schnelle und vor allem mobile Übertragungsmöglichkeiten werden auch über die UMTS-Technik (Einsatz von UMTS-Cards) erreicht.

Der Internetnutzer ist nicht nur einseitig Konsument, sondern er kann mit jedem Computer im Internet kommunizieren.

2.3 Organisation

> Der Zugang zum Internet erfolgt gegen Gebühr über Onlinedienste (Internet-Provider).

Browser

Sobald der Browser (Programm zur Navigation im WWW = World Wide Web) als zentrales Programm zur Nutzung des Internets gestartet wird, stellt der Computer automatisch über die genannten Wege eine Verbindung zum Internet-Provider her.
In der Regel kommen sogenannte Flat-Rate-Tarife zum Einsatz. Diese besitzen nutzungsunabhängige festgelegte Gebührensysteme.

> Sobald die Verbindung hergestellt ist, kann der Internetbenutzer zu bestimmten Homepages (= die erste Seite eines Angebots im WWW) navigieren.

Link

Über „Links" (engl. Bezeichnung für Verbindung) werden Informationen eines anderen Computers auf den eigenen Bildschirm übertragen.
Bei einem interaktiven Link (Hyperlink) kann der Anwender durch Anklicken direkt zur entsprechenden Homepage gelangen.

> Anwendungs- und Nutzungsmöglichkeiten

Für den Handwerksbetrieb bieten sich grundsätzlich folgende wichtige Anwendungs- bzw. Nutzungsmöglichkeiten:

> Darstellung des Handwerksbetriebes und seiner Produkte und Dienstleistungen durch Einrichtung eines eigenen Internetauftritts (Homepage und weitere Seiten) unter einer eigenen WWW-Adresse (Domain-Name, z. B. www.IhrBetriebsname.de). Der Auftritt ist professionell zu gestalten. Ggf. ist zu überlegen, externe Hilfe (z. B. Agenturen) einzubeziehen.
Folgende Vorteile entstehen für den Handwerksbetrieb durch eine eigene Homepage:
- Dialogfähigkeit
  Internet und E-Mail bieten im Gegensatz zu klassischen Informationsmedien direkte „Feedback"-Möglichkeiten. Kunden können Aufträge erteilen, Kommentare hinterlassen, Nachfragen stellen etc.
- Nachprüfbarkeit
  Durch Abrufstatistiken kann der Betriebsinhaber feststellen, welche Webseiten der Interessent oder Kunde öffnet und welche Angebote somit angenommen werden.
- Zielgenauigkeit
  E-Mails sind ein effektives Medium der Kundenansprache.
- Schnelligkeit
  Über Internet und E-Mail können Informationen kurzfristig einem großen Personenkreis zugänglich gemacht werden.
- Veränderbarkeit
  Informationen können schnell und unbürokratisch verändert werden.
- Erreichbarkeit
  Potenzielle Kunden und Interessenten können den Handwerksbetrieb rund um die Uhr an 365 Tagen regional und überregional erreichen.

2.3.2 Verwaltungs- und Büroorganisation

- Verfügbarkeit
  Informationen auf Websites sind rund um die Uhr und ortsunabhängig abrufbar.
- Kundenbetreuung
  Über Internet können bspw. wichtige Serviceinformationen und Hintergrundwissen abgerufen werden.
- Anschaulichkeit
  Anschauliche und ansprechende Darstellung der Inhalte durch multimediale Elemente mit Animationen und Ton
- Kostenersparnis
  Die Darstellung von Produkten und Dienstleistungen im Internet ist kostengünstig.
> Nutzung des WWW-Dienstes des Internets als Medium zur Beschaffung von Daten, Informationen und Waren
> Nutzung des E-Mail-Dienstes des Internets für die Korrespondenz mit Kunden und Lieferanten. (**Achtung:** Hier gelten die rechtlichen Vorschriften wie für Geschäftsbriefe.)
> Beschaffung von Mitarbeitern
> Teilnahme an öffentlichen Ausschreibungen
> elektronischer Geschäftsverkehr (E-Commerce)   E-Commerce
> elektronische Signatur
  Die qualifizierte elektronische Signatur ist rechtlich gleichzusetzen mit der handschriftlichen Signatur und eignet sich damit für alle wichtigen Geschäftsprozesse.

Die wichtigsten Bereiche des E-Commerce sind:

> B2B (Business to Business)   B2B
  Funktionale B2B-Lösungen automatisieren die Geschäftsabläufe zwischen Anbietern und gewerblichen Käufern (wirtschaftliche Organisationen). Sie umfassen die Abfrage von Informationen, die Produktbestellung mittels elektronischer Warenkörbe, die Rechnungsstellung sowie die Bezahlung durch digitale Zahlungssysteme und die Auslieferungsorganisation. Hier liegt derzeit der Schwerpunkt des E-Commerce.
> B2C (Business to Consumer)   B2C
  B2C bezeichnet den Vertriebsweg und die Kommunikation zwischen Unternehmen und Konsumenten.
> C2C (Consumer to Consumer)   C2C
  C2C bedeutet, dass Konsumenten direkt mit anderen Konsumenten in Kontakt treten. Ein Bereich, der erst in jüngster Vergangenheit sehr populär wurde. Die zentrale Plattform für diese Geschäfte sind Online-Auktionshäuser.
> B2A (Business to Administration) bzw. B2G (Business to Government)   B2A
  B2A bzw. B2G bezeichnet die Möglichkeiten, mit Verwaltungsorganisationen in Verbindung zu treten. Ein Beispiel hierfür ist die Möglichkeit der Online-Steuererklärung bei den Finanzämtern.

Weitere Beispiele zur Nutzung des Internets und E-Commerce in der Praxis sind:

> Internet-Banking/Online-Banking (Erledigung von Bankgeschäften über den PC)
> Buchung und Reservierung von Hotels und Verkehrsmitteln
> Abruf von Nachrichten und Informationen
> Suche nach Kooperationspartnern und Subunternehmen
> Telefonieren übers Internet (VoIP = Voice over Internet Protocol)

2.3 Organisation

> Zur Förderung der Anwendung von Informations- und Kommunikationstechnologien im Handwerk sind die Handwerksorganisationen tätig.

Spezialdatenbanken

Sie bieten u.a. folgende Spezialdatenbanken des Handwerks an, die über das Internet abgerufen werden können:

> Betriebsdatenbank: Informationen zur Leistungsfähigkeit von Betrieben und der Möglichkeit der direkten Verlinkung zur eigenen Homepage
> Kursdatenbank: Darstellung der Kursmaßnahmen und Seminare der Handwerksorganisationen (auch E-Learning) inkl. einer Buchung per E-Mail
> Betriebsbörse: Angebot zum Kauf und Verkauf von Betrieben
> Ausbildungsbörse: Angebot von Lehrstellen bzw. Suche nach Ausbildungsplätzen
> Onlineverzeichnis der Sachverständigen
> Geschäftsanfragen aus dem Ausland
> Infostream (Newsletter zu aktuellen Themen)
> „Handwerksrolle online"
> „Lehrvertrag online"

> Suchmaschinen

> Von großer Bedeutung für den Handwerksbetrieb ist die gute Sichtbarkeit des Internetauftritts in den wichtigsten Suchmaschinen. Dies ist die Basis für die Generierung entsprechender Besucherzahlen. Eine noch so aufwendig und interessant gestaltete Homepage ist nicht effizient, wenn sie nicht eine entsprechende Anzahl von Besuchern bzw. Interessenten und Kunden durch Suchmaschinen-Marketing anlockt.

> Checkliste zur Einführung des Internets im Handwerksbetrieb

1. Zieldefinition
   Welches Ziel hat der Internetauftritt?
   (z. B. Präsentation des Unternehmens, Bereitstellung von Informationen, Unterstützung des Vertriebs etc.)
2. Zeitplanung
   Wann soll der Internetauftritt online gehen?
   Durch die Erstellung eines Zeitplans können die Planungen besser eingehalten werden. Wichtig ist, dass zum Zeitpunkt der Produktivschaltung alle Funktionen einwandfrei funktionieren.
3. Zuständigkeiten festlegen
   Wer ist für die einzelnen Aufgaben zuständig?
   (z. B. Aufbau, Texte, Grafik, Technik, Pflege etc.)
4. Internetauftritt bewerben
   Wie wird der Auftritt beworben?
   (z. B. Geschäftspapier, Visitenkarten, Pressemeldungen, Suchmaschinen etc.)
5. Erfolgskontrolle
   In welchem Umfang sind welche Teile des Internetauftritts erfolgreich?
   (z. B. Feedback-Formular, Internet-Seitenstatistik bzw. Logfiles etc.)

6. Impressumspflichten beachten
(Name, Anschrift, Rechtsform, Vertretungsberechtigung, ggf. Kapital, Angaben zur Kontaktaufnahme, Registereintragungen, Umsatzsteuer-ID, ggf. Abwicklung/Liquidation)

> Hinweise für die Umsetzung des Internetauftritts

1. Unterstützung suchen
Die Gestaltung einer Homepage erfordert sowohl technisches Know-how als auch einige Marketingkenntnisse. Daher sollte der Betriebsinhaber bei der ersten Entwicklung bzw. der grundlegenden Neugestaltung des Internetauftritts die professionelle Hilfe einer Internetagentur in Anspruch nehmen. Weiterhin sollte ein „Internetverantwortlicher" im Betrieb benannt werden.
2. Schnelles Laden der Startseite
Die Startseite sollte möglichst schnell geladen werden, da Untersuchungen ergeben haben, dass der Internetnutzer innerhalb weniger Sekunden entscheidet, ob er auf der Internetseite bleibt.
3. Überprüfung von Links
Vor Produktivschaltung sollten alle Hyperlinks überprüft werden, ob sie zur richtigen Seite führen.
4. Suchmaschineneintrag
Am Beginn eines HTML-Dokuments können Angaben zur Seite gemacht werden, die im Quelltext, aber nicht auf der Web-Seite zu sehen sind. Die sog. Meta-Tags (u. a. Keywords) bieten die Möglichkeit, den Seiteninhalt kurz mit Schlagwörtern zu beschreiben. Diese sind sehr sorgsam auszuwählen, da sie die Signalwörter für Suchmaschinen sind.
5. Suchmaschinenanmeldung
Eintragung in Kategorien bei Suchmaschinendiensten. Diese bieten auch die Möglichkeit, Anzeigen zu hinterlegen, die durch „Pay per click" (= Zahlen für Anklicken) berechnet werden. Sie können auch lokal begrenzt geschaltet werden.

2.3.3 Aufbauorganisation

Die Aufbauorganisation umfasst die Gliederung des Handwerksbetriebes in Organisations- und Aktionseinheiten (Abteilungen und Stellen) bzw. Organisationsstrukturen und deren Koordination.

2.3.3.1 Stellen- und Abteilungsbildung

Eine Stelle ist die kleinste organisatorisch festzulegende Einheit und grenzt aufgabenmäßig den Zuständigkeits- und Kompetenzbereich für eine bestimmte Person ab.

Sie bestimmt somit unter Zusammenfassung von Teilaufgaben einen personenbezogenen Aufgabenkomplex zum Arbeitsbereich einer Person unter gleichzeitiger Regelung von Verantwortung und Zuständigkeiten.

2.3 Organisation

Folgende Arten von Stellen sind grundsätzlich zu unterscheiden:

```
                    Stellenarten
                   /            \
            Linienstellen      Stabstellen
                 |                  |
         Übertragung von      Beratungsfunktion
         Leitungsbefugnissen
```

Der Aufgabeninhalt einer Stelle wird neben anderen wichtigen Punkten in der Stellenbeschreibung festgelegt (>> hierzu auch Kapitel 2.4.1.1).

Arbeitsplatz Während eine Stelle nicht örtlich fixiert ist, bezeichnet der Begriff Arbeitsplatz den Ort der Aufgabenerfüllung.

Abteilung Mehrere Stellen werden zu einer Abteilung zusammengefasst.

Organigramm Die Darstellung der Aufbauorganisation bzw. Organisationsstruktur erfolgt in einem Organigramm.

> Unter einem Organigramm versteht man die schaubildartige Darstellung der Organisationsstruktur.

2.3.3.2 Aufgabenanalyse und Aufgabensynthese

```
                Stellenbildung
               /              \
       Aufgabenanalyse    Aufgabensynthese
```

> Unter Aufgabenanalyse versteht man die Aufgliederung der Aufgaben eines Unternehmens.

Die Aufgabenanalyse kann erfolgen (dargestellt am Beispiel Metallbearbeitung):

Verrichtungs- > nach dem Verrichtungsprinzip (das heißt, welche Verrichtungen werden durch-
prinzip   geführt?)

```
              Metallbearbeitung
             /        |         \
        schneiden   feilen     biegen
```

2.3.3 Aufbauorganisation

> nach der Art der Objekte

Gliederung nach Objekten

```
                    Metallbearbeitung
                  /        |        \
              Blech      Rohre    Fertigteile
```

> nach den notwendigen Arbeits- und Hilfsmitteln

Arbeits- und Hilfsmittel

```
              Metallbearbeitung
             /                 \
       Bohrmaschine          Drehbank
```

> nach dem Rang

Rangfolge

```
   Metallbearbeitung
         |
      schneiden
           \
           biegen
                \
                feilen
```

> nach der Phase

Phase

```
   Metallbearbeitung
         |
      Planung
           \
         Durchführung
                  \
                Kontrolle
```

> **Aufgabensynthese**

Unter Aufgabensynthese versteht man die Zusammenfassung der durch die Aufgabenanalyse festgelegten Teilaufgaben eines Unternehmens.

Im Anschluss an die Aufgabenanalyse erfolgt die Aufgabensynthese nach folgenden Prinzipien:

> Prinzip des Verteilungszusammenhangs
Verschiedene Aufgaben werden so auf einzelne Stellen verteilt, dass ein sinnvol-

les Konzept entsteht, das heißt Aufgaben, die zusammenhängen, müssen möglichst einer Stelle zugeordnet werden.
> Prinzip des Leitungszusammenhangs
Bei der Stellenbildung muss deutlich werden, in welchem Über-, Unter- und Nebenordnungsverhältnis die verschiedenen Stellen untereinander sind (Kompetenzen, Verantwortung).
> Prinzip des Arbeitszusammenhangs
Die Stellen müssen so gebildet werden, dass sie einen funktionsfähigen Arbeitsprozess ermöglichen.

Beispiel:

Die Aufgabensynthese und Stellenbildung für die Stelle eines Lageristen in einem Handwerksbetrieb:

> Beschreibung der Aufgaben (Aufgabensynthese nach dem Verteilungszusammenhang):
Beratung des Einkäufers, Auspacken, Sortieren etc.
> Anforderungen:
Beschreibung der geforderten Vorbildung, Kenntnisse, Fertigkeiten
> Instanzenbildung (Aufgabensynthese nach dem Leitungszusammenhang):
Beschreibung der Einordnung der Stelle (Über- und Unterordnung).

2.3.3.3 Organisationsformen

```
              Organisationsformen im Handwerksbetrieb
        ┌──────────────┬──────────────┬──────────────┐
   funktionale     divisionale      Team-         Projekt-
   Organisation    Organisation   organisation   organisation
```

Funktionale Organisation

In der funktionalen Organisation erfolgt die Gliederung nach betrieblichen Aufgaben verrichtungsorientiert. Unterhalb der Unternehmensführung wird die Arbeitsteilung nach Funktionen vorgenommen.

```
                        Unternehmensführung
        ┌──────────┬──────────┬──────────┬──────────┐
   Forschung und  Beschaffung  Fertigung,   Marketing   Finanzierung
   Entwicklung              Dienstleistung und Vertrieb und Verwaltung
```

Vorteile

Vorteile:

> Nutzung von Spezialisierungsvorteilen
> hoher Informationsgrad der Unternehmensleitung über alle Unternehmensbereiche
> hohe Wirtschaftlichkeit durch geringe Gefahr von Doppelarbeiten

2.3.3 Aufbauorganisation

Nachteile:

> Bereichsdenken und Ressortegoismus
> hoher Koordinationsbedarf bei der Unternehmensleitung

Divisionale Organisation

> Bei der divisionalen Organisation werden die Bereiche nach dem Objektprinzip gegliedert. Die Objektbereiche werden als Geschäftsbereiche, Sparten oder Divisions bezeichnet.

Ein Organisationsschema könnte für einen Handwerksbetrieb beispielhaft wie folgt aussehen:

```
                    Unternehmensleitung
        ┌──────────┬──────────┬──────────┐
        │          │          │          │
                                    Zentralbereiche
                                    • Beschaffung
                                    • Personal
                                    • Marketing
     Sparte 1   Sparte 2   Sparte 3
```

Bei der divisionalen Organisation hat jede Sparte selbstständig mindestens für die Bereiche Produktion und Vertrieb zu sorgen. Die Zentralbereiche arbeiten entsprechend ihren Aufgaben den einzelnen Sparten zu.

Vorteile:

> direkte Ergebnisverantwortung der einzelnen Sparten
> Entlastung der Unternehmensleitung
> geringerer Kommunikationsbedarf

Nachteile:

> höhere Produktionskosten durch schlechtere Ausnutzung der Produktionsmittel
> Koordinationsschwierigkeiten zwischen den Sparten

Teamorganisation

> Unter einem Team versteht man eine Gruppe von Mitarbeitern, die sehr eng zusammenarbeiten. Teamarbeit ist in verschiedenen Aufbauorganisationsformen möglich.

Eigenschaften von Teams in Handwerksbetrieben sind:

> funktionsgegliederte kleine Arbeitsgruppe
> gemeinsame Zielsetzung innerhalb des Teams
> intensive arbeitsbedingte wechselseitige Beziehungen
> ausgeprägter Gemeinschaftsgeist
> starker Gruppenzusammenhalt

2.3 Organisation

Die Teamarbeit ist im Handwerk unabängig von der Aufbauorganisation sehr erfolgreich. Durch die Arbeit im Team entstehen soziale Bindungen der Teammitglieder, die sich positiv auf die Arbeitsergebnisse auswirken können.

Projektorganisation

> Von Projektorganisation spricht man, wenn eine Gruppe von Mitarbeitern (Projektteam) zeitlich befristet eine innovative Aufgabe bearbeitet, von der in der Regel der gesamte Handwerksbetrieb, mindestens jedoch mehrere Teile, betroffen sind.

Beispiel:
> Entwicklung neuartiger Produkte
> Einführung eines neuen Arbeitszeitmodells
> Umstellung bestimmter Arbeitsvorgänge auf neue Technologien

Ebenso wie die Teamorganisation ist die Projektorganisation unabhängig von der Aufbauorganisation. Sie ist eine effiziente Organisationsform für die Bewältigung übergreifender Aufgabenstellungen.

Projektmanagement

Für die erfolgreiche Durchführung eines Projektes ist das Projektmanagement von großer Bedeutung. Dieses regelt die organisatorische Gestaltung und die Einbindung des Projektes in die Gesamtorganisation des Handwerksbetriebes.

2.3.3.4 Organisationsentwicklung

> Organisationsentwicklung ist für den Handwerksbetrieb notwendig, um unterschiedlichsten internen und externen Veränderungen, die Auswirkungen auf die Ablauf- und Aufbauorganisation haben, Rechnung zu tragen.

Organisationsentwicklung sollte unter größtmöglicher Beteiligung der betroffenen Mitarbeiter betrieben werden.

```
                    Ziele der Organisationsentwicklung
                    /                              \
   Verbesserung der Leistungsfähigkeit     Verbesserung der Qualität des
         des Handwerksbetriebes           Arbeitslebens für die Mitarbeiter
                    |                                |
   Erreichung der strategischen Ziele         Humanisierung der Arbeit
         des Handwerksbetriebes
```

Diese zweiseitige Zielsetzung ist nicht immer konfliktfrei zu verwirklichen. Durch die intensive Einbeziehung der Mitarbeiter als Betroffene in den Veränderungsprozess („Betroffene zu Beteiligten machen") gelingt jedoch in den meisten Fällen ein positiver Entwicklungsprozess.

Die Optimierung von Geschäftsprozessen durch eine fortschrittliche Entwicklung der Organisationsstrukturen und Organisationsabläufe stellt einen wichtigen Faktor für den nachhaltigen Erfolg eines Handwerksbetriebes dar.

Geschäftsprozessoptimierung

2.3.4 Einfluss der Automatisierung und anderer Technologien auf die Betriebsorganisation

> Die Entwicklung neuer Technologien, neuer Werkstoffe und neuer industrieller Vorprodukte sowie Veränderungen im Nachfrageverhalten der Verbraucher führen auch im Handwerksbetrieb ständig zu neuen Arbeitsabläufen, Arbeitsverfahren, Fertigungstechniken und zum Einsatz neuer Steuerungsmittel.

Wichtige Technologien, von denen das Handwerk berührt wird, sind:

Technologiebereiche

- Mikroelektronik
- Roboter- und Sensortechnik
- Oberflächentechnik
- Informations- und Kommunikationstechnologien
- Bio- und Gentechnik
- Lasertechnik
- Werkstofftechnik
- Energietechnik
- Hydraulik und Pneumatik

Das Handwerk spielt sowohl als Erfinder und Entwickler wie auch als Anwender und Umsetzer neuer Verfahren und Techniken eine bedeutende Rolle.
Im Bereich der Betriebs- und Arbeitsorganisation führt dies z. B. zu folgenden Entwicklungen:

Entwicklungen

- weiter zunehmende Mechanisierung
- Einsatz von numerisch oder computergesteuerten Maschinen
- Einsatz elektronischer Mess- und Prüfgeräte

2.3.4.1 Mechanisierung

> Mechanisierung ist die Zusammenfassung gleichartiger Verrichtungen und Funktionen unter Zuhilfenahme des Einsatzes von technischen Hilfsmitteln (Maschinen) an bestimmten Arbeitsplätzen.

Die Tätigkeit des Menschen beschränkt sich dann vorwiegend auf Steuerungs- und Kontrollaufgaben.
Folgende Voraussetzungen sind für die Mechanisierung notwendig:

Voraussetzungen

- konsequente Arbeitsvorbereitung
- sinnvolle Arbeitsplatzgestaltung
- Verwendung von Normteilen

2.3.4.2 Automatisierung

> Von Automatisierung spricht man, wenn Steuerung und Kontrolle zunehmend von Maschinen übernommen werden. Dies ist mit Hilfe numerisch gesteuerter (rechnergesteuerter) Maschinen möglich.

Stufen der Automatisierung

NC-Maschinen → CNC-Maschinen → CAM computerunterstützte Fertigung → CIM vollkommen rechnergesteuerte Fertigung

CAD computerunterstützte Konstruktion → CAM

CAQ computerunterstützte Qualitätskontrolle → CIM

NC-Maschinen:
Mit Hilfe von NC-(Numerical-Controlled-)Maschinen werden Bewegungsabläufe durch digitale Informationen aus Datenträgern gesteuert.

CNC-Maschinen:
Mit Hilfe von CNC-(Computer-Numerical-Controlled-)Maschinen werden Bewegungsabläufe durch direkt eingebaute Computer gesteuert.

Einsatzmöglichkeiten

Folgende Einsatzmöglichkeiten von CNC-Maschinen sind unter anderem denkbar:

> Metallbearbeitung und -verarbeitung (Fräsen, Bohren, Schneiden)
> Holzverarbeitung
> Backwaren- und Teigaufbereitung

Computergesteuerte Maschinen eignen sich insbesondere auch für die Einzel- und Kleinserienfertigung.

Vorteile

Der Einsatz von CNC-Maschinen bietet folgende Vorteile:

> größere Genauigkeit
> höhere Flexibilität
> geringerer Ausschuss
> selbsttätige Arbeitsausführung
> kürzere Produktions- und Umrüstzeiten

CAD:
Mit Hilfe von CAD (Computer Aided Design) lassen sich computerunterstützt Entwicklungs- und Konstruktionsarbeiten sowie technische Zeichnungen für neue Produkte in 3-D-Qualität ausführen.

2.3.4 Einfluss der Automatisierung und anderer Technologien

CAM:
Als CAM (Computer Aided Manufacturing) bezeichnet man die Speicherung einer über CAD gestalteten Neuentwicklung auf einem Datenträger, der wiederum als Programm in den Rechner einer CNC-Maschine eingegeben wird. Diese führt dann die Arbeitsvorgänge zur Herstellung des geplanten Produktes aus.
Viele Zulieferbetriebe erhalten bereits von ihrem industriellen Auftraggeber maschinenlesbare Datenträger, die sie dann nur noch mit ihren Maschinen in Verbindung bringen müssen.

CAQ:
CAQ (Computer Aided Quality Assurance) ist eine computerunterstützte Qualitätssicherung und -kontrolle.

CIM:
Als CIM (Computer Integrated Manufacturing) bezeichnet man die Ergänzung von CAD und CAM durch CAQ.

Der Einsatz von Computern nimmt auch im Fertigungsbereich des Handwerks immer mehr zu. Vorrangig im Maschinen- und Werkzeugbau, aber auch für andere Handwerksberufe, werden ständig neue Einsatzmöglichkeiten erschlossen.
Auch der Einsatz elektronischer Mess- und Prüfgeräte, vor allem im Elektro- und Kfz-Bereich, ist stark ausgeprägt.

Elektronische Mess- und Prüfgeräte

> Der Einsatz computergesteuerter Technologien ist für viele Handwerksbetriebe inzwischen ein wesentlicher Faktor des wirtschaftlichen Erfolgs. Rationalisierung und Produktivitäts- bzw. Wirtschaftlichkeitssteigerung entstehen für den einzelnen Betrieb dann, wenn die Kosten der anzuschaffenden Maschinen und Anlagen, bezogen auf ihre Nutzungsdauer, kleiner sind als der zusätzliche Erfolg, der mit ihrer Hilfe erzielt werden kann.

Neben neuen Chancen durch die Erhaltung und Erhöhung der Wettbewerbsfähigkeit beinhalten die neuen Techniken auch Risiken.
Die Risiken bestehen vor allem:

> in mangelndem oder hinter dem jeweiligen Stand liegendem Wissen und beruflichem Können
> in der Finanzierung neuer Maschinen und Geräte, die zudem immer rascher veralten und von Klein- und Mittelbetrieben nicht immer optimal ausgelastet werden können
> in der mangelnden Anpassung der Organisation und der Unternehmensführung

> Die Handwerksorganisationen bieten dem Betriebsinhaber bei der Einführung neuer Technologien wesentliche Hilfestellungen.
> Eine besonders wichtige Rolle nehmen hierbei die Berufsbildungs- und Technologiezentren bzw. Kompetenzzentren der Handwerksorganisationen ein, die einerseits im Rahmen der überbetrieblichen Lehrlingsunterweisung und andererseits im Rahmen von Fort- und Weiterbildungsveranstaltungen das erforderliche Wissen über die neuen Techniken vermitteln.

2.3 Organisation

Die betriebswirtschaftlichen und technischen Berater sowie spezielle Technologietransferberater der Handwerkskammern und der Fachverbände beraten die Betriebe bei der Umsetzung neuer Technologien.

Beratungsangebot
Die Beratung erfolgt sowohl auf betriebswirtschaftlichem Gebiet, weil die Anschaffungskosten der genannten Geräte relativ hoch sind, als auch im technischen Bereich durch eine auf den Einzelfall bezogene Anwendungshilfe in Form von Beratung, Information und Vermittlungsdiensten (Datenbanken).

Öffentliche Hilfen
Wichtig sind auch entsprechende öffentliche Hilfen bei der Förderung des Technologietransfers.

2.3.5 Zwischenbetriebliche Zusammenarbeit (Kooperation)

Aufgabendurchführung
Je nach den Kenntnissen des Betriebsinhabers, der Betriebsgröße und der Branche wird der Handwerksmeister einen Teil der Aufgaben auf Arbeitskräfte im Betrieb (zum Beispiel Betriebsleiter, Meisterfrau, Bürokräfte) übertragen (= Zusammenarbeit im Betrieb). Gerade die mitarbeitende Meisterfrau ist als „Co-Pilotin" des Betriebsinhabers in den Handwerksbetrieben das Rückgrat und die verantwortlich mitgestaltende Führungskraft des Betriebes.

Darüber hinaus besteht die Möglichkeit, bestimmte Aufgaben von zwischenbetrieblichen Einrichtungen durchführen zu lassen.

Kooperationen im Handwerk werden in der Zukunft in vielen Bereichen notwendig werden.

2.3.5.1 Möglichkeiten, Voraussetzungen und Schwerpunkte der zwischenbetrieblichen Zusammenarbeit

> Unter zwischenbetrieblicher Kooperation versteht man die freiwillige Zusammenarbeit zwischen rechtlich selbstständigen Unternehmen.

Ziele
Wichtige Ziele der zwischenbetrieblichen Kooperation sind im Folgenden dargestellt:

- größere Aufträge/attraktivere Preise
- Stärkung der Wettbewerbsfähigkeit
- Rationalisierung/Kosteneinsparungen
- Leistungssteigerung
- Verbesserung der Leistungschancen
- Erschließung neuer Märkte/Verbesserung der Marktchancen
- Komplettangebote aus einer Hand
- Anpassung an veränderte Marktbedingungen
- Verteilung des Risikos
- bessere Nutzung von Spezialwissen

Komplettangebote
Kooperationen sind vermehrt notwendig, um den Kundenerwartungen für gebündelte Handwerksleistungen als Komplettangebot „aus einer Hand" gerecht werden zu können (zum Beispiel im Bau- und Ausbaubereich, Gebäudemanagement etc.).

2.3.5 Zwischenbetriebliche Zusammenarbeit (Kooperation)

> Ein wichtiges Merkmal der betrieblichen Zusammenarbeit liegt darin, dass die wirtschaftliche Entscheidungsfreiheit der einzelnen Betriebe weitgehend erhalten bleibt.

Die kooperierenden Betriebe ordnen sich nicht einer einheitlichen Leitung unter, sondern treffen nur zur Durchführung bestimmter Aufgaben gemeinsame Entscheidungen. Eine solche vertraglich geregelte Zusammenarbeit zwischen kleinen und mittleren Unternehmen ist vom Gesetzgeber im Gesetz gegen Wettbewerbsbeschränkungen (GWB) ausdrücklich erlaubt worden, sofern sie sich nicht auf reine Preisabsprachen bezieht.

Basis einer erfolgreichen Kooperation ist der Kooperationsvertrag, der schriftlich die wichtigsten Kooperationsinhalte regelt.

Kooperationsvertrag

- Vertragspartner
- Gegenstand der Kooperation
- Aufgabenbeschreibung, Leistungsumfang
- Pflichten der Kooperationspartner
- Rechtsbeziehungen der Kooperationspartner untereinander und gegenüber Dritten
- Beginn, Dauer, Kündigungsregelungen
- Finanzierung
- Kosten- und Ergebnisregelung
- Geschäftsführung
- Haftung
- Gewährleistung
- Konfliktregelungen
- Gerichtsstand

Die wichtigsten Voraussetzungen für eine erfolgreiche Kooperation sind:

Wichtigste Voraussetzungen

- gegenseitiges Vertrauen der Kooperationsmitglieder (richtiges Team)
- fachliche Qualifikation der Kooperationspartner
- klare Vorgaben für die Kooperationsbereiche
- klare Spielregeln für die Partner
- zweckentsprechende Rechtsform, klare Vertragsvereinbarungen
- klare Haftungsregelung
- reibungslose verwaltungsmäßige Abwicklung (Kooperationsmanagement)

Eine zwischenbetriebliche Kooperation erfolgt insbesondere in folgenden Kooperationsfeldern:

Kooperationsfelder

- Beschaffung
- Produktion
- Dienstleistungen, Service, Kundendienst
- Vertrieb
- Marketing (z. B. Werbung, Verkaufsförderung)
- Verwaltung

2.3 Organisation

> Finanzierung
> Personalplanung, Personaleinsatz
> Forschung und Entwicklung
> Rechnungswesen
> IT
> Erfahrungsaustausch

Förderung der Kooperation

Die Förderung der Kooperation ist eine wesentliche Aufgabe der Handwerksorganisationen.
Angesichts der fortschreitenden wirtschaftlichen Integration in Europa gewinnt auch die Kooperation mit ausländischen Partnern an Bedeutung.

2.3.5.2 Formen der Kooperation

Grundsätzlich unterscheidet man zwischen horizontaler und vertikaler Kooperation.

> Unter horizontaler (branchengleicher) Kooperation versteht man die Zusammenarbeit von gleich gearteten Kapazitäten mehrerer Unternehmen mit dem Ziel, größere Aufträge durchführen zu können.
> Unter vertikaler Kooperation versteht man die Zusammenfügung mehrerer Unternehmen unterschiedlicher Fertigungsstufen mit dem Ziel, Aufträge durchführen zu können, die mehrere Fertigungsstufen umfassen.

Beispiele für vertikale Kooperationen sind:

> Generalunternehmen, die die Erstellung von kompletten Bauprojekten vornehmen
> Subunternehmen, die Teilfunktionen bei der Durchführung von Bauprojekten im Auftrag eines Generalunternehmers übernehmen

Außerdem sind Kombinationen beider Kooperationsformen möglich.
Die wichtigsten Formen und Einrichtungen der Kooperation sind im Einzelnen:

Beschaffungssektor

> Auf dem Sektor der Beschaffung mit dem Ziel, durch den Einkauf größerer Mengen günstigere Konditionen und Preise zu erhalten:
Einkaufsgenossenschaften, Kreditgenossenschaften und Einkaufsgemeinschaften.

Leistungserstellung

> Auf dem Gebiet der Leistungserstellung zur Verbesserung der Produktionsverhältnisse (Schaffung optimaler Betriebsgrößen):
Einschaltung von Subunternehmen (Fremdfertigung und Fremdleistung), Bildung von Arbeitsgemeinschaften zur Durchführung größerer Aufträge, Leistungsgemeinschaften, Zulieferverträge, Errichtung von Handwerkerhöfen, Gewerbeparks und Gründerzentren.
Leistungsgemeinschaften bieten insbesondere im Bau- und Ausbaubereich den Kunden verschiedenartige Handwerksleistungen nach dem Grundsatz „Alles aus einer Hand" an, und zwar sowohl kostengünstige Formen des Bauens als auch Komfortlösungen. Dadurch kann den Kundenwünschen besser entsprochen werden.

2.3.5 Zwischenbetriebliche Zusammenarbeit (Kooperation)

Dienstleistungen rund um das Gebäude aus einer Hand (Facility Management) fordert der Markt in zunehmendem Maße, die durch Kooperation von Handwerksbetrieben erbracht werden können. Vor allem Betriebe des Elektro-, Sanitär-, Heizungs-, Klima- und baunahen Handwerks sowie der Gebäudereinigung sind hier gefordert. Einen Überblick über die wichtigsten Geschäftsfelder gibt die nachstehende Abbildung:

Dienstleistungen rund um das Gebäude

```
        Wichtige Teilbereiche des Facility Managements
                 für Handwerksbetriebe
              /                        \
   Flächenbewirtschaftung         Flächenbewirtschaftung
   ▶ Flächen-/Raumplanung         ▶ zentrale Leittechnik
   ▶ Bestandserfassung,           ▶ Betrieb der technischen
     Bestandspflege                 Anlagen und Zentralen
   ▶ Gebäudesicherheit            ▶ Energiemanagement
   ▶ Reinigung                    ▶ Nachrichten- und
   ▶ Fuhrparkverwaltung             Kommunikationstechnik
                                  ▶ Instandhaltung
```

Weitere Kooperationen können eingegangen werden zum gemeinsamen Einsatz von teuren Fertigungs-, Mess- und Prüfungseinrichtungen (bessere Auslastung, Verbesserung der Kosten-Nutzen-Relation).

> Im Bereich des Vertriebs zur Schaffung kostengünstiger Vertriebsorganisationen und zum Aufbau einer stärkeren Marktposition:
> Verkaufsgenossenschaften, Vertriebsgesellschaften, Ladengemeinschaften, Handwerkermärkte, Kundendienst, Montage, Einführung von Neuheiten, einheitliche Marketingkonzeptionen oder Marketinggesellschaften, örtliche oder überregionale Werbegemeinschaften, Messekooperationen, gemeinsamer Internetauftritt.

Vertrieb

> Auf dem Gebiet der Verwaltung zur Erhöhung der Wirtschaftlichkeit:
> Buchstellen, Rechenzentren, Betriebsberater, Steuerberater, Erfahrungsaustauschgruppen, Qualitätszirkel usw.

Verwaltung

Von besonderem Vorteil für die Beteiligten ist der systematische zwischenbetriebliche Erfahrungsaustausch.

Nachstehende Abbildung zeigt die wichtigsten Kooperationseinrichtungen in den einzelnen Aufgabenbereichen zusammenfassend im Überblick:

Wichtige Kooperationseinrichtungen in einzelnen betriebswirtschaftlichen Aufgabenbereichen

Beschaffung	Leistungserstellung	Vertrieb	Verwaltung
Einkaufsgenossenschaften	Einschaltung von Subunternehmen	Verkaufsgenossenschaften	Buchstellen
Einkaufsgemeinschaften	Arbeitsgemeinschaften	Vertriebsgesellschaften	Rechenzentren
Kreditgenossenschaften	Leistungsgemeinschaften	Ladengemeinschaften	Berater
	Zulieferverträge	Kundendienst	Erfahrungsaustauschgruppen
	Handwerkerhöfe	Marketinggesellschaften	Qualitätszirkel
	Gründerzentren	Werbegemeinschaften	
	Facility Management	Messekooperationen	
		gemeinsamer Internetauftritt	

> Sowohl die Organisationsformen als auch die Methoden der zwischenbetrieblichen Kooperation sind einem ständigen Wandel unterworfen und müssen daher laufend den veränderten Gegebenheiten wirtschaftlicher und technischer Art angepasst werden.

2.3.5.3 Zusammenarbeit mit Heimwerkern

Im Hinblick auf den ständig zunehmenden Umfang der Heimwerkerbewegung stellt sich für einige Handwerksberufe auch die Frage nach der Zusammenarbeit mit den Heimwerkern bzw. nach einer Betreuung von Eigenleistungen.
Der jährliche Umfang des sogenannten „Do-it-yourself" erreicht ein beträchtliches Marktvolumen. Am meisten betroffen sind die Bereiche Bau und Ausbau.

Argumente für Zusammenarbeit

Für eine arbeitsteilige Zusammenarbeit von Handwerkern und Heimwerkern sprechen folgende Argumente:

> Das beträchtliche Marktvolumen läuft ohne Zusammenarbeit ganz am Handwerk vorbei.
> Eine Zusammenarbeit eröffnet Chancen für zusätzliche Materiallieferungen.
> Über eine intensive Beratung können weitere Aufträge erreicht werden.
> Die Zusammenarbeit ermöglicht im Interesse des Kunden die Gewährleistung von Sicherheit und die Vermeidung von Bauschäden.

Argumente gegen Zusammenarbeit

Gegen eine Zusammenarbeit sprechen folgende Argumente:

2.3.5 Zwischenbetriebliche Zusammenarbeit (Kooperation)

> Durch die Zusammenarbeit erhält das „Do-it-yourself" eventuell weiteren Auftrieb.
> Infolge von „Do-it-yourself" gehen mehr Aufträge verloren, als durch eine Zusammenarbeit zusätzlich gewonnen werden.
> Mit Beratungsleistungen oder anderen Teilleistungen können oft keine kostendeckenden Einnahmen erzielt werden.
> Es besteht die Gefahr, dass der Heimwerker nur die Beratungsleistungen in Anspruch nimmt, Materialien jedoch in Baumärkten kauft.

Eine allgemein gültige Empfehlung für oder gegen eine Zusammenarbeit kann nicht gegeben werden. Die Situation muss jeweils entsprechend dem Handwerkszweig, dem Handwerksbetrieb und dem Standort beurteilt werden.

Betriebe und Handwerksorganisationen müssen in Zukunft in der Öffentlichkeit verstärkt darauf hinweisen, dass nur der ausgebildete Handwerker fachgerechte und qualitativ hochwertige Arbeit leisten kann. Laienarbeit führt oft zu Pfuscherei, bringt Gefahren mit sich und kann letztlich sehr teuer werden.	Vorteile der qualifizierten Handwerksleistung

Übungs- und Prüfungsaufgaben

1. Der starke Wettbewerb zwingt Sie als Inhaber eines Handwerksbetriebes, die Betriebsabläufe bestmöglich zu gestalten, d.h., die Arbeitsprozesse hinsichtlich Arbeitsinhalt, Arbeitszeit und Arbeitszuordnung so zu kombinieren, dass rationell gewirtschaftet wird. Um dieses Ziel zu erreichen, wollen Sie im Rahmen der Betriebsorganisation die Ablaufplanung und Ablauforganisation verbessern.

    Aufgabe: Erklären Sie die wichtigsten Leitsätze der Ablaufplanung und Ablauforganisation, an denen Sie Ihre Arbeit im vorliegenden Fall ausrichten!

    >> Seite 309 |

2. Die Ablauforganisation besteht aus
    - a Prozessanalyse und Prozesssynthese.
    - b Aufgabenanalyse und Aufgabensynthese.
    - c Aufbauorganisation und Organisationsentwicklung.
    - d funktionaler und divisionaler Organisation.
    - e Teamorganisaiton und Projektorganisation.

    >> Seite 310 |

3. Erläutern Sie wichtige logistische Aufgaben und Bereiche für den Handwerksbetrieb!

    >> Seite 310 |

4. Was versteht man unter Qualitätssicherung?

    >> Seite 311 |

5. Um die Zukunftschancen Ihres Handwerksbetriebes zu verbessern, das Unternehmen nachhaltig zu sichern sowie alle qualitätsbezogenen Zielsetzungen und Tätigkeiten bestmöglich umzusetzen, wollen Sie ein Qualitätsmanagementsystem einführen.

    Aufgabe: Erläutern Sie die wichtigsten Schritte, wie Sie beim Aufbau des Qualitätsmanagements für Ihren Betrieb vorgehen!

    >> Seite 312 |

2.3 Organisation

6. Wer ist zur Zertifizierung des Qualitätsmanagements eines Unternehmens berechtigt?

   - [ ] a Nur die jeweilige Innung
   - [ ] b Nur die jeweilige Kreishandwerkerschaft
   - [ ] c Von der Trägergemeinschaft (TGA) anerkannte Stellen
   - [ ] d Die Handwerkerhöfe
   - [ ] e Nur der TÜV

   >> Seite 312 |

7. Welche betrieblichen Vorteile können durch ein Qualitätsmanagementsystem erreicht werden?

   >> Seite 313 |

8. Beschreiben Sie den Nutzen des Umwelt-Management-Systems für einen Handwerksbetrieb!

   >> Seite 313 |

9. Sie sind Inhaber eines Handwerksbetriebes und haben zurzeit mit Ihren Mitarbeitern feste tägliche und wöchentliche Arbeitszeiten festgelegt. Um künftig in Ihrem Betrieb besser auf den qualitativ und mengenmäßig wechselnden Arbeitsanfall reagieren zu können und um auch den Wünschen Ihrer Arbeitnehmer auf mehr Flexibilität bei der Arbeitszeit entgegenzukommen, wollen Sie die Einführung von flexiblen Arbeitszeitregelungen prüfen.

   Aufgabe: Stellen Sie die drei für Ihren Handwerksbetrieb grundsätzlich in Frage kommenden Arbeitszeitmodelle kurz dar!

   >> Seite 314 |

10. Von Kollegen haben Sie als Betriebsinhaber gehört, dass in Ihrem Handwerkszweig im Rahmen der betrieblichen Ablauforganisation vermehrt die Gruppenorganisation zum Tragen kommt. Das bedeutet, dass zwei oder mehrere Mitarbeiter gemeinsam einen Auftrag erledigen bzw. eine Arbeit ausführen. Sie prüfen, ob die Form der Gruppenorganisation für Ihren Betrieb sinnvoll ist.

    Aufgabe: Erklären Sie die Vor- und Nachteile der Gruppenorganisation für Ihren Betrieb!

    >> Seite 315 |

2.3 Organisation

11. Als Inhaber eines Handwerksbetriebes wissen Sie aus eigener Erfahrung, dass eine mangelhafte Schriftgut- bzw. Aktenablage im Rahmen der Verwaltungs- und Büroorganisation unwirtschaftlich ist, weil der Zeitaufwand durch langes Suchen unnötige Kosten verursacht und zu Verzögerungen führt. Aus diesem Grunde wollen Sie die Übersichtlichkeit der Aktenablage verbessern und die Aktenordnung systematisieren.

    Aufgabe: Stellen Sie kurz dar, wie Sie die Aktenordnung für Ihren Betrieb übersichtlich aufbauen können, unabhängig von der technischen Lösung (z. B. EDV)!

    >> Seite 316

12. Stellen Sie wichtige Kriterien für die formale und inhaltliche Gestaltung von Geschäftsbriefen fest!

    >> Seite 318

13. Bietet die Anwendung von Musterbriefen Vorteile?

    a Ja, Musterbriefe können als Drucksache versandt werden.

    b Ja, damit Mitarbeiter des Betriebes von Routinebriefen entlastet werden.

    c Nein, Musterbriefe sollten nicht verwendet werden, weil sie zu schematisch sind.

    d Nein, Musterbriefe werden von Empfängern als unpersönlich empfunden.

    e Nein, weil die Kosten für die Entwicklung von Musterbriefen zu hoch sind.

    >> Seite 323

14. Der Einsatz moderner Informations- und Kommunikationstechnologien wird auch für Handwerksbetriebe immer wichtiger. Sie haben als selbstständiger Handwerker zwar schon verschiedene Telekommunikationsmittel im Einsatz, wollen sich aber nunmehr einen Überblick über alle für einen Handwerksbetrieb in Frage kommenden Kommunikationsmittel verschaffen, um festzustellen, in welchen Bereichen in Ihrem Betrieb noch weitere Einsatzmöglichkeiten bestehen.

    Aufgabe: Erstellen Sie eine Liste über die in Frage kommenden Telekommunikationsmittel!

    >> Seite 323

2.3 Organisation

15. Sie beabsichtigen als junger Handwerksmeister einen Betrieb zu gründen. Dabei wollen Sie auch ein EDV-System einrichten. Bevor Sie sich mit den notwendigen Schritten zum Aufbau und der praktischen Einführung befassen, wollen Sie feststellen, für welche Anwendungsbereiche ein EDV-System im Handwerksbetrieb zum Einsatz kommen kann.

    Aufgabe: Erläutern Sie die wichtigsten Anwendungsbereiche
    a) auf dem Gebiet der kaufmännischen Verwaltung!
    b) auf dem Sektor der technischen Verwaltung!

    >> Seite 333 |

16. Beschreiben Sie die wichtigsten Elemente der Hardware im Allgemeinen und die wichtigsten Bestandteile eines PCs im Besonderen!

    >> Seite 325 |

17. Beschreiben Sie wichtige Regeln des Zeitmanagements!

    >> Seite 316 |

18. Erklären Sie kurz den Begriff Netzwerk und erläutern Sie seine Bedeutung für den Handwerksbetrieb!

    >> Seite 328 |

19. Erläutern Sie wichtige Punkte, die der Handwerksbetrieb bei der Einführung eines EDV-Systems beachten muss und wie man dabei vorgehen soll!

    >> Seite 330 |

20. Als Inhaber eines Handwerksbetriebes wollen Sie prüfen, welche Möglichkeiten bestehen, das Internet für betriebliche Zwecke zu nutzen.

    Aufgabe: Beschreiben Sie, auf welchen Gebieten Sie als Handwerksbetrieb das Internet nutzen können, und erläutern Sie kurz die wichtigsten Bereiche des E-Commerce!

    >> Seite 335 |

21. Erklären Sie die wichtigsten Vorteile einer eigenen Homepage für den Handwerksbetrieb!

    >> Seite 336 |

22. Wie gehen Sie bei der Einführung des Internets in Ihrem Betrieb vor?

    >> Seite 338 |

2.3 Organisation

23. Die Aufbauorganisation besteht aus
    - [ ] a Marketing und Vertrieb.
    - [ ] b Beschaffung und Vertrieb.
    - [ ] c Prozessanalyse und Prozesssynthese.
    - [ ] d Teamorganisation und Projektorganisation.
    - [ ] e Aufgabenanalyse und Aufgabensynthese.

    >> Seite 339 |

24. Erklären Sie kurz die divisionale Aufbauorganisation anhand eines selbst gewählten praktischen Beispiels!

    >> Seite 343 |

25. Warum kann die Projektorganisation unabhängig von der Aufbauorganisation in einem Handwerksbetrieb hilfreich sein?

    >> Seite 344 |

26. Die Organisationsentwicklung hat im Allgemeinen die Aufgabe,
    - [ ] a den EDV-Einsatz auszubauen.
    - [ ] b die Geschäftsprozesse zu optimieren.
    - [ ] c die Projektorganisation einzuführen.
    - [ ] d die Teamorganisation einzuführen.
    - [ ] e das Betriebsklima zu verbessern.

    >> Seite 344 |

27. Was versteht man unter Mechanisierung?

    >> Seite 345 |

28. Beschreiben Sie anhand eines selbst gewählten Beispiels die Einsatzmöglichkeiten von CAD und CAM in einem Handwerksbetrieb!

    >> Seite 346 |

29. Zwischenbetriebliche Zusammenarbeit ist
    - [ ] a im Bereich des Handwerks überall selbstverständlich.
    - [ ] b im Handwerk wirtschaftlich uninteressant.
    - [ ] c im Bereich des Handwerks in der Zukunft noch notwendiger.
    - [ ] d im Handwerk kaum möglich, weil zwischenbetriebliche Einrichtungen fehlen.
    - [ ] e dem Handwerker aus Konkurrenzgründen nicht zu empfehlen.

    >> Seite 348 |

2.3 Organisation

30. Zur Verbesserung der Wettbewerbsfähigkeit Ihres Betriebes im weitesten Sinne wollen Sie feststellen, welche Zielsetzungen durch zwischenbetriebliche Zusammenarbeit (Kooperation) erreicht werden können und in welchen Bereichen Kooperation erfolgen kann.

    Aufgabe:
    a) Erläutern Sie wichtige Ziele der zwischenbetrieblichen Zusammenarbeit!
    b) Stellen Sie fest, in welchen Bereichen zwischenbetriebliche Kooperation erfolgen kann!

    >> Seite 348 |

31. Welche wichtigen Voraussetzungen sollten für eine erfolgreiche Kooperation gegeben sein?

    >> Seite 349 |

32. Sie sind Inhaber eines Handwerksbetriebes und haben sich entschlossen, soweit betriebswirtschaftlich zweckmäßig, durch Ausschöpfung möglicher zwischenbetrieblicher Kooperationen die Gesamtorganisation Ihres Betriebes zu verbessern. Zur Vorbereitung Ihrer Entscheidungen wollen Sie zunächst feststellen, welche Formen der zwischenbetrieblichen Zusammenarbeit es für einen Handwerksbetrieb gibt und welche Kooperationseinrichtungen für eine solche Zusammenarbeit in Frage kommen.

    Aufgabe: Stellen Sie die wichtigsten Formen und Einrichtungen der zwischenbetrieblichen Zusammenarbeit dar!

    >> Seite 350 |

33. Erläutern Sie wichtige Teilbereiche des Facility Managements!

    >> Seite 351 |

2.4 Personalwesen und Mitarbeiterführung

Das Personalwesen hat sich in den vergangenen Jahrzehnten zu einem der bedeutendsten Gebiete der Betriebswirtschaftslehre entwickelt.

Personalwirtschaft

Der Begriff des Personalwesens wird oft gleichgesetzt mit den Begriffen Personalwirtschaft und Personalmanagement.

> Ziel des Personalwesens ist es, menschliche Arbeitskraft in qualitativer, quantitativer, räumlicher und zeitlicher Hinsicht für die Verwirklichung der Ziele des Handwerksbetriebes zur Verfügung zu stellen.

```
                    Produktionsfaktor
                  menschliche Arbeitskraft
```

quantitative Verfügbarkeit	qualitative Verfügbarkeit	räumliche Verfügbarkeit	zeitliche Verfügbarkeit
d. h. Arbeitskräfte stehen in der erforderlichen Anzahl zur Verfügung.	d. h. Arbeitskräfte stehen mit der erforderlichen Qualifikation zur Verfügung.	d. h. Arbeitskräfte stehen am erforderlichen Ort zur Verfügung.	d. h. Arbeitskräfte stehen zum erforderlichen Zeitpunkt und Zeitraum zur Verfügung.

2.4.1 Personalplanung

> Die Personalplanung hat die Aufgabe, Entscheidungen in personellen Angelegenheiten vorzubereiten, um das Ziel der Bereitstellung der erforderlichen personellen Kapazitäten für den Handwerksbetrieb zu erreichen.

Die Personalplanung muss, um alle Notwendigkeiten zu berücksichtigen, auf Beschaffung von Arbeitskräften, Arbeitskräfteeinsatz sowie die Planung der Ausbildung und Fortbildung ausgerichtet sein.

2.4.1.1 Personalbedarfsermittlung

Ermittlung des Personalbedarfs

Die Personalbedarfsermittlung bezieht sich auf die Analyse des Personalbedarfs des Handwerksbetriebes und leitet daraus den Stellenplan ab.

2.4.1 Personalplanung

Analyse des Personalbedarfs

Bei der Analyse des Personalbedarfs unterscheidet man zwischen quantitativen und qualitativen Kriterien.

> Quantitative Personalbedarfsanalyse

> Die quantitative Personalbedarfsanalyse beschäftigt sich mit der Fragestellung, wie viele Mitarbeiter zu einem bestimmten Zeitpunkt an einem bestimmten Ort dem Handwerksbetrieb zur Verfügung stehen sollen.

Folgende interne und externe Einflussfaktoren finden Berücksichtigung: *Einflussfaktoren*

Interne Faktoren:

> Arbeitsorganisation
> Absatzplanung und Auftragslage
> erwartete Personalfluktuation
> Betriebszweck
> Betriebsgröße
> Betriebsausstattung
> Qualitätsanforderungen

Externe Faktoren:

> gesamtwirtschaftliche Entwicklung
> wirtschaftliche Entwicklung des Handwerkszweiges
> technologische Entwicklungen
> strukturelle Entwicklungen
> Angebot am Arbeitsmarkt

Unter Berücksichtigung der genannten Faktoren kann der Handwerksbetrieb den Brutto-Personalbedarf und den Netto-Personalbedarf ermitteln:

Brutto-Personalbedarf = Anzahl der Mitarbeiter, die voraussichtlich zur Bewältigung der Aufgaben bzw. Aufträge des Handwerksbetriebes erforderlich sind

Netto-Personalbedarf = Brutto-Personalbedarf minus Personalbestand zum Planungszeitpunkt

> Qualitative Personalbedarfsanalyse

> Die qualitative Personalbedarfsermittlung beschäftigt sich mit der Fragestellung, welche Qualifikation die zu einem bestimmten Zeitpunkt an einem bestimmten Ort benötigten Arbeitskräfte des Handwerksbetriebes aufweisen müssen.

Hierzu sind die derzeitigen und zukünftigen Arbeitsanforderungen zu definieren, und daraus ist die erforderliche Qualifikation zu ermitteln.   *Arbeitsanforderungen*

2.4 Personalwesen und Mitarbeiterführung

```
                    Arbeitskräfte
    ┌──────────────┬──────────┬──────────────┐
Hilfskräfte   Facharbeiter  Meister   kaufmännische Kräfte
```

Stellenplan

> Der Stellenplan ist eine Zusammenstellung der im Betrieb bestehenden und geplanten Stellen. Er ist das Ergebnis der Personalbedarfsermittlung und bildet die Grundlage für die Erstellung von Stellenbeschreibungen.

Stellenbeschreibung

> Stellen entstehen aus der Zusammenfassung einzelner Teilaufgaben zu einer von einer Person überschaubaren und bewältigbaren Aufgabe. Grundlage der Stellenbeschreibung ist somit das Aufgabenprofil.

Inhalt

Wichtige Inhalte der Stellenbeschreibung sind:

- sachliche Beschreibung der Tätigkeiten und Aufgaben
- organisatorische Eingliederung der Stelle
- spezifische Leistungsanforderungen
- personelle Anforderungen an den Stelleninhaber
- Kompetenzen des Stelleninhabers
- Vertretungsregelung

2.4.1.2 Personalbeschaffung und Personalauswahl

Personalbeschaffung und Personalauswahl sind wichtige Erfolgskriterien für den nachhaltigen Erfolg des Handwerksbetriebes.

Personalbeschaffung

> Die Personalbeschaffung hat die Aufgabe, die Ergebnisse der Personalbedarfsanalyse umzusetzen und die erforderlichen Arbeitskräfte für den Handwerksbetrieb zu beschaffen.

Möglichkeiten

Folgende wichtige Möglichkeiten der Personalbeschaffung ergeben sich für den Handwerksbetrieb:

- betriebseigene Ausbildung von Fachkräften
- interne Beschaffung des Personals durch Versetzung eines bereits vorhandenen Mitarbeiters
- externe Besetzung der Stelle durch Neueinstellung eines Mitarbeiters
- Beschaffung des Personals durch Personalleasing, Zeitarbeitsfirmen, Personal-Service-Agenturen oder Personalberatungen

2.4.1 Personalplanung

Vorteile der internen Personalbeschaffung: — *Interne Personalbeschaffung*

> - geringe Personalbeschaffungskosten
> - Stelle ist kurzfristig besetzbar.
> - Bewerber verfügt über Kenntnisse der Betriebszusammenhänge.
> - Eignung des Bewerbers ist besser beurteilbar.

Vorteile der externen Personalbeschaffung: — *Externe Personalbeschaffung*

> - Personalbedarf des Handwerksbetriebes ist insgesamt gedeckt (bei interner Umsetzung entsteht in der Regel an anderer Stelle eine Lücke).
> - Externer Bewerber bringt neue Ideen und Arbeitsmethoden in den Handwerksbetrieb.
> - Bewerberauswahl kann objektiver erfolgen.
> - Bewerber geht die Aufgabe unbelasteter an.

Eine wichtige Rolle im Bereich der externen Personalbeschaffung spielt die Stellenanzeige. Deren Gestaltung ist firmenspezifisch und individuell; jedoch weisen Stellenanzeigen in der Regel folgende wichtige Inhalte auf: — *Stellenanzeige*

> - Vorstellung des Unternehmens
>   (z. B. Branche, Umsatz, Mitarbeiterzahl, Produkt- und Leistungsspektrum)
> - geschlechts- und altersneutrale Bezeichnung und Beschreibung der zu besetzenden Funktion
>   (z. B. Aufgaben, Vollmachten, Entwicklungsmöglichkeiten)
> - Voraussetzungen an den Bewerber
>   - fachliche Merkmale (z. B. Ausbildung, Berufserfahrung, Weiterbildung)
>   - persönliche Merkmale (z. B. Belastbarkeit, Teamfähigkeit, Kommunikationsfähigkeit)
>   Wichtig: Keinerlei Angaben zum gewünschten Alter des Kandidaten!
> - Kontaktaufnahme (Firmenadresse, Ansprechpartner, evtl. telefonische Vorabauskunft, Homepage)

Vorteile von Personalleasing oder Arbeitskräftebeschaffung über Zeitarbeitsfirmen: — *Personalleasing*

> - Erhöhter Personalbedarf ist kurzfristig überbrückbar.
> - einfachere Abwicklung bei Nichteignung des Bewerbers

Personalauswahl

> Die Personalauswahl ist die Entscheidung über die Besetzung einer freien Stelle im Handwerksbetrieb.

Folgende Grundsätze sind bei der Ausschreibung und Bearbeitung von Bewerbungen besonders zu beachten: — *Bearbeitung von Bewerbungen*

> - Erstellung eines klaren Anforderungsprofils
>   - klare Darlegung der sachlichen und persönlichen Anforderungen
>   - keine übertriebenen Forderungen stellen
> - attraktive, zielgruppengerechte, werbliche Gestaltung
> - Beachtung der Regelungen des AGG (Allgemeines Gleichbehandlungsgesetz)
>   - geschlechtsneutrale Ausschreibung

2.4 Personalwesen und Mitarbeiterführung

- keine Benachteiligung von Bewerbern wegen Geschlecht, ethnischer Herkunft, Religion oder Weltanschauung, Behinderung, Alter oder sexueller Identität
> rasche Bearbeitung von Bewerbungen
- unter Umständen Versand von Zwischenbescheiden
- Rücksendung der Unterlagen von nicht zum Zuge gekommenen Bewerbern (Achtung: AGG berücksichtigen)
- als Absagegrund nur die Gesamtqualifikation nennen, keine Einzelaspekte
- keine Abwertung von Bewerbern, die nicht angenommen wurden
> diskrete Behandlung von Bewerbungen

Die nachstehende Abbildung enthält die wichtigsten Bewerbungsunterlagen zur Beurteilung von Stellenbewerbern:

[Abbildung: Bewerbungsunterlagen zur Beurteilung – Bewerbungsschreiben; Lebenslauf, ggf. Foto; Zeugnisse von allgemeinbildenden Schulen; Zeugnisse von berufsbildenden Schulen; Referenzen; Zeugnisse über die Berufsausbildung (Ausbildungszeugnis, Gesellen-, Abschlussprüfung); Arbeitszeugnisse; Zeugnisse über Fort- und Weiterbildungsprüfungen sowie Umschulungsprüfungen (Meister-, Techniker-, Ingenieurprüfung u. a.) → Beurteilung]

Weitere Entscheidungshilfen

Weitere Entscheidungshilfen zur Personalauswahl können sein:

> persönlicher Eindruck im Vorstellungsgespräch
> Einsatz verschiedener Eignungstests
  - fachbezogene Tests
  - psychologische Tests
> Beratung bzw. Vermittlung durch Personal- und Unternehmensberater
> Assessment-Center
> Nachfrage bei angegebenen Referenzen
> Beurteilung der Handschrift durch graphologische Gutachten

2.4.1 Personalplanung

Folgende Checkliste zeigt beispielhaft den möglichen Verlauf eines Vorstellungsgesprächs:

Vorstellungsgespräch

1. Gesprächsbeginn/Gesprächseinstieg
   - Begrüßung des Bewerbers
   - gegenseitige Vorstellung
   - Anlass der Einladung
2. Gespräch zum schulischen/beruflichen Lebensweg des Bewerbers
   - schulische Ausbildung
   - berufliche Ausbildung
   - Stationen der bisherigen Berufstätigkeit
   - Fortbildungen
   - Klärung des Grundes des derzeitigen beruflichen Veränderungswillens
3. Gespräch zum persönlichen Lebensweg des Bewerbers
   - Herkunft
   - Elternhaus/Familie
   - Hobbys/Freizeit
   - ggf. ehrenamtliche Tätigkeiten
4. Gespräch über das Handwerksunternehmen
   - Daten über das Unternehmen (z. B. Größe, Umsatz, Mitarbeiterzahl)
   - Details zur ausgeschriebenen Stelle (z. B. Aufgabenbereich, Verantwortungsbereich, Kompetenzen, Stellenbeschreibung etc.)
   - Unternehmenskultur/Unternehmensleitbild
5. Absprachen zum Arbeitsverhältnis
   - Vergütung/Einkommen
   - Arbeitszeit
   - Fortbildung
   - Nebentätigkeiten etc.
6. Gesprächsabschluss
   - kurze Gesprächszusammenfassung
   - weitere Vorgehensweise
   - Dank für das Gespräch
   - Verabschiedung

2.4.1.3 Personaleinsatz und Personalerhaltung

> Im Anschluss an die Personalbeschaffung und die Personalauswahl ist der optimale Einsatz des Personals und seine Erhaltung für den Erfolg des Handwerksbetriebes von zentraler Bedeutung.

Personaleinsatz

> Aufgabe des Personaleinsatzes ist es, die vorhandenen und gewonnenen Arbeitskräfte optimal auf die vorhandenen Stellen zu verteilen.

2.4 Personalwesen und Mitarbeiterführung

```
                    Personaleinsatz
        ┌───────────────┼───────────────┐
Leistungsmerkmale  Leistungsvoraussetzungen  Leistungsförderung
```

› Leistungsmerkmale

Körperliche und geistige Anforderungen

Der technische Wandel hat für den arbeitenden Menschen Veränderungen gebracht. In den meisten Bereichen sind die körperlichen Anforderungen an die Arbeitskraft durch gezielten Maschinen- und Geräteeinsatz geringer geworden. Die Anforderungen an die geistigen Fähigkeiten sind dagegen vor allem im Handwerk durch die Ausführung individueller und verantwortungsvoller Tätigkeiten sowie durch den Einsatz neuer Techniken enorm gewachsen.

Arbeitspsychologie

Ebenso ist durch erhöhtes Arbeitstempo, verursacht durch Produktivitätsfortschritt und Arbeitszeitverkürzungen, die psychische und nervliche Belastung stärker geworden. In diesem Zusammenhang sind zusätzliche Aufgaben in der Menschenführung entstanden. Ferner sind wissenschaftliche Disziplinen wie Arbeitsmedizin und Arbeitspsychologie auf die Förderung der Arbeitsbedingungen und eines guten Betriebsklimas ausgerichtet.

> Ziel des Personaleinsatzes ist es, die Arbeitsbedingungen so zu gestalten, dass der für den Betrieb bestmögliche Erfolg verwirklicht werden kann.

› Leistungsvoraussetzungen

Zu unterscheiden sind folgende Faktoren:

Arbeitsleistungsfaktoren
› äußere Voraussetzungen
› innere Voraussetzungen

– Äußere Voraussetzungen

Äußere Bestimmungsfaktoren

Wichtige äußere Bestimmungsfaktoren für die Arbeitsleistung sind:
- Einsatz und Gestaltung technischer Hilfsmittel
- Einsatz und Gestaltung von Maschinen und Werkzeugen
- Gestaltung und Ausstattung des Arbeitsplatzes
- Gestaltung und Ausstattung des Arbeitsraumes (Platzangebot, Lärmbelastung, Beleuchtung, Klimaführung, Farbgestaltung usw.)
- innerbetriebliche Organisation
- Verhältnis zwischen Vorgesetzten und Mitarbeitern (Betriebsklima).

– Innere Voraussetzungen

Die Abbildung zeigt die wichtigsten inneren Bestimmungsfaktoren zur Erbringung guter Arbeitsleistung:

2.4.1 Personalplanung

Innere Voraussetzungen

- **fachliches Können**
  - + sachlich richtige Unterweisung
  - + Lernen
  - + Übung, Erfahrung

- **Leistungsfähigkeit**
  - + Lebensführung
  - + Vermeidung von Überbelastung
  - + Unfallsicherheit
  - + Gesundheitsfürsorge

- **Leistungswille**
  - + Lohngerechtigkeit
  - + Information
  - + pädagogische Unterweisung
  - + überzeugende Anweisung
  - + Mitwirkung am Betriebsgeschehen
  - + eigene Einsicht
  - + Aufgeschlossenheit

- **Leistungsbereitschaft**
  - + Arbeitswelt
  - + Arbeitsablauf
  - + Behandlung
  - + Anerkennung
  - + abgestimmte Arbeitsgruppe
  - + soziale Sicherheit
  - + Gefahrlosigkeit der Arbeit
  - + Charakter
  - + Neigung
  - + Können
  - + außerberufliche Interessen (Hobby)

Wie die vorige Abbildung zeigt, hängt die Arbeitsleistung in erster Linie vom fachlichen Können, der Leistungsfähigkeit, dem Leistungswillen und der Leistungsbereitschaft ab.

Unter **Leistungsfähigkeit** versteht man in diesem Sinne die durch körperliche Verfassung und vorhandene Fähigkeiten und Handlungskompetenzen bestimmte mögliche Höchstleistung.
Leistungswille ist der bewusste Beitrag zum Arbeitserfolg.
Leistungsbereitschaft umfasst Faktoren, die vom Gefühl gesteuert werden, und wird vor allem durch Leistungsanerkennung gefördert.

Ursachen für mangelnde Leistungsbereitschaft sind:

> Verstimmungen und Verärgerungen
> beginnende Krankheit
> häusliche Sorgen
> finanzielle Notlage usw.

> Die wichtigste Aufgabe des Personaleinsatzes ist die Abstimmung aller inneren und äußeren Leistungsvoraussetzungen.

2.4 Personalwesen und Mitarbeiterführung

› Leistungsförderung

Faktoren der Leistungsförderung

Folgende Faktoren können die Leistung des Mitarbeiters fördern:

- › leistungsgerechte und marktgerechte Entlohnung
- › Schaffung humaner Arbeitsbedingungen
- › Sinnfindung und Sinnverwirklichung in der betrieblichen Arbeit
- › Identifikation mit den Arbeitsinhalten
- › Identifikation mit dem Betrieb
- › Leistungsanerkennung durch den Vorgesetzten bzw. Betriebsinhaber

Personalerhaltung

> Die Personalerhaltung beinhaltet alle Maßnahmen, die notwendig sind, das vorhandene Personal an den Betrieb zu binden.

Maßnahmen

Mögliche Maßnahmen sind:

- › markt- und leistungsgerechte Entlohnung der Mitarbeiter
- › Schaffung eines angenehmen Betriebs- und Arbeitsklimas
- › Möglichkeiten der Selbstentfaltung der Mitarbeiter
- › Zugeständnis von größtmöglicher Selbstständigkeit der Mitarbeiter
- › Einbindung der Mitarbeiter in betriebliche Entscheidungsprozesse usw.

Die Personalerhaltung ist für den Handwerksbetrieb von großer Bedeutung, um einerseits Kosten für die Neubesetzung von Arbeitsstellen und Einarbeitung zu vermeiden und andererseits ein gutes Betriebsklima zu erhalten.

Outplacement / Direct Placement

Outplacement / Direct Placement

> Unter Outplacement oder dem modernen Begriff Direct Placement versteht man die in der Regel vom Unternehmen finanzierte Dienstleistung zur beruflichen Neuorientierung eines ausscheidenden Mitarbeiters bis zum Abschluß eines neuen Arbeitsvertrages in einem anderen Unternehmen.

Outplacement wird durch externe Outplacement- bzw. Direct-Placement-Berater durchgeführt. Diese helfen dem Stellensuchenden bei der Analyse und Bestandsaufnahme seiner beruflichen Situation, bei der Erstellung eines Qualifikationsprofils und einer individuellen Bewerbungsstrategie.

Vorteile des Outplacement:

- › Darstellung der langjährigen Verbundenheit mit einem ausscheidenden Mitarbeiter
- › Verhinderung eines Arbeitsrechtsstreits
- › Stärkung des Ansehens des Unternehmens

Nachteile des Outplacement:

- › relativ hohe Kostenbelastung durch die Outplacementmaßnahme

2.4.1 Personalplanung

Outplacement ist heutzutage nicht mehr nur Führungskräften vorbehalten, sondern kommt auch anderen qualifizierten Mitarbeitern zugute.

Mitarbeiterbefragung

Ein Mittel, die Meinung der Mitarbeiter zu wichtigen Themen kennen zu lernen, ist die Mitarbeiterbefragung. Diese wird in der Regel anonym durchgeführt. Von großer Bedeutung ist die Ableitung und Umsetzung gezielter Maßnahmen auf Basis der Befragungsergebnisse.

> Ziel ist es, die Arbeitszufriedenheit der Mitarbeiter zu analysieren und Schwachstellen aufzudecken.

2.4.1.4 Personalentwicklung

> Unter Personalentwicklung versteht man die Maßnahmen, die auf die Entwicklung und die Verbesserung der Leistungsbereitschaft und Leistungsfähigkeit förderungswilliger und förderungswürdiger Mitarbeiter des Handwerksbetriebes abzielen.

Inhalte der Personalentwicklung im Handwerksbetrieb können sein: *Inhalte*

> Vermittlung und Weiterentwicklung von fachlichem Wissen und Können, Bereitschaft zur lebenslangen Weiterbildung
> Informationsvermittlung zur internen Organisation des Handwerksbetriebes und seiner Einbettung in die Arbeitsumwelt
> Veränderungen im Verhalten des Mitarbeiters hinsichtlich seiner Einstellung und Motivation
> Veränderungen im Verhalten des Mitarbeiters hinsichtlich des zwischenmenschlichen Kontaktes innerhalb des Betriebes und in dessen Umfeld

Arten der Personalentwicklung sind: *Arten*

> Berufsausbildung im dualen Berufsausbildungssystem
> berufsbegleitende Fortbildung
> berufsverändernde Fortbildung

Maßnahmen der Personalentwicklung können sein:

> Coaching   *Coaching*
> Beim Coaching werden dem Mitarbeiter Hilfestellungen zur besseren Bewältigung der täglichen Aufgaben und ggf. zum beruflichen Aufstieg durch einen Coach gegeben. Als Coach fungiert meist eine externe Person, die durch den Nachweis einer entsprechenden Coaching-Qualifikation geeignet ist. Im Ausnahmefall kann auch der Vorgesetzte als Coach zur Verfügung stehen. Der Coach nimmt eine Betreuungs-, Beratungs-, Trainings- und Anleitungsfunktion ein.
> Mentoring   *Mentoring*
> Eine erfahrene Führungskraft des Handwerksbetriebes übernimmt als Mentor die Einarbeitung und Unterstützung eines neuen Mitarbeiters. Häufig ist Mentoring eine besondere Form der Nachwuchsförderung.

2.4 Personalwesen und Mitarbeiterführung

Laufbahnplanung

> Laufbahn- und Karriereplanung
> Der Mitarbeiter absolviert bei Einsatz dieser Maßnahme einen Laufbahnplan. Meist wird die Laufbahn- und Karriereplanung für den Führungsnachwuchs eingesetzt. Sie fördert den Leistungswillen des Mitarbeiters und bindet ihn an das Unternehmen.

Bedeutung

Personalentwicklungsmaßnahmen haben auch im Bereich des Handwerks einen hohen Stellenwert.

Besonders im Hinblick auf den hohen Fachkräftebedarf im Handwerk haben Personalentwicklungsmaßnahmen ebenso große Bedeutung wie die Entwicklung individueller Karrierepläne, die den Mitarbeitern Perspektiven und Entwicklungsmöglichkeiten aufzeigen.

> Ziel ist es, die Attraktivität des Betriebes für den Mitarbeiter deutlich zu machen und zu erhalten.

2.4.1.5 Personalmanagement im demographischen Wandel

> Unter Personalmanagement versteht man den systematischen und planenden Umgang mit allen Fragen rund um das Personal. Wichtige Handlungsfelder sind beispielsweise Personalbeschaffung, Personalverwaltung und Personalentwicklung.

Handlungsfelder

Die Handlungsfelder verändern sich durch den demographischen Wandel nicht grundsätzlich. Es ist jedoch von großer Bedeutung, die verschiedenen Bereiche unter Beachtung der Demographie zu betrachten.

Beispiele für Handlungsfelder eines demographischen Personalmanagements sind:

> Mangel an Auszubildenden und Fachkräften
> Image-Problem des Handwerks
> Nachfolgeproblematik bei Betriebsübergaben
> Alterung der Belegschaft
> Angebot von „gesunden" Arbeitsplätzen
> Arbeitszeitflexibilisierung
> Aus- und Weiterbildung
> Kreativität und Innovation
> Führungs- und Unternehmenskultur

2.4.2 Personalverwaltung

> Unter Personalverwaltung ist die Zusammenfassung aller administrativen Maßnahmen in Bezug auf das Personal des Handwerksbetriebes zu verstehen.

Aufgabengebiete

Wichtige Aufgabengebiete im Bereich der Personalverwaltung sind:

2.4.2 Personalverwaltung

> Führung der Personalakten
> Führung von Personalstatistiken
  - Stundenstatistiken
  - Leistungsstatistiken
  - Lohn- und Gehaltsstatistiken
  - Beschäftigungsstatistik
  - Fehlzeitenstatistik
  - Fluktuationsstatistik (Zu- und Abgangsstatistik)
> Anwendung der Regelungen des Sozialrechts und des Arbeitsrechts
> Anwendung der Regelungen von Betriebsvereinbarungen
> Bearbeitung von Mitarbeiteranträgen
> Abwicklung von Lohn- und Gehaltszahlungen
> Kontrollmaßnahmen im Personalbereich

2.4.2.1 Personalaktenführung

> Die Personalakte enthält Informationen verschiedener Art über den Arbeitnehmer. Sie wird heute oftmals durch eine innerhalb des Personalinformationssystems geführte Datenbank ersetzt.

Wichtige Inhalte der Personalakte sind: Inhalte

> Bewerbungsschreiben
> Personalbogen
> Zeugnisse von allgemeinbildenden Schulen
> Zeugnisse von berufsbildenden Schulen
> Arbeitszeugnisse
> Arbeitsvertrag
> Mitteilungen über Versetzungen und Beförderungen
> Gehaltsentwicklung
> Beurteilungen
> Fehlzeiten (Krankheit, Urlaub)
> Meldungen über Änderungen im persönlichen Bereich.

Der Inhalt der Personalakte ist so zu gestalten, dass ein möglichst objektives Bild über die Person und die Leistungen des Mitarbeiters besteht.

Nach dem Betriebsverfassungsgesetz hat der Arbeitnehmer das Recht, Einblick in die Personalakte zu nehmen.   Recht auf Einblick

Bei der Personalaktenführung sind im Besonderen die Bestimmungen des Bundesdatenschutzgesetzes (BDSG) zu beachten. Dieses erlaubt die Speicherung und ggf. auch Übertragung personenbezogener Daten des Arbeitnehmers im Rahmen der Zweckbestimmung des Arbeitsverhältnisses, solange schutzwürdige Belange des Betroffenen nicht beeinträchtigt werden.   Datenschutz

2.4.2.2 Zeugniserteilung

> Das Arbeitszeugnis ist eine dem Arbeitnehmer in der Regel nach Beendigung des Arbeitsverhältnisses auszustellende Urkunde.

2.4 Personalwesen und Mitarbeiterführung

```
                    Arten des Arbeitszeugnisses
                   /                          \
          einfaches Zeugnis              qualifiziertes Zeugnis
```

einfaches Zeugnis:
Angabe von Art und Dauer der Beschäftigung,
persönliche Daten (Vorname, Nachname, Geburtsdatum, Wohnadresse)

qualifiziertes Zeugnis:
Angabe von Art und Dauer der Beschäftigung,
persönliche Daten (Vorname, Nachname, Geburtsdatum, Wohnadresse)

zusätzlich: Bewertung von Führung/Verhalten und Leistung

Der Arbeitnehmer hat beim qualifizierten Zeugnis einen Anspruch auf wohlwollende, aber den Tatsachen entsprechende Beurteilung seiner Leistungen.

Die Formulierungen in Arbeitszeugnissen sind nicht immer ganz einheitlich. Überwiegend kann man jedoch von der folgenden Skala in der betrieblichen Praxis ausgehen:

Formulierungsbeispiele

Beispiele für Formulierungen zur Leistung eines Mitarbeiters:

„erfüllte die übertragenen Aufgaben stets zu unserer vollsten Zufriedenheit"	sehr gute Leistungen
„erfüllte die übertragenen Aufgaben stets zu unserer vollen Zufriedenheit"	gute Leistungen
„erfüllte die übertragenen Aufgaben zu unserer vollen Zufriedenheit"	durchschnittliche Leistungen
„erfüllte die übertragenen Aufgaben zu unserer Zufriedenheit"	unterdurchschnittliche, noch ausreichende Leistungen
„erfüllte die übertragenen Aufgaben insgesamt zu unserer Zufriedenheit"	mangelhafte Leistungen
„hat sich bemüht, die übertragenen Aufgaben zu erfüllen"	unzureichende Leistungen

(>> auch Abschnitt 2.3.2.2 in diesem Band und Abschnitt 3.3.4.7 „Arbeitspapiere – Arbeitszeugnis – Ausgleichsquittung" in Band 2.)

2.4.2.3 Lohn- und Gehaltsabrechnung

Aufgabe

Die Lohnabrechnung hat zum einen die umfassende Aufgabe, die Arbeitsentgelte sowie die gesetzlichen, tariflichen und freiwilligen Abzüge aller Arbeitnehmer im Betrieb zu erfassen, zu berechnen bzw. abzurechnen sowie deren sachgerechte Verbuchung zu ermöglichen. Zum anderen sind die Lohn- und Gehaltsansprüche für jeden Arbeitnehmer in einem Zeitraum (in der Regel 1 Monat) brutto und netto festzustellen.

2.4.2 Personalverwaltung

Die insgesamt für alle Arbeitnehmer zu ermittelnden Bruttolöhne, die Lohnsteuer, Gesamtsozialversicherungsbeiträge sowie die tariflichen und freiwilligen Abzüge sind die Grundlage für Lohnsteuerbescheinigungen, Lohnsteueranmeldung und -abführung, für Anmeldung und Abführung der Beiträge zur Kranken-, Pflege-, Renten- und Arbeitslosenversicherung, für Nachweise und Bezahlung der Berufsgenossenschaftsbeiträge, Bezahlung von Beträgen im Rahmen von vermögenswirksamen Leistungen, Lohnpfändungen usw.

Lohnsteueranmeldungen sind auf elektronischem Weg an die Finanzämter zu übermitteln. Zur Vermeidung von Härtefällen kann das zuständige Finanzamt auf Antrag die Voranmeldung in Papierform zulassen.

Abrechnungstechniken

Die Lohnabrechnung erfolgt in der Regel in organisatorischer Verbindung mit der Buchführung; es ist für jeden Arbeitnehmer ein Lohn- bzw. Gehaltskonto zu führen.

Techniken der Lohnabrechnung sind:

> Durchschreibeverfahren
> EDV-gestützte Abrechnungssysteme.

Die verschiedenen Techniken sollten vor allem für den Arbeitnehmer wichtige Informationen wie Lohn- bzw. Gehaltshöhe und Zusammensetzung der Abzüge ermöglichen.

Das für jeden Arbeitnehmer zu führende Lohnkonto beinhaltet persönliche Stammdaten des Arbeitnehmers, die sich in der Regel wenig verändern, und Bewegungsdaten, die für die einzelne Lohnabrechnung des Arbeitnehmers die entscheidende Grundlage bilden.

Lohnkonto

Personalstammdaten sind:

Personalstammdaten

> Personalnummer
> Name
> Vorname
> Geburtsdatum
> Anschrift
> Familienstand
> Religionsbekenntnis
> Funktion im Betrieb
> beschäftigt seit
> Aussteller der Lohnsteuerkarte und deren Nummer
> Finanzamt
> Steuerklasse
> Lohnsteuerfreibetrag lt. Lohnsteuerkarte
> Krankenkasse
> Stundenlohn oder Monatsgehalt
> Überstundenzulage in %
> Feiertagszulage in %
> zusätzliches Urlaubsgeld und/oder Weihnachtsgeld

2.4 Personalwesen und Mitarbeiterführung

Abrechnungsunterlagen

Wichtige Unterlagen

Wichtige Unterlagen für die Lohnabrechnung sind:

- Tagesarbeitszettel
- Wochenarbeitszettel
- Laufkarten
- Lohn- und Akkordscheine
- Arbeitszeitkarten
- Zeiterfassung per EDV usw.

Lohn- und Gehaltsabrechnung

Schema für Lohn- und Gehaltsabrechnung

Das nachfolgende einfache Schema zeigt beispielhaft wichtige Positionen und die Vorgehensweise bei der Lohn- und Gehaltsabrechnung für den einzelnen Arbeitnehmer.

Name   Personalnummer

Zeitraum (z. B. Monat)

Steuer- und sozialversicherungspflichtige Bezüge:
Monatliches Entgelt (Gehalt/Lohn)
+ Zuschläge
+ Zulagen
+ Überstundenvergütung
+ Vermögenswirksame Leistungen (Arbeitgeberanteil)
+ Urlaubsgeld/Weihnachtsgeld
+ sonstige steuer- und sozialversicherungspflichtige Bezüge

= Zwischensumme
+ Sachbezüge

= Bruttobezüge insgesamt

./. Abzüge:
Lohnsteuer[1]
Kirchensteuer[1]
Solidaritätszuschlag[1]
Arbeitnehmeranteile zur:
Krankenversicherung[2]
Pflegeversicherung[2]
Rentenversicherung[2]
Arbeitslosenversicherung[2]
Vermögenswirksame Leistungen (Arbeitnehmeranteil)

= Nettogehalt
+ steuerfreie Bezüge
./. persönliche Abzüge (z. B. Gewerkschaftsbeitrag, Lohnpfändungsbetrag)
./. vermögenswirksame Anlagen

= auszuzahlender Betrag

Erläuterung:
[1] = Ansatz erfolgt auf der Basis der Steuertabelle; vor Anwendung der Tabelle ist ein ggf. in der Lohnsteuerkarte eingetragener Lohnsteuerfreibetrag von den Bruttobezügen abzuziehen.
[2] = Ansatz ergibt sich unter Anwendung der Beitragstabelle.

2.4.3 Entlohnung

Zahlungsmodalitäten

```
                Zahlungsmodalitäten
               /                    \
         Barzahlung            bargeldlose Zahlung
```

In der Regel erfolgt die Auszahlung im Rahmen der bargeldlosen Zahlung.

Bargeldlose Zahlung

Zahlungsrhythmus

```
                Zahlungsrhythmus
               /                \
          wöchentlich        monatlich
```

Bei Angestellten ist die monatliche Gehaltsabrechnung/-zahlung üblich.
Bei den übrigen Arbeitnehmern war es früher üblich, die Lohnabrechnung und -zahlung wöchentlich vorzunehmen; im Interesse der Vereinfachung führen die meisten Handwerksbetriebe nur noch monatliche Lohnabrechnungen und -zahlungen durch.

Monatliche Abrechnung und Zahlung

2.4.3 Entlohnung

> Der Begriff Entlohnung oder Arbeitsentgelt fasst alle aus nichtselbstständiger Arbeit erzielten Einkünfte zusammen. Grundlage für die Entlohnung ist der Arbeits- oder Dienstvertrag.

2.4.3.1 Zeiterfassung

```
                Arbeitszeiterfassung
               /                    \
    Nachweis der Arbeitszeit    Grundlage für die Leistungs-
    des Arbeitnehmers           berechnung gegenüber dem
                                Auftraggeber
```

Die Zeiterfassung kann im Handwerksbetrieb u.a. erfolgen mittels:
> Schätzung aufgrund von Erfahrungswerten
> manueller Erfassung durch Arbeitszettel
> EDV-unterstützter Zeiterfassung durch moderne Zeiterfassungssysteme

Methoden

2.4.3.2 Arbeitsbewertung

> Die Arbeitsbewertung ermittelt die Schwierigkeit der Arbeit. Diese wird durch die unterschiedlichen Anforderungen an den Arbeitsplätzen oder bei einzelnen Arbeitsvorgängen bestimmt.

Vorgehen

Nur in bestimmten Berufen lassen sich Normal- und Standardleistungen erfassen und messen.
In Berufen, in denen dies nicht möglich ist, spielt die Arbeitsbewertung eine große Rolle.
Mit Hilfe eines Punkteschemas wird hierbei ausgehend von einem Tariflohn (Ecklohn) unter anderem Folgendes bewertet und gewichtet:

> Arbeitsanforderungen
> Arbeitsschwierigkeiten
> fachliches Können
> Belastung
> Verantwortung
> Umgebungseinflüsse

Lohnstufen

Unter Berücksichtigung der sich ergebenden Wertsummen können dann Lohnstufen festgelegt werden, die ein leistungsgerechtes Lohnschema ergeben. Der Gewichtung der verschiedenen Faktoren kommt hierbei besondere Bedeutung zu.
In kleineren Handwerksbetrieben richtet sich die Lohnhöhe häufig nach der Ausbildung sowie den allgemeinen und besonderen Berufserfahrungen und Leistungen des Mitarbeiters. Die Entlohnung wird dabei nach der Zeiteinheit, meist in Stunden, festgelegt.

Marktgerechte Entlohnung

Um die Fluktuation (Betriebswechsel der Arbeitskräfte) in einem Betrieb möglichst gering zu halten, ist es von Bedeutung, Vergleiche anzustellen, wie dieselbe Stelle oder Art der Tätigkeit in anderen Betrieben entlohnt wird (marktgerechte Entlohnung).

2.4.3.3 Lohn- und Gehaltsgefüge

Lohnschema

Nachfolgendes Schema zeigt beispielhaft eine Möglichkeit der groben Einordnung von Tätigkeiten in ein Lohnschema:

Lohngruppen

Lohngruppe 1:	einfachste Tätigkeiten, können ohne jegliche Ausbildung nach kurzer Einarbeitung ausgeführt werden
Lohngruppe 2:	einfache Arbeiten, die eine geringe Sach- und Arbeitskompetenz erfordern
Lohngruppe 3:	Arbeiten, die ein systematisches Anlernen bis zu sechs Monaten erfordern
Lohngruppe 4:	Arbeiten, die eine abgeschlossene Anlernausbildung verlangen
Lohngruppe 5:	Arbeiten, die eine abgeschlossene Berufsausbildung verlangen
Lohngruppe 6:	Arbeiten, die eine abgeschlossene Berufsausbildung und besondere Fertigkeiten oder langjährige Erfahrung erfordern
Lohngruppe 7:	besonders schwierige und hochwertige Facharbeiten, die über die Ausbildung hinaus hohe Anforderungen an Selbstständigkeit und Verantwortungsbewusstsein stellen

2.4.3 Entlohnung

Lohngruppe 8: Hochwertigste Facharbeiten, die meisterliches Können erfordern.

2.4.3.4 Lohnformen

Folgende Anforderungen sind an ein Lohnsystem zu stellen:

> Lohngerechtigkeit
> Vorteilhaftigkeit für das Unternehmen
> Angemessenheit hinsichtlich der Besonderheiten der einzelbetrieblichen Leistung und Fertigung (Art der Fertigung, Arbeitsablauf usw.)

Voraussetzung hierfür ist eine zweckentsprechende Arbeits- und Leistungsbewertung.

Arbeits- und Leistungsbewertung

Nachfolgende Abbildung zeigt die wichtigsten Lohnformen im Überblick:

```
                        Lohnformen
              ┌─────────────┼─────────────┐
           Zeitlohn     Prämienlohn   Leistungslohn
              │             │          ┌────┴────┐
        geleistete      Zeitlohn    Anzahl der   Vorgabezeit
        Arbeit pro      und Prämien geleisteten  für bestimmte
        Zeiteinheit     für quanti- Arbeitsmenge Arbeitsmenge
                        tative oder     │             │
                        qualitative  Stückgeld-   Stückzeit-
                        Mehrleistungen akkord      akkord
```

Zeitlohn

> Der Zeitlohn geht von der Dauer der Arbeitszeit ohne Rücksicht auf die dabei geleistete Arbeit aus.

Vorteile des Zeitlohns:

Vorteile

> sorgfältige Arbeitsausführung
> Einfachheit der Lohnberechnung und -verrechnung

Nachteile des Zeitlohns:

Nachteile

> geringere Produktivität
> höhere Stückkosten
> fehlender Anreiz zu größerer Arbeitsleistung
> strengere Überwachung der Arbeitskräfte erforderlich

Leistungslohn

> Der Leistungslohn bezieht sich auf die Anzahl der geleisteten Arbeitsmenge (Stückgeldakkord) oder auf eine bestimmte, durch Zeitstudien ermittelte Vorgabezeit für eine bestimmte Arbeitsmenge, in welcher die Arbeit verrichtet sein muss (Stückzeitakkord).

Vorteile

Vorteile des Leistungslohns sind:

- höhere Produktivität
- geringere Stückkosten
- Anreiz zu größerer Arbeitsleistung
- geringere Überwachung erforderlich

Nachteile

Nachteile des Leistungslohns sind:

- oftmals weniger sorgfältige Arbeitsausführung
- schwierigere Lohnberechnung und -verrechnung

Prämienlohn

> Der Prämienlohn nimmt eine Mittelstellung zwischen Zeitlohn und Leistungslohn ein. Zusätzlich zum Zeitlohn erhält der Arbeitnehmer eine Prämie für quantitative oder qualitative Mehrleistungen.
> Beim Prämienlohn steigt das Lohnniveau über das Zeitlohnniveau, jedoch in geringerem Umfang als die zusätzliche Leistung.

In der betrieblichen Praxis wurden eine Vielzahl von Prämienlohnsystemen entwickelt.
Beispiele hierfür sind:

- Erfolgsbeteiligung (v. a. für Führungskräfte)
- Meister-/Vorarbeiterprämie
- Teamprämie

2.4.4 Mitarbeiterführung

> Unter Mitarbeiterführung versteht man im Allgemeinen die psychologische und soziale Kompetenz einer Person im Umgang mit Menschen.

2.4.4.1 Grundlagen einer aufgabenbezogenen Menschenführung

Voraussetzungen für eine Führungskraft

Die Eignung eines Menschen zur Führungskraft hängt von seinen persönlichen Voraussetzungen und Anlagen ab. Notwendige Voraussetzungen zur Eignung als Führungskraft sind:

- Selbstdisziplin
- Autorität als Person

2.4.4 Mitarbeiterführung

> Vertrauen
> Überzeugungskraft
> Kontaktfähigkeit
> Entscheidungskraft
> Fähigkeit der Unterdrückung impulsiver Launen und Stimmungen
> Fähigkeit, Sorgen und Nöte von Mitarbeitern anzuhören und brauchbare Ratschläge zu geben

Wichtig ist, dass die Führungskraft klare Weisungen innerhalb der Zuständigkeitsbereiche trifft.

```
            Weisungen
      ┌────────┼────────┐
      ▼        ▼        ▼
  Kommando  Auftrag  Anweisung
```

> Kommando
  - knappste Art der Weisung
  - ohne Begründung und Höflichkeitsform
  - mit erhobener Stimme

Kommando

> Auftrag
  - Gegenstück zum Kommando
  - wird mit Begründung und Höflichkeitsform erteilt
  - der Beauftragte übernimmt für die Erledigung des Auftrages Verantwortung und entwickelt Eigeninitiative
  - der Mitarbeiter wird vom Objekt zum denkenden Subjekt
  - häufigste Form der Weisung

Auftrag

> Anweisung
  - Mittelweg zwischen Kommando und Auftrag

Anweisung

Der Einsatz der aufgezeigten Möglichkeiten hängt von verschiedenen Faktoren ab:

> Art der zu verrichtenden Tätigkeit, bei Richtarbeiten eines Hauses zum Beispiel ist das Kommando unerlässlich
> Ton, in dem die jeweilige Weisung erteilt wird
> Zeitpunkt der Erteilung der Weisung
> Mentalität des Menschen, der angewiesen wird

Einsatzmöglichkeiten

> Zusammenfassend kann festgehalten werden, dass der Auftrag die geeignetste Form der Weisung darstellt, im Handwerk situationsgebunden aber dennoch Anweisung oder Kommando zum Einsatz kommen können.

Menschenführung sollte sich nicht allein von den Eigenschaften des Führenden ableiten. In vielen Fällen beeinflussen sich Führungskraft und Mitarbeiter – abhängig von der jeweiligen Situation – gegenseitig.

Das Mitarbeitergespräch ist ein wichtiges Führungsinstrument in kleinen und mittleren Betrieben. Es gehört zum Handwerkszeug der Führungskraft, Motivationsgespräche, Zielvereinbarungsgespräche, Kritikgespräche und Konfliktgespräche mit seinen Mitarbeitern produktiv führen zu können.

Mitarbeitergespräch

2.4.4.2 Führungsstile und Führungsmittel

> Der Führungsstil bezeichnet die Art und Weise des Umgangs von Vorgesetzten mit Mitarbeitern.

Führungsstile

> Das Hauptkriterium für die Unterscheidung der Führungsstile zeigt sich im Grad der Einbeziehung der Mitarbeiter in den Entscheidungsprozess.

Die Abbildung zeigt die grundsätzlich zu unterscheidenden Führungsstile im Überblick:

```
                        Führungsstile
           ┌─────────────────┼─────────────────┐
           ▼                 ▼                 ▼
     autoritärer      demokratischer bzw.     Laissez-faire-Stil
     Führungsstil     partnerschaftlicher
                      Führungsstil
```

> **Der autoritäre Führungsstil**

Vereinfachend kann der autoritäre Führungsstil mit folgenden Merkmalen beschrieben werden:

Grundsätze
- alleinige Anweisungs- und Entscheidungskompetenz des Vorgesetzten
- die Mitarbeiter können die Anweisungen nur akzeptieren und ausführen
- Einsatz der legitimierten Macht des Vorgesetzten
- Kontrolle des Vorgesetzten, ob die Anweisungen ausgeführt sind, ohne Ankündigung
- keine Delegation vom Vorgesetzten an die Mitarbeiter

Inhalte
> **Der kooperative bzw. partnerschaftliche Führungsstil**

Dieser Führungsstil beinhaltet im Wesentlichen:

- Beteiligung der Mitarbeiter an Entscheidungen
- Verlagerung bestimmter Entscheidungen auf die Mitarbeiter
- Selbstkontrolle des Mitarbeiters statt Fremdkontrolle
- der Vorgesetzte beteiligt sich an den Handlungen der Gruppe
- zeitgerechte Autorität zum Zwecke der gemeinsamen Aufgabenerfüllung

> **Der Laissez-faire-Stil (Gewähren lassen)**

Merkmale
Wichtige Merkmale des Gleichgültigkeitsstils sind:

- weitgehende Freiheit der Mitarbeiter bei Entscheidungen
- Selbstständigkeit der Mitarbeiter bei der Durchführung von Aufträgen
- Informationen durch den Vorgesetzten nur auf Verlangen der Mitarbeiter

Der Laissez-faire-Stil spielt in der betrieblichen Praxis eine untergeordnete Rolle.

2.4.4 Mitarbeiterführung

> Bei einer Abwägung der Führungsstile stellt man fest, dass der demokratische bzw. partnerschaftliche Führungsstil den heutigen Verhältnissen und Anforderungen am besten gerecht wird, weil er Eigenverantwortung und Motivation der Mitarbeiter stärkt.

Je nach der Art des Betriebes, nach der Situation und nach den Aufgaben, die zu erfüllen sind, können auch die Elemente einzelner Führungsstile kombiniert und in abgewandelter Form angewendet werden.

Kombination

Führungstechniken

> Führungstechniken sind umfassende Konzepte, die den Rahmen für Führungstätigkeiten und Verhaltensweisen bilden.

Wichtige Führungstechniken sind:

a) Führung im Ausnahmefall (Management by Exceptions)
   Bei dieser Führungstechnik werden nahezu alle im normalen Betriebsablauf anfallenden Entscheidungen von den dafür zuständigen Stellen getroffen. Der Vorgesetzte entscheidet nur im Ausnahmefall.

b) Führung durch Delegation (Management by Delegation)
   Dieses Führungskonzept ist gekennzeichnet durch Übertragung weitgehender Entscheidungsfreiheit und Verantwortung an die Mitarbeiter.

c) Führung durch Zielvereinbarung (Management by Objectives)
   Bei diesem Führungskonzept werden gemeinsame Zielvereinbarungen zwischen dem Vorgesetzten und dem Mitarbeiter vereinbart. Durch regelmäßige Gespräche wird jeweils der Zielerreichungsgrad überprüft.

Mitarbeitermotivation

> Die Motivation der Mitarbeiter bestimmt in hohem Maße den Erfolg des Handwerksbetriebes.
> Beim Einsatz der Motivationsfaktoren ist die individuelle Bedürfnisstruktur des Mitarbeiters zu berücksichtigen. Basis hierfür sind Beobachtungen im Arbeitsalltag und die stattfindenden Mitarbeitergespräche.

Wichtige Motivationsfaktoren:

Motivationsfaktoren

- Arbeitsinhalt
- eindeutige Aufgabenstellungen
- Gestaltungsmöglichkeiten (inhaltlich, fachlich)
- Arbeitsplatzgestaltung
- Arbeitszeitgestaltung
- Arbeitszufriedenheit
- Verantwortungsbewusstsein für den Betrieb
- angemessene Entlohnung, leistungs- und erfolgsorientierte Vergütungskomponenten

2.4 Personalwesen und Mitarbeiterführung

> soziale Absicherung
> gutes Betriebsklima
> persönliche Anerkennung
> Erfolgserlebnisse
> messbare und realistische Zielvereinbarungen
> berufliche Perspektive
> Weiterbildungs- und -entwicklungsmöglichkeiten

Grundregeln der Mitarbeiterbehandlung

Grundregeln

Nachfolgende Abbildung zeigt die von einer internationalen Forschungsgruppe aufgestellten Grundregeln zur Behandlung von Mitarbeitern:

```
         richtige, klare, voll-
         ständige und recht-              keine Überlastungen
         zeitige Übermittlung
           von Weisungen
                       ↘         ↙
                         Mitarbeiter              ← Vertrauen
                       ↗         ↖
    Anerkennung
    und Tadel zur              individuelle
    richtigen Zeit             Behandlung
```

Grundsätze der Menschenführung

Grundsätze

Verschiedene internationale Gremien und Wissenschaftler haben Grundsätze der Menschenführung aufgestellt. Nachfolgende Aufzählung stellt die wichtigsten kurz dar:

> Menschliche Behandlung
> Jede Führungskraft sollte die Achtung und den Glauben an den Mitmenschen nicht verlieren, den Mitarbeiter auch als Mensch akzeptieren und nicht nur als Produktionsfaktor betrachten.

> Persönlichkeit des Chefs
> Die Persönlichkeit des Chefs hängt von dessen menschlichen und fachlichen Eigenschaften ab, wobei im Verhältnis zu den Mitarbeitern die menschliche Seite im Vordergrund steht.

> Sachaufgabe – Atmosphäre
> Der Blick des Vorgesetzten richtet sich nach der Sachaufgabe aus, der Mitarbeiter dagegen erlebt vorrangig die Atmosphäre, in der er arbeitet.

> Geben und Nehmen
> Die Anstrengung bringt dem Menschen dann echte Befriedigung, wenn es sich um ein erstrebenswertes Ziel handelt. Will man von anderen etwas verlangen, so muss man auch bereit sein, ihnen etwas zu geben.

> Der richtige Mann/die richtige Frau muss am richtigen Platz stehen.
> Jede Arbeitskraft soll ihren Fähigkeiten entsprechend eingesetzt werden.

2.4.4 Mitarbeiterführung

> Selbstständigkeit
Jeder Mitarbeiter muss einen Bereich selbstständigen Handelns haben, in dem er allein zuständig ist und über den nur er seinem Vorgesetzten Rechenschaft schuldet. Die Selbstständigkeit ist meist Grundlage für Verantwortungsbewusstsein und Initiative.

> Fehlerkritik
Die Kritik bei Fehlern sollte stets sachlich sein und den Fehler kritisieren, nicht den Menschen.

> Disziplin durch Information
Diszipliniert sein heißt, sich in die betrieblichen Abläufe einzufügen und einzuordnen. Dies setzt voraus, dass der Vorgesetzte den Mitarbeiter umfassend informiert.

> Teamprinzip
Die Überzeugungskraft des Vorgesetzten ist dann am größten, wenn es ihm gelingt, ein Team zu schaffen, in dem sich jeder wohl fühlt. Das Teamprinzip eignet sich hervorragend zur Pflege zwischenmenschlicher Beziehungen.

Personalführung und Motivation erhalten einen immer höheren Stellenwert. Dies erfordert verstärkt Weiterbildung des Betriebsinhabers und des Führungspersonals. (>> auch Abschnitt 2.5.4.5 „Managementkonzepte für Berufsausbildung und Menschenführung" und Abschnitt 2.5.5 „Einsatz und Gestaltung von Führungsmitteln" in Band 3.)

Maßnahmen zur Konfliktlösung

Bei der Lösung menschlicher Schwierigkeiten kann man folgende Wege gehen:

Lösung menschlicher Schwierigkeiten

> **Die Aussprache**

Eine gegenseitige Aussprache ist die richtige Ebene für die Beseitigung von Schwierigkeiten. Dabei ist Folgendes zu beachten:

> Wahl des richtigen und günstigen Zeitpunkts
> Wahl der angemessenen räumlichen Umgebung (zum Beispiel nicht „zwischen Tür und Angel")
> Die Aussprache sollte nach Möglichkeit unter vier Augen stattfinden.
> Der Vorgesetzte sollte Bereitschaft zum Zuhören zeigen.
> Während der Aussprache sollten keine Nebenbeschäftigungen durchgeführt werden (zum Beispiel Unterschreiben der Post).

Regeln

Der Erfolg der Aussprache hängt wesentlich davon ab, dass man dem Mitarbeiter gegenüber freundlich auftritt und ihm die Befangenheit nimmt.

> **Die 5-Stufen-Methode zur Beseitigung menschlicher Schwierigkeiten**

Die folgende Abbildung zeigt eine zweckmäßige Vorgehensweise zur Beseitigung zwischenmenschlicher Schwierigkeiten:

5-Stufen-Methode

Methoden der Konfliktlösung

1. Ermittlung des Sachverhaltes
2. Erforschung der Ursachen und Zusammenhänge
3. Festlegung der geeigneten Maßnahmen
4. Ausführung der Maßnahmen
5. Beobachtung und Kontrolle der Ergebnisse

(>> auch Abschnitte 6.3.1 „Konfliktbegriff" bis 6.3.8 „Ablauf von Konflikt- und Schlichtungsgesprächen" in Band 3.)

2.4.4.3 Betriebsklima

> Unter Betriebsklima versteht man, vereinfacht ausgedrückt, das zwischenmenschliche Verhältnis der Mitarbeiter untereinander und zu dem jeweiligen Vorgesetzen. In diesem Zusammenhang spricht man heute häufig von „Human Relations".

Zentrale Frage

Die zentrale Frage bei jeder Maßnahme zur Verbesserung des Betriebsklimas stellt sich wie folgt: Wie kann es gelingen, bei den einzelnen Mitarbeitern innerhalb des Betriebes

> ein Zusammengehörigkeitsgefühl,
> einen kollegialen Stil,
> die bestmögliche Leistung,
> Vertrauen und Verantwortungsgefühl

zu erreichen?

Förderung des Betriebsklimas

Nachstehend werden einige Faktoren aufgeführt, die geeignet sind, das Betriebsklima zu beeinflussen, und die für den Betriebsinhaber Leitfaden sein können, das Betriebsklima zu verbessern:

> Eignung – Anforderung
> Welche Anforderungen werden an den einzelnen Mitarbeiter an dem entsprechenden Arbeitsplatz gestellt, und wie geeignet ist der Mitarbeiter, um diese Anforderungen zu erfüllen?

> Mitarbeiter – Vorgesetzter
> Was erwartet ein Mitarbeiter in Bezug auf Führungsstil von seinem Vorgesetzten, und in welcher Weise entspricht der Vorgesetzte diesen Erwartungen?
> Was erwartet der Vorgesetzte von seinem Mitarbeiter, und wie verhält sich dieser ihm gegenüber?

2.4.4 Mitarbeiterführung

> Arbeit – Arbeitsplatz
> Welche Arbeiten muss ein Mitarbeiter verrichten, und sind die Voraussetzungen am entsprechenden Arbeitsplatz gegeben?

> Arbeitsplatz – Zuständigkeit
> Welche Kompetenzen sind mit einer Arbeitsstelle verbunden, und welche sollte ein Mitarbeiter zur bestmöglichen Erfüllung seiner Aufgaben besitzen? Ergeben sich Kompetenzüberschneidungen zwischen den einzelnen Arbeitsplätzen?

> Leistung – Lohn
> Welche Erwartungen in Bezug auf die Lohnhöhe sind vom Mitarbeiter an eine bestimmte Leistung geknüpft (leistungsgerechter Lohn)?

> Einzelner – Gruppe
> Welchen Einfluss hat die Arbeitsmoral einer bestimmten Gruppe auf den Einzelnen und umgekehrt?

> Mitarbeiter – Autorität
> Welche Autorität besitzt ein Vorgesetzter bei den Mitarbeitern, und welche sollte er besitzen?

> Gruppe – Gruppenführer
> Wird zum Beispiel der Ausbildungsleiter, also die von der Geschäftsleitung als Gruppenführer eingesetzte Person, auch von der Gruppe der Auszubildenden als Führungsperson angenommen?

> Kreativität – Freiheitsspielraum
> Ist der Freiheitsspielraum so groß, dass der Mitarbeiter eigene schöpferische Gedanken zum Nutzen des Betriebes entwickeln kann? Dieser Bereich ist heute sehr wichtig, weil bei vielen Mitarbeitern die Möglichkeiten zur Selbstverwirklichung die Bindung an den Betrieb fördern.

2.4.4.4 Betriebliches Sozialwesen

```
                    Ziele des betrieblichen Sozialwesens
                   /                                    \
   Steigerung der Leistungsfähigkeit          Bindung der Mitarbeiter
          der Mitarbeiter                         an den Betrieb
```

Betriebliche Sozialleistungen

> Umfang und Höhe der betrieblichen Sozialleistungen beeinflussen das Leistungsverhalten der Arbeitnehmer, das Betriebsklima, den Betriebswechsel und die Stellung des Betriebes am Arbeitsmarkt.

Als wichtigste betriebliche Sozialleistungen sind zu nennen:

> Essenszuschüsse   Arten
> Arbeitskleidung
> Beschaffung oder Vermietung preisgünstiger Wohnungen
> betriebliche Altersversorgung

> Fahrtkostenersatz
> Weihnachtsgeld
> Urlaubsgeld
> Gratifikationen
> Weiterbildungsangebote
> Betriebsfeiern
> Zuwendungen für bestimmte Anlässe (zum Beispiel Jubiläumsgeschenke)

Arbeitssicherheit, Unfallschutz, Gesundheitsschutz

> Ausreichende Sicherheit und Unfallschutz am Arbeitsplatz wirken positiv auf Arbeitsleistung und Personalkosten.

Eine wichtige Rolle spielen die Unfallverhütungsvorschriften der Berufsgenossenschaften mit folgenden Zielsetzungen:

Unfallverhütung
> Verhütung des Eintritts von Schäden
> Verhütung von Berufskrankheiten

Berufsgenossenschaften
Die Aufsichtsbeamten der Berufsgenossenschaften haben folgende Aufgaben:

> Aufsicht über die Einhaltung der Unfallverhütungsvorschriften
> Beratung der Betriebe und der Arbeitnehmer, um Unfällen vorzubeugen

Bezüglich näherer Einzelheiten wird auf den Abschnitt 3.4.7.7 „Unfallverhütung" im Band 2 verwiesen.
(Ferner >> auch Abschnitt 3.3.8 „Arbeitsschutz" in Band 2.)

2.4 Personalwesen und Mitarbeiterführung

Übungs- und Prüfungsaufgaben

1. Erläutern Sie das Hauptziel des Personalwesens bzw. des Personalmanagements!

    >> Seite 360 |

2. In einem mittelgroßen Handwerksbetrieb sind Sie für das betriebliche Personalwesen zuständig. Daher wissen Sie, dass die menschliche Arbeitskraft gerade im Handwerk eine entscheidende Rolle spielt und die Basis für den nachhaltigen betrieblichen Erfolg bildet.

    Aufgabe: Stellen Sie den Produktionsfaktor menschliche Arbeitskraft in seinen verschiedenen notwendigen Verfügbarkeiten für den Handwerksbetrieb dar!

    >> Seite 360 |

3. Die Personalplanung hat als zentrale Aufgabe,

    - [ ] a die Bereitstellung der erforderlichen personellen Kapazitäten zu erreichen.
    - [ ] b eine Zusammenfassung der Stellenbeschreibungen zu erstellen.
    - [ ] c Stellenpläne und Stellenbeschreibungen zu entwickeln.
    - [ ] d die Personalauswahl und den Personaleinsatz zu verbessern.
    - [ ] e Assessment Center zur Personalauswahl durchzuführen.

    >> Seite 360 |

4. Die Analyse des Personalbedarfs stellt für den Handwerksbetrieb eine wichtige Voraussetzung für eine erfolgreiche Personalversorgung dar. Als Inhaber des Betriebes beschäftigen Sie sich mit diesem Thema und wissen, dass es hierbei sowohl qualitative als auch quantitative Faktoren zu berücksichtigen gilt.

    Aufgabe: Erklären Sie kurz den Unterschied zwischen qualitativer und quantitativer Personalbedarfsanalyse und gehen Sie auf jeweils in diesem Zusammenhang für Sie wichtige Einflussfaktoren ein!

    >> Seite 361 |

5. Unter einem Stellenplan versteht man

    - [ ] a eine Zusammenstellung der Aufgabenprofile eines Handwerksbetriebes.
    - [ ] b eine Zusammenstellung aller im Betrieb bestehenden und geplanten Stellen.
    - [ ] c eine Zusammenfassung von Stellenbeschreibungen.
    - [ ] d die Gegenüberstellung von Brutto- und Netto-Personalbedarf.
    - [ ] e ein betriebliches Personalauswahlverfahren.

    >> Seite 362 |

2.4 Personalwesen und Mitarbeiterführung

6. Erklären Sie die wichtigsten Inhalte einer Stellenbeschreibung!

   >> Seite 362 |

7. Personalbeschaffung und Personalauswahl sind wichtige Erfolgsfaktoren für einen Handwerksbetrieb. Als angestellter Meister in einem größeren Betrieb sind Sie unter anderem für diese Aufgabengebiete zuständig.

   Aufgabe: Stellen Sie die wichtigsten Vor- und Nachteile interner und externer Personalbeschaffung für Ihren Betrieb zusammen und erläutern Sie wichtige Gesichtspunkte, die Sie im Rahmen der Personalauswahl bei der Bearbeitung von Bewerbungen beachten.

   >> Seite 362 |

8. Bestimmungsfaktoren für den Personaleinsatz sind:

   - [ ] a Brutto-Personalbedarf und Netto-Personalbedarf
   - [ ] b Maßnahmen der Personalentwicklung
   - [ ] c interne und externe Personalbeschaffung
   - [ ] d Leistungsmerkmale, Leistungsvoraussetzungen und Leistungsförderung
   - [ ] e Personalaktenführung und Personalverwaltung

   >> Seite 365 |

9. Welche äußeren Faktoren im Betrieb beeinflussen hauptsächlich die Arbeitsleistung?

   - [ ] a die Höhe des Essenszuschusses an die Arbeitnehmer
   - [ ] b die Höhe des Urlaubsgeldes an die Arbeitnehmer
   - [ ] c Dauer und Zeitpunkt des Jahresurlaubs des Arbeitnehmers
   - [ ] d technische Hilfsmittel, Gestaltung von Arbeitsplatz und -raum
   - [ ] e Anlagen und Fertigkeiten des Arbeitnehmers

   >> Seite 366 |

10. Welche Maßnahmen bestimmen die Leistungsförderung?

    >> Seite 368 |

11. Erklären Sie die Bedeutung der Personalentwicklung für einen Handwerksbetrieb!

    >> Seite 369 |

12. Als Inhaber eines Handwerksbetriebes haben Sie sich auch um die Personalaktenführung zu kümmern.

    Aufgabe: Stellen Sie die wichtigsten Inhalte einer Personalakte dar!

    >> Seite 371 |

2.4 Personalwesen und Mitarbeiterführung

13. Als Inhaber eines Handwerksbetriebes müssen Sie leider zur Kenntnis nehmen, dass einer Ihrer besten Mitarbeiter gekündigt hat. Sie stellen diesem Mitarbeiter ein Arbeitszeugnis aus und wollen darin auch seine sehr guten Leistungen der letzten Jahre entsprechend würdigen.

    Aufgabe: Stellen Sie dar, wie sich ein einfaches Zeugnis von einem qualifizierten Zeugnis unterscheidet, und erläutern Sie eine geeignete und übliche Formulierung, um die sehr guten Leistungen Ihres Mitarbeiters zu würdigen!

    >> Seite 372 |

14. Wie können im Handwerksbetrieb durch die Gestaltung des Lohnabrechnungszeitraumes und unter Würdigung der Interessen der Mitarbeiter am besten Kosten eingespart werden?

    - [ ] a durch tägliche Lohnabrechnung und Lohnzahlung
    - [ ] b durch wöchentliche Lohnabrechnung und tägliche Abschlagszahlungen
    - [ ] c durch wöchentliche Lohnabrechnung und Lohnzahlung
    - [ ] d durch monatliche Lohnabrechnungen und wöchentliche Abschlagszahlungen
    - [ ] e durch monatliche Lohnabrechnungen und Lohnzahlungen.

    >> Seite 373 |

15. Als Inhaber eines Handwerksbetriebes nehmen Sie die Gehaltseinstufungen Ihrer Mitarbeiter selbst vor. In letzter Zeit häufen sich die Beschwerden, dass das Lohn- und Gehaltsgefüge im Betrieb nicht stimme. Deshalb wollen Sie eine Bewertung der im Betrieb anfallenden Tätigkeiten vornehmen und Ihr Lohn- und Gehaltsgefüge überprüfen.

    Aufgabe: Erläutern Sie, welche Faktoren Sie bei der Arbeitsbewertung im vorliegenden Fall beachten und an welchem einfachen Lohnschema Sie sich bei Ihrem Vorgehen orientieren können.

    >> Seite 376 |

16. Der Leistungslohn

    - [ ] a bezieht sich auf die geleistete Arbeitsmenge oder Vorgabezeit.
    - [ ] b bewirkt, dass der Lohnbetrag pro Leistungseinheit stärker steigt als die Arbeitsleistung.
    - [ ] c bewirkt, dass der Lohnbetrag langsamer steigt als die Arbeitsleistung.
    - [ ] d beinhaltet die Entlohnung für die geleistete Arbeit je Zeiteinheit.
    - [ ] e beinhaltet die Gewährung von Leistungszuschlägen zusätzlich zum Zeitlohn.

    >> Seite 378 |

17. Der Prämienlohn ist

    - [ ] a eine Entlohnung auf der Basis der pro Zeiteinheit erbrachten Leistung.
    - [ ] b ein Lohnsystem, bei dem zusätzlich zum Zeitlohn Prämien gezahlt werden.
    - [ ] c ein Lohnsystem, das ausschließlich auf geleisteter Arbeitsmenge aufbaut.
    - [ ] d ein Lohnsystem, das auf einer bestimmten Vorgabezeit für eine Arbeitsmenge aufbaut.
    - [ ] e ein Lohnsystem, das sich nach der Dauer der Betriebszugehörigkeit richtet.

    >> Seite 378 |

18. Welches sind die wichtigsten persönlichen Voraussetzungen eines Menschen hinsichtlich seiner Eignung als Führungskraft?

    >> Seite 378 |

19. Als junger Handwerksmeister treten Sie in einen seit vielen Jahren inhabergeführten Handwerksbetrieb ein. Sie stellen fest, dass der autoritäre Führungsstil des Betriebsinhabers vor allem bei den jüngeren Mitarbeitern in den meisten Fällen nicht zu den gewünschten Leistungsergebnissen führt. Sie nehmen sich daher vor, mit Ihrem Chef ein Gespräch über das Thema Führungsstile zu führen.

    Aufgabe: Erläutern Sie die wichtigsten Führungsstile und deren Inhalte, die Sie in dem vorgesehenen Gespräch behandeln wollen, und beurteilen Sie deren Eignung in zwei selbst gewählten beispielhaften Arbeitssituationen!

    >> Seite 380 |

20. Erklären Sie kurz wichtige Führungstechniken, die Sie in Ihrem Handwerksbetrieb anwenden können!

    >> Seite 381 |

21. Bei der Lösung menschlicher Schwierigkeiten sollte man

    - [ ] a eine Aussprache vor allen Mitgliedern der Abteilung oder des Arbeitsteams herbeiführen.
    - [ ] b die Aussprache nach Möglichkeit unter vier Augen vollziehen.
    - [ ] c die Aussprache nach Möglichkeit in die Arbeitspause legen.
    - [ ] d die Aussprache im unteren Bereich der Tagesleistungskurve durchführen.
    - [ ] e darauf bedacht sein, nichts zu unternehmen, damit sich die Sache von selbst erledigt.

    >> Seite 383 |

2.4 Personalwesen und Mitarbeiterführung

22. Eine wirksame Methode zur Lösung menschlicher Schwierigkeiten bildet die Konfliktbearbeitung und Konfliktlösung. Da auch Sie innerhalb Ihrer Arbeitsgruppe immer wieder Konflikte verspüren, möchten Sie sich in diesem Bereich um eine besonders strukturierte und geeignete Vorgehensweise zur Beseitigung menschlicher Schwierigkeiten und zur Konfliktlösung bemühen.

    Aufgabe: Erklären Sie für den vorliegenden Fall eine zweckmäßige Vorgehensweise!

    >> Seite 383 |

23. Erläutern Sie wichtige Faktoren zur Förderung des Betriebsklimas!

    >> Seite 384 |

24. Sie sind Inhaber eines mittelgroßen Handwerksbetriebes. Bei der Beobachtung der Personalfluktuation bemerken Sie, dass immer wieder wertvolle Mitarbeiter zu größeren Betrieben gehen. Diese Mitarbeiter nennen mehrfach die besseren Sozialleistungen in größeren Betriebseinheiten als Beweggrund für den Wechsel. Um die Situation zu verbessern, wollen Sie die betrieblichen Sozialleistungen in Ihrem Betrieb untersuchen und ggf. ausbauen.

    Aufgabe: Stellen Sie, bevor Sie Entscheidungen treffen, die wichtigsten betrieblichen Sozialleistungen zusammen, die für Ihren Betrieb im vorliegenden Fall in Frage kommen können!

    >> Seite 385 |

25. Welchen betrieblichen Zwecken dienen die Unfallverhütungsvorschriften?

    >> Seite 386 |

2.5 Finanzierung

2.5.1 Begriff und Aufgaben der Finanzierung

Jeder Betrieb braucht zur Erreichung des geplanten Betriebszwecks Kapital.

> Unter Finanzierung versteht man nicht nur die Kapitalbeschaffung und Kapitalrückzahlung, sondern auch neben dem richtigen Einsatz des Kapitals alle sonstigen betrieblichen Dispositionen, die der finanziellen Leistungsbereitschaft eines Betriebes dienen.
> Die zentrale Aufgabe der Finanzierung ist, alle benötigten Mittel bereitzustellen und die Liquidität (Zahlungsfähigkeit) eines Unternehmens zu erhalten.

2.5.2 Grundlagen der Investitions-, Finanz- und Liquiditätsplanung

Teilpläne der Unternehmensplanung

Sowohl die Investitionsplanung als auch die Finanz- und Liquiditätsplanung sind wichtige Bestandteile und somit Teilpläne der gesamten strategischen Unternehmensplanung. Sie ergibt sich ihrerseits wieder aus vorgelagerten Teilplänen aus den verschiedenen Betriebsbereichen, vor allem aus Produktions-, Dienstleistungs- und Absatzplänen.

2.5.2.1 Investitionsplanung

Allen Investitionsentscheidungen geht eine entsprechende Investitionsplanung voraus.

> Der Investitionsplan beinhaltet die kurz-, mittel- und langfristigen Investitionen in kostenmäßiger Hinsicht für einen bestimmten Zeitraum.

Investitionsrechnung

Grundlage dafür sind zum einen die betrieblichen Erfordernisse und zum anderen die Ergebnisse der Investitionsrechnung, mit deren Hilfe die Vorteilhaftigkeit einer Investition oder mehrerer Alternativen beurteilt wird. Geht man vom Investitionsvolumen einer Periode aus, so ergibt sich die in der nachfolgenden Abbildung dargestellte Gliederung für die Investitionsplanung.

```
                    Bruttoinvestition
           ┌──────────────┼──────────────┐
   Gründungs- und    Rationalisierungs-   Ersatzinvestition
 Erweiterungsinvestition   investition      (Reinvestition)
```

Aufgrund dieser Grobeinteilung kann der individuelle Investitionsplan erstellt werden.

2.5.2 Grundlagen der Investitions-, Finanz- und Liquiditätsplanung

Die wichtigsten Positionen eines Investitionsplanes sind je nach den Investitionsanlässen:

> Positionen

- Beschaffung eines Grundstückes
- Bauliche Investitionen: Neubauten, Umbauten, Erweiterungen, Renovierungen, Einbauten, Installationen
- Maschinen und Werkzeuge
- Betriebs- und Geschäftsausstattung
- Ladeneinrichtung
- Büromöbel, Büromaschinen, Büromaterial
- Hard- und Software für die EDV
- Telekommunikationsmittel
- Kraftfahrzeuge
- Mietvorauszahlung, Mietkaution

2.5.2.2 Finanz- bzw. Liquiditätsplanung

> Der Finanzplan dient vorrangig der Liquiditätsplanung und Erhaltung der Zahlungsbereitschaft eines Unternehmens. Er ist ein wichtiges Teilgebiet der gesamten Unternehmensplanung. Einerseits basiert er auf vorgelagerten betrieblichen Planungsbereichen wie Produktions- und Absatzplänen. Andererseits beeinflusst der Finanzplan die Teilpläne anderer Planungsbereiche. Aufgrund dieser Abhängigkeiten ist der Finanzplan nur im Verbund mit dem Gesamtplanungsprozess durchführbar.

Kurz-, mittel- und langfristige Finanzpläne

> Der Finanzplan hat die Aufgabe, einen reibungslosen Betriebs- und Geschäftsablauf, von der finanziellen Seite her gesehen, zu gewährleisten. Zu diesem Zweck werden alle Einnahmen und Ausgaben geplant. Der Finanzplan beinhaltet zukunftsbezogene Berechnungen.

Der Finanzplan wird für eine bestimmte Zeitspanne (Planungszeitraum) erstellt. Je nach Dauer des Planungszeitraumes unterscheidet man zwischen kurz-, mittel- und langfristigen Finanzplänen:

Planungszeitraum

- kurzfristig = bis zu 1 Jahr
- mittelfristig = 1–5 Jahre
- langfristig = mehr als 5 Jahre

Für kurzfristige Finanzpläne ist wegen des höheren Sicherheitsgrades der eingearbeiteten Informationen eine Feinplanung möglich. Langfristige Finanzpläne weisen hingegen wegen der bestehenden Unsicherheit in der Regel nur eine Grobstruktur auf.

Folgende Grundsätze sollten, soweit möglich, beachtet werden:

- Vollständigkeit
- Termingenauigkeit
- Betragsgenauigkeit

Planungsgrundsätze

2.5 Finanzierung

Vorgehen bei der Aufstellung eines Liquiditätsplanes

> Die Liquiditätsplanung besteht aus einer Einnahmen- und Ausgabenplanung für einen bestimmten Zeitraum.

Einnahmenseite

Auf der Einnahmenseite sind, bezogen auf den jeweiligen Planungszeitraum, im Wesentlichen zu berücksichtigen:

> Stand der Zahlungsmittel zu Beginn der Planungsperiode
> Summe der in der Planungsperiode voraussichtlich eingehenden alten und neu entstehenden Forderungen auf der Basis der Umsatzerlöse
> eingehende Wechsel, Schecks und Überweisungen in der Planungsperiode
> Einnahmen aufgrund laufender Leistungs- und Lieferungsverträge in der Planungsperiode
> Zinsen
> Mieten
> Aufnahme von Krediten
> Einlagen aus Privatvermögen
> sonstige Einnahmen

Ausgabenseite

Auf der Ausgabenseite sind unter anderem im vorgesehenen Planungszeitraum von besonderer Bedeutung:

> Löhne und Gehälter
> Lohnzusatzkosten
> Waren- und Materialeinkauf
> betriebliche Steuern und Abgaben
> Marketing, Vertrieb, Werbung
> Gebühren, Beiträge, Versicherungen
> Fremdleistungen
> Reparaturen
> Energiekosten
> Miete, Pacht
> Zins- und Tilgungsbeträge für Kredite und Darlehen
> Fälligkeit von Wechseln
> Investitionen
> Privatentnahmen

Auf der Grundlage der obigen Einnahmen- und Ausgabenpositionen lässt sich folgendes vereinfachtes Schema für einen kurzfristigen Liquiditätsplan erstellen:

2.5.2 Grundlagen der Investitions-, Finanz- und Liquiditätsplanung

> Liquiditätsplan für die Zeit vom ... bis ...

	Planungszeitraum					
	1. Monat		2. Monat		3. Monat	
	Soll	Ist	Soll	Ist	Soll	Ist
A. **Bestand an flüssigen Mitteln + freien Krediten**						
= Summe flüssiger Mittel						
B. **Einnahmen:** 1. Forderungseingänge bzw. Umsatzerlöse 2. Eingehende Wechsel, Schecks, Überweisungen 3. Besondere Einnahmen aus Leistungs- und Lieferverträgen 4. Zinsen 5. Mieten 6. Aufnahme von Krediten 7. Einlagen aus Privatvermögen 8. Sonstige Einnahmen						
= Summe der Einnahmen						
C. **Ausgaben:** 1. Löhne und Gehälter 2. Lohnzusatzkosten 3. Waren- und Materialeinkauf 4. Betriebliche Steuern und Abgaben 5. Gebühren, Beiträge, Versicherungen 6. Marketing, Vertrieb, Werbung 7. Fremdleistungen 8. Reparaturen 9. Energiekosten 10. Miete, Pacht 11. Zins- und Tilgungsbeträge für Kredite 12. Fälligkeit von Wechseln 13. Investitionen 14. Privatentnahmen						
= Summe der Ausgaben						
D. **Ergebnis** Flüssige Mittel + Einnahmen ./. Ausgaben						
= Überdeckung (+) Unterdeckung (./.)						

Liquiditätsmanagement

Liquiditätsmanagement

> Zur stetigen Erhaltung ausreichender Liquidität empfiehlt sich die Durchführung eines Liquiditätsmanagements.

Dies sollte u. a. folgende Elemente enthalten:

- Berücksichtigung aller möglichen Finanzierungsarten (Eigenfinanzierung, Selbstfinanzierung, Fremdfinanzierung, Leasing, Factoring, Beteiligungsfinanzierung)
- Bonitätsprüfung der Vertragspartner
- zügige Rechnungsstellung
- Teilzahlungsvereinbarungen mit Kunden
- Forderungsüberwachung
- Überwachung der Zahlungseingänge
- betriebliches Mahnwesen
- Durchführung des gerichtlichen Mahnverfahrens
- Klageverfahren
- Zwangsvollstreckung
- zeitliche Streckung eigener Zahlungen
- Ausgabeneinsparungen

Zahlungsreserve

Um bei etwaigen Einnahmeausfällen oder nicht voraussehbaren Mehrausgaben keine Störung im finanziellen Ablauf eintreten zu lassen, sollte in jedem Fall noch eine Liquiditätsreserve (Zahlungsreserve) in Form einer Kreditausschöpfungsmöglichkeit (Kontokorrentkredit) vorhanden sein.

Soll-Ist-Vergleich

Den im Liquiditätsplan in Ansatz gebrachten Planung-Soll-Zahlen sind am Ende der Planungsperiode die Ist-Zahlen gegenüberzustellen.
Aus den Abweichungen ergeben sich brauchbare Hinweise und Korrekturmöglichkeiten für eine noch größere Genauigkeit künftiger Pläne.
Die Liquiditätsplanung wird vermehrt auch computerunterstützt durchgeführt.

2.5.3 Investitions- und Finanzierungsanlässe im Handwerksbetrieb

Finanzierungsanlässe

- Betriebsgründung, Betriebsübernahme
- Betriebserweiterung
- Umgründungen, Umwandlungen, Zusammenschluss von Unternehmen
- Eintritt oder Austritt eines Gesellschafters
- Baumaßnahmen, Neuanschaffungen
- Standortverlagerung
- Rationalisierungsinvestitionen

2.5.4 Arten der Finanzierung

> Kapitalherkunft

```
                          Finanzierung
                 ┌────────────┴────────────┐
          Außenfinanzierung          Innenfinanzierung
                 ▼                          ▼
   Zuführung von Finanzmitteln von außen   Zuführung von Finanzmitteln von innen
   (z. B. Einlagen, Beteiligungen, Kredite) (z. B. Einbehaltung von Gewinnen,
                                            Vermögensumschichtung)
```

> Kapitalbildung

```
                     Arten der Finanzierung
    ┌──────────┬──────────┬──────────┬──────────┐
  Eigen-    Selbst-    Fremd-    Leasing,   Beteiligungs-
finanzierung finanzierung finanzierung Factoring finanzierung
```

2.5.4.1 Eigenfinanzierung

> Unter Eigenfinanzierung versteht man den Einsatz von Mitteln des Privatvermögens für betriebliche Zwecke.

Die Ansammlung des Kapitals kann erfolgt sein durch Sparen, Erbschaft, Heirat und Schenkung.

Jeder gut finanzierte Betrieb sollte über eine vertretbare Eigenkapitalbasis verfügen, da diese die persönliche Kreditwürdigkeit und die sachliche Kreditfähigkeit erhöht. Daher ist es für einen jungen Handwerker empfehlenswert, Kapital anzusammeln, um sich einen finanziellen Grundstock für eine spätere Betriebsgründung zu schaffen.

Eine besondere Art der Eigenfinanzierung bzw. der Zuführung von Eigenkapital durch Kapitaleinlagen von vorhandenen oder neu hinzukommenden Gesellschaftern ist die Beteiligungsfinanzierung. Zu nennen ist in diesem Zusammenhang die sog. „offene Beteiligung". Diese Finanzierungsform bedeutet für den Betriebsinhaber die Aufnahme eines Gesellschafters und ist bei allen Gesellschaftsformen möglich. Der neue Gesellschafter erhält Gesellschafterrechte, Gewinn- und Verlustbeteiligung und haftet je nach Gesellschaftsform.

Beteiligungsfinanzierung

Eine weitere Möglichkeit bildet die sog. „stille Beteiligung". Der stille Gesellschafter tritt nach außen nicht in Erscheinung und hat in seiner typischen Form keine Mitbestimmungsrechte. Er ist in der Regel nicht an einem entstehenden Verlust beteiligt, sondern erhält ein fixes Entgelt und eine Gewinnbeteiligung.

Vorteile einer stillen Beteiligung	Nachteile einer stillen Beteiligung
langfristige Finanzmittel	Einräumung von Informationsrechten
Stärkung der Eigenkapitalbasis und damit Stärkung der Verhandlungsposition gegenüber der Hausbank	Liquiditätsbelastung durch Beteiligungsentgelte und Rückzahlung des Kapitals am Ende der Laufzeit der Beteiligung
keine Bindung von Sicherheiten	
kein Einfluss auf die Geschäftsführung, Betriebsinhaber bleibt alleiniger Gesellschafter	

Mezzaninkapital

In letzter Zeit immer wichtiger für Betriebe, die zu wenig Eigenkapital besitzen, werden alternative – Eigenkapital ersetzende – Finanzierungsformen. Diese werden unter dem Begriff Mezzaninkapital zusammengefasst. Mezzaninfinanzierung ist eine Zwischenform von Eigenkapital und Fremdkapital. Es müssen keine Sicherheiten hinterlegt werden. Im Falle einer Insolvenz des Kapitalnehmers haftet dieses Kapital nachrangig gegenüber anderen Gläubigern. Zur Mezzaninfinanzierung gehören u. a. nachrangige Darlehen und stille (typische und atypische) Beteiligungen.

Mezzaninkapital ist zu verzinsen und in der Regel tilgungspflichtig. Die Höhe der Zinsen richtet sich nach der Bonitätsrate des Unternehmensratings.

Als zusätzlicher Finanzierungsbaustein wird Mezzaninkapital vor allem für Investitionen und Wachstum eines Betriebes eingesetzt. Die finanziellen Mittel werden überwiegend von Kreditinstituten und Fondsgesellschaften zur Verfügung gestellt.

2.5.4.2 Selbstfinanzierung

> Bei der Selbstfinanzierung erfolgt die Kapitalbildung durch „Sparen im Betrieb" bzw. dadurch, dass der Betrieb die Mittel selbst aus erzielten und nicht entnommenen bzw. nicht ausgeschütteten Gewinnen aufbringt.

Die zur Selbstfinanzierung zur Verfügung stehenden Mittel errechnen sich wie folgt:

Selbstfinanzierungsquote

  Gewinn
+ Abschreibungen (Abschreibungserlöse!)
− Privatentnahmen
− Gewinnausschüttungen
= Selbstfinanzierungsmittel (zur Selbstfinanzierung zur Verfügung stehender Betrag)

Die Selbstfinanzierung hat gegenüber der Fremdfinanzierung den Vorteil, dass keine periodischen Zins- und Tilgungsleistungen anfallen und die Liquiditätslage somit positiv beeinflusst wird.

Die Selbstfinanzierung ist die volkswirtschaftlich wünschenswerteste Finanzierungsart. Sie wird erheblich von der staatlichen Steuerpolitik beeinflusst.

2.5.4 Arten der Finanzierung

Zu beachten ist, dass die Selbstfinanzierung nicht zur Überfinanzierung führt, da das brachliegende Kapital dann die Rentabilität schmälern würde.

2.5.4.3 Fremdfinanzierung

> Unter Fremdfinanzierung versteht man die Geld- und Kapitalbeschaffung von dritter Seite in Form von Krediten.

Das Fremdkapital verursacht Zahlungsverpflichtungen für Verzinsung und Rückzahlung (Tilgung). Die gezahlten Zinsen mindern – als steuerlich abzugsfähige Betriebsausgaben – den Gewinn.
Für Fremdkapital müssen in der Regel Sicherheiten gegeben werden.

2.5.4.4 Kreditarten als Mittel der Fremdfinanzierung

Nach der Laufzeit können Kreditarten wie folgt eingeteilt werden: *Laufzeit*
> kurzfristige Kredite: Laufzeit bis zu 1 Jahr
> mittelfristige Kredite: Laufzeit bis zu 5 Jahren
> langfristige Kredite: Laufzeit von mehr als 5 Jahren

Wichtige Kreditarten für den Handwerksbetrieb:
- Kontokorrentkredit
- Lieferantenkredit
- Wechselkredit
- Kundenanzahlungskredit
- Darlehen

Kontokorrentkredit

> Der Kontokorrentkredit ist ein Kredit in laufender Rechnung, ist kurzfristig und dient dem Betrieb als Liquiditätsstütze zur Aufrechterhaltung der betrieblichen Zahlungsbereitschaft und zur Finanzierung wesentlicher Teile des Umlaufvermögens (zum Beispiel Waren- und Materialbestand, Forderungen).

Je nach Bedarf kann der Kontokorrentkredit in wechselndem Umfang bis zur vereinbarten Höchstgrenze in Anspruch genommen werden; der jeweils in Anspruch genommene Kreditbetrag muss verzinst werden.   *Höchstgrenze*

Die Kosten für den Kontokorrentkredit belaufen sich je nach allgemeinem Zinsniveau auf ca. 8 bis 12 % und beinhalten verschiedene Positionen (Zinsen, eventuell anfallende Überziehungszinsen, Kreditprovisionen, sofern diese nicht bereits im Soll-Zins enthalten sind, Umsatzprovisionen, verschiedene Auslagen usw.).   *Kosten*

Grundlage für den laufenden Kredit ist ein Kontokorrentkreditvertrag mit der Hausbank.
Der Kontokorrentkredit hat in der Regel die größte Bedeutung für den Handwerksbetrieb.

2.5 Finanzierung

Lieferantenkredit

> Der Lieferantenkredit ist ein kurzfristiger Kredit. Er besteht darin, dass man die von den Lieferanten eingeräumten Zahlungsziele bei der Beschaffung von Waren, Materialien und Leistungen ausnutzt und an den Lieferanten erst nach Ablauf des Zahlungsziels oder manchmal auch später zahlt.

Kosten

Der Lieferantenkredit verursacht wie alle Kredite Kosten, weil Lieferanten im Falle der Bezahlung innerhalb einer bestimmten Frist in der Regel Skontoabzug gewähren.
Je häufiger sich die Verbindlichkeiten aus Lieferungen und Leistungen im Jahr „umschlagen", desto größer ist der finanzielle Vorteil, der durch Skontoabzug entsteht.

Skontoabzug

Verzicht auf Skontoabzug bedeutet hohen Zinsaufwand bzw. entgangenen Gewinn.
Der Zusammenhang wird im folgenden Beispiel deutlich:
Wir kaufen Ware zum Rechnungsbetrag von 10.000,00 EUR, zahlbar innerhalb von 10 Tagen mit 3 % Skonto oder nach 30 Tagen ohne Abzug.
Die Bezahlung am 10. Tag durch Überziehung des Bankkontos erbringt einen Skontoabzug in Höhe von 300,00 EUR.

Die Inanspruchnahme des Kontokorrentkredits ergibt folgenden Zinsaufwand:

$$\text{Zinsaufwand} = \frac{\text{Überweisungsbetrag} \times \text{Zinssatz} \times \text{Anzahl der Tage}}{100 \times 360 \text{ Tage}}$$

Bei einem Zinssatz von 12 % ergibt sich somit:

$$= \frac{9.700{,}00 \times 12 \times 20}{36.000} = \underline{64{,}67 \text{ EUR}}$$

Die Einsparung beträgt im Beispiel somit 235,33 EUR.
Das Beispiel zeigt, dass es durchaus vorteilhaft sein kann, zur Ausnutzung eines Skontoabzugs einen kurzfristigen Bankkredit aufzunehmen, nämlich dann, wenn die Kreditkosten innerhalb eines bestimmten Zeitraums geringer sind als die durch Skontoabzug erzielten Erträge.

Wechselkredit

> Man unterscheidet nach der Verwendung zwischen
> › Handels- und Warenwechseln, die der Finanzierung von Waren und Materialien dienen, und
> › Finanzwechseln, die reine Kreditgeschäfte darstellen.

Die Banken kaufen in erster Linie Handelswechsel an.

2.5.4 Arten der Finanzierung

Man unterscheidet beim Wechselkredit:

> Diskontkredit
  Ankauf von Kundenwechseln
> Akzeptkredit
  Betrieb zieht Wechsel auf seine Bank, die ihn akzeptiert.

Kundenanzahlungskredit

> Der Kreditvorgang beim Kundenanzahlungskredit besteht darin, dass der Kunde bezahlt, bevor der die Zahlung empfangende Unternehmer die Leistung abschließend ausgeführt hat.

In verschiedenen Branchen ist es üblich, dass Kunden vor oder während der Auftragsdurchführung Anzahlungen bzw. Vorauszahlungen im Wege der Vorfinanzierung zu leisten haben.

Darlehen

> Das Darlehen ist ein mittel- oder langfristiger Kredit mit festgelegten Zins- und Tilgungsraten.

Wichtig ist, dass die Laufzeit des Darlehens sorgfältig geprüft und je nach Verwendung der Darlehensmittel festgelegt wird.
Man unterscheidet im Wesentlichen folgende Darlehensformen: Formen

> Festdarlehen bzw. Kündigungsdarlehen
  Hier werden die Darlehensmittel am Ende der vereinbarten Laufzeit oder nach Ablauf der Kündigungsfrist getilgt.
  Die Mittel stehen aber dem Betriebsinhaber während der gesamten Laufzeit in vollem Umfange zur Verfügung.
  Er hat in dieser Zeit nur die Zinszahlungen zu leisten.
> Abzahlungs- bzw. Ratendarlehen
  Die Rückzahlung des Darlehens erfolgt während der gesamten Darlehenslaufzeit in gleich bleibenden Raten. Die Zinszahlungen verringern sich aber während der Laufzeit des Darlehens, da die Zinsen nur noch von der jeweiligen Restschuld zu zahlen sind.
  Der Gesamtbetrag der Zahlungen sinkt also durch die reduzierten Zinsbeträge während der Darlehenslaufzeit.
> Annuitätendarlehen
  Hier bleibt der zu leistende Kapitaldienst während der gesamten Darlehenslaufzeit gleich hoch.
  Durch die anteiligen Tilgungsraten reduziert sich die Darlehensrestschuld. Es fallen dadurch laufend niedrigere Zinsen an. Somit erhöht sich die Tilgungsrate entsprechend.
  Während der Darlehenslaufzeit sind außerplanmäßige Tilgungen üblicherweise nur möglich, wenn dies im Darlehensvertrag vereinbart wurde.
  Fehlt eine solche Vereinbarung und der Betriebsinhaber will trotzdem vorzeitig zurückzahlen, fällt in der Regel für die Sonderrückzahlung eine Vorfälligkeitsentschädigung der Bank an.

Außerplanmäßige Tilgungen

Vorfälligkeitsentschädigung

2.5 Finanzierung

Hinsichtlich der in bestimmten Fällen anwendbaren gesetzlichen Kündigungsmöglichkeiten sollte sich der Darlehensnehmer im Bedarfsfall beraten lassen.

> Als Finanzierungskosten können bei allen Darlehensformen je nach Konditionen anfallen:
> Zinsen, Disagio bzw. Abgeld (Unterschiedsbetrag zwischen dem Nennbetrag des Darlehens und dem tatsächlich an den Darlehensnehmer ausgezahlten Verfügungsbetrag), Provisionen, sonstige Gebühren.

Zinsen

Die Höhe der Zinsen richtet sich nach den im Darlehensvertrag getroffenen Vereinbarungen. Dabei ist einerseits das Zinsniveau am Geld- und Kapitalmarkt ausschlaggebend, andererseits die Bonität des Kreditnehmers.

2.5.4.5 Kreditsicherheiten

Personalkredite
Realkredite

Reine Personalkredite werden nur in geringem Umfang gewährt. In der Regel sind für Kredite Kreditsicherheiten zu stellen. Man spricht dann von Realkrediten.

> Kreditsicherheiten haben den Zweck, den Kreditgeber im Falle einer Insolvenz des Betriebes oder einer Abwicklung aus sonstigen Gründen aus den Sicherheiten zu befriedigen.

Wegen rechtlicher Einzelheiten der nachfolgend aufgeführten Kreditsicherheiten wird auf die Abschnitte 3.1.3.1 „Allgemeines Vertragsrecht" und 3.1.4 „Sachenrecht" im Band 2 verwiesen.

Überblick

```
                    Wichtigste Kreditsicherheiten
    ┌──────────┬──────────┬──────────┬──────────┬──────────┬──────────┐
    ▼          ▼          ▼          ▼          ▼          ▼
Grund-    Verpfändung  Sicherungs-  Abtretung  Lebensver-  Bürgschaft
pfand-    von          übereignung  von        sicherungen
rechte    beweglichen               Forderungen
          Sachen und
          Rechten
    │                    │          │           │           │
    ▼                    ▼          ▼           ▼           ▼
Hypotheken-         Übertragen   Erwerb des   Risiko-     mit Einrede
schulden            des          Rechts auf   lebens-     der Voraus-
                    Eigentums    die Gesamt-  versicher-  klage
                    an Maschinen forderungen  ungen
                    und          oder einen
                    Einrichtungen Teil davon
    │               an den       durch die    │           │
    ▼               Kreditgeber  Bank         ▼           ▼
Grund-                           („Mantel-    Kapital-    selbstschuld-
schulden            │            zession")    lebens-     nerische
                    ▼                         versicher-  Bürgschaft
                    Besitz und                ungen
                    Nutzungsrecht
                    der Sicherungs-
                    gegenstände
                    für Kredit-
                    nehmer
```

2.5.4 Arten der Finanzierung

Grundpfandrechte

> Die wichtigsten Grundpfandrechte sind die Hypothek und die Grundschuld.

Beide Arten von Grundpfandrechten werden ins Grundbuch eingetragen. Für die Bestellung ist die notarielle Beurkundung erforderlich.
Die Grund- und Hypothekenschulden müssen werthaltig sein, das heißt, durch die realen Werte des Pfandobjektes gedeckt sein.
Einige Kreditgeber beleihen Grundstücke in der Regel nur bis zu 50 % des Verkehrswertes. Ausnahmen sind jedoch möglich.

Verpfändung von beweglichen Sachen und Rechten

Zur Absicherung von Krediten können bewegliche Sachen und Rechte verpfändet werden. Häufig geschieht dies in der Praxis mit Wertpapieren.

Sicherungsübereignung

> Sicherheit für Kredite kann auch geleistet werden durch die Sicherungsübereignung von Maschinen und Einrichtungsgegenständen.

Notwendig hierbei ist der Abschluss eines Sicherungsübereignungsvertrages zwischen Kreditgeber und Kreditnehmer. In diesem Vertrag müssen alle Gegenstände einzeln aufgeführt sein. *Vertrag*
Dem Kreditgeber wird durch den Vertrag das Eigentum an den Sicherungsgegenständen übertragen. Gleichzeitig bleibt das Sicherungsgut im unmittelbaren Besitz des Kreditnehmers, der dieses weiter benutzen kann, um überhaupt den Kredit zurückzahlen zu können.

Abtretung von Forderungen

> Sicherheit für Kredite kann geleistet werden durch Abtretung einer Forderung an einen Dritten (Zession).

In diesem Zusammenhang wird in der Regel eine sogenannte „Mantelzession" vorgenommen, wodurch die Bank ein Recht auf bestehende Forderungen in bestimmbarer oder variabler Höhe erwirbt. Die Abtretung wird erst mit der Übergabe der Forderungsaufstellung wirksam.

Lebensversicherungen

> Zur Sicherung von Krediten können auch Lebensversicherungen herangezogen werden.

2.5 Finanzierung

Risikolebens- und Kapitallebensversicherungen

Folgende Formen kommen zur Kreditabsicherung in Frage:
> Risikolebensversicherungen (Ablebensversicherungen)
Die Sicherheit bezieht sich auf das Ableben des Kreditnehmers.
> Kapitallebensversicherungen
Die Sicherheit bezieht sich auf den sogenannten Rückkaufswert (einbezahlte Prämien, Gewinnanteile und Zinsen abzüglich Risiko) bzw. die Ablaufleistung.

Bürgschaft

> Kredite können auch durch Bürgschaften abgesichert werden.

Grundsätzlich sind zwei Arten von Bürgschaften zu unterscheiden:

Selbstschuldnerische Bürgschaft

> Bürgschaft mit Einrede der Vorausklage
> selbstschuldnerische Bürgschaft

Die selbstschuldnerische Bürgschaft spielt in der Praxis die bedeutendere Rolle. In jedem Fall sind für die Sicherung von Krediten die Vermögens- und Einkommensverhältnisse des Bürgen von Bedeutung.

2.5.4.6 Bedeutung der Bankverbindung – Bonitätsprüfungsverfahren (Rating)/Kreditantragsverfahren

Kreditwürdigkeit

Für jede Kreditgewährung ist es wichtig, eine gute Bankverbindung (Hausbank) zu haben. Im Laufe der Zeit entsteht ein wichtiges Vertrauensverhältnis. Dennoch wird die Kreditgewährung immer von der persönlichen und wirtschaftlichen Kreditwürdigkeit (Bonität) des Antragstellers abhängen.
Die persönliche Kreditwürdigkeit hängt unter anderem ab von Fleiß, fachlicher Tüchtigkeit, Überzeugungskraft, betriebswirtschaftlichen Kenntnissen, Zuverlässigkeit, Sparsamkeit, persönlichem Ansehen und den familiären Verhältnissen.
Die wirtschaftliche Kreditwürdigkeit wird abgeleitet von den geordneten betrieblichen Verhältnissen, vom überzeugenden Unternehmenskonzept, von der Ertragslage, von der Branche, von der Marktstellung des Betriebes und von der Angemessenheit des Vorhabens, das durch den Kredit mitfinanziert werden soll.

> Die Banken führen nach den Kreditvergaberichtlinien ein Bonitätsprüfungsverfahren (Rating) durch, von dessen Ergebnis die Kreditgewährung und die Höhe der Verzinsung des Kredits abhängt. Im Hinblick auf die Festlegung der Verzinsung gilt die Faustregel: hohe Kreditausfallwahrscheinlichkeit = hohes Risiko der Bank = hohe Zinsen und umgekehrt.
> Im Ratingprozess werden alle erfolgsrelevanten Merkmale eines Handwerkbetriebes mithilfe von statistischen Verfahren untersucht. So wird eine Bonitätsaussage über ein Unternehmen getroffen und im Regelfall auch eine Ratingnote erteilt.

Banken verwenden Ratingverfahren seit vielen Jahren. „Basel II" (Festlegung von Eigenkapitalrichtlinien der Banken) hat dieses Thema jedoch mehr in den Blickpunkt der Öffentlichkeit gerückt.

2.5.4 Arten der Finanzierung

Durch veränderte rechtliche Rahmenbedingungen sind die Banken gezwungen, ihre Kreditvergabe und die Kreditkonditionen an objektiv messbare und nachvollziehbare Kriterien zu knüpfen. Das Verfahren hierzu ist das Rating.

Für den Handwerksbetrieb bedeutet dies, dass eine optimale Vorbereitung auf dieses Rating eine absolute Notwendigkeit darstellt. Die Vermittlung der Unternehmensstrategie und deren wirtschaftliche Tragfähigkeit müssen der Bank transparent vermittelt werden. Weitere Faktoren sind die Beurteilung der letzten Jahresabschlüsse, der aktuelle Geschäftsverlauf und die Kontoführung, aber auch die Beurteilung der Geschäftsleitung, der Kalkulation, des Controllings und des Finanzwesens sowie die Beurteilung der Marktsituation.

Größere Handwerksbetriebe können auch ein Rating durch Ratingagenturen durchführen lassen (externes Rating). Dies ist meist mit hohen Kosten verbunden. Weitere Informationen hierzu erhalten Sie von den Betriebsberatern der Handwerkskammern. *Externes Rating*

Für das Ratingverfahren durch die Bank und das mit der Bank zu führende Rating- oder Kreditgespräch sollte sich der Betriebsinhaber sorgfältig vorbereiten.

Je mehr positive Fakten vorgelegt werden, desto besser wird das Rating der Bank ausfallen.

Auf die nachstehend aufgeführten Punkte sollte sich der Betriebsinhaber vorbereiten. Die Checkliste entspricht in weiten Teilen einer Veröffentlichung des Bundesministeriums für Wirtschaft und Arbeit. *Checkliste*

Analyse wirtschaftlicher Verhältnisse

> Bilanzen und Jahresabschlüsse der letzten beiden Jahre
> Umsatz- und Leistungsentwicklung
> Kostenentwicklung und Kostenstruktur
> Ertragsentwicklung
> Rentabilität
> Liquidität
> Eigenkapitalquote
> Schuldentilgungsdauer
> Firmenvermögen, Privatvermögen, Sicherheiten

Management und Organisation

> Managementkompetenz und Führungserfahrung

> fachliche und kaufmännische Qualifikationen der Unternehmensleitung
> Einblick der Unternehmensleitung in die wirtschaftliche Situation des Unternehmens
> Zuverlässigkeit der Kalkulationen auf einer gesicherten Zahlengrundlage
> Absicherung der Kontinuität in der Unternehmensführung
> Regelung der Nachfolge
> Nachwuchsförderung

> Unternehmensstruktur

> Effektivität der Organisationsstrukturen im Unternehmen
> Ausrichtung der Unternehmensstruktur an den Erfordernissen des Marktes und der Branche
> Qualitätsmanagement im Unternehmen

2.5 Finanzierung

> Personal

> Qualifikationen der Mitarbeiter
> Abhängigkeit von Schlüsselpersonen im Unternehmen
> Zufriedenheit der Mitarbeiter
> Personalplanung für die Zukunft

Markt und Branche

> Marktsituation allgemein

> Marktpotenzial des Unternehmens
> aktueller Auftragsbestand
> zukünftige Auslastung

> Markt- und Branchenentwicklung

> Branchenentwicklung
> Abhängigkeit des Unternehmens von Markt- und Branchentrends
> Abhängigkeit des Unternehmens von der Konjunktur
> Erfolgspotenzial der Geschäftsfelder

> Produkte und Leistungen

> Angebotssortiment
> Qualität der Produkte und Leistungen
> Positionierung des Unternehmens im Markt
> Positionierung des Unternehmens in seinem derzeitigen Preis- und Leistungssegment
> Produktentwicklung und Innovationsgeschwindigkeit im Unternehmen

> Kunden

> Zufriedenheit der Kunden
> Erfolgswahrscheinlichkeit mit dem derzeitigen Kundensegment
> Bonität der Kunden
> Abhängigkeit von bestimmten Kunden
> „Treue" der Kunden

> Konkurrenz

> Marktanteil des Unternehmens
> Zahl der Wettbewerber
> Wettbewerbsvorteil gegenüber der Konkurrenz

> Lieferanten

> Einkaufskonditionen
> Qualität und Zuverlässigkeit der Lieferanten
> Abhängigkeit von Lieferanten

> Vertrieb

> Vertriebsorganisation

2.5.4 Arten der Finanzierung

> Marketing

> Marketingkonzept

Beziehung Unternehmen – Hausbank

> Kontoführung

> Inanspruchnahme des Kreditrahmens (Konto überzogen, Konto nicht überzogen)
> Kontoumsätze im Vergleich zum Kontokorrent-Kreditrahmen

> Information

> Informationsverhalten gegenüber der Bank (notwendige Informationen pünktlich, ausreichend geliefert)
> Aussagekraft der Informationen
> Kommunikation mit der Bank bei wichtigen Informationen und strategischen Entscheidungen
> Zuverlässigkeit bei Vereinbarungen mit der Bank

Unternehmensentwicklung und Unternehmensplanung

> Unternehmenskonzept
> Erfolgswahrscheinlichkeit der lang- und kurzfristigen Entwicklungs- und Planziele
> Erfolgswahrscheinlichkeit der Umsatz- und Absatzplanung
> Erfolgswahrscheinlichkeit der Kostenplanung
> Kostenvor- und -nachkalkulation
> Erfolgswahrscheinlichkeit der Ertragsplanung
> Erfolgswahrscheinlichkeit der Investitionsplanung
> Erfolgswahrscheinlichkeit der Liquiditätsplanung (Kapitaldienstfähigkeit)
> Qualität des Rechnungswesens und Controllings
> Qualität des Mahnwesens
> Seriosität im Umgang mit Unternehmensrisiken (Umweltrisiken, Gewährleistungsrisiken, Produkthaftungsrisiken, Versicherungen und Rücklagen)

2.5.4.7 Leasing

Eine bedeutende Finanzierungsart, deren Anwendung auch im Handwerk weiterhin stark wächst, ist das Leasing.

> Begriff

> Beim Leasing werden Gebäude, Maschinen, Werkzeuge, Betriebs- und Geschäftseinrichtungen, EDV-Anlagen, Fahrzeuge usw. von Leasinggesellschaften oder direkt vom Produzenten einzelnen Unternehmen gegen Vergütung (Zahlung in Raten) zum Gebrauch bzw. zur Nutzung überlassen. Die Leasingverträge können auch Wartung und Service einschließen.

> Rechtsgrundlagen

Leasingvertrag Grundlage des Leasinggeschäftes ist immer ein Vertrag zwischen Leasinggeber („Überlasser") und Leasingnehmer, der seiner Rechtsnatur nach als Mietvertrag einzustufen ist, aber in seiner Ausgestaltung je nach Einzelbedingungen erheblich von den Grundsätzen des Mietvertragsrechts nach BGB abweichen kann (Bandbreite vom normalen Mietvertrag bis zum verdeckten Ratenkaufvertrag).

> Mögliche Gestaltungen von Leasingverträgen

> Grundsätzlich wird das Leasingobjekt nach Ablauf der Grundmietzeit vom Leasingnehmer an die Leasinggesellschaft zurückgegeben. In vielen Fällen wird dem Leasingnehmer jedoch ein Anrecht (Option) eingeräumt, die Nutzung des Leasinggegenstandes nach Ablauf der Grundmietzeit fortzusetzen.

Folgende Varianten werden praktiziert:

Kaufoption
> Kaufoption
Dem Leasingnehmer wird das Recht eingeräumt, den Leasinggegenstand nach Ablauf der Grundmietzeit zum Restwert zu kaufen.

Mietoption
> Mietoption
Dem Leasingnehmer wird das Recht eingeräumt, die Mietzeit des Gegenstandes zu verlängern.

Grundsätzlich zu unterscheiden sind Voll- und Teilamortisation:
Vollamortisation: Die Anschaffungskosten des Leasingobjektes werden während der Vertragslaufzeit vollständig über die Leasingraten abgegolten.
Teilamortisation: Die Anschaffungskosten des geleasten Gegenstandes werden während der Vertragslaufzeit nur teilweise abgegolten. Es erfolgt eine Sonderzahlung zu Vertragsbeginn und/oder es bleibt ein Restwert, der durch eine anschließende Verwertung ausgeglichen werden muss.

> Vorteile des Leasings aus finanzwirtschaftlicher Sicht

Vorteile
> Ein entscheidender Vorteil des Leasings besteht darin, dass die Nutzung des Leasinggegenstandes sofort möglich ist, die Zahlungen dagegen werden auf die betriebswirtschaftlich sinnvolle Nutzungsdauer verteilt.
> Leasing schont die Kreditfähigkeit durch Freihalten der Sicherheiten für andere Anschaffungen.
> Die Beschaffung von Investitionsgegenständen auf der Basis eines Leasingvertrages ist sinnvoll, wenn das notwendige Kapital nicht oder nur zu sehr ungünstigen Bedingungen aufgenommen werden kann und die Liquidität des Betriebes geschont werden soll.
> Steuerliche Überlegungen können für das Leasing maßgebend sein, da die Leasingraten in wesentlichem Umfang steuermindernd als Betriebsausgaben abgesetzt werden können.
> Leasing kann dann vorteilhaft sein, wenn Gegenstände beschafft werden sollen, die technisch schnell veralten, oder wenn besondere Maschinen oder Geräte nur für die Durchführung seltener Aufträge benötigt werden.

> Nachteile des Leasings aus finanzwirtschaftlicher Sicht

> Die Summe der anfallenden Leasingraten übersteigt die Anschaffungskosten des Leasingobjektes. Die Kosten betragen in der Regel etwa 130 % des Kaufpreises.
> Leasing engt den Unternehmer in seiner Dispositionsfreiheit ein und führt ihn in eine rechtliche und wirtschaftliche Abhängigkeit zum Leasinggeber.
> Erhöhung der monatlichen Fixkosten.

Nachteile

2.5.4.8 Factoring

Eine auch im Handwerk zunehmende Finanzierungsart ist das „Factoring".

> Factoring bedeutet den Verkauf von Außenständen (Kundenforderungen = Forderungen aus Lieferungen und Leistungen) an ein spezialisiertes Finanzierungsinstitut (Factor).

Dieses Factoringinstitut übernimmt das Mahnwesen und den Einzug der Forderungen, in manchen Fällen auch den Teil der Buchführung, der sich auf die Außenstände bezieht (Debitorenbuchführung).
Es zahlt 70 % bis 90 % der verkauften Kundenforderungen zunächst in Form eines Vorschusses nach Abzug einer bestimmten Vergütung für Gebühren, Risiko und Zinsen sofort an den Betrieb aus.
Dabei bestehen in der Praxis unterschiedliche Möglichkeiten der Vertragsausführung.

> Vorteile des Factorings

> Verbesserung der Liquidität
> Möglichkeit der Skontierung von Lieferantenrechnungen; Nutzung von Sonderrabatten im Einkauf
> Erweiterung des Kreditrahmens
> Vereinfachung des Inkasso- und Mahnwesens
> Steuervorteile

> Nachteile des Factorings

> mögliche Belastung der Kundenbeziehungen durch Einschaltung des Factors
> Factoring ist teurer als die Finanzierung mittels eines Bankkredits

Zunehmende Bedeutung hat das Exportfactoring, auch Forfaitierung genannt. Hier werden Wechsel oder Forderungen bei Vorliegen guter Sicherheiten ohne Rückgriff auf den Exporteur durch Spezialinstitute aufgekauft. Der Verkäufer befreit sich dabei vom Risiko und verbessert seine Zahlungsfähigkeit durch Umwandlung der Forderung in bares Geld.

Forfaitierung

2.5.4.9 Spezielle Finanzierungshilfen für den Handwerksbetrieb

Bund und Länder fördern aus volkswirtschaftlichen Gründen Handwerksbetriebe durch Gewährung von speziellen öffentlichen Finanzierungshilfen.

Öffentliche Finanzierungshilfen

2.5 Finanzierung

Zentraler Ansprechpartner für öffentliche Fördermittel ist die KfW-Mittelstandsbank. Unter www.kfw-mittelstandsbank.de finden sich wichtige Informationen über Fördermöglichkeiten.

Der interaktive Förderberater zeigt auf, welche Programme im Einzelfall in Frage kommen.

> Wer öffentliche Fördermittel nutzen möchte, darf mit seinem Vorhaben noch nicht begonnen haben.

Die Bundesländer haben zum Teil noch ergänzende Programme wie Mittelstandskreditprogramme.

> Es ist empfehlenswert, dass sich Interessenten für die genannten und alle anderen Finanzierungshilfen mit den Betriebsberatungsstellen der Handwerkskammern oder mit ihren Hausbanken in Verbindung setzen. Hier wird über Voraussetzungen und Antragswege sowie Konditionen beraten.

Aufgaben der Bürgschaftsbanken

> Da viele Handwerker gerade bei der Geschäftsgründung oder bei späteren Betriebserweiterungen keine banküblichen Sicherheiten leisten können, hat das Handwerk in Zusammenarbeit mit dem Staat und den Banken Selbsthilfeeinrichtungen in Form der Bürgschaftsbanken geschaffen.

Die Bürgschaftsbanken bestehen in allen Bundesländern (in Hamburg „Bürgschaftsgemeinschaft", in Rheinland-Pfalz „Investitions- und Strukturbank").
Zusammengeschlossen haben sich die Institute der einzelnen Bundesländer im Verband Deutscher Bürgschaftsbanken (www.vdb-info.de).

Ausfallbürgschaften — Die Bürgschaftsbank gewährt selbst keine Kredite, sondern übernimmt Ausfallbürgschaften für mittel- und langfristige Kredite an Handwerksbetriebe, denen bankmäßig ausreichende Sicherheiten nicht in dem erforderlichen Maße zur Verfügung stehen.

Verbürgt werden können Kredite für die Finanzierung von Investitionen, Existenzgründungen, Geschäftsübernahmen und Betriebsmittelbedarf und Konsolidierungsmaßnahmen. Unter bestimmten Voraussetzungen können auch Leasingfinanzierungen verbürgt werden.

Die Bürgschaft wird bis maximal 80 % des Kreditbetrages übernommen. Die Laufzeit beträgt bis zu 15 Jahre (bauliche Maßnahmen: bis zu 23 Jahre).

Kreditwürdigkeit — Der Kreditnehmer muss wirtschaftlich und persönlich kreditwürdig sein und nach der gesamten betriebswirtschaftlichen Lage die Gewähr dafür bieten, dass sein Betrieb existenz- und wettbewerbsfähig ist oder durch einen verbürgten Kredit werden kann. Das betriebliche Rechnungswesen muss überdies geordnet sein und jederzeit eine Überprüfung der Vermögens-, Finanz- und Ertragslage ermöglichen.

Antragsweg — Ein entsprechender Antrag auf Übernahme der Bürgschaft ist in der Regel über die Hausbank an die Bürgschaftsbank zu richten.

Die Handwerkskammer nimmt gutachterlich Stellung.

Aufgaben der Kapitalbeteiligungsgesellschaften

Zur Förderung von Handwerks- und Gewerbebetrieben auf dem Gebiet der Finanzierung bestehen Kapitalbeteiligungsgesellschaften.

> Die Kapitalbeteiligungsgesellschaften sollen Unternehmern des Handwerks die Kapitalbeschaffung auf der Basis der Beteiligung zu tragbaren Bedingungen ermöglichen.

Diese Form der Beteiligungsfinanzierung kommt insbesondere für größere Handwerksbetriebe in Frage. Über nähere Einzelheiten erteilen die Betriebsberatungsstellen der Handwerkskammern Auskunft.

Beteiligungsfinanzierung

2.5.5 Kapitalbedarfsermittlung, Finanzierungsplan, Finanzierungsregeln

2.5.5.1 Kapitalbedarfsrechnung

Bei jedem Finanzierungsanlass ist auf der Grundlage eines Investitionsplanes eine Kapitalbedarfsrechnung aufzustellen.

> Die Kapitalbedarfsrechnung hat den Zweck der vollständigen Erfassung und Berechnung des Gesamtkapitalbedarfs.

Langfristiger Kapitalbedarf (Investitionsbedarf)

Zum langfristigen Kapitalbedarf (Investitionsbedarf) gehören insbesondere:

> Grundstücksbeschaffung, bauliche und maschinelle Investitionen
> Beschaffung von Einrichtungsgegenständen und Werkzeugen sowie Fahrzeugen
> bei Betriebsübernahmen Ablöse für Betriebs- und Geschäftsausstattungen, Fahrzeuge, Material und Waren sowie Firmenwert
> Sonstiges (zum Beispiel Mietkaution)

Langfristiger Kapitalbedarf

Kurzfristiger Kapitalbedarf für die laufende Betriebstätigkeit (Betriebsmittelbedarf)

Bei der Ermittlung des kurzfristigen Kapitalbedarfs für mehrere Monate sind insbesondere zu erfassen:

> Materialaufwand und Wareneinsatz
> Personal- und Personalzusatzkosten
> Raumkosten, Energiekosten, Versicherungen, Gebühren, Beiträge, Porto, Telekommunikationskosten
> Reparaturen
> Steuerzahlungen (Betriebssteuern), Buchführung, Steuerberatung
> Zinsen für Fremdkapital
> Kfz-Kosten, Reisekosten

Kurzfristiger Kapitalbedarf

2.5 Finanzierung

> Kosten für Werbung, Verkaufsförderung und Öffentlichkeitsarbeit
> Verwaltungskosten und sonstige Gemeinkosten
> Kapitalbindung durch Kundenforderungen
> Privatentnahmen

Lang- und kurzfristiger Bedarf

Es wird deutlich, welche Teile des Betriebsvermögens nach betriebswirtschaftlichen Grundsätzen in der Regel langfristig und welche Teile kurzfristig zu finanzieren sind. (>> auch Finanzierungsregeln unter Abschnitt 2.5.5.4 „Betriebswirtschaftliche Finanzierungsregeln".)

2.5.5.2 Finanzierungsplan

> Der Gesamtkapitalbedarf muss durch die Gesamtfinanzierung gedeckt sein.

Gesamtfinanzierung

Für die Gesamtfinanzierung wird daher bei jedem Vorhaben ein Finanzierungsplan erstellt, der hauptsächlich nachfolgende Positionen enthält:

> Eigenfinanzierung (eigene Mittel und Eigenleistungen)
> langfristige Fremdmittel (Darlehen aus Handwerkskreditprogrammen und sonstigen Förderprogrammen, Darlehen der Hausbank, Versicherungsdarlehen, Verwandtendarlehen)
> kurzfristige Fremdmittel (Lieferantenkredit, Wechselkredit, Kontokorrentkredit der Hausbank)

Bei Aufnahme von Fremdkapital muss eine Berechnung des Kapitaldienstes vorgenommen werden.

2.5.5.3 Kapitaldienst und Kapitaldienstgrenze

> Als Kapitaldienst für ein Vorhaben bezeichnet man die zusätzlich entstehenden jährlichen Zins- und Tilgungsleistungen.

Um die betriebswirtschaftliche Vertretbarkeit eines Vorhabens und dessen Finanzierung abschließend beurteilen zu können, ist eine Berechnung des in den kommenden Jahren zusätzlich entstehenden Kapitaldienstes erforderlich. Dabei werden die Zinszahlungen und die Tilgungsleistungen berechnet und entsprechend der Laufzeit der Kredite aufgeteilt.

Kapitaldienstgrenze

Der ermittelte Kapitaldienst des Planungszeitraumes muss der vertretbaren Kapitaldienstgrenze gegenübergestellt werden.

Vereinfacht lässt sich die Kapitaldienstgrenze bei einem Einzelunternehmen und einer Personengesellschaft wie folgt berechnen:

Voraussichtlicher Umsatz
+ Sonstige ordentliche Erträge
− Betriebliche Gesamtaufwendungen (ohne Abschreibungen)
− Ersatzinvestitionen
− Einkommensteuerzahlungen
− Sonderausgaben
− Sonstige Privatentnahmen
_____

= Kapitaldienstgrenze

Sowohl bei der Ermittlung des Kapitalbedarfs und der Erstellung des Finanzierungsplans als auch bei der Kapitaldienst- und Kapitaldienstgrenzeberechnung empfiehlt es sich, eine Sicherheitsreserve für unvorhersehbare Veränderungen vorzusehen.

Sicherheitsreserve

2.5.5.4 Betriebswirtschaftliche Finanzierungsregeln

Folgende Finanzierungsregeln sind zu beachten:

> Kurzfristige Investitionen sind mit kurzfristigen Mitteln zu finanzieren (z. B. Warenbeschaffung mit Kontokorrentkredit).
> Langfristige Investitionen sind mit langfristigen Mitteln zu finanzieren (z. B. Neubau eines Betriebsgebäudes mit langfristigen Darlehen).
> Die Laufzeit des Fremdkapitals sollte bei Investitionen in etwa der Nutzungsdauer der anzuschaffenden Gegenstände entsprechen.
> Das Anlagevermögen sollte durch Eigenkapital und langfristiges Fremdkapital finanziert werden.
> Die für den Einzelbetrieb errechnete, betriebswirtschaftlich noch vertretbare Kapitaldienstgrenze darf nicht überschritten werden.

Finanzierungsregeln

Durch Berücksichtigung dieser Finanzierungsregeln kann eine stabile, die Zahlungsbereitschaft des Betriebes erhaltende Finanzierung erreicht werden, die auch notwendige Verschuldungs- und Kapitaldienstgrenzen beachtet.

2.5.6 Beratungs- und Informationsmöglichkeiten in Finanzierungsfragen

Jeder Handwerker sollte sich bei allen wichtigen Fragen der Finanzierung sachkundig beraten lassen.
Die wichtigsten Informations- und Beratungsstellen sind:

> die Betriebsberater der Handwerkskammern bzw. der Fachverbände
> freiberufliche Unternehmensberater
> die Hausbank

Beratung Information

2.5.7 Zahlungsverkehr

Grundformen des Zahlungsverkehrs

Barzahlung	Bargeld sparende (halbbare) Zahlung	bargeldlose Zahlung
– Übergabe von Bargeld vom Zahlenden zum Zahlungsempfänger – Postnachnahme	– Bareinzahlung durch Zahlungen mit Gutschrift auf Konto des Empfängers – Abbuchung vom Konto des Zahlenden mit Barauszahlung an den Empfänger	Abbuchung vom Konto des Zahlenden und Gutschrift auf Konto des Empfängers – Banküberweisung – Scheck – ec-Karte (Maestro) – Kreditkarten – Kundenkarten – Wechsel – elektronische Geldbörse – EDV, Datenübertragung – moderne Kommunikationstechnik

Kontoverbindung   Bargeld sparende und bargeldlose Zahlungen erfordern zur Abwicklung eine Kontoverbindung bei einer Bank, einer Sparkasse oder der Postbank. Insbesondere hinsichtlich der technischen Abwicklung des Zahlungsverkehrs bestehen zwischen den einzelnen Bankinstituten keine großen Unterschiede.

Ein oder mehrere Bankkonten sind heute für jeden Betrieb zur Erledigung des Zahlungsverkehrs, also zur Abwicklung des Geldzugangs wie des Geldabgangs, unerlässlich.

Die folgende Abbildung stellt die wesentlichen Vorgänge dar, wie Geld auf das Konto zufließt bzw. vom Konto abfließt.

Überweisung/Gutschrift | Scheckeinreichung/Wechseleinlösung | Bareinzahlung
→ **Konto bei einer Bank, Sparkasse, Postbank** →
Überweisung | Dauerauftrag | Lastschriftverfahren | Verrechnungsscheck/Wechsel | Barauszahlung | ec-Karte, Kreditkarte, Datenübertragung

2.5.7.1 Barzahlung

Inhalt der Barzahlung

> Unter Barzahlung versteht man die persönliche Übergabe von Hart- und Papiergeld, das heißt die „Zahlung von Hand zu Hand".

Die Barzahlung findet in der Regel nur Anwendung, wenn es sich um kleinere Beträge handelt.

Folgendes ist zu beachten:

- Erstellung von Rechnungs- und Zahlungsbelegen auch für Kleinstbeträge, um die Ordnungsmäßigkeit der Buchführung zu erhalten. *Regeln*
- Anschaffung einer Registrierkasse zur Aufzeichnung der Zahlungsvorgänge bei Ladengeschäften.
- Leistung von Zahlungen nur an Berechtigte (Inkassovollmacht); der Überbringer einer Quittung gilt nach dem Gesetz als ermächtigt (Beweismittel). *Quittung*
- Genereller Annahmezwang für Banknoten; für Münzen nur bis zu einem festgelegten Umfang.

Möglichkeiten der Barzahlung

```
                    Barzahlungsarten
                   /                \
           Bargeldübergabe      Postnachnahme
```

> **Postnachnahme**
>
> Die Postnachnahme ist eine Postsendung, welche dem Empfänger nur gegen Bezahlung des angegebenen Betrages ausgehändigt wird.

Dabei wird der einzukassierende Betrag dem Absender nach Abzug der Versandspesen zurückgesandt. Der Handwerker wird daher zweckmäßigerweise den einzuziehenden Rechnungsbetrag um die Einzugsspesen erhöhen.
Per Nachnahme können Postsendungen (Brief, Postkarte, Warenprobe, Geschäftspapiere usw.) ebenso versandt werden wie Paketsendungen. Ferner kann die Nachnahme zum Einzug von Forderungen eingesetzt werden.

Nachteile der Barzahlung

Nachteile der Barzahlung sind:

- Gefahr des Verlierens bringt Unsicherheit in die Barzahlung
- zeitraubend
- unbequem
- teilweise sehr teuer

Die Barzahlung verliert im Geschäftsleben gegenüber den vielfältigen Möglichkeiten der bargeldlosen Zahlung immer mehr an Bedeutung.

2.5.7.2 Bargeld sparende Zahlung

Bei der Bargeld sparenden Zahlungsweise wird der Zahlungsvorgang zum Teil durch Barzahlung und zum Teil über ein Bankkonto abgewickelt.

```
                    Möglichkeiten der Bargeld sparenden Zahlung
                    ↓                                          ↓
        Bareinzahlung durch den                     Abbuchung vom Konto
        Zahlenden und Gutschrift                    des Zahlenden und
        auf dem Konto des Empfängers                Barauszahlung an den Empfänger
```

2.5.7.3 Bargeldlose Zahlung

Zahlung durch Banküberweisung

> Die Banküberweisung ist vollkommen bargeldlos und vollzieht sich von Konto zu Konto.

Die Zahlung ist mit der Gutschrift auf dem Konto des Empfängers zu leisten. Die Überweisung erfolgt in der Weise, dass der Schuldner das kontoführende Institut (Hausbank) beauftragt, einen bestimmten Geldbetrag dem Konto des Empfängers gutzuschreiben und das Konto des Schuldners zu belasten. Die Hausbank überweist den Betrag an die Bank des Zahlungsempfängers, die ihrerseits ihren Kunden mittels Kontoauszug über den Geldeingang informiert.

Dauerauftrag — Für bestimmte Beträge, die in regelmäßigen Abständen zu überweisen sind, können sogenannte **Daueraufträge** eingerichtet werden.

Zahlung durch Lastschriftverfahren

> Bei diesem Verfahren erfolgt der „Geldeinzug" mittels Lastschrift. Im Gegensatz zur Überweisung wird der Zahlungsvorgang vom Zahlungsempfänger ausgelöst.

Voraussetzung hierfür ist allerdings eine Einverständniserklärung des Zahlungspflichtigen.

Es gibt zwei Arten von Lastschriftverfahren:

> das Abbuchungsauftragsverfahren
> das Einzugsermächtigungsverfahren

Abbuchungsauftragsverfahren — Beim Abbuchungsauftragsverfahren gibt der Zahlungspflichtige seiner Bank den Auftrag, die von einem genau bezeichneten Zahlungsempfänger ausgestellten Lastschriften zu Lasten seines Kontos einzulösen.

2.5.7 Zahlungsverkehr

Beim Einzugsermächtigungsverfahren erteilt der Zahlungspflichtige dem Zahlungsempfänger schriftlich eine Ermächtigung, auf ihn Lastschriften zu ziehen. Dieses Zahlungsverfahren eignet sich insbesondere für regelmäßig wiederkehrende Zahlungen wie z. B. Versicherungsprämien, Gebühren usw. Das Einzugsermächtigungsverfahren kommt in der Praxis häufiger vor als das Abbuchungsverfahren.

Einzugsermächtigungsverfahren

Zahlung durch Bankscheck

> Definition des Schecks

> Der Scheck ist eine schriftliche Anweisung des Kontoinhabers an sein Kreditinstitut, eine bestimmte Summe aus dem Guthaben des Antragstellers auszubezahlen.

Voraussetzung für den Scheckverkehr ist also ein Guthaben bei einem Kreditinstitut. Dieses Guthaben entsteht durch Zahlungseingänge oder auch dadurch, dass die Bank nach eingehender Prüfung der Verhältnisse des Antragstellers diesem einen verfügbaren laufenden Kredit in bestimmter Höhe einräumt.

Bankguthaben oder Kredit

Banken brauchen Schecks beim Inkasso nicht mehr in Papierform zu versenden. Zeit- und kostenintensive Transporte entfallen damit vollständig. Es ist ausreichend, wenn sie ein elektronisches Abbild des Schecks versenden. Damit wird der Geschäftsverkehr deutlich erleichtert.

> Gesetzliche Bestandteile des Schecks

Scheck:
- Bezeichnung als „Scheck" im Text der Urkunde
- unbedingte Anweisung zur Zahlung einer bestimmten Geldsumme
- Unterschrift des Ausstellers
- Name dessen, der zahlen soll (Bezogener)
- Ort und Tag der Ausstellung
- Zahlungsort

> Ausfüllen des Schecks

Da der Scheck ein Wertpapier ist, ist seine Ausfüllung an bestimmte Formen gebunden. Der Scheck muss für seine Gültigkeit die gesetzlichen Bestandteile aufweisen.
Die Scheckvordrucke erhält der Kontoinhaber von der Bank.

Gültigkeit

2.5 Finanzierung

› **Scheckarten**

```
                           Scheckarten
                    ┌───────────┴───────────┐
          nach der Art der Einlösung   nach der Rechtsform
            ┌──────┴──────┐             ┌──────┴──────┐
        Barscheck   Verrechnungsscheck  Inhaberscheck  Orderscheck
            │             │                 │              │
       Barabhebung   Gutschrift auf dem  Übertragung   Benennung eines
         bei der        Bankkonto       durch bloße      bestimmten
      bezogenen Bank   des Einreichers    Übergabe    Zahlungsempfängers
```

Barscheck:

Abhebung in bar — Beim Barscheck kann der Scheckinhaber das Geld bei der bezogenen Bank sofort in bar abheben.
Ein Barscheck kann zu einem Verrechnungsscheck gemacht werden durch Querschrift auf der Vorderseite „Nur zur Verrechnung".

Verrechnungsscheck:

Der Verrechnungsscheck trägt auf der Vorderseite quer die Aufschrift „Nur zur Verrechnung".

Gutschrift — Der Gegenwert des Verrechnungsschecks kann nur auf dem Konto des Einreichers gutgeschrieben werden.

Inhaberscheck:

Übergabe — Der Inhaberscheck trägt den Zusatz „oder Überbringer".
Die Übertragung erfolgt durch bloße Übergabe. Der Bezogene ist berechtigt, aber nicht verpflichtet, die Berechtigung des Vorzeigers zu prüfen.
Wird ein Inhaberscheck giriert (übertragen), so kann der Empfänger des Schecks bei nicht erfolgter Zahlung seine Vormänner haftbar machen. Der Inhaberscheck wird dadurch aber keinesfalls in einen Orderscheck umgewandelt.

Orderscheck:

Zahlungsempfänger — Ein Orderscheck liegt vor, wenn mit oder ohne den Zusatz „oder Order" ein bestimmter Zahlungsempfänger genannt ist.
Ein Orderscheck ist durch Indossament übertragbar. Der Bezogene (Bank) ist verpflichtet, die formelle Berechtigung des Vorlegers zu prüfen.

Jeder Scheck ist bei Sicht zahlbar. Er kann jederzeit weitergegeben werden. Da der Scheck jedoch ein kurzfristiges bargeldloses Zahlungsmittel ist, soll er möglichst bei Erhalt zur Gutschrift auf das eigene Konto bei der Bank eingereicht werden.

› **Scheckverlust**

Verliert der Aussteller einen Scheck, so hat er sofort seine Bank telefonisch von dem Verlust zu verständigen und aus Sicherheitsgründen schriftlich zu bestätigen, damit diese den Scheck sperren kann.
Wird der Scheck von einer anderen Person verloren, so hat diese sofort den Aussteller zu verständigen, damit er das Notwendige veranlassen kann.
Wenn der Scheck „zur Verrechnung" gestellt ist, ist ein Missbrauch nur in geringerem Umfange möglich.

2.5.7 Zahlungsverkehr

Zahlung mit ec-Karte / Girocard

Die ec-Karte in Verbindung mit der persönlichen Geheimzahl (PIN-Nummer) bietet für den Karteninhaber grundsätzlich folgende Nutzungsmöglichkeiten:

> Abhebung von Bargeld an in- und ausländischen Geldautomaten
> Bargeldlose Zahlung an gekennzeichneten automatisierten Kassen im In- und Ausland (Electronic-Cash-System). Die Zahlungen sind für den Zahlungsempfänger garantiert.

ec-Cash-System

Im Rahmen des elektronischen Lastschriftverfahrens (ELV-System) kann in vielen Geschäften auch ohne PIN gegen Unterschrift mit der ec-Karte bezahlt werden. Eine Zahlungsgarantie besteht bei diesem Verfahren für den Zahlungsempfänger nicht. Für den Zahlungsempfänger ist das ELV-System jedoch kostengünstiger als das ec-Cash-System.

ELV-System

Die bargeldlose Zahlung mit der ec-Karte ist im Rahmen des persönlichen Verfügungsrahmens des Karteninhabers gegeben.

Die ec-Karte ist mit besonderer Sorgfalt aufzubewahren, die PIN-Nummer sollte keiner anderen Person bekannt werden.

Bei Verlust der ec-Karte oder missbräuchlichen Verfügungen ist unverzüglich die kontoführende Bank oder der zentrale Sperrannahmedienst zu benachrichtigen.

Die Banken stellen seit 2008 stufenweise das Logo „EC" auf das neue Logo „Girocard" um.

Girocard

Zahlung mit Kreditkarten

> Eine weitere Form des bargeldlosen Zahlungsverkehrs ist die Verwendung von Kreditkarten. Mit der Kreditkarte kann man bargeldlose Zahlungen in verschiedenen Bereichen leisten und sich selbst Bargeld beschaffen. Kreditkartenzahlungen sind für den Zahlungsempfänger garantiert.

Die Kreditkarte bietet folgende Vorteile:

> geringes Verlustrisiko
> erhöhte Zahlungsfähigkeit
> weltweite Akzeptanz
> Bargeldservice
> Geldautomatenservice
> zusätzliche Serviceleistungen wie zum Beispiel Versicherungsleistungen sowie Dienstleistungen in den Bereichen Reisen, Sport- und Kulturereignisse u.a.
> bequeme Zahlungsabwicklung
> Zinsvorteil durch spätere Wertstellung auf dem Bankkonto

Vorteile

```
            Wichtigste Kreditkartenorganisationen
    ┌──────────────┬──────────────┬──────────────┬──────────────┐
American Express   Diners Club    Eurocard/       Visa
                                  Master Card
```

2.5 Finanzierung

Spezialkreditkarten — Neben den genannten Universalkreditkarten gibt es Spezialkreditkarten, die von Unternehmen, Verbänden u. Ä. angeboten werden, die aber mit den herkömmlichen Kreditkartenunternehmen zusammenarbeiten (zum Beispiel ADAC, BahnCard etc.). Man spricht dabei vom sogenannten Co-Branding.

Abrechnung

Abzug — Geschäfte (Vertragsunternehmen) erhalten von den Kreditkarten-Emittenten nicht den gesamten Rechnungsbetrag vergütet, sondern werden mit dem Abzug einer Provision belastet. Dies bringt eine Schmälerung der Gewinnspanne mit sich. Sieht man vom Ausfallrisiko des ELV-Systems ab, sind Zahlungen mit ec-Karte für den Geschäftsinhaber günstiger als Zahlungen, die mit der Kreditkarte erfolgen.

Dieser Tatsache sollte sich der Betriebsinhaber bewusst sein, wenn er sich als Vertragspartner einem Kreditkarteninstitut anschließen will.

Oftmals ist dies auch für den Handwerksmeister aus Wettbewerbsgründen unumgänglich. Umfragen zeigen, dass die Verwendung und Akzeptanz von Kreditkarten umsatzsteigernde psychologische Effekte beim Verbraucher auslösen.

Für den Kartenbesitzer fällt in der Regel eine jährliche Gebühr an. Höherpreisige Karten enthalten meist Zusatzleistungen (z. B. Versicherungen). Unter bestimmten Voraussetzungen (z. B. jährlicher Umsatz) wird die Jahresgebühr ganz oder teilweise zurückerstattet. Wie bei der ec-Karte sind auch bei der Kreditkarte die entsprechenden Sicherheitshinweise zu beachten.

Zahlung mit Kundenkarten

> Kundenkarten eröffnen dem Unternehmen die Vorteile der bargeldlosen Zahlung und zusätzlich das Angebot spezifischer Serviceleistungen (z. B. Kultur, Sport, Reisen).

Kundenbindung — Zahlreiche Unternehmen versuchen ihre Kunden über Kundenkarten stärker an sich zu binden.

Zahlung mit elektronischer Geldbörse (Geldkarte)

> Bei der elektronischen Geldbörse (Geldkarte) als „Kleingeldersatz" handelt es sich um einen Mikrochip, mit dem ec-Karten, Bankkarten oder Kundenkarten zusätzlich ausgestattet werden.

Ladeterminal — Die Geldkarte mit dem Chip wird bei dem Ladeterminal der Bank oder an Geldautomaten mit bis zu 200,00 EUR aufgeladen. Die gespeicherte Summe kann in beliebig vielen Teilbeträgen „abgerufen" werden, d. h., es wird im Geschäft oder an Automaten ohne Geheimzahl und ohne Unterschrift bezahlt. Voraussetzung ist

Geldkarten-Terminal — das Vorhandensein eines Geldkarten-Terminals oder einer geldkartentauglichen Kasse im Geschäft. Die Zahlungen sind garantiert.

Der Geschäftsinhaber (Geldempfänger), der diesem System angeschlossen ist, erhält alle auf dieser Basis bezahlten Beträge eines Tages in einer Summe abzüglich einer Gebühr auf seinem Konto gutgeschrieben. Mit der Geldkarte ist eine schnelle Abwicklung des Kaufvorgangs bzw. Zahlungsvorgangs, zusätzlicher Kundenservice und das Ziel der Kundenbindung verbunden.

2.5.7 Zahlungsverkehr

Die Akzeptanz dieses Zahlungsmittels ist bei den Karteninhabern, den Banken und den Geschäftsinhabern derzeit noch gering.

Zahlung mittels moderner Datenübertragung bzw. Kommunikationstechnik

> Mit Hilfe der EDV bzw. moderner Kommunikationstechniken lässt sich der Zahlungsverkehr vollkommen beleglos abwickeln.

Die Erledigung von Bankgeschäften und die Kontoführung per PC ist heute unabhängig von den Öffnungszeiten der Banken grundsätzlich für jeden Handwerker möglich und kann von jedem vorgenommen werden, der im Betrieb oder zu Hause über einen Onlineanschluss verfügt. Man nennt dieses Verfahren Internet-Banking bzw. Online-Banking. Internet-Banking ermöglicht u. a. den Abruf des Kontostandes, der Kontoauszüge sowie die Vornahme von Überweisungen. Meist werden weitere Nutzungsmöglichkeiten wie Einrichten von Daueraufträgen, Wertpapiergeschäfte, Informationen über aktuelle Preise für Devisen und Sorten, Anlegen von Festgeldern oder Erwerb von Sparbriefen angeboten. Selbstverständlich erfordert Internet-Banking eine strenge Einhaltung der Sicherungsmechanismen (HBCI-Standards). Insbesondere dürfen die persönlichen Kennworte (PIN und TAN) Dritten nicht zugänglich gemacht werden. Banken verlangen bei dieser Art der Geschäftsabwicklung deutlich geringere Gebühren.

Internet-Banking
Online-Banking

Bei umfangreicherem Zahlungsverkehr können die betrieblichen Daten auch auf einem Datenträger oder durch Datenübertragung der Bank zur weiteren Bearbeitung übergeben werden.

Banken ermöglichen es darüber hinaus, Kontoabfragen, Überweisungen, Einrichtung von Daueraufträgen und Bestellung von Zahlungsvordrucken auch telefonisch zu erledigen (Telefon-Banking).

Telefon-Banking

Zahlung durch Wechsel

> Der Wechsel ist ein Dokument (eine Urkunde), in dem sich jemand verpflichtet oder in dem jemand verpflichtet wird, zu einem bestimmten Zeitpunkt an einem bestimmten Ort eine bestimmte Summe Geld zu bezahlen.

Nach der wirtschaftlichen Funktion ist der Wechsel ein Zahlungsmittel und ein Kreditmittel. Er kann in Form eines Depotwechsels auch als Sicherung dienen, da der Schuldner durch die „Wechselstrenge" verpflichtet wird, das Geld am Verfalltag zu bezahlen.

Zahlungs-, Kredit- und Sicherungsmittel

> **Wechselarten**

Nach Zahlungsversprechen bzw. Zahlungsanweisung unterscheidet man den „eigenen Wechsel" (Sola-Wechsel) und den „gezogenen Wechsel" (Tratte).

Der eigene Wechsel (Sola-Wechsel) ist das unbedingte Versprechen des Wechselausstellers, eine bestimmte Geldsumme zu einem bestimmten Zeitpunkt und an einem bestimmten Ort zu bezahlen.

Eigener Wechsel

2.5 Finanzierung

Gezogener Wechsel

Der gezogene Wechsel (Tratte), der in der Praxis häufiger vorkommt, ist eine unbedingte Anweisung an einen anderen, eine bestimmte Geldsumme zu einem bestimmten Zeitpunkt und an einem bestimmten Ort zu bezahlen.

Wechselarten und ihre gesetzlichen Bestandteile

eigener Wechsel (unbedingtes Zahlungsversprechen)
- Bezeichnung „Wechsel" im Text der Urkunde
- unbedingtes Versprechen zur Zahlung einer bestimmten Geldsumme
- Verfallzeit
- Zahlungsort
- Name des Zahlungsempfängers
- Datum, Ort der Ausstellung
- Unterschrift des Ausstellers

gezogener Wechsel (unbedingte Zahlungsanweisung)
- Bezeichnung „Wechsel" im Text der Urkunde
- unbedingte Anweisung zur Zahlung einer bestimmten Geldsumme
- Name, Anschrift des Bezogenen
- Verfallzeit
- Zahlungsort
- Name des Zahlungsempfängers
- Datum, Ort der Ausstellung
- Unterschrift des Ausstellers

2.5 Finanzierung

Übungs- und Prüfungsaufgaben

1. Welches ist die zentrale Aufgabe der Finanzierung?

    >> Seite 392 |

2. Erläutern Sie die wichtigsten Positionen, die bei der Erstellung eines Investitionsplanes zu berücksichtigen sind!

    >> Seite 392 |

3. Erläutern Sie die Aufgaben der Finanzplanung!

    >> Seite 393 |

4. Welche Bedeutung hat der Finanzplan im Verbund mit der Gesamtplanung eines Betriebes?

    >> Seite 393 |

5. Sie sind Inhaber eines Handwerksbetriebes und wollen dafür Sorge tragen, dass die Zahlungsbereitschaft Ihres Betriebes stets gegeben ist. Um dieses Ziel zu erreichen, wollen Sie künftig eine systematische Finanz- und Liquiditätsplanung betreiben.

    Aufgabe: Stellen Sie zusammen, welche wichtigen Positionen Ihr Finanzplan enthalten soll!

    >> Seite 394 |

6. Erstellen Sie einen Finanzplan für einen Handwerksbetrieb!

    >> Seite 395 |

7. Erklären Sie die wichtigsten Investitions- und Finanzierungsanlässe im Handwerksbetrieb!

    >> Seite 396 |

8. Von Eigenfinanzierung spricht man, wenn

    a Investitionen durch Einzug betrieblicher Kundenforderungen finanziert werden.

    b der Kapitalbedarf durch „Sparen im Betrieb" gedeckt wird.

    c das Anlagevermögen, statt auf Kredit- oder Eigenkapitalbasis finanziert, gemietet wird.

    d Investitionen durch Ausnutzung von Lieferantenkrediten finanziert werden.

    e Privatvermögen und Eigenleistungen für betriebliche Finanzierungszwecke eingesetzt werden.

    >> Seite 397 |

2.5 Finanzierung

9. Die Selbstfinanzierung, also im Wesentlichen die Kapitalbildung durch im Betrieb erzielte und nicht entnommene Gewinne, sollte für jeden Handwerksbetrieb ein erstrebenswertes finanzpolitisches Ziel sein. Deshalb wollen Sie für Ihren Handwerksbetrieb die Selbstfinanzierungsquote jährlich errechnen.

>> Aufgabe: Erläutern Sie, wie Sie die zur Selbstfinanzierung zur Verfügung stehenden Mittel für Ihren Betrieb errechnen können!

>> Seite 398 |

10. Als Inhaber eines Handwerksbetriebes sind Sie zur Finanzierung der Investitionen und der Betriebsabläufe auch auf die Aufnahme von Krediten angewiesen. Um die jeweils für den Zweck der Verwendung angemessene Kreditart einzusetzen, wollen Sie sich einen Überblick über die für den Handwerksbetrieb wichtigsten Kreditarten verschaffen.

Aufgabe: Beschreiben Sie kurz die wichtigsten Kreditarten, die im Rahmen der Fremdfinanzierung für Ihren Betrieb in Frage kommen!

>> Seite 399 |

11. Welches sind die wichtigsten kurzfristigen Kreditarten?

- [ ] a Kontokorrentkredit, Wechselkredit und Lieferantenkredit
- [ ] b Darlehen der Hausbank
- [ ] c Verwandtendarlehen
- [ ] d Kredite nach Handwerkskreditprogramm
- [ ] e Durch Kreditgarantiegemeinschaft verbürgte Kredite

>> Seite 399 |

12. Sie sind selbstständiger Handwerksmeister. Ihre Lieferanten bieten Ihnen im Rahmen der Zahlungsbedingungen an, bei Zahlung der Rechnungen innerhalb einer bestimmten Frist (z.B. 10 Tage) ab Rechnungsstellung 3 % Skonto vom Rechnungsbetrag abzuziehen. Sie sind aber im Hinblick auf die laufenden betrieblichen Einnahmen nicht immer in der Lage, diese Skontierungsmöglichkeiten auszuschöpfen, würden dies aber gerne tun. Andererseits haben Sie Ihren Kontokorrentkredit bei der Bank nie voll ausgeschöpft.

Aufgabe:
a) Prüfen Sie, ob es für Sie von Vorteil ist, zur Ausnutzung der Skontoabzugsmöglichkeiten einen Bankkredit aufzunehmen!
b) Erklären Sie, welche Berechnung dabei notwendig ist!
c) Begründen Sie Ihr Ergebnis!

>> Seite 400 |

13. Erläutern Sie die Unterschiede zwischen Festdarlehen, Abzahlungsdarlehen und Annuitätendarlehen!

>> Seite 401 |

2.5 Finanzierung

14. Welche Finanzierungskosten fallen bei Aufnahme eines Darlehens je nach Darlehensform an?

   >> Seite 402 |

15. Zur Finanzierung des Kaufs von neuen Maschinen müssen Sie als Betriebsinhaber von Ihrer Hausbank ein Darlehen aufnehmen. Die Bank verlangt von Ihnen für das beantragte Darlehen Sicherheiten.

   Aufgabe: Stellen Sie zusammen, welche banküblichen Sicherheiten Sie der Bank anbieten können!

   >> Seite 402 |

16. Welche Bedeutung hat das Ratingverfahren für den Handwerksbetrieb?

   >> Seite 404 |

17. Man spricht von „Leasing", wenn

   - [ ] a ein Betrieb in erster Linie seinen gesamten Fuhrpark mietet.
   - [ ] b Geschäftseinrichtungsgegenstände gekauft und sofort bar bezahlt werden.
   - [ ] c Geschäftseinrichtungsgegenstände auf Kredit gekauft werden.
   - [ ] d ein Unternehmen Maschinen, Werkzeuge und Geschäftseinrichtungen mietet.
   - [ ] e ein Betrieb den Kunden ein Zahlungsziel einräumt.

   >> Seite 407 |

18. Wegen der Ausweitung des Geschäftsvolumens müssen Sie für Ihren Handwerksbetrieb zwei Fahrzeuge anschaffen. Sie haben gehört, dass eine Reihe betrieblicher Investitionen, so auch Fahrzeuge, vermehrt statt auf Kreditbasis auf der Grundlage des Leasinggeschäfts finanziert werden. Bevor Sie eine Entscheidung über die Art der Finanzierung Ihrer Anschaffung treffen, wollen Sie sich grundsätzlich über die Vor- und Nachteile des Leasings aus finanzwirtschaftlicher Sicht informieren.

   Aufgabe: Stellen Sie die Vor- und Nachteile des Leasings in Bezug auf Ihre Finanzierungsentscheidung der Fahrzeuge zusammen!

   >> Seite 408 |

19. Erklären Sie die Vor- und Nachteile des Factorings!

   >> Seite 409 |

20. Welches sind die Aufgaben der Bürgschaftsbanken?

   a Sie gewähren an Handwerksunternehmen zinsgünstige Kredite.

   b Sie geben Zinszuschüsse für Investitionskredite.

   c Sie übernehmen Ausfallbürgschaften für Kredite, die Handwerksbetrieben gewährt werden.

   d Sie garantieren Handwerksbetrieben bestimmte Kreditlinien zur Finanzierung der Materialvorräte.

   e Sie wickeln Kreditprogramme von Bund und Ländern ab.

   >> Seite 410

21. Wer nimmt in der Regel zum Antrag auf Übernahme einer Bürgschaft durch die Bürgschaftsbank gutachterlich Stellung?

   a Die Innung

   b Die Handwerkskammer

   c Der Landesinnungsverband

   d Der Bundesinnungsverband

   e Das Gewerbeamt

   >> Seite 411

22. Welche Aufgaben haben die Kapitalbeteiligungsgesellschaften im Handwerk?

   a Sie übernehmen alle mit der Kapitalbeschaffung anfallenden Aufgaben.

   b Sie gewähren den Handwerksbetrieben zinsgünstige Kredite bis zu 100.000,00 EUR.

   c Sie ermöglichen Handwerksbetrieben die Kapitalbeschaffung auf der Basis der Beteiligung.

   d Sie beraten die Unternehmer im Handwerk bei der Geldanlage im privaten Bereich.

   e Sie übernehmen für selbstständige Handwerker Bürgschaften gegenüber Banken.

   >> Seite 411

2.5 Finanzierung

23. Welchen Zweck hat die Kapitalbedarfsrechnung?
    - [ ] a Sie dient der Übersicht über die eigenen Ersparnisse.
    - [ ] b Sie ist eine Aufstellung über das notwendige Fremdkapital.
    - [ ] c Sie dient der vollständigen Erfassung des Gesamtkapitalbedarfs.
    - [ ] d Sie beinhaltet eine Berechnung des Zinses für das Fremdkapital.
    - [ ] e Sie dient ausschließlich der Erfassung des Kapitalbedarfs für die Betriebstätigkeit.

    >> Seite 411 |

24. Was versteht man unter kurzfristigem Kapitalbedarf?
    - [ ] a Den Kapitalbedarf für maschinelle Investitionen.
    - [ ] b Den Kapitalbedarf für betriebliche Bauvorhaben.
    - [ ] c Den Kapitalbedarf für Rationalisierungsinvestitionen.
    - [ ] d Den Kapitalbedarf, der bei Ausscheiden eines Gesellschafters entsteht.
    - [ ] e Den Kapitalbedarf zur Deckung laufender Kosten eines Betriebes.

    >> Seite 412 |

25. Welche Teile des Betriebsvermögens sind nach betriebswirtschaftlichen Grundsätzen langfristig und welche Teile kurzfristig zu finanzieren?

    >> Seite 413 |

26. Erläutern Sie, welche wichtigen Punkte ein Finanzierungsplan enthalten muss!

    >> Seite 412 |

27. Unter Kapitaldienst versteht man aus betrieblicher Sicht
    - [ ] a die Kreditbearbeitungsgebühren der Bank bei Aufnahme von Fremdkapital.
    - [ ] b die Zins- und Tilgungsleistungen für aufgenommene Kredite und Darlehen.
    - [ ] c nur die Zinszahlungen für aufgenommene Kredite.
    - [ ] d ausschließlich die Tilgungsleistungen für aufgenommene Darlehen.
    - [ ] e alle bei der Beschaffung von Fremdkapital anfallenden Ausgaben.

    >> Seite 413 |

2.5 Finanzierung

28. Sie wollen als Inhaber eines Handwerksbetriebes erhebliche Investitionen durchführen. Den Investitionsplan, die Kapitalbedarfsrechnung und den Finanzierungsplan haben Sie für das Vorhaben erstellt. Damit Sie die betriebswirtschaftliche Vertretbarkeit und die finanzielle Tragbarkeit des Vorhabens und der Finanzierung abschließend beurteilen können, ist die Berechnung des in den kommenden Jahren zusätzlich entstehenden Kapitaldienstes (Zins- und Tilgungsleistungen) und der vertretbaren Kapitaldienstgrenze erforderlich.

    Aufgabe: Stellen Sie in einfacher Form dar, wie Sie den Kapitaldienst und die Kapitaldienstgrenze in Ihrem Fall berechnen können!

    ›› Seite 413

29. Erläutern Sie die betriebswirtschaftlichen Finanzierungsregeln, die im Handwerksbetrieb zu beachten sind!

    ›› Seite 413

30. Wo kann sich der Handwerksmeister in Finanzierungsfragen beraten lassen?

    ›› Seite 414

31. Beschreiben Sie die drei Grundformen des Zahlungsverkehrs!

    ›› Seite 414

32. Erläutern Sie die Barzahlungsmöglichkeiten!

    ›› Seite 415

33. Welche Möglichkeiten der Bargeld sparenden Zahlung gibt es?

    ›› Seite 416

34. Welche Formen der bargeldlosen Zahlung gibt es?

    ›› Seite 416

35. Welche Möglichkeiten der Banküberweisung kommen für Ihren Handwerksbetrieb in Frage?

    ›› Seite 416

36. Erklären Sie kurz die zwei Arten von Lastschriftverfahren!

    ›› Seite 417

37. Erklären Sie die Scheckarten, die für Sie als Inhaber eines Handwerksbetriebes in Frage kommen können!

    ›› Seite 418

2.5 Finanzierung

38. Was sollten Sie als Scheckaussteller beim Verlust eines Schecks unternehmen?

   - [ ] a Den Scheck umgehend widerrufen.
   - [ ] b Dem Empfänger sofort einen neuen Scheck übersenden.
   - [ ] c Zuerst das Fundbüro in der Umgebung benachrichtigen.
   - [ ] d Die Bank vom Verlust verständigen, damit diese den Scheck sperren kann.
   - [ ] e Sofort Scheckprotest beim Notar erheben.

     >> Seite 419 |

39. Was hat der Inhaber einer ec-Karte zu veranlassen, wenn er diese verloren hat?

   - [ ] a Er hat unverzüglich die Sperrannahmestelle bei der Europäischen Zentralbank zu benachrichtigen.
   - [ ] b Er hat unverzüglich die Hauptkasse bei der Deutschen Bundesbank zu benachrichtigen.
   - [ ] c Er hat unverzüglich das Bundesaufsichtsamt für das Kreditwesen zu benachrichtigen.
   - [ ] d Er hat unverzüglich den zentralen Sperrannahmedienst bei der für den Sitz der Bank zuständigen Polizeidienststelle zu benachrichtigen.
   - [ ] e Er hat unverzüglich die kontoführende Bank oder den zentralen Sperrannahmedienst zu benachrichtigen.

     >> Seite 419 |

40. Erläutern Sie, welche Vorteile die Zahlung mit einer Kreditkarte bietet!

     >> Seite 419 |

41. Welche möglichen Konsequenzen können sich für einen Handwerksbetrieb aus der zunehmenden Verbreitung von Kreditkarten ergeben?

     >> Seite 419 |

42. Erläutern Sie, wie die elektronische Geldbörse (Geldkarte) verwendet werden kann!

     >> Seite 420 |

2.5 Finanzierung

43. Sie sind Inhaber eines Handwerksbetriebes und wollen prüfen, wie Sie Zahlungen und den weitergehenden Bankverkehr auf der Grundlage moderner Datenübertragung bzw. Kommunikationstechnik abwickeln können.

    Aufgabe: Geben Sie an, welche Möglichkeiten im Rahmen des Internet-Banking bzw. Online-Banking und Telefon-Banking für Ihren Betrieb bestehen!

    >> Seite 421 |

44. Ein Wechsel ist

    ☐ a ein Kredit- und Zahlungsmittel.

    ☐ b nur ein Kreditmittel.

    ☐ c nur ein Zahlungsmittel.

    ☐ d rechtlich gesehen dasselbe wie ein Scheck.

    ☐ e ein Geldersatzmittel, das vom Zahlungsempfänger wie Bargeld angenommen werden muss.

    >> Seite 421 |

2.6 Planung

2.6.1 Unternehmenszielsystem und Unternehmensplanung

2.6.1.1 Arten betrieblicher Ziele

In einem Handwerksbetrieb gibt es viele Ziele, die verfolgt werden. Sie beziehen sich z.B. auf Umsatz, Gewinn, Deckungsbeiträge, Kosten, Liquidität, Investitionen usw. Man nennt sie erwerbswirtschaftliche Ziele des Betriebes. Ihnen stehen nicht erwerbswirtschaftliche Ziele wie z.B. das Streben nach Anerkennung durch die Umwelt oder die Wahrung der Familientradition gegenüber. *Wirtschaftliche Ziele*

Letztere lassen sich nicht mit Geld bewerten. Sie werden daher als nicht monetäre Ziele bezeichnet. Umsatz, Gewinn oder Deckungsbeiträge lassen sich hingegen in Geldeinheiten beziffern. Man spricht daher von monetären Zielen. *Nicht monetäre Ziele* *Monetäre Ziele*

Ziele des Betriebes	
monetäre	nicht monetäre
Umsatz Gewinn Deckungsbeiträge Investitionen Liquidität	Sicherung von Arbeitsplätzen Umweltverträglichkeit der Produktion Streben nach Anerkennung Wahrung der Familientradition Selbstverwirklichung des Inhabers

Alle diese Ziele können nicht unabhängig voneinander betrachtet werden. Beispielsweise wird die Erhöhung der Umweltverträglichkeit der Produktion meist mit erheblichen Kosten verbunden sein. Die getätigten Investitionen wirken sich unmittelbar auf die Liquidität und indirekt auf den Jahresgewinn aus usw.

2.6.1.2 Gliederung des Unternehmenszielsystems

> Es wird deutlich, dass man nicht von einem einzigen betrieblichen Ziel ausgehen kann, sondern besser von einem vielschichtigen Zielsystem sprechen muss. Dieses Unternehmenszielsystem gliedert sich in Ober- und Unterziele.

Die Oberziele werden vom Betriebsinhaber festgesetzt. Sie lassen sich nicht in konkrete Zahlen fassen, sondern geben nur die „grobe Marschrichtung" vor. Diese nicht operationalen Ziele müssen, um umsetzbar zu werden, in operationale, d.h. direkt ausführbare, Unterziele aufgeteilt werden. Diese enthalten genaue Angaben darüber, was und wie viel von wem bis wann zu erledigen ist. *Oberziele*

Oft kommt es vor, dass mehrere Unterziele zu Zwischenzielen zusammengefasst werden. Dies kann z. B. dann notwendig werden, wenn (zu) viele einzelne Tätigkeiten verrichtet werden müssen, um ein gewünschtes Ergebnis zu erhalten. *Unterziele* *Zwischenziele*

2.6 Planung

```
                            Oberziel
                    ↓                       ↓
            Zwischenziel 1             Zwischenziel 2
            ↓           ↓              ↓           ↓
        Unterziel 1  Unterziel 2   Unterziel 3  Unterziel 4
```

■ Beispiel:

Es kann Ziel eines Schreinermeisters sein, den Gewinn aus dem Innenausbaugeschäft zu erhöhen (Oberziel). Hierzu ist es nötig, mehr Baustellen fertigzustellen und abzurechnen (Zwischenziele). Um mehr Aufträge zu erhalten, müssen unterschiedliche und/oder vermehrte Werbemaßnahmen getätigt werden (Unterziele).

2.6.1.3 Aufgaben der Unternehmensplanung

Ziele lassen sich umso leichter und genauer erreichen, je exakter im Voraus geplant wurde.
Bereits eine alte Erkenntnis sagt, dass sich derjenige nicht wundern muss, der nirgendwo ankommt, wenn er nicht weiß, wo er hin will. Dies gilt im privaten wie im geschäftlichen Bereich. Unternehmerische Tätigkeiten und Entscheidungen bedürfen einer überaus sorgfältigen Planung. Oft hängt von diesen Entscheidungen das Wohlergehen der Unternehmerfamilie sowie das der Mitarbeiter ab.

> Planung lässt sich als ein Prozess definieren, der im Voraus zukünftige Entwicklungen gedanklich vorwegnimmt. Das Ergebnis von Planungen sind Pläne, mit deren Hilfe an die Umsetzung der geplanten Vorhaben herangegangen werden kann.

Planungsprozess Der Planungsprozess kann als geschlossenes System betrachtet werden. Die während der Planung erstellten Pläne dienen der Steuerung des Unternehmens. Am Ende der Plandurchführung steht die Kontrolle, in welcher die erreichten Resultate mit den geplanten Ergebnissen verglichen werden. Wird eine Planabweichung festgestellt, so wird dies zum Anlass genommen, neue Planungen durchzuführen. Diese werden dann anhand neu erstellter Pläne umgesetzt, und die Ergebnisse **Regelkreis** werden erneut mit den Planvorgaben verglichen. Dieser Regelkreis wiederholt sich so lange, bis die gewünschten Resultate vorliegen.

Planung, Steuerung und Kontrolle als Regelkreis

```
    → Planung → Steuerung → Kontrolle →
```

2.6.1 Unternehmenszielsystem und Unternehmensplanung

Aufgabe der Unternehmensplanung ist es, für das gesamte Unternehmen Pläne zu entwerfen. Hierbei kommt es besonders darauf an, sämtliche Einflussfaktoren, welche die Planumsetzung gefährden könnten, zu berücksichtigen. Ein Plan sollte folgende Hauptbestandteile umfassen:

Unternehmensplanung

Planbestandteile

Ziele:	Was soll bis wann erledigt werden?
Grundannahmen:	Unter welchen (Rahmen-)Bedingungen soll etwas getan werden?
Problemstellung:	Warum soll etwas getan werden?
Maßnahmen:	Wie soll es getan werden?
(Hilfs-)Mittel:	Womit soll es getan werden?
Zeit:	Bis wann soll es erledigt sein?
Personen:	Wer soll was tun?
Ergebnisse:	Welches Resultat soll erreicht werden?

> Gerade im Handwerk erscheint es besonders wichtig, darauf hinzuweisen, dass die Planaufstellung in der Regel dem Betriebsinhaber obliegt. Planerstellungen, die Unterziele betreffen, können im Einzelfall an Mitarbeiter delegiert werden. Der Betriebsinhaber hat folglich die Richtlinienkompetenz der Unternehmensplanung.

Auf die Einrichtung einer Stabstelle zur Unternehmensplanung, wie sie in größeren Betrieben häufig angetroffen wird, kann bei der überwiegenden Mehrzahl der Handwerksbetriebe verzichtet werden.

Trotzdem ist es von großer Bedeutung, dass regelmäßig und langfristig geplant wird. Eine Entlastung im Tagesgeschäft lässt sich oftmals durch eine gute Planung erreichen. Unterbleibt die Planung, so wird man wahrscheinlich niemals die gewünschten Resultate erzielen können.

Regelmäßige Planung

2.6.1.4 Zeithorizont der Unternehmensplanung

> Abhängig vom Planungshorizont unterscheidet man kurzfristige und langfristige Planungen. Erstere werden operative Planungen genannt. Sie werden für maximal 1 Jahr aufgestellt. Letztere bezeichnet man als strategische Planungen. Sie sollen eine Vorausschau auf die kommenden Jahre ermöglichen.

Da im Handwerk grundsätzlich relativ kurze Planungszeiträume anzunehmen sind, kann man von einer zusätzlichen Unterscheidung der Planungszeiträume absehen. Taktische Planungen, die einen mittelfristigen Zeitraum von 1–4 Jahren abdecken, können in die strategischen Planungen aufgenommen werden.

2.6 Planung

Gegenüberstellung von operativer und strategischer Planung

	operative Planung	strategische/taktische Planung
Planungszeitraum	kürzer als 1 Jahr	länger als 1 Jahr
Planungsgrößen	Produktionsmengen Terminierung Personaleinsatz kurzfristige und mittelfristige Liquidität Deckungsbeiträge Jahresumsatz, -gewinn Werbemaßnahmen ...	Unternehmensgrundsätze Produktpalette langfristiger Personalbedarf Sicherung der Zahlungsfähigkeit Erfolgsfaktoren Investitionen Nachfolge/Übergabe ...
Planungsmerkmale	sofort umsetzbar konkrete Handlungsanweisungen detailliert und vollständig mengenmäßige Ausrichtung	nicht sofort umsetzbar Auflistung von Handlungszielen und -absichten nicht bis ins Detail ausformuliert; nicht vollständig qualitative Ausrichtung

2.6.2 Planungsbereiche und deren Abstimmung

Planung bezieht sich auf unterschiedliche betriebliche Bereiche. Die wichtigsten sind in der folgenden Abbildung zu sehen.

Beschaffung	Produktion	Absatz
• Material • Maschinen • Gebäude • Informationen	• Mengen • Zeiten • Verfahren	• Sortiment • Preise • Marktauftritt • Mengen

Finanzen	Investitionen	Personal
• Kapitalbedarf • Kapitalstruktur • Liquidität	• Wirtschaftlichkeit • Rentabilität	• Anzahl • Arbeitszeiten • Entlohnung

Alle diese Bereiche stehen miteinander in engen Beziehungen. Beispielsweise ist ohne finanzielle Mittel weder die Gründung noch die Fortführung eines laufenden Betriebes denkbar. Ebenso müssen Material und Personal in ausreichenden Mengen bereitgehalten werden. Werden eine oder mehrere dieser Voraussetzungen nicht erfüllt, so wirkt sich dies sofort auf die anderen betrieblichen Bereiche aus.

> Es ist daher unerlässlich, dass Beschaffungs-, Produktions- und Absatzpläne aufgestellt werden. Diese müssen dann in der Finanz- und Liquiditätsplanung berücksichtigt werden. Umgekehrt gesehen müssen natürlich auch die finanziellen Mittel bei den Planungen der übrigen Bereiche beachtet werden.

```
              ┌──────────────┐
              │ Beschaffung  │
              └──────────────┘
┌──────────┐      ╳╳╳         ┌──────────────┐
│Produktion│    ╳╳╳╳╳╳        │ Investitionen│
└──────────┘   ╳╳╳╳╳╳╳        └──────────────┘
┌──────────┐   ╳╳╳╳╳╳╳        ┌──────────────┐
│ Personal │    ╳╳╳╳╳╳        │   Finanzen   │
└──────────┘      ╳╳╳          └──────────────┘
              ┌──────────────┐
              │ Beschaffung  │
              └──────────────┘
```

Bildlich gesprochen kann man sich vorstellen, dass jede Kreuzung der Pfeile in der obigen Abbildung einen Abstimmungsbedarf erzeugt. Hieraus wird ersichtlich, dass es selbst in kleinen Betrieben enormer Anstrengungen bedarf, sämtliche Pläne miteinander zu koordinieren.   **Planabstimmung**

■ Beispiel:

> Stellt sich heraus, dass der Kapitalbedarf für eine Baustelle wegen des hohen Materialeinsatzes nicht finanziert werden kann, so müsste der Auftrag abgelehnt werden. Soll der Auftrag jedoch trotzdem angenommen werden, um die Mitarbeiter nicht entlassen zu müssen, so sollte ein neuer Plan zur Kapitalbeschaffung aufgestellt und mit der Bank abgestimmt werden. So lässt sich möglicherweise auch die Zahlung von zusätzlichen Überziehungszinsen an die Bank vermeiden.

Dieses Beispiel zeigt, dass in der Praxis aufgrund einer Vielzahl von nicht oder nur schwer vorhersehbaren Einflüssen die Pläne stets miteinander abgestimmt werden müssen. Isolierte Planänderungen in einem Bereich haben Folgen für andere Bereiche. Nur durch eine sofortige (sukzessive) Abstimmung der Teilpläne können eventuell weit reichende negative Auswirkungen auf den Betrieb vermieden werden.   **Vernetzte Planung**

2.6.3 Planungsphasen

Damit die Planung ihre Hauptaufgaben   **Hauptaufgaben**

> Sicherung des Unternehmenserfolges,
> verbesserter Umgang mit Risiken,
> Vereinfachung von Problemstellungen und
> Schaffung eines Flexibilitätsspielraumes

2.6 Planung

erfüllen kann, sollte sie nach einem relativ festen Schema ablaufen. Dadurch wird am ehesten sichergestellt, dass nichts vergessen wird und alle vorhandenen Möglichkeiten ausgeschöpft werden.

Schriftform

Es erscheint wichtig zu erwähnen, dass der gesamte Planungsprozess schriftlich dokumentiert werden sollte.

Dies erleichtert die Fehlersuche bei Feststellung von Zielabweichungen erheblich. Auch wenn es auf den ersten Blick mühsam erscheint, über wichtige Details „Buch zu führen", sollte nicht übersehen werden, dass die Beseitigung von Planungsfehlern nur so exakt möglich ist.

Das Planungsschema gliedert sich in sechs Phasen oder Teilschritte:

```
Formulierung von Zielen
        ↓
Problemstellung
        ↓
Suche von Alternativen
        ↓
Vorhersage der Auswirkungen
        ↓
Bewertung der Alternativen
        ↓
Entscheiden
```

> In der ersten Phase sind die **Ziele** zu **formulieren**, die durch die Planung und ihre Durchführung erreicht werden sollen. Diese Ziele müssen sich an den Unternehmenszielen orientieren. Ihre Erreichung sollte zur Verwirklichung der vom Betriebsinhaber gesetzten Unternehmensziele beitragen.

Insbesondere umfasst dieser Teilschritt eine Realisierbarkeitsprüfung. In ihr muss festgestellt werden, ob das Vorhaben überhaupt machbar ist. Außerdem müssen mögliche Konflikte mit anderen Unternehmenszielen berücksichtigt werden. Im Konfliktfall kann es notwendig werden, die Priorität einzelner Unternehmensziele neu festzusetzen.

> Im nächsten Teilschritt – der **Problemstellung** – muss das zu lösende Problem klar analysiert werden. Hierzu empfiehlt es sich, das Problem in viele kleine, lösbare Teilprobleme aufzugliedern und gegenüber anderen Problemstellungen abzugrenzen.

Damit erreicht man eine Problemkonzentration und -reduktion, durch die selbst große Probleme eher lösbar werden. Meist wird der Blick auf die Ursachen einer Problemstellung durch einige wenige, unlösbar erscheinende Sachverhalte ver-

2.6.3 Planungsphasen

sperrt. Mittels der Aufgliederung des Problems werden komplexe Zusammenhänge in kleine, zu bewältigende Teilgebiete aufgeteilt.

> Bei der **Alternativensuche** kommt es darauf an, Problemlösungen zu finden. Es kann sich hierbei um eine oder mehrere Lösungsideen handeln.

Grundsätzlich ist es besser, mehrere Lösungsansätze zu haben. In dieser Lösungsvielfalt liegt ein großes Kreativitätspotenzial. Oft kommt man so auf Lösungen, die man mit der erstbesten Lösungsmöglichkeit nicht gefunden hätte. Am Ende dieser Phase müssen die gefundenen Alternativen genau beschrieben, geordnet und auf ihre Realisierbarkeit hin geprüft werden. Nicht realisierbare Alternativen werden verworfen und finden keine weitere Berücksichtigung.

> Jede ermittelte und grundsätzlich realisierbare Lösungsalternative hat andere **Auswirkungen,** die möglichst genau **vorhergesagt** werden müssen.

Hierbei kommt es besonders darauf an, zeitliche, finanzielle und personelle Auswirkungen der Lösungsumsetzung zu prognostizieren. Diese Prognose muss auch in Hinsicht auf den Grad der Zielerreichung sehr genau sein.

> Die genannten vier Variablen (Zeit, Geld, Personal und Zielerreichungsgrad) bilden die Grundlage für die **Bewertung der Alternativen.**

Eine Rangfolge der Alternativen lässt sich über den angestrebten Zielerreichungsgrad herbeiführen. Die Alternative, die den größten Beitrag zur Zielerreichung ermöglicht, erhält die höchste Priorität, wenn die anderen Variablen keinen Engpass darstellen. Sind mehrere Lösungsansätze gleichwertig in ihrem Zielerreichungsgrad, so können die anderen drei Faktoren (Zeit, Geld und Personal) für die Auswahl einer Alternative ausschlaggebend sein. Dann gilt es, ein betriebliches Bewertungssystem zu entwickeln, welches den anzutreffenden Gegebenheiten und Präferenzen des Betriebsinhabers entspricht.

> Die **Entscheidung,** welche der Alternativen umgesetzt werden soll, liegt letztendlich immer beim Betriebsinhaber. Er entscheidet, ob der Grad der Zielerreichung oder vielleicht doch die Berücksichtigung der finanziellen Lage den Ausschlag für die eine oder die andere Problemlösung gibt.

> Nach der Entscheidung wird die ausgewählte Alternative verwirklicht.

2.6 Planung

Realisierung

Die Realisierung wird mit den in der Planung erstellten Plänen gesteuert. An die Realisation schließt sich die Kontrolle an. In ihr werden die erreichten Ergebnisse mit den geplanten verglichen.

Werden Abweichungen festgestellt, so bieten diese Ergebnisse die Grundlage für eine Wiederaufnahme der Planungsphasen.

2.6.4 Planungsinstrumente

Je nachdem, in welcher Planungsphase man sich befindet, stehen unterschiedliche Planungsinstrumente zur Verfügung. Sie sollen den Planungsprozess für den Planenden vereinfachen.

Planungsphasen	Planungsinstrumente
Problemanalyse	ABC-Analyse Stärken-/Schwächenanalyse
Suche von Alternativen	Benchmarking Brainstorming
Vorhersage und Bewertung	K.o.-Kriterien Kosten-/Nutzenanalyse

2.6.4.1 ABC-Analyse

> Die ABC-Analyse kann in verschiedenen Bereichen eingesetzt werden. In allen Anwendungssituationen ist ihr Aufbau jedoch gleich.

Dreiteilung

Die ABC-Analyse beruht auf einer Dreiteilung. Der erste Teil (A) umfasst alle Elemente, die besonders wichtig, wertvoll oder dringend sind. Im zweiten Teil (B) finden sich alle Elemente, die weniger wichtig oder wertvoll und nicht sehr dringend sind. In den dritten Teil (C) wird alles eingeordnet, was unwichtig, nebensächlich und absolut nicht dringend ist.

„A"
„B"

Grundsätzlich gilt, dass alle Elemente, die sich in A befinden, Chefsache sind. Sie sind dringend und wichtig oder leisten einen hohen Deckungsbeitrag. B-Angelegenheiten sollten zwar vom Chef überwacht bzw. veranlasst werden, sie müssen aber von anderen ausgeführt werden. Durch diese Delegation kann sich der Betriebsinhaber zeitlich entlasten und anderen wichtigeren Aufgaben zuwenden.

„C"

Alle Dinge, die als C eingestuft werden, können bis zu ihrer Erledigung warten oder sofort der Ablage P (= Papierkorb) zugeführt werden.

Beispiele

Mit Hilfe der ABC-Analyse kann der Betriebsinhaber z. B. seine eigene Zeit einteilen (planen). Er muss hierfür entscheiden, welche Tätigkeiten am dringendsten und wichtigsten sind. Oder er versucht beispielsweise, seine Kunden zu klassifizieren. A-Kunden sind meist wenige, aber gute Kunden. Oftmals sorgen zwei oder drei Kunden für 30 bis 40 Prozent des Umsatzes. Aber auch in der Lagerhaltung lässt sich die ABC-Analyse einsetzen. Der Bezug teurer und knapper Materialien und Waren muss ständig überwacht werden. Billige und kurzfristig verfügbare Lagerposten können entweder in ausreichenden Mengen gelagert oder jederzeit nachbestellt werden.

2.6.4 Planungsinstrumente

> Die ABC-Analyse versetzt den Betriebsinhaber in die Lage, den Betriebsablauf unter Kosten- und Zeitaspekten gründlich zu untersuchen. Am Ende der Analyse wird klar erkennbar, für welche Tätigkeiten, Personen oder Produkte genaue Pläne erstellt werden müssen bzw. wo in der Vergangenheit Fehler gemacht wurden.

Beispiel:

So viel Prozent der Kundschaft erzeugen so viel Prozent des Umsatzes:

A-Kunden 20 %	Anteil am Umsatz ca. 50 %
B-Kunden 30 %	Anteil am Umsatz ca. 30 %
C-Kunden 50 %	Anteil am Umsatz ca. 20 %

Aus diesem Beispiel kann entnommen werden, dass man sich um A-Kunden besonders kümmern muss. Springt einer aus dieser Kundengruppe ab, so schlägt sich dies im Umsatz überproportional nieder.

2.6.4.2 Stärken-/Schwächenanalyse

> Ziel der Stärken-/Schwächenanalyse ist es, herauszubekommen, wie der eigene Betrieb im Vergleich zum direkten Mitbewerber hinsichtlich der Produkte, Dienstleistungen und sonstigen betrieblichen Erfolgsfaktoren dasteht.

Der Betriebsinhaber macht sich hierüber eigene Gedanken, oder er kann auf Veröffentlichungen der Handwerksorganisation zurückgreifen (z. B. Betriebsvergleichszahlen, Stärken-/Schwächenanalysen). Wichtig ist es hierbei, dass die eigene Lage realistisch eingeschätzt wird und besonders übertriebene Schönungen der Wirklichkeit unterbleiben. Am Ende der Analyse kann erkannt werden, in welchen Bereichen Nachholbedarf gegenüber der Konkurrenz vorhanden ist und wo Vorteile bestehen. In der Praxis von Handwerksbetrieben erweist es sich im Anschluss daran meist als sinnvoll, die Stärken auszubauen und so zu versuchen, die Schwächen auszugleichen.

Durch die Stärken-/Schwächenanalyse kann also der externe Stand des Betriebes beurteilt werden. Im Ergebnis führt dies in der Regel zu erheblichem Verbesserungs- und damit Planungsbedarf.

Wirklichkeitstreue

Stärken ausbauen

2.6.4.3 Benchmarking

> Das Benchmarking („Vergleich mit dem Klassenbesten") ist ein Instrument der Wettbewerbsanalyse und der Stärken-/Schwächenanalyse ähnlich. Nur vergleicht sich der Betrieb hierbei nicht mit der direkten Konkurrenz, sondern mit den jeweiligen Besten eines Gewerbes.

Aus dem Benchmarking kann man Ideen ableiten, die Alternativen zur betrieblichen Praxis darstellen. Oft kann man sich bei den Besten gute Anregungen für den eigenen Betrieb abschauen.

2.6.4.4 Brainstorming

> Das Brainstorming ist eine weit verbreitete und leistungsfähige Methode zur Alternativensuche.

Ideensammlung

Ideen aufschreiben

In einer Gruppe von Mitarbeitern macht man sich gemeinsam Gedanken zu einem Thema. Wichtig ist hierbei, dass jeder seine Ideen frei vorbringen kann und dass er von den anderen nicht kritisiert wird. Jeder kann den Gedanken des anderen aufnehmen und weiterentwickeln. Ziel des Verfahrens ist es, einen regelrechten „Ideenhagel" zu bekommen. Am Ende der Sitzung werden die Ergebnisse schriftlich festgehalten.

2.6.4.5 K.o.-Kriterien

> Gegen Ende des Planungsprozesses müssen die gefundenen Alternativen bewertet werden. Zu diesem Zweck empfiehlt es sich, sogenannte K.o.-Kriterien zu benennen. Diese geben an, welche Mindestvoraussetzungen durch die Alternativen zu erfüllen sind.

Mögliche K.o.-Kriterien können sein:

> Ist die Alternative technisch durchführbar?
> Kann das Problem durch die Alternative gelöst werden?
> Ist genug Kapital vorhanden, um die Alternative finanzieren zu können?
> Kann die Alternative den Mitarbeitern „schmackhaft" gemacht werden?

Erfüllt eine Alternative eine oder mehrere der genannten Kriterien nicht, so scheidet sie als Lösungsweg aus.

2.6.4.6 Kosten-/Nutzenanalyse

> Mit Hilfe der Kosten-/Nutzenanalyse werden zukünftige Auswirkungen von geplanten Maßnahmen beurteilbar und vergleichbar gemacht. Basis hierfür ist die Vorhersage sämtlicher absehbarer Kosten aller Alternativen.

Da dies in der Regel nicht exakt möglich sein wird, müssen genaue Schätzungen abgegeben werden. Bei diesen Schätzungen können Veröffentlichungen der Handwerksorganisation oder auch die Betriebsberater der Handwerkskammern und Fachverbände eventuell behilflich sein.

In einer Übersicht werden dann für jede Alternative Kosten und Nutzen gegenübergestellt. Diejenige Alternative wird gewählt, die das beste Kosten-/Nutzenverhältnis bietet. Durch dieses Vorgehen wird vermieden, dass eine vermeintlich billige Lösung ausgesucht wird, die aber keinen großen Nutzen bietet.

Beste Lösung

2.6.5 Kontrolle

Kontrollergebnisse sind wichtige Ausgangsdaten für das betriebliche Controlling. Zum Unterschied zwischen Kontrolle und Controlling wird auf Abschnitt 1.4.1 in diesem Band hingewiesen.

Die Aufstellung von Plänen bedeutet nicht, dass die darin enthaltenen Ziele auch tatsächlich erreicht werden. Daher ist es nötig, die erreichten mit den geplanten Ergebnissen zu vergleichen.

Ergebnisvergleich

> Kontrolle wird als Vergleich von Plan- und Ist-Werten definiert.

Durch die Analyse der negativen Abweichungen können wichtige Erkenntnisse gewonnen werden, die für die Zukunft nutzbringend sind. Auch positive Planabweichungen sollten analysiert werden. Aus ihnen lassen sich eventuell noch gewinnbringendere Schlüsse ziehen.

Planabweichungen

Kontrollen sollten nicht nur am Ende des Durchführungsprozesses vorgenommen werden, sondern sie sollten ihn möglichst begleiten (z. B. permanente Inventur, Baufortschrittskontrolle, Toleranzmessungen etc.). Dadurch kann rechtzeitig korrigierend eingegriffen werden. Abweichungen können grundsätzlich zwei verschiedene Gründe haben.

Ursachen für Planabweichungen	
Planungsfehler	Umsetzungsfehler
• ungenügende oder falsche Daten • ungenaue oder nachlässige Kalkulation • falsche Abschätzung von Risiken und Chancen • ...	• mangelhafte Auftragsausführung • Nichtausführung von Planbestandteilen • Materialverschwendung • ...

Die Ergebniskontrolle ist Chefsache. Abweichungen und deren Ursachen sollten mit den Mitarbeitern, die für Planung und Durchführung zuständig waren, besprochen werden.

Ergebniskontrolle

Abhängig von den Abweichungsursachen sind zu ihrer Beseitigung unterschiedliche Maßnahmen zu treffen. Am Ende der Kontrollphase muss durch die Aufstellung neuer Pläne versucht werden, die Abweichungen zu beseitigen. Das bedeutet, dass der Planungsregelkreis, wie er in Abschnitt 2.6.1.3 „Aufgaben der Unternehmensplanung" beschrieben wurde, wieder von vorne beginnt.

Mängelbeseitigung

Zusammenfassend lässt sich feststellen:

> Planung und Kontrolle sind untrennbar miteinander verbunden. Wer plant, ohne die Ergebnisse zu kontrollieren, kann sich die Planung sparen. Wer eine Kontrolle durchführen will, muss vorher geplant haben, denn Kontrolle ohne Planung ist nicht möglich.

Kontrolle bietet die Chance, aus den Fehlern der Vergangenheit für die Zukunft zu lernen.

2.6.6 Risikovorsorge

> Jede unternehmerische Tätigkeit ist Risiken unterworfen. Diese zu erkennen und möglichst gering zu halten, ist Aufgabe der Risikovorsorge.

Die Risikovorsorge gliedert sich in zwei Punkte. Zuerst werden die möglichen Risiken analysiert und danach Schritte zur Absicherung der Risiken unternommen.

2.6.6.1 Analyse der Risiken

Die Risikovorsorge ist Aufgabe des Betriebsinhabers. Er muss sich über mögliche Gefahrenquellen informieren.

> Bedrohungen für den Betrieb können von außen (externe Risiken) oder innen (interne Risiken) kommen.

Auf die externen Risiken hat der Handwerksbetrieb meist keine direkten Einflussmöglichkeiten. Sie sind sozusagen „fremdverschuldet". Interne Risiken hingegen sind in den meisten Fällen „hausgemacht".

Überblick über externe und interne Risiken	
externe Risiken	interne Risiken
• Konjunkturschwankungen • Marktveränderungen • Arbeitsmarktlage • Änderung des Zinsniveaus • Lohnpolitik • Steuerpolitik • Umweltgesetzgebung • Naturgewalten (Feuer, Hagel, Sturm, Hochwasser etc.)	• Umsatz- und Kostenentwicklung • Materialengpass • Produktionsausfall • Veralterung der Maschinen • Mitarbeiterfluktuation • mangelhafte Produktqualität • Haftungsrisiken • ungenügende Produktpalette • Lücken im Informationssystem • Liquiditätsengpass • fehlende Übergabe-/Nachfolgeplanung

2.6.6 Risikovorsorge

Die in der obigen Abbildung aufgeführten Risiken sind nur einige wichtige Beispiele. Im betrieblichen Alltag gibt es eine nahezu unüberschaubare Vielzahl.

2.6.6.2 Absicherung der Risiken

Gegenüber den externen Risiken ist der Handwerksbetrieb bis auf einige Ausnahmen relativ machtlos.

Externe Risiken

> Im Falle von Naturgewalten, persönlichem Missgeschick, personenbezogenen Wechselfällen des Lebens sowie gesetzlich vorgeschriebenen Haftungspflichten des Betriebsinhabers u. a. bestehen Möglichkeiten der Risikoabsicherung. Durch den Abschluss von Versicherungen kann sich der Handwerksbetrieb im Schadensfall vor den Folgen schützen.

Wichtige Versicherungen zur Abdeckung von Risiken

Personenversicherungen	Sachversicherungen	Schadensversicherungen
• Privathaftpflichtversicherung • Krankenversicherung • Lebensversicherung • Unfallversicherung	• Einbruchdiebstahlversicherung • Gebäudeversicherung/Feuerversicherung	• Kfz-Versicherung • Betriebshaftpflichtversicherung • Produkthaftpflichtversicherung • Betriebsunterbrechungsversicherung

(>> auch Abschnitt 2.7.5.15 „Risikovorsorge – Versicherungsschutz" bei der Existenzgründung.)

Hinsichtlich der internen Risiken ist der Betriebsinhaber bei der Risikoabsicherung auf sich alleine gestellt. Er muss geeignete Maßnahmen ergreifen, um möglichen Gefahren vorzubeugen. Hierbei kann ihn ein ausgereiftes Planungs- und Frühwarnsystem unterstützen. Grundlage beider Systeme bildet ein funktionierendes Informationssystem, welches über aktuelle Zahlen aus dem Rechnungswesen, der Produktion, der Beschaffung und dem Verkauf verfügen muss. Sobald diese aktuellen Informationen nicht zur Verfügung stehen, kann keine zuverlässige Risikovorsorge mehr betrieben werden.

Interne Risiken

Planungs- und Frühwarnsystem

Übungs- und Prüfungsaufgaben

1. Wie unterscheiden sich monetäre von nicht monetären Zielen im Rahmen des Unternehmenszielsystems? Führen Sie zu jeder Gruppe zwei Beispiele auf!

    >> Seite 431 |

2. Erstellen Sie an einem selbst gewählten Beispiel eine Zielhierarchie für einen Handwerksbetrieb bei der betrieblichen Planung!

    >> Seite 431 |

3. Unternehmensziele, die sich direkt ausführen lassen, bezeichnet man als

    - [ ] a   Oberziele.
    - [ ] b   Zwischenziele.
    - [ ] c   operationale Ziele.
    - [ ] d   nicht operationale Ziele.
    - [ ] e   Gewinnziele.

    >> Seite 431 |

4. Der gesamte betriebliche Planungsprozess kann gegliedert werden in

    - [ ] a   Planung, Abweichung, Kontrolle.
    - [ ] b   Durchführung, Planung, Analyse.
    - [ ] c   Steuerung, Durchführung, Controlling.
    - [ ] d   Beschaffung, Produktion, Kontrolle.
    - [ ] e   Planung, Steuerung, Kontrolle.

    >> Seite 432 |

5. Erstellen Sie für einen Betrieb einen groben Produktions- oder Durchführungsplan, der die wichtigsten Planbestandteile enthält!

    >> Seite 433 |

6. Warum ist die Planung gerade für den Inhaber eines Handwerksbetriebes so wichtig?

    >> Seite 433 |

7. Stellen Sie die Hauptunterschiede von operativer und strategischer Planung gegenüber!

    >> Seite 434 |

2.6 Planung

8. Sie sind Inhaber eines Handwerksbetriebes. Um den Unternehmenserfolg für die Zukunft nachhaltig zu sichern, wollen Sie die Planungsvorgänge in Ihrem Betrieb durch Systematisierung der Planungsbereiche und deren gegenseitige Abstimmung verbessern.

    Aufgabe:
    a) Stellen Sie die sechs wichtigsten Bereiche betrieblicher Planung für Ihren Betrieb dar!
    b) Erläutern Sie, wie die gegenseitige Abstimmung der Planungsbereiche erfolgen kann!

    >> Seite 434 |

9. Die Absatzplanung eines Handwerksbetriebes sollte sich vor allem auf folgende Bereiche erstrecken:

    - [ ] a Material, Arbeitszeiten, Sortiment
    - [ ] b Sortiment, Preise, Marktauftritt, Mengen
    - [ ] c Sortiment, Produktionsverfahren, Kapitalbedarf
    - [ ] d Liquidität, Preise, Wirtschaftlichkeit
    - [ ] e Marktauftritt, Entlohnung, Preise.

    >> Seite 434 |

10. Warum ist eine Vernetzung der Planungsbereiche im Betrieb notwendig?

    >> Seite 435 |

11. Welches ist keine Hauptaufgabe der Planung?

    - [ ] a Vereinfachung von Problemstellungen
    - [ ] b Verbesserter Umgang mit Risiken
    - [ ] c Schaffung eines Flexibilitätsspielraumes
    - [ ] d Die Einzelbeschaffung eines Betriebsfahrzeuges
    - [ ] e Sicherung des Unternehmenserfolges.

    >> Seite 435 |

12. Sie sind selbstständiger Handwerker und streben an, den gesamten betrieblichen Planungsprozess in Ihrem Betrieb zu verbessern, um auch in der Zukunft wettbewerbsfähig zu bleiben. Zu diesem Zweck wollen Sie den gesamten Planungsprozess schriftlich dokumentieren.

    Aufgabe:
    a) Erstellen Sie ein Planungsschema, das die sechs wichtigsten Phasen bzw. Teilschritte enthält!
    b) Erklären Sie mögliche Planungsinstrumente, mit denen Sie den Planungsprozess vereinfachen können!

    >> Seiten 436, 438 |

2.6 Planung

13. Beschreiben Sie den Aufbau der ABC-Analyse als Instrument der Planung!

    >> Seite 438

14. Jeder Handwerksbetrieb hat unterschiedliche Kunden. Mit der ABC-Analyse ist es möglich, diese verschiedenen Umsatzgruppen zuzuordnen. Führen Sie für einen Betrieb eine solche Kundenanalyse durch!

    >> Seite 439

15. Die Ergebnisse einer Stärken-/Schwächenanalyse sind so auszulegen, dass

    - [ ] a lediglich die Schwächen so schnell und gründlich wie möglich beseitigt werden.
    - [ ] b die Schwächen weiter ausgebaut und die Stärken abgebaut werden.
    - [ ] c die Schwächen bei gleichzeitigem Abbau der Stärken beseitigt werden.
    - [ ] d die Stärken so lange ausgebaut werden, bis sie sich ins Gegenteil verkehren.
    - [ ] e die Stärken ausgebaut werden, um damit zu versuchen, die Schwächen auszugleichen.

    >> Seite 439

16. Als Inhaber eines Handwerksbetriebes wollen Sie Brainstorming als Planungsinstrument einsetzen.

    Aufgabe: Beschreiben Sie kurz, wie Brainstorming mit Ihren Mitarbeitern bzw. einer Gruppe von Mitarbeitern in Ihrem Betrieb ablaufen kann!

    >> Seite 440

17. Im Rahmen der betrieblichen Planung spielt die Kosten-/Nutzenanalyse eine wichtige Rolle. Als Betriebsinhaber wollen Sie den Einsatz dieses Planungsinstruments näher untersuchen.

    Aufgabe: Erklären Sie, welche Aufgabe die Kosten-/Nutzenanalyse bei der betrieblichen Planung hat und wie man dabei vorgehen soll!

    >> Seite 440

18. Erläutern Sie, wie die betriebliche Planung kontrolliert werden kann!

    >> Seite 441

19. Beschreiben Sie anhand von Beispielen mögliche Planungs- und Umsetzungsfehler!

    >> Seite 441

2.6 Planung

20. Sie sind Betriebsinhaber und stellen fest, dass die unternehmerischen Risiken laufend zunehmen. Deshalb wollen Sie für Ihren Betrieb eine gründliche Analyse über möglichst viele Risiken vornehmen und durch umfassende Maßnahmen zur Abdeckung von Risiken entsprechende Risikovorsorge treffen!

>Aufgabe:
> a) Stellen Sie die wichtigsten internen und externen Risiken für Ihren Betrieb zusammen!
> b) Erläutern Sie wichtige Versicherungsarten, durch die Sie die Risiken Ihres Betriebes abdecken können!
>
> >> Seiten 442, 443 |

2.7 Gründung

Vorbemerkung

> Die Betriebsgründung oder die Betriebsübernahme ist für den Handwerker in der Regel der umfassendste „praktische Fall" der konkreten Anwendung betriebswirtschaftlichen und rechtskundlichen Wissens und der Nachweis seiner Handlungskompetenz sowie seiner unternehmerischen Qualifikation.

Handlungs-
anleitungen
Checklisten
Planung,
Durchführung,
Kontrolle

In der Handwerker-Fibel sind die einzelnen betriebswirtschaftlichen Handlungsfelder und Fachgebiete in Band 1 und das Handlungsfeld rechtliche und steuerliche Grundlagen in Band 2 ausführlich dargestellt. Deshalb wird der Schwerpunkt im Kapitel „Gründung" auf die praktische Umsetzung gelegt. Das heißt, dass hier insbesondere anhand von Handlungsanleitungen und Checklisten dargestellt wird, wie der Betriebsgründer bzw. Betriebsübernehmer bei der Planung, Durchführung und Kontrolle der Betriebsgründung oder Betriebsübernahme vorzugehen hat.

Dabei werden gründungsspezifische Wissensgebiete, soweit sie nicht schon in den vorangegangenen Kapiteln behandelt wurden, im Kapitel „Gründung" dargestellt. Im Übrigen wird, sofern erforderlich, auf die einschlägigen Kapitel in Band 1 und Band 2 verwiesen.

2.7.1 Unternehmenskonzept

> Grundsätzlich wird das Unternehmenskonzept in Form eines Businessplanes (Geschäftsplan) dargestellt. Seine Erstellung ist die zentrale Aufgabe in der Vorbereitung einer Betriebsgründung.

Businessplan

Der Businessplan sollte folgende Themen beinhalten:

> Unternehmensidee, Leitbild, Unternehmensgrundsätze
> Angaben zur beruflichen Qualifikation und bisherigen Tätigkeit des Betriebsgründers
> Beschreibung und Begründung des Vorhabens
> Standort, Betriebsräume
> Betriebsgröße
> Rechtsform
> Produkt- und Leistungsprogramm
> Kundenzielgruppen, Kundenstruktur
> Absatzmarktbeurteilung für das Produkt- und Leistungsprogramm
> Marketingmaßnahmen
> Verkaufsförderungs- und Werbemaßnahmen
> Personalbedarf und Personalstruktur
> Investitionsplan
> Gesamtkapitalbedarfsrechnung
> Finanzierungsplan

2.7.1 Unternehmenskonzept

> Liquiditätsplan
> Umsatz-, Kosten- und Gewinnplan, Rentabilitätsvorschau

(>> hierzu auch Abschnitt 2.7.8 „Beispiel eines Businessplanes".)

2.7.1.1 Persönliche Voraussetzungen für die berufliche Selbstständigkeit

> Jeder Existenzgründer sollte sich, bevor er den Schritt in die Selbstständigkeit wagt, folgende selbstkritische Fragen stellen:

> Was sind meine Motive für die berufliche Selbstständigkeit?
> Bin ich der Typ, der risikofreudig ist, oder bin ich einer, der eher den Weg der größeren Sicherheit sucht?
> Habe ich die persönliche Stärke, in eigener Verantwortung auch in kritischen Lagen kühlen Kopf zu bewahren, nicht zu resignieren und optimistisch zu sein?
> Verfüge ich über eine überdurchschnittliche psychische und körperliche Belastbarkeit?
> Kann ich Wichtiges und Unwichtiges unterscheiden und mich auf das Wesentliche konzentrieren?
> Bin ich bereit, ein Arbeitspensum zu leisten, das über dem Normalmaß eines Berufstätigen liegt?
> Kann ich auf lieb gewonnene Hobbys und auf Freizeit zumindest auf Zeit verzichten?
> Ist der Schritt in die Selbstständigkeit auch mit dem Ehepartner abgesprochen?
> Bin ich kontaktfreudig, kreativ, zuverlässig und durchsetzungsfähig?
> Habe ich die notwendigen Führungseigenschaften?
> Reichen Berufsausbildung, Prüfungen, Berufserfahrung sowie Fertigkeiten, Kenntnisse und berufliche Handlungsfähigkeit aus, um der angestrebten beruflichen Selbstständigkeit gerecht zu werden?
> Habe ich alle Voraussetzungen für eine Gewerbeausübungsberechtigung?

Selbstkritische Fragen

2.7.1.2 Leitbild

Der Existenzgründer hat sich die Frage zu stellen, wie er als Unternehmer handeln will. Er stellt einen Verhaltenskodex für sich und seine Mitarbeiter auf. Das Leitbild ist somit Teil seiner Unternehmensplanung, seiner Unternehmensgrundsätze und seiner Unternehmensphilosophie. Es ist sowohl nach innen als auch nach außen gerichtet.

Verhaltenskodex

Die interne Ausrichtung bezieht sich in erster Linie auf den Umgang mit den Mitarbeitern und hat ein Zusammengehörigkeitsgefühl, eine Identifizierung mit dem Betrieb und eine hohe Motivationsfunktion zum Ziel.

Interne Ausrichtung

Nach außen betrachtet, muss das Leitbild des Betriebes auf ein positives Erscheinungsbild ausgerichtet sein, wobei das tatsächliche Handeln auch dem entsprechen muss, was vorgegeben wird. Im Handwerksbetrieb wird die Leistung in erster Linie von Menschen bestimmt. Deshalb kommt es entscheidend auf die Persönlichkeitsprofile des Betriebsinhabers und seiner Mitarbeiter an.

Externe Ausrichtung

2.7 Gründung

```
                    Elemente des Leitbildes
    ┌──────────┬──────────────┬──────┴──────┬──────────────┬──────────┐
    ▼          ▼              ▼             ▼              ▼
  hohe     Zuverlässigkeit  Leistungs-   Kunden-        Service-
  Qualität                  bereitschaft orientierung   leistungen
```

Meisterbetrieb

Der Existenzgründer mit Meisterprüfung sollte sich von folgenden Grundsätzen des Meisterstatus bzw. modernen Meistersymbols leiten lassen:

> Qualität
> handwerkliche Leistungsvielfalt
> Fach- und Problemlösungskompetenz
> effiziente Unternehmensführung

> Oberste Leitbilder müssen heute für einen erfolgreichen Existenzgründer die Kundenorientierung und Kundenbehandlung sein, denn die Ansprüche der Kunden haben sich sehr stark verändert.

„In meinem Betrieb ist der Kunde König." Dieser Leitsatz ist täglich im Betriebsablauf umzusetzen.
Wie kann ich Kunden gewinnen und zufrieden stellen?

Kundenzufriedenheit

> **Dies kann geschehen durch:**

> Freundlichkeit
> Pünktlichkeit
> Termintreue
> Zuverlässigkeit
> Fachwissen
> Qualität der Produkte und Leistungen
> Service, kompetente Beratung und Problemlösung
> Kostenverbindlichkeit
> bestmögliches Preis-Leistungs-Verhältnis

> Nur wenn alle Mitarbeiter dieses Leitbild mittragen und täglich in der Berufsarbeit praktizieren, wird der Betrieb erfolgreich sein. Nur dann kann folgender Leitsatz umgesetzt werden: „Mit Kompetenz überzeugen."

>> auch Abschnitte 2.2.3.5 „Unternehmensleitbild und Unternehmenskultur" und 2.2.3.6 „Kundenorientierung und Kundenbehandlung"!

2.7.1.3 Produkt- und Leistungsprogramm

> Die betrieblichen Tätigkeitsbereiche beziehen sich im Handwerksbetrieb auf Gewerbe, die als zulassungspflichtige, zulassungsfreie Handwerke oder handwerksähnliche Gewerbe bzw. deren Teilbereiche im Rahmen der Bestimmungen der Handwerksordnung betrieben werden können. Anhand der Berufsbilder können die vorgesehenen Arbeitsgebiete zusammengestellt werden.

Dabei ist zu beachten, dass auch Zusatz- bzw. Nebenleistungen zu den Produkten oder Hauptleistungen Bestandteile des gesamten Leistungsprogramms sind. Es geht dabei um Leistungen, die der Verkäufer seinem Abnehmer während und nach dem Kauf oder der Hauptleistung anbietet, um den Erwerb, Einsatz und Gebrauch des Produktes oder einer Leistung zu ermöglichen und zu erleichtern. In nahezu allen Handwerkszweigen sind Kundendienstleistungen von hohem Stellenwert. Anhand folgender Übersicht soll der Existenzgründer sein geplantes Produkt- und Leistungsprogramm konzipieren.

Zusatz- und Nebenleistungen

Kundendienstleistungen

technische Leistungen	kaufmännische Leistungen	Transportleistungen	Entsorgungsleistungen
▸ Installation ▸ Wartung ▸ Reparatur ▸ Ersatzteilversorgung	▸ Finanzierungsvermittlungen (Kredit, Leasing) ▸ Zahlungserleichterungen (Teilzahlung)	▸ Abhol- und Auslieferungsdienst	▸ Mitnahme und sachgerechte Entsorgung alter Geräte und Materialien

Kundendienstleistungen steigern die Kundenzufriedenheit, fördern die Marken- und Herstellertreue und helfen mit, einen engen und intensiven Kontakt zum Kunden aufzubauen und ihn zum Stammkunden zu machen. Sie sind eine wichtige Voraussetzung für eine insgesamt erfolgreiche Produkt- und Leistungsgestaltung im weitesten Sinne. Vermehrt will der Kunde nicht nur das Produkt kaufen, sondern er verlangt eine komplette Problemlösung und besten Service.

Komplette Problemlösung

>> auch Abschnitt 2.2.3.1 „Produkt- und Sortimentspolitik"!

2.7.1.4 Zielgruppen, Kundenstruktur

> Im Rahmen des Unternehmenskonzepts muss sich der Existenzgründer überlegen, welche Zielgruppen er mit seinen Produkten und Leistungen als Kunden gewinnen will.

2.7 Gründung

Dabei hat er sich u. a. folgende Fragen zu stellen:

Zielgruppen-
merkmale

> Sollen öffentliche Auftraggeber gewonnen werden?
> Will ich vorwiegend Privatpersonen als Kunden?
> Will ich gewerbliche Abnehmer ansprechen?
> Welche Personen, gegliedert nach Alter, Geschlecht, Familienstand, Zahl der Kinder, sind interessant?
> Welche Einkommensgruppen und welche Berufszugehörigkeiten will ich ansprechen?
> Welche Einstellungen und Verhaltensweisen von Menschen (z.B. Umwelt- und Gesundheitsbewusstsein, anspruchsvolle oder genügsame Lebensweise) sind für mein Angebot an Produkten und Dienstleistungen von Bedeutung?
> Wie will ich die von mir bevorzugten Zielgruppen ansprechen?

2.7.2 Markt- und Standortanalyse

Absatzmarkt

Die Marktanalyse bezieht sich hier auf die Chancen und Risiken der Betriebsgründung auf dem Absatzmarkt.

2.7.2.1 Absatzgebiete und Absatzmöglichkeiten

Absatzmarktbeurteilung

Beurteilung der allgemeinen Marktsituation (volkswirtschaftliche Einflussgrößen)	spezielle Absatzpotenziale	Kaufkraftentwicklung im Absatzgebiet	Ermittlung des Marktvolumens in einer Region	Marktbesetzungsfaktor	Konkurrenzsituation
▶ Entwicklung der Inflationsrate ▶ Entwicklung der Investitionen ▶ Entwicklung der Konsumausgaben	▶ demografische Struktur ▶ Verbrauchergewohnheiten in einer Region	▶ Einkommensstruktur ▶ Veränderung der Einwohnerbewegungen	▶ Umsatz pro Kopf der Bevölkerung für bestimmte handwerkliche Produkte oder Leistungen	▶ Anzahl der Kunden pro Einwohnerzahl	▶ Dichte, Stärken und Schwächen der Konkurrenz

Informations-
quellen

Folgende Informationsquellen stehen für die Beschaffung der Fakten für die Beurteilung insbesondere zur Verfügung:

> Informationen von Innungen, Verbänden und Handwerkskammern
> Konjunkturberichte
> Branchenstatistiken
> allgemeine Umfrageergebnisse und spezielle Kundenbefragungen
> Veröffentlichungen wissenschaftlicher Institute

> Veröffentlichungen der Gesellschaft für Konsumforschung (GfK)
> Informationen aus amtlichen Statistiken aller Ebenen
> Marktforschungsagenturen
> Werbeagenturen
> Kreditinstitute
> Zeitungen, Zeitschriften, Literatur, Internet

Handlungsanleitungen für die Vorgehensweise zu den in der Abbildung enthaltenen Analyse- und Beurteilungsbereichen sind insbesondere in den Abschnitten 2.2.2 „Analyse des Absatz- und Beschaffungsmarktes", 2.2.2.2 „Gegenstände der Marktanalyse und Marktforschung", 2.2.2.3 „Praktische Anwendung der Marktforschung im Handwerksbetrieb" und 2.2.2.4 „Analyse der Wettbewerbssituation" dargestellt.

Handlungsanleitungen

> Eine gründliche Marktanalyse sowie eine genaue Prüfung aller Fakten für die Beurteilung der Absatzgebiete und Absatzmöglichkeiten sind wichtige Voraussetzungen für eine erfolgreiche Gründung und eine weitere Zukunftsentwicklung eines Handwerksbetriebes.

2.7.2.2 Standortfaktoren

Von der richtigen Standortwahl und der voraussichtlichen Standortentwicklung hängt in den meisten Handwerkszweigen der langfristige wirtschaftliche Erfolg ab.

Die Wahl des günstigsten Standorts bezeichnet man als optimalen Standort.

Optimaler Standort

```
                    Standortfaktoren
                          |
        ┌─────────────────┼─────────────────┐
        ▼                 ▼                 ▼
  Beschaffungsbezogene  Produktionsbezogene  Absatzorientierte
  Standortfaktoren      Standortfaktoren     Standortfaktoren
```

Als beschaffungsbezogene Standortfaktoren sind zu prüfen:

> Grundstücke, Erschließungsbedingungen, Gewerbeflächenangebot
> Betriebseinrichtung
> Fremddienste, Zulieferer
> Arbeitskräfte
> finanzielle Mittel
> Materialbeschaffung
> Energieversorgung
> Beschaffungskonkurrenz
> staatliche Leistungen
> Ver- und Entsorgungsmöglichkeiten
> Versorgung mit Breitband-Internetverbindungen

Beschaffungsbezogene Faktoren

Produktionsbezogene Standortfaktoren sind:

> soziale und politische Rahmenbedingungen
> ökologische Rahmenbedingungen
> technologische Bedingungen

Produktionsbezogene Faktoren

2.7 Gründung

Absatzorientierte Faktoren

Absatzorientierte Standortfaktoren sind:

> Kundennähe
> Kaufkraft der Kunden
> Kundenpotenzial
> Verbrauchergewohnheiten
> Absatzkonkurrenz und Wettbewerbssituation
> Verkehrsverbindungen (öffentliche Wege, Straßen, Parkmöglichkeiten, Beleuchtungsanlagen)

„Weiche Standortfaktoren"

Hinzu kommen die sogenannten „weichen" Standortfaktoren, wie z.B. persönliche, freizeitbezogene und kulturelle Angebote an einem Ort.

2.7.2.3 Standortvergleich, Standortbeurteilung

> Für die abschließende Beurteilung des Standortes müssen die Standortfaktoren verglichen und je nach Handwerkszweig entsprechend gewichtet werden.

Besonders zu berücksichtigen ist, dass es staatliche Regelungen gibt, die die Standortwahl begrenzen können.

Gesetzliche Beschränkungen

Jede Errichtung eines Betriebes bedarf der Zustimmung der öffentlichen Hand. Hinsichtlich der Genehmigung zur Errichtung eines Betriebes können erhebliche Einschränkungen durch Gesetze und Verordnungen bestehen, die sich auf ganze Wirtschaftszweige oder aber auf eine ganz bestimmte Art eines Betriebes erstrecken.

Neben den Bestimmungen der Länder und Gemeinden sind insbesondere zu nennen:

Bauplanungsrecht

> Bauplanungsrecht nach dem Baugesetzbuch und der Baunutzungsverordnung (Bauleitplan, Flächennutzungsplan und Bebauungsplan)
> Arbeitsstättenverordnung
> Bundesimmissionsschutzgesetz (Umweltschutz)

Die Raumordnung und die regionale Wirtschaftspolitik sind für die Standortwahl von besonderer Bedeutung. Vermehrt setzen Kommunen und Regionen entsprechende Instrumente ein, die der Existenzgründer für sich nutzen kann.

Instrumente der regionalen Wirtschaftsförderung
- kommunales Standortmarketing
- Kooperation zwischen Wirtschaft und Verwaltung
- unbürokratische Genehmigungsverfahren
- Gewerbeflächenpolitik
- Bestandspflege

2.7.3 Rechtsfragen bei der Gründung

2.7.3.1 Handwerks-, Handels- und Steuerrecht

Handwerksrecht

Vor der Betriebsgründung sind die handwerksrechtlichen Voraussetzungen nach der Handwerksordnung zu prüfen.
Dabei unterscheidet man, ob die geplante Betriebsgründung

> in einem zulassungspflichtigen Handwerk gemäß Anlage A
> oder in einem zulassungsfreien Handwerk gemäß Anlage B, Abschnitt 1
> oder in einem handwerksähnlichen Gewerbe nach Anlage B, Abschnitt 2

zur Handwerksordnung erfolgen soll.
Nähere Einzelheiten zur Berechtigung zum selbstständigen Betrieb eines zulassungspflichtigen Handwerks und zur Eintragung in die Handwerksrolle sowie zu Regelungen in zulassungsfreien Handwerken und handwerksähnlichen Gewerben >> Abschnitt 3.2.1 „Handwerks- und Gewerberecht" in Band 2.

Handelsrecht

Vor der Betriebsgründung sind u. a. folgende handelsrechtliche Fragen zu klären:
1. Erfordert meine selbstständige Tätigkeit einen in kaufmännischer Weise eingerichteten Geschäftsbetrieb?
2. Muss ich meinen Betrieb ins Handelsregister eintragen lassen?
3. Welche rechtlichen Folgen hat die Eintragung ins Handelsregister in Bezug auf die Kaufmannseigenschaft, das Firmenrecht usw.?
4. Welche Formvorschriften gelten ggf. für das Eintragungsverfahren?
5. Welche Kosten entstehen bei der Eintragung ins Handelsregister?

Bei diesen Fragen sollte sich der Existenzgründer eingehend beraten lassen.

Handelsregister

Kaufmannseigenschaft

Nähere Einzelheiten >> Abschnitt 3.2.2 „Handels- und Gesellschaftsrecht" in Band 2!

Steuerrecht

> Um die optimalen steuerlichen Voraussetzungen zu schaffen und um allen Steuerpflichten nachzukommen, sollte der Existenzgründer rechtzeitig mit einem Steuerberater zusammenarbeiten.

Wichtigste Steuern
- Umsatzsteuer
- Gewerbesteuer
- Einkommensteuer, ggf. Kirchensteuer
- Körperschaftsteuer (bei GmbH)
- Solidaritätszuschlag

Es ist ein Betriebsfragebogen für das Finanzamt auszufüllen. Danach wird eine Steuernummer bzw. eine Wirtschafts-Identifikationsnummer zugeteilt.

2.7 Gründung

Folgende Voranmeldungen bzw. Erklärungen sowie Vorauszahlungen fallen von Anfang an oder nach einer gewissen Anlaufzeit in der Regel an:

> Umsatzsteuervoranmeldungen
> Lohnsteueranmeldungen
> Umsatzsteuervorauszahlungen
> Einkommensteuervorauszahlungen (plus Solidaritätszuschlag)
> Gewerbesteuervorauszahlungen
> ggf. Körperschaftsteuervorauszahlungen

Um Nachteile zu vermeiden, ist dafür Sorge zu tragen, dass die finanziellen Mittel zu den Zahlungsterminen auch in ausreichendem Umfange verfügbar sind.

(>> auch Kapitel 3.5 „Steuern" in Band 2!)

2.7.3.2 Bau-, umweltschutz- und abfallrechtliche Vorschriften

Baurecht

> Bei jedem Neubau, Umbau, jeder Nutzungsänderung oder bei jedem Abbruch baulicher Anlagen sind grundsätzlich die baurechtliche Genehmigungsfähigkeit, deren mögliche Beschränkung sowie ggf. zu erwartende Auflagen mit der örtlichen Baubehörde abzuklären.

Wichtige Vorgaben bauplanungs- und bauordnungsrechtlicher Art für alle genannten Vorhaben sind:

> das Baugesetzbuch
> die Baunutzungsverordnung
> Bauordnungen der Länder
> Bauleitpläne
> Flächennutzungspläne
> Bebauungspläne

Bauleitplan
Flächen-
nutzungsplan

Bebauungsplan

Nach dem Baugesetzbuch und der Baunutzungsverordnung sind für die Ordnung der städtebaulichen Entwicklung Bauleitpläne zu erstellen.
Der Flächennutzungsplan, der für das gesamte Gemeindegebiet aufgestellt wird, teilt das Gemeindegebiet in unterschiedliche Nutzungsbereiche wie Verkehr, Gewerbe, Wohnen usw. auf.
Daraus werden die Bebauungspläne entwickelt. Je nach dem Umfang der bauplanerischen Festlegungen unterscheidet man zwischen einfachen und qualifizierten Bebauungsplänen.
Bei der Aufstellung der Bebauungspläne ist die in der Baunutzungsverordnung vorgesehene Gliederung der Bau- bzw. Nutzungsgebiete zugrunde zu legen.

2.7.3 Rechtsfragen bei der Gründung

Die wichtigsten Arten der baulichen Nutzungsgebiete sind:

	Gebietstyp	Zulässig ist:
Wohngebiete W	WS Kleinsiedlungsgebiet	Nicht störender und der Versorgung des Gebietes dienender Betrieb (z. B. Bäckerei)
	WR reines Wohngebiet	Ein Betrieb nur ausnahmsweise, wenn er zur Deckung des täglichen Bedarfs der Bewohner dient
	WA allgemeines Wohngebiet	Betrieb, der der Versorgung des Gebietes dient und nicht stört (z. B. Bäcker, Metzger, Optiker)
	WB besonderes Wohngebiet	Betrieb, wenn er mit der Wohnnutzung vereinbar ist (d. h. ähnlich wie WA)
Wohngebiete MI	MD Dorfgebiet	Nicht wesentlich störender oder der Versorgung der Bewohner dienender Betrieb (z. B. Landmaschinenmechaniker, Metallbauer, sonst wie MI)
	MI Mischgebiet	Nicht wesentlich störender Betrieb. Vorsicht: Metall- und holzverarbeitende Betriebe gelten in der Regel als wesentlich störend. Die Bebauung muss „gemischt" genutzen Charakter haben.
	MK Kerngebiet	Nicht wesentlich störender Betrieb (typischerweise alle „Laden"-Handwerksbetriebe)
Wohngebiete GE	GE Gewerbegebiet	Betrieb, wenn er nicht erheblich belästigend ist (z. B. Schlosser, Maschinenbauer, Kfz-Mechaniker, Schreiner etc.). Vorsicht: Im eingeschränkten Gewerbegebiet GE sind nur nicht wesentlich störende Betriebe zulässig.
	GI Industriegebiet	Jeder Handwerksbetrieb (für Handwerksbetriebe nur von Bedeutung, wenn er Anlagen betreibt, für die ein förmliches Genehmigungsverfahren nach dem Bundesimmissionsschutzgesetz erforderlich ist)

Aus dieser Gliederung lässt sich die grundsätzliche Zulässigkeit von Handwerksbetrieben ableiten. Im Falle der Betriebsgründung sollte sich der Existenzgründer genaue Informationen über die Auslegung der Vorschriften einholen. Die Genehmigung der Vorhaben von Handwerksbetrieben hängt darüber hinaus von der Einholung verschiedener Stellungnahmen (z. B. Gewerbeaufsichtsämter, Umweltschutzämter, Wasserwirtschaftsamt usw.) durch die Baugenehmigungsbehörde ab. Inhaber von Handwerksbetrieben haben bereits bei der Aufstellung von Flächennutzungsplänen und Bebauungsplänen die Möglichkeit, Einwendungen bei den zuständigen Behörden zu erheben, wenn ihr Betriebsgrundstück durch die Auf-

Einwendungen

2.7 Gründung

stellung oder Änderung eines Flächennutzungs- oder Bebauungsplanes betroffen ist. Unter Umständen würden durch unterlassene Einwendungen die erforderlichen Rechtsmittel versperrt.

> Bei allen beschriebenen Vorhaben (Errichtung, Änderung, Nutzungsänderung, Abbruch baulicher Anlagen) hat der Betriebsinhaber einen schriftlichen Bauantrag an die Gemeinde zu stellen. Zuständig ist die Gemeinde, in deren Gebiet das Vorhaben liegt. Dem Bauantrag sind die einschlägigen Unterlagen beizufügen, worüber die Bauplanungs- bzw. Genehmigungsbehörde Auskunft gibt.

Baugenehmigung

Nach Zustellung der Baugenehmigung sind erteilte Auflagen genau zu prüfen und, um deren für den Bauherrn eventuell nachteilige Rechtskraft zu verhindern, dagegen Rechtsmittel einzulegen.

In einzelnen Bundesländern erlauben die Bauordnungen unter bestimmten Voraussetzungen genehmigungsfreies Bauen oder vereinfachte bzw. verkürzte Genehmigungsverfahren.

Umweltschutzrecht – Immissionsschutz

> Zur Vorbeugung und zum Schutz vor schädlichen Umwelteinwirkungen müssen Handwerksbetriebe die immissionsschutzrechtlichen Vorschriften (Bundesimmissionsschutzgesetz als zentrales bundeseinheitliches Vorschriftensystem und andere) beachten. Von Bedeutung sind ferner die Technischen Anleitungen zum Schutz gegen Lärm und Vermeidung von Gerüchen und Luftverunreinigungen (TA Lärm, TA Luft).

In diesem Zusammenhang sind die Einwirkungen eines Betriebsgrundstücks auf die Nachbargrundstücke hinsichtlich erheblicher Nachteile oder Belästigungen zu prüfen. Darüber hinaus ist es von Bedeutung, ob erhebliche Gefahren, Belästigungen oder Nachteile für die Nachbarschaft oder die Allgemeinheit entstehen können.

Das Bundesimmissionsschutzgesetz unterscheidet grundsätzlich zwischen genehmigungsbedürftigen und nicht genehmigungsbedürftigen Anlagen.

```
                Wichtige Umweltschutzbereiche
        ┌───────────┬───────────┬───────────┬─────────────┐
        ▼           ▼           ▼           ▼
   Einsatzstoffe  Abwässer    Lärm      Luftschadstoffe
```

Einsatzstoffe

Die Einsatzstoffe müssen umweltverträglich sein. Bei wassergefährdenden oder brennbaren Einsatzstoffen sind sachgerechte Lagerung, Verwendung, Sicherheit und Entsorgung zu gewährleisten.

Abwasser

Im Abwasserbereich sind u. a. Grenzwerte und Einleitungsvorschriften zu beachten. Informationen sind bei der Gemeinde oder beim Landratsamt zu erhalten.

2.7.3 Rechtsfragen bei der Gründung

Für den Lärmbereich gibt es je nach Gebietsart, in dem der Betrieb seinen Standort hat, Grenz- bzw. Richtwerte.

Lärm

Schließlich sind hinsichtlich der Belastungen von Umgebungsluft Grenzen gesetzt, die zu beachten sind. Seit August 2008 ist die Chemikalienklimaschutzverordnung in Kraft. Diese regelt auf der Basis des Kyoto-Protokolls die Reduzierung der Emissionen, die Verwendung, die Rückgewinnung und Entsorgung fluorierter Treibhausgase sowie die Ausbildung und Zertifizierung des Personals und der Unternehmen.

Luftschadstoffe

Bei Missachtung von Vorschriften oder behördlichen Anordnungen kann der Betrieb der Anlage ganz oder teilweise untersagt werden.

Das Umweltschadensgesetz ist auf die Vermeidung von drohenden Umweltschäden und die Sanierung erfolgter Umweltschäden ausgerichtet. Tritt ein Umweltschaden ein oder besteht eine unmittelbare Gefahr, treffen den Verantwortlichen Informations-, Gefahrenabwehr- und Sanierungspflichten. Das Gesetz erhöht das Risiko für bestimmte Betriebe, für Schäden an Boden, Wasser und Natur in Anspruch genommen zu werden.

Wichtige Ansprechpartner für den Existenzgründer sind hier die Umweltschutzberater der Handwerkskammern.

Umweltschutzberater

Abfallrecht

Der Betriebsinhaber hat dafür zu sorgen, dass Abfälle

> soweit möglich vermieden,
> stofflich verwertet und
> sachgerecht entsorgt werden.

> Von großer Bedeutung ist, dass die Betriebe nach den entsprechenden gesetzlichen Regelungen (Kreislaufwirtschafts- und Abfallgesetz) und Verordnungen für viele Bereiche vor allem der Entsorgung (z.B. Altöle, Sondermüll, Siedlungsabfall) und für eine geordnete Abfallwirtschaft (Wiederverwertung) selbst erhebliche Leistungen erbringen müssen.

Es muss deshalb geprüft werden, in welchem Umfang und in welcher Entfernung diese entsprechenden Entsorgungseinrichtungen bzw. Entsorgungsfachbetriebe zur Verfügung stehen.

Auf die Sonderregelungen zur Vermeidung und Wiederverwertung von Abfällen im Verpackungsbereich wird ergänzend hingewiesen.

Auskünfte kann der Existenzgründer beim Gewerbeabfallberater (Landratsamt) oder beim Umweltschutzberater der Handwerkskammer erhalten.

Abfallberater

2.7.3.3 Arbeitsstättenverordnung

Diese Verordnung regelt die Anforderungen an Arbeitsstätten im Interesse des Arbeits- und Betriebsschutzes.

Anforderungen nach der Arbeitsstättenverordnung an:
- Arbeitsräume, Baustellen, Verkaufsstände, Ladenräume, betriebliche Verkehrswege
- bauliche Gestaltung, Belüftung, Beheizung, Raumabmessungen
- Schutzvorrichtungen (z. B. gegen Dämpfe, Lärm usw.)
- Sozialräume, Sanitärräume, Umkleideräume, Pausenräume

2.7.3.4 Arbeitssicherheit, Unfall- und Gesundheitsschutz

Hier sind insbesondere zu beachten:

> das Arbeitssicherheitsgesetz
> die Betriebssicherheitsverordnung
> die Unfallverhütungsvorschriften der für den Handwerkszweig zuständigen Berufsgenossenschaft
> alle Vorschriften über den Gesundheitsschutz

(>> auch Abschnitt 2.4.4.4 „Betriebliches Sozialwesen" in diesem Band und Abschnitt 3.3.8 „Arbeitsschutz" in Band 2.)

2.7.4 Wahl der Rechtsform

Rechtsformen:
- Einzelunternehmen
  - Kaufmann
  - Nichtkaufmann
- Gesellschaften
  - Personengesellschaften (Gesellschaft bürgerlichen Rechts, stille Gesellschaft, offene Handelsgesellschaft, Kommanditgesellschaft)
  - Kapitalgesellschaften (z. B. „klassische" GmbH, haftungsbeschränkte Unternehmergesellschaft bzw. „Mini-GmbH", gGmbH)

Zentrale Fragen Bei der Entscheidung über die Rechtsform hat der Existenzgründer folgende zentrale Fragen zu stellen:
1. In welcher Form sind die handwerksrechtlichen Voraussetzungen gegeben?
2. Ist eine Eintragung ins Handelsregister erforderlich oder möglich?
3. Welche Formvorschriften sind zu beachten?

4. Welche Kosten fallen an?
5. Wie soll die Eigen- und Fremdfinanzierung erfolgen?
6. Gründe ich das Unternehmen allein oder mit einer oder mehreren weiteren Personen?
7. Wie soll die Haftung geregelt werden?
8. Wie soll eine Risikobegrenzung oder Risikoverteilung erfolgen?
9. Wie soll die Geschäftsführung bzw. Vertretung geregelt werden, oder „will ich allein das Sagen haben"?
10. Welche Gewinn- und Verlustverteilung wird für zweckmäßig angesehen?
11. Welche Firmierung wird angestrebt?
12. Welche steuerlichen Gesichtspunkte sind interessant?
13. Soll bereits eine mögliche Nachfolgeregelung berücksichtigt werden?

Die Mehrheit aller Handwerksbetriebe wird als Einzelunternehmen geführt. Der Hauptvorteil für den Betriebsinhaber liegt dabei in seiner Unabhängigkeit und in einem hohen Maß an Selbstständigkeit. Andererseits trägt er jedoch auch das Risiko allein und haftet für alle finanziellen Verpflichtungen des Betriebes auch mit seinem Privatvermögen.

Eine interessante Alternative kann für den Handwerksbetrieb die neu eingeführte Unternehmensform der haftungsbeschränkten Unternehmergesellschaft sein. Die haftungsbeschränkte Unternehmergesellschaft ist eine Sonderform der GmbH und kann ohne Einhaltung des Mindeststammkapitals gegründet werden.

(>> auch Abschnitt 3.2.2 „Handels- und Gesellschaftsrecht" in Band 2.)

2.7.5 Planung der Gründung

2.7.5.1 Betriebsgröße

Maßstäbe für die Betriebsgröße:
- Zahl der Produkte, Volumen der Dienstleistungen
- geplante Zahl der Arbeitskräfte
- Maschinen- und Gerätekapazität
- Größe der Betriebsräume
- geplanter Umsatz
- Kapitaleinsatz
- Kostenplanung

Anzustreben ist bei der Betriebsgründung die optimale Betriebsgröße.

> Als optimal gilt die Betriebsgröße, wenn das günstigste Verhältnis zwischen Aufwand und Leistung bei voller Kapazitätsausnutzung erreicht wird.

2.7.5.2 Betriebsräume

Bei der Planung der Betriebsräume geht es in erster Linie um technische Fragen, die sich von Handwerkszweig zu Handwerkszweig sehr stark unterscheiden.

Technische Fragen

Aufgrund der in den verschiedenen Handwerkszweigen sehr unterschiedlichen Ausprägungen können die nachfolgenden Ausführungen lediglich grundsätzlichen Charakter haben. Jedem Betriebsgründer wird empfohlen, sich vor Durchführung solcher Vorhaben mit dem technischen Betriebsberater der Handwerkskammer oder des Fachverbandes in Verbindung zu setzen.

> Grundsätzlich müssen die Werkstatträume betriebsgerecht geplant werden.

Schwerpunkte der Planung

Im Einzelnen wird die Planung von nachfolgenden Faktoren beeinflusst:

- Grundstückszuschnitt
- Verkehrslage
- Nachbarschaft
- Bauvorschriften
- sonstige örtliche behördliche Vorschriften
- Raumanordnung und Raumfolge
- Lichtverhältnisse
- raumklimatische Gegebenheiten
- Transportmittel
- Maschinen- und Geräteaufstellungsplan
- Betriebsablauf
- Bewegungs-, Verkehrs- und Abstellflächen

> Darüber hinaus muss die Betriebsstätte so angelegt sein, dass die Betriebsräume rationell genutzt werden können und die Instandhaltung der Gebäude möglichst geringe Kosten verursacht.

Erweiterung

Die Bauplanung sollte so gestaltet sein, dass eine Erweiterung der Betriebsräume entsprechend der Betriebsgrößenentwicklung jederzeit mit möglichst geringen Kosten durchführbar ist.

2.7.5.3 Betriebseinrichtung, Geschäftseinrichtung, Büro

Bei der Planung der Betriebs- und Geschäftseinrichtung ist die Beachtung folgender Gesichtspunkte u. a. zweckmäßig:

- Nur die Maschinen und Werkzeuge beschaffen, die bei den geplanten betrieblichen Tätigkeiten, der beabsichtigten Betriebsgröße und der Zahl der Mitarbeiter erforderlich sind.
- Betriebsnotwendige Fahrzeuge nach Funktionalität und Wirtschaftlichkeit auswählen.
- Organisatorisch richtige Anordnung der Maschinen und Geräte, damit kurze Arbeitswege und Platz sowie Kraft sparende Arbeitsabläufe gewährleistet sind.

Büroorganisation

Das Büro des geplanten Betriebes muss eine moderne und zweckmäßige Organisation aufweisen.

2.7.5 Planung der Gründung

```
                    Moderne Büroorganisation
    ┌──────────────┬──────────────┬──────────────┬──────────────┐
  Büroeinrichtung   EDV-Anlage    Büroablauf-    Telekommunikation
                                  organisation   Informationswesen
  ▶ Büromöbel      ▶ Hardware    ▶ Formulare oder ▶ Telefon
  ▶ Kopiergerät    ▶ Software      entspr. Abläufe ▶ Telefax
  ▶ Planungsgeräte ▶ Drucker       über EDV       ▶ Anruf-
  ▶ Terminmappen   ▶ Scanner     ▶ Ablage          beantworter
  ▶ Hefter                       ▶ Karteien      ▶ Mobilfunk
  ▶ Locher etc.                                  ▶ Onlinedienste
                                                 ▶ Internet
                                                 ▶ eigene
                                                   Homepage
```

(>> auch Abschnitt 2.3.2 „Verwaltungs- und Büroorganisation".)

2.7.5.4 Personalbedarf, Personalbeschaffung

Personalbedarf

> Der Personalbedarf ergibt sich aus dem Leitbild, dem Unternehmensziel, dem geplanten Produkt- und Leistungsprogramm sowie aus den beabsichtigten Betätigungsfeldern (Arbeitsaufgaben, Arbeitsinhalte) und der erwarteten Auftragslage. Daraus leitet man Anforderungsprofile ab, die folgende Punkte enthalten:

> fachliche Qualifikation (Ausbildung, Berufspraxis)
> Einsatzbereitschaft
> Belastbarkeit
> Organisationstalent
> Zuverlässigkeit
> Fähigkeit zum selbstständigen Arbeiten
> Bereitschaft zur Teamarbeit
> Eignung für einen kundenorientierten Arbeitseinsatz
> äußeres Erscheinungsbild
> Kontaktfreudigkeit

Bei der mengenmäßigen Ermittlung des Personalbedarfs sollte man behutsam vorgehen, denn Personal- und Personalzusatzkosten sind im Handwerksbetrieb in der Regel der größte Kostenfaktor.

Personalbeschaffung

Um ein hohes Maß an Beweglichkeit zu erreichen sowie Kosten und Risiko im Personalbereich so niedrig wie möglich zu halten, sind folgende Grundsätze bei der Personalbeschaffung zu berücksichtigen: *Wichtige Grundsätze*
> Vollzeitbeschäftigte verursachen höhere Kosten als Teilzeitbeschäftigte und bringen bei Schwankungen der Auftragslage zusätzliche Probleme.

2.7 Gründung

> Wenn möglich, in bestimmten Bereichen Aushilfs- bzw. Teilzeitarbeitskräfte beschäftigen.
> Sofern möglich, freie Mitarbeiter oder Subunternehmerleistungen einsetzen.
> Die Beschäftigungsmöglichkeit von Zeit- oder Leiharbeitskräften prüfen.
> Förderungsmaßnahmen der Agentur für Arbeit bei Einstellung von Arbeitslosen in Erwägung ziehen.
> Einen schriftlichen Arbeitsvertrag abschließen.
> Gesetzliche Möglichkeiten von befristeten Arbeitsverträgen ausloten und ggf. umsetzen.
> Arbeitsrechtliche Schutzvorschriften und deren betriebliche Konsequenzen für den Betrieb bei späterem Anwachsen der Betriebsgröße in die Entscheidungen mit einbeziehen (z. B. Kündigungs-, Schwerbehinderten- und Mutterschutz).
> Nachwuchs und Nachfolge rechtzeitig sichern.

(Hinsichtlich weiterer Gesichtspunkte der Personalplanung und der Instrumente der Personalbeschaffung >> Abschnitt 2.4.1 „Personalplanung".)

2.7.5.5 Organisationsabläufe, Organisationsformen

Konzept für Aufbau- und Ablauforganisation

Für den erfolgreichen Start eines Betriebes ist es wichtig, für die Aufbau- und Ablauforganisation ein schlüssiges Konzept zu erarbeiten.
Um Wiederholungen zu vermeiden, wird auf die Abschnitte 2.3.1 „Ablauforganisation" und 2.3.3 „Aufbauorganisation" verwiesen.

2.7.5.6 Investitionsplan

> Bevor die Entscheidung über die zur Gründung des Betriebes vorgesehenen Investitionen gefällt wird, ist ein Investitionsplan zu erstellen. Dafür sind die möglichst exakten Kosten für alle in Frage kommenden Investitionen zu ermitteln und zusammenzustellen.

Checkliste

Es kann nach folgender Checkliste vorgegangen werden:

> Beschaffung eines Grundstückes
> bauliche Investitionen: Neubauten, Umbauten, Erweiterungen, Renovierungen, Einbauten, Installationen
> Maschinen und Werkzeuge
> Betriebs- und Geschäftsausstattung
> Ladeneinrichtung
> Büromöbel, Büromaschinen, Büromaterial
> Hard- und Software für die EDV
> Telekommunikationsmittel
> Kraftfahrzeuge
> Mietvorauszahlung, Mietkaution

> Die ermittelten Beträge des Investitionsplanes finden nach getroffener Investitionsentscheidung Eingang in die Kapitalbedarfsrechnung, auch Kapitalbedarfsplan genannt.

2.7.5 Planung der Gründung

2.7.5.7 Kapitalbedarfsrechnung

> Zur Ermittlung des Gesamtkapitalbedarfs für die Betriebsgründung ist eine Kapitalbedarfsrechnung aufzustellen. Sie enthält sowohl den langfristigen Kapitalbedarf (Investitionsbedarf) als auch den kurzfristigen Kapitalbedarf.

Letzterer bezieht sich sowohl auf das Waren- und Materiallager als auch auf die zur Finanzierung der laufenden Betriebstätigkeit für einen festgelegten Zeitraum erforderlichen Betriebsmittel (Betriebsmittelbedarf). Der für die Berechnung des Betriebsmittelbedarfs zugrunde zu legende Anlaufzeitraum ist zu schätzen.
Bei der Ermittlung des Betriebsmittelbedarfs kann nach folgendem Schema vorgegangen werden:

Betriebsmittelbedarf Schema

1. **Schätzung bzw. Planung der Vorbereitungszeit**

Vorbereitungszeit für die Gründung	...... Monate
Zeitraum zwischen Betriebsbeginn und Zahlungseingang.	...... Monate
= Anlaufzeit	...... Monate

2. **Berechnung der Anlaufkosten einschl. Privatentnahmen pro Monat**

Gesamtkosten (wie z.B. Personalkosten, Sachkosten, Gründungskosten, Zinsen, Raumkosten usw.) pro Monat	.... EUR
+ Privatentnahmen pro Monat	.... EUR
= Anlaufkosten pro Monat	.... EUR

3. **Berechnung des Betriebsmittelbedarfs**

   Anlaufzeit in Monaten x Anlaufkosten pro Monat
   = Betriebsmittelbedarf

Betriebsmittelbedarf

2.7 Gründung

Schema für eine Kapitalbedarfsrechnung

Investitionen (einzeln oder Gesamtsumme gemäß Investitionsplan)	EUR
Grundstück Gebäude bzw. bauliche Maßnahmen (Neubauten, Umbauten, Renovierungen, Einbauten, Installationen) Maschinen und Werkzeuge Betriebsausstattung Geschäftsausstattung Büroeinrichtung EDV-Anlage Telekommunikationsmittel Kraftfahrzeuge Mietkaution	
= Kapitalbedarf für Investitionen:	
Grundausstattung für Material und Waren (Materialeinsatz pro Jahr geteilt durch Umschlag des Materiallagers im Jahr)	
= Kapitalbedarf für Material- und Warenbestand:	
Betriebsmittelbedarf laut Sonderberechnung (>> oben)	
= Kapitalbedarf zur Vorfinanzierung betrieblicher Kosten, privater Ausgaben sowie der Vorfinanzierung der Außenstände	
= **Gesamtkapitalbedarf**	

Berechnungsmethoden

Beratung

Für die Berechnung des Betriebsmittelbedarfs als Teil der Gesamtkapitalbedarfsrechnung kommen noch andere, mehr in Einzelheiten gehende Berechnungsmethoden zur Anwendung, die hier nicht dargestellt werden können. Jeder Existenzgründer sollte sich hier vom Betriebsberater oder Existenzgründungsberater der

2.7.5 Planung der Gründung

Handwerkskammer beraten lassen. Diesen steht in der Regel auch handwerkszweigbezogenes Zahlenmaterial, z. B. aus Betriebsvergleichen, und andere Erfahrungswerte zur Verfügung.

2.7.5.8 Finanzierungsplan

Der für die Betriebsgründung ermittelte Gesamtkapitalbedarf muss durch eine Gesamtfinanzierung gedeckt sein. Unter Berücksichtigung der betriebswirtschaftlichen Finanzierungsregeln (>> Abschnitt 2.5.5.4 „Betriebswirtschaftliche Finanzierungsregeln"), der Arten der Finanzierung (>> Abschnitt 2.5.4 „Arten der Finanzierung"), der Kreditsicherheiten (>> Abschnitt 2.5.4.5 „Kreditsicherheiten") und unter Einbeziehung aller speziellen Finanzierungshilfen, insbesondere für die Betriebsgründung (>> 2.5.4.9 „Spezielle Finanzierungshilfen für den Handwerksbetrieb") ist ein Finanzierungsplan nach folgendem Schema zu erstellen:

Schema für einen Finanzierungsplan

Eigene Mittel:		
Ersparnisse	____ EUR	
Eigenleistungen	____ EUR	
sonstige Mittel	____ EUR	
= **Eigenfinanzierung**		____ EUR
Langfristige Fremdmittel:		
Darlehen der Hausbank	____ EUR	
Verwandtendarlehen	____ EUR	
Versicherungsdarlehen	____ EUR	
Darlehen aus Handwerkskreditprogrammen und Programmen zur Existenzgründung	____ EUR	
= **Langfristige Fremdfinanzierung**		____ EUR
Kurzfristige Fremdmittel:		
Kontokorrentkredit der Hausbank	____ EUR	
Lieferantenkredit	____ EUR	
Wechselkredit	____ EUR	
= **Kurzfristige Fremdfinanzierung**		____ EUR
= **Gesamtfinanzierung**		____ EUR
		========

Der Gesamtkapitalbedarf muss immer durch die Gesamtfinanzierung gedeckt sein.

2.7.5.9 Ermittlung des Kapitaldienstes

Für die Ermittlung des Kapitaldienstes sind die Zins- und Tilgungsleistungen für das aufgenommene Fremdkapital zu berechnen. Dabei werden die Zinszahlungen und die Tilgungsleistungen für das Fremdkapital berechnet und entsprechend der Laufzeit der Kredite aufgeteilt.

Zins- und Tilgungsleistungen

2.7 Gründung

Schema für die Kapitaldienstberechnung

Art der Fremdmittel	aufgenommener Betrag	1. Jahr			2. Jahr			3. Jahr			usw.
		Zins	Tilgung	Gesamt	Zins	Tilgung	Gesamt	Zins	Tilgung	Gesamt	
Gesamter Kapitaldienst											

2.7.5.10 Öffentliche Finanzhilfen für die Existenzgründung

> Im Interesse der Regeneration unserer Volkswirtschaft durch Neugründungen von Betrieben und zur Schaffung neuer Arbeitsplätze fördern Bund und Länder durch öffentliche Finanzierungshilfen Existenzgründungen.

(>> im einzelnen Abschnitt 2.5.4.9 „Spezielle Finanzierungshilfen für den Handwerksbetrieb".)

Günstige Konditionen

Alle öffentlichen Kreditprogramme zur Förderung der Existenzgründung zeichnen sich durch günstige Zins- und Tilgungskonditionen aus. Die Höhe der Verzinsung

2.7.5 Planung der Gründung

richtet sich hier aber nicht nach Einheitszinssätzen, sondern ist je nach Bonität risikoorientiert. In die Beurteilung werden auch die angebotenen Sicherheiten einbezogen.

Die Anträge auf Existenzgründungsdarlehen sind **vor** Investitionsbeginn bei den Kreditinstituten zu stellen.

Antragsverfahren

Dem Kreditantrag sind in der Regel die in der nachstehenden Abbildung aufgeführten Unterlagen beizufügen.

Antragsunterlagen

```
                    Unterlagen für Anträge auf
                    öffentliche Finanzierungshilfen
```

| Unternehmenskonzept mit ausführlicher Beschreibung und Begründung (Businessplan) | Investitionsplan, Kapitalbedarfsermittlung, Finanzierungsplan, Angebote, Kostenberechnungen | wichtige Verträge | Umsatz-, Gewinn- und Kostenplanung, Rentabilitätsvorschau | Unterlagen über Sicherheiten | Lebenslauf, Angaben zur Berufstätigkeit |

Die zuständige Handwerkskammer muss in der Regel zum Existenzgründungsvorhaben gutachterlich Stellung nehmen. Es empfiehlt sich aus diesem Grund auch im Hinblick auf eine umfassende Existenzgründungsberatung, rechtzeitig mit dem Betriebsberater der Handwerkskammer Kontakt aufzunehmen.

> Basis für die Beantragung und Bewilligung öffentlicher Finanzierungshilfen, aber auch für die gesamte Beurteilung des Existenzgründungsvorhabens, ist der Businessplan.

(>> Abschnitt 2.7.1 „Unternehmenskonzept" und 2.7.8 „Beispiel eines Businessplanes".)

2.7.5.11 Kosten-, Umsatz- und Gewinnplanung, Rentabilitätsvorschau

Notwendiges Mindesteinkommen für den Existenzgründer/ betrieblicher Kassenzufluss

> Der künftige Betrieb des Existenzgründers muss so viel „abwerfen", dass sowohl seine privaten Ausgaben als berechnetes Minimum für Lebensunterhalt, Wohnung, soziale Absicherung und die Zahlung von Steuern einerseits und ein ausreichender finanzieller Zufluss für eine erfolgreiche **betriebliche** Entwicklung andererseits gewährleistet sind.

2.7 Gründung

Die **privaten Ausgaben** bzw. **Privatentnahmen** lassen sich nach folgendem Schema ermitteln:

	EUR pro Jahr
Lebensunterhalt	....
Krankenversicherung	....
Pflegeversicherung	....
Rentenversicherung	....
Lebensversicherung	....
Unfallversicherung	....
private Sachversicherungen	....
Miete, Nebenkosten	....
Heizung, Strom, Wasser, Telefon	....
Personensteuern	....
Privatentnahmen pro Jahr	....
	==========

Privatentnahmen

Ein Betrag von jährlich zwischen 30.000,00 und 40.000,00 EUR sollte nach den Erfahrungen hierfür mindestens zur Verfügung stehen.

Es reicht aber allein nicht aus, dass der Betrieb nur die notwendigen Privatentnahmen erwirtschaftet, sondern der betriebliche „Kassenzufluss" muss darüber hinaus auch Mittel beinhalten, die für Zinsen, Tilgung von Verbindlichkeiten und Investitionen zur Verfügung stehen.

Die sich so ergebende Größe nennt man **„erweiterter Cashflow"**.

Berechnungsschema:

	EUR pro Jahr
Privatentnahmen	....
+ Tilgung	....
+ Zinsen	....
+ Rücklage für Investitionen	....
= notwendiger erweiterter Cashflow	....
	==========

Notwendiger erweiterter Cashflow

Um die so errechnete Zielgröße zu erreichen, muss ein bestimmter Umsatz bzw. eine entsprechende Wertschöpfung erreicht werden. Im weiteren Vorgehen sind im Zuge der Kostenplanung und der Umsatzplanung weitere Berechnungen notwendig.

2.7.5 Planung der Gründung

Kostenplan

Berechnung der Personalkosten: Personalkosten
Lohnkosten (Stundenlohn x 165 Std.)
pro Monat x 12 Monate = ... EUR
+ Weihnachtsgeld, Urlaubsgeld   .... EUR
+ vermögenswirksame Leistungen   .... EUR

= Jahresbruttolohn   .... EUR
+ gesetzliche Sozialabgaben   .... EUR
+ freiwillige Sozialleistungen   .... EUR

= Personalkosten für einen Gesellen (pro Jahr)   .... EUR
                                             ==========

Soll der Mitarbeiter ein Monatsgehalt erhalten,
ergibt sich folgender Berechnungsvorgang:
Monatsgehalt x 12 Monate   .... EUR
+ Weihnachtsgeld, Urlaubsgeld   .... EUR
+ gesetzliche Sozialabgaben   .... EUR
+ freiwillige Sozialleistungen   .... EUR

= Personalkosten für einen Angestellten (pro Jahr)   .... EUR
                                             ==========

Berechnung der betrieblichen Sachkosten   Berechnung der
Miete, Pacht   .... EUR   Sachkosten
Energiekosten   .... EUR
Versicherungen   .... EUR
Steuern   .... EUR
Kfz-Kosten   .... EUR
Werbung   .... EUR
Reisekosten   .... EUR
Instandhaltungskosten   .... EUR
Bürobedarf   .... EUR
Steuer- und Rechtsberatung   .... EUR
sonstige Kosten   .... EUR

= Summe der Sachkosten pro Jahr   .... EUR
                                             ==========

2.7 Gründung

Umsatzplanung, Berechnung des Mindestumsatzes

Wenn man die nach dem obigen Schema errechneten Personal- und Sachkosten zusammenzählt und den notwendigen erweiterten Cashflow dazuaddiert, erhält man die **Wertschöpfung des Betriebes,** die dem Rohgewinn entspricht:

	EUR pro Jahr
Notwendiger erweiterter Cashflow	....
+ Personalkosten	....
+ betriebliche Sachkosten	....
= Wertschöpfung	....

Wertschöpfung

Der **Planumsatz bzw. Mindestumsatz** ergibt sich, wenn man zur errechneten Wertschöpfung den Materialverbrauch hinzuzählt:

	EUR pro Jahr
Wertschöpfung	....
+ Materialverbrauch (in % vom Umsatz)	....
= Mindestumsatz	....

Mindestumsatz

Materialverbrauch in Prozent vom Umsatz

Um zu erfahren, wie hoch der Materialverbrauch in Prozent vom Umsatz im konkreten Betriebsgründungsfall in einem bestimmten Handwerkszweig ist, wendet man sich an den Betriebsberater der Handwerkskammer, an den Steuerberater oder an das Finanzamt.
Diesbezügliche Durchschnittswerte werden vor allem durch Betriebsvergleiche ermittelt.

> Die vorstehend beschriebenen Einzelschritte der Kosten- und Umsatzplanung mit dem Ziel der Errechnung des Mindestumsatzes lassen sich in **einem** Schema zusammenfassen.

Gesamtberechnungsschema

	EUR pro Jahr
Privatentnahmen pro Jahr	....
+ Zinsen	....
+ Tilgung	....
+ Rücklage für Investitionen	....
= notwendiger erweiterter Cashflow	....
+ Personalkosten	....
+ betriebliche Sachkosten	....
= Wertschöpfung	....
+ Materialverbrauch in % vom Umsatz	....
= notwendiger Mindestumsatz	....

Notwendiger Mindestumsatz

2.7.5 Planung der Gründung

Wenn der **notwendige** Mindestumsatz als Plangröße berechnet ist, muss geprüft werden, ob dieser unter Zugrundelegung von Erfahrungswerten in dem konkreten Handwerkszweig und auf der Grundlage der zum Existenzgründungsfall vorgenommenen Markt- und Standortanalyse sowie des beabsichtigten Produkt- und Leistungsprogramms erreicht werden kann.

Realisierbarkeitsprüfung

Folgende Unterlagen sollten zur Prüfung der Planzahlen herangezogen werden:
1. Kennzahlen aus Betriebsvergleichen, die in zahlreichen Handwerksberufen durchgeführt werden, so u. a. Betriebsleistung (Umsatz) pro Beschäftigten, Wertschöpfung pro Beschäftigten.
2. Durchschnittlicher Materialverbrauch bzw. Materialeinsatz in Prozent vom Umsatz.
3. Üblicher Stundenverrechnungssatz in dem Handwerkszweig.
4. Kostenstrukturkennzahlen.

Der **erreichbare** Mindestumsatz kann nach folgendem Schema berechnet werden:

Erreichbarer Umsatz

EUR pro Jahr

Insgesamt verrechenbare (produktive)
Arbeitsstunden des Betriebes auf der Basis
der geplanten Arbeitskräfte x am Markt
erreichbarer Stundenverrechnungssatz
in EUR

= Lohnerlöse bzw. Lohnumsatz	....
+ Materialerlöse bzw. Materialumsatz	....
= erreichbarer Umsatz	=========

Im Anschluss an diese Berechnung kann festgestellt werden, ob der **errechnete Mindestumsatz** durch den **erreichbaren Umsatz** gedeckt ist, was im Einzelfall zutreffend sein sollte.

Deckung

2.7 Gründung

Gewinnplan, Rentabilitätsvorschau

Auf der Grundlage der in den obigen Rechnungen ermittelten Zahlen wird der Gewinnplan bzw. die Rentabilitätsvorschau erstellt. Diese Rentabilitätsvorschau muss auch der finanzierenden Bank und zu eventuellen gutachterlichen Stellungnahmen vorgelegt werden.

Schema für eine Rentabilitätsvorschau:

	EUR pro Jahr
Umsatz	....
./. Materialverbrauch	....
= Rohgewinn I	....
./. Personalkosten	....
= Rohgewinn II	....
./. Sachkosten	....
= erweiterter Cashflow	....
./. Zinsen	....
= Cashflow	....
./. Abschreibungen	....
= Reingewinn	=========

Tilgungen Abschreibungen

Im obigen Berechnungsschema werden die Tilgungen für Verbindlichkeiten nicht berücksichtigt, da sie gewinnneutral sind. Die angesetzten Abschreibungen werden auf der Grundlage der betriebsgewöhnlichen Nutzungsdauer in Jahren in einem Prozentsatz von der Investitionssumme berechnet.

▪ **Beispiel:**

Investitionssumme 100.000,00 EUR, betriebsgewöhnliche Nutzungsdauer 10 Jahre, Abschreibungssatz somit 10 %; Abschreibung pro Jahr 10.000,00 EUR.

Wichtigste betriebswirtschaftliche Berechnung

> Die Kosten-, Umsatz- und Gewinnplanung ist die wichtigste betriebswirtschaftliche Berechnung für jeden Existenzgründer. Deshalb sollte er sich dabei eingehend beraten lassen. Als Berater kommen hierfür insbesondere die Betriebsberater der Handwerkskammern oder der Landesinnungsverbände, Steuerberater und freiberuflich tätige Unternehmensberater in Frage.

2.7.5.12 Finanz- bzw. Liquiditätsplan

Kontrollinstrument

Der Existenzgründer muss vorrangig darauf achten, dass die Zahlungsbereitschaft und -fähigkeit seines Betriebes immer gegeben sind. Dazu braucht er ein Kontrollinstrument in Form eines Liquiditätsplanes.

2.7.5 Planung der Gründung

> Im Liquiditätsplan werden die im Planungszeitraum voraussichtlich anfallenden Einnahmen und Ausgaben eingetragen.

Nach Ablauf des Planungszeitraums werden die Soll-Beträge mit den Ist-Beträgen verglichen. Aus den Abweichungen ergeben sich brauchbare Hinweise auf die Verbesserung der Genauigkeit der Planung für künftige Planungsperioden.
Bei der Liquiditätsplanung sollte immer darauf geachtet werden, dass eine Liquiditätsreserve (Zahlungsreserve) in Form einer Kreditausschöpfungsmöglichkeit gegeben ist.

Planung der Einnahmen und Ausgaben

Zahlungsreserve

Maßnahmen zur Beseitigung von Unterdeckungen beim Liquiditätsplan
- schnellere Rechnungsstellung
- Beschleunigung der Zahlungseingänge
- Vereinbarung von Teilzahlungen mit Kunden
- Überwachung der Zahlungseingänge, Mahnwesen
- zeitliche Streckung von Zahlungen
- Ausschöpfung oder Erhöhung des Kontokorrentkredits
- Einsparungsmaßnahmen bei den Ausgaben

Im Abschnitt 2.5.2.2 „Finanz- bzw. Liquiditätsplanung" ist eine Handlungsanleitung für die Aufstellung eines Liquiditätsplanes dargestellt. Ebenso ist dort ein Schema für einen Liquiditätsplan abgedruckt.

Liquiditätsplan

2.7.5.13 Einrichtung des betrieblichen Rechnungswesens

> Ein geordnetes, auf die einzelbetrieblichen Verhältnisse abgestelltes Rechnungswesen ist eine unabdingbare Voraussetzung für eine erfolgreiche Betriebsführung des Existenzgründers. Deshalb sollte er vor Betriebsbeginn für die Einrichtung einer ordnungsgemäßen Buchführung, einer sachgerechten Kostenrechnung und Kalkulation und ggf. eines funktionsfähigen Controllings Sorge tragen. Dabei ist darauf zu achten, dass das Rechnungswesen den gesetzlichen Anforderungen entspricht und dem Existenzgründer über seine Auswertung stets die zur Planung, Steuerung und Kontrolle notwendigen Chefdaten liefert.

Buchführung und Jahresabschluss

Folgendes Vorgehen ist zweckmäßig:

Vorgehensweise

> Gesetzliche Vorschriften zu Buchführung und Jahresabschluss beachten.
> Aufbewahrungspflichten für Bücher, Datenträger, Belege und Geschäftsbriefe beachten.
> Anforderungsprofile an Inhalt und Gliederung der Buchführung für den zu gründenden Betrieb festlegen.
> Entscheidung für das System der Buchführung (in der Regel doppelte Buchführung) treffen.

2.7 Gründung

> Entscheidung für die Verfahrenstechnik der Buchführung (in der Regel EDV) herbeiführen.
> Anforderungen an die Auswertbarkeit des Zahlenmaterials festlegen.
> Entscheidung treffen, ob die Buchführungsarbeiten im eigenen Betrieb oder extern durchgeführt werden sollen.
> Inventar und Eröffnungsbilanz erstellen.
> Belegorganisation festlegen.

Steuerberater   Bei den obigen Arbeiten ist es sinnvoll, den Steuerberater einzuschalten.

Zu weiteren Einzelheiten >> auch Abschnitte 1.1 „Buchführung" und 1.2 „Jahresabschluss und Grundzüge der Auswertung".

Kostenrechnung und Kalkulation

> Eine auf den zu gründenden Betrieb abgestellte Kostenrechnung und eine in dem jeweiligen Handwerkszweig übliche Kalkulationsmethode sind für die Kostenplanung, Kostenerfassung, Kostenverrechnung, Kostenkontrolle und die Angebotspreisberechnung dringend erforderlich.

Sie entscheiden in erheblichem Umfang, wie erfolgreich sich der Betrieb am Markt behaupten kann.

Wichtige Schritte   Wichtige Schritte sind für den Existenzgründer bei der Einrichtung der Kostenrechnung und Kalkulation:

> Gliederung der Kostenrechnung vornehmen.
> Aufbereitung der Ausgangswerte aus dem Kostenplan und der Rentabilitätsvorschau für kostenrechnerische Zwecke durchführen.
> Gegebenenfalls Kostenstellen für die Kostenstellenrechnung festlegen.
> Für die Kalkulationsmethode im Rahmen der Kostenträgerrechnung entscheiden.
> Art und Gliederung der Angebotspreisberechnung festlegen (Kalkulationsschemen).
> Ermittlung des Stundenverrechnungssatzes für Handarbeit und Maschinenarbeit (dabei ist zum Zeitpunkt der Betriebsgründung von den Zahlen des Kostenplans und der Rentabilitätsvorschau auszugehen) vornehmen.
> Zeiterfassungssystem entwickeln und umsetzen.

Zu weiteren Einzelheiten >> Abschnitt 1.3 „Kosten- und Leistungsrechnung"!

2.7.5.14 Einrichtung eines EDV-Systems

> Die EDV ist heute Bestandteil jeder fortschrittlichen Betriebsorganisation. Der Existenzgründer kann bei der Einrichtung eines EDV-Systems wie folgt vorgehen:

> Anwendungsbereiche zum Einsatz der EDV für den Betrieb festlegen und ein entsprechendes Konzept entwickeln
> Datenmengen ermitteln
> Pflichtenheft erstellen

2.7.5 Planung der Gründung

> Angebote bei EDV-Anbietern einholen
> Angebote unter Kosten-/Nutzungsabwägung und Systementscheidung prüfen
> Hardware und Software beschaffen
> Wartungskosten einbeziehen
> Personalschulungen vornehmen

Zu weiteren Einzelheiten >> auch Abschnitt 2.3.2.3 „Einsatz moderner Informations- und Kommunikationstechnologien – Einführung eines EDV-Systems im Handwerksbetrieb"!

Weitere Einzelheiten

2.7.5.15 Risikovorsorge – Versicherungsschutz

Mit der Selbstständigmachung verlässt der Existenzgründer das soziale Netz als Arbeitnehmer, das ihn für verschiedene Lebensrisiken abgesichert hat. Diese muss er nun selbst durch Abschluss geeigneter Versicherungen abdecken. Hinzu kommen betriebliche Risiken, die abzusichern sind.

```
                Risiken bei Selbstständigmachung
                         │
          ┌──────────────┴──────────────┐
   personenbezogene Risiken        betriebliche Risiken
```

Für die Abdeckung der persönlichen und betrieblichen Risiken des Existenzgründers kommen die in den folgenden Abbildungen enthaltenen Versicherungen in Frage:

```
              Private Versicherungen für den Existenzgründer
```

- Krankenversicherung
- Krankentagegeldversicherung
- Rentenversicherung
- Lebensversicherung
- Pflegeversicherung
- private Haftpflichtversicherung
- Unfallversicherung
- Berufsunfähigkeitsversicherung
- Versicherungen für die mitarbeitende Ehefrau

Betriebliche Versicherungen:
- Betriebshaftpflichtversicherung
- Feuer,- Einbruchdiebstahl-, Leitungswasser-, Sturmversicherung
- Elektronikversicherung
- Kfz-Versicherung
- Betriebsunterbrechungsversicherung
- Transportversicherung
- Betriebsrechtsschutzversicherung
- Produkt- und Umwelthaftpflichtversicherung
- Gebäudeversicherung
- Maschinenversicherung

477

2.7.5.16 Formalitäten bei der Gründung und Anmeldungen

Bei der Gründung eines Betriebes sind eine Reihe von Anmeldungen und deren Formalitäten zu beachten.

```
    Handwerkskammer        Gewerbeamt         Agentur für Arbeit
           ↑                    ↑                     ↑
u. U. Handelsregister                                Finanzamt
   (Amtsgericht)
           ↑                                          ↑
       Bauamt       ←─     Anmeldungen     →   Gewerbeaufsichtsamt
           ↓                                          ↓
Versorgungsunternehmen                         Berufsgenossenschaft
           ↓                    ↓                     ↓
     Post, Telekom          Krankenkasse         Versicherungen
```

> **Erläuterungen:**

> **Handwerkskammer:** Bei der Ausübung eines zulassungspflichtigen Handwerks ist die Eintragung in die Handwerksrolle erforderlich. Bei Ausübung eines zulassungsfreien Handwerks oder eines handwerksähnlichen Gewerbes erfolgt die Eintragung in ein Verzeichnis der Inhaber zulassungsfreier Handwerke oder handwerksähnlicher Gewerbe.
> Der Existenzgründer erhält von der Handwerkskammer eine Handwerkskarte oder Gewerbekarte.

> **Handelsregister (Amtsgericht):** Diese Anmeldung ist nur erforderlich für die Eintragung ins Handelsregister (>> Abschnitt 3.2.2.3 „Handelsregister" in Band 2).

> **Gewerbeamt:** Dieses Amt registriert die Gewerbeanmeldung und informiert andere Institutionen.

> **Agentur für Arbeit:** Wenn im Betrieb Arbeitnehmer beschäftigt werden, erhält er eine Betriebsnummer.

> **Finanzamt:** Dem Existenzgründer wird nach Ausfüllen eines Betriebsfragebogens eine Steuernummer zugeteilt (>> auch Abschnitt 2.7.3.1 „Handwerks-, Handels- und Steuerrecht").

> **Gewerbeaufsichtsamt:** Dem Gewerbeaufsichtsamt obliegt die Überwachung der Arbeitsschutzgesetze.

> **Berufsgenossenschaft:** Die Berufsgenossenschaften sind für die Pflichtversicherung der Arbeitnehmer in der Unfallversicherung und je nach Satzung auch für die Pflicht- und freiwillige Versicherung der selbstständigen Unternehmer und für den Unfallschutz zuständig.

> **Versicherungen:** Hier muss für rechtzeitigen Versicherungsschutz gesorgt werden (>> Abschnitt 2.7.5.15 „Risikovorsorge – Versicherungsschutz").

> **Krankenkasse:** Die Arbeitnehmer sind bei einer gesetzlichen Krankenversicherung zu melden.

> **Post, Telefon:** Telefonanschlüsse und ggf. Postfach sind zu beantragen.

> Versorgungsunternehmen: Je nach Bedarf sind Lieferverträge für Strom, Gas, Wasser und Entsorgungsverträge für Abwasser und Müll abzuschließen.
> Bauamt: Planungen für gewerbliche Um- und Neubauten oder Nutzungsänderungen sind **rechtzeitig** zu beantragen bzw. abzustimmen.

2.7.6 Einführung am Markt

Nachdem die für die Betriebsgründung bisher besprochenen Planungen durchgeführt und alle Vorbereitungen getroffen sind, gilt es nun, den Betrieb am Markt einzuführen und dauerhaft zu platzieren.

2.7.6.1 Geschäftseröffnung

> Unter Geschäftseröffnung versteht man den Zeitpunkt des Beginns der Produktion sowie der Dienstleistung und die Aufnahme der Betriebsbereitschaft. Der Start des Betriebes wird umso erfolgreicher verlaufen, je besser die Vorbereitungen für diesen Tag bewerkstelligt werden.

Der Termin sollte so gewählt werden, dass er nicht mit anderen wichtigen Ereignissen im betrieblichen Umfeld zusammenfällt. Die Informations- und Werbeaktivitäten für den Eröffnungstag müssen rechtzeitig gestartet werden. Die Mitarbeiter müssen auf diesen Tag vorbereitet werden. Die Erstellung eines Kostenplanes für die Eröffnungsveranstaltung, sofern eine solche stattfindet, ist empfehlenswert. Alle äußeren organisatorischen Vorbereitungen müssen perfekt sein, damit die beabsichtigte positive Wirkung nach außen erreicht wird.

Terminwahl

Eröffnungstag Kostenplan

In einem Geschäftseröffnungsaktionsblatt sollen die für die künftigen Kunden und die Öffentlichkeit wichtigsten und interessantesten Ziele und Leistungen des Betriebes herausgestellt werden:

Aktionsblatt zur Geschäftseröffnung

> Unternehmenskonzept
> Elemente des Unternehmensleitbildes
> Produkt- und Leistungsprogramm
> Kundendienstleistungen
> Kundenorientierung, Kundenzufriedenheit
> Zielgruppen
> Preis- und Konditionenpolitik

Nähere Einzelheiten >> Abschnitte 2.7.1 „Unternehmenskonzept" und 2.2 „Marketing".

2.7.6.2 Marketingmaßnahmen, Werbung, Öffentlichkeitsarbeit

Marketingmaßnahmen

> In der Einführungsphase des neuen Betriebes am Markt sind die Marketinginstrumente gezielt einzusetzen, um Kunden zu gewinnen. Diese müssen von der Kompetenz des Betriebes überzeugt werden.

2.7 Gründung

```
                  Marketinginstrumente für die Einführungsphase
```

- Produkt- und Leistungsprogramm
- Serviceleistungen
- Preis- und Konditionenpolitik
- Kommunikations- und Werbepolitik
- Vertriebspolitik

Produkt- und Leistungsprogramm Kundendienst

Das Produkt- und Leistungsprogramm muss gerade in der Einführungsphase am Markt ein an den Bedürfnissen des Kunden orientiertes Angebot gewährleisten, das sich möglichst positiv vom Angebot der Mitbewerber abhebt.

Ein guter Kundendienst ist zunehmend eine wichtige Voraussetzung für die Kaufentscheidung und die Auftragserteilung seitens des Kunden. Wer zusätzlich zu seinem Produkt- und Leistungsangebot Nebenleistungen auf technischem (z. B. Installation, Wartung, Reparatur) und kaufmännischem Gebiet (z. B. Finanzierungsvermittlungen, Zahlungserleichterungen) sowie Transport- und Entsorgungsleistungen bietet, hat einen Vorsprung bei der Kundengewinnung. Vermehrt erwartet der Kunde nicht nur ein gutes Produkt, sondern er verlangt eine komplette Problemlösung und besten Service.

Preis- und Konditionenpolitik

In der Einführungsphase sollte der Betrieb bei der Preis- und Konditionenpolitik einen vernünftigen Kompromiss zwischen kostenorientierter, nachfrageorientierter und konkurrenzorientierter Preisbildung finden. Ein niedriger Preis allein ist für den Kunden nicht das einzige Entscheidungskriterium für den Kauf. Deshalb muss der Kunde von der Qualität, vom Zusatznutzen und den Zusatzleistungen überzeugt werden. Keinesfalls sollte der Existenzgründer mit Niedrigpreisen operieren, die kostenrechnerisch nicht zu verantworten sind.

Unternehmensleitbild

Das Unternehmensleitbild, das Erscheinungsbild und die Leitsätze des Umgangs des Handwerkers mit dem Kunden sind in der Vertriebspolitik und in der Werbung dem Kunden gegenüber angemessen herauszustellen.

(>> insbesondere Abschnitte 2.2.3.5 „Unternehmensleitbild und Unternehmenskultur" und 2.2.3.6 „Kundenorientierung und Kundenbehandlung".)

> Die Marketinginstrumente sind nicht isoliert, sondern kombiniert in einem „Marketing-Mix" einzusetzen.

Werbung

> Die Werbung muss in der Einführungsphase des Betriebes auf die festgelegten Zielgruppen ausgerichtet sein, und zwar in Bezug auf ihre Zusammensetzung und ihre speziellen Bedürfnisse in einem bestimmten räumlichen Gebiet.

Die Werbewege und Werbemittel in einem Handwerksbetrieb sind sehr umfangreich. Sie sind im Abschnitt 2.2.3.3 „Kommunikations- und Werbepolitik" umfassend dargestellt.

Der Einsatz der Werbemittel hängt auch von der Art des Handwerkszweiges ab, in dem der Betrieb tätig ist.

Werbemittel

In der Phase der Markteinführung des gegründeten Betriebes sind insbesondere folgende Werbemittel empfehlenswert:

- Anzeigen in Tageszeitungen und regionalen Anzeigenblättern
- Aufnahme in die Adressbuchwerbung, z.B. „Gelbe Seiten"
- Werbebrief an ausgewählte Adressaten
- Wurfsendungen, Handzettel
- Prospekte
- Visitenkarten
- Plakatwerbung
- Schaufenstergestaltung (bei Betrieben mit Ladengeschäft)
- Kinowerbung
- Werbung in Verkehrsmitteln
- Radio- und Fernsehwerbung bei Lokalsendern
- Telefonwerbung
- Werbung über Onlinedienste wie Internet
- Webauftritt im Internet
- Werbegeschenke
- Werbung durch Beschriftung der Firmenfahrzeuge
- Firmenzeichen
- Herausstellung des Meisterbetriebes
- Werbung mit dem äußeren Erscheinungsbild des Betriebes
- Außenwerbung am Betriebsgebäude
- Baustellenschilder, sofern einschlägig
- Beteiligungen an Ausstellungen und Messen

Öffentlichkeitsarbeit

> Über eine gezielte Öffentlichkeitsarbeit kann auch der Handwerksbetrieb sein Image in der Öffentlichkeit aufbauen bzw. steigern.

Dies kann durch Kontaktpflege zu den Medien, insbesondere zu den Tageszeitungen, erreicht werden. Durch redaktionelle Beiträge gibt die Tagespresse aktuelle Informationen aus dem Wirtschaftsleben an ihren Leserkreis weiter. Im Zusammenhang mit der Geschäftseröffnung ist es empfehlenswert, eine Pressemitteilung an die Tagespresse zu senden. Sollte eine Veranstaltung am Betriebseröffnungstag abgehalten werden, ist es wichtig, die Lokalpresse einzuladen.
Weitere wichtige Aspekte der Öffentlichkeitsarbeit sind im Abschnitt 2.2.3.3 „Kommunikations- und Werbepolitik" dargestellt.

Kontakte zu den Medien

Pressemitteilung

2.7.7 Betriebsübernahme, Betriebsbeteiligung

In den nächsten Jahren stehen in der Bundesrepublik Deutschland aus Altersgründen der Betriebsinhaber sehr viele Handwerksbetriebe zur Übergabe an. Aus volkswirtschaftlichen und arbeitsmarktpolitischen Gründen sollten die Betriebe und ihre Arbeitsplätze unbedingt erhalten bleiben. Dieses Ziel kann nur erreicht werden, wenn möglichst viele Handwerker, die selbstständig werden wollen, einen bestehenden Handwerksbetrieb übernehmen bzw. eine Beteiligung oder Partnerschaft anstreben.
Die Fachverbände und die Handwerkskammern unterhalten Betriebsvermittlungsbörsen, in denen Betriebe, die einen Nachfolger suchen, registriert sind. Anfragen sind an die Handwerkskammer zu richten.

Generationswechsel

Betriebsvermittlungsbörsen

2.7 Gründung

> Bei der Übergabe bzw. Übernahme eines Handwerksbetriebes bestehen in finanzieller Hinsicht unterschiedliche Interessenlagen zwischen Übergebern und Übernehmern. Der Übergeber versucht ein Optimum an finanziellen Einnahmen zu erzielen, um aus dem Erlös der Betriebsübergabe beispielsweise seine Altersversorgung sicherzustellen, während der Übernehmer darauf zu achten hat, dass die finanziellen Übernahmebedingungen für ihn betriebswirtschaftlich tragbar sind und der zu übernehmende Betrieb auf lange Sicht eine tragfähige und sichere Existenz bieten wird.

Sicht des Übernehmers

Die Ausführungen dieses Abschnitts 2.7.7 „Betriebsübernahme, Betriebsbeteiligung" werden sich in erster Linie auf die Betriebsübernahme beziehen. Dennoch wird kurz darauf hingewiesen, welche Problemkreise auch für den Übergeber zur Lösung anstehen.

2.7.7.1 Betriebsübergabe aus der Sicht des Übergebers

Jeder Betriebsinhaber sollte grundsätzlich für den Fall des plötzlichen Todes die Nachfolge des Betriebes durch Testament oder Erbvertrag sichern.

Die Übergabe des Betriebes sollte mehrere Jahre vor dem beabsichtigten Zeitpunkt geplant werden. Dabei steht die zentrale Frage im Vordergrund, ob der Betrieb an einen Familienangehörigen, an einen Mitarbeiter oder an einen außenstehenden Nachfolger übergeben werden soll.

Sicht des Übergebers

Unabhängig davon gilt es eine Reihe wichtiger Fragen zu lösen, so u. a.:

- Form der Übergabe – Vertragsgestaltungen
- erbrechtliche Fragen (bei Weitergabe innerhalb der Familie) bzw. Schenkungsrecht
- Einbindung des Nachfolgers durch Beteiligung
- Verkaufspreis (Angemessenheit)
- Verkauf auf Raten
- Verkauf auf Rentenbasis
- Angemessenheit des Pachtzinses (evtl. Wertsicherungsklausel), Vertragslaufzeit bei Verpachtung
- optimale steuerliche Gestaltung
- Absicherung der Altersversorgung
- Freistellung von betrieblichen Verpflichtungen

2.7.7.2 Vor- und Nachteile der Selbstständigmachung durch Betriebsübernahme

Kritische Prüfung

Ein Handwerker sollte sich bei einem Angebot zur Übernahme eines bestehenden Betriebes in jedem Falle sehr kritisch mit allen Einzelheiten auseinandersetzen. Nicht jeder angebotene Betrieb ist wettbewerbsfähig und das Geld wert, das dafür verlangt wird. Eine sehr eingehende Beratung ist dringend zu empfehlen.

Grundsätzlich bietet eine Betriebsübernahme Vor- und Nachteile gegenüber der Neugründung.

Vorteile:

> Betriebsgebäude + Betriebseinrichtung sind vorhanden.
> Kundenstamm ist gegeben.
> Qualifizierte und eingearbeitete Mitarbeiter sind vorhanden.
> Der Betrieb ist am Markt platziert.
> Die Risiken der Anlaufperiode fallen weg.
> Der Vorgänger hilft bei der Einführung bei den Kunden.

Nachteile:

> Maschinen und Geschäftseinrichtung sind veraltet.
> Erweiterungsmöglichkeiten des Betriebes sind beschränkt.
> Kaufpreis, Miete oder Pacht sind überhöht.
> Alle bestehenden Arbeitsverhältnisse müssen übernommen werden.
> Kunden können Geschäftsbeziehung abbrechen.
> Haftungsrisiken für Steuern und eventuell für Verbindlichkeiten des Vorgängers.
> Gefahr, in alten Arbeitsweisen und Geschäftspraktiken zu verharren.

2.7.7.3 Formen der Betriebsübernahme

Es gibt folgende Grundformen der Betriebsübernahme:

Grundformen

> Kauf gegen einmalige Zahlung des gesamten Kaufpreises
> Kauf auf der Basis von Ratenzahlung
> Kauf auf Rentenbasis
> Übernahme auf der Basis eines Pachtvertrages
> Übernahme innerhalb der Familie im Wege der Erbfolge mit oder ohne Auflagen
> Übernahme auf der Grundlage der Schenkung ohne Gegenleistung
> Übernahme durch Schenkung unter Auflagen (z.B. Rentenzahlung an Eltern, Ausgleichszahlungen an Geschwister)
> Übernahme auf der Basis der Beteiligung

Welche Form im Einzelfall zur Anwendung kommt, hängt von den jeweiligen Gegebenheiten ab. Für jeden Fall der Betriebsübernahme gibt es aber unterschiedliche Formen und Gestaltungsmöglichkeiten, die sorgfältig geprüft, argumentativ abgewogen und unter Einschaltung von Beratungsleistungen entschieden werden müssen. Die dafür wichtigen Kriterien ergeben sich aus den nachstehenden Ausführungen in den einzelnen Abschnitten.

Unterschiedliche Formen und Gestaltungsmöglichkeiten

2.7.7.4 Analyse der vergangenen und künftigen Entwicklung des Betriebes

> Der Erwerber eines Betriebes sollte möglichst viele und umfassende Informationen über die Entwicklung des Betriebes in den vergangenen Jahren und über den aktuellen Zustand der betrieblichen Gegebenheiten einholen. Daran hat sich eine Analyse der künftigen Entwicklungsmöglichkeiten anzuschließen.

Aktueller Zustand des Betriebes

Folgende Beurteilungskriterien sind für den aktuellen Zustand eines Betriebes wichtig:

> Gründe für die Abgabe des Betriebes:

Hier ist sorgfältig zu ermitteln, ob Alters-, Gesundheits- oder sonstige persönliche Beweggründe tatsächlich auch zutreffen oder ob wirtschaftliche Probleme des Betriebes die tatsächlichen Gründe für die Abgabe des Betriebes sind.

> Vorhandene Bausubstanz der Betriebsräume:

Die Betriebsräume sollten in funktionsfähigem, ordentlichem Bauzustand sein und eine langfristige Entwicklung des Betriebes ermöglichen.

> Technischer Stand der Betriebseinrichtung:

Funktionsfähigkeit und technischer Stand sind unter dem Aspekt des Leistungsprogramms zu prüfen.

> Qualifikation und Sicherung der Mitarbeiter:

Die Qualifikation der Mitarbeiter sollte den gegenwärtigen und künftigen Anforderungsprofilen entsprechen. Werden die Mitarbeiter auch nach der Betriebsübernahme bleiben?

> Ökologische Altlasten:

Es ist zu prüfen, ob das Betriebsgrundstück mit Schadstoffen oder anderen ökologischen Altlasten belastet ist.

> Standort und Standortsicherung:

Hier steht folgende zentrale Frage im Mittelpunkt: Ist der Standort für die kommenden Jahre optimal, und kann er langfristig gesichert werden? Stimmen die Infrastruktur, die Verkehrsanbindung, die Parkmöglichkeiten usw.? Hat sich die Bedeutung des Standortes verändert (z. B. durch Bau einer Umgehungsstraße oder eines neuen Einkaufszentrums etc.)?

> Stellung des Betriebes am Markt:

Hier ist festzustellen, welche Stellung der Betrieb am regionalen und ggf. sektoralen Markt hat und wie wettbewerbsfähig er ist.

> Zusammensetzung der Kundenstruktur:

Wichtige Fragen: Wie setzt sich der vorhandene Kundenstamm aus regionaler Sicht, nach Kaufkraft, Alter usw. zusammen? Welche Möglichkeiten bestehen, den vorhandenen Kundenstamm zu erhalten und auszubauen?

> Leistungsprogramm des Betriebes:

Ist das Leistungsprogramm marktgerecht und wettbewerbsfähig? Entspricht es den Marketingstrategien des Übernehmers?

2.7.7 Betriebsübernahme, Betriebsbeteiligung

> **Aktuelle Ertragslage des Betriebes:**

Zu prüfen ist, ob die Ertragskraft des Betriebes im, über oder unter dem Branchendurchschnitt liegt.

Analyse der bisherigen Entwicklung des Betriebes

Beurteilung der vergangenen Entwicklung des Betriebes:
- Gewinnentwicklung
- Umsatzentwicklung
- Umsatzrentabilität
- Eigenkapitalrentabilität
- Entwicklung der Beschäftigtenzahlen
- Personalkosten im Verhältnis zum Umsatz
- Fluktuation beim Personal

Für die Beurteilung der aufgezeigten Entwicklungskriterien hat sich der Betriebsübernehmer die Jahresabschlüsse (Bilanzen, Gewinn- und Verlustrechnungen usw.) des Betriebes der letzten 3 Jahre vorlegen zu lassen. Dadurch kann er sich ein Bild über die betriebswirtschaftlichen Fakten und Entwicklungstendenzen machen. Wenn diese Zahlen noch mit Zahlen aus Betriebsvergleichen des betreffenden Handwerkszweiges verglichen werden, erhält man zusätzliche Aufschlüsse darüber, wie der Betrieb im Vergleich zum Durchschnitt der Branche liegt.

Bilanzen Gewinn- und Verlustrechnungen

Künftige Entwicklung des Betriebes

> Entscheidend für die Betriebsübernahme ist nicht allein die bisherige Umsatz- und Gewinnentwicklung, sondern sind die künftig zu erwartenden Umsätze und Gewinne. Es ist daher die Frage zu stellen, ob aufgrund der künftigen Umsatz- und Kostenentwicklung und deren Veränderungen die Ertragslage konstant bleibt, sich verbessert oder sich verschlechtert.

Auf der Basis des Zahlenmaterials des Betriebes aus der bisherigen Entwicklung müssen die voraussichtlichen künftigen Entwicklungslinien erarbeitet werden. Dabei sind je nach Art und Form der Betriebsübernahme zu erwartende Veränderungen zu berechnen bzw. zu schätzen.
Folgende Abklärungen sind im Wesentlichen erforderlich:

1. Welche Kostensteigerungen ergeben sich künftig aufgrund vorzunehmender zusätzlicher Investitionen (höhere Abschreibungen)?
2. Welche zusätzlichen Kosten ergeben sich, wenn im Gegensatz zu bisher künftig Mieten für Geschäftsräume anfallen?
3. Welche Aufwendungen fallen an, wenn der Betrieb auf Pachtbasis übernommen wird?
4. Welche Personalkosten fallen zusätzlich an?
5. Welche Kosten verursacht eine eventuelle Fluktuation im Personalbestand?
6. Fallen zusätzliche Kosten für die Einhaltung gesetzlicher Auflagen an?

Zentrale Fragen

2.7 Gründung

7. Welche Zinsaufwendungen fallen künftig zusätzlich für die anteilige Fremdfinanzierung des Kaufpreises des Betriebes und für zusätzliche Investitionen an?
8. Welche Kosten fallen zusätzlich für besondere Marketing- und Werbeaktionen im Zusammenhang mit der Betriebsübernahme und später an?
9. Welche Kostenerhöhungen treten durch Änderung des Produktions- bzw. Leistungsprogramms ein?
10. Welche Umsatzrückgänge sind durch das „Abspringen" von Kunden des bisherigen Betriebes zu erwarten?
11. Sind Umsatzrückgänge durch Ausscheiden von Teilen des Personals zu befürchten?
12. Welche Umsatzsteigerungen werden voraussichtlich durch Änderung des Leistungsprogramms, durch veränderte Marketingstrategien, stärkere Kundenorientierung und Gewinnung neuer Kunden eintreten?

Rentabilitätsvorschau

> Anhand der durch die Prüfung und Beantwortung der gestellten Fragen gewonnenen Zahlen ist nun die Gewinn- und Verlustrechnung des Betriebsübergebers zu korrigieren. Die so entstehende Zahlenübersicht (Planzahlen) ergibt die Rentabilitätsvorschau bzw. Gewinnplanung für den Betriebsübernehmer, die die wichtigste Grundlage für seine Entscheidungen zur Übernahme des Betriebes darstellt.

Bei der Berechnung kann man nach folgendem Schema, das je nach der Zahl der notwendigen Korrekturen entsprechend den gestellten zwölf Fragen untergliedert werden kann, vorgehen. Die „Korrekturen" können ggf. auch in Nebenrechnungen erfolgen. (>> auch Abschnitt 2.7.5.11 „Kosten-, Umsatz- und Gewinnplanung, Rentabilitätsvorschau".)

Schema: Gewinnplanung bzw. Rentabilitätsvorschau für den Betriebsübernehmer	Durchschnittszahlen des zu übernehmenden Betriebes der letzten 3 Jahre	Geplante Zahlen für das erste Geschäftsjahr des Betriebsübernehmers
	EUR	EUR
Umsatz	....	....
./. Materialverbrauch	....	....
= Rohgewinn I	....	....
./. Personalkosten	....	....
= Rohgewinn II	....	....
./. Sachkosten	....	....
= erweiterter Cashflow	....	....
./. Zinsen	....	....
= Cashflow	....	....
./. Abschreibungen	....	....
= Reingewinn	....	....

2.7.7.5 Betrieblicher Bestandsschutz

> In der Regel haben bestehende Betriebe Bestandsschutz, wenn sie mit rechtskräftiger Genehmigung auf der Basis der damals geltenden Bau- und Immissionsschutzgesetze errichtet wurden.
> Der Bestandsschutz eines bestehenden Betriebes geht aber nicht immer automatisch auf den Erwerber über. Es gibt Fälle, bei denen der bisherige Betrieb über den Bestandsschutz nur noch geduldet wurde. Auch können notwendige Veränderungen und Erweiterungen am gegebenen Standort des Betriebes nach dem aktuell geltenden Baurecht nicht mehr genehmigungsfähig sein.

Beim Erwerb eines Betriebes sollten im Vorfeld alle drei Formen, nämlich der planungsrechtliche, der baurechtliche und der gewerberechtliche Bestandsschutz, genau geprüft und geklärt werden:

> planungsrechtlicher Bestandsschutz
  Er ergibt sich aus einem rechtsverbindlichen Bebauungsplan im Sinne des Baugesetzbuchs, d. h. der richtig geplante Gewerbebetrieb kann nur durch Umplanung betroffen sein und hat dann einen Entschädigungsanspruch.
> baurechtlicher Bestandsschutz
  Er ergibt sich aus einer erteilten Baugenehmigung. Jedes zulässigerweise errichtete Gebäude ist geschützt.
> gewerberechtlicher Bestandsschutz
  Dies ist ein Schutz, der sich aus einer nach dem Bundes-Immissionsschutzgesetz erfolgten Prüfung und Genehmigung der Anlage ergibt.

Wenn Neu-, An- oder Umbauten am Betriebsgebäude beabsichtigt sind, so muss dies vorher mit der Baubehörde der Gemeinde abgeklärt werden. Dort kann man die Genehmigungsfähigkeit, die Auflagen und Beschränkungen in Erfahrung bringen. Eine Nutzungsänderung muss ebenfalls baurechtlich genehmigt werden, wenn für die neue Nutzung andere Anforderungen gelten.
Werden Erweiterungsmöglichkeiten in der Zukunft ins Auge gefasst, sind Flächennutzungs- und Bebauungsplan zu beachten.
(>> auch Abschnitt 2.7.2.3 „Standortvergleich, Standortbeurteilung" und 2.7.3.2 „Bau-, umweltschutz- und abfallrechtliche Vorschriften".)
Nach zugestellter Baugenehmigung sind erteilte Auflagen sorgfältig zu prüfen und, falls notwendig, durch die Einlegung von Rechtsmitteln anzugreifen.

Abklärungen mit der örtlichen Baubehörde

2.7.7.6 Betriebsbewertung – Kriterien der Kaufpreisermittlung

Bei den unentgeltlichen Betriebsübergabeformen spielt der Wert des Unternehmens nur eine untergeordnete Rolle (Ausnahme: Steuer). Dagegen ist beim Erwerb eines Betriebes durch Kauf oder pachtweise Übernahme der Unternehmens- bzw. Betriebswert eine entscheidende Größe. Zur Wertermittlung gibt es kein Verfahren, das betriebswirtschaftlich völlig problemlos und unumstritten ist. Hinzu kommt, dass die Interessenlage von Übergeber und Übernehmer hinsichtlich der Wert- und Preisvorstellungen sehr unterschiedlich ist. Der Übergeber hat im Hinblick auf seine „Lebenssituation und sein Lebenswerk" meist überhöhte Wertvorstellungen und will mit dem Verkaufserlös oder den Pacht- bzw. Rentenzahlungen

Wertermittlungsverfahren

2.7 Gründung

in der Regel seine Altersversorgung sichern. Der Nachfolger dagegen wird sich nüchtern an den tatsächlichen Werten der Betriebsräume, Maschinen und Einrichtungsgegenstände orientieren; ferner an seinen Finanzierungsmöglichkeiten, an der Tragbarkeit der finanziellen Belastungen und an der Möglichkeit, eine sichere und langfristige Existenzgrundlage für sich und seine Familie auf der Grundlage erzielbarer und ausreichender Gewinne schaffen zu können.

> Bei der Bewertung kleiner und mittelständischer Unternehmen unterscheidet man im Allgemeinen zwischen Substanz- und Ertragswert.

Substanzwert

Der Substanzwert stellt den Zeitwert (nicht Buchwert!) des betriebsnotwendigen Anlage- und Umlaufvermögens dar. Er beinhaltet insbesondere die Maschinen, Werkzeuge, Betriebsfahrzeuge, Betriebs- und Geschäftsausstattung sowie den erforderlichen Material- und Warenbestand. Bei seiner Ermittlung kann beispielsweise ein technischer Berater des Landesinnungsverbandes oder der Handwerkskammer behilflich sein. Sollten Betriebsgrundstücke und -gebäude übertragen werden, ist im Regelfall eine Verkehrswertschätzung durch Sachverständige erforderlich.

Ermittlung des Substanzwertes

Zur Ermittlung des Substanzwertes werden alle Vermögensgegenstände zusammengestellt.

Betriebsgrundstück (soweit Erwerb gegeben)	.... EUR
Betriebsgebäude	.... EUR
Maschinen, Werkzeuge	.... EUR
Betriebsfahrzeuge	.... EUR
Betriebs- und Geschäftsausstattung	.... EUR
Material- und Warenbestand	.... EUR
= Substanzwert	.... EUR

Ermittlung des Ertragswertes

Ertragswert

Der Ertragswert errechnet sich auf Basis der künftig zu erwartenden Erträge, die – aufgrund der unsicheren Prognose – aus den betriebswirtschaftlichen Gewinnen der vergangenen 3–5 Jahre abgeleitet werden. Ältere, noch in der Praxis angewendete Bewertungsverfahren (z. B. Stuttgarter Verfahren) stellen eine Kombination aus Substanz- und Ertragswerten dar, der Trend jedoch geht zu ausschließlich ertragswertorientierten Rechenverfahren. Sie berücksichtigen die Tatsache, dass das Interesse eines Firmenerwerbers nicht einem Gebrauchtmaschinenpark, sondern den daraus erzielbaren Gewinnchancen gilt. Der Substanzwert stellt heute im Allgemeinen lediglich einen Mindestwert übergabefähiger Betriebe dar.

Aus dem betrieblichen Umsatz abgeleitete Preisvorstellungen (x Euro pro 100.000 Euro Umsatz) sollte der Kaufinteressent keinesfalls ungeprüft akzeptieren. Aus aktuellen Umsätzen ist die künftige Gewinnerwartung nicht ohne Weiteres abzuleiten. Auch bei Eintritt in laufende Verträge (z. B. Wartungsverträge) können nur die im Umsatz enthaltenen Plangewinne als Auftragswert abgegolten werden.

2.7.7 Betriebsübernahme, Betriebsbeteiligung

Die Betriebsberater der Handwerkskammern verwenden ein softwaregestütztes, standardisiertes Ertragswertverfahren, das bundesweit in Expertenkreisen Anerkennung findet.

Vereinfachtes Schema:
steuerlicher Gewinn laut G+V (Durchschnittswert der letzten 3–5 Jahre)
± Korrekturen steuerlicher Werte (z. B. Grundstücksaufwand)
± außerordentliche und betriebsfremde Aufwendungen/Erträge
+ Fremdkapitalzins
+ steuerliche Abschreibung
= korrigierter Ertrag
– kalkulatorische Kosten
= betriebswirtschaftlicher Gewinn
± eingeleitete Kostenänderungen (z. B. Pachtaufwand)
= zu erwartender betriebswirtschaftlicher Gewinn

Dieser auf der betriebswirtschaftlichen Leistung des Übergebers basierende Betrag wird mit einem angemessenen Kapitalisierungszins hochgerechnet. Der Kapitalisierungszinssatz beinhaltet die entscheidenden Erfolgs- und Risikofaktoren. Hierdurch erhält die Bewertung einen Zukunftsbezug sowie eine Korrektur der vom Veräußerer geprägten Ertrags- und Kostenstruktur.

Elemente des Kapitalisierungszinssatzes

> Basiszinssatz
> Risikozuschläge für
 - Inhaberabhängigkeit
 - Personenabhängigkeit
 - Branchenkonjunktur
 - Produkt- und Leistungsangebot
 - Kundenstruktur
 - Standort und Wettbewerb
 - Personalstruktur
 - Betriebsausstattung
 - sonstige Risiken

Der Ertragswert berechnet sich wie folgt:

$$\text{Ertragswert} = \frac{\text{zu erwartender betriebswirtschaftlicher Gewinn} \times 100}{\text{Kapitalisierungszinssatz}}$$

Beispiel:
Die betriebswirtschaftliche Gewinnerwartung beträgt 30.000,00 EUR, der Kapitalisierungszinssatz wird auf 25 % veranschlagt.

$$\text{Ertragswert} = \frac{30.000,00 \times 100}{25} = \underline{\underline{120.000,00 \text{ EUR}}}$$

2.7 Gründung

Firmenwert

Steht diesem Ertragswert ein Substanzwert von beispielsweise 80.000,00 EUR gegenüber, so ergibt sich ein sog. Firmenwert (Good Will). Dieser nach einem Firmenkauf als immaterielles Wirtschaftsgut zu aktivierende Posten beinhaltet z. B.

> Ruf, Bekanntheitsgrad, Image
> Standortqualität
> bestehende Lieferantenbeziehungen
> bestehende Bankbeziehungen
> Kundenstamm
> Mitarbeiterstamm
> vorhandenes handwerkliches Know-how
> usw.

d. h. die im Kapitalisierungszinssatz bewerteten Erfolgspotenziale eines gut funktionierenden Unternehmens.

Ertragswert 120.000,00 EUR	Firmenwert 40.000,00 EUR	• immaterielle Wirtschaftsgüter
	Substanzwert 80.000,00 EUR	• materielle Wirtschaftsgüter

Bei der Vereinbarung des Kaufpreises sind ggf. rückständige Urlaubsansprüche der zu übernehmenden Mitarbeiter oder übernommene Gewährleistungsrisiken zu berücksichtigen. Die Übernahme von Bank- und Lieferantenkrediten ist aufgrund der Haftungsverflechtung von Privat- und Betriebsvermögen in Handwerksbetrieben seltener zu beobachten.

Zusammenfassend kann festgehalten werden:

AWH-Standard

> Mit Hilfe eines bundesweit standardisierten Bewertungsverfahrens nach dem AWH-Standard wird auf Basis des Ertragswertverfahrens ein realistischer Wert für das Unternehmen errechnet, der eine geeignete Basis beispielsweise für Verkaufsverhandlungen bietet. Das Verfahren basiert auf dem umfassenden Erfahrungswissen der auf das Handwerk spezialisierten organisationseigenen Betriebsberaterinnen und Betriebsberater der Handwerkskammern und Fachverbände des Handwerks. Der AWH-Standard stellt sicher, dass bei der Berechnung die besonderen Anforderungen für Handwerksunternehmen ausreichend berücksichtigt werden und sich die zukünftigen Ertragsaussichten des Unternehmens in dem errechneten Wert widerspiegeln.

2.7.7.7 Gestaltung der Verträge bei den häufigsten Formen der Betriebsübernahme

Kauf des Betriebes

Der Kauf des Betriebes schafft klare Eigentumsverhältnisse und bringt in der Regel für die Folgezeit die geringsten Probleme. Wenn Einigung über den angemessenen Kaufpreis erzielt ist, muss im Kaufvertrag die Zahlungsweise geregelt werden.

Zahlungsmodalitäten

```
                    Zahlungsmodalitäten für den Kaufpreis
        ┌───────────────────┬───────────────┬────────────────────┐
 Einmalzahlung des    Anzahlung und    Kaufpreisraten    Kaufpreisrente (Zeit-
 gesamten Kaufpreises  Ratenzahlung                      rente oder Leibrente)
```

Pachtweise Betriebsübernahme

> Der Vorteil für den Betriebsübernehmer liegt vor allem darin, dass er einen geringeren Kapitalbedarf hat und der Pachtzins steuerlich als Betriebsausgabe abzugsfähig ist.

Um das bei der Pacht gegebene Konfliktpotenzial zwischen Verpächter und Pächter in vertretbaren Grenzen zu halten, kommt es wesentlich auf klare Regelungen im Pachtvertrag an.

Pachtvertrag

```
 Pachtdauer    Höhe des         Anpassungsklausel    Pachtumfang
               Pachtzinses      für Pachtzins

                                                     Abgaben
                                                     und Gebühren
 Konkurrenz-          Wichtige Regelungsinhalte
 klausel              des Pachtvertrages
                                                     Kosten der
                                                     Instandhaltung

 Tod eines     ortsübliche Miete   Ersatz-           Zulässigkeit baulicher
 Vertragspartners  als Teil des Pachtzinses  investitionen  Veränderungen
```

Kauf und Miete

Eine weitere denkbare Form der Betriebsübernahme ist der Kauf der Maschinen, Einrichtungsgegenstände und des Materiallagers bei gleichzeitiger Anmietung der Betriebsräume beim bisherigen Betriebsinhaber. Die Freiheit des Übernehmers in seinen betrieblichen Entscheidungen ist in diesem Falle nur durch die Abhängigkeit im Rahmen des Mietvertrages eingeschränkt.

Anmietung der Betriebsräume

Erbfolge, Schenkung

```
                    Betriebsübernahme durch Schenkung/Erbschaft
        ┌──────────────────┬──────────────────┬──────────────────┐
        ▼                  ▼                  ▼                  ▼
  unentgeltliche     Schenkungsweise      Übernahme im       Übernahme im
  Übernahme durch     Übernahme         Wege der Erbschaft  Wege der Erbschaft
  Schenkung ohne     mit Auflagen         ohne Auflagen       mit Auflagen
    Auflagen
```

Schenkungsweise Übernahme mit Auflagen:
- Leibrente an Eltern
- dauernde Lasten
- Ausgleichszahlungen an Geschwister
- sonstige Nutzungsrechte Dritter am übernommenen Vermögen

Übernahme im Wege der Erbschaft mit Auflagen:
- Leibrente an einen Elternteil
- Ausgleichszahlungen an Geschwister
- Leistungen an Pflichtteilsberechtigte

Bei diesen Betriebsübernahmen handelt es sich fast ausschließlich um Vorgänge innerhalb der Familie (z.B. Vater/Sohn, Vater/Tochter).

Steuerfragen — Bei Betriebsübernahmen im Wege der Schenkung und der Erbschaft sind vor allem die steuerlichen Fragen vorher zu klären.

2.7.7.8 Gesetzliche und vertragliche Pflichten

Im Zusammenhang mit der Betriebsübernahme ergeben sich vielfältige gesetzliche und vertragliche Pflichten sowie Haftungsrisiken des Übernehmers.

> Haftung für Altverbindlichkeiten nach HGB
> Haftung für Steuerschulden des Vorgängers
> Haftung für Umweltschäden des Vorgängers
> Haftung gegenüber Kunden (z.B. Gewährleistungen)
> Haftung gegenüber Lieferanten
> Übernahme von Rechten und Pflichten aus den Arbeitsverhältnissen
> Verpflichtungen aus Erbschafts- und Schenkungsvorgängen
> Verpflichtungen aus Kauf-, Pacht- oder Mietverträgen
> Verpflichtungen aus Versicherungsverträgen
> Verpflichtungen aus dem ehelichen Güterrecht

> Ist das übernommene Unternehmen im Handelsregister eingetragen und wird der Firmenname vom Erwerber fortgeführt, haftet er für alle im Betrieb begründeten Verbindlichkeiten des Vorgängers.

Ein Haftungsausschluss kann in diesem Falle vertraglich vereinbart werden. Er ist jedoch nur wirksam, wenn der Haftungsausschluss im Handelsregister eingetragen und bekannt gemacht oder den einzelnen Gläubigern ausdrücklich mitgeteilt worden ist.

2.7.7 Betriebsübernahme, Betriebsbeteiligung

Ist das übernommene Unternehmen unter **neuem** Namen (also ohne Fortführung des alten Firmennamens) im Handelsregister eingetragen, haftet der Nachfolger für frühere Schulden nur, wenn die Haftung vertraglich besonders vereinbart und die Übernahme der Verbindlichkeiten vom Erwerber in handelsüblicher Weise bekannt gemacht worden ist.

Haftungsregelung ohne Fortführung des Firmennamens

> Nach der Abgabenordnung (§ 75) haftet der Betriebsübernehmer bei Kauf, Erbschaft oder Schenkung für alle betrieblichen Steuern und Steuerabzugsbeträge des Vorgängers, die seit dem Beginn des letzten, vor der Übernahme liegenden Kalenderjahres entstanden sind.

Haftung für betriebliche Steuern

Die Haftung bezieht sich z. B. auf Gewerbesteuer, Umsatzsteuer, Lohnsteuer, Kfz-Steuer, nicht jedoch auf Personensteuern (z. B. Einkommensteuer). Die Haftung für Steuern kann vertraglich nicht ausgeschlossen werden. Sie beschränkt sich auf das übernommene Betriebsvermögen.

> Beim Betriebsübergang tritt der Erwerber in alle bestehenden Rechte und Pflichten aus den Arbeitsverhältnissen der bisher im Betrieb beschäftigten Arbeitnehmer ein (§ 613a BGB).

Arbeitsverhältnisse

Das bedeutet in der Praxis, dass die Arbeitnehmer ihre bisher erworbenen Rechte wie z. B. übertarifliche Entlohnung, Sonderzahlungen, eventuell zusätzlichen Urlaub behalten. Kündigungen von Arbeitsverhältnissen anlässlich des Betriebsübergangs sind unwirksam (Kündigungsschutz).
Diese Regelung ist zwingend und kann nicht durch Vereinbarung zwischen Veräußerer und Erwerber ausgeschlossen oder eingeschränkt werden.
Der bisherige Arbeitgeber oder der neue Inhaber hat die von einem Betriebsübergang betroffenen Arbeitnehmer vor dem Übergang in Textform zu unterrichten über

Gesetzliche Unterrichtungspflicht

> den Zeitpunkt des Übergangs,
> den Grund für den Übergang,
> die rechtlichen, wirtschaftlichen und sozialen Folgen des Übergangs für die Arbeitnehmer und
> die hinsichtlich der Arbeitnehmer in Aussicht genommenen Maßnahmen.

Der Arbeitnehmer kann dem Übergang des Arbeitsverhältnisses innerhalb 1 Monats nach Zugang der Unterrichtung schriftlich widersprechen. Der Widerspruch kann gegenüber dem bisherigen Arbeitgeber oder dem neuen Inhaber erklärt werden. Die Folge des Widerspruchs ist, dass der Arbeitsvertrag mit dem bisherigen Arbeitgeber bestehen bleibt, der wiederum betriebsbedingt kündigen kann, wenn er kein Unternehmen mehr betreibt, in dem der widersprechende Arbeitnehmer beschäftigt werden könnte.

Gesetzliches Widerspruchsrecht

2.7.7.9 Finanzierung der Betriebsübernahme

In Bezug auf alle grundsätzlichen Fragen der Investitionsplanung, Kapitalbedarfsrechnung, Finanzierungsplan, Kapitaldienstermittlung, zum Finanz- und Liquiditätsplan wird auf die Ausführungen in den Abschnitten 2.7.5.6 bis 2.7.5.12 im Kapitel „Gründung" und auf das gesamte Kapitel 2.5 „Finanzierung" verwiesen. Die dort dargestellten Grundsätze gelten, soweit Kapitel 2.7.7 „Betriebsübernahme, Betriebsbeteiligung" keine übernahmespezifischen Besonderheiten enthält, entsprechend.

2.7.7.10 Förderungsmaßnahmen zur Betriebsübernahme

> Die zahlreichen Förderungsprogramme und Förderungsmöglichkeiten für Existenzgründungen (>> Abschnitte 2.7.5.10 „Öffentliche Finanzhilfen für die Existenzgründung" sowie 2.5.4.9 „Spezielle Finanzierungshilfen für den Handwerksbetrieb") gelten grundsätzlich auch für die Finanzierung von Betriebsübernahmen.

Übernahme innerhalb der Familie

Erfolgt eine Betriebsübernahme innerhalb der Familie, kann die Förderfähigkeit eingeschränkt sein, wenn finanzielle Leistungen im Zuge der Übernahme an Eltern oder Schwiegereltern geleistet werden. Ausgleichszahlungen an Geschwister und Neuinvestitionen für Maschinen usw., die im Zuge der Betriebsübernahme anfallen, können in der Regel gefördert werden. Da die Förderkonditionen bei den Landesprogrammen unterschiedlich sein können, empfiehlt sich eine Information bzw. Beratung beim Betriebsberater der Handwerkskammer, und zwar **vor** Beginn des Vorhabens. Außerdem werden die Förderkonditionen immer wieder geändert.

2.7.7.11 Formalitäten bei der Betriebsübernahme

Wie bei der Neugründung sind auch bei der Betriebsübernahme eine Reihe von Formalitäten zu beachten und Änderungsmeldungen vorzunehmen:

Änderungsmeldungen

- Gewerbeamt (Änderungsmeldung)
- Agentur für Arbeit (Änderungsmeldung)
- Finanzamt (neue Steuernummer)
- Gewerbeaufsichtsamt (Ummeldung)
- gesetzliche Krankenkasse (Mitteilung)
- deutsche Rentenversicherung Bund/Land, Berufsgenossenschaft (Mitteilung)
- Versicherungen ummelden bzw. ändern
- Telefon (Änderung)
- Versorgungsunternehmen (Mitteilung)
- Banken (Konten, Daueraufträge ändern)
- Notar, wenn beurkundungspflichtige Verträge abgeschlossen wurden
- Handwerkskammer (Ummeldung)
- u. U. Handelsregister (Ummeldung)

2.7.7.12 Betriebsbeteiligung

Der Weg in die berufliche Selbstständigkeit im Handwerk kann im Wesentlichen in folgenden Formen beschritten werden:

```
                Formen auf dem Weg in die
                berufliche Selbstständigkeit
    ┌──────────┬──────────┬──────────┬──────────┐
alleinige    Gründung    Beteiligung  alleinige    schrittweise Ein-
Gründung     eines       an einem     Übernahme    bindung des
eines        Betriebes   bestehenden  eines        Übernehmers
Betriebes    mit einem   Betrieb      Betriebes    durch Beteiligung
             oder mehreren
             Partnern
```

Für alle aufgeführten Formen gilt es, die wichtigen Fragen zu klären und die dargestellten Grundsätze und Handlungsweisen zu beachten, die in den genannten Ausführungen zur Gründung bzw. zur Betriebsübernahme dargestellt wurden. In Bezug auf die Gründung eines Betriebes mit einem oder mehreren Partnern, die Beteiligung an einem bestehenden Betrieb sowie hinsichtlich der schrittweisen Betriebsübergabe auf der Basis einer übergangsweisen Betriebsbeteiligung gibt es weitere Gesichtspunkte zu beachten. Die am häufigsten angewandten Beteiligungsformen werden kurz dargestellt.

Grundsätze

Berufliche Selbstständigkeit auf der Basis der Partnerschaft

> Bei der Entscheidung, ob die berufliche Selbstständigkeit allein als Einzelunternehmer oder in Partnerschaft angestrebt wird, sind verschiedene Vor- und Nachteile abzuwägen.

Für eine alleinige Betriebsgründung als Einzelunternehmer spricht u. a.:

- Freiheit in allen Entscheidungen
- eigenverantwortliches Handeln
- alleinige Führungskompetenz
- alleiniges Vertretungsrecht
- Gewinn steht ausschließlich dem Inhaber zu
- keine Abhängigkeit von Partnern
- kein Risiko aus der Partnerschaft mit Gesellschaftern

Vorteile des Einzelunternehmers

Demgegenüber trägt der Einzelunternehmer allein das volle Risiko für die gesamte selbstständige Tätigkeit; die Entwicklung des Betriebes hängt von seinem persönlichen Einsatz an Arbeit und Kapital ab. Er ist für alle Leitungsfunktionen allein zuständig.

Vorteile der partnerschaftlichen betrieblichen Tätigkeit:

- Risikoverteilung
- Arbeitsteilung (z. B. technisch, betriebswirtschaftlich, fachlich)
- Aufteilung in Innen- und Außendienst
- Zuordnung bei mehreren Betriebsstätten
- Kenntnisse der Partner ergänzen sich

2.7 Gründung

> gegenseitige Vertretungsmöglichkeit
> gemeinsame Finanzierung
> geteilte Verantwortung

> Von der sorgfältigen Prüfung und Auswahl des oder der Partner hängt es entscheidend ab, ob der gemeinsame Betrieb erfolgreich sein wird oder in einem Misserfolg endet.

Folgende wichtige Fragen sind zu stellen und kritisch zu beantworten:
1. Passen die Partner von ihrer menschlichen Grundstruktur zusammen?
2. Stimmen die „Chemie" und die „Wellenlänge"?
3. Haben sie den uneingeschränkten Willen zur sachlichen Zusammenarbeit?
4. Ist das notwendige gegenseitige Vertrauen vorhanden?
5. Haben sie ähnliche Strukturen in ihrem Lebensstil?
6. Verfügen sie etwa über die gleiche berufliche Einsatzbereitschaft?
7. Welche gemeinsamen strategischen Ziele verfolgen die Partner mit dem gemeinsamen Betrieb?
8. Stimmen ihre Vorstellungen für eine langfristige Entwicklung und gegenseitige Bindung überein?
9. Welche Leistungen bringen die Partner in den Betrieb ein (Arbeitsleistung, Erfahrungen, Beziehungen, Eigenkapital)?
10. Welche Aufgaben werden von den einzelnen Partnern im Betrieb übernommen?
11. Welche Arbeitsteilung ist vorgesehen?
12. Wie soll die Arbeitszeit der Partner geregelt sein?
13. Kann oder will ein Partner auch in anderen Bereichen (z. B. Nebentätigkeit) arbeiten?
14. Wie sind die Kompetenzen der Partner zu regeln?
15. Wie erfolgen die Gewinnverteilung und die Privatentnahmen?
16. Sollen die Ehefrauen der Partner im Betrieb mitarbeiten und passen diese auch persönlich und menschlich zusammen?
17. Welche Regelungen sind für den Krankheitsfall eines Partners vorgesehen?
18. Welche Regelungen sollen Platz greifen im Falle des Todes oder Ausscheidens eines Partners aus dem Betrieb?
19. Sind durch Ehevertrag oder Testament die Risiken für das Weiterbestehen des Betriebs eingegrenzt?
20. Welche Rechtsform ist für den gemeinsamen Betrieb vorgesehen und welche Regelungen soll der Gesellschaftsvertrag vorsehen?

Formen der Beteiligung, Rechtsformen

> Die Beteiligung an einem Betrieb kann unabhängig davon, ob es sich um eine Neugründung von Partnern, die Beteiligung an einem bestehenden Unternehmen oder um eine schrittweise Einbindung des Nachfolgers im Zuge der Übernahme handelt, in unterschiedlichen Rechtsformen erfolgen.

2.7.7 Betriebsübernahme, Betriebsbeteiligung

Rechtsformen für die Beteiligung an einem Betrieb:
- stille Gesellschaft
- Gesellschaft bürgerlichen Rechts (GbR)
- offene Handelsgesellschaft (OHG)
- Kommanditgesellschaft (KG)
- GmbH & Co. KG
- Gesellschaft mit beschränkter Haftung (GmbH)

Die zentralen Fragen, die bei der Wahl der Rechtsform im Zusammenhang mit einer Beteiligung zu stellen sind, gehen aus Abschnitt 2.7.4 „Wahl der Rechtsform" und aus Abschnitt 3.2.2 „Handels- und Gesellschaftsrecht" in Band 2 hervor.

Zentrale Fragen

Bei der Wahl der Rechtsform ist dringend eine besondere steuerliche Beratung zu empfehlen.

Steuerliche Beratung

Wie bereits erwähnt, kann die Betriebsübernahme auch in Form einer Beteiligung auf Zeit erfolgen, um einen schrittweisen Übergang vom Übergeber zum Übernehmer zu erreichen.

Vorteile der Beteiligung für den Übernehmer:
- Nachfolger baut auf Erfahrungen des Übergebers auf
- Übernehmer lernt den Betrieb, die Kunden und die Mitarbeiter besser kennen
- Übernehmer kann mehr betrieblich mitgestalten
- Übernehmer trägt nur einen Teil des Risikos

Grundsätzlich können im Zuge einer schrittweisen Betriebsübernahme alle aufgeführten Rechtsformen in Frage kommen. Eine Sonderform der Beteiligung des Übernehmers stellt die Betriebsaufspaltung dar. Der Betrieb des Übergebers (Besitzunternehmen) verpachtet alle oder einen Teil der Wirtschaftsgüter (z. B. Grundstücke, Gebäude, Maschinen) an eine zu gründende Betriebs-GmbH, an der der Übernehmer beteiligt ist. Diese Betriebs-GmbH führt die eigentliche Tätigkeit des Betriebes aus. Bei dieser Lösung werden also zwei Unternehmensformen miteinander kombiniert. Je nach Einzelfall können in der Zeitabfolge unterschiedliche Beteiligungsverhältnisse an beiden Unternehmensformen praktiziert und am Ende der Übergabephase dann alle Anteile sowohl an dem Besitzunternehmen als auch an der Betriebs-GmbH an den Übernehmer übertragen werden.

Betriebsaufspaltung

Kombination von Unternehmensformen

2.7.8 Beispiel eines Businessplanes

> Durch die Aufstellung eines Businessplanes erhält der zukünftige Unternehmer Klarheit über sein Vorhaben. Bei der Erstellung setzt sich der Gründer intensiv mit den verschiedenen Bereichen seines zukünftigen Betriebes auseinander und beleuchtet die wichtigsten Aspekte auf dem Weg in die Selbstständigkeit.
>
> Im Businessplan wird auch festgelegt, wie die Geschäftsidee erfolgreich umgesetzt werden kann. Je durchdachter das festgelegte Konzept ist, desto größer sind die Erfolgschancen des Vorhabens.

Von der Aussagefähigkeit und Überzeugungskraft des Businessplanes hängt auch ab, ob potenzielle Geldgeber das erforderliche Kapital zur Verfügung stellen. Folgende allgemeine Bedingungen sollte der Businessplan in jedem Fall erfüllen:

> Darstellung der Umsetzung der Geschäftsidee in der Praxis
> Berücksichtigung aller maßgeblichen Faktoren
> klare Gliederung
> verständlicher Schreibstil
> prägnante Darstellung der Informationen
> übersichtlicher Umfang
> nachvollziehbare Aussagen und Informationen
> ansprechendes äußeres Erscheinungsbild
> sorgfältige Wortwahl

Ein Businessplan kann wie folgt gegliedert sein:

1. Kurzzusammenfassung der wichtigsten Inhalte und Argumente

2. Geschäftsidee / Gründerperson(en)
2.1 Zweck des Vorhabens
2.2 Besonderheit der Geschäftsidee
2.3 Unternehmensleitbild und Unternehmensziele
2.4 Qualifikation des Gründers bzw. des Managements (Aus- u. Weiterbildung, Berufserfahrungen, Branchenkenntnisse, kfm. Kenntnisse)
2.5 Motiv und Eignung für die selbstständige Tätigkeit
2.6 Voraussetzungen für die Gewerbeausübungsberechtigung

3. Produkt- und Dienstleistungsplanung
3.1 Produktbeschreibung
3.2 Beschreibung der Dienstleistungen, Kundendienste
3.3 Besonderheiten des Produkt- und Leistungsprogramms
3.4 Vorteile und Nutzen für den Kunden
3.5 Vorteile gegenüber der Konkurrenz
3.6 Ideenschutz (Patente, Gebrauchsmusterschutzrechte, technische Zulassungen)
3.7 Künftige Entwicklungsmöglichkeiten der Produkte und Dienstleistungen

2.7.8 Beispiel eines Businessplanes

4. Marktübersicht / Branche
4.1 Kundensegmente (Referenzkunden, Privat-/Geschäftskunden, Einkaufsverhalten)
4.2 Marktvolumen
4.3 Wachstumsraten des Marktes
4.4 Grundlagen von Wachstumsprognosen
4.5 Zukunftsaussichten der Branche
4.6 Analyse der Konkurrenten
4.7 Angebots- und Preisvergleich mit den Konkurrenten
4.8 Stärken und Schwächen der Konkurrenz
4.9 Innovationsvorsprung zur Konkurrenz
4.10 Begründung der Standortwahl, Standortfaktoren
4.11 Künftige Entwicklungschancen des Standortes

5. Marketing / Vertrieb
5.1 Produkt- und Leistungsstrategie, Kundennutzen
5.2 Preisstrategie und Konditionenpolitik, Instrumente der Preisgestaltung
5.3 Vertriebsstrategie (Absatzgrößen, Zielgebiete, Vertriebspartner, Vertriebskosten)
5.4 Werbestrategie (Arten der Werbung, Werbewege, Werbemittel, Werbebudget)

6. Unternehmensorganisation / Personal
6.1 Regelungen über Zuständigkeiten und Verantwortlichkeiten, Organisationsform, Unternehmensführung
6.2 Rechtsform (Gründe, Gesellschafterstruktur, Gesellschaftsanteile)
6.3 Betriebsstätte, Betriebs- und Geschäftsausstattung
6.4 Aufbau- und Ablauforganisation
6.5 Qualitätssicherung und Qualitätsmanagement
6.6 Organisation des Rechnungswesens und Controllings
6.7 Personalorganisation, Qualifikation u. Weiterbildung der Mitarbeiter, Lohnformen, Arbeitszeitmodell

7. Finanzierung
7.1 Investitionsplan (Bauten, Maschinen und Fahrzeuge, Betriebs- und Geschäftsausstattung)
7.2 Kapitalbedarfsrechnung (lang- und kurzfristiger Kapitalbedarf)
7.3 Finanzierungsplan (Eigenkapital, Fremdkapital, Sicherheiten, Beteiligungen, Kapitaldienstberechnung für Fremdkapital)
7.4 Finanz- und Liquiditätsplan (Einnahmen, Ausgaben, Liquiditätsreserve)
7.5 Kosten-, Umsatz- und Gewinnplan, Rentabilitätsvorschau
7.6 Persönliche Lebenshaltungskosten (inkl. Reserve für Krankheit/Unfall etc.)

8. Chancen und Risiken
8.1 Chancen
8.2 Bestehende Risiken
8.3 Maßnahmen zur Risikovermeidung

9. Lebenslauf und Unterlagen
(z. B. Gesellschaftsvertrag, Pachtvertrag, Kooperationsvertrag, Leasingvertrag, Marktanalysen, Branchenkennzahlen, Gutachten, Schutzrechte, Übersicht der Sicherheiten)

Die Gliederung lehnt sich in Teilen an die Veröffentlichungen des Bundesministeriums für Wirtschaft und Arbeit an.

2.7.9 Beratungsleistungen zur Betriebsgründung und Betriebsübernahme, Lehrgänge, Literatur

2.7.9.1 Möglichkeiten der Inanspruchnahme von Beratungsleistungen

> Vor dem Schritt in die Selbstständigkeit ist es von besonderer Wichtigkeit, dass sich der Existenzgründer auf allen Gebieten gründlich beraten lässt.

Nur dadurch lassen sich existenzgefährdende Fehler der Betriebsgründung und Betriebsübernahme verhindern. Dazu stehen die Existenzgründungsberater und Betriebsberater der Handwerksorganisationen oder freiberufliche Berater zur Verfügung. Grundsätzlich darf in Bezug auf die möglichen Beratungsleistungen auf den Abschnitt 2.1.3.3 „Beratungsdienste der Handwerksorganisationen für die Mitgliedsbetriebe" verwiesen werden.
Spezielle Beratungsangebote für Gründung, Übernahme und Beteiligung:

- Existenzgründungsberater der Handwerkskammern
- betriebswirtschaftliche und technische Betriebsberater der Handwerkskammern und Landesinnungsverbände
- EDV-Berater der Handwerkskammern
- Informationsvermittlungsstellen der Handwerkskammern
- Umweltschutzberater der Handwerkskammern und der Kommunen
- EU-Berater, Außenwirtschafts- und Exportberater der Handwerkskammern
- Formgebungsberater der Handwerkskammern
- Rechtsberater der Handwerksorganisationen (Handwerkskammer, Innung, Landesinnungsverband, Kreishandwerkerschaft)
- Ausbildungs- und Bildungsberater der Handwerkskammern
- Betriebsbörsen im Internet (z. B. www.nexxt.org, www.firmentransfer.de)
- freiberufliche Unternehmensberater (Zuschüsse zu den Kosten möglich)
- Rechtsanwälte und, sofern erforderlich, Notare
- Steuerberater
- Wirtschaftsförderungsstellen der Gemeinden, Städte oder Landkreise
- Banken und Sparkassen
- berufsständische Versicherungsgesellschaften
- Versorgungswerke des Handwerks
- Verbände der Junioren des Handwerks

Kostenlose und kostenpflichtige Beratung

Jeder Existenzgründer sollte sich zuerst an den Existenzgründungsberater oder betriebswirtschaftlichen Berater der Handwerkskammer wenden. Dort erfährt er auch, welche Beratungsleistungen kostenlos sind und welche Kosten verursachen. Weiterhin wird Unterstützung in Bezug auf Anmeldeformalitäten und hinsichtlich Stellungnahmen und Gutachten angeboten. Für Existenzgründungsberatungen gewährt der Bund Zuschüsse zu den Beratungskosten in begrenzter Höhe.

2.7.9.2 Lehrgänge für Gründung und Übernahme

> Die Handwerkskammern und auch andere Handwerksorganisationen bieten für Existenzgründer und Betriebsübernehmer, die ihr Wissen weiter vertiefen wollen, zahlreiche Kurse und Lehrgänge zur Fortbildung in Einzelbereichen an.

2.7.9.3 Fachliteratur zur Existenzgründung und Betriebsübernahme

> Für den Bereich der Existenzgründung und Betriebsübernahme gibt es umfangreiche vertiefende praxisnahe Literatur, die von Wissenschaftlern und Praktikern entwickelt wurde.

Beispielhaft sind zu nennen:
- Broschüren einzelner Handwerkskammern oder Arbeitsgemeinschaften der Handwerkskammern zur Selbstständigmachung im Handwerk.
- Broschüren einzelner Handwerkskammern oder Arbeitsgemeinschaften der Handwerkskammern zum Thema „Betriebsübergabe – Betriebsübernahme".
- Broschüre „Betriebsnachfolge" des Instituts für Technik der Betriebsführung im Handwerk, Karlsruhe.
- Broschüre „Ausgewählte Problembereiche der Betriebsübergabe/-nachfolge" des Ludwig-Fröhler-Instituts für Handwerkswissenschaften, Abteilung für Handwerkswirtschaft.
- Jährlich erscheinendes Sonderheft von „handwerk magazin" – Leitfaden für Existenzgründer.
- Broschüre des Sparkassen-Kunden-Services „Selbstständig und erfolgreich sein" – Leitfaden für Existenzgründer.
- „Checkliste des Sparkassen-Kunden-Services für Existenzgründer" – eine Planungshilfe zur Unternehmensgründung.
- Broschüre „Unternehmensnachfolge planen und realisieren" des Bundesverbandes der Deutschen Raiffeisenbanken.
- Informationen des Bundesministeriums für Wirtschaft und Technologie (www.existenzgruender.de) und der Wirtschaftsministerien der Länder.
- Informationen durch Banken und Handwerksorganisationen im Internet.

Internet

2.7.10 Mitgliedschaft bei Berufsorganisationen

„Wer in der Demokratie nicht präsent ist, hat schon verloren", heißt eine Erfahrungsweisheit. Wir haben eine Wirtschafts- und Gesellschaftsordnung mit unterschiedlichsten Strukturen und sehr differenzierten Interessen. Die Wahrnehmung und Vertretung gleich oder ähnlich gelagerter Interessen ist nur durch gemeinsames organisiertes Handeln in und durch Interessenvertretungsorgane möglich. Für die Interessenvertretung des Handwerks gibt es fachliche und regionale Handwerksorganisationen.

Interessenvertretung des Handwerks

2.7 Gründung

> Die beiden wichtigsten Basisorganisationen, in denen der einzelne Betriebsinhaber im Handwerk oder im handwerksähnlichen Gewerbe nach der Handwerksordnung Mitglied sein kann oder muss, sind die Innung und die Handwerkskammer. Die Mitgliedschaft bei der Handwerkskammer ist Pflicht, die bei der Innung freiwillig.

Da die Innung die wichtigste fachlich orientierte Handwerksorganisation ist, sollte jeder selbstständige Handwerker Mitglied sein.
Hinsichtlich des Aufbaus, der Aufgaben, der Arbeit, der Strukturen, der Vorteile und des Nutzens der einzelnen Organisationsstellen des Handwerks >> Abschnitt 2.1.3 „Aufbau, Struktur und Aufgaben der Handwerksorganisationen".

2.7 Gründung

Übungs- und Prüfungsaufgaben

1. Sie haben als junger Handwerker die Absicht, einen eigenen Betrieb zu gründen. Bevor Sie Ihre Entscheidung treffen, wollen Sie selbstkritisch prüfen, ob Sie die persönlichen Eigenschaften haben, um als Selbstständiger erfolgreich zu werden.

   Aufgabe: Geben Sie an, welche selbstkritischen Fragen Sie sich dabei stellen!

   >> Seite 449 |

2. Als Existenzgründer machen Sie sich Gedanken über Ihr Unternehmensleitbild.

   Aufgabe: Stellen Sie wichtige Elemente dar, die Sie bei Ihrem Betrieb berücksichtigen sollten!

   >> Seite 449 |

3. Sie legen bei der Planung Ihrer Betriebsgründung in Ihrem Beruf das Produkt- und Leistungsprogramm fest. Im Zuge der zunehmenden Kundenorientierung in allen Bereichen der Wirtschaft und im Hinblick auf ein beabsichtigtes Höchstmaß an Kundenzufriedenheit wollen Sie die wichtigsten Kundendienstleistungen auflisten.

   Aufgabe: Stellen Sie Ihre geplanten Leistungen für diesen Bereich dar!

   >> Seite 451 |

4. Im Rahmen des Unternehmenskonzepts müssen Sie sich als Existenzgründer überlegen, welche Zielgruppen von Kunden Sie mit Ihren Produkten und Leistungen gewinnen wollen.

   Aufgabe: Welche zentralen Fragen müssen Sie sich dabei stellen?

   >> Seite 451 |

5. Im Rahmen der Vorbereitung Ihrer Existenzgründung prüfen Sie, welche Absatzmöglichkeiten und Absatzgebiete für Ihren Betrieb erreichbar sind.

   Aufgabe:
   a) Welche Informationsquellen stehen Ihnen dabei zur Verfügung?
   b) Stellen Sie die wichtigsten Kriterien der Absatzmarktbeurteilung dar, die Sie beachten sollen!

   >> Seite 452 |

2.7 Gründung

6. Bei der beabsichtigten Gründung Ihres Betriebes haben Sie in Bezug auf die Wahl des günstigsten Standorts eine Reihe von Standortfaktoren zu prüfen und entsprechend zu gewichten.

   Aufgabe:
   a) Beschreiben Sie die drei wichtigsten Bereiche, die Sie bei Ihrer Betriebsgründung beachten sollten!
   b) Stellen Sie fest, welche gesetzlichen und kommunalen Regelungen Ihre Standortwahl begrenzen können!

   >> Seite 453 |

7. Ein wichtiges Instrument regionaler Wirtschaftsförderung ist

   | a | die Gewerbeflächenpolitik.
   | b | die öffentliche Sicherheit.
   | c | das kulturelle Angebot.
   | d | die örtliche Marktregulierung.
   | e | die Festlegung der Preise für handwerkliche Leistungen durch die Gemeinde- oder Stadtverwaltung.

   >> Seite 454 |

8. Im Zuge der Planung Ihrer Betriebsgründung haben Sie eine Reihe von Rechtsfragen auf verschiedenen Rechtsgebieten zu klären.

   Aufgabe: Welche wichtigen Abklärungen sind notwendig:
   a) Auf dem Sektor des Handwerksrechts?
   b) Im Bereich des Handelsrechts?
   c) Auf steuerlichem Gebiet?
   d) Auf dem Gebiet des Bau-, Umweltschutz- und Abfallrechts?

   >> Seite 455 |

9. Die Arbeitsstättenverordnung regelt

   | a | die höchstzulässige Arbeitszeit für die Mitarbeiter.
   | b | die höchstzulässige Arbeitszeit für minderjährige Lehrlinge.
   | c | die räumlichen Anforderungen an die Arbeitsstätte.
   | d | die Versicherungspflicht der Arbeitnehmer in der Arbeitslosenversicherung.
   | e | die Versicherungspflicht der Arbeitnehmer in der betrieblichen Unfallversicherung.

   >> Seite 460 |

2.7 Gründung

10. Welche Rechtsformen kommen bei der Betriebsgründung eines Handwerksbetriebes in Frage?

    - [ ] a Nur Genossenschaften
    - [ ] b Nicht rechtsfähige Vereine
    - [ ] c Nur rechtsfähige Vereine
    - [ ] d Einzelunternehmen und Gesellschaften
    - [ ] e Körperschaften des öffentlichen Rechts

    >> Seite 460 |

11. Die Entscheidung über die Rechtsform hat für Sie als Existenzgründer eine wichtige Bedeutung.

    Aufgabe: Welche zentralen Fragen haben Sie sich hier zu stellen?

    >> Seite 460 |

12. Bei der Planung zur Gründung eines Handwerksbetriebes haben Sie die Betriebsgröße festzulegen.

    Aufgabe: Welche Maßstäbe sind hierbei zugrunde zu legen?

    >> Seite 461 |

13. Sie haben als Existenzgründer die zweckentsprechenden Betriebsräume für Ihren Betrieb zu planen.

    Aufgabe: Erläutern Sie, welche Faktoren Sie dabei beachten sollten!

    >> Seite 461 |

14. Für den Betriebsinhaber ist eine moderne, zweckentsprechende Büroorganisation unbedingt erforderlich.

    Aufgabe: Beschreiben Sie die grundsätzlichen diesbezüglichen Anforderungen für den zu gründenden Betrieb!

    >> Seite 462 |

15. Sie beabsichtigen, einen Betrieb zu gründen. Eine gründliche Ermittlung des Personalbedarfs und die anschließende Personalbeschaffung sind wichtige Voraussetzungen dafür, dass die Gründung Ihres Handwerksbetriebes erfolgreich sein wird.

    Aufgabe:
    a) Woran orientieren Sie den Personalbedarf?
    b) Welche wichtigen Anforderungsprofile stellen Sie an Ihre künftigen Mitarbeiter?
    c) Welche Grundsätze sollten Sie bei der Personalbeschaffung beachten?

    >> Seite 463 |

2.7 Gründung

16. Bevor die Entscheidung über die zur Gründung Ihres Betriebes vorgesehenen Investitionen von Ihnen gefällt wird, haben Sie einen Investitionsplan zu erstellen.

    Aufgabe: Welche Positionen enthält er in der Regel?

    >> Seite 464 |

17. Im Anschluss an den Investitionsplan und die Berechnung des Betriebsmittelbedarfs sowie vor der Anfertigung des Finanzierungsplanes ist der Gesamtkapitalbedarf für den zu gründenden Betrieb zu ermitteln. Dazu ist eine Kapitalbedarfsrechnung aufzustellen, die sowohl den Investitionsbedarf (längerfristiger Kapitalbedarf) als auch den Betriebsmittelbedarf (kurzfristiger Kapitalbedarf) enthält.

    Aufgabe: Beschreiben Sie die wichtigsten Positionen!

    >> Seite 466 |

18. Um eine gesicherte Finanzierung des neu zu gründenden Betriebes sicherzustellen, ist ein Finanzierungsplan aufzustellen, der den Gesamtkapitalbedarf deckt.

    Aufgabe: Stellen Sie fest, welche Gliederungspunkte dieser Plan bei der Betriebsgründung in der Regel enthalten muss!

    >> Seite 467 |

19. Für die im Zusammenhang mit der Betriebsgründung aufgenommenen Kredite und Darlehen sind vom Betrieb künftig Zins- und Tilgungsleistungen aufzubringen.

    Aufgabe: Erläutern Sie, wie Sie im vorliegenden Fall bei der Berechnung des Kapitaldienstes vorgehen!

    >> Seite 467 |

20. Bei der Gründung von selbstständigen Existenzen gewähren Bund und Länder Finanzierungshilfen, die sich durch günstige Zins- und Tilgungskonditionen auszeichnen. Sie wollen prüfen, ob solche Finanzierungshilfen für Ihre Betriebsgründung zum Tragen kommen können.

    Aufgabe: Stellen Sie die wichtigsten Unterlagen zusammen, die bei Beantragung öffentlicher Finanzierungshilfen vorgelegt werden müssen!

    >> Seite 469 |

2.7 Gründung

21. Sie beabsichtigen, einen Handwerksbetrieb zu gründen. Dabei gehen Sie von der Mindestvoraussetzung aus, dass der zu gründende Betrieb für Ihre privaten Ausgaben, wie Lebensunterhalt, Wohnung, soziale Absicherung und Zahlung von Steuern, auch in der Anfangsphase mindestens so viel „abwerfen" muss wie Ihre jetzige Tätigkeit als Arbeitnehmer. Um dies feststellen zu können, müssen Sie die privaten Ausgaben summieren und dem voraussichtlich für diesen Zweck zur Verfügung stehenden „betrieblichen Kassenzufluss" gegenüberstellen.

    Aufgabe: Erklären Sie, wie Sie im Einzelnen vorgehen, um zum gewünschten Ergebnis zu kommen!

    >> Seite 470 |

22. Für den von Ihnen zu gründenden Betrieb müssen, um letztlich das erfolgreiche und dauerhafte betriebliche Wirtschaften im Sinne der gewünschten Zielgrößen zu erreichen bzw. dies beurteilen zu können, entsprechende Berechnungen für die Kostenplanung, Wertschöpfung, Umsatzplanung (Mindestumsatz), Gewinnplanung und Rentabilitätsvorschau vorgenommen werden.

    Aufgabe: Folgende Fragen leiten Sie zu den notwendigen Berechnungsvorgängen:
    a) Welche wichtigen Hauptpositionen muss der Kostenplan enthalten?
    b) Wie werden die Wertschöpfung und der notwendige sowie der erreichbare Mindestumsatz berechnet?
    c) Erläutern Sie das Schema für den Gewinnplan bzw. die Rentabilitätsvorschau!

    >> Seiten 471 bis 474 |

23. Bei der Planung Ihres Betriebes müssen Sie vorrangig darauf achten, dass die Zahlungsfähigkeit immer gegeben ist. Dazu braucht man als Planungs- und Kontrollinstrument einen Finanz- und Liquiditätsplan, um rechtzeitig Maßnahmen zur Beseitigung von Unterdeckungen treffen zu können.

    Aufgabe:
    a) Geben Sie an, wie ein Finanz- und Liquiditätsplan bei Ihrer Betriebsgründung aussieht!
    b) Erläutern Sie Maßnahmen zur Beseitigung von Unterdeckungen beim Liquiditätsplan!

    >> Seite 475 |

24. Ein zweckmäßiges Rechnungswesen ist für Sie als Existenzgründer eine unabdingbare Voraussetzung für eine erfolgreiche Betriebsführung. Das Rechnungswesen muss einerseits den gesetzlichen Anforderungen entsprechen und andererseits über seine Auswertung stets die zur Planung, Steuerung und Kontrolle notwendigen Chefdaten liefern.

    Aufgabe:
    a) Erklären Sie, wie Sie bei der Einrichtung der Buchführung und des Rahmens für den Jahresabschluss im vorliegenden Fall vorgehen!
    b) Erläutern Sie, welche Schritte bei der Einrichtung von Kostenrechnung und Kalkulation wichtig sind?

    >> Seite 475 |

25. Die EDV ist auch für Sie als Betriebsgründer ein unabdingbarer Bestandteil jeder fortschrittlichen Betriebsorganisation.

    Aufgabe: Erklären Sie, wie Sie bei der Einrichtung des EDV-Systems vorgehen!

    >> Seite 476 |

26. Mit der Selbstständigmachung verlassen Sie als Existenzgründer das soziale Netz, das Sie bisher für verschiedene personenbezogene Lebensrisiken abgesichert hat. Ferner müssen Sie für eine Reihe von Risiken des betrieblichen Bereichs Vorsorge treffen.

    Aufgabe:
    a) Stellen Sie die wichtigsten Versicherungsarten zusammen, die für die Risikoabsicherung in Ihrem privaten Bereich zweckmäßig sind!
    b) Stellen Sie wichtige Versicherungsarten, die für die Abdeckung betrieblicher Risiken in Frage kommen, dar!

    >> Seite 477 |

27. Bei der Gründung Ihres Betriebes haben Sie verschiedene Anmeldungen bei Ämtern und anderen Einrichtungen vorzunehmen.

    Aufgabe: Erläutern Sie die wichtigsten Anmeldungen!

    >> Seite 478 |

28. Sie haben alle wesentlichen Vorbereitungen für die Betriebsgründung getroffen. Nunmehr steht der Tag der Geschäftseröffnung bevor.

    Aufgabe: Erläutern Sie, wie Sie diesen Tag vorbereiten, damit eine positive Wirkung nach außen erreicht wird!

    >> Seite 479 |

2.7 Gründung

29. Am Geschäftseröffnungstag wollen Sie als Existenzgründer Ihre künftigen Kunden und die Öffentlichkeit über die wichtigsten Ziele, Produkte und Leistungen des Betriebes informieren. Dazu ist es zweckmäßig, ein Aktionsblatt zur Geschäftseröffnung zu erstellen.

    Aufgabe: Beschreiben Sie kurz die wichtigsten Inhalte Ihres Aktionsblattes!

    >> Seite 479 |

30. In der Einführungsphase Ihres neu gegründeten Betriebes am Markt sind geeignete Marketingmaßnahmen gezielt einzusetzen, um Kunden zu gewinnen.

    Aufgabe: Stellen Sie für Ihren Betrieb die wichtigsten Maßnahmen für die Einführungsphase zusammen!

    >> Seite 480 |

31. Sie haben einen Handwerksbetrieb gegründet und wollen nun in der Einführungsphase am Markt eine zielgruppenorientierte, auf ein bestimmtes räumliches Gebiet abgestellte Werbung durchführen.

    Aufgabe: Beschreiben Sie kurz die wichtigsten Werbemittel, die Sie dabei einsetzen werden!

    >> Seite 480 |

32. Ein Inhaber eines Handwerksbetriebes will in absehbarer Zeit seinen Betrieb aus Altersgründen an einen geeigneten Nachfolger übergeben.

    Aufgabe: Welche Punkte hat er dabei zu beachten?

    >> Seite 482 |

33. Sie sind ein Handwerker, der sich selbstständig machen will. Dabei haben Sie grundsätzlich die Möglichkeit, entweder einen Handwerksbetrieb neu zu gründen oder einen schon bestehenden Betrieb zu übernehmen. Um Ihre Entscheidung für den einen oder anderen Fall zu treffen, ist es notwendig, die Vor- und Nachteile einer Betriebsübernahme gegeneinander abzuwägen.

    Aufgabe: Stellen Sie für Ihre Entscheidung die Vor- und Nachteile zusammen und wägen Sie diese gegeneinander ab!

    >> Seite 482 |

34. Als junger Handwerksmeister haben Sie für sich die Entscheidung getroffen, das Ziel der beruflichen Selbstständigkeit auf dem Weg einer Betriebsübernahme zu verwirklichen.

    Aufgabe: Geben Sie an, welche Grundformen es hierfür gibt!

    >> Seite 483 |

2.7 Gründung

35. Der Inhaber eines Handwerksbetriebes will seinen Betrieb aus Altersgründen abgeben. Er bietet Ihnen den Betrieb zur Übernahme an. Sie wollen sich möglichst umfassend über die vergangene Entwicklung, den aktuellen Zustand sowie die künftigen Entwicklungsmöglichkeiten des Betriebes informieren.

   Aufgabe:
   a) Erklären Sie, auf welche wichtigsten Kriterien Sie bei der Beurteilung der bisherigen Entwicklung des Betriebes in den letzten Jahren achten!
   b) Beschreiben Sie die Kriterien, nach denen Sie den aktuellen Zustand des Betriebes beurteilen!
   c) Welche Fragen haben Sie bei der Beurteilung der künftigen Entwicklung des zu übernehmenden Betriebes zu klären, und welche Berechnungen nehmen Sie konkret vor?
   d) Erstellen Sie anhand eines Schemas eine Gewinnplanung bzw. Rentabilitätsvorschau zur Beurteilung der Zukunftsentwicklung des Betriebes!

   >> Seiten 483 bis 486 |

36. Wer ist für die Abklärung bzw. Genehmigung von Neu-, An- und Umbauten zuständig, die im Zuge einer Betriebsübernahme vorgenommen werden?

   - [ ] a Die Innung
   - [ ] b Die Handwerkskammer
   - [ ] c Die Industrie- und Handelskammer
   - [ ] d Das zuständige Gewerbeamt bei der Gemeinde
   - [ ] e Die Baubehörde der Gemeinde

   >> Seite 487 |

37. Welche Aussage ist zutreffend?

   - [ ] a Der Bestandsschutz eines bestehenden Betriebes geht nicht immer auf den Erwerber über.
   - [ ] b Der Bestandsschutz eines bestehenden Betriebes geht immer auf den Erwerber über.
   - [ ] c Der Bestandsschutz eines bestehenden Betriebes gilt für den Erwerber nur, wenn er von der Innung genehmigt wird.
   - [ ] d Der Bestandsschutz eines bestehenden Betriebes gilt für den Erwerber nur, wenn er von der Handwerkskammer genehmigt wird.
   - [ ] e Der Bestandsschutz eines bestehenden Betriebes gilt für den Erwerber nur, wenn er vom zuständigen Landeswirtschaftsministerium genehmigt wird.

   >> Seite 487 |

2.7 Gründung

38. Als Handwerksmeister haben Sie die Absicht, einen Ihnen zur Übernahme angebotenen Handwerksbetrieb durch Kauf zu erwerben. Damit Ihr Vorhaben finanziell tragbar ist und die Möglichkeit eröffnet wird, eine sichere, langfristige Existenzgrundlage für Sie und Ihre Familie zu schaffen, muss der Kaufpreis des Betriebes angemessen sein. Der Wertermittlung des Betriebes kommt somit eine zentrale Bedeutung zu. Für die Durchführung der Bewertung und die Kaufpreisermittlung sind eine Reihe von Unterlagen notwendig.

    Aufgabe: Wie gehen Sie bei der Wertermittlung vor?
    a) Geben Sie an, wie Sie den Substanzwert des Betriebes ermitteln!
    b) Welche Faktoren und Elemente gehen in die Bildung des Kapitalisierungszinssatzes ein?
    c) Erläutern Sie, auf welchen Faktoren der Ertragswert beruht und wie er berechnet wird!
    d) Erklären Sie, wie sich der Firmenwert des zu übernehmenden Betriebes ergibt!

    >> Seiten 487 bis 490 |

39. Sie befinden sich als Betriebsübernehmer, nachdem Einigkeit über den Kaufpreis besteht, in Verhandlungen über die Zahlungsmodalitäten des Kaufpreises.

    Aufgabe: Erläutern Sie die geläufigsten Zahlungsmöglichkeiten!

    >> Seite 491 |

40. Als Handwerker liegt Ihnen ein Angebot vor, einen Handwerksbetrieb pachtweise zu übernehmen. Sie wollen das Angebot annehmen.

    Aufgabe: Erläutern Sie, auf welche wichtigen Regelungsinhalte Sie beim Abschluss des Pachtvertrages achten sollten!

    >> Seite 491 |

41. Nachdem Sie Ihre Meisterprüfung mit Erfolg bestanden haben, will Ihnen Ihr Vater seinen Handwerksbetrieb übergeben. Es handelt sich also um eine Betriebsübergabe innerhalb der Familie. Dabei sind unterschiedliche Gestaltungsformen denkbar.

    Aufgabe: Stellen Sie zwei der geläufigen Standardformen bei der Betriebsübergabe innerhalb der Familie dar!

    >> Seite 492 |

42. Im Rahmen der Übernahme eines Handwerksbetriebes haben Sie als Übernehmer auch die Frage zu prüfen, inwieweit sich für Sie gesetzliche und vertragliche Pflichten sowie Haftungskriterien ergeben.

    Aufgabe: Stellen Sie dar, welche diesbezüglichen Pflichten und Risiken für Sie als Übernehmer bestehen!

    >> Seite 492 |

2.7　Gründung

43. Wer fördert Betriebsübernahmen durch finanzielle Zuwendungen bzw. zinsgünstige Kredite in erster Linie?

    - [ ] a　Die Innungen
    - [ ] b　Die Handwerkskammern
    - [ ] c　Die Gemeinde- und Stadtverwaltungen
    - [ ] d　Der Bund und die Länder
    - [ ] e　Die Handwerksförderungsinstitute

    >> Seite 494 |

44. Sie haben als Handwerksmeister einen Betrieb übernommen. Dabei sind mehrere Formalitäten, Mitteilungen und Änderungsmeldungen an Behörden und sonstige Einrichtungen erforderlich.

    Aufgabe: Erläutern Sie die notwendigen Formalitäten, Mitteilungen und Meldungen!

    >> Seite 494 |

45. Im Rahmen Ihrer beruflichen Lebensplanung haben Sie sich vorgenommen, selbstständig tätig zu werden. Dabei beziehen Sie in Ihre Überlegungen auch die Frage ein, ob Sie diesen Weg allein oder zusammen mit einem Partner gehen wollen. Deshalb wollen Sie die Vorteile der Tätigkeit als Einzelunternehmer oder in Partnerschaft gegeneinander abwägen.

    Aufgabe: Stellen Sie für den vorliegenden Fall fest:
    a) Die Vorteile der alleinigen Tätigkeit als Einzelunternehmer!
    b) Die Vorteile einer partnerschaftlichen Tätigkeit!

    >> Seite 495 |

46. Im Zusammenhang mit der Planung der Gründung eines Handwerksbetriebes haben Sie sich entschieden, die berufliche Selbstständigkeit nicht allein als Einzelunternehmer, sondern in Partnerschaft mit einem Berufskollegen umzusetzen. Es ist Ihnen klar, dass die sorgfältige Prüfung und Auswahl des Partners eine wichtige Voraussetzung dafür ist, ob der gemeinsame Betrieb erfolgreich sein wird oder in einem Misserfolg endet.

    Aufgabe: Erläutern Sie die wichtigsten Fragen, die bei der Auswahl des Partners zu stellen sind!

    >> Seite 495 |

47. Nach bestandener Meisterprüfung wollen Sie sich im Zuge Ihrer beruflichen Lebensplanung selbstständig machen. Sie haben die Absicht, keinen neuen Betrieb zu gründen, sondern sich an einem bestehenden Betrieb zu beteiligen. Nunmehr liegt Ihnen ein entsprechendes Angebot eines Kollegen vor.

    Aufgabe: Welche Rechtsformen können dabei in Frage kommen?

    >> Seite 496 |

2.7 Gründung

48. Welche allgemeinen Bedingungen sollte ein Businessplan in jedem Fall erfüllen?

    >> Seite 498 |

49. Welche wichtigen Gliederungspunkte sollte ein Businessplan enthalten?

    >> Seite 498 |

50. Um existenzgefährdende Fehler bei der Betriebsgründung oder Betriebsübernahme zu vermeiden, wollen Sie sich gründlich beraten lassen.

    Aufgabe: Erklären Sie, welche speziellen Beratungsangebote Sie für diese beiden Fälle in Anspruch nehmen können!

    >> Seite 500 |

51. Bei welchem Bildungsträger ist es am zweckmäßigsten, spezielle Kurse oder Lehrgänge für die Betriebsgründung oder Betriebsübernahme im Handwerk zu besuchen?

    - [ ] a Beim zuständigen Gewerbeamt
    - [ ] b Bei der zuständigen Handwerkskammer
    - [ ] c Beim Gewerbeaufsichtsamt
    - [ ] d Bei der Volkshochschule
    - [ ] e Bei der Steuerberaterkammer

    >> Seite 501 |

Lösungen

zu den Übungs- und Prüfungsaufgaben

1 Handlungsfeld: Grundlagen des Rechnungswesens und Controllings

1.1 Buchführung

1. d)	6. –	11. –	16. –	21. c)	26. c)	31. –
2. b)	7. c)	12. –	17. d)	22. b)	27. a)	
3. –	8. a)	13. a)	18. –	23. a)	28. e)	
4. b)	9. b)	14. –	19. a)	24. –	29. –	
5. d)	10. –	15. b)	20. –	25. e)	30. a)	

1.2 Jahresabschluss und Grundzüge der Auswertung

1. a)	4. e)	7. –	10. –	13. c)
2. a)	5. –	8. –	11. –	14. d)
3. b)	6. a)	9. c)	12. e)	15. –

1.3 Kosten- und Leistungsrechnung

1. d)	8. d)	15. d)	22. –	29. –	36. –	43. –
2. b)	9. a)	16. a)	23. a)	30. d)	37. a)	44. –
3. a)	10. d)	17. b)	24. b)	31. a)	38. –	45. d)
4. e)	11. –	18. –	25. e)	32. e)	39. b)	46. –
5. –	12. –	19. e)	26. d)	33. c)	40. b)	47. –
6. a)	13. d)	20. –	27. e)	34. a)	41. –	48. –
7. –	14. a)	21. b)	28. e)	35. b)	42. –	49. c)

1.4 Controlling

1. –	4. –	7. –	10. d)	13. b)	16. –	19. –
2. d)	5. –	8. –	11. e)	14. –	17. a)	20. –
3. b)	6. –	9. –	12. b)	15. –	18. –	

2 Handlungsfeld: Grundlagen wirtschaftlichen Handelns im Betrieb

2.1 Das Handwerk in Wirtschaft und Gesellschaft

1. –	9. e)	17. –	25. d)	33. –	41. a)	49. –
2. a)	10. d)	18. –	26. –	34. –	42. a)	50. –
3. –	11. b)	19. –	27. a)	35. –	43. –	51. –
4. d)	12. –	20. –	28. a)	36. b)	44. –	52. –
5. –	13. –	21. d)	29. e)	37. d)	45. d)	
6. –	14. –	22. c)	30. d)	38. e)	46. –	
7. –	15. –	23. b)	31. b)	39. b)	47. –	
8. –	16. –	24. a)	32. d)	40. –	48. –	

Lösungen

2.2 Marketing

1. e)	7. –	13. –	19. d)	25. b)	31. –
2. –	8. –	14. e)	20. –	26. –	32. –
3. –	9. –	15. b)	21. –	27. –	33. c)
4. –	10. a)	16. –	22. –	28. –	34. –
5. –	11. –	17. –	23. –	29. –	35. e)
6. –	12. –	18. b)	24. –	30. –	36. –

2.3 Organisation

1. –	6. c)	11. –	16. –	21. –	26. b)	31. –
2. a)	7. –	12. –	17. –	22. –	27. –	32. –
3. –	8. –	13. b)	18. –	23. e)	28. –	33. –
4. –	9. –	14. –	19. –	24. –	29. c)	
5. –	10. –	15. –	20. –	25. –	30. –	

2.4 Personalwesen und Mitarbeiterführung

1. –	5. b)	9. d)	13. –	17. b)	21. b)	25. –
2. –	6. –	10. –	14. e)	18. –	22. –	
3. a)	7. –	11. –	15. –	19. –	23. –	
4. –	8. d)	12. –	16. a)	20. –	24. –	

2.5 Finanzierung

1. –	8. e)	15. –	22. c)	29. –	36. –	43. –
2. –	9. –	16. –	23. c)	30. –	37. –	44. a)
3. –	10. –	17. d)	24. e)	31. –	38. d)	
4. –	11. a)	18. –	25. –	32. –	39. e)	
5. –	12. –	19. –	26. –	33. –	40. –	
6. –	13. –	20. c)	27. b)	34. –	41. –	
7. –	14. –	21. b)	28. –	35. –	42. –	

2.6 Planung

1. –	4. e)	7. –	10. –	13. –	16. –	19. –
2. –	5. –	8. –	11. d)	14. –	17. –	20. –
3. c)	6. –	9. b)	12. –	15. e)	18. –	

2.7 Gründung

1. –	9. c)	17. –	25. –	33. –	41. –	49. –
2. –	10. d)	18. –	26. –	34. –	42. –	50. –
3. –	11. –	19. –	27. –	35. –	43. d)	51. b)
4. –	12. –	20. –	28. –	36. e)	44. –	
5. –	13. –	21. –	29. –	37. a)	45. –	
6. –	14. –	22. –	30. –	38. –	46. –	
7. a)	15. –	23. –	31. –	39. –	47. –	
8. –	16. –	24. –	32. –	40. –	48. –	

Stichwortverzeichnis

A

Abbuchungsauftragsverfahren	417
ABC-Analyse	262
Abfallberater	459
Abfallwirtschaft	459
Abgeleitete Buchführungspflicht	16
Ablageorganisation	316
Ablauforganisation	309
Abmahnung	322
Abschlussbuchungen	49, 71
Abschlussübersicht	50
Abschreibungen	43, 104
Absicherung der Risiken	443
Absolute Zahlen	198
Abteilung	340
Abteilungsbildung	339
Abzahlungsdarlehen	401
Akten- und Dateiablage	317
Aktenordnung	316
Aktionsblatt zur Geschäftseröffnung	479
Aktiva	90
Aktive Rechnungsabgrenzung	47
Aktivierungsgebot	102
Aktivierungsverbot	102
Aktivierungswahlrecht	102
Aktivkonten	24, 29
Aktivtausch	24
Akzeptkredit	401
Alleinstellungsmerkmal	266
Allgemeines Gleichbehandlungsgesetz	363
Alpha-Nummern-Ordnung	317
Alternativensuche	437
Amerikanische Buchführung	51, 53
Amerikanisches Journal	53
Analyse der bisherigen Entwicklung des Betriebes	485
Analyse des Betriebes	483
Analyse kostenbeeinflussender Faktoren	180
Anforderungsprofil	363
Angebot	133
Angebotserfolg	202
Angebotspreis	163
Anhang	88
Anlagendeckung I	121, 203
Anlagendeckung II	122, 204
Anlagenintensität	118, 203
Anlagevermögen	91, 114
Anmeldungen	478
Annuitätendarlehen	401
Anschaffungskosten	102, 141
Anweisung	379
Anwendung der Kostenrechnung	179
Anwendungsbereiche der EDV	333
Anzeigengestaltung	281
Anzeigenwerbung	281
Äquivalenzziffernrechnung	167
Arbeit	213
Arbeitgeberverbände	246
Arbeits- und Leistungsbewertung	377
Arbeitsanfall	314
Arbeitsbewertung	376
Arbeitsergebnisse	344
Arbeitsleistungsfaktoren	366
Arbeitsmedizin	366
Arbeitspsychologie	366
Arbeitssicherheit	386
Arbeitssicherheitsgesetz	460
Arbeitsstättenverordnung	460
Arbeitsteilung	218
Arbeitsverteilung	310
Arbeitszeiterfassungsbelege	137
Arbeitszeitmodelle	314
Arbeitszeitverkürzungen	366
Arbeitszeugnis	371
Arten der Finanzierung	397
Arten der Preisbildung	277
Arten der Werbung	279
Audit	312
Aufbau der Handwerksorganisation	228
Aufbauorganisation	339
Aufbewahrung	15
Aufbewahrungsfristen	20
Aufgaben	237
Aufgaben der Kostenrechnung	133
Aufgaben der Kreishandwerkerschaft	232

Aufgaben der Wirtschaftspolitik		217
Aufgaben des Handwerks		219
Aufgabenanalyse		340
Aufgabensynthese		341
Aufsicht	231, 232, 234, 236	
Auftrag		379
Auftragsbestätigung		321
Auftragsgröße		202
Auftragszettel		137
Aufwand		95
Aufwandskonten		24, 29
Aufzeichnungen		17
Aufzeichnungserleichterungen		18
Aufzeichnungspflichten		41
Ausbildungsberater		244
Auseinandersetzungsbilanz		94
Ausfallbürgschaften		411
Ausgaben		94
Ausgliederung von Buchführungsarbeiten		55
Ausnahmebewilligungen		235
Ausschuss für Berufsbildung		231
Ausschuss zur Schlichtung von Streitigkeiten		231
Ausschüsse	230, 232, 236, 237	
Außenbeitrag		214
Außenfinanzierung		397
Außenwerbung		281
Außenwirtschaft		243
Außerordentlicher Aufwand		136
Aussprache		383
Ausstellungen		234, 286
Austrittsquote		200
Ausübungsberechtigungen		235
Auswertung der Bilanz		115
Auswertung der Gewinn- und Verlustrechnung		123
Auswertung von Bilanz und Gewinn- und Verlustrechnung		126
Auswertung von Zwischenabschlüssen		128
Automatikbuchungen		55
Automatisierung		346
Autoritärer Führungsstil		380
Autorität		385

B

B2A		337
B2B		337
B2C		337
Backbones		335
Back-up		328
Balanced Scorecard		206
Bankscheck		417
Banküberweisung		416
Bankverbindung		404
Bargeldlose Zahlung		414, 416
Barscheck		418
Barzahlung		415
Bauplanungsrecht		454
Baurecht		456
Bedarf		213
Bedarfsdeckung		220
Bedürfnisse		213
Befragungen		267
Befragungswege		267
Begleitkalkulation		165
Beispiel eines Betriebsabrechnungsbogens		161
Beispiel für eine Bilanzanalyse		115
Beispiel zur Deckungsbeitragsrechnung		178
Beispiel zur doppelten Buchführung		64
Beispiele zur Zuschlagskalkulation		171
Beiträge	231, 232, 236, 237	
Belege		32
Belegpflicht		17
Belegprinzip		20
Belegspeicherung		21
Benchmarking		440
Beratung		414
Beratungsbereiche		241, 244
Beratungsdienste		234
Beratungsdienste der Handwerksorganisationen		239
Beratungsleistungen zur Betriebsgründung und Betriebsübernahme		500
Berechnung des Materialaufwands		44
Bereinigter Betriebsgewinn		114

Berufsbild	451	Betriebszahlen	222
Berufsbildungs- und Technologiezentren	347	Bewegungsbilanz	59
		Bewegungsdaten	330
Berufsgenossenschaften	386, 460	Bewerbungsschreiben	323
Berufshandwerk	218	Bewerbungsunterlagen	364
Beschaffung	298	Bewertung	15
Beschaffungsmärkte	298	Bewertungsbedingte Zusatzkosten	137
Beschaffungsmarkterkundung	298	Bewertungsbegriffe	101
Beschaffungsobjekte	299	Bewertungsgrundsätze	103
Beschäftigtenzahlen	223	Bewertungskontinuität	103
Beschwerdemanagement	294	Bewertungsmaßstäbe	101
Bestandskonten	24, 29	Bewertungsvorschriften	101
Bestandsschutz	487	Beziehungszahlen	199
Bestandsverzeichnis	37	Bezugsmengen	300
Besteuerungsgrundlagen	16	Bezugsquellen	299
Beteiligungsfinanzierung	397	Bezugsquellenkatalog	299
Betriebliche Einheitspreise	142	Bilanz	91
Betrieblicher Bestandsschutz	487	Bilanzanalyse	111
Betrieblicher Gewinn	114	Bilanzansätze	15
Betrieblicher Preis	133	Bilanzarten	94
Betriebliches Sozialwesen	385	Bilanzidentität	101, 103
Betriebsabrechnungsbogen	148, 149, 161, 179	Bilanzierungsgrundsätze	101, 114
		Bilanzklarheit	101
Betriebsberatung	242	Bilanzkontinuität	101
Betriebsbeteiligung	481	Bilanzkritik	111
Betriebsbewertung	487	Bilanzmindestinhalt	88
Betriebsbörsen	234	Bilanzübersicht	50
Betriebseinrichtung	462	Bilanzverkürzung	24
Betriebsfremder Aufwand	136	Bilanzverlängerung	24
Betriebsfunk	325	Bilanzwahrheit	101
Betriebsgröße	223	Bildungszentren	234
Betriebsklima	384	Bonität	404
Betriebsleistung	114	Bonitätsprüfungsverfahren	404
Betriebsmittelbedarf	465	Börsenkurs	102
Betriebsräume	461	Brainstorming	440
Betriebsstoffe	140	Briefabschluss	319
Betriebsübergabe	482	Briefkopf	319
Betriebsübernahme	481, 483	Briefrand	319
Betriebsvergleich	274	Brieftext	319
Betriebsvermittlungsbörsen	481	Bruttoaufzeichnung	18
Betriebsvermögensvergleich	96	Bruttoinlandsprodukt	214
Betriebswirtschaftliche Auswertung	58, 59	Bruttoinvestition	392
		Bruttoverbuchung	42
Betriebswirtschaftliche Beratung	241	Bücherarten	52

Buchführung	13, 475	Controlling	195
Buchführung auf EDV-Basis	51, 54	Corporate Identity	292
Buchführung und Jahresabschluss	13	CPU	326
Buchführungsmethoden	51	CRM	264
Buchführungspflicht	16		
Buchführungssysteme	22		
Buchführungsvorschriften	15	**D**	
Buchgeld	215	Darlehen	401
Buchstellen	56	Darlehensformen	401
Buchung	23	DAT-Bänder	328
Buchung bei Rechnungsausgang	42	Daten	330
Buchung bei Rechnungseingang	41	Datenausgabe	55
Buchungen bei der Umsatzsteuer	41	Datenaustausch	57
Buchungsregeln	32	Datenbanken	243, 299, 348
Buchungssätze	32, 68	Datenträger	20
Buchwert	44	Datenverarbeitung außer Haus	58
Budget	206	Datenverlust	328
Budgetierung	206	DATEV-Kontenrahmen	30
Bündelfunk	325	Dauerauftrag	416
Bundesinnungsmeister	238	Deckungsbeitrag	178
Bundesinnungsverband	237	Deckungsbeitragsrechnung	178
Bundesverband der Deutschen Industrie (BDI)	246	Denkmalpflege	227
		Design	227, 244, 293
Bundesvereinigung der Deutschen Arbeitgeberverbände (BDA)	246	Deutscher Gewerkschaftsbund (DGB)	247
Bürgschaft	404	DHKT	228
Bürgschaftsbanken	410	Dienstleistungen	222
Büroorganisation	462	Direktmarketing	281
Businessplan	448, 498	Diskontkredit	401
		Divisionale Organisation	343
C		Divisionskalkulation	166
		Do-it-yourself	352
C2C	337	Domain	336
CAD	346	Doppelte Buchführung	23
CAM	346, 347	Dorfgebiet	457
CAQ	346, 347	Durchschreibebuchführung	51, 53
Cashflow	128, 204	DVD	326
Chancen des Handwerks	222, 224, 226		
Christlicher Gewerkschaftsbund (CGB)	247	**E**	
CIM	346, 347	ec-Karte	419
CNC	346	EDV	334
Coaching	369	EDV-Anlage	332
Computervirus	328	EDV-Beratung	243

EDV-Einführung	331
EDV-Einsatz	330
EDV-Nutzen	331
EDV-System	476
Effektive Kosten	134, 136
Effektivlohn	143
Eigener Wechsel	422
Eigenfinanzierung	397
Eigenkapital	91, 97, 114
Eigenkapitalintensität	119, 203
Eigenkapitalkonto	49
Eigenkapitalrendite	205
Eigenkapitalrentabilität	126
Einfache Buchführung	22
Eingabedaten	330
Einkaufsplanung	298
Einnahmen	94
Einstandspreis	170
Einstufige Divisionskalkulation	166
Eintragung in die Handwerksrolle	455
Einzelbewertung	103
Einzelkosten	134, 140, 168
Einzelwerbung	280
Einzugsermächtigungsverfahren	417
Elektronische Datenverarbeitung	23
Elektronische Geldbörse	420
Elektronische Signatur	337
Elektronischer Briefkasten	324
E-Mail	337
E-Mail-Werbung	281
EMAS	244
EMAS-Verordnung	314
Empfehlungsmarketing	295
Endkostenstellen	149
Energie	244
Entlohnung	375
Entscheidung	437
Entscheidungsunterstützung	180
Erbfolge	492
Erfolgskonten	24, 29
Erfolgsrechnung	174
Erleichterungen bei der Aufzeichnungspflicht	21
Erleichterungen bei der Lohnabrechnung	19
Erlösarten	174
Erlösrechnung	174
Erlösstellen	175
Ermittlung des Marktanteils	265
Eröffnungsbilanz	15
Eröffnungstag	479
Ersatzinvestition	392
Erscheinungsbild	292
Ertrag	95
Ertragskonten	24, 30
Ertragswirtschaftliche Bilanzanalyse	112
Erweiterter Cashflow	470
EU	233
EU-Beratung	243
Euro	215, 243
Europäische Währungsunion	215
Europäische Zentralbank (EZB)	215
Excel	329
Existenzaufbau-Finanzierungsmodelle	468
Existenzaufbaupläne	410
Existenzgründer	236
Existenzgründung	241
Exportberatungsstellen	243

F

Fachkontenrahmen	30
Fachliche Organisation	228
Fachliches Können	367
Fachliteratur zur Existenzgründung und Betriebsübernahme	501
Fachtagungen	240
Facility Management	351
Factoring	409
Fehlersuche	196
Fehlzeitenquote	200
Fertigungsgemeinkosten	146
Fertigungslöhne	142
Fertigungswirtschaftliche Kennzahlen	200
Festdarlehen	401

Finanz- bzw. Liquiditätsplanung	393
Finanzierung	392
Finanzierung der Betriebsübernahme	494
Finanzierungsanlässe	396
Finanzierungsplan	412, 467
Finanzierungsregeln	413
Finanzplan	393
Finanzwirtschaft	392
Finanzwirtschaftliche Bilanzanalyse	112
Finanzwirtschaftliche Kennzahlen	203
Firewall	328
Firmenwert	102
Firmenzeichen	293
Fixe Kosten	134, 147
Flash-Cards	326
Förderung der beruflichen Bildung	234
Forderungsabtretung	403
Förderungsmaßnahmen zur Betriebsübernahme	494
Forfaitierung	409
Formalitäten bei der Betriebsübernahme	494
Formalitäten bei der Gründung	478
Formen der Beteiligung	496
Formen des Geldes	215
Formgebung	227, 244
Formgebungsberatung	244
Formgestaltung	244
Forschungsergebnisse	241
Forschungsinstitute des DHI	241
Franchising	290
Freiberufliche Beratung	242
Freie Marktwirtschaft	216, 217
Fremdfinanzierung	399
Fremdkapital	91
Fremdkapitalintensität	120, 203
Führungskraft	378
Führungsstil	380
Führungstechniken	381
Funktionale Organisation	342

G

Gegenbuchung	23
Geld	215
Gemeinkosten	134, 143, 152, 168
Gemeinkostenlöhne	144
Gemeinkostenschlüssel	150
Gemeinschaftskontenrahmen	30
Gemeinschaftsrechenzentren	56
Gemeinschaftswerbung	280
Gemischte Geschäftsvorfälle	24
Generalunternehmen	350
Geordnete Buchung	20
Geringwertige Wirtschaftsgüter	39
Gesamtfinanzierung	412
Gesamtkapitalbedarf	411
Gesamtkapitalrendite	205
Gesamtkapitalrentabilität	127, 205
Gesamtkostenverfahren	96
Gesamtübersicht Handwerksorganisation	229
Geschäftsbrief	318
Geschäftseröffnung	479
Geschäftsplan	448
Geschäftsprozessoptimierung	345
Gesellenausschuss	231
Gesellenprüfung	235
Gesellenprüfungsausschuss	231
Gesellenvereinigungen	239
Gesetzliche und vertragliche Pflichten	492
Gesundheitsschutz	386, 460
Gewerbegebiet	457
Gewerkschaften	247
Gewinn	95
Gewinn- und Verlustrechnung	94, 95
Gewinn- und Wagniszuschlag	165
Gewinnplan	473
Gewinnschwelle	181
Gewinnspanne	164
Gezogener Wechsel	422
Girocard	419
Gleichgültigkeitsstil	380
Gleitzeitmodelle	314

Gliederungsvorschriften	92
Gliederungszahlen	198
Große Kapitalgesellschaften	90
Grundbuch	403
Grundbücher	52
Gründeragenturen	234
Grundkosten	136
Grundpfandrechte	403
Grundregeln der Mitarbeiterbehandlung	382
Grundsätze der Menschenführung	382
Grundsätze ordnungsmäßiger Buchführung	15, 30, 53, 54, 96
Grundsätze ordnungsmäßiger DV-gestützter Buchführungssysteme	54
Grundschuld	403
Gründung	448
Gründungsbilanz	94
Gruppe	385
Gruppenführer	385
Gruppenorganisation	315

H

Haben-Saldo	38
Halbbare Zahlung	414
Handelsbilanz	101
Handelsrecht	455
Handelsrechtliche Bewertungsvorschriften	101
Handelsregister	455
Handelsspanne	171
Handlungsanleitungen	453
Handlungsorientierte Kundenbeeinflussung	286
Handwerk	224, 225
Handwerksdesign	293
Handwerksförderung	233, 239
Handwerksforschung	240
Handwerksjunioren	238
Handwerkskammer	232, 478
Handwerksorganisation	224
Handwerksrecht	455
Handwerksrolle	234

Hauptaufgaben der Handwerkskammer	233
Hauptbuch	52, 53
Hauptgeschäftsführer	236
Hauptkostenstellen	149
Hauptprobleme des Handwerks	223
Haushandwerk	218
Heimwerkerbewegung	352
Herstellkosten	156
Herstellungskosten	102
Hilfsbücher	52
Hilfskostenstellen	149
Hilfsstoffe	140
Homepage	336
Hörfunkwerbung	283
Hyperlink	336
Hypothek	403

I

Ideensammlung	440
Image	294
Imagepflege	294
Indexrechnung	168
Indexzahlen	199
Industrie	225
Industrie- und Handelskammern	245
Industriegebiet	457
Inflation	215
Information	414
Informations- und Kommunikationstechnologien	323
Informationsauswertung	260
Informationsberatung	243
Informationsquellen	260, 452
Informationstechnologien	224
Informationsvermittlungsstellen	243
Inhaberscheck	418
Inlandsprodukt	213, 214
Innenfinanzierung	397
Innerbetriebliche Leistungsverrechnung	151
Innung	229
Innungsbeitritt	229

Innungsversammlung	230
Instrumente der Preisgestaltung	278
Interessenvertretung	232, 233
Internationale Geschäftsbeziehungen	240
Internationale Handwerksmesse	240
Internationale Rechnungslegungsstandards	19
Internet	283, 335
Internet-Banking	421
Internet-Provider	336
Internet-Server	335
Inventar	13, 15
Inventur	36, 140
Inventurlisten	137
Inventurvereinfachungsverfahren	37
Investitionen	213, 223
Investitions-, Finanz- und Liquiditätsplanung	392
Investitionsbedarf	465
Investitionsgüterhandwerke	221
Investitionsplan	464
Investitionsplanung	392
ISDN	324
ISDN-Anschluss	335
ISDN-Karte	57, 335
ISO 9001	312
Ist-Kosten	178
Ist-Kostenrechnung	175, 176

J

Jahresabgrenzung	47
Jahresabschluss	15, 50, 88, 475
Jahresfehlbetrag	49, 95
Jahresrechnung der Innung	231
Jahresüberschuss	49, 95
Job-Sharing	315
Journal	53
Just-in-Time-Produktion	301

K

K.o.-Kriterien	440
Kalkulation	13, 163
Kalkulation durch Schätzung	132
Kalkulationsarten	163
Kalkulationsmethoden	165
Kalkulationsschemen	169
Kalkulationszuschlag	171
Kalkulatorische Abschreibung	139
Kalkulatorische Kosten	134, 137
Kalkulatorische Miete	139
Kalkulatorische Wagnisse	139
Kalkulatorische Zinsen	138
Kalkulatorischer Ausgleich	181
Kalkulatorischer Unternehmerlohn	138
Kalkulatorisches Entgelt für mitarbeitende Familienangehörige	143
Kameralistische Buchführung	23
Kapital	91, 213
Kapitalbedarfsrechnung	411, 464, 466
Kapitalbeschaffung	392
Kapitalbeteiligungsgesellschaften	411
Kapitalbildung	397
Kapitaldienst	413
Kapitaldienstermittlung	413, 467
Kapitaldienstgrenze	413
Kapitalgesellschaften	88
Kapitalherkunft	397
Kapitalisierungszinssatz	489
Kapitalstruktur	119
Kapitalumschlag	204
Kassenausgaben	20
Kassenbuch	53
Kasseneinnahmen	20
Kauf	491
Kaufkraft des Geldes	215
Kaufkraftkennziffern	262
Kaufleute	88
Kaufmannseigenschaft	455
Kaufoption	408
Kennzahlen	197
Kennzahlen für die Rentabilität	205
Kennzahlenanalyse	197, 199
Kennzahlensysteme	197
Kerngebiet	457
Kinowerbung	283
Kleine Kapitalgesellschaft	89, 92

Stichwortverzeichnis

Kleinsiedlungsgebiet	457
Kleinunternehmerregelung	18
Kolpingwerk	239
Kombinierte Bestands- und Erfolgsrechnung	24
Kommando	379
Kommunikationspolitik	278
Kommunikationstechnologien	224
Komplettangebote	348
Komplette Problemlösung	451, 480
Komplettlösungen	222
Komplettpreisangebote	132
Konfliktlösung	383
Kongresse	240
Konkurrenzanalyse	273
Konsumgüterhandwerke	220
Kontenarten	29
Konteneröffnung	31
Kontenform	96
Kontenplan	31
Kontenrahmen	30
Konto	29, 91
Kontokorrentbuch	53
Kontokorrentkredit	399
Kontrolle	133, 195, 441
Kooperation	240, 348
Kooperationsfelder	349
Kooperationsformen	350
Kooperationsvertrag	349
Kooperativer bzw. partnerschaftlicher Führungsstil	380
Körperschaft öffentlichen Rechts	229, 231, 232
Kosten-/Nutzen-Analyse	440
Kostenartenkatalog	148
Kostenartenrechnung	134
Kostendeckungspunkt	181
Kostenentwicklungsvergleich	179
Kostenkontrolle	162, 179
Kostenplan	470
Kostenplanung	179
Kostenprognose	179
Kostenrechnung	13
Kostenrechnung per EDV	137
Kostenrechnung und Kalkulation	476
Kostenrechnungssysteme	175
Kostenstellen	135, 149
Kostenstellenrechnung	134, 135, 148
Kostenstrukturvergleiche	179
Kostenträgerrechnung	134, 135
Kostenvergleiche	162
Kostenverrechnungssätze	151, 159
Kostenvoranschläge	296
Kreativität	385
Kreditarten	399
Kreditkarten	419
Kreditkartenorganisationen	420
Kreditprogramme	410
Kreditsicherheiten	402
Kreditwürdigkeit	411
Kreishandwerkerschaft	231
Kreishandwerksmeister	232
Kulturelle Bedeutung des Handwerks	227
Kunden- und Lieferantenbuch	53
Kundenanzahlungskredit	401
Kundenbefragung	294
Kundenbehandlung	293, 450
Kundenbetreuung	295
Kundendatei	263, 296
Kundendaten	262
Kundendienst	295, 480
Kundendienstfahrzeuge	289
Kundendienstleistungen	275, 451
Kundenkarten	420
Kundenorientiertes Personalmanagement	294
Kundenorientierung	293
Kundenstruktur	451
Kundenzufriedenheit	313, 450
Kündigungsdarlehen	401
Künftige Betriebsentwicklung	485
Kuppelprodukte	167
Kurzfristige Erfolgsrechnung	59

L

Lagebericht	88, 89
Lagerdauer	202

Lagerhaltung	301
Lagertechnik	301
Lagerumschlag	202
Lagerumschlagshäufigkeit	201
LAN	328
Landesentwicklung	233
Landeshandwerksvertretung	228
Landesinnungsmeister	237
Landesinnungsverband	237
Lastschriftverfahren	416
Laufbahnplanung	370
Laufende Inventur	37
Leasing	407
Leasinggeber	408
Leasingnehmer	408
Leasingraten	408
Leasingvertrag	408
Lebensarbeitszeitmodelle	315
Lebensversicherung	403
Lehrgänge für Gründung und Übernahme	501
Lehrlingsrolle	234
Lehrlingswart	231
Leistungsbereitschaft	367
Leistungsfähigkeit	367
Leistungsförderung	368
Leistungslohn	378
Leistungsmerkmale	366
Leistungsprogramm	180
Leistungsschwerpunkte	219
Leistungsstruktur des Handwerks	219
Leistungswille	367
Leitbild	449
Leuchtreklame	283
Lieferantenkredit	400
Liefertermine	300
Lieferungsbedingungen	300
Link	336
Liquidität	122, 205, 392
Liquidität 1. Ordnung	205
Liquidität 2. Ordnung	205
Liquidität 3. Ordnung	205
Liquiditätsmanagement	396
Liquiditätsplan	474
Liquiditätsrechnung	59
Logistik	310
Lohn- und Gehaltsabrechnung	372
Lohn- und Gehaltsgefüge	376
Lohnbuch	53
Lohneinzelkosten	142, 152
Lohnformen	377
Lohngerechtigkeit	377
Lohngruppen	376
Lohnkonto	19
Lohnschema	376
Lohnstufen	376
Lohnzettel	137

M

Mailbox-Dienste	324
Mailingaktion	281
Management by Delegation	381
Management by Exceptions	381
Management by Objectives	381
Mängelrüge	322
Marketing	258
Marketingbereiche	258
Marketinginstrumente	274, 480
Marketingkonzept	258
Marketingmaßnahmen	479
Marketing-Mix	480
Markt- und Standortanalyse	452
Marktanalyse	261, 298
Marktbeobachtung	298
Marktbesetzungsfaktor	266
Markteinführung	479
Marktforschung	261
Marktpreis	102, 132, 133
Marktsituation	261
Marktvolumen	264
Marktwirtschaft	217
Maschinenauslastung	201
Maschinenkosten	159
Maschinenlaufzeit	159
Maschinenstundensatz	159
Materialaufwand	44
Materialeinzelkosten	140, 153

Stichwortverzeichnis

Materialentnahmescheine	137
Materialgemeinkosten	146
Materialkontrolle	300
Materialkosten	134
Materialpreis	141
Materialverbrauch	44
Maximalprinzip	309
Mechanisierung	345
Mehrstufige Divisionskalkulation	166
Meisterbetrieb	292
Meisterfrauen	238
Meisterprüfung	235
Meisterstatus	292
Menschenführung	378, 379, 382
Mentoring	369
Messen	234, 240, 286
Metallgeld	215
Mezzaninkapital	398
Miete	491
Mietoption	408
Mindestumsatz	472
Minimalprinzip	309
Mischgebiet	457
Mitarbeiter	384
Mitarbeiterbefragung	369
Mitarbeiterbehandlung	382
Mitarbeiterführung	378
Mitarbeitergespräch	379
Mitgliederversammlung (Vollversammlung)	232, 235
Mittelgroße Kapitalgesellschaften	89
Mittelstandskreditprogramme	410
Mobilfunk	325
Modernisierung	222
Motivation	295
Multimedia	334
Mund-zu-Mund-Werbung	295

N

Nachfolgeregelung	241
Nachkalkulation	164
Nachteile der Barzahlung	416
NC	346

Nebenbücher	52
Netzwerk	328
Neue Technologien	225, 345
Neutraler Aufwand	95, 136
Neutraler Ertrag	95
Newsletter	286, 287
Normalkostenrechnung	175, 176
Nummern-Alpha-Ordnung	317
Nutzungsdauer	408

O

Offenlegung	89
Öffentliche Finanzhilfen für die Existenzgründung	468
Öffentlichkeitsarbeit	233, 287, 296, 481
Office-Paket	330
Ökonomisches Prinzip	309
Onlinedienste	325
Operative Planung	433
Optimaler Standort	453
Optische Archivierung	318
Orderscheck	418
Ordnungsmäßigkeit der Buchführung	15, 20, 30, 53, 96
Organe der Innung	231
Organigramm	340
Organisation	309
Organisationsabläufe	464
Organisationsentwicklung	344
Organisationsformen	342, 464
Organisationshilfsmittel in der Verwaltung	318
Organisationsschema	343
Originäre Buchführungspflicht	16
Outplacement / Direct Placement	368

P

Pachtweise Betriebsübernahme	491
Passiva	91
Passive Rechnungsabgrenzung	47
Passivkonten	24, 29
Passivtausch	24

Periodenerfolgsrechnung	175
Permanente Inventur	37
Personalaktenführung	371
Personalauswahl	363, 364
Personalbedarf	463
Personalbedarfsermittlung	360
Personalbeschaffung	362, 463
Personalbewegung	200
Personaleinsatz	365
Personalentwicklung	369
Personalerhaltung	368
Personalkosten	134
Personalkredite	402
Personalleasing	363
Personalmanagement	294
Personalplanung	360
Personalverwaltung	370
Personalwesen	360
Personalwirtschaftliche Kennzahlen	199
Personenkonten	29
Persönliche Voraussetzungen für die Selbstständigkeit	449
Pflichtenheft	331
Plakat	282
Planabweichungen	441
Planbestandteile	433
Plankostenrechnung	175, 176
Planung	195, 431
Planungsbereiche	434
Planungsinstrumente	438
Planungsphasen	435
Planungsprozess	432
Planungsrechnung	13
Planwirtschaft	217
Poolabschreibung	105
Postbearbeitung	318
Postnachnahme	415
Power Point	329
Prämienlohn	378
Präsident	236
Preis	132, 217
Preis- und Konditionenpolitik	276, 480
Preisbildung	217, 277
Preispolitik	180
Preisstabilität	218
Preisuntergrenzen	180
Pressemitteilung	481
Printwerbung	281
Privater Verbrauch	214
Privatkonto	38
Probebilanz	51
Problem- und Wirtschaftlichkeitsanalyse	330
Produkt- und Leistungsprogramm	451, 480
Produkt- und Sortimentspolitik	274
Produktionsfaktoren	213
Produktive Löhne	200
Produktwerbung	280
Projektmanagement	344
Projektorganisation	344
Prospekt	282
Prozessanalyse	310
Prozesssynthese	310
Prüfung	89, 90

Q

Qualitätsmanagement	311
Qualitätsmanagement-Handbuch	312
Qualitätssicherung	311
Qualitätszirkel	351

R

Rabatte	170
Rahmenbedingungen	224
RAM-Speicher	326
Rating	404
Rationalisierungsinvestition	392
Raumausstattung	289
Raumgestaltung	289
Realisierbarkeitsprüfung	473
Realisierung	438
Realkredit	402
Rechenzentren	56
Rechnung	321
Rechnungsabgrenzungen	15, 47

Stichwortverzeichnis

Rechnungskontrolle	300
Rechnungsprüfungsausschuss	231
Rechnungswesen	13, 475
Rechtsberatung	244
Rechtsform	229, 231, 232, 237
Rechtsfragen bei der Gründung	455
Referenzdaten	330
Regionale Organisation	228
Registratur	316
Reklamation	296
Rentabilität	126, 205
Rentabilitätsvorschau	486
Restaurierung	227
Risikovorsorge	442, 477
Rohertrag	114
Rohgewinn	171
Rohstoffe	140, 213
Rückkalkulation	164
Rücklagen	49
Rückstellungen	15, 48, 109

S

Sachkapital	213
Sachkonten	29
Saldierung	49
Saldo	38
Sammelwerbung	280
Sanierung	222
Scanner	327
Schaufenster	283
Schaukasten	283
Scheck	417
Scheckarten	418
Scheckverkehr	417
Scheckverlust	419
Schema für die Äquivalenzziffernrechnung	167
Schema für die Aufbereitung einer einfachen G+V für die betriebswirtschaftliche Auswertung	115
Schema für die Auswertung der Bilanz	115
Schema für die Berechnung der Gemeinkostenlöhne	145
Schema für die Divisionskalkulation	167
Schema für die Gewinnberechnung in der Nachkalkulation	164
Schema für die Gliederung der Bilanz	92
Schema für die Gliederung der G+V	96
Schema für die Indexzahlenrechnung	169
Schema für die Rückkalkulation	164
Schema zur Ermittlung der Gesamtgemeinkosten	145
Schenkung	492
Schichtarbeit	315
Schriftgutablage	316
Schriftlicher Arbeitsvertrag	464
Schriftverkehr	318
Schulung	291
Schwachstellenanalyse	196
Schwachstellenübersicht	197
Selbstfinanzierung	398
Selbstfinanzierungsquote	398
Selbstkosten	163
Selbstschuldnerische Bürgschaft	404
Selbstständigmachung durch Betriebsübernahme	482
Selbstverwaltung	234
Seniorenmarkt	276
Server	328
Serviceleistungen	292
Servicemobile	289
Servicerechenzentren	56
Sicherheitsreserve	413
Sicherungsübereignung	403
Sinnfindung	368
Sinnverwirklichung	368
Skonti	170
Skontoabzug	400
Sola-Wechsel	422
Soll-Saldo	38
Sonderbeitrag	236
Sonderbilanzen	94
Sonderkosten	134, 147
Sonderkosten der Fertigung	147
Sonderkosten des Vertriebs	147
Soziale Marktwirtschaft	216, 217
Sozialleistungen	385

Sozialprodukt	213, 214
Sparen	213
Spezialdatenbanken	338
Spitzenverbände der Gesamtwirtschaft	246
Staatsverbrauch	214
Stabilitätspakt	216
Staffelform	96
Stammdaten	330
Standortbeurteilung	454
Standortfaktoren	453
Standortvergleich	454
Stärken-/Schwächen-Analyse	439
Stelle	339
Stellenanzeige	363
Stellenbeschreibung	362
Stellenplan	362
Steuerberater	476
Steuerbilanz	94, 101
Steuerkanzlei	56
Steuerlicher Gewinn	114
Steuerung	195
Steuerzahllast	42
Stichtagsinventur	36
Stille Rücklagen	109
Strategische Planung	433
Strukturdaten	261
Strukturwandel	223
Stückerfolgsrechnung	175
Stücklisten	137
Stufenleiterverfahren	151
Stundenverrechnungssätze	166, 169
Stundenverrechnungssatz-Ermittlung	168
Subunternehmen	350
Suchmaschinen-Marketing	338
Summen- und Saldenliste	58
Summenbilanz	51
Systeme der Kostenrechnung	175

T

TA Lärm	458
TA Luft	458
Tagespreis	141
Tariflohn	376
Tätigkeitsbereiche	451
Tausch	215
Teamorganisation	343
Technische Betriebsberatung	242
Technisierung	218
Technologie	345
Technologiebereiche	345
Technologietransfer	348
Technologietransferberatung	242
Teilkostenrechnung	175, 177, 178
Teilwert	102
Teilzeitarbeit	315
Teilzeitkräfte	464
Telefax	324
Telefon	295, 324
Telefon-Banking	421
Telekommunikationsmittel	323, 324
Textverarbeitung	323
Tratte	422

U

Übernahme von Kalkulationshilfen	132
Übernahme von Konkurrenzpreisen	132
Überschussrechnung	95
UDH	228
Umbewertung	136
Umbuchungen	38, 72
Umfragen in der Bevölkerung	271
Umgang mit dem Kunden	480
Umlaufintensität	118, 203
Umlaufvermögen	91, 114
Umsätze	223
Umsatzkostenverfahren	96
Umsatzplanung	472
Umsatzrentabilität	127, 205
Umsatzsteuer	17, 41, 166
Umwandlungsbilanz	94
Umwelt-Management-System	313
Umweltschutz	221, 226, 244, 313
Umweltschutzberater	459
Umweltschutzberatung	244

Stichwortverzeichnis

Umweltschutzrecht	458
Unfallschutz	386
Unternehmensführung	241
Unternehmenskonzept	448
Unternehmenskultur	292
Unternehmensleitbild	292, 480
Unternehmensplanung	432
Unternehmenswerbung	280
Unternehmensziele	195
Unternehmenszielsystem	431
Unternehmerfrauen	238
Unternehmergesellschaft	461
Unternehmerverband Deutsches Handwerk	228
Unwesentliche Teiltätigkeit	232, 236
Urlaubsgeld	386
Ursprungszeugnisse	235
USB-Sticks	326

V

Variable Kosten	135, 148
Verbandsversammlung	237
Verbindlichkeiten an Finanzamt für Umsatzsteuer	41
Verbundwerbung	280
Vereinfachungen der Aufzeichnungspflicht	18
Verfahrensdokumentation	21
Verfahrenstechniken der doppelten Buchführung	51
Verhältniszahlen	198
Verkaufsförderung	285
Verkaufsgespräche	291
Verkaufsorganisation	289
Verkaufspersonal	289
Verkaufspsychologie	291
Verkaufsverhandlungen	291
Verkaufswagen	289
Verlust	95
Verlustquellenforschung	162
Vermittlungsstellen	235
Vermögen	90
Vermögenskonten	29
Vermögensstruktur	118
Vernetzte Planung	435
Verpfändung von Sachen	403
Verrechnungspreise	142
Verrechnungssatz	296
Verrechnungsscheck	418
Verrichtungsprinzip	340
Verschnitt	141
Verschuldungsgrad	203
Versicherungen	443
Versicherungsschutz	477
Verstöße gegen die GoB	22
Vertriebsformen	289
Vertriebsgemeinkosten	147
Vertriebspolitik	287
Vertriebswege	288, 289
Verursachungsprinzip in der Kostenrechnung	146
Verwaltungs- und Büroorganisation	316
Verwaltungs- und vertriebs(absatz)-wirtschaftliche Kennzahlen	202
Verwaltungsgemeinkosten	146
VoIP	337
Volkswirtschaft	213
Volkswirtschaftliche Aufgaben des Handwerks	218
Vollbeschäftigung	218
Vollkommene Konkurrenz	217
Vollkostenrechnung	175, 177, 178
Vollzeitkräfte	463
Vorbereitende Abschlussbuchungen	43
Vorfälligkeitsentschädigung	401
Vorgesetzter	384
Vorkalkulation	163
Vorkontierung	33
Vorkostenstellen	149
Vorräte	91
Vorratshaltung	301
Vorsichtsprinzip	103
Vorstand	230, 232, 236, 237
Vorstellungsgespräch	365
Vorsteuer	41, 166
Vorsteuerkonto	41

W

Wählbarkeit	235
Wahlverfahren	235
Währung	215
Warenausgang	17
Warenausgangsbuch	16
Wareneingangsbuch	16
Wechsel	421
Wechselarten	421
Wechselkredit	400
Weihnachtsgeld	386
Werbe- und Handzettel	282
Werbeadressaten	284
Werbebrief	281
Werbeerfolg	284
Werbeetat	284
Werbekosten	284
Werbemittel	281, 480
Werbeplanung	284
Werbewege	280, 480
Werbeziele	279
Werbung	279, 480
Werkstoffkosten	201
Wertansätze	104
Wertschöpfung	472
Wettbewerb	217
Windows	329
Wirtschaft	213
Wirtschaftliche Funktionen des Handwerks	220
Wirtschaftsberichterstattung	233
Wirtschaftspolitik	218
Wirtschaftssysteme	216
Wirtschaftsverbände	245
Wirtschaftswachstum	214
Wissenschaftliche Förderung	234
Wissenschaftliche Institute	240
Wohngebiet	457

Z

Zahlung mittels moderner Datenübertragung	421
Zahlungsbedingungen	278
Zahlungsbereitschaft	122
Zahlungsfähigkeit	392
Zahlungsreserve	396
Zahlungsrhythmus	375
Zahlungsverkehr	414
ZDH	228
ZDH-Zert	313
Zeiterfassung	375
Zeitkräfte	464
Zeitlohn	377
Zeitmanagement	316
Zeitverschobene Inventur	37
Zentralverwaltungswirtschaft	216, 217
Zertifizierung	312
Zession	403
Zeugniserteilung	371
Zielbildung	195
Ziele	348
Zielsteuerung	195
Zielüberwachung	195
Zielvereinbarung	381
Zins- und Tilgungsleistungen	467
Zinsen	399, 402
ZIP-Disketten	326
Zivilrecht	244
Zukunftschancen für das Handwerk	226
Zukunftsperspektiven	224
Zukunftsperspektiven des Handwerks	223
Zukunftssicherung	313
Zulassungsfreie Handwerke	235
Zulassungspflichtige Handwerke	235
Zulieferer	222
Zusatzangaben	88
Zusatzkosten	136
Zuschlagskalkulation	168
Zuschüsse	242
Zwischenbetriebliche Zusammenarbeit	348
Zwischenbilanz	51
Zwischenkalkulation	165